# 相撲大事典

第四版

金指基

監修——公益財団法人日本相撲協会

現代書館

宮中で行われた相撲節《すまいのせち》の絵図。
相撲節は、奈良時代より平安時代末期にかけ
約 450 年間にわたって行われた、重要な宮廷儀式であった。
現在の大相撲の様式のさまざまな原型がここに見られる。
（本文項目【相撲節】【相撲節の儀式】【相撲節の役職】【相撲人】参照）

相撲人《すまいびと》や宮人を描いた絵巻。

江戸時代初期の相撲。
京都・下鴨の糺森《ただすのもり》で行われた勧進相撲の絵図。
（本文項目【勧進相撲】【京都相撲】参照）

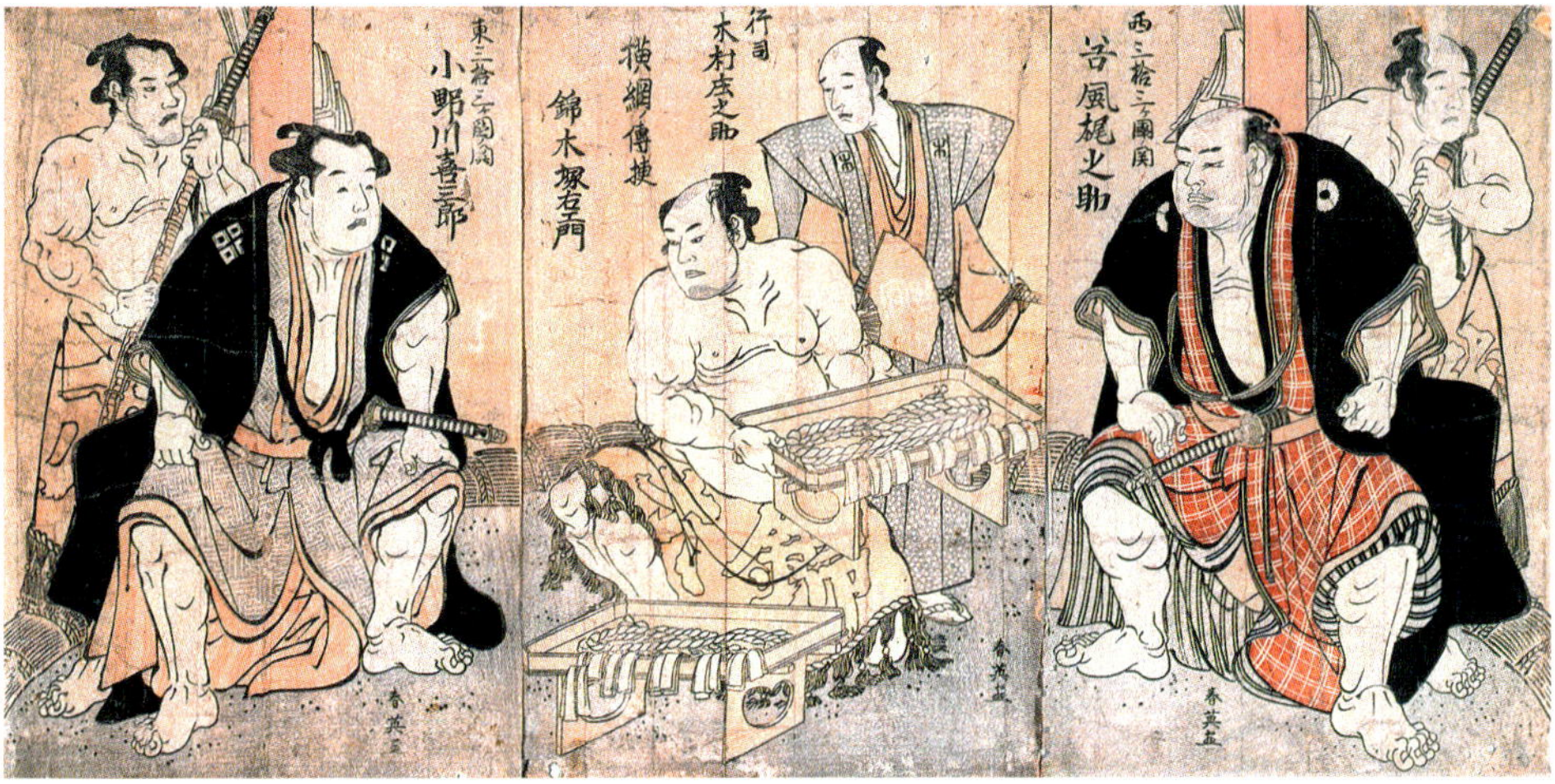


『谷風小野川横綱授与之図』（春英画）。
（本文項目【小野川喜三郎】【谷風梶之助】【横綱】参照）

『両国大相撲繁栄之図』（国郷画）。
江戸･両国の回向院境内。小屋掛け興行の様子を描いた錦絵。
（本文項目【回向院】【江戸相撲】参照）

『江戸両国回向院大相撲之図』(国郷画)。
江戸・勧進相撲の様子をこま割りで見せた珍しい錦絵。(本文項目【顔触れ】【四本柱】【中改】【投《な》げ纏頭《はな》】参照)

部屋図
境川
芝神明前若狭屋与市板

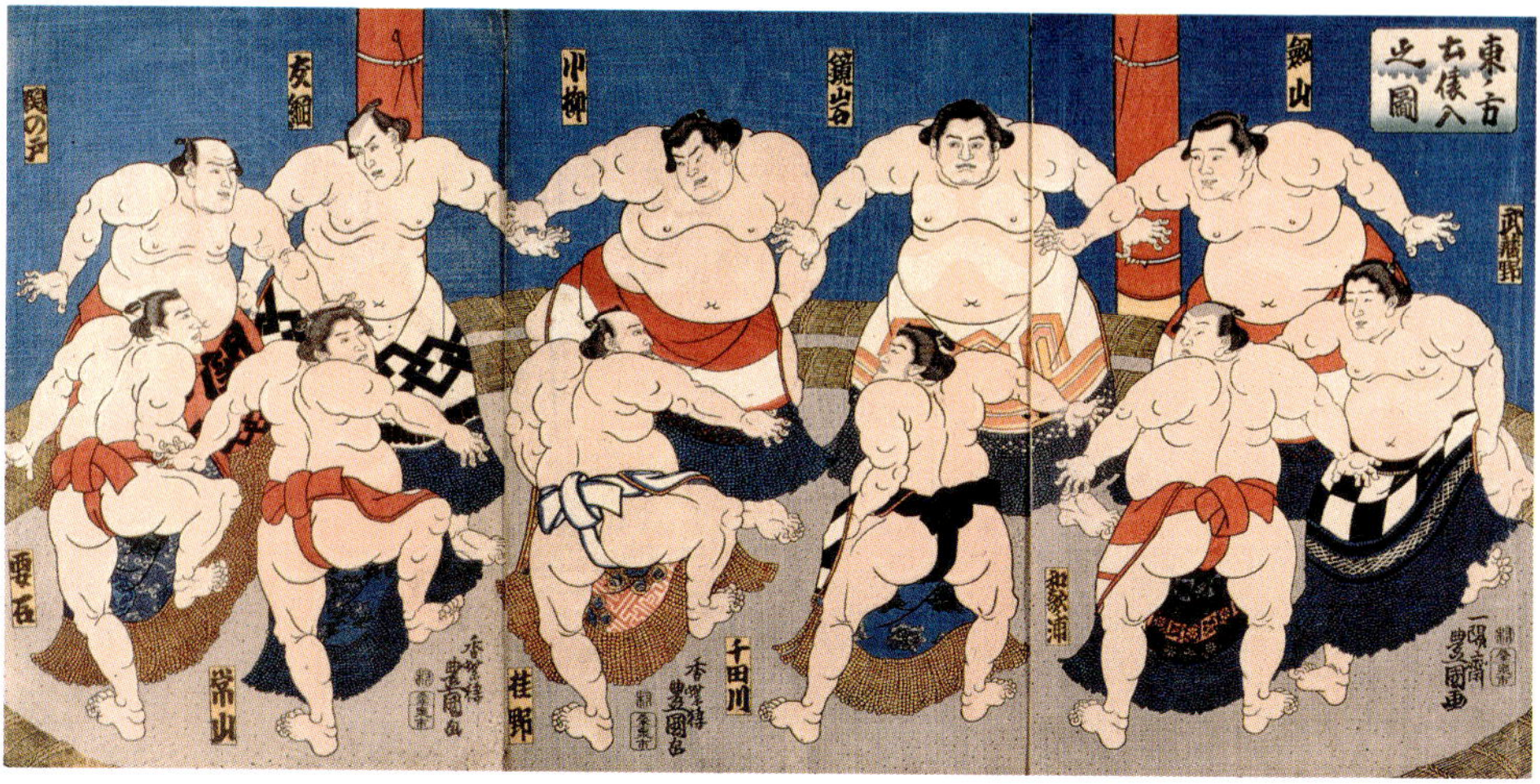


『東ノ方土俵入之図』(三代豊国画)。
江戸時代後期の土俵入り。
(本文項目【幕内土俵入り】参照)

『伊勢ノ海稽古場繁栄之図』(国輝画)。
(本文項目【稽古】【稽古場】【相撲部屋】参照)

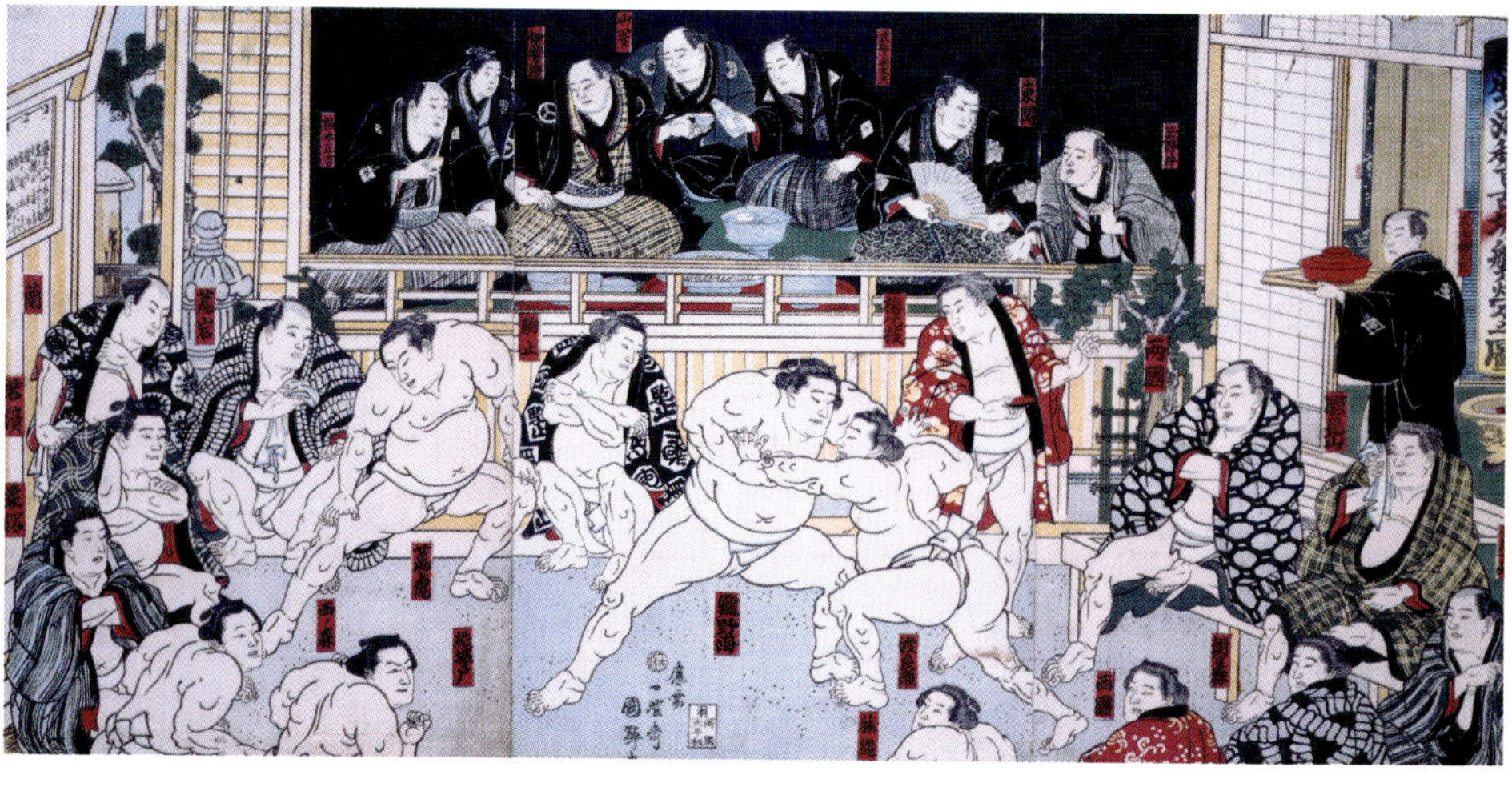

『横綱土俵入之図』（国輝画）。
第 13 代横綱・鬼面山谷五郎の土俵入りを描いた錦絵。
（本文項目【鬼面山谷五郎】【横綱土俵入り】参照）

国技館の外観。
写真左側が正面で、櫓《やぐら》が見える。
その 100 メートルほど前方を隅田川が流れる。
すぐ右手はＪＲ総武線両国駅。
（本文項目【国技館】【両国】参照）

櫓の下ではためく幟《のぼり》。
櫓の先端に出《だ》し幣《べ》が突き出ている。
（本文項目【出し幣】【幟】【櫓】）

満員御礼の垂れ幕が下がる館内風景。
（本文項目【吊り屋根】【土俵】【満員御礼】【屋形】参照）

相撲案内所の店頭。
まゆ玉を飾るのは一月場所。
（本文項目【国技館サービス株式会社】【相撲茶屋】【出方】参照）

関取の場所入り。
（本文項目【場所入り】【力士の衣装】参照）

第 69 代横綱・白鵬が、太刀持ちと露払いを従え、不知火型土俵入りをする。
（本文項目【不知火型】【太刀持ち】【露払い】【横綱土俵入り】参照）

第 41 代横綱・千代の山が使用した化粧廻しの三つ揃い。
横綱・太刀持ち・露払いの 3 力士が着ける化粧廻しには、意匠が凝らされる。
（本文項目【化粧廻し】【三つ揃い】参照）

中入では横綱土俵入りの前に
東西の幕内土俵入りが行われる。
（本文項目【幕内土俵入り】参照）

本場所千秋楽で行われる
三役揃い踏み。
（本文項目【三役揃い踏み】
【これより三役】参照）

控え力士から力水を受ける土俵
上の力士。
（本文項目【力水】【水】
【水桶】参照）

立ち合い。
（本文項目【立ち合い】参照）

立ち合いから
両者突っ張り合いをみせる。
（本文項目
【突っ張り】参照）

土俵際の攻防。寄り身をみせる。
（本文項目【寄り】【土俵際】参照）

土俵際の攻防で攻め立てられ、
うっちゃりをみせる。
（本文項目【うっちゃり】【土俵際】参照）

見事な掬い投げが決まる。
（本文項目【掬い投げ】【投げ】参照）

突き押しで攻め立てる。
（本文項目【突き】
【押し】参照）

幕内最高優勝の力士に授与される賜盃。
本場所 15 日間の結実である。
（本文項目【賜盃拝戴式】【天皇賜盃】
【幕内最高優勝】参照）

# 行司装束

（本文項目【行司】【行司装束】【行司の階級】参照）

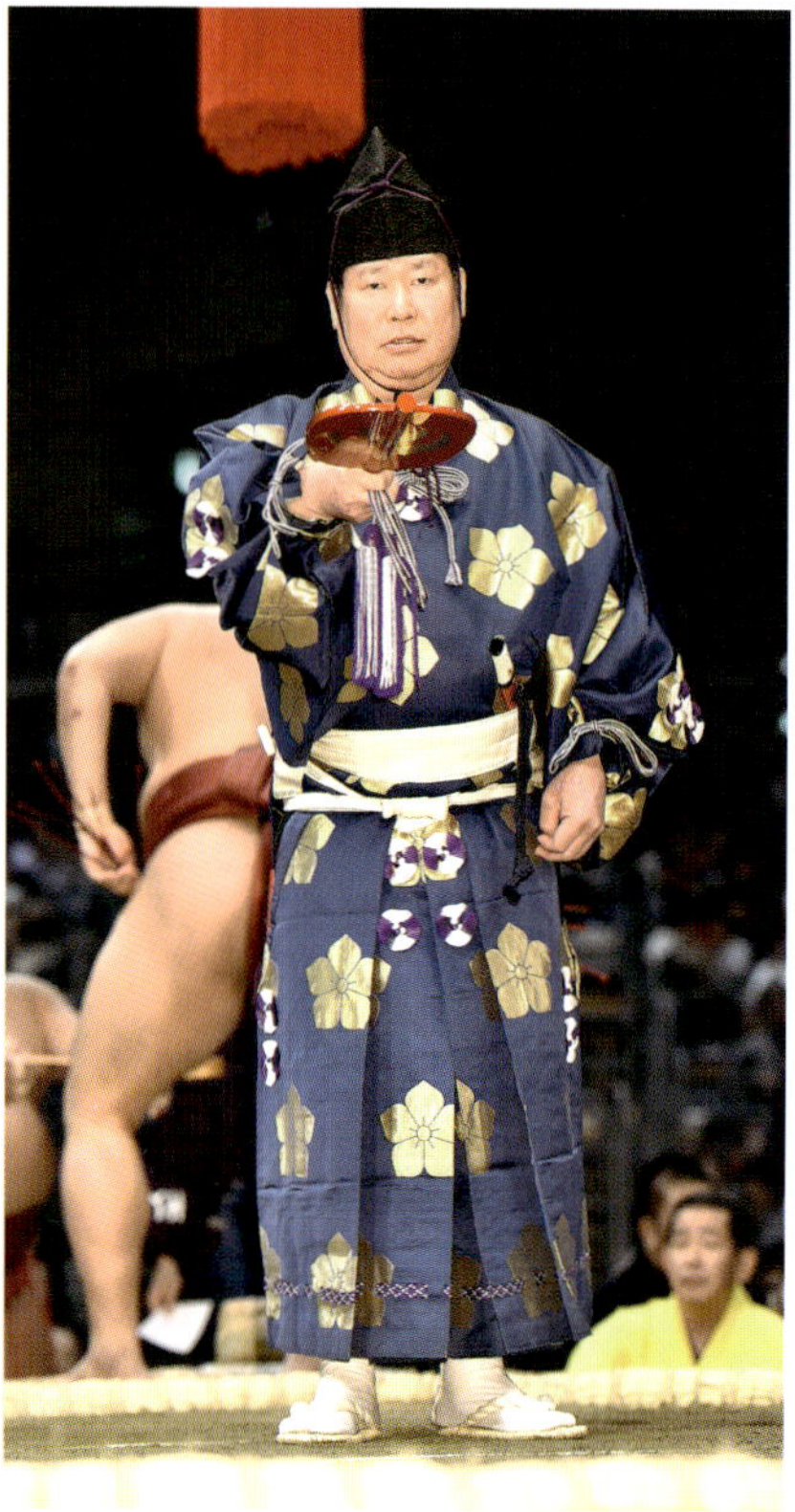

立行司・41代式守伊之助
軍配の房と菊綴は紫白。腰に短刀と印籠。
土俵には白足袋、上草履で上がる。

立行司・37代木村庄之助
軍配の房と菊綴《きくとじ》は総紫《そうむらさき》。腰に短刀と印籠《いんろう》。
土俵には白足袋、上草履《うわぞうり》で上がる。

幕下以下行司
軍配の房と菊綴は青。
土俵にははだしで上がる。
差し袴のすそは
膝下でくくる。

十枚目行司
軍配の房と菊綴は青白。
土俵には白足袋のみで
上がる。

幕内行司
軍配の房と菊綴は紅白。
土俵には白足袋のみで
上がる。

三役行司
軍配の房と菊綴は朱。
土俵には白足袋、
上草履で上がる。

弓取式が終わると立呼出が柝《き》を入れ、そのときが打ち出し時刻となる。
（本文項目【あがり柝《ぎ》】【打ち出し】【弓取式】参照）

土俵下で勝負の判定にあたる審判委員。
（本文項目【審判長】【審判委員】参照）

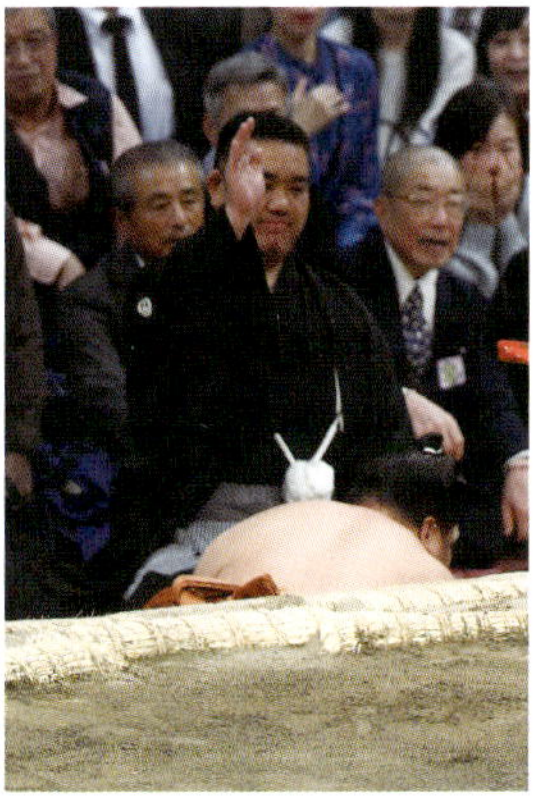

柝を入れる呼出。
（本文項目【柝】【呼出】参照）

呼び上げをする呼出。
（本文項目【白扇】【呼び上げ】参照）

土俵俯瞰図

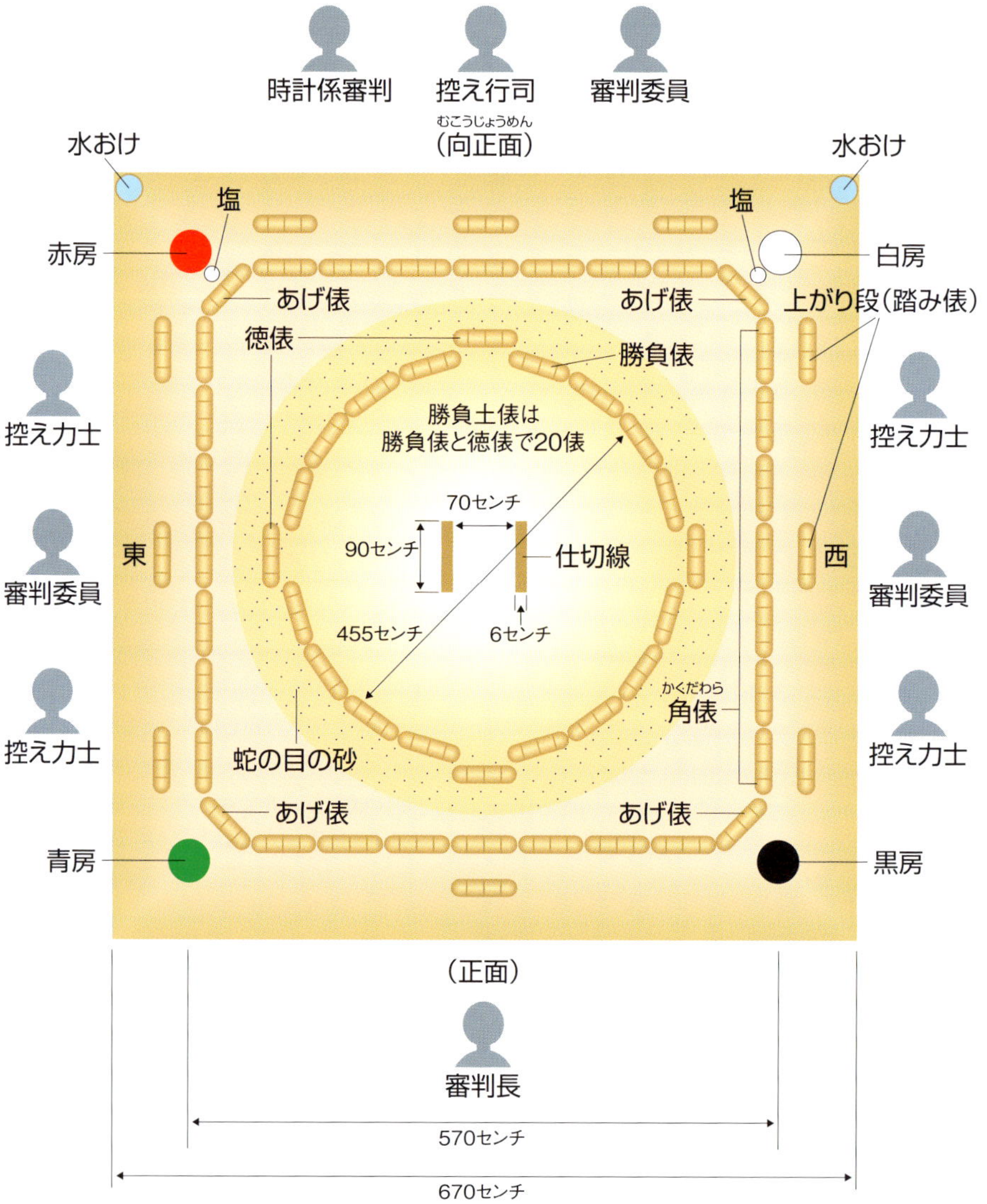

時計係審判
控え行司
審判委員
（向正面《むこうじょうめん》）
水おけ
水おけ
塩
塩
赤房
白房
あげ俵
あげ俵
上がり段（踏み俵）
徳俵
勝負俵
勝負土俵は
勝負俵と徳俵で20俵
控え力士
控え力士
70センチ
90センチ
仕切線
東
西
審判委員
審判委員
455センチ
6センチ
角俵《かくだわら》
控え力士
控え力士
蛇の目の砂
あげ俵
あげ俵
青房
黒房
（正面）
審判長
570センチ
670センチ

# 【相撲大事典】

巻末資料一覧

# ご挨拶（第四版）

大相撲は「日本の国技」と呼ばれ、遠く奈良時代から平安時代における〝相撲節会〟のころから、その精神、技量、体力を磨き鍛え抜く姿が多くの人々に親しまれてきました。そして、国民各層の生活にも密着しつつ今日の隆盛に至っているところに〝国技〟たる真価があり、日本文化の支柱にまでなったともいえます。

江戸時代に、プロの集団によって確立された大相撲は各地に存在し、三都（江戸・大坂・京都）における勧進大相撲興行は、その都度人気を集めて、人々の心に潤いと感動をお届けする役割を担ってまいりました。

大相撲は西洋のスポーツ観が入ってくる以前の「神事」「儀礼」「芸能」的要素を色濃く残存させた、日本古来の「伝統美」「様式美」を伝えるものと評価されてきました。また、「スポーツ」と「儀礼」との異なった二面性をもつのが特色とされております。

二一世紀に入って、土俵内外では国際化が進み、大相撲界を取り巻く環境・状況にも大きく変化が生じてきました。先人・諸先輩が築き上げた〝相撲の心〟〝教え〟も、時代に適応・適合した新しいものとならなければと、痛感する次第であります。

おかげさまをもちまして、平成二六年度より新しく「公益財団法人」認可を拝受させて頂きました。

これもひとえに、長年にわたって大相撲を支え続けて下さった好角家の方々のご支援の賜物と深く感謝する次第であります。

本書『相撲大事典』は、今回で第四版を重ねます。初版の刊行より一三年の歳月が過ぎました。この間、新しい用語・言葉、新資料の発見などがあり、今回盛り込むことができました。

本書が、大相撲の文化理解、大相撲史研究の一助となすことを祈念申し上げます。

平成二七年一月吉日

公益財団法人日本相撲協会理事長　**北の湖敏満**

# 刊行にあたって（第二版）

相撲の歴史は長い。書史を繙《ひもと》くと皇極元年（六四二）七月二二日、百済の王族・翹岐と使者・智積の饗応のため「健児（ちからひと）に命（ことおほ）せて、翹岐が前に相撲（すまひ）とらしむ」と『日本書紀』にある。このように文献に現れるようになってからでも、千四百年近くになる。万物の栄枯盛衰は世の倣いであるが、これだけ長く国民各層の生活に密着し、親しまれ、今日の隆盛をみているスポーツは他に例を見ない。国技といわれる所以である。

にもかかわらず、相撲の歴史や技術・伝統を伝える用語や語句を集大成した相撲の事典が、これまで誰にも編まれたことがなかった。今回、初めて、当財団法人日本相撲協会の監修のもとに、ここに『相撲大事典』が上梓されることになったことは、喜びに耐えない。

そもそも本事典は、日本大学商学部教授の故・金指基氏が三十年以上の歳月を掛け、相撲にまつわる用語を五千枚ほどのカードに収録し、当協会に持参されたことに端を発する。それは平成五年（一九九三）一〇月のことであった。当時の出羽海智敬理事長と事業部長だった私、報道担当の放駒輝門親方の三人が金指教授とお会いし、教授の少年時代からの相撲に対する愛着と相撲事典を世に出したいという熱意に感動した出羽海理事長の英断で、当協会が全面的に協力し日本初の相撲事典として出版することが決まった。

爾来八年、当協会の年寄・力士・行司・若者頭・世話人・呼出・床山・職員、そして相撲博物館の学芸員や協会外の多くの人々の協力で、全ての項目を再検討し、取捨選択し、ようやく今日に至ったのである。初期のころ、私も技や現実の相撲界の用語など金指先生と共に一つひとつ検討したのも、いまになってみれば懐かしい想い出である。

二一世紀、我が国のより一層の国際化に臨み、自国文化の深い理解が求められる中、いまや国内のみならず海外でも多くの人々に観戦されている、大相撲という日本の伝統文化理解の上でも、本書の出版の意義は大きいものと思われる。

本書は、相撲ファンはむろんのこと研究者にも楽しんでいただけるよう、相撲に関する技術用語や専門用語、相撲の伝統や相撲文化を表現し伝える用語や語句・固有名詞を、可能な限りの文献・資料を駆使し収録した。また通常公開されることの少ない写真図版なども豊富に掲載し、相撲に関するエピソードなども盛り込んでおり、読者が相撲観戦においても興味が高まるよう読んでも楽しい「事典」となっている。また巻末の総索引は、本文で立項しなかった関連項目もできるだけ拾い、利便性を高めるよう工夫されている。

二〇〇一年現在の時点でベストのものとの自負はあるが、むろんまだまだ収録すべき用語や歴史上の事項、新事実発掘の可能性もあると思われる。また、事典の性格上新しい用語・記録など場所毎に更新されるものもあるが、それらは、改訂版で補充していきたいと思う。

ただただ残念なことは、本事典の完成を見ることなく金指先生が平成九年七月一四日、病に倒れ他界されたことである。本事典を御霊前に捧げ、ご冥福をお祈りしたい。

平成一三年一一月吉日

財団法人日本相撲協会理事長　**時津風勝男**

# 凡例

本事典は、相撲を楽しむ際に知っておきたい用語、さらに詳しく知りたいときに必要な常識や歴史など、相撲に関する多くの情報知識を記載している。財団法人日本相撲協会が長期にわたって項目を精選し、各項目の記載内容に正確を期した。したがって、用語の表記および記述に関しては、原則として「日本相撲協会寄附行為」に準拠している。

## 項目の表記について

①主項目の見出しは、ひらがな（カタカナ）の次に【 】内に漢字を示した。

〈例〉**こだわら【小俵】**

②主項目は、ひらがな（カタカナ）・漢字ともに太字で示し、主項目内の下位に配列された従項目は【 】内に細字で示し、主項目と用語が重複する部分を「～」で示した。

〈例〉**かいな【腕】**
【～力】
【～を返す】

③配列は五十音順とし、清音・濁音・半濁音の順に、拗音・促音は直音の後に配列した。

④決まり手の名称などが主項目としてあり、同じ用語が相撲界独特の表現（隠語）としてある場合には、解説の錯綜を避けるために別個に主項目とした。

⑤一つのものに複数の用語・呼称があるとき、協会の正式な用語・呼称を主項目として解説を記述し、他も主項目として収録したが解説を略して参照項目とした。

〈例〉**ざいだんほうじんにほんすもうきょうかい【財団法人日本相撲協会】**（解説）
**すもうきょうかい【相撲協会】**
→〔財団法人日本相撲協会〕

⑥【 】内の漢字と送りがなは、常用漢字と現代かなづかいを原則としたが、固有名詞、歴史用語、専門用語および伝統的な用字で記述されるものは、その限りではない。

〈例〉**つまどり【褄取り】**
**なかいり【中入】**

## 解説文の記述について

①漢字は原則として常用漢字を使用した。項目の名称で旧字（表外漢字）やあて字が使用されている場合も、可能な場合には解説文中では常用漢字に代えた。

②原則として現代かなづかいを使用し、必要に応じて振りがなをつけた。

③一つの項目に複数の意義があるときは、①、②、③……で区分して記述した。

④年号は元号で示したが、同一項目の初出の元号の後に（ ）または〈 〉内に西暦を付記した。

⑤出典・資料名は『 』内に示し、その後に（著者名／刊行年元号〈西暦〉）を付記した。

⑥数字は、熟語として使用されるもの、正式に定まっているものを除いて、十、百、千などの単位文字を用いず、一〇、一〇〇、一〇〇〇のように表記した。

〈例〉熟語＝晴天十日間
正式＝十一月場所
その他＝明治一九年一〇月、一六〇キロ、一八六センチなど

⑦人名は文中で敬称を省略した。

⑧地名は判明する限り当時の漢字を用いたが、「大阪」については記述回数が多いため、錯綜を避けて旧地名の「大坂」も「大阪」で統一した。

## 相互参照について

①解説文末に、参照してほしい他の項目を「→」で示し、参照先の項目名を〔 〕内に記述した。

②参照先の項目が複数ある場合は、五十音順に配列し、口絵と巻末資料は最後に置いた。

③主項目に下位の従項目が配列されている場合は、相互参照を主項目・従項目ごとにつけた。

④相互参照が特に従項目を示すときは、主項目／従項目の順に表記した。

〈例〉→〔半身／左半身〕

## 巻末資料について

番付の用語、諸規約の名称などは本文中に必要に応じて立項したが、全体の関連性を一覧で示したいものについては、「巻末資料」としてまとめた。

# あ行

……あ……

**あいくち【合口／相口】** 地位や実力には関係なく、対戦相手との相撲の相性をいう。「合口がいい」といえば、取りやすい相手であって自分のほうに分があることであり、「合口が悪い」といえば、苦手にしている力士との関係をいう。

**あいぜき【相関】** 『一話一言』（大田南畝／安永四年～文政五年〈一七七五～一八二二〉）に記された元禄年間（一六八八～一七〇四）の番付にある。大関と同格、あるいは大関と関脇の地位。

**あいちけんたいいくかん【愛知県体育館】** 七月場所（名古屋場所）が開催される会場。名古屋城内にある。昭和四〇年（一九六五）に本場所会場となり、現在に至っている。定員約八、六〇〇人。所在地は名古屋市中区二の丸一―一。アクセスは地下鉄名城線「市役所」駅下車徒歩二分。→〔七月場所〕〔名古屋場所①〕

幟が立ち七月場所開催中の愛知県体育館。

**あいちゅう【相中／間中／合中】** 江戸時代の番付の地位。寛政三年（一七九一）の将軍家上覧相撲について書かれた『相撲御覧記』（成島峰雄）には、幕下五段（序ノ口）より下位で「ほんちう、あひちう、前相撲」の地位があったと記述されている。「間中」は寛政一〇年三月から同一二年四月までの五場所、天保九年（一八三八）二月と一〇月の二場所の、計七場所の番付に見られる。「合中」の文字は『相撲今昔物語』（編者未詳／天明五年に成立）に、「相中」の文字は『角觝著聞集』（安井宗二／天明七年〈一七八七〉）『古今相撲大要』（明治一八年〈一八八五〉）にある。→〔本中〕〔前相撲〕

**あいてじゅうぶん【相手十分】** 特に、四つ相撲で相手に得意の型を許してしまい、自分が不利な体勢になることをいう。「向こう十分」ともいう。→〔自分十分〕

**あいぼしけっせん【相星決戦】** 報道関係がよく用いる言葉。本場所の終盤で、勝ち負けの数の同じ力士が優勝をかけて闘う一番を表現したもの。

**あいよつ【相四つ】**→〔四つ／相四つ〕

**あうんのこきゅう【阿吽の呼吸】** 立ち合いの瞬間に、互いの呼吸や気持ちがぴったり合うこと。立ち合いでは、はじめ息を吐き出し、次に息を吸い込み、七、八分目ほどで息を止め、この瞬間に立つのが理想とされる。これが両者まったく同時ならば「阿吽の呼吸で立つ」という。

「阿吽」は本来、梵語からきた仏教用語で、「最初と最後」「吐く息と吸う息」などを意味する。↓〔立ち合い〕

**あおぶさ【青房】**①土俵上方の屋形の、正面の東寄りに下げられた房。「青房」だが色は緑色。↓〔房①〕

②幕下以下行司が持つ軍配につけられた、緑色の房の名称。直垂《ひたたれ》の菊綴《きくとじ》や飾りひもも同色で統一される。『日本相撲協会寄附行為施行細則　附属規定』の『審判規則』には「黒または青」と定められ、黒色の房も使用されるが、呼称は「青房」で統一されている。↓〔房②〕

**あかししがのすけ【明石志賀之助】**初代横綱。寛永元年（一六二四）の江戸・四谷塩町勧進相撲番付に宇都宮出身、勧進方の大関と記されているが、この番付は後年の偽作という説が強くあり、生没年とともに正確なことは不明。

明治三三年（一九〇〇）、陣幕久五郎（第一二代横綱）が引退後に歴代横綱を列挙したときに、明石志賀之助を初代横綱とした。

『古今相撲大全』（木村政勝／宝暦一三年〈一七六三〉）に、寛永元年、明石志賀之助が江戸の四谷塩町で初めて勧進相撲を興行したとあり、江戸勧進相撲の創始者とされている。また、『相撲鬼拳』（寛政一二年〈一八〇〇〉の写本）には明石を「日下開山とはこれなり。勝つものなし」とあるが、明石志賀之助に関する事歴は今日に至っても定説はない。↓〔横綱力士碑〕

**あかしどうじゅ【明石道寿】**慶長（一五九六～一六一五）のころの行司と伝えられる。『相撲傳書』（木村守直／享保七年〈一七二二〉）に、別の流派の行司であった岩井播磨と、土俵の有用無用について、明石が論争をしたとある。

岩井は「相撲は組打の一助なり。猶又《なおまた》相撲の勝負詰には組伏せられてはね返して勝つ、是遊興の業にあらず」として、相撲の武技としての古法を尊重するならば土俵は無用と主張した。それに対して、明石は狭い土俵の内でこそ「強弱虚実の理合《りあい》を練習《ねりなら》ふ、勝負の道理を火急に教ふるものなり」として、勝負の駆け引きのために土俵は有用と説いたとの記述がある。

このころに土俵が登場しつつあり、両者の論争は、土俵の成立を考えるうえで興味深い史料である。↓〔岩井播磨〕

**あかぶさ【赤房】**土俵上方の屋形の、向正面の東寄りに下げられた房。↓〔朱房〕〔房①〕

**あがりぎ【あがり柝】**結びの後に行われる弓取式の終了と同時に呼出が入れる柝《き》のこと。この時刻が打ち出し時間である。↓〔柝〕

**あがりだん【上がり段】**台形に盛り上げた土俵の、「土端《どは》」と呼ばれる傾斜面に作られた踏み段のこと。力士、行司、呼出、審判などが土俵の上がり下りに使う。上がり段は正面に一ヵ所、向正面、東、西の三面には各三ヵ所が作られ、踏み俵が一俵ずつ埋め込まれる。このため、上がり段を「踏み俵」と呼ぶこともある。↓〔踏み俵〕〔口絵・土俵俯瞰図〕

上がり段には踏み俵が埋め込まれる。

**あきのうみせつお【安藝ノ海節男】**第三七代横綱。広島県広島市南区出身。大正三年（一九一四）五月三〇日生まれ。本名は永田節男。出羽海部屋。昭和七年（一九三二）二月初土俵。同一一年一月新十両。同一三年一月新入幕。同一八年一月新横綱。同二二年一一月引退。身長一七七センチ・体重一二七キロ。幕内通算成績は一四二勝五九敗三八休、優勝一回。

第三七代横綱・安藝ノ海節男

入幕一年後の昭和一四年春場所四日目、西前頭三枚目のときに、横綱・双葉山（第三五代）を外掛けで破り、その七〇連勝を阻止する殊勲をあげた。左差し、右押っ付けで速い攻めでの寄り切り、切れ味鋭い外掛けを得意とし、勝負度胸や勝負勘のよさには天性のものがあった。

引退後は年寄不知火から藤島を襲名し、理事をつとめたが、昭和三〇年一月限りで廃業した。昭和五四年三月二五日、六四歳で没。

**あきばしょ【秋場所】** 毎年九月に国技館で開催されている本場所のことを指す俗称。正式には「九月場所」という。昭和二八年（一九五三）～三一年の年四場所制のときには、九月に国技館で開催される本場所を「秋場所」といった。同三一年の五場所制、同三三年の六場所制以降は場所名を月の名前で呼んでいる。→〔九月場所〕〔本場所〕

**あきみょうせき／あきめいせき【空き名跡】** 相撲協会の『年寄名跡目録』に記載された年寄名跡のうち、力士出身の有資格者によって襲名継承されていない名跡のこと。五年間襲名継承者のない年寄名跡は理事長が取扱いについて審議すると定められている。「空き株」は俗称である。→〔年寄名跡〕

**あげだわら【あげ俵】** 土俵上外縁の正方形の四隅に各一俵ずつ、直線状に並ぶ角俵に対して斜めに配置された小俵《こだわら》の呼称。→〔小俵〕〔口絵・土俵俯瞰図〕

**あけに【明け荷】** 力士の締込《しめこみ》や化粧廻しなど相撲に必要なものを入れる、竹で編まれたつづら（箱状の容器）。サイズはおよそ縦四五センチ、横八〇センチ、深さ三〇センチ、重さは中身が入って一〇キロほど。竹の上に和紙をはり、さらに渋と漆を塗って固めてある。

明け荷は、「関取」と呼ばれる十枚目以上の力士が持つことができ、表面にしこ名が明記されてい

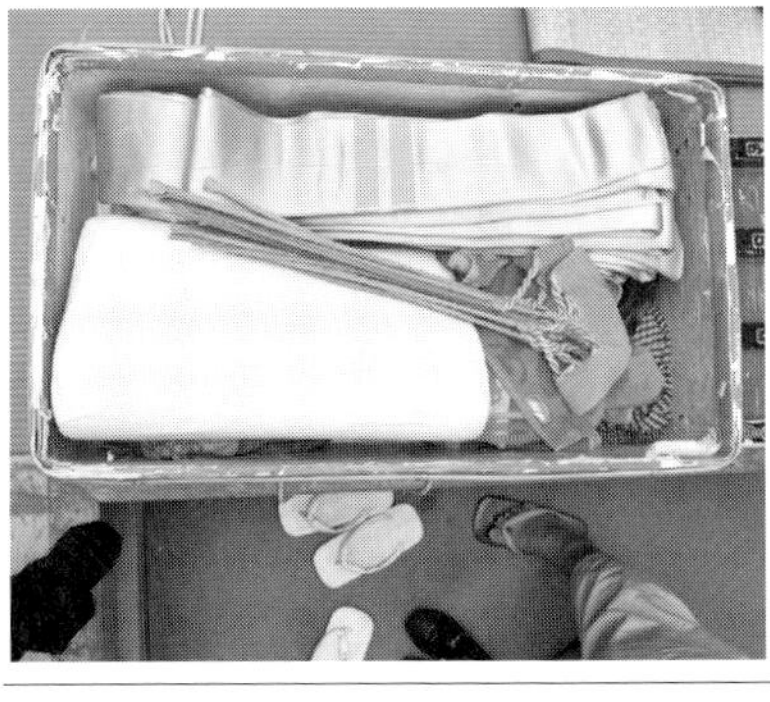

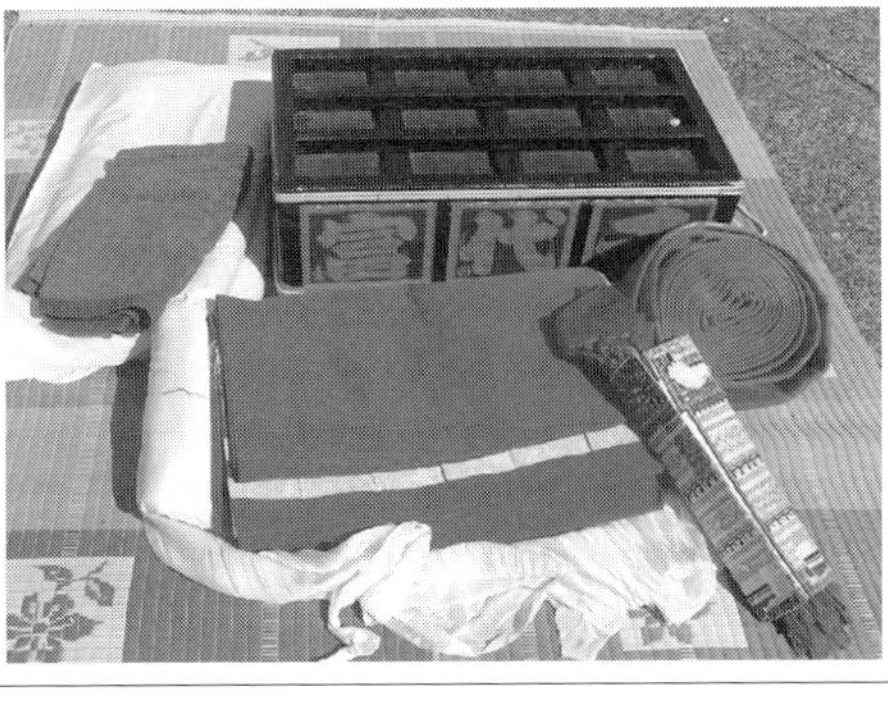
明け荷には力士のしこ名が入る。

あ

る。多くの場合、力士が関取に昇進したときに同期生や後援者より贈られる。また、十枚目以上の行司も持つことができるが、力士の明け荷よりはやや小ぶりである。

現在は、初日までに付け人が仕度部屋に運び込み、千秋楽まで置かれている。地方場所や巡業で地方を回るときには、つねに力士とともにある旅行用のかばんでもある。横綱の場合には三個ほどの明け荷を用いる。「開け荷」とも書くが、縁起から「明」の字を用いることが多い。

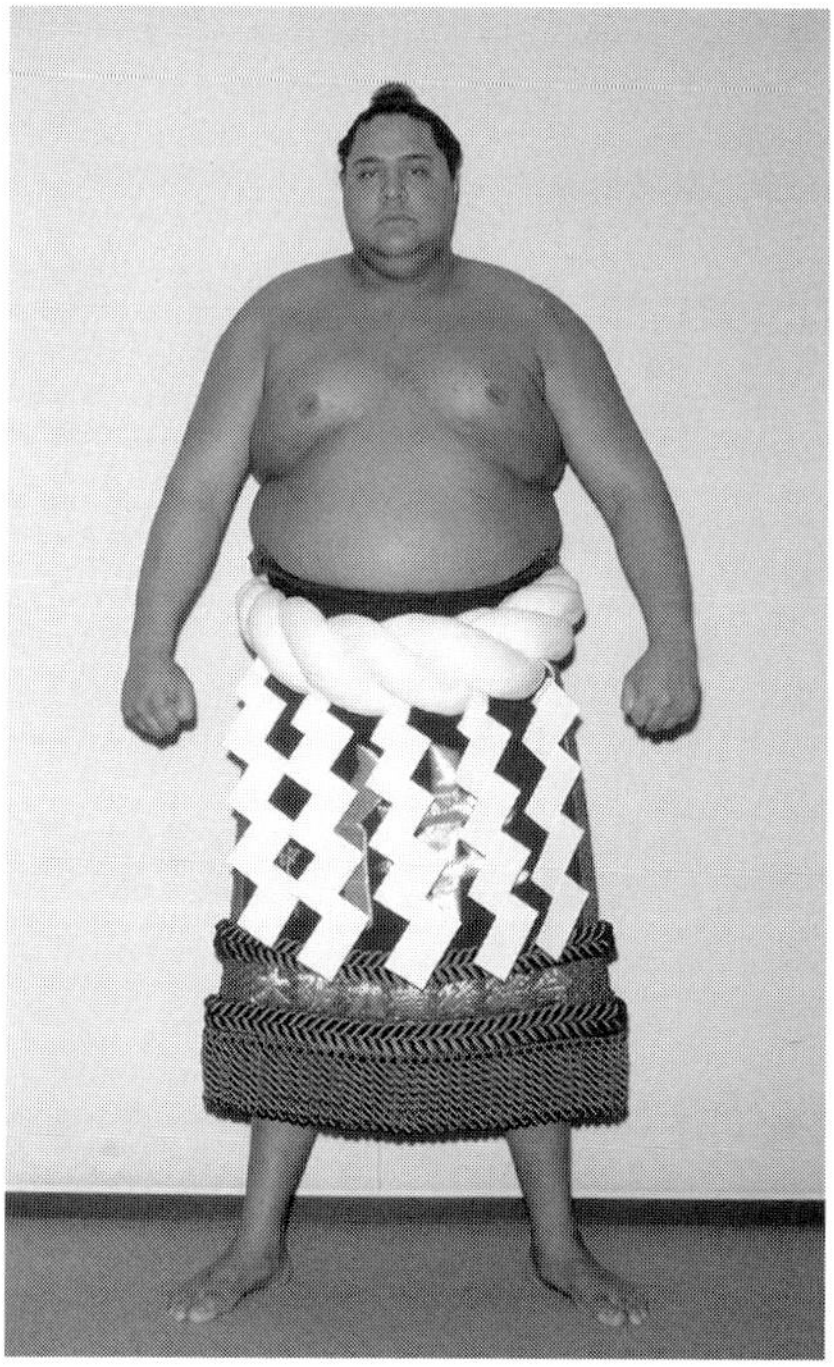
第六四代横綱・曙太郎

**あけぼのたろう【曙太郎】** 第六四代横綱。米国ハワイ州オアフ島出身。昭和四四年（一九六九）五月八日生まれ。本名は、ローウェン・チャド・ジョージ・ハヘオから平成八年（一九九六）四月に日本に帰化して曙太郎。東関部屋。昭和六三年三月初土俵。平成二年三月新十両。同年九月新入幕。同五年三月新横綱。同一三年一月引退。身長二〇四センチ・体重二三四キロ。幕内通算成績は五六六勝一九八敗一八一休、優勝一一回。

外国人として初の横綱となった。下半身にもろさがあったが、相手を一気に土俵の外に持っていく強烈な突っ張りが出るときは強さを発揮した。引退後は年寄曙となったが、現在は格闘家。

**あげまき【揚巻】** 土俵上方の屋形に張りめぐらされた紫色の水引幕を、各面の中央部分で絞り上げている房のついたひものこと。揚巻の色は、正面が黒、東が青（緑）、向正面が赤、西が白と決められている。→〔水引幕〕

**あご【顎】【～が上がる】** 対戦中に苦しくなって、または相手の攻めの圧力に負けて顎が上がってしまうこと。顎を引くことが相撲の基本姿勢であり、顎を上げると攻める力が弱まり、相手に攻められやすくなる。したがって、稽古場では「顎を上げるな」という注意が繰り返される。

**【～をかます】** 立ち合いから相手の顎を強烈に張ったりかち上げたりする攻め方。単に「かます」ともいう。

**あごをかます【顎をかます】** 相撲界独特の表現で、相手の頼みなどを冷たく断ること。同じことを「鉄砲かます」ともいう。

**あさい【浅い】** 下手を肘から先くらいまで差した体勢になることを「浅く差す」という。また、相手の廻しの横褌《みつ》から前褌のあたりを取ることを「浅く引く」という。このような体勢は、次の変化に出やすくなり、相手の攻めに対応しやすくなる。両差《もろざ》しでも、両手の肘から先くらいを差した両下手を「浅い両差し」といい、相手は上手が遠くなる。→〔下手〕〔両差し〕

**あさかやま【浅香山】** 年寄名跡の一つ。初代は貞享三年（一六八六）に年寄仲間に加わった浅香山市郎右衛門で、元禄五年（一六九二）九月の興行から差添《さしぞい》や勧進元をつとめた。現在は元大関・魁皇が襲名継承し、浅香山部屋を運営している。

**あさくさこくぎかん【浅草国技館】**
↓〔その他の国技館〕

**あさくさのかんのんさま【浅草の観音様】** 相撲界独特の表現で、円形に作られた勝負俵の地上に出ている部分のことをいう。勝負俵は全体の六分を土中に埋め込み、四分を地上に出すと定められている。この地上部分の高さが約五㌢で、東京都台東区にある浅草寺の秘仏、金無垢《むく》の観音像の背丈一寸八分（五・四五㌢）と同じくらいであるところから生じた表現。↓〔勝負俵〕

**あさげいこ【朝稽古】** 巡業の割（取組表）に「〇〇時より朝稽古」と書く場合があるが、これは稽古風景を見たい観客のために設定されるもの。部屋での稽古は早朝から午前一一時ごろまで集中して行われるので、特に「朝稽古」という言い方はしない。↓〔稽古〕

第四六代横綱・朝潮太郎

**あさしおたろう【朝潮太郎】** 第四六代横綱。鹿児島県大島郡徳之島町出身。昭和四年（一九二九）一一月一三日生まれ。本名は米川文敏。高砂部屋。昭和二三年一〇月初土俵。同二五年九月新十両。同二六年一月新入幕。同三四年五月新横綱。同三七年一月引退。身長一八八㌢・体重一四五㌔。幕内通算成績は四三一勝二四八敗一〇一休、優勝五回。

昭和三二年三月場所で二回目の優勝をしたころから報道関係では「大阪太郎」の異名で呼ばれ、結局、優勝五回のうち四回を大阪場所で果たすなど大阪での活躍が目立った。相手の体を挟みつけるように追い込む豪快な攻めを持っていたが、持病に脊椎分離症があって悩まされた。

引退後は一代年寄朝潮から年寄振分、後に高砂を襲名。理事として活躍したほか、朝潮（現年寄高砂）、小錦（年寄佐ノ山から退職）の二人の大関を育てた。昭和六三年一〇月二三日、五八歳で没。

**あさしょうりゅうあきのり【朝青龍明徳】** 第六八代横綱。モンゴル国ウランバートル市出身。昭和五五年（一九八〇）九月二七日生まれ。本名はドルゴルスレン・ダグワドルジ。高砂部屋。平成一一年一月初土俵。当場所一番出世。同年五月序二段優勝。同年七月三段目優勝。同一二年七月幕下優勝。同年九月新十両。同一三年一月新入幕。同一五年三月新横綱。同二二年一月引退。身長一八四㌢・体重一三九・五㌔。

殊勲賞三回、敢闘賞三回。幕内通算成績は五九六勝一五三敗七六休、優勝二五回。

モンゴル出身で初めての横綱。父も三人の兄弟もモンゴル相撲の力士だった。モンゴル相撲一家に生まれた。中学時代に柔道を始め、中学選手権で優勝。一五歳でモンゴル相撲を始め少年大会で優勝。高校時代に高知県須崎市の明徳義塾高校に相撲留学し、中退して若松部屋に入門。その後に師匠の名跡変更により、高砂部屋に所属していた。

**あさだいこ【朝太鼓】** 櫓の上で打つ太鼓の打ち方の一つ、「寄せ太鼓」の別称。本場所が開催されている一五日間、午前八時から八時半に打たれる。相撲を開催中であることを知らせる太鼓である。↓〔太鼓〕〔櫓太鼓〕

**あさひふじせいや【旭富士正也】** 第六三代横綱。青森県つがる市出身。昭和三五年（一九六〇）七月六日生まれ。本名は杉野森正也。大島部屋。昭和五六年一月初土俵。同五七年三月新十両。同五八年三月新入幕。平成二年（一九九〇）九月新横綱。同四年一月引退。身長一八八㌢・体重一四五㌔。幕内通算成績は四八七勝二七七敗三五休、優勝四回。

　近畿大学を中退し、故郷で漁業に従事していたときにスカウトされたが、横綱になってから通信教育で勉強し直して卒業した努力の人である。「津軽なまこ」と異名されたほどの体の柔らかさで、相手の攻める力を吸収してしまうようなうまさがあった。引退後は現役名で年寄となり、後に安治川から伊勢ヶ濱を襲名。横綱日馬富士を育成。協会理事をつとめている。

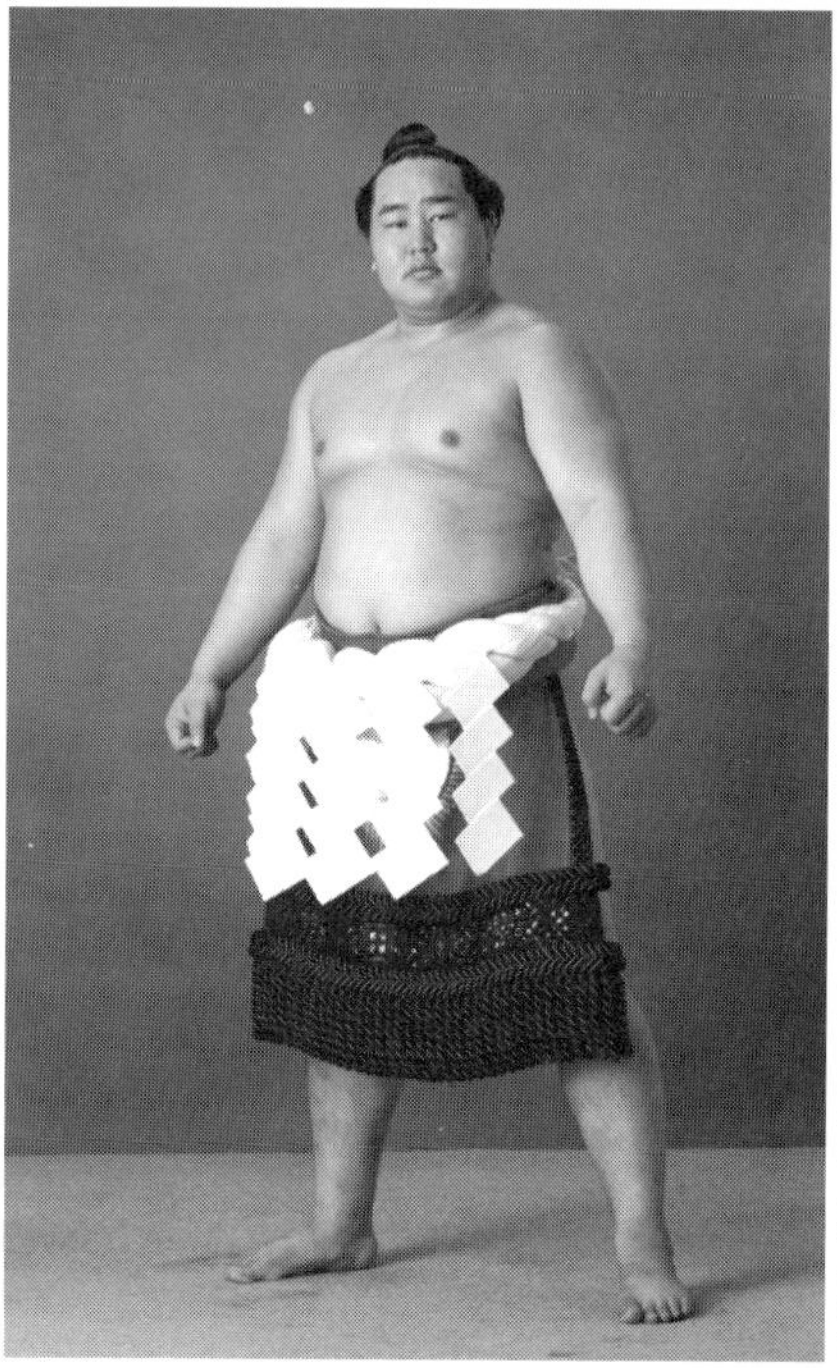

第六八代横綱・朝青龍明徳

第六三代横綱・旭富士正也

**あさひやま【朝日山】** 年寄名跡の一つで、昭和二年（一九二七）の東西合併の際に大阪の頭取から東京の年寄に加えられた。初代は明和三年（一七六六）八月限りで引退して頭取になった朝日山森右衛門。現在は、元大関・琴錦が襲名継承し、朝日山部屋を運営し、協会委員をつとめている。

**あさもみ**【麻もみ】横綱を作る材料の麻を、米ぬかをまぶしながら細く柔らかくもみほぐす作業のこと。横綱の所属する部屋の力士たちがする。使用する麻の量は力士の体型によって違うが六～一〇キロあり、たいへんな作業になる。新横綱が誕生したときと、年三回の東京本場所前に綱打ちが行われ、そのたびに麻もみをする。麻もみは、部屋に在籍する力士の数によって異なるが、慣れた部屋でも最短で半日はかかる。↓〔綱打ち〕

**あし**【足】【～が返る】足が裏返って足の甲が土俵内の砂につくこと。『勝負規定』では、これを負けとしている。

【～がかかる】攻め込まれて土俵際に詰まり、勝負俵や徳俵に足がつくこと。「俵に足がかかる」などという。

【～がそろう】対戦中の両足が、左右並ぶようにそろってしまうこと。両足がそろうと相手の引き技やはたきを食いやすく、悪い足の位置とされる。片足をやや後方に引き、両足を前後させて構えるのが基本である。

【～が流れる】上体の動きに足の運びが伴わず、上体より両足が後方に残ってしまうこと。または、体の重心を支える足の位置がずれること。足が流れるとバランスが崩れてしまうので、適切な足の送りが重要になる。

【～癖】内掛け、外掛け、蹴返し、蹴手繰《けたぐ》りなどの足を使った技のこと。足技を得意としている力士を称して「足癖がある」のようにいう。

【～で突っ張る】手だけの突っ張りは威力がなく、鋭い踏み込みや出足が伴わなければならないという相撲の基本を、たとえとして説いた表現。「腰で突っ張る」も同様の表現。↓〔突っ張り〕

【～の送り】対戦中に体のバランスが崩れないように、上体の変化に応じて重心を支える足が適切な位置にくるようにする足運びのこと。そのように足を運ぶことを「足を送る」という。

【～の運び】「足の送り」に同じ。

**あじがわ**【安治川】年寄名跡の一つ。初代は天明六年（一七八六）に引退して大阪の頭取になった二代猪名川政右衛門（のち藤嶋）。昭和一七年（一九四二）に旧大阪の頭取名跡を復活したときに、「猪名川」は年寄「稲川」と同音で紛らわしいために「安治川」と改められた。現在は、元前頭筆頭・土佐豊が襲名継承している。

**あしきりせいど**【足切り制度】相撲協会が昭和三二年（一九五七）五月より実施した人員削減を、報道関係等がこのように俗称した。内容は、入門より二〇（後二五）場所を経ても幕下に昇進しない場合、力士養成費等の支給を停止するもので、その後、翌三三年一月より年六場所となったため、基準場所数が三〇場所に変更された。この制度は同四二年三月場所限りで廃止になった。↓〔自費養成力士〕

**あしとり**【足取り】決まり手八二手の一つ。片手で相手の太ももを外側から抱えて持ち上げ、もう片方の手で持ち上げた足首を内側からつかみ、自分の頭を相手の横腹に押しつけ、体重を預けるようにして倒すか、土俵の外に出す。体の小柄な力士が得意技とする。↓〔決まり手〕

決まり手・足取り

**あずかり**【預かり】物言いがついて勝負判定が紛糾し決しかねたような場合に、「勝負を預かる」とした判定制度。創始された正確な年代は不明であるが、江戸時代に始まり、大正時代まで行われた。預かりの決め方には、その場で即決する場合と、あとで取締・検査役が協議して決定する場合とがあった。後者は、協会が最終的なさばきをつけるところから「協会さばき」とも呼ばれた。明治以降では、預かりと判定された場合、その内容は以下の三種に区別された。

(1)双方が互角であったとする「丸預かり」。星取表には双方に△（預かりの記号）が記された。引き分けに等しい扱いであったと思われる。俗称で「ずぶ」といった。

(2)分のよいほうと悪いほうとに分けた「隠れ星」。これには「丸星」と「半星」とがあり、分のよいほうを丸星とし勝ち星に扱い、分の悪いほうを半星とし「負けなし」の扱いとした。星取表には双方に△が記されたが、内実は丸星のほうは番付や給金が上がることがあり、半星ではそれがなかった。

(3)その場の体裁や行司差し違えによる「土俵預かり」。体裁とは、物言いをつけた控え力士の顔を立てる、負け力士に花を持たせるなどであった。土俵預かりの場合は勝負附や星取表に○と●とに分けて記され、勝敗は明らかにされた。

大正一四年（一九二五）一一月に引き分け、預かりが廃止されて取り直し制度に改められ、勝負が決まるまで取ることになった。ただし、昭和一八年（一九四三）～一九年に特例として預かりが認められたことが六回あり、このときには星取表に漢字で「預」と記入された。→〔半星〕〔丸星〕

**あずかりでし【預かり弟子】**→〔内弟子〕

**あずまぜき【東関】** 年寄名跡の一つ。初代は天明三年（一七八三）に引退した序二段・東関庄助。元関脇・高見山が襲名していたが、現在は、元前頭一〇枚目・潮丸が襲名。

第四〇代横綱・東富士欽壹

**あずまふじきんいち【東富士欽壹】** 第四〇代横綱。東京都台東区出身。大正一〇年（一九二一）一〇月二八日生まれ。本名は井上謹一。富士ヶ根部屋から高砂部屋に移った。昭和一一年（一九三六）一月初土俵。同一七年一月新十両。同一八年五月新入幕。同二四年一月新横綱。同二九年九月引退。身長一七九センチ・体重一五七キロ。幕内通算成績は二六一勝一〇四敗一分一痛分五四休、優勝六回。巨体を生かした寄り身に迫力があり、東京出身の最初の横綱として「江戸っ子横綱」と愛称された。引退後は年寄錦戸を襲名したが、間もなく廃業してプロレスに入った。昭和四八年七月三一日、五一歳で没。

**あせかき【汗かき】** 力士の汗や体についた土俵の砂をかき落とすのに用いる道具。真竹で節の間が四五センチ以上あるものを適当な長さに切り、約一・五センチの幅で縦に割り、これをU字形に曲げて用いる。現在はあまり使われていないが、タオルなどでぬぐうのとは異なり、皮膚の中の汗までかき出すことができ、そう快な気分を与える汗取りとして昔から愛用された。「竹ベラ」ともいう。

**あたま**【頭】【～が上がる】相手の顎の下や胸部につけていた頭が、相手に起こされたり息が苦しくなったりして上がってしまい、相手の肩の上に顔を出してしまうこと。こうなると、相手に廻しを引かれやすくなり、胸が合うと、体力差のある相手ではがっぷり四つで負けてしまう場合がある。

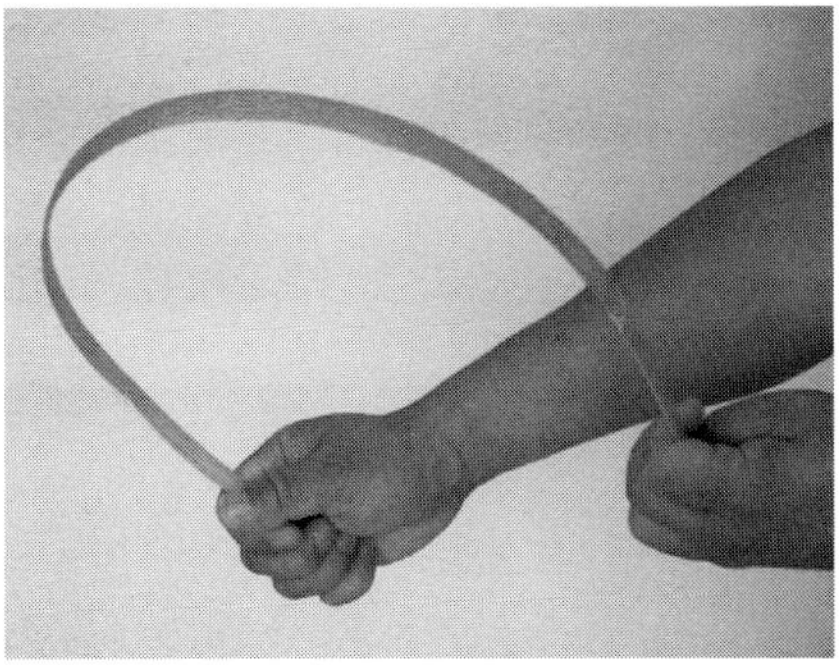

竹を削って作られた汗かき。

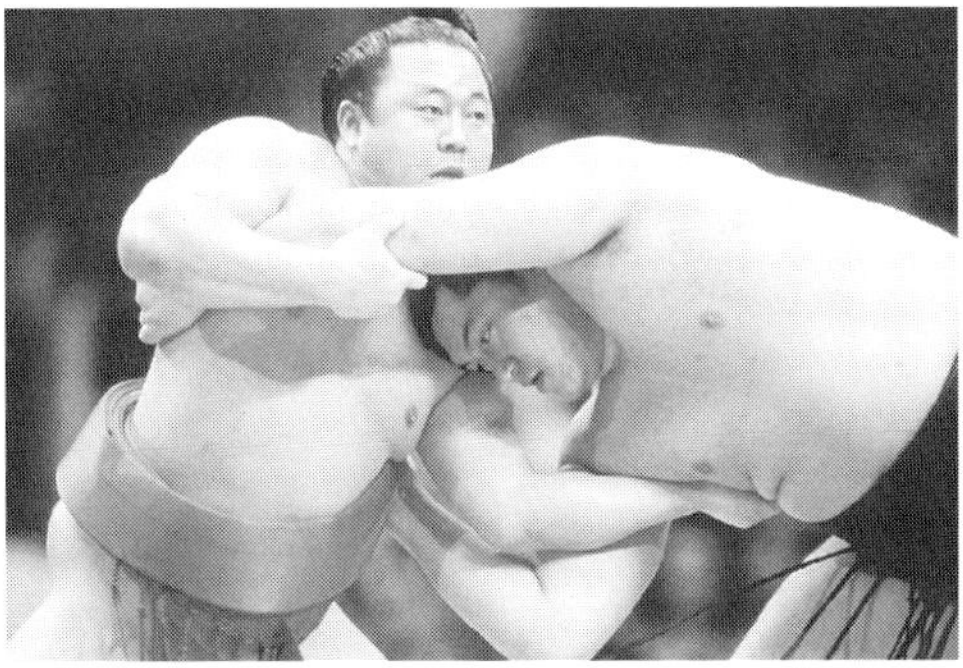

頭をつけ、相手（左）の体を起こす。

【～で当たる】相手の胸部をめがけて頭から当たること。相撲では「頭突き」という用語は使わず、「頭で当たる」というのが普通。

【～四つ】対戦中に、両力士とも相手の廻しを取らないで、あるいは取れないで、手を相手の腕にあてがったり置いたりして、互いに頭をつけ合っている状態のこと。いわば、互いに進退を中断して、相手の出方をうかがっている状態である。

【～を下げる】顎を引き、低い体勢で頭から相手にぶつかっていくこと。

【～をつける】対戦中に、頭や額を相手の胸部につけること。自分の体勢を低くして、相手の体を起こすためにする。

**あたり**【当たり】立ち合いで相手にぶつかってゆく圧力の程度のこと。「当たりが強い」とか「当たりが弱い」と表現する。強い圧力で相手を圧倒すれば当たり勝ちとなり、その次の攻めを有利にする。逆は当たり負けとなる。両者の当たりが五分ならば、互角の立ち合いになる。

**あたる**【当たる】本場所で対戦すること。

**あっぱ**　かつて力士や親方が自分の妻をこう呼ぶことがあった。現在は使われていない。青森県、新潟県、長崎県、鹿児島県種子島などの方言では「母」を意味する。

相手（右）の肘にあてがって力をそぐ。

**あてがう**　相手が突っ張ってきたときに、突いてきた腕を下から受けとめること。また、四つに組んで下手から攻めてきた場合は、相手の下手の肘や腕に自分の上手を下から当てて、相手の力をそぐようにすること。相手の攻めを防ぎながら、同時に反撃に転じようとする手の使い方である。

**あにでし**【兄弟子】番付の順位よ

りも入門順のほうを最優先して、自分より入門が一分一秒でも早い人は、すべて兄弟子である。力士どうしの間ばかりでなく、力士と行司の間や、呼出、床山などの間でも職域を超えていう。→〔弟弟子〕〔同期生〕

**あにでしまけ【兄弟子負け】** 相手が先輩力士であるために、その貫禄や経験などに気後れしたような負け方のこと。

**あびせたおし【浴びせ倒し】** 決まり手八二手の一つ。四つに組んだ対戦中に、相手が上体を弓なりに反らせたり、腰がくだけて体勢が低くなったりしたときに、自分の体重を預けるように上から乗りかかって、相手をつぶすように倒す。寄り倒しが土俵際などで決まるのに比べて、浴びせ倒しは土俵内で決まることが多い。→〔決まり手〕

決まり手・浴びせ倒し

**あぶらせん【油銭】** 力士が髪を結ってもらったときに、心付けとして床山に手渡す油代。現在、くしと元結は協会から床山に現物支給されるが、すき油（びん付け油）の支払いは各力士が油銭として負担することになっている。

**アマチュアずもう【アマチュア相撲】** 相撲を職業としない社会人相撲、学生相撲、少年や児童の相撲などを総称して「アマチュア相撲」という。広くは各地の草相撲も含めるが、これは「素人相撲」と別称される場合がある。

団体組織になっているものには日本実業団相撲連盟、日本学生相撲連盟、全国高等学校体育連盟相撲専門部などがあり、それらは日本相撲連盟が主として統轄している。

アマチュア相撲の主要な大会をあげれば、およそ次のようなものがある。歴史のある大会としては、東日本学生相撲選手権大会（平成二九年〈二〇一七〉現在で九六回）、西日本学生相撲選手権大会（九一回）、全国高等学校相撲選手権大会（九五回）、学生相撲最大の大会である全国学生相撲選手権大会（九五回）などがある。また、社会人では全国選抜社会人相撲選手権大会、全国教職員相撲選手権大会、全日本実業団相撲選手権大会、優勝者が「アマ横綱」と呼ばれる全日本相撲選手権大会などがある。

その他、わんぱく相撲全国大会、全国中学校相撲選手権大会、アジア相撲選手権大会、世界相撲選手権大会などもある。→〔学生相撲〕〔新相撲〕〔日本相撲連盟〕

**あまの【天野】** 相撲界独特の表現で、冗談や軽妙な語り口のこと。明治時代、天野という名の相撲ファンの冗談が力士たちを笑わせたことに由来する。

**アマよこづな【アマ横綱】** 例年一一月末ごろに国技館を会場にして開催される、アマチュア相撲の全日本相撲選手権大会の優勝者を、報道関係が俗称してこのように呼ぶ。近年のアマ横綱で大相撲入りした選手は次のとおりである。

第二五回・二六回（昭和五一・五二年）連続優勝　長岡末弘（近畿大）元大関朝潮・現年寄高砂

第三二回・三三回（昭和五八・五九年）連続優勝　久嶋啓太（新宮高校・日本大）元幕内久島海・元年寄田子ノ浦

第三六回（昭和六二年）山崎直樹（日本大）元幕内大翔山・現年寄追手風

第三八回（平成元年／一九八九）成松伸哉（山口県教員）現年寄玉垣

第三九回（平成二年）栗本　剛（中央大）元十枚目武哲山・廃業

第四一回（平成四年）尾曽武人（専修大）元大関武双山・現年寄藤島
第四五回・四六回（平成八・九年）連続優勝　田宮啓司（日本大）元大関琴光喜・廃業
第四七回（平成一〇年）加藤精彦（日本大）元幕内高見盛・現年寄振分
第四九回（平成一二年）内田水（日本大）元小結普天王・現年寄稲川
第五〇回（平成一三年）三好正人（近畿大）元幕下朝陽丸・廃業
第五一回（平成一四年）大西雅継（日体大）幕内嘉風・現年寄中村
第五五回大会（平成一八年）市原孝行（日本大）元幕下清瀬海・廃業
第六一回（平成二四年）遠藤聖大（日本大）現小結遠藤
第六二回（平成二五年）川端翔伍（日本大）現幕内大翔丸
第六三回（平成二六年）大道久司（東洋大）現関脇御嶽海
第六四回（平成二七年）バーサンスレン・トゥルボルト（日本大）現十両水戸龍
第六五回（平成二八年）矢後太規（中央大）現十両矢後

現役しこ名・年寄名は令和元年一一月現在。→〔全日本相撲選手権大会〕

**あみうち【網打ち】**決まり手八二手の一つ。相手に押し込まれたときなどに、まず相手の差し手《で》を両腕で抱えて動きを止める。相手が右下手ならば左腕で外側から差し手を抱え、右手で差し手のつけ根を抱えるようにし、自分は左足を後方に引いて体《たい》を開き、抱えた相手の腕を右後方へ振り捨てるようにひねって倒す。きれいに決まると、投網を打つ姿に似ているのでこの名がついた。土俵際での逆転技である。→〔決まり手〕

決まり手・網打ち

**あやがわごろうじ【綾川五郎次】**第二代横綱。栃木県栃木市の出身と伝えられるが、生年など詳しいことは不明。

『相撲今昔物語』（子明山人／天明五年〈一七八五〉）には「人うけのよき性質にて、土俵に上がりても、にこにこと笑ひ贔屓多き力士」だったとある。墓所は栃木市にあるが、墓石に明和二年（一七六五）一月二二日没と刻まれている。

**あらいそ【荒磯】**年寄名跡の一つ。初代は寛政六年（一七九四）に引退した三段目・荒磯与八（雲林改め）とされるが詳細不明。現在は、元横綱・稀勢の里が継承。

**あらきだ【荒木田】**東京都荒川区の町屋、尾久周辺に産出した粘土質の土。特に旧荒川（現在の隅田川）流域の荒木田の原で採れたところから、この名称が残っている。主に壁土に使われたが、粘りがあって乾燥が速いので、土俵の盛り土に適していた。協会の『寄附行為施行細則　附属規定』の『相撲規則　土俵規定』にも「土俵は荒木田をもってつきかため」と定められている。

現在では、東京本場所の土俵には千葉県我孫子市や茨城県筑波周辺などの土を使用している。→〔土俵①〕

**あらし**　江戸時代に行われていた勝負判定の方法の、預かり、引き分け、無勝負を総称してこのように呼んだ。いずれもどちらか一方に勝ち負けを決めない判定であった。別称で「割れ」ともいった。→〔預かり〕〔引き分け〕〔無勝負〕

**あらしお【荒汐】**年寄名跡の一つ。初代は正徳二年（一七一二）三月に年寄仲間に加わった荒汐仁太夫で、勧進元や差添《さしぞい》をつとめた。現在は、元小結・大豊が襲名継承し、荒汐部屋を運営している。

**あらわざ**【**荒技**】取り口について報道関係が使う表現で、相撲用語ではない。決まった際に、激しく豪快に見える技や荒々しさを感じさせる技、また、時として相手に恐怖感を覚えさせるような技や、相手にけがを負わせそうな危険な技のこともいう。決まり手でいえば「吊り落とし」、「首投げ」など。↓〔大技〕

**あわせわざ**【**合わせ技**】報道関係が使う表現で、相撲用語ではない。二つ以上の技を同時にしかけた場合を「合わせ技」という。例えば、攻防の中で、下手投げを打ちながら上手でひねり技を加えた場合などである。これで勝負が決まれば、下手投げか上手捻りか、より有効なほうが決まり手となる。

**あんこ** ①「新弟子」の別称。↓〔新弟子〕
②「あんこ型」の略称。

**あんこがた**【**あんこ型**】丸々と太って腹が突き出た力士の体型、また、その体型をした力士のことをいう。魚のアンコウの丸い腹から連想された呼称といわれている。「あんこ」、「あんこう」ともいう。太り方の程度によってやや太った力士を「中あんこ」、やや筋肉質に感じられる力士を「固太りあんこ」と呼ぶこともある。「あんこ型」と対照的に筋肉質の体型を「そっぷ型」という。↓〔そっぷ型〕

**あんでし** 幕下二段目、三段目の力士をいう。「兄弟子」のなまった語であるが、「兄弟子」のように広い意味では使われない。

**あんま** 相撲界独特の表現で、下位力士が上位力士の稽古の相手をすること。下位力士にとっては必須の稽古であるが、上位力士にとっては軽く体をほぐす稽古で、そこから「あんま〈注〉」という言葉が生まれた。〈注〉あんま＝現在では職業差別をする表現とされる。

## ……い……

**いいとこうる**【**いいとこ売る**】相撲界独特の表現で、冗談を言うことや軽妙な語り口で話すことをいう。「いいとこ」というのは、知ったかぶりで話を作り上げたり飾ったりしておもしろくするといった意味である。

**いいむね**【**いい胸**】ぶつかり稽古で胸を出して、相手の力士に存分の稽古をさせること。じょうずに相手の稽古台になる力士のことを「いい胸をしている」という。また、上位力士が下位の者に稽古をつけるときにもいう。↓〔ぶつかり稽古〕

**いかさまだち**【**いかさま立ち**】仕切りで相手に呼吸を合わせず、立つそぶりを見せなかったり、立ち合いで「待った」をすると思わせたりして、意気込んだ相手が気を抜いたとたんにいきなり立つような立ち合いのこと。「ペテン立ち」ともいった。平成三年（一九九一）九月に「待った」の制裁金制度（同一〇年九月場所から廃止）ができてからは見られず、現在は、立ち合いの成立・不成立の判定材料とされていない。↓〔立ち合い〕

**いかずち**【**雷**】年寄名跡の一つ。初代は貞享元年（一六八四）に江戸で初めて勧進相撲が許可されたときの勧進元として伝えられる雷権太夫。以後、江戸相撲を代表する名跡としてあった。現在は、元小結・垣添が襲名継承している。

**いきあし**【**生き足**】勝負がもつれて判定をしにくい状況となったとき、しばしば用いられる表現。
①体は土俵外に飛び出していても、足裏の一部や足の指が土俵内に残っていたり俵にかかっている場合を「生き体」といい、その足を「生き足」という。生き足の残った力士の勝ちとなる。
②土俵際の攻防で、相手が逆転不可能な死に体になったとき、自分の足の一部が土俵の外に出た場合も「生き足」といい、これも負け

にはならない。→〔死に体〕

**いきたい【生き体】** 勝負がほとんど決まりかけたように見えても、まだ相手に対して抵抗することができ、逆転の可能性が残っていると判断される体勢のこと。逆に、逆転不可能になってしまった体勢は「死に体」という。寄り倒しかうっちゃりかなど、土俵際のきわどい勝負では常に生き体か死に体かが問題になるが、生き足が残っていれば生き体と判断される。→〔死に体〕

非技・勇み足

**いさみあし【勇み足】** 土俵際まで攻めてゆき、相手の足がまだ土俵の中に残っているのに、勢いに乗った自分の足が相手より先に土俵の外に出てしまうこと。勇み足は、非技として決まり手八二手以外の公式判定になっており、負けとされる。→〔送り足〕〔非技〕

**いじいん【維持員】** 『日本相撲協会寄附行為』に「この法人の維持と存立を確実にし、事業を後援するもの」として制定されている。維持員には普通維持員、特別維持員、団体維持員の三種類があり、それぞれ規定の維持費を協会に納めるか協会に多大の貢献をするなどして、理事会の承認を得て維持員になることができる。

維持員になると維持員証が交付され、所属する地区の本場所競技に維持員席（溜まり席）で立ち会う。また、維持員は『日本相撲協会維持員会規定』によって維持員会を組織して、協会の運営に関する提言、三賞選考委員会に出席しての選定、力士適格者の紹介などを行う。→〔日本相撲協会寄附行為〕

**いじいんせき【維持員席】** 土俵下に設けられた溜まり席のうち、相撲協会維持員に割り当てられた席。維持員に対しては一五日間通しの維持員券（整理券）を協会が用意する。→〔溜まり席〕

**いしょうほじょひ【衣装補助費】** 審判は紋付羽織《はおり》・袴《はかま》の正装で勝負判定に臨むことが決められており、その正装維持のために、協会より審判委員に対して東京本場所ごとに年三回支給される。

**いすせき【いす席】** 国技館の二階客席はすべていす席になっており、A席（1〜6列）、B席（7〜11列）、C席（12〜13列）と並び、最後列の自由席（14列）まで四つに区分されている。→〔溜まり席〕〔枡席〕

**いせがはま【伊勢ヶ濱】** 年寄名跡の一つ。初代は伊勢ノ海部屋の行司・五代式守伊之助が天保一五年（一八四四）ごろから兼務していたと考えられる。現在は、元横綱・旭富士が襲名継承し、伊勢ヶ濱部屋を運営しながら協会理事をつとめている。弟子に横綱・日馬富士がいる。

**いせき【移籍】** 他の相撲部屋に所属を移すこと。力士、行司、呼出、床山は入門時、または採用時にそれぞれの相撲部屋所属となり、原則としてその部屋を替えることはできない。しかし、部屋を運営する年寄の停年後、あるいは死亡や協会の除名処分などがあった後に部屋の継承者がいない場合、協会が、所属力士本人の意思を尊重し、新たに転属すべき師匠である年寄を決定し、理事会の承認を得て移籍することがある。

**いせじんぐうほうのうずもう【伊勢神宮奉納相撲】** 協会の正式な名称は「伊勢神宮奉納選士権大会」といい、三重県伊勢市にある伊勢神宮内宮の如雪園常設相撲場で開催される。三月場所終了後の春巡業のはじめに行われ、三月下旬ないし四月初旬となるのが通例である。昭和三〇年（一九五五）三月

理事長、横綱ほかの伊勢神宮参拝。



に第一回が行われ、以降毎年一回開催されている。ただし、同四八年は六〇年ごとの遷宮があって中止となり、平成六年（一九九四）は二〇年ごとの式年遷宮祭のために前年の四月と一〇月に二度開催された。

**いせのうみ【伊勢ノ海】** 年寄名跡の一つ。初代は大阪・京都の力士を引退して、宝暦六年（一七五六）から江戸相撲の勧進元や差添《さしぞい》をつとめた伊勢ノ海五太夫。江戸時代から連綿と引き継がれている名跡。現在は、元前頭三枚目・北勝関が襲名継承し、部屋を運営している。

**いぞり【居反り】** 決まり手八二手の一つ。立ち合いに低く飛び込んで相手の懐に入るか、または、相手が上からのしかかるように攻めてきたときに、しゃがみ込むように腰を低く落とし、両手で相手の膝のあたりを抱えて体を反らせ、相手を押し上げるようにして自分の後方に投げ落とす。相手の膝を片手で抱え、もう片方の手で相手の下手廻しを取る場合もある。めったに見られない大技である。

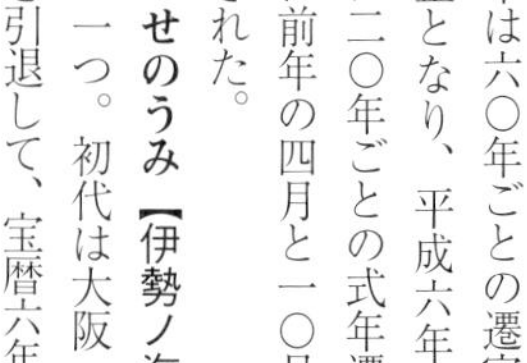
決まり手・居反り

→〔決まり手〕

**いたいいたいをきめる【痛い痛いを決める】** 相撲界独特の表現で、仮病を訴えて稽古をさぼること。

**いたばんづけ【板番付】** 興行する場所に宣伝のために掲げる、板に書かれた番付。現在の板番付は、屋根に当たる部分が「入」の字の形に作られるが、これを「入山形」といい、大入り満員を願ったもの。大きさは縦横がそれぞれ一・九メートルあり、幕内木村恵之助と三段目行

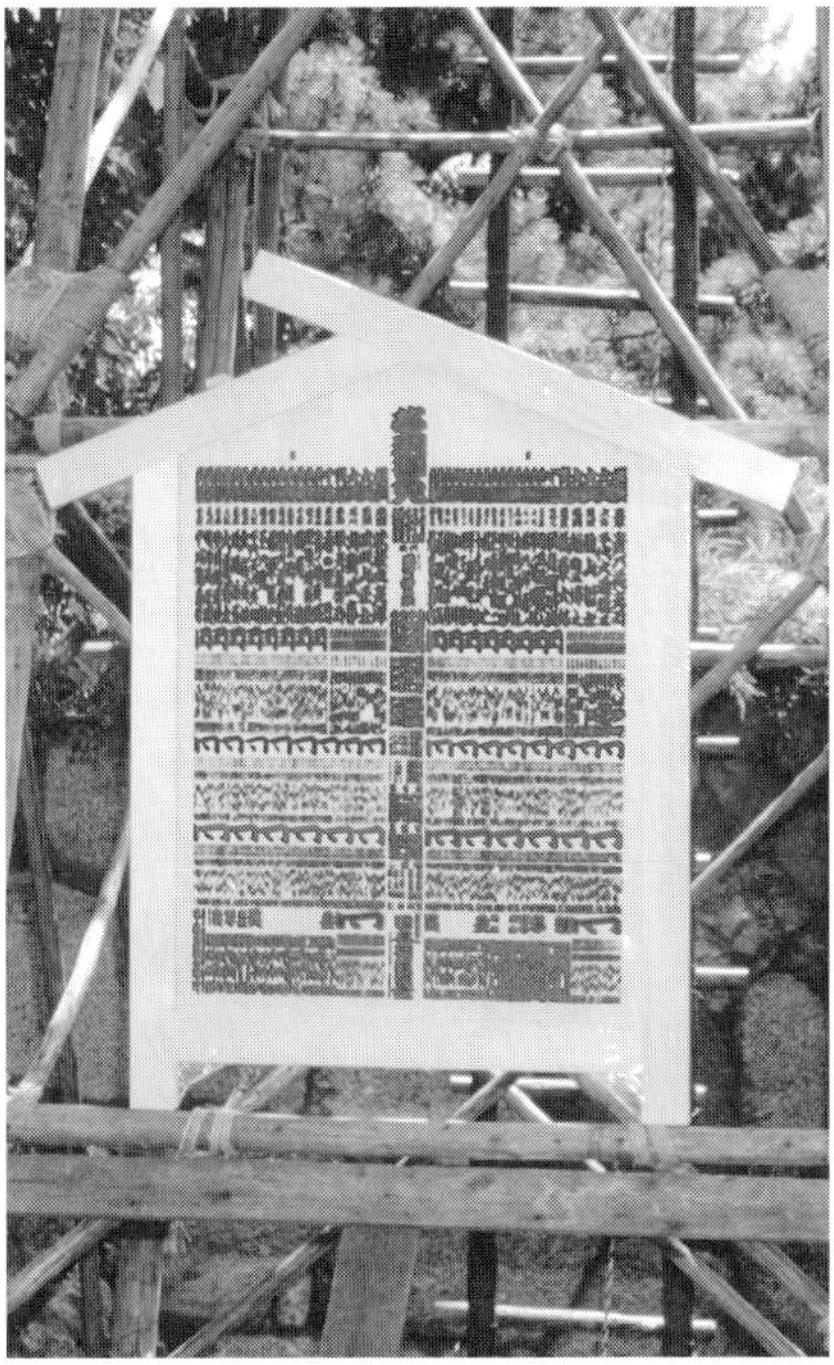

櫓の下に立てられた板番付。上部が入山形に作られている。

司が三人で四～五日かけて書き上げる。本場所ごとに国技館では櫓の中ほどに、他の会場では入り口近くに板番付が一枚掲げられる。↓〔番付の歴史〕

**いたみわけ【痛み分け】** 競技進行中に力士が負傷をしたとき、行司は両力士の動きを止め、競技をいったん中断する。負傷の程度によって審判と行司が協議し、これ以上続行できないと判断した場合に、行司が競技続行中止を発表して痛み分けとする。このとき、行司は「片や痛み引き分け預かりおきます」と口上を述べる。

また、続行となっても、直前の対戦による負傷が再度の取組に堪えがたい場合は、土俵上で協議して痛み分けとする。現在は星取表に△の印がつく。なお、負傷した力士の血が土俵に落ちたときは、呼出がその砂を取り除き、あとを塩で清める。略称で「分け」ともいう。↓〔取り直し〕〔引き分け〕

**いちがつばしょ【一月場所】** 国技館で一月に開催される東京本場所の正式な呼称。俗称で「初場所」ともいう。↓〔本場所〕

**いちだいとしより【一代年寄】** 協会の『年寄名跡目録』に記載された一〇五の名跡のほかに、その個人一代限りにおいて年寄として待遇されること。その名跡の継承はできない。従来には次のような例がある。

⑴昭和二年（一九二七）の東西合併で大阪頭取から年寄となったが、一代で廃家となって「一代年寄」と呼ばれたもの。

⑵昭和一六年一月場所前に「横綱は引退後一代年寄とする」と制定され、同年五月場所中に「横綱は現役のまま、一代年寄になることができ、二枚鑑札として優遇」と改正された。これは「横綱一代年寄制」と呼ばれた。

⑶協会に著しい貢献のあった横綱に対してその功績をたたえ、理事会の決定を経て「一代年寄」を贈るというもの。これは、⑵の横綱一代年寄制とは別のものである。昭和四四年八月に当時優勝三〇回（最終成績は三二回）の横綱・大鵬に年寄「大鵬」、同六〇年一月に優勝二四回の横綱・北の湖に年寄「北の湖」が贈られた。平成元年（一九八九）九月には、当時二九回優勝（最終成績は三一回）していた横綱・千代の富士の一代年寄が理事会で提案されたが、千代の富士はこれを辞退し、年寄九重を継承した。同一五年（二〇〇三）、横綱貴乃花に年寄「貴乃花」が贈られた。

平成一〇年（一九九八）、協会への貢献が特に大きいと認められた大関に「三年以内に年寄株を取得する確証があると理事会で承認された場合」は三年に限って引退時の四股名を年寄名とすることができるとする規定が加えられた。現在までに元栃東（現年寄玉ノ井）と平成二六年（二〇一四）に引退した琴欧

洲（現年寄鳴戸）が認められた。↓〔年寄名跡〕〔横綱一代年寄制〕

**いちだんちがえばむしけらどうぜん　いちまいちがえばけらいのごとし【一段違えば虫けら同然　一枚違えば家来のごとし】**番付が一段違えば地位・実力・待遇に大きな差がある。また、一枚は同じ地位での最小差である。その地位や上下関係を厳しく守ることと同時に、稽古に励んで一枚でも上位を目指し、さらに一段上への昇進を目指すよう教えた相撲界独特の表現。↓〔番付①〕

**いちにちこうぎょう【一日興行】**巡業で、一日だけ興行すること。

**いちばんぎ【一番柝】**①いちばん初めの取組の始まる三〇分前の合図として、東西の仕度部屋に入れて回る柝《き》のこと。「二番柝《ぎ》」は取組開始一五分前に東西の仕度部屋を回り、「呼び柝《ぎ》」は花道前まで来ている力士に取組開始五分前を知らせる柝で、これを合図に力士が控えに入る。一番柝、二番柝、呼び柝とも同じテンポである。一番柝、二番柝は若い呼出が入れる。↓〔柝〕

②昭和一〇年代まで、本場所開催中に、前相撲の力士や行司を午前三時ごろに起こすために、拍子木を打ちながら各相撲部屋を回った呼出の役割のこと。このとき、呼出は前相撲の開始を触れるために「一番、一番、一番でござい」と拍子木を打ちながら、戸外から声をかけて起床させた。第三五代横綱・双葉山の人気が沸騰していたころには、相撲入門者が殺到したために前相撲の開始時間が極度に早まり、昭和一五年（一九四〇）一月場所の初日の前相撲は午前二時であった。起こし役は、部屋の中から「おーい」と返事がないかぎり、いつまでも繰り返し声をかけ続けたという。

**いちばんしゅっせ【一番出世】**入門して新弟子検査に合格した力士が、本場所で前相撲を取り、協会が定めた日までに規定の勝ち星をあげ、新序出世披露を受けること。また、その力士のこともいい、「新序一番出世」ともいう。

　出世披露の日は新弟子の数によって異なるが、新弟子が多い三月場所では、二日目から前相撲を取り、五日目までに三勝をあげると五日目に「一番出世」となり披露される。六日目～八日目までに三勝できた者が九日目に「二番出世」となり披露され、一〇日目～一一日目までに三勝できた者と全敗であっても全休でなかった残りの者が一二日目に「三番出世」となり披露される。新弟子の数が多くない他の五場所では「一番出世」が八日目に行われる。

　出世披露は三段目の取組の終わりごろに行われ、新弟子は師匠や部屋の関取衆から借りた化粧廻しを締め、土俵上で行司の口上の後にしこ名・所属部屋・出身地が紹介される。一番出世から三番出世まで出世披露を受けた力士は、翌場所の番付で序ノ口にしこ名が初めて記載される。↓〔新序出世披露〕〔前相撲〕

**いちばんずもう【一番相撲】**幕下以下序ノ口までの力士が、本場所で取る第一戦目の相撲のこと。昭和三五年（一九六〇）七月場所以降、幕下から序ノ口までの力士は本場所一五日間に八番だったのが、七番になった。したがって、一番相撲が本場所初日になる力士と、二日目になる力士とに分かれる。

**いちばんだいこ【一番太鼓】**櫓の上で打つ太鼓の打ち方の一つ、「寄せ太鼓」の別称。明治～昭和初期ごろまでは、場所中の夜明け前に開催を知らせるための太鼓であった。バチさばきも集客の意味で外から内に向かうように打った。この一番太鼓の後、関取が場所入りするころに二番太鼓を打ったが、戦後に安眠妨害などの苦情もあり、一番太鼓は廃止された。

　現在、場所中の午前八時から八時半に打つ「朝太鼓」の別称として「一番太鼓」の呼称は残っているが、「二番太鼓」の呼称はなくなった。したがって、現在は「一番太鼓」という言葉もあまり使われず、「朝太鼓」を通称としている。→〔櫓太鼓〕〔寄せ太鼓〕

**いちばんどひょう【一番土俵】** 巡業のとき、幕下より下位の力士たちは早朝から始まる稽古の順番を取るために、土俵の上に砂や塩で自分のしこ名を書いておき、土俵下で寝て待った。二番手がくると起こしてもらい稽古を始めた。最近ではあまり見られないが、このようにして最初に稽古の土俵に上がることを「一番土俵」という。

**いちまい【一枚】** 平幕以下序ノ口までの力士の、番付の地位の差である。例えば、前頭三枚目と四枚目、幕下一二枚目と一三枚目では一枚の差があり、「一枚上」といえば番付が一つ上位であることを表す。ただし、平幕以下についていうので、小結と前頭筆頭の差は「一枚違う」とはいわない。→〔半枚〕

**いちまいあばら【一枚あばら】** 力士の体の特徴を表す言葉で、胸から胴にかけて厚みがあり、骨太で、肋骨が一枚の板のようにつながって感じられるような頑丈な体つきをいう。力士の体型として一つの理想だといわれた。現在はあまり使われない用語である。

**いちまいまわし【一枚廻し】** 力士の締込《しめこみ》は腰に五〜七重に巻かれているが、対戦して相手の廻しを取ったときに、いちばん上側の一枚だけを引いた状態をいう。

寄り身が得意な力士は相手の廻しを二枚以上がっちりと引く場合もあるが、一枚廻しのほうが親指もよく通って相手が切りづらくなったり、相手の前褌《みつ》を拝み取りして頭を相手の胸につけたり有利な場合もある。取る場所によっては一枚廻しでは伸びてしまい、しかけた技の効果がそがれたりするので、後ろの結び目近くの細くなった部分を取るほうが有利である。

**いちみせいふう【一味清風】** 元亀年間（一五七〇〜一五七三）に吉田追風が関白二条晴良より与えられた団扇《うちわ》（軍配）に書かれた言葉であるという。「一味清風」とは、行司の祖と伝えられる志賀清林と追風は「一味（ひとつ）であって、相撲に二流（分派）はない」の意味であるというが、言葉の解釈は吉田司家が自家の由来を私伝に残したものである。→〔志賀清林〕〔吉田司家〕

**いちもん【一門】** 弟子が師匠から独立し新しく相撲部屋を興すなどして、縁続きとなった複数の相撲部屋を総称していう言葉。いわば、本家と分家というような関係で、連合稽古や冠婚葬祭などさまざまなことで協力関係にある。

昭和三二年（一九五七）より前には、巡業が現在のように協会全体では行われず、一門単位で行われる場合もあった。時津風一門、高砂一門、出羽海一門、二所ノ関一門、立浪・伊勢ヶ濱連合の五つがあった。立浪・伊勢ヶ濱連合は立浪一門となった後、平成二四年に立浪が貴乃花グループに合流して、立浪一門は消滅。残った一門の部屋が春日山との連合を経て伊勢ヶ濱一門と改称した。のち、貴乃花グループは一門として認められたが消滅。

各一門に集まる部屋は以下のとおり（令和元年十二月現在）。

**出羽海一門**　山響部屋・入間川部屋・玉ノ井部屋・境川部屋・春日野部屋・出羽海部屋・藤島部屋・木瀬部屋・尾上部屋・武蔵川部屋・式秀部屋・二子山部屋・立浪部屋

**二所ノ関一門**　尾車部屋・二所ノ関部屋・芝田山部屋・峰崎部屋・高田川部屋・片男波部屋・佐渡ヶ嶽部屋・田子ノ浦部屋・鳴戸部屋・西岩部屋・千賀ノ浦部屋・阿武松部屋・湊部屋・錣山部屋・大嶽部屋

**伊勢ヶ濱一門**　伊勢ヶ濱部屋・友

綱部屋・朝日山部屋・宮城野部屋・浅香山部屋

**高砂一門**　八角部屋・高砂部屋・九重部屋・錦戸部屋・東関部屋

**時津風一門**　鏡山部屋・陸奥部屋・荒汐部屋・伊勢ノ海部屋・時津風部屋・追手風部屋・中川部屋

↓〔組合別巡業〕

**いちもんけいとうべつへやそうあたりせい【一門系統別部屋総当たり制】**　原則として同じ一門内の直系の部屋の力士どうしは本場所の取組で対戦しないとした形式。略して「一門別総当たり制」「系統別総当たり制」ともいう。

昭和七年（一九三二）一月の春秋園事件で多数の脱退力士が出たため、江戸時代から続いた東西制の取組編成ができなくなり、この対戦制度が取り入れられた。この制度は、同七年二月春場所〜同一四年夏場所、同二二年秋場所〜同三九年十一月場所に行われた（同一五年春場所〜二二年夏場所は東西制が復活）。昭和四〇年一月場所以降は「部屋別総当たり制」に改められ、現在に至っている。↓〔東西制〕〔取組制度〕〔部屋別総当たり制〕

**いづつ【井筒】**　年寄名跡の一つ。初代は宝暦六年（一七五六）春に勧進元として名が残る井筒伴五郎（のち万五郎）。現在は、元関脇・逆鉾が襲名継承し、井筒部屋を運営しながら協会委員をつとめている。門下に横綱・鶴竜がいる。

決まり手・一本背負い

**いっぽんぜおい【一本背負い】**　決まり手八二手の一つ。前に出てくる相手の片腕の手首から肘のあたりを両手でつかみ、背を向けて相手の体を背負うようにして前方または側方へ投げる。小柄な力士が長身の力士に対したときに、出てくる相手の力を利用してかけると決まることがある。体重差があると相手につぶされてしまう場合もあり、あまり見ることができない大技である。↓〔決まり手〕

相手の出てくるところを①

右からいなす。②

**いながわ【稲川】**　年寄名跡の一つ。初代は天保一四年（一八四三）九月に関脇で現役のまま年寄になった稲川政右衛門。現在は、元小結・普天王が襲名継承している。

**いなす**　突き合いや押し合いの中で、とっさに体《たい》を開いて相手の突進を避け、相手の力の向きをそらしてしまうことを「いなし」という。多くの場合、体を開きながら相手の肩などをはたいたり突き落としたりする。いなされた相手が目標を失って前に落ちると、決まり手は「叩《はた》き込み」になる。

**いなす**　相撲界独特の表現で、日常生活で周囲の追及などを適当にあしらったりすること。一般的にも用いられている。

**いなずま**【稲妻】大正時代まで使われた言葉で、巡業の道中で休憩する際に、茶店代などの出費を避けるために木陰のような場所を求めて休むことをいった。

**いなずまらいごろう**【稲妻雷五郎】第七代横綱。茨城県稲敷市東町出身。享和二年（一八〇二）生まれ。本名は根本才助。佐渡ヶ嶽部屋。初土俵は文政四年（一八二一）二月二段目附出し。同七年一〇月新入幕。同一二年九月横綱免許。天保一〇年（一八三九）一一月引退。身長一八八㌢・体重一四五㌔。幕内通算成績は一三〇勝一三敗一四分三預一無、優勝に相当する成績は一〇回。

　文政～天保年間に第六代横綱・阿武松と白熱した名勝負を繰り返し、相撲人気を盛り上げた。雷電引退後の傑出した力士の一人で、筋骨はたくましく力も強かった。稲妻は「それ相撲は正直を宗とし、智勇仁の三を兼ね、酒色奕の悪き径に遊ばず、行中は朝夕坐臥ともに心にゆるみなく精神を励まし……」との相撲訓を残し、人格者でもあった。また、俳句をよくして「あらそわぬ風に柳の相撲かな」などが残る。

　引退後は江戸の年寄として残らず、松江藩の相撲頭取をつとめた。明治一〇年（一八七七）三月二九日、七六歳で没。辞世の句は「腕押しに　ならでや涼し　雲乃峰」であった。

第七代横綱・稲妻雷五郎（初代国貞画）

**いむいいんかい**【医務委員会】日本相撲協会診療所に置かれた機関で、平成四年（一九九二）六月に発足した。力士の体力等の医学的研究および教育を行い、激しい運動による事故および疾病の予防を行うことにより、力士の健康管理に当たることを目的としている。委員会は、委員長を診療所長がつとめ、外部の各分野専門医四～五名で構成される。↓〔日本相撲協会診療所〕

**いむしつ**【医務室】地方本場所で会場内に設けられる医療施設の名称。相撲協会指定の病院の医師と看護婦が待機する。東京本場所では、国技館に協会の直属機関として「日本相撲協会診療所（通称・相撲診療所）」が常設されている。ただし、東京でも、昭和二九年（一九五四）～五九年の蔵前国技館では、診療所が墨田区千歳にあったため、本場所中は敷地内に医務室を設置していた。↓〔日本相撲協会診療所〕

**いやいやをする**　打った投げが一回で決まらず、相手がなんとか逃れようとして、抵抗したり投げをこらえたりしているときの状態をこのように表現する。

**いりごし**【入り腰】↓〔腰／入り腰〕

**いるまがわ**【入間川】年寄名跡の一つ。初代は寛保から宝暦年間

（一七四一～六四）の力士で、宝暦の半ばに年寄になった入間川五右衛門。現在は、元関脇・栃司が襲名継承し、入間川部屋を運営している。

**いれかえせん【入れ替え戦】** 勝負の結果が、番付各段の昇降に直接かかわるような取組のこと。例えば、十枚目（十両）の上位で好成績の力士が幕内力士と対戦する、あるいは幕下が同様に十枚目と対戦するなど、その結果が翌場所の地位の昇降に影響しがちな取組である。本場所の終盤戦に行われることが多い。幕内で休場者が多いと十枚目力士が幕に入って取る場合があるが、これは「入れ替え戦」とはいわない。

**いれかけ【入れ掛け】** 野外の晴天興行や巡業で、急に雨が降りだすなどして途中で興行を中止すること。「客がどんどん入りかけているのを中止する」というのが語源といわれている。ただし、取組が中入まで済んでいれば完了したと見なされ、入れ掛けにはしなかった。また、〝そば〟には〝かけ〟が付き物なので、入れ掛けのことを「そばや」ともいった。

明治四二年（一九〇九）六月に両国の国技館が開館する以前は、入れ掛けとなる場合もしばしばあった。明治期には、入れ掛けとなった日の入場券は次に使えたり、払い戻しもできた。したがって、小雨の場合には興行を強行することもあった。現在の本場所はすべて屋内の興行であり、巡業も平成七年（一九九五）の春巡業から体育館を会場とするようになったので、このようなことはなくなった。→〔逆取《さかど》り〕〔巡業〕

**いわいはりま【岩井播磨】** 慶長年間（一五九六～一六一五）、後陽成院の叡覧相撲で行司をつとめたとされる人物。岩井播磨は、相撲は武芸であるから土俵は無用と主張して、有用論の明石道寿と論争したことが『相撲傳書』（木村守直／享保七年〈一七二二〉）に伝えられる。→〔明石道寿〕〔行司の歴史〕

**いわとも【岩友】** 年寄名跡の一つ。初代は宝暦一三年（一七六三）五月に世話人、安永三年（一七七四）六月に大阪の頭取になった岩友新七。昭和二年（一九二七）の東西合併の際に大阪の頭取から東京の年寄に加えられた。現在は、元前頭七枚目・木村山が襲名継承している。

**いんたい【引退】** 力士が現役を退き、土俵を去ること。従来は年寄名跡を襲名継承して協会に残る場合を「引退」、年寄名跡を襲名しなければ「廃業」として区別していた。しかし、平成八年（一九九六）一一月の理事会で、全力士が現役を退くことをすべて「引退」とすることになり、「廃業」という言葉は使用しなくなった。なお、年寄の停年などで退く場合は「退職」である。→〔引退相撲〕

**いんたいずもう【引退相撲】** 力士が現役を退く際、引退を関係者に披露するために行う花相撲。引退力士と部屋の後援会が主催して行う。十枚目以上の力士で構成する力士会会員になって三〇場所以上つとめた者は、国技館の土俵で引退相撲を開催することができる。

年寄名跡を襲名継承する場合には襲名披露を兼ねた引退相撲を行うのが通例であるが、年寄とならずに協会を退職する力士が行うこともある。力士会では出場を無料奉仕するなどの協力をする。引退相撲の興行は準備期間を要するため、普通は現役引退の数ヵ月後に行う。

現在は引退相撲と断髪式を同時に行うが、戦前は、引退相撲を靖国神社や巡業先などで興行し、断髪を部屋でする場合が多かった。国技館で初めて引退相撲が行われたのは大正三年（一九一四）六月、第一九代横綱・常陸山のときで、四日間の披露興行を行って最終日に横綱土俵入りを行い、断髪式は出羽海部屋で行われた。それ以前

の第一八代横綱・大砲は東京・靖国神社境内で引退相撲と土俵入りを行っている。↓〔断髪式〕

**いんたいとどけ【引退届】** 力士が現役を引退する場合に、その旨を相撲協会に提出する届け出のこと。↓〔引退〕

**インタビュールーム** 花道の奥に設けられた部屋。金星をあげた力士、幕内勝ち越し一号の力士、十枚目以下の優勝力士や、注目された勝負に勝った力士などが、この部屋でＮＨＫから殊勲インタビューを受ける。

## ……う……

**うきごし【浮き腰】**↓〔腰／浮き腰〕

**うけずもう【受け相撲】** 相手の出てくるのを待って受けるような、必ずしも前に出ない消極的な相撲のこと。

**うけにまわる【受けに回る】** 相手に攻められて守勢になること。「受け身に回る」ともいう。逆の場合は「攻めに回る」という。

**うしろたてみつ【後ろ立褌】** 正式には「立褌」という。体の前部で縦になった部分を「前立褌」と呼ぶために、このような通称が使われる。↓〔立褌〕

**うしろもたれ【後ろもたれ】** 決まり手八二手の一つ。相手に背を向けて後方に圧力をかけ、もたれ込むように土俵から相手を出すか、または倒す。ただし、背のほうに回った相手から「送り掛け」や「送り投げ」などの逆転技をかけられやすい。後ろもたれは、意識してしかける技というよりも、いわば、攻防の流れでたまたまこのような体勢になり勝ちを得る決まり手といえる。平成一三年（二〇〇一）一月場所より追加された決まり手である。↓〔決まり手〕

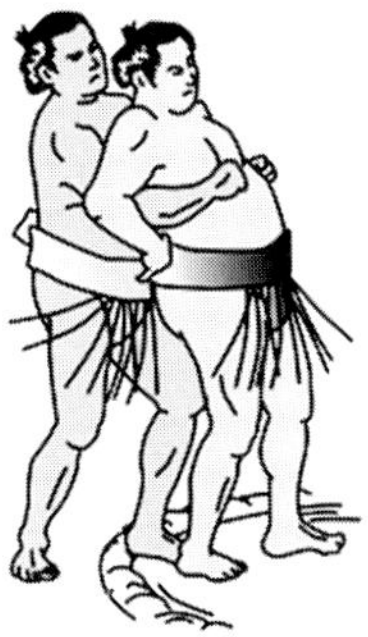

決まり手・後ろもたれ

**うちあげ【打ち上げ】** ①千秋楽の夜に、力士たちを囲んで本場所一五日間を慰労する会のこと。各相撲部屋が主催して後援者など関係者を招き、部屋やホテルなどを会場にして行われる。「打ち上げ式」ともいう。

②巡業の最終日のこともいうが、この場合は「稼業終《じま》い」ということが多い。

**うちかえし【打ち返し】** 土俵を造る際に全部を造り替えずに、以前に使用した土俵の土台を残し、上部の土だけを取り替えて新しい土俵にすること。または、上部の土を取り替えること。国技館では本場所ごとに打ち返しが行われるが、大阪の三月場所、名古屋の七月場所、九州の十一月場所では、打ち返しではなく土俵はすべて基礎から造られる。

**うちかえす【打ち返す】** 相手に投げを打たれたとき、自分もそれに対抗して投げ技を用いること。例えば、相手が上手投げを打てば、下手投げや掬《すく》い投げを打ち返す場合がある。「打たれたら打ち返す」というのが相撲の鉄則である。

**うちがけ【内掛け】** 決まり手八二手の一つ。左足でかける場合は、左足を相手の右足に内側からかけ、その足を自分側にぐいっと引いて相手に重心を失わせ、同時に上体を寄せて相手の体を引きつけながら、のしかかるように倒す。切れ味鋭く決まると、相手はしりもちをつくようにあお向けに倒れ、重ねもちになる。↓〔決まり手〕〔外掛け〕

決まり手・内掛け

**うちだし【打ち出し】** 弓取式の終了と同時に呼出が柝《き》を入れる。この時刻が打ち出し時間である。このとき、呼出が入れる柝を「あがり柝《ぎ》」という。打ち出しになったことを周囲に知らせるのが、櫓で打たれる跳ね太鼓である。→〔柝／柝が入る〕

**うちでし【内弟子】** 現役力士や部屋付き年寄が、将来独立して部屋を興すことを前提に、師匠（部屋持ち年寄）の許可を受けて所属部屋に預け、養成する弟子のこと。現役力士や部屋付き年寄の内弟子は、師匠の立場からは「預かり弟子」ということになる。→〔部屋付き年寄〕

**うちどめ【打ち止め】** 結びの一番にあたって行司が述べる「結びの触れ」の口上にある言葉。→〔結びの触れ〕

**うちむそう【内無双】** 決まり手八二手の一つ。右四つに組んでいれば、左手で相手の右足太ももから膝のあたりを内側から払い上げ、同時に体を右にひねるか右下手でひねるようにして倒す。このとき、右に十分ひねると、相手は右足を大きく上げてもんどりうって倒れる。「外無双」では相手の膝の外側から払うようにする。→〔決まり手〕

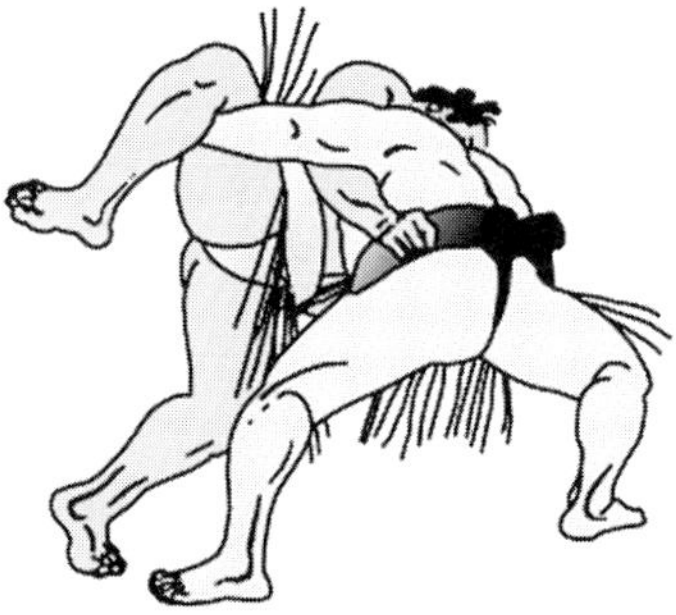

決まり手・内無双

**うつ【打つ】** 投げ技をしかけることを、「投げを打つ」と表現する。例えば、「下手投げを打つ」「掬《すく》い投げを打つ」などという。

**うっちゃり** 決まり手八二手の一つ。相手に土俵際まで寄り詰められたときに、俵にかかとをかけてこらえながら腰を低く落とし、相手を自分の腹に乗せ、体を反らせながら左右いずれかにひねって相手を後方へ投げ落とす。土壇場で劣勢を逆転する技である。「打っ棄り」と書くこともある。→〔決まり手〕

決まり手・うっちゃり

**うっちゃりごし【うっちゃり腰】** 柔軟性と強じんさを備えた腰のこと。特に、土俵際まで攻め込まれても、相手をうっちゃることができる粘り強い腰という意味の表現である。

**うねめのすもう【采女の相撲】**『日本書紀』（養老四年〈七二〇〉完成）一四の雄略天皇一三年九月の記事に見られる説話。腕のいい大工である猪名部真根《いなべのまね》が、どのようなことがあっても手元を狂わすことはないと自慢するのに対して、雄略天皇が朝廷に仕える采女〈注〉を召し、それに犢鼻褌《とうさぎ》だけをつけさせて真根の目の前で相撲を取らせ、彼の仕事の手元を狂わせて高慢の鼻を折ったというもの。「相撲」という文字が最初に使われた記事である。〈注〉采女＝宮廷に仕える官女。→〔犢鼻褌〕

**うまさまけ【うまさ負け】**「相撲負け」の別称。→〔相撲／相撲負け〕

**うめがたにとうたろう【梅ヶ谷藤太郎（初代）】** 第一五代横綱。福岡県朝倉市出身。弘化二年（一八四五）二月九日生まれ。本名は小江藤太郎。大阪の湊部屋から東京の玉垣部屋に移る。後に梅ヶ谷部屋。東京での初土俵は明治四年（一八七一）三月番付外。同七年一二月新入幕。同一七年二月横綱免許。同一八年五月引退。身長一七六センチ・体重一二〇キロ。幕内通算成績は一一六勝六敗一八分二預、優勝相当の成績は九回。

大阪相撲で大関を張りながら、明治四年、東京に移っての初土俵は、大阪相撲を格下に見る当時の習慣のために番付外から取らされるなど逆境に耐えて努力した。鉄砲（突っ張り）や筈押しを得意とし、なかなか相手に廻しを与えない堅実な取り口で、明治九年から五八連勝、三五連勝するなど立派な成績を収め、衰退しかけていた大相撲をもり立てた。

明治一七年に時の宮内卿・伊藤博文参議から天覧相撲の申し入れが相撲協会にあったが、第一四代横綱・境川はすでに引退していたため、横綱土俵入りを見せられる力士がいなかった。そこで、梅ヶ谷に横綱免許を与え土俵入りをさせることになったが、化粧廻しを作る金がなく本人はいったん辞退した。そのため、伊藤博文の力添えで化粧廻しから紋付羽織まで作られたという。

引退後は現役名で年寄になったが、後に雷《いかずち》を襲名、相撲界の改革につとめたほか、旧両国国技館の建設に際してはその人徳によって資金調達をはじめ大いに働いた。力士としても年寄としても大相撲再建に尽くした功績は大きく、後年、二代梅ヶ谷に雷の年寄名跡を譲ってからは「大雷《おおいかずち》」と尊称された。昭和三年（一九二八）六月一五日、八三歳で没。→〔大雷〕

第一五代横綱・梅ヶ谷藤太郎（初代）

**うめがたにとうたろう【梅ヶ谷藤太郎（二代）】** 第二〇代横綱。富山県富山市出身。明治一一年（一八七八）三月一一日生まれ。本名は押田音次郎から小江音次郎。雷部屋。初めて番付に載ったのは明治二五年六月序ノ口。同三〇年一月新十両。同三二年一月新入幕。同三七年一月横綱免許。大正四年

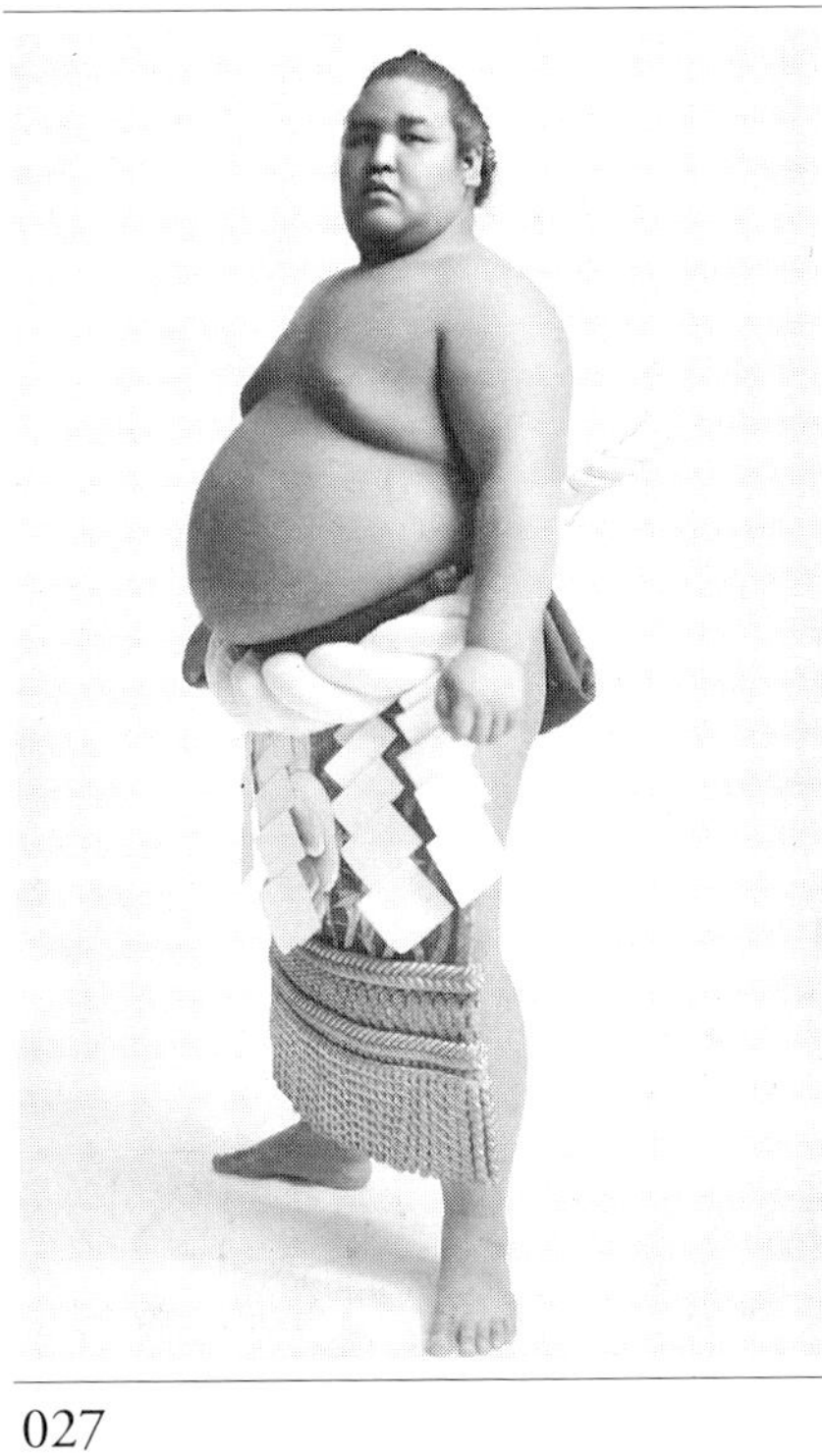

第二〇代横綱・梅ヶ谷藤太郎（二代）

（一九一五）六月引退。身長一六八センチ・体重一五八キロ。幕内通算成績は一六八勝二七敗四七分二預、優勝相当の成績は四回。

しこ名ははじめ梅ノ谷といい、大関に出世して四場所目に師匠の梅ヶ谷を襲名した。明治三六年五月、常陸山（第一九代横綱）と東西の大関同士で全勝対決をして梅ヶ谷は敗れたが、場所後に二人同時に横綱を免許された。二人同時は寛政元年（一七八九）の谷風（第四代）・小野川（第五代）以来のことであった。

梅ヶ谷の堅実で自在な守りを柔とすれば常陸山の激しい気迫の攻めは剛となり、対照の妙をなして実力伯仲の好勝負を展開した。二人の対戦は「梅常陸」と呼ばれて一時代を画するとともに、明治後期の大相撲に盛況をもたらした。梅ヶ谷の横綱土俵入りは華麗で、「雲龍型」土俵入りの動作の基になり現在に伝わっている。

引退後は年寄雷を襲名、雷部屋を継いで協会取締にも任ぜられたが、弟子に恵まれず同部屋は初代梅ヶ谷から二代で終わった。昭和二年（一九二七）九月二日、四九歳で没。

**うらかぜ**【浦風】年寄名跡の一つ。初代は安永元年（一七七二）一一月限りで力士を引退した浦風与八。元前頭筆頭・敷島が襲名継承し、審判委員をつとめている。

**うらじょうめん**【裏正面】「向正面」のことで、現在はこの用語は使わない。→〔向正面〕

**うりきり**【売り切り】巡業形態の一種。興行権を主催者または勧進元に売り渡し、協会は興行収益や欠損にかかわらない形で、興行のすべてを主催者・勧進元側が行う巡業のこと。売り切りでは主催者側は片道交通費、相撲場の経費、宿泊費、人件費等一切を負担する。→〔組合別巡業〕〔手相撲〕〔歩分《ぶわけ》〕

**うりこうぎょう**【売り興行】巡業の興行権を、各地の勧進元に売り渡す方式で行われた興行のこと。「売り切り」と同じ形であるが、「自主興行」に対応する言葉として使われる。→〔自主興行〕

**うりこみ**【売り込み】前もって巡業の予定地に出かけ、興行を引き受ける勧進元を探したり開催について打診したりすること。昭和三二年（一九五七）より前に巡業を組合別や一門別で行っていたときには、売り込みは一門の年寄の役目であった。巡業を協会全体で行うようになってからは、協会の巡業部が売り込みを担当している。いずれの場合も、現地の売り込みでは目代《もくだい》や地方世話人が協力をする。→〔大合併巡業〕〔地方世話人〕〔目代〕

**うるさまけ**【うるさ負け】相手がさまざまな技をしかけたりめまぐるしく動き回ったりしたときに、攻めあぐね、また、相手がどうくるか判断できずにすきを突かれて負けることをいう。

**うれる**【売れる】→〔申し合い〕

**うわぞうり**【上草履】三役行司以上が土俵に上がる際に履く草履の名称。立行司と三役行司は、行司控え室から花道までは「通い草履」を履き、花道で「上草履」に履き替える。幕内行司と十枚目行司は土俵溜まりまで通い草履を履くが、上草履は許されておらず、土俵には足袋のみになって上がる。

**うわづっぱり**【上突っ張り】腰があまり入らず、あるいは、足があまり出ないで、腕の回転だけで突っ張ること。このような突っ張りは威力が薄くなる。→〔突っ張り〕

**うわて**【上手】四つに組んだとき、自分の腕が相手の腕の上側（外側）になった状態、または上側になった腕のこと。廻しを取らなくても相手の腕の上側にあれば「上手」といい、上手の状態で相手の廻しを取れば、「上手（廻し）を取る（引く）」ことになる。相手に両差《もろざ》しになられるなどして両上手になる場合もある。

【〜が遠い】相手にうまく組まれ

たり、相手が腰を引いたりして、相手の廻しのごく前方しか取れない状態や、廻しに届かない状態をいう。このようになると、上手がしっかり引けないために力を十分に出すことができない。

**【〜廻し】**上手で取った廻しのこと。「上手廻しを取る」ともいうが、普通は「上手を取る」という。

**【〜を引かれる】**四つに組んだとき、相手に上手廻しを取られること。特に、上手を取ると得意の型になる相手に、相手十分になられてしまうような相撲を、たとえとして「上手を引かれる」と表現する。→〔相手十分〕

左の力士が右上手、右の力士は左下手になっている。

**うわてだしなげ【上手出し投げ】** 決まり手八二手の一つ。相手の廻しを上手で取った腕の肘を自分の脇腹につけ、体《たい》を開いて相手の体を前へ押し出すように投げる。相手は引きずられるようになり、土俵にはうように倒れる。「上手投げ」では相手が土俵に転がることもあるが、上手出し投げでは相手が前につぶれるように倒れる。→〔決まり手〕〔下手出し投げ〕

決まり手・上手出し投げ

**うわてなげ【上手投げ】** 決まり手八二手の一つ。四つに組んだときに、相手の廻しを上手で取ったほうから投げる。右上手から投げれば「右からの上手投げ」のようにいう。相手が倒れなくとも、その投げによって相手が土俵の外に出れば、決まり手は「上手投げ」となる。→〔決まり手〕〔下手投げ〕

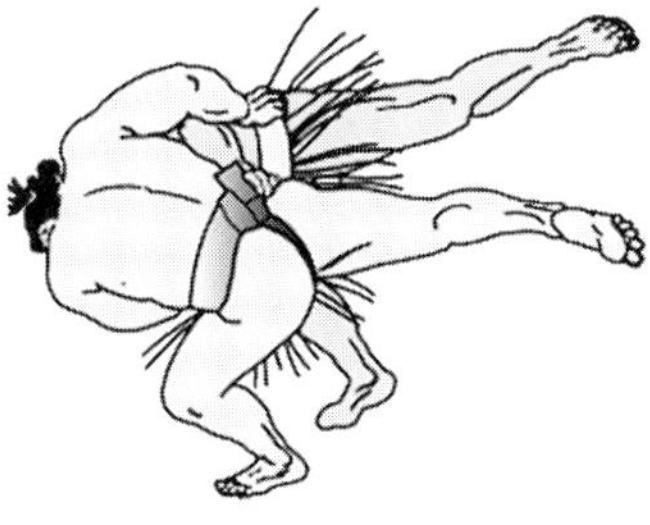

決まり手・上手投げ

**うわてひねり【上手捻り】** 決まり手八二手の一つ。四つに組んだときに、上手廻しを取ったほうから相手をひねって倒したり、上手からひねって膝を土俵につかせて倒す。相手の足が流れたり重心を崩した瞬間をねらって、上手を強く自分のほうへ引きつけながらひねるとうまく決まる。また、相手が「上手投げ」を警戒しているときに効果的である。「下手投げ」との合わせ技になることもある。→〔決まり手〕〔下手捻り〕

決まり手・上手捻り

**うんえいしんぎかい【運営審議会】** 正式名称は「日本相撲協会運営審議会」。運営審議会は昭和三二年

（一九五七）九月に設置された機関で、旧『日本相撲協会寄附行為』には、協会の運営に関する重要事項について、必要に応じて理事長に建議し、理事長はその意見を聞かなければならないと規定されていた。

　審議会は年三回、一月、五月、九月の各東京本場所中に理事長が招集して開くほか、必要に応じて随時開く場合もあり、運営審議委員は、学識経験者のうちから、理事会の議決を経て理事長が委嘱する。任期は二年で、七名以上一五名以内の運営審議委員をもって審議会を構成し、会長一名は委員の互選で定めた。平成二六年度をもって役割を閉じた。↓〔日本相撲協会寄附行為〕

**うんりゅうがた【雲龍型】**　横綱土俵入りの二つある型の一つで、他の一つは不知火型である。横綱土俵入りのせり上がりのときに、雲龍型は左手の先を脇腹に当て、右手をやや斜め前方に差し伸べる。この形は、攻めと守りの両方を備えるものといわれている。また、横綱の背に回った結び目の輪が一つである。

　第一〇代横綱・雲龍の土俵入りの型を踏襲するものといわれるが、実際は第二〇代横綱・梅ヶ谷の華麗な型が基になっており、雲龍の土俵入りも見事であったので名前に残されている。↓〔不知火型〕〔横綱土俵入り〕

雲龍型の横綱。

不知火型の横綱。

**うんりゅうひさきち【雲龍久吉】**　第一〇代横綱。福岡県柳川市出身。文政五年（一八二二）九月生まれ。本名は塩塚久吉から佐藤久吉。大阪では陣幕部屋、江戸では追手風部屋から雷部屋、さらに追手風部屋。江戸で初めて番付に載ったのは弘化四年（一八四七）一一月二段目附出し。嘉永五年（一八五二）二月新入幕。文久元年（一八六一）一〇月横綱免許。元治二年（一八六五）二月引退。身長一七九センチ・体重一三五キロ。幕内通算成績は一二七勝三二敗一五分五預、優勝相当の成績は七回。

第一〇代横綱・雲龍久吉（国明画）

　二四歳で初土俵、横綱免許が三九歳という晩成型であったのは、久吉が九歳のときに両親が疫病で急死し、子どもながらに周辺の農家や漁師から仕事をもらって幼い弟妹を養わなければならなかったためであった。怪力ぶりを見て相撲を勧める者がいても、結局、二二歳まで故郷を出られなかった。

人柄は律儀で、加賀（現在の石川県）前田侯のひいきにしたいとの誘いを「郷里、柳川の立花家を主人にしたい」と断った話が伝えられている。黒船来航の際、持ち前の怪力で米俵を手玉にとってアメリカ人を驚かせたという逸話も残る。華麗な土俵入りも話題を呼び、現在の「雲龍型」土俵入りに名前を残している。

引退後は年寄追手風を襲名、会所の長老格をつとめ、明治維新後の大相撲復興に努力した。明治二三年（一八九〇）六月一五日、六七歳で没。

……え……

**えいぎょうかんさつ【営業鑑札】**

明治一一年（一八七八）二月に警視庁が発布した『角觝《すもう》並《ならびに》行司《ぎょうじ》取締規則』によって、年寄、力士、

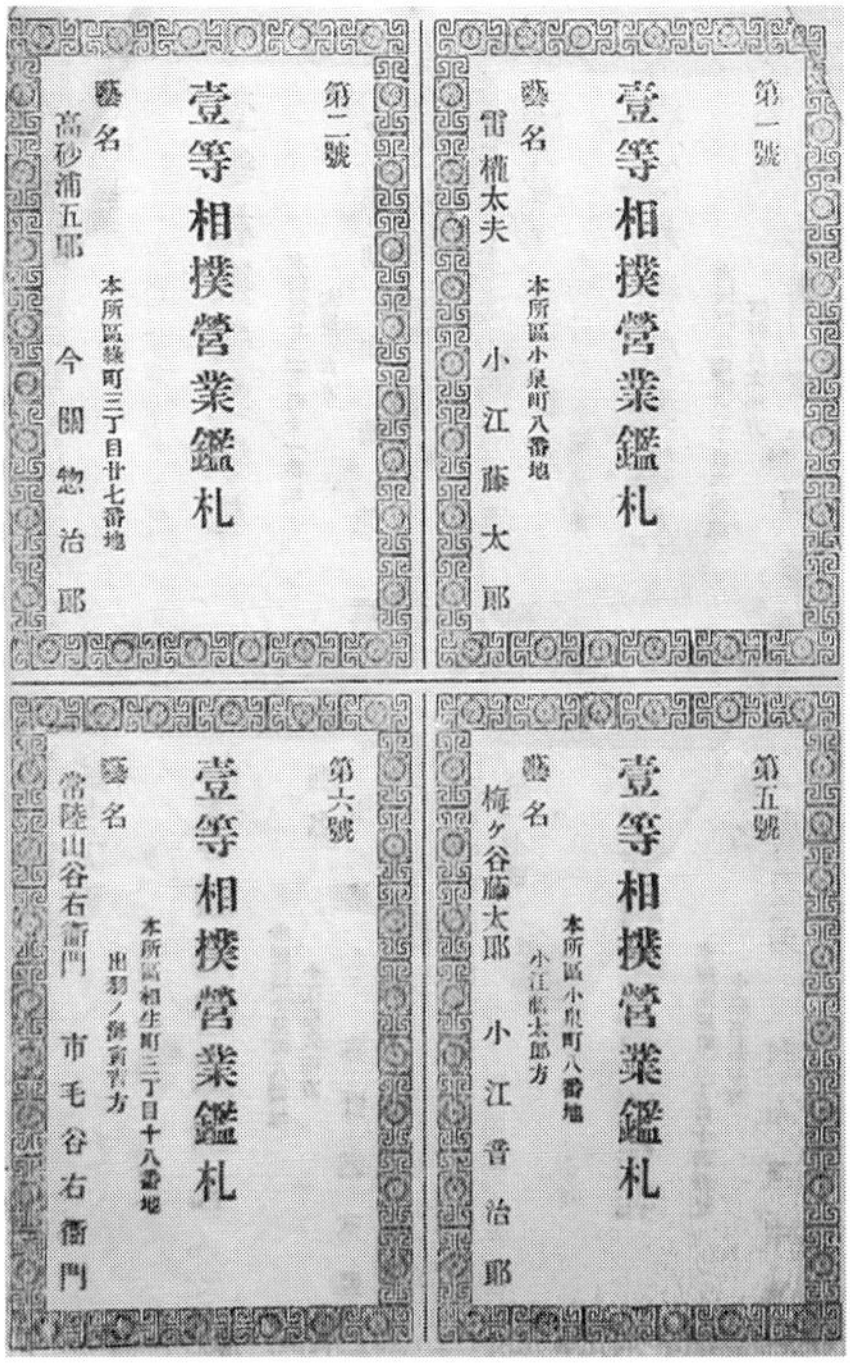

第一號
壹等相撲營業鑑札
藝名 雷権太夫
本所區小泉町八番地
小江藤太郎

第二號
壹等相撲營業鑑札
藝名 高砂浦五郎
本所區緑町三丁目廿七番地
今関惣治郎

第五號
壹等相撲營業鑑札
藝名 梅ヶ谷藤太郎
本所區小泉町八番地
小江藤太郎方
小江音治郎

第六號
壹等相撲營業鑑札
藝名 常陸山谷右衛門
本所區相生町三丁目十八番地
出羽ノ海右衛門方
市毛谷右衛門

上の二枚は年寄の鑑札で、左上に「藝名　雷権太夫」「藝名　高砂浦五郎」の文字。下の二枚は力士の鑑札で「藝名　梅ヶ谷藤太郎」「藝名　常陸山谷右衛門」の文字が見える。

『東都名所両国回向院境内全図』（広重画）

行司は警視庁本署に願い出て鑑札を受けること、無鑑札の者は営業を許されないとされた。この指定された鑑札を「営業鑑札」といった。この鑑札制度は昭和六年（一九三一）、税法の改正に伴って廃止された。→〔角觝並行司取締規則〕〔高砂騒動〕

**えこういん【回向院】** 東京・両国にある寺院。国技館からもごく近い。諸宗山（国豊山）無縁寺と号し、山門には諸宗山回向院とある。通称で「本所回向院」ともいった。江戸時代最大の火事、明暦の大火（一六五七）で焼死、溺死した一〇万余人の霊を回向するために建立された。浅間山大噴火、安政大地震、関東大震災の犠牲者など多くの無縁仏も供養されている。

この境内で最初に江戸の勧進相撲が興行されたのは明和五年（一七六八）九月であった。以降の六五年間に五八回の興行がここで行われ、天保四年（一八三三）一〇月からは定場所となる。明治四二年（一九〇九）六月、境内に最初の相撲常設館として国技館（旧両国国技館）が完成し、昭和二〇年（一九四五）一二月に進駐軍に国技館が接収されるまで、回向院は大相撲とともにあった。

回向院には「力塚」（歴代の相撲年寄の慰霊碑）、「角力記《すもう》」（相撲記者の慰霊碑）、「東京相撲記者碑」

文政のころの土俵入りを描いた『勧進大相撲興行之全図』（初代国貞画）。

明治初期の回向院門前。櫓、御免札、板番付が見られる（三代広重画）。

（「角力記」が満杯になり新たに建立された慰霊碑）、「回向院相撲記」（江戸時代の興行場所の変遷を記す）、「呼出先祖代々之墓」（通称「太鼓塚」）、「法界萬霊塔」（「角力記」とともに建てられた供養塔）など、相撲に関係する記念碑や慰霊碑がある。現住所は東京都墨田区両国二-八-一〇。最寄り下車駅はJR総武線「両国」。→〔江戸相撲〕〔巻末・江戸相撲の興行地〕

**えだがわ【枝川】** 年寄名跡の一つ。初代は最高位が前頭一二枚目の力士で、安永三年（一七七四）六月に大阪の頭取になった枝川藤兵衛。昭和二年（一九二七）の東西合併の際に大阪の頭取から東京の年寄に加えられた。現在は、元前頭筆頭・蒼樹山が襲名継承し、時津風部屋に所属している。

**えだいこ【枝太鼓】**→〔本太鼓〕

**えどずもう【江戸相撲】** 初期の江戸の勧進相撲は、幕府によりたびたび禁止され、貞享元年（一六八

あ

四）にようやく興行を許可された。一八世紀後半になると興行組織、制度なども安定し、寛政三年（一七九一）には将軍の上覧相撲も行われ、相撲人気は高まった。通常、興行は年二回で、通例は

『江戸勧進大相撲浮絵之図』（勝川春章画）。谷風と小野川の取組が描かれている。

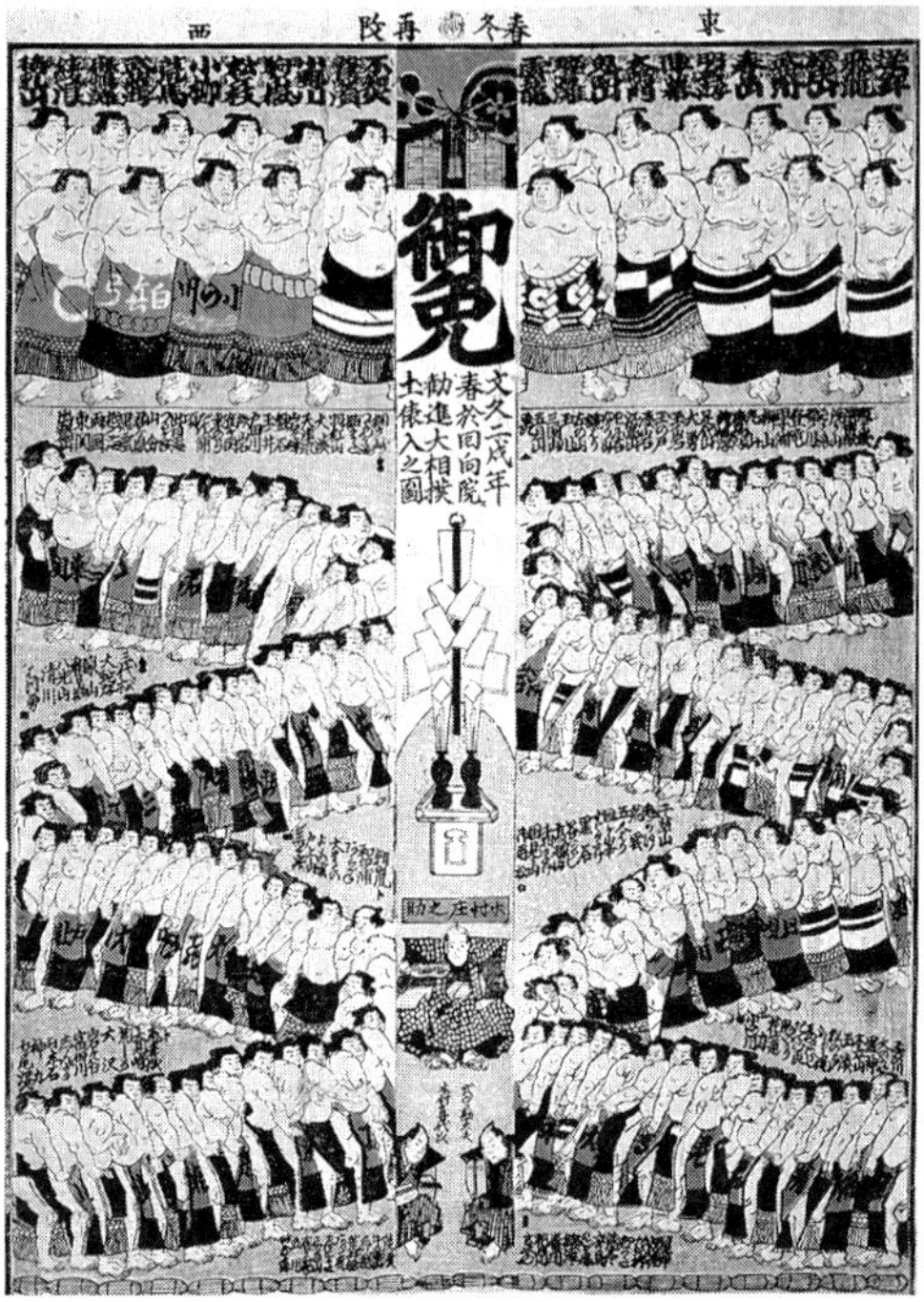


文久二年春の絵番付（芳幾画）。

春（三月がもっとも多く、一月と二月の年もあった）と冬（一〇月ないし一一月）に、蔵前八幡、深川八幡、本所回向院をはじめ、芝神明や神田明神の境内などで開かれた。安永七年（一七七八）三月には従来晴天八日間であった興行を晴天十日間とした。天保四年（一八三三）一〇月以降は、本所回向院境内が定場所となった。

なお、明治元年（一八六八）の改元に際して、同年一一月の回向院の興行では従来の江戸相撲を「東京相撲」と呼んだ。番付に記載された用語ではないが、以降、京都相撲や大阪相撲などと対比して「東京相撲」が使われた。→〔大阪相撲〕〔勧進相撲〕〔京都相撲〕〔上覧相撲〕

**えどとしより**【江戸年寄】江戸相

横綱・梅ヶ谷の土俵入り（豊宣画）。延遼館での天覧相撲を描いている。

撲での正式な名称は単に「年寄」であったが、この年寄が、巡業に出かけた際に地元の頭取に対して「江戸年寄」と称して権威を示したもの。ただし、「相撲年寄」と称する場合のほうが多かった。→〔年寄〕

**えどのおおぜきよりとちのさんだんめ【江戸の大関より土地の三段目】** 大関よりも地元出身の下位力士のほうを応援した、郷土のファン気質を表現した言葉。「江戸の大関より故郷《くに》の三段目」ともいう。現在でも用いられる言い回しであり、力士がしこ名に出身地の地名や山・川・海などの名前をつけることもしばしばある。

また、相撲用語ではないが、よく耳にする「御当所出身」「御当所力士」も同様の意味合いである。地方本場所や巡業では、その地域出身力士の土俵への声援はいちだんと大きくなるのが普通である。

**えばんづけ【絵番付】** 絵師が力士の化粧廻し姿を描き、番付順に並べて紹介したもの。寛政年間（一七八九～一八〇一）より版行され、明治大正、戦前頃まであった。『力士出世《しゅっせ》鑑《かがみ》』と題されて、販売された。平成の代になって復活された。

**えびすこ** 相撲界独特の表現で、大食漢のこと。あるいは、腹いっぱい食べること。言葉の由来は、恵比寿講《えびすこう》（七福神の恵比寿神を祭る年中行事で「夷講」とも書く）でたくさん食べる習わしであったことからきている。「えびすこが強い」「えびすこを決める」「えびすこ横綱」などと使われる。

**えぼし【烏帽子】** 行司が頭にかぶる、漆で黒く塗られた帽子の名称。烏帽子は、奈良時代より江戸時代まで男子の略装として広く用いられたもので、さまざまな形や種類があるが、行司が用いる烏帽子は「侍《さむらい》烏帽子」または「折《おり》烏帽子」と呼ばれる形である。土俵上では烏帽子が落ちないように、緒を顎の下で結ぶ。→〔行司装束〕〔口絵・行司の装束〕

**えみすいいん【江見水蔭】** 明治二年（一八六九）岡山市生まれ。昭和九年（一九三四）没。明治・大正期の小説家で、代表作に『女房殺し』『泥水清水』『炭焼の煙』などがある。相撲記者でもあり、好角家としても有名で、自宅に土俵を築き「江見部屋」と称した。

明治四二年六月、東京・両国に建てられた初の相撲常設館落成式に際し、江見は開館披露の挨拶文を起草した。その文中の「角力《すもう》は日本の国技にして……」という文言から、東京大角力協会の年寄尾車（元大関・大戸平廣吉）が常設館の名称を「国技館」とすることを提案した。このような経緯があって、同年に開館した常設館は「国技館」と命名された。→〔常設館〕〔両国国技館〕

江見水蔭

**エレベーターりきし【エレベーター力士】** 上位と下位とを何度も往復する力士のこと。報道関係の造語である。十枚目（十両）と前頭の間で往復すれば、協会の内部記録には「再入幕」「再三入幕」「再四入幕」「再五入幕」のように記載される。→〔返り入幕〕

**えんりょうかん【延遼館】** 明治一七年（一八八四）三月一〇日の天覧相撲の会場となった。現在の東京都中央区の浜離宮庭園にあった建物で、当時、外国の賓客の接待などに使われた。→〔天覧相撲〕〔巻末・天覧相撲一覧〕

**……お……**

**おいてかぜ【追手風】** 年寄名跡の一つ。初代は安永二年（一七七三）閏《うるう》三月限りで引退して部屋を興した追手風喜太郎。現在は、元前頭二枚目・大翔山が襲名継承し、追手風部屋を運営している。

**おうぎのかなめ【扇の要】** 本場所千秋楽の三役揃《そろ》い踏みの際に、二力士は並列し、残りの一力士は三角形の頂点に位置する。この頂点の位置、またはその力士を「扇の要」という。→〔三役揃い踏み〕

**おうしょう・にゅうえいりきしのきさい【応召・入営力士の記載】** 昭和一五年（一九四〇）五月夏場所～同一六年五月夏場所の番付では、日中戦争のために応召・入営する力士が増え、別枠を設けて記載した。異例の番付であった。ただし、この記載は三場所間のみで、同一七年一月場所からは書かなくなった。

**おうのまつ【阿武松】** 年寄名跡の一つ。初代は第六代横綱・阿武松緑之助。引退後に一時は長州藩（現在の山口県）の相撲頭取をつとめたが、天保一四年（一八四三）に江戸年寄になった。現在は、元関脇・益荒雄が襲名継承し、阿武松部屋を運営している。

**おうのまつみどりのすけ【阿武松緑之助】** 第六代横綱。石川県鳳珠郡能登町出身。寛政三年（一七九一）生まれ。本名は佐々木長吉。武隈部屋。初めて番付に載ったのは文化一二年（一八一五）一一月。文政五年（一八二二）一〇月新入幕。同一一年三月横綱免許。天保六年（一八三五）一〇月引退。身長一七三センチ・体重一三五キロ。幕内通算成績は一四二勝三一敗二四分八預一無、優勝相当の成績は五回。

第六代横綱・阿武松緑之助（初代国貞画）

文政七年に長州（現在の山口県）毛利藩の抱えとなり、しこ名は萩の景勝地「阿武の松原」に由来し、文政一〇年、大関のときに長州侯の命で改名したもの。立ち合いが慎重であったため、なかなか立たずに「待った」となることが多かったという。『甲子夜話』（松浦静山／文政五年〈一八二二〉）に、当時の江戸市中で相手を長く待たせると「阿武松じゃあるまいし」などと言われた話が記されている。稲妻（第七代横綱）とは互いに好敵手として文政から天保にかけての大相撲を背負っていた。

引退後は現役名で年寄阿武松となった。嘉永四年（一八五一）一二月二九日、六〇歳で没。

**おおいかずち【大雷】** 第一五代横綱・梅ヶ谷藤太郎（初代）の尊称。明治維新後に沈滞した相撲の再興に尽くし、旧両国国技館建設を推進するなど大きな貢献をした。弟子で養子となった第二〇代横綱・梅ヶ谷（二代）が大正四年（一九一五）六月限りで引退するにあたり、年寄「雷」を譲って身を引いたが、周囲は初代の功績をたたえ、元老待遇で「大雷」と敬意を表して呼んだ。↓〔梅ヶ谷藤太郎（初代）〕

**おおいちばん【大一番】** 優勝にかかわるような重要な取組、あるいは、好敵手どうしの熱戦などを表現した報道関係の造語。

**おおいちょう【大銀杏】** 十枚目（十両）以上の力士が結うことのできる髪型の名称で、頭頂部に載った髷《まげ》のはけ先がイチョウの葉の形に似ていることからこの名で呼ばれる。協会の『寄附行為施行細則附属規定』の『力士規定』では「十枚目以上の関取資格者は、出場に際して大銀杏に結髪しなければならない」と定めている。

ただし、本場所で幕下上位の力士が十枚目と対戦する場合は、上位に対する敬意から大銀杏に結うのがしきたりである。また、弓取式や初っ切りをつとめる力士も大銀杏を結う。関取は、本場所の取組以外に、公的な場所に出るときにも結う習慣となっているが、稽古や日常生活では「ちょんまげ」である。

床山が大銀杏を結う技術を修得するには一〇年以上かかり、一人の関取に要する時間は、熟練した床山で二〇～三〇分かかる。↓〔ちょんまげ〕〔髷〕

**おおいりぶくろ【大入袋】** 本場所で満員御礼になった日に、協会から年寄、十枚目以上の力士、行司、若者頭、世話人、呼出、床山の全員、その他関係者に配られる祝儀の袋。赤い地に白抜きで「大入」と相撲字で書かれた縦一六・二センチ、横一〇・五センチの袋で、年度と場所名、何日目のものであるかが表示され、現在は一〇円が入れられている。天覧相撲の際には「行

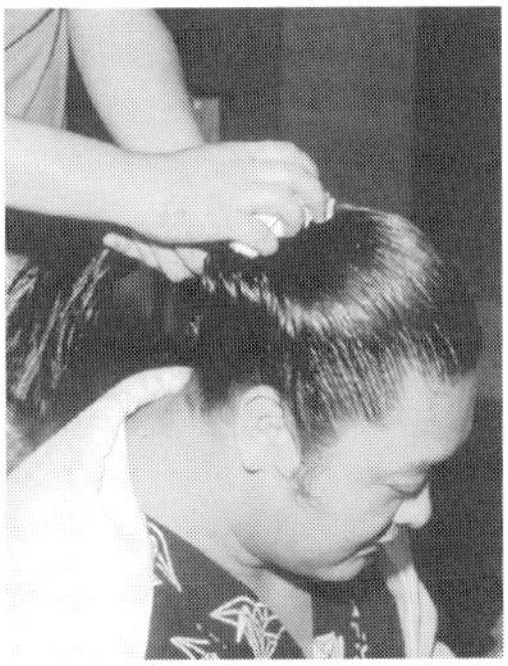

〈結髪の手順〉①水をつけながら髪を丹念にもみ、癖直しをする。

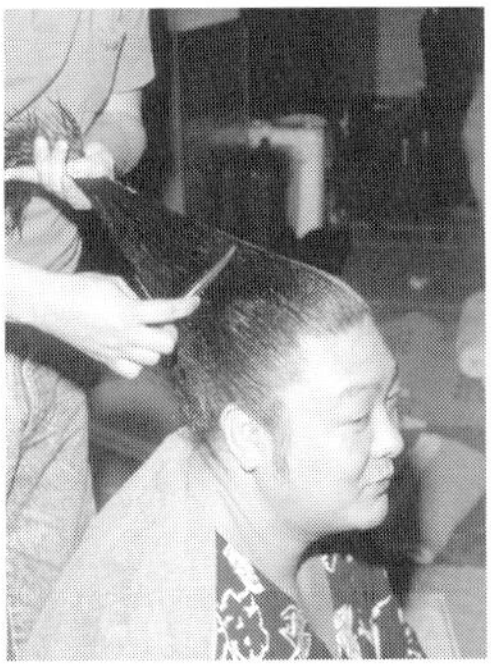

②すき油をつけた髪を荒ぐしでよくとかす。

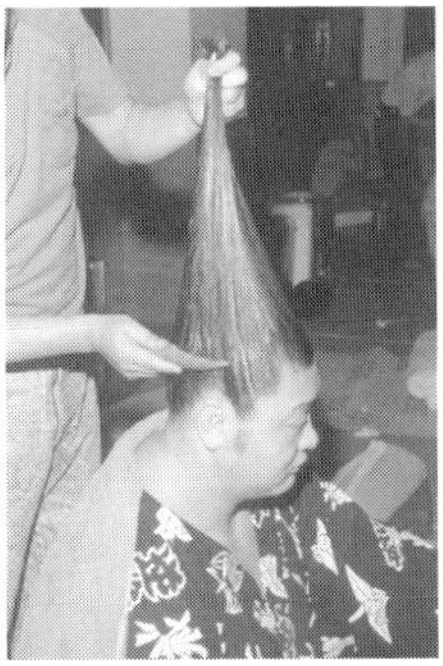

③すきぐしでていねいにすいて、髷を束ねる位置を決める。

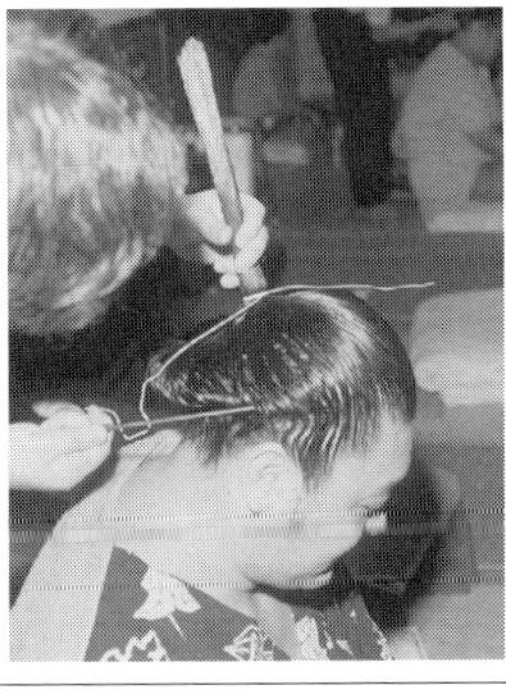

④元結でしばった後、髷棒でたぼを引き出す。

⑤はけ先にそろえぐしを入れ、幅三センチほどに整える。

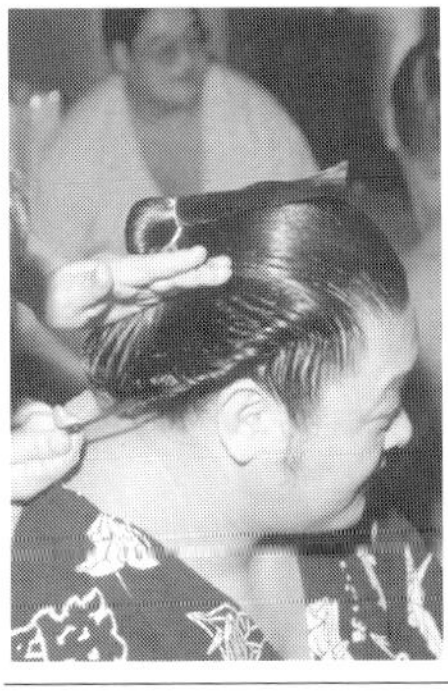

⑥たぼのふくらみを左右均等になるように、髷棒でならす。

幸啓記念」と朱印が押される。

大入袋の起源は明らかではないが、大正一二年（一九二三）春場所九日目に配られ、中には一円紙幣が入っていたと当時の新聞が伝えている。戦後間もなく一〇円となり、現在に至っている。↓〔満員御礼〕

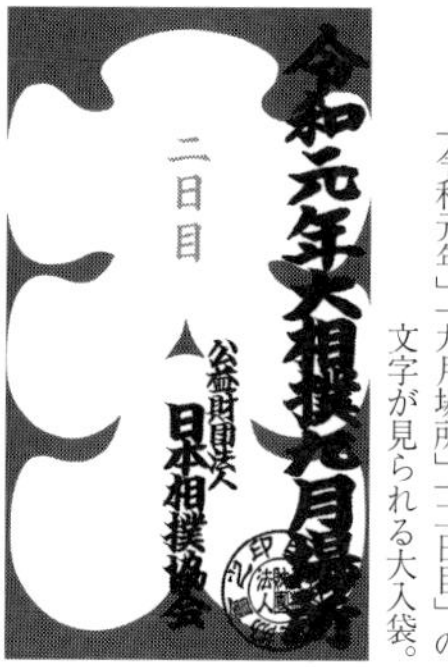

「令和元年」「九月場所」「二日目」の文字が見られる大入袋。

**おおがしら【大頭】** 幕下二段目筆頭（一枚目）のこと。幕下二段目以下の力士を「若者《わかいもん》」と呼び、その筆頭に位置するので「大頭」といったといわれる。この位置で勝ち越すと十枚目に昇進できるが、十枚目の定員に欠員が出なければ、昇進は見送られる。

**おおがっぺいじゅんぎょう【大合併巡業】** 昭和三二年（一九五七）より前の巡業は一門・組合で行うのが普通であったが、時に多くの部屋が合併して巡業することがあり、これを「大合併巡業」と称した。昭和三二年以降は相撲協会全体で行う巡業となった。ただし、付け人を除く幕下以下力士は巡業に出ない。↓〔巡業〕

**おおかんじょう【大勘定】** 本場所や巡業などの興行が終了したときに行われた費用の清算のこと。立て替え金などをこのときに清算した。巡業が協会の自主興行で行われる前までは、行司が会計をつとめていた。「大勘定」はその当時の用語である。

**おおきくなる【大きくなる】** 力士が強くなること。単に、体重が増えて相手に簡単に押されなくなるというばかりでなく、相撲全般についていう表現である。したがって、すべての地位の力士に通じて言えることで、特にほめ言葉として用いられる。

**おおきどもりえもん【大木戸森右衛門】** 第二三代横綱。兵庫県神戸市東灘区出身。明治九年（一八七六）五月一三日生まれ。本名は内田光蔵。大阪の湊部屋。初土俵は明治二九年九月序ノ口付出し。同三五年六月新十両。同三六年一月新入幕。大正二年（一九一三）一月新横綱。同三年一月引退。身長一七七センチ・体重一二〇キロ。幕内通算成績は一四三勝二〇敗六分四預、優勝相当の成績は一〇回。

明治四一年六月から三場所連続で全勝優勝したので、大阪角力《すもう》協会は吉田司家に横綱免許を申請したが許されず、同四三年一月、独自に横綱免許を大木戸に与えた。このため司家は大阪の協会を破門、東京大角力協会も大阪と絶縁となった。しかし、二年後に両協会は和解し、大阪の協会も司家に謝罪して破門を解かれたので、大正元年一二月になんとか横綱免許となった。現役中は常陸山の勧めで東京に加入しようとしたが、大阪の協会が看板力士を放したがらず、ついに実現しなかった。

横綱免許の四ヵ月後には脳内出血で倒れ、そのまま引退して大阪

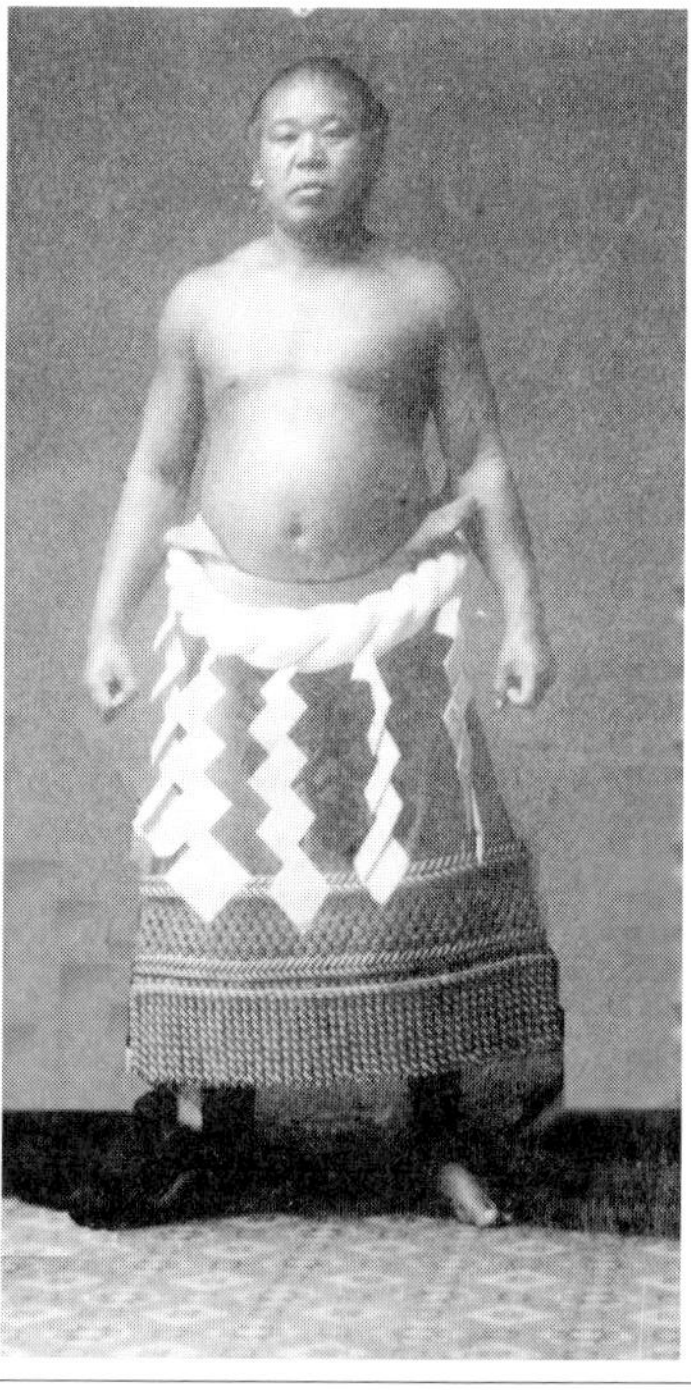
第二三代横綱・大木戸森右衛門

相撲の頭取、湊を襲名したものの回復せず、大正五年に廃業した。昭和五年（一九三〇）一一月七日、五四歳で没。

**おおさかこくぎかん【大阪国技館】**
→〔その他の国技館〕

**おおさかずもう【大阪相撲】** 大阪では、元禄一五年（一七〇二）四月に南堀江（現在の大阪市西区の南東部）で一三日間の興行をしたのが、町奉行の許可による勧進相撲の最初とされている。これは、堀江開発の地代納入や土地の繁栄を目的として、前年に願い出て許可された興行で、他の地方の勧進相撲に比べて当初から営利目的の強いものであった。『古今相撲大全』（木村政勝／宝暦一三年（一七六三））には「元禄五申年袋屋伊右衛門といへるもの御願申上」とあり、それが最初との説もあるが、堀江の開発は同一一年からでありこの説は非常に疑わしい。

その後、宝暦（一七五一～六四）に至るまで、およそ六〇年にわたって堀江で開催されたため、「堀江勧進相撲」とも呼ばれたようである。

大阪相撲は明治期に入っても独自の横綱をつくるなど、江戸・東京相撲とは別の興行集団として存続し、昭和二年（一九二七）の東西合併まで続いた。→〔江戸相撲〕〔勧進相撲〕〔京都相撲〕〔東西合併〕

**おおさかずもうきょうかい【大阪角力協会】** 明治二一年（一八八八）九月に廣角組（脱退組）と旧社（残留組）に分裂したままであった大阪相撲は、同二八年に二派が和解し、同三〇年に申合規約を定め、「大阪角力協会」を設立した。これを後に「大阪大角力協会」と改称したようである。『日本相撲史』（酒井忠正）には、明治三六年に「大阪大相撲協会」の名称で興行されたことが記述されている。

**おおさかずもうのよこづな【大阪相撲の横綱】** 明治時代から大正時代にかけて、大阪相撲で横綱を免許された七名の力士のこと。八陣調五郎は大阪角力協会と吉田司家との間に調停がつかなかったため、また、大木戸森右衛門は協会からの申請を吉田司家が却下したため、異例の横綱免許になった。

八陣信蔵　明治四年（一八七一）五条家免許。

高《こう》越《づ》山《さん》谷五郎　明治六年五条家免許。

八陣調五郎　明治三〇年神理教本教院（福岡にある伊勢神宮末社）免許。

若島権四郎　明治三八年吉田司家横綱免許。第二一代横綱。明治三六年準横綱免許か？

大木戸森右衛門　大正元年（一九一二）吉田司家横綱免許。第二三代横綱。明治四三年大阪角力協会横綱免許。

大錦大五郎　大正七年吉田司家横綱免許。第二八代横綱。

宮城山福松　大正一一年吉田司家横綱免許。第二九代横綱。

→〔五条家〕〔吉田司家〕

**おおさかずもうふんじょうじけん【大阪相撲紛擾事件】** 大正一二年（一九二三）五月、養老金をめぐって大阪角力《すもう》協会と力士会（横綱宮城山を除く十両以上の力士）とが対立し紛糾した事件。両者の交渉と決裂は場所開催の二日前であったため、協会は番付を改正できずに幕下大頭（筆頭）以下で興行したが、意外な盛況で場所を終えることができた。

場所後に調停者が入っていったん和解になったが、勧進元をつとめた千田川の弟子五人が力士会を離れて帰参していたことから、再び紛糾した。その結果、千田川門下をはじめとする力士二〇余名の断髪引退、行司二名の引退、協会役員全員の引責辞任にまで至った。同年六月に残った幕内・十両力士、行司を加えて役員選挙を行い、ようやく紛擾は収束した。協会は和解記念として夏場所を再興行したが、幕内力士が半数以上も引退したために満員の日は　〇日間に一日もなかった。

**おおさかだいこくぎかん**【大阪大国技館】→〔その他の国技館〕

**おおさかて**【大逆手】決まり手八二手の一つ。大きく相手の肩越しに上手を取り、つかんだ腕の方向に投げる。相手を側方に投げる点で「つかみ投げ」に近いが、大逆手では体《たい》が「波離間《はりま》投げ」のように割れる。この決まり手は、従来、「上手捻り」とされていたが、平成一三年（二〇〇一）一月場所より上手捻りと区別して追加された。→〔決まり手〕

決まり手・大逆手

**おおさかばしょ**【大阪場所】①毎年三月に大阪で開催されている本場所のことを指す俗称。正式には「三月場所」という。昭和二八年（一九五三）三月から本場所が大阪で開催されるようになった。→〔三月場所〕〔地方場所〕〔本場所〕②昭和二年（一九二七）の東西合併から同七年まで年四場所のときがあり、その間に同三年、七年を除く都合四回「大阪場所」が開催された。

**おおさかふりつたいいくかいかん**【大阪府立体育会館】三月場所が開催される会場。定員八、〇六九人。昭和二八年（一九五三）三月場所より現在まで、ここを会場としているが、同六一年三月場所のみは大阪府立体育会館の修改築工事のために大阪市中央体育館で開催された。府立体育会館の所在地は大阪市浪速区難波中三─四─三六。アクセスはJRまたは南海電鉄、近鉄「難波」、または地下鉄「なんば」駅下車徒歩二分。→〔三月場所〕

三月場所中の大阪府立体育会館。

**おおしま**【大島】年寄名跡の一つ。初代は小結までつとめて明和八年（一七七一）五月限りで引退し、大阪の頭取になった藤嶋森右衛門。藤嶋の名跡は、昭和二年（一九二七）の東西合併の際には東京の年寄に加えられなかったが、昭和一七年に旧名跡の藤嶋から「大阪・藤嶋」を短縮した「大島」に改められて復活した。元大関・旭國が襲名継承し、大島部屋を運営していたが停年退職。現在は、元関脇・魁輝の元友綱親方が名跡変更で継承。

**おおずもう**【大相撲】①財団法人日本相撲協会によって興行される相撲のことで、アマチュア相撲と区別する言葉としても用いられる。古くは江戸相撲の享保二年（一七一七）一〇月の番付に「大角《おおずも》力《う》興行仕り候」と記載され、本場所興行を表したようである。京都・大阪では「角力興行仕り候」と記載することが多かった。「角力」は当時の用字である。②力の入った取組となり、対戦時間が長くなった一番を、「大相撲になる」などということがある。③昭和三二年（一九五七）より前に巡業を部屋別、一門別で行っていたころ、横綱や大関など役力士が参加する巡業を「大相撲」と称した。→〔巡業〕

**おおずもうぎいんれんめい**【大相撲議員連盟】昭和二三年（一九四八）五月に、当時の衆参両院議員によって大相撲の支援を目的として結成された団体の名称。衆院議員・大野伴睦ほか一八名の議員が世話人となり、結成会は浅沼稲次郎ら議員六三名、協会から一三名の年寄と力士が出席して行われた。この団体は、現在は存在していない。

**おおずもうくみあいしんきやく【大角力組合新規約】** 明治四一年（一九〇八）五月に東京大角力協会が定めた、特に巡業の充実、相撲にかかわる者の礼儀や品位向上などを目指した規約。巡業の欠勤による給金の減額、興行場所での禁酒や不品行の禁止、乗り物内での礼儀や興行地に乗り込む際の服装などが定められていた。この規約は、翌四二年二月に『地方巡業組合規定』として名称が変更され、乗り物の座席の等級など追加条項が加えられた。↓〔地方巡業組合規定〕〔東京大角力協会申合規約〕〔巻末・明治改革期の諸規約〕

**おおずもうしょうぶほしとりひょう【大相撲勝負星取表】** 本場所での力士の勝負結果を一覧表で示したもの。正式なものは、表に十枚目（十両）以上、裏に幕下から序ノ口まで、一枚の表裏で全力士の勝負結果を対戦した力士名とともに記載する。昭和三一年（一九五六）三月から十枚目以上の決まり手名称が入り、平成一〇年（一九九八）一月から各力士の部屋名も入るようになった。普通は略して「星取表」という。大相撲勝負星取表では、勝負結果が次の記号で表される。

勝ち ○
負け ●
引き分け ×
休み や
痛み分け △
不戦勝 ○
不戦敗 ●（「不」印は決まり手名称の欄に記載）

なお本場所の観客には、表面が当日の序ノ口以上全力士の取組表

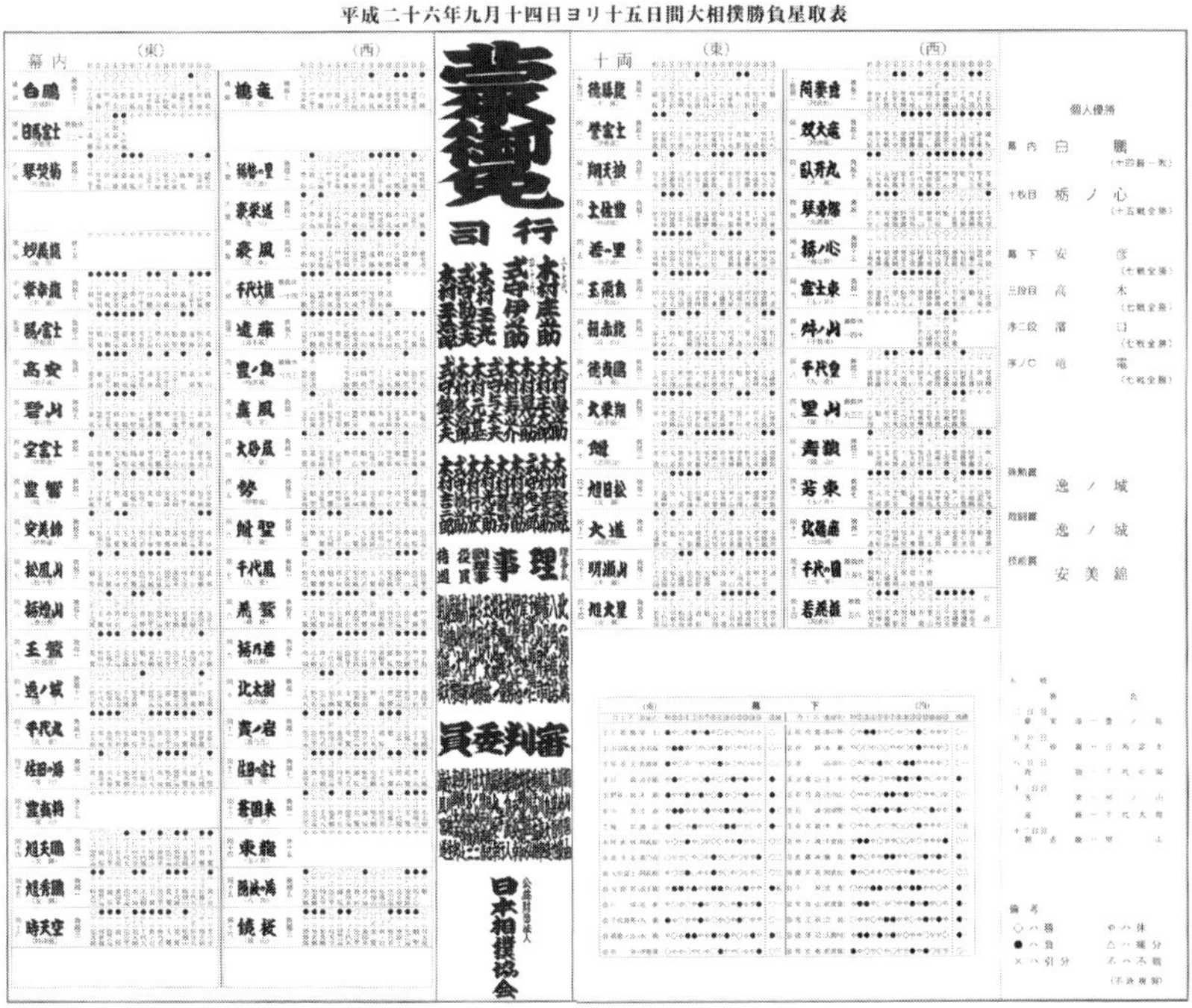


平成二六年九月場所の大相撲勝負星取表。

で、裏面が幕下二五枚目以上の力士の「星取表」になった簡便な「本日の取組表」が無料で配布される。この、観客に配布される「星取表」や新聞報道などでは、不戦勝が□印、不戦敗が■印で表示されている。

**おおずもうホームページ【大相撲ホームページ】** 平成八年（一九九六）九月に相撲協会の広報活動の一環として開設。協会が資料を提供し、NTTが技術を提供した。内容は、「力士インタビュー」「協会からのお知らせ」「取組速報」「番付」「力士名鑑」「歴代記録」「相撲基礎知識」「相撲の歴史と文化」「名横綱・名力士列伝」「相撲博物館」など豊富な情報を備えている。ホームページのアドレスは、http://www.sumo.or.jp/ である。

**おおずもうまくうちさいゆうしゅうしんじんしょう【大相撲幕内最優秀新人賞】** 相撲協会以外の団体が表彰するものの一つ。東京中日スポーツ・中日スポーツ新聞が表彰する。前年度に新入幕した幕内力士のうちから著しい活躍のあった者を各報道関係の選考委員が投票で選出し、毎年一月場所初日に表彰式を行っている。なお、前年度の幕内在位が二場所以下の力士は、次年度にその権利が保留される。

**おおぜき【大関】** 横綱に次ぐ力士の地位の名称。関脇で連続三場所の好成績を残して安定した力を評価されると、番付編成会議に大関への推挙が諮られ、理事会で満場一致の賛成を経て昇進が決まる。協会より使者が派遣されて昇進伝達式が行われる。ただし、大関で二場所連続で負け越して関脇に降下し、次場所で一〇勝以上した場合には、番付編成会議の当日から大関として処遇されるが使者派遣はない。番付には大関が必要とされ、いないときには横綱が「横綱大関」とされる場合がある。

『北小路日記（大江俊光記）』（北小路俊光／貞享元年～享保元年（一六八四～一七一六））に記載がある元禄一二年（一六九九）五月の京都での興行の番付に「大関」の文字が見られる。江戸時代を通じて大関は最高位であったから、谷風・小野川以降の横綱免許を授与された力士も、番付にはすべて「大関」と記載された。「横綱」の文字が番付に記載されたのは明治二三年（一八九〇）五月の第一六代横綱・西ノ海からで、同四二年二月に横綱の番付最上位が制度化された。

大関の降格は、明治二二年一月に「病気などで二期不勤は席順を一場所そのままで次場所より降下」、大正一〇年（一九二一）五月に「二期病気欠勤・成績不良のときは二場所原位置を存し次場所に一枚降下」とされ、昭和四年（一九二九）五月の『大日本相撲協会寄附行為細則』でも存続された。同三三年九月より同四四年五月までは、年六場所制の実施に伴って負け越しを三場所連続と緩和された。昭和四四年七月場所より、二場所連続して負け越すと翌場所に関脇に降格され、その場所で一〇勝すれば大関に再昇進できることになった。

また、大関の地位で現役引退する場合も、その地位を降下して引退する場合も、三年間は協会委員待遇（年寄）となる。年寄名跡を取得した者は襲名披露をしてその名跡を継承するが、名跡を取得していない者は現役名でいなければならない。→〔番付発表〕〔番付編成要領〕〔横綱①〕〔横綱大関〕

**おおぜきかい【大関会】** 相撲協会の規定によらない任意の団体の名称。親睦を目的として、引退した元大関と現役の大関力士が参加している。毎年一回、九州・福岡で行われる十一月場所の三日目に集まり、親交を深めている。

**おおたけ【大嶽】** 年寄名跡の一つ。初代は享保七年（一七二二）九月まで勧進元や差添《さしぞい》をつとめた大竹市左衛門といわれる。現在は、元十両四枚目・大竜が襲名継承し、大嶽部屋を運営、評議員をつとめている。

**おおたぶさ【大たぶさ】** 大銀杏《おおいちょう》の髪型で、元結《もとゆい》で縛って頭頂部に載せた部分の名称。前方をイチョウの葉の形に広げ、後方に丸く突出させた部分のこと。一般的には髪を頭頂に集めて束ねたものを「たぶさ」とか「もとどり」というが、力士の髷《まげ》は「たぶさ」を大きく取ってゆったりと結うので、「大たぶさ」の名称がある。断髪式の司会が「今、大たぶさが切り落とされました」と言うのは、引退する力士の師匠がこの部分を最後に切り離した場面のことである。↓〔大銀杏〕

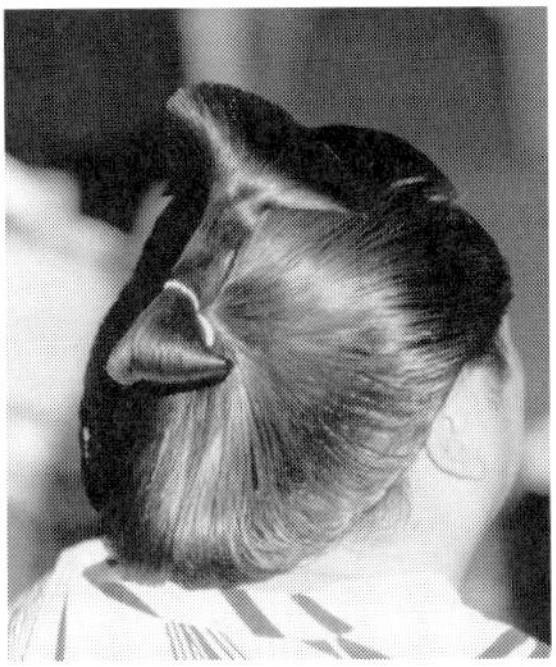
大銀杏の髷の頭頂部に大たぶさが載る。

**おおづつまんえもん【大砲万右衛門】** 第一八代横綱。宮城県白石市出身。明治二年（一八六九）一一月二八日生まれ。本名は角張万次。尾車部屋。初めて番付に載ったのは明治二〇年一月序ノ口。同二五年一月新十両。同年六月新入幕。同三四年五月横綱免許。同四一年一月引退。身長一九四センチ・体重一三二キロ。幕内通算成績は九八勝二九敗五一分四預、優勝相当の成績は二回。

新入幕の場所は三勝六敗と負け越しながら、上位陣が総崩れになったために翌場所には小結に異例の抜擢をされた。持病に高血圧があって三役と平幕を何回も往復したが、まじめな努力家で、酒を断つなどの節制を続けて関脇のころからようやく地力を発揮した。背が高かったので四つに組むと相手は攻めようがなく、しばしば引き分けとなったところから「分け綱」の異名で呼ばれ、明治四〇年五月場所では九日間を全部引き分けたこともあった。

引退後は年寄待乳山を襲名。思慮が深く交渉は巧みで地方巡業の運営に大きく貢献した。大正七年（一九一八）五月二七日、四八歳で没。

第一八代横綱・大砲万右衛門

**おおとりたにごろう【鳳谷五郎】** 第二四代横綱。千葉県印西市出身。明治二〇年（一八八七）四月三日生まれ。本名は滝田明。宮城野部屋。初めて番付に載ったのは明治三六年五月序ノ口。同四一年五月新十両。同四二年一月新入幕。大正四年（一九一五）六月新横綱。

同九年五月引退。身長一七四センチ・体重一一三キロ。幕内通算成績は一〇八勝四九敗七分八預、優勝二回。

師匠の宮城野が鳳の幕下時代に亡くなり、小部屋の苦労を背負いつつも猛稽古を続けて実力を養った。強い足腰から繰り出す小手投げや掛け投げは切れ味鋭く、小手投げを打ちながら相手の足の内側に自分の足をからめ、とんとん跳ねて倒す技は「鳳のけんけん」と称されて相手に恐れられた。俳優の滝田栄は鳳の兄の孫に当たるが、彼自身も美男力士であったので大いに人気を呼んだ。大関時代までは土俵いっぱいを使って変化する自由自在の相撲で活躍したが、横綱になってからは取り口が受け身にまわったのと糖尿病の悪化もあってやや精彩を欠いた。

引退後は年寄宮城野を襲名、検査役や理事をつとめて協会に貢献した。昭和三一年（一九五六）一一月一六日、六九歳で没。

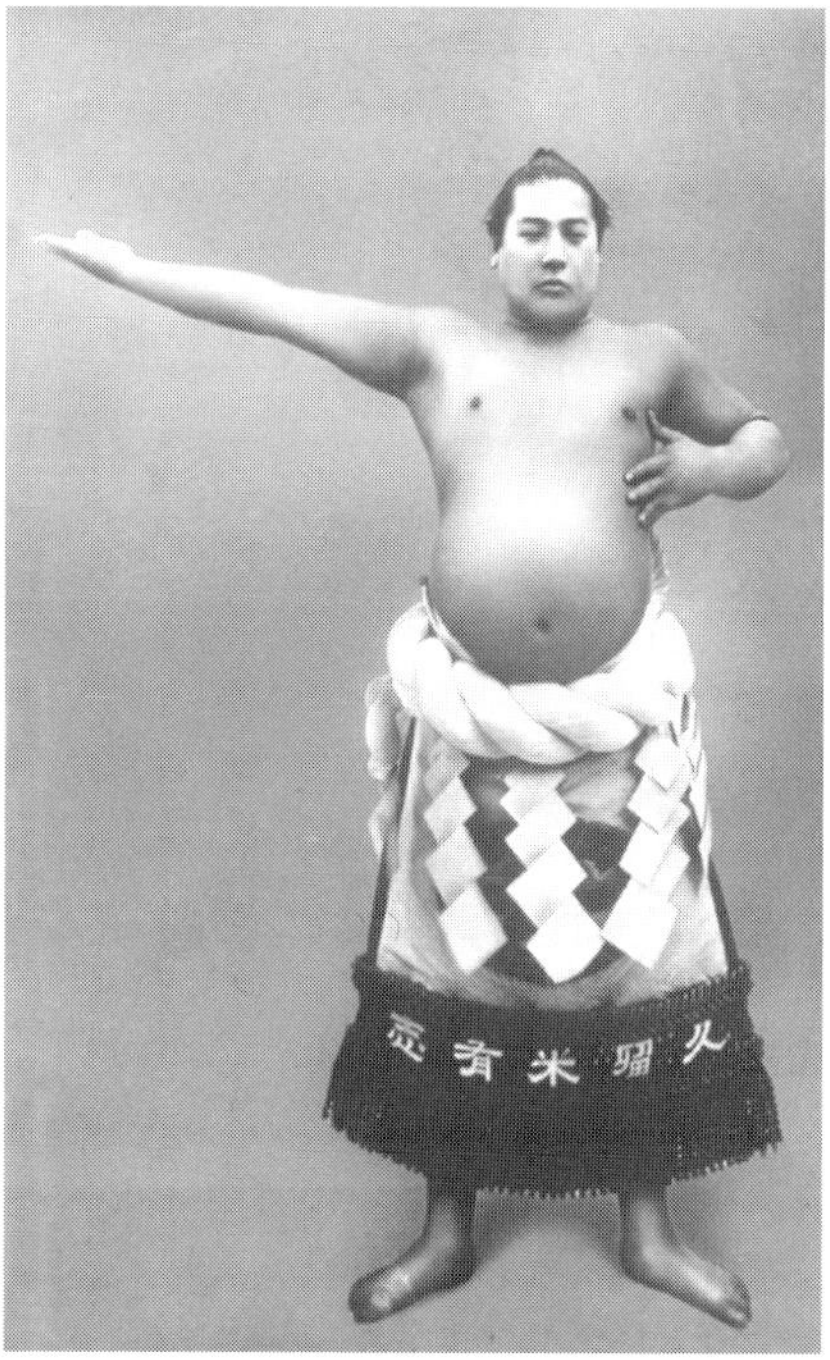

第二四代横綱・鳳谷五郎

**おおなると【大鳴戸】** 年寄名跡の一つ。初代は関脇をつとめて明治二九年（一八九六）九月に大阪の頭取となった大鳴門太三郎。のちに「大鳴門」から「大鳴戸」に改称し、昭和二年（一九二七）の東西合併で大阪の頭取から東京の年寄に加えられた。現在は、元大関・出島が襲名継承し、藤島部屋に所属している。

**おおにしきういちろう【大錦卯一郎】** 第二六代横綱。大阪市中央区出身。明治二四年（一八九一）一一月二五日生まれ。本名は細川卯一郎。出羽海部屋。明治四三年一月初土俵。大正三年（一九一四）一月新十両。同四年一月新入幕。同六年五月新横綱。同一二年一月引退。身長一七六センチ・体重一四一キロ。幕内通算成績は一一九勝一六敗三分、優勝五回。

新入幕から六場所目での横綱は出世の史上最短記録で、現在も破られていない。相手の機先を制する鋭い立ち合いとスピード感あふれた出足での寄り身、相手を腹の

第二六代横綱・大錦卯一郎

上に乗せる吊り出しを得意とした。相手の仕切りの癖まで研究する熱心さと工夫で「大錦の頭脳相撲」と称されたが、土俵での剛胆さや気迫は十分に相手を圧する風格があった。

　大正一二年の春場所前、力士会が待遇改善を求めて協会と対立した三河島事件の際、最高位の横綱として他の大関たちとともに両者の調停につとめたが果たせず、警視庁の斡旋による手打ちの後、責任をとる決意を示して自ら断髪し廃業した。その後は早稲田大学の聴講生になって政治を学び報知新聞社の最高嘱託になった。昭和一六年（一九四一）五月一三日、四九歳で没。

**おおにしきだいごろう【大錦大五郎】** 第二八代横綱。愛知県弥富市出身。明治一六年（一八八三）七月二二日生まれ。本名は渡辺吉三郎から山田吉三郎、さらに鳥井吉三郎。京都の伊呂波部屋から大阪の朝日山部屋。大阪で初めて番付に載ったのは明治三六年一月三段目附出し。同三八年六月新十両。同三九年一月新入幕。大正七年（一九一八）五月新横綱。同一一年一月引退。身長一七六センチ・体重一一三キロ。大阪での幕内通算成績は一六一勝五〇敗一三分二痛分一預、優勝は六回。

第二八代横綱・大錦大五郎

　左四つで上手廻しを引いて強さを発揮し、左筈《はず》押しも強力であった。大阪では強豪力士として人気、人望ともにあり、大関昇進の前後に常陸山から東京に加入するよう誘われたが、師匠の朝日山に深く恩義を感じていたために断ったという。当時の吉田追風は「方屋に上がって立った瞬間の品位は満点」と称している。

　引退後は現役名で大阪相撲の頭取となったが、大正一二年六月の番付を最後に名前が消えている。昭和一八年（一九四三）五月一六日、五九歳で没。

**おおのくにやすし【大乃国康】** 第六二代横綱。北海道河西郡芽室町出身。昭和三七年（一九六二）一〇月九日生まれ。本名は青木康。花籠部屋から放駒部屋。昭和五三年三月初土俵。同五七年三月新十両。

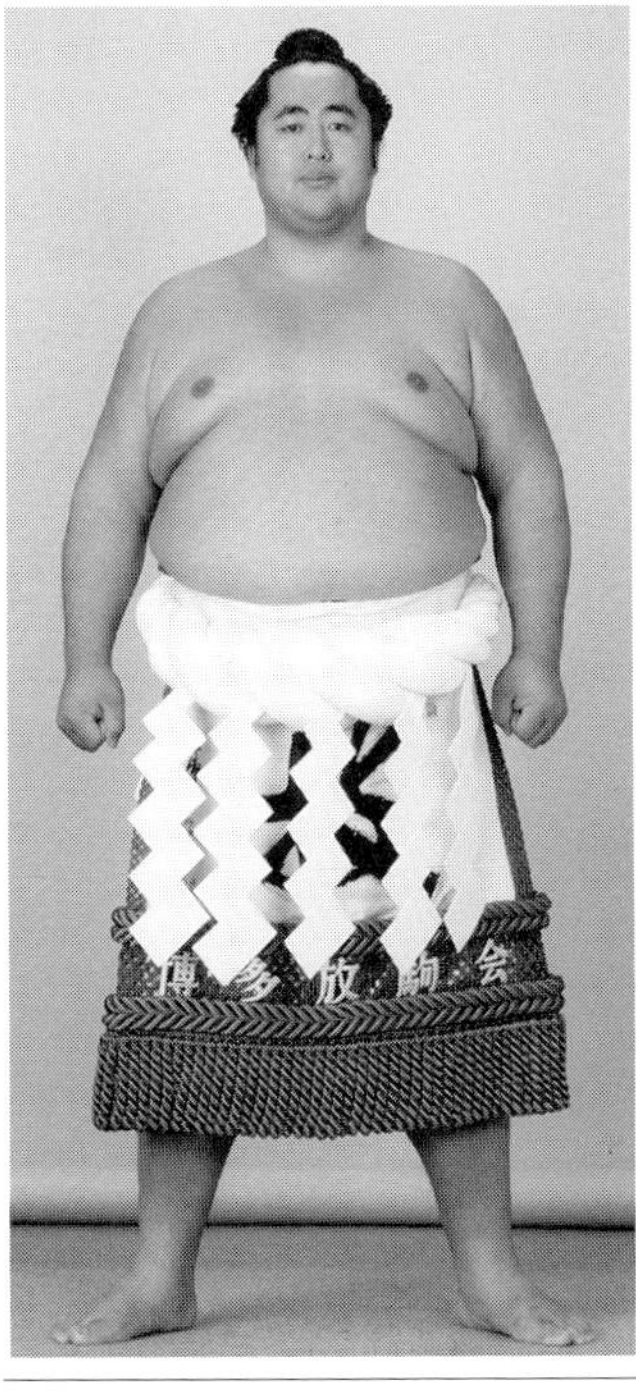

第六二代横綱・大乃国康

同五八年三月新入幕。同六二年一一月新横綱。平成三年（一九九一）七月引退。身長一八九センチ・体重一一一キロ。幕内通算成績は四二六勝二二八敗一〇五休、優勝二回。

大きな体を生かした寄り切りを得意にして、入幕五場所目の昭和五八年十一月場所で当時の北の湖（第五五代、現年寄北の湖）、千代の富士（第五八代、現年寄九重）、隆の里（第五九代、現年寄鳴戸）の三横綱を倒し、同五九年三月場所では三横綱・三大関に土をつける殊勲をあげた。昭和六三年十一月場所では当時五三連勝していた千代の富士と横綱対戦をし、寄り倒しで破って連勝をストップさせ、横綱の意地を見せた。

引退後は現役名で年寄となり、後に芝田山を襲名、芝田山部屋を創設して後進を育てながら協会副理事をつとめている。

**おおばけ**【大化け】→〔化ける〕

**おおばしょ**【大場所】昭和二一年（一九四六）以降三〇年代の初めまで、東京の本場所以外の名古屋、大阪、福岡などでの相撲を「準本場所」と呼んでいたが、これ以外の比較的大きな都市で開催され、二日間以上にわたる巡業を「大場所」と呼ぶことがあった。ただし、正式な用語ではなく、売り込みや勧進元が巡業を宣伝するために使用した言葉である。→〔準本場所〕〔本場所〕

**おおふだ**【大札】木戸札（入場券）の一種。→〔木戸札〕

『勧進大相撲繁栄之図』の一部、『木戸大札場之図』（国輝画）。年寄たちが帳簿類、木戸札などを整理している様子がわかる。

**おおふだば**【大札場】江戸時代の勧進相撲で、木戸札や木戸銭などの金銭を管理するために設けられた部署。観客は札場で木戸銭を支払って木戸札を買い、木戸札を木戸に渡して入場した。大札場では、札場に集まった木戸銭を回収したり、木戸に集まった木戸札を回収して再び札場に送った。『相撲名所図絵』（立川焉馬／弘化二年〈一八四五〉）には、「毎朝桟敷方土間方へ切手（木戸札）を出す役所也。年寄帳元出勤、晴天札持来る者ハ此所ニて切手と替通用す」と記述されている。→〔木戸札〕〔札場〕

**おおまた**【大股】決まり手八二手の一つ。出し投げを打つと、相手は足を前に送ってこらえようとする。このとき、相手が「小股掬《こまたすく》い」を警戒して、自分より遠いほうの足を前に出して残そうとしたら、その足を内側から取ってすくうように相手を倒す。一方の手で相手の廻しを取って引きつけ、自分の体《たい》を預けるようにすると決まりやすい。→〔決まり手〕〔小股掬い〕

決まり手・大股

**おおやま**【大山】年寄名跡の一つ。初代は天明二年（一七八二）二月限りで引退し年寄となった幕下二段目・大山谷右衛門。現在は、元前頭二枚目・大飛が襲名継承し、東関部屋に所属して協会委員をつとめている。

**おおわざ**【大技】報道関係が使う表現で、相撲用語ではない。決まったときの見栄えが派手に見える技をいう。決まり手でいえば二丁投げ、一本背負い、呼び戻しなどは大技といえるが、その他の技

**相撲と大名**

江戸時代の元禄年間（一六八八〜一七〇四）以降に、力士の召し抱えが流行のように行われ、各大名は自国出身力士ばかりでなく競って強豪力士を抱えた。特に、仙台（現宮城県）伊達家、紀州（現和歌山県）徳川家、因幡（現鳥取県）池田家、出雲（現島根県）松平家、阿波（現徳島県）蜂須賀家、肥後（現熊本県）細川家などが力士を抱えた大名家として有名である。「相撲大名」「相撲藩」などの言葉があるが、当時使われたかどうかは定かでない。

であっても、かけた力士によっては相対的に大技となる。例えば、小兵力士が自分より大きい相手を吊れば、吊り技も大技に見える。↓〔荒技〕

**おおわり【大割】**↓〔取組表〕

**おかえしまった【お返し待った】** 相手に「待った」をされたときに、仕切り直しの後、今度は自分のほうで故意に「待った」をしたことをいった。現在では、協会の『寄附行為施行細則　附属規定』に定められた『勝負規定』によって、「待った」そのものが厳しく警告されるので、当然ながら「お返し待った」などはあり得ない。↓〔勝負規定〕

**おかかえりきし【お抱え力士】** 大名から禄を与えられ、召し抱えられた力士のこと。お抱え力士が見られるようになったのは戦国時代以降であるが、特に江戸時代に盛んになった。江戸時代初期には召し抱えにも武術奨励の意味合いがあったが、元禄年間（一六八八〜一七〇四）以降は大名の自慢や優越感を誇示する傾向が加わった。

召し抱えられた力士は、番付の頭書（出身地名）に大名家の国名が記され、藩の印を意匠とした化粧廻しを用いた。また、抱えの家名や国名を明示せずに単に「屋敷」と記す場合もあった。明和二年（一七六五）一〇月の番付では、頭書に「去《さる》御屋敷　山分辰之助」とあり、同四年五月、同八年六月の番付でも「去る御屋敷」の頭書が散見される。

明治二年（一八六九）の版籍奉還（各藩主が所有した土地・人民を朝廷に返還）、明治四年の廃藩置県（旧来の藩制を廃し郡県制による中央集権化）によって大名が消滅し、お抱え力士も消滅した。

**おかげしゅっせ【御陰出世】** 江戸時代から明治中期まで存続した慣習で、勧進元の弟子のうち一人だけは成績のいかんを問わず、興行の祝儀として、序ノ口に付け出すことができるとしたもの。普通は、前相撲や本中を経て序ノ口に出世した。不公平な制度であったので、明治初期から中期の改革によって出世・昇進は公平になされるようになった。↓〔附出し〕〔本中〕〔前相撲〕

**おかみさん** 力士たちが部屋の師匠の夫人を呼ぶときの呼称。部屋持ち年寄、部屋付き年寄のいずれの夫人も「おかみさん」と呼ばれる。特に部屋持ち年寄のおかみさんの役目は、力士たちの衣食住の世話など母親代わりから、他の相撲部屋や後援会との渉外活動まで多岐にわたる。

**おがみどり【拝み取り】** 相手の前褌を両手で取ること、また、その体勢をいう。両手が前で合わされる様子を、神仏を拝む形にたとえた表現で、単に「拝む」ともいう。この体勢から寄って出ると相手は腰が伸びて、残すのが難しくなる。

**おかる【お軽】** 相撲界独特の表現で、不美人のこと。明治時代に上演された『仮名手本忠臣蔵』でお軽役の役者が不美人であったことに由来するといわれている。美人のことは「金星」という。現在「金星」とは言うが、「お軽」はあまり使われない。

**おくりあし【送り足】** 吊り上げて、両足が完全に土俵から離れた相手を土俵の外へ運び出すとき、相手の体を下ろす前に自分の足が土俵の外に踏み出すこと。これは負けにはならない。ただし、相手の足が少しでも土俵内の土や俵に触れている場合や、吊り上げてもかかとから土俵の外に踏み出した場合は、勇み足と判定されて負けとなる。→〔勇み足〕

**おくりがけ【送り掛け】** 決まり手八二手の一つ。相手の後ろに回り、左足または右足をかけて倒す。同様の体勢で、足をかけずに相手を倒せば「送り投げ」または「送り倒し」となる。平成一三年（二〇〇一）一月場所より追加された決まり手である。→〔決まり手〕

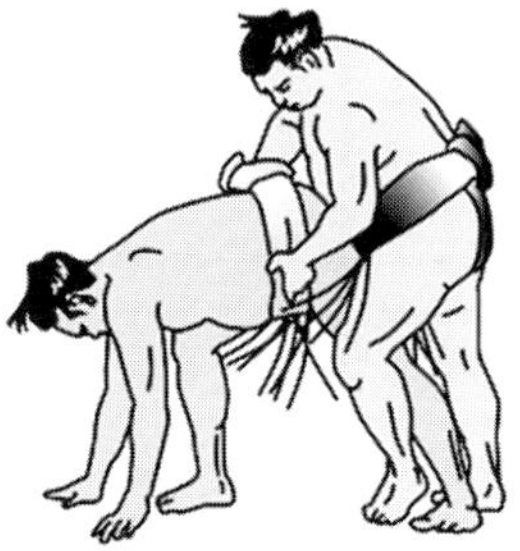

決まり手・送り掛け

**おくりたおし【送り倒し】** 決まり手八二手の一つ。送り出しと同様の攻防で相手の横や背後に回り、相手を抱えて土俵内で倒す。相手を横や背後から抱えて土俵の外に出せば、決まり手は「送り出し」となる。→〔決まり手〕

決まり手・送り倒し

**おくりだし【送り出し】** 決まり手八二手の一つ。激しい突っ張りで相手の体を横向きや後ろ向きにさせたり、突っ張りをいなしたり体をかわしたりして相手の横や背後に回り、そのまま相手を抱えて土俵の外に出す。出し投げなどを打って相手の体の向きを変えさせるのは、さらに高度な合わせ技となる。相手を横や背後から抱えて土俵内で倒せば、決まり手は「送り倒し」となる。→〔決まり手〕

決まり手・送り出し

**おくりつりおとし【送り吊り落とし】** 決まり手八二手の一つ。相手の後ろに回り、背中の側から両廻しを取って相手を吊り上げ、その場で足元に落とすように投げつける。平成一三年（二〇〇一）一月場所より追加された決まり手である。→〔決まり手〕

決まり手・送り吊り落とし

**おくりつりだし【送り吊り出し】** 決まり手八二手の一つ。相手の後ろに回り、背中の側から両廻しを

決まり手・送り吊り出し

取って相手を吊り上げ、そのまま土俵の外に持っていく。平成一三年（二〇〇一）一月場所より追加された決まり手である。→〔決まり手〕

**おくりなげ【送り投げ】** 決まり手八二手の一つ。相手の後ろに回り、背中の側から投げて倒す。このとき、相手の両廻しを取る場合もあれば、廻しを取らない場合もある。平成一三年（二〇〇一）一月場所より追加された決まり手である。→〔決まり手〕

決まり手・送り投げ

**おくりひきおとし【送り引き落とし】** 決まり手八二手の一つ。相手の後ろに回り、自分のほうへ引き落とすようにして倒す。相手はしりもちをつくことになる。このとき、相手の廻しには手がかかっていてもいなくてもよい。平成一三年（二〇〇一）一月場所より追加された決まり手である。→〔決まり手〕

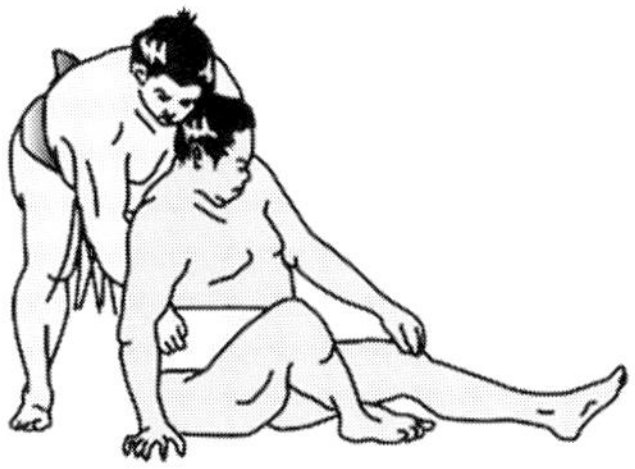
決まり手・送り引き落とし

**おぐるま【尾車】** 年寄名跡の一つ。初代は元禄三年（一六九〇）八月の勧進相撲で勧進元をつとめた小車庄三郎といわれる。現在は、元大関・琴風が襲名継承し、尾車部屋を運営しながら協会理事をつとめている。

**おこしやく【起こし役】** 昭和一〇年代まで、前相撲を取る若い力士や行司を午前三時ごろに起こして回った役目の名称。呼出が担当した。→〔一番柝②〕

**おこす【起こす】** 特に相撲用語ではない。相手が重心の低い安定した前傾の構えをとれないように、相手の上体を立たせるようにすること。離れて取っている場合には突いたり押したりして、また、四つ相撲の場合には差し手《で》を返したり中へ潜り込んだりして、相手の上体を起こすようにする。上体が起きて腰が伸びた体勢では、攻めが難しくなる。→〔差し手／差し手を返す〕

**おこのみ【お好み】**「番外お好み」の略称。→〔番外お好み②〕

**おこめ【お米】** 相撲界独特の表現で、金銭のこと。力士が親方からもらう小遣い銭や給金などいっさいを指す。江戸時代に大名に抱えられていた力士が扶持米（家臣である武士に給与として支給された米。これを金に換えて生活費とした）を得ていたことから、金銭を「お米」と言い習わしたもの。「お米を借りる」といえば借金することで、「お米が切れる」といえば金離れがよく気前がよいことである。

**おざきしろう【尾崎士郎】** 明治三一年（一八九八）愛知県生まれ。小説家。代表作は『人生劇場』。相撲に詳しく横綱審議委員を長くつとめ、『相撲随筆』『看板大関』『相撲を見る眼』『小説国技館』『雷電』など相撲に関する著作も多い。また、昭和六年（一九三一）ごろ、東京府荏原郡（現東京都大田区）大森近辺の小説家・画家などを中心に結成された民間の相撲愛好会「大森相撲協会」にも参加して、サトウ・ハチロー、山本周五郎などとともにそれぞれしこ名を名乗って相撲を取り、番付を作るなどして楽しんだ。昭和三九年に文化功労賞を受賞した。同年没。

**おさんどんずもう【おさんどん相**

撲】江戸時代に千秋楽の相撲を「おさんどん〈注〉相撲」といった。『子孫大黒柱』（宝永六年〈一七〇九〉の浮世草子）に「女の相撲見物」が戒めるべきこととしてあげられ、『世間娘気質』（享保元年〈一七一六〉の浮世草子）に真葛ヶ原（京都）の相撲について「内に金砂子に秋の野かきし乗物のりはしらかし、女のすまふ見るという事、昔は沙汰にもきかざりし」とある。これらから、江戸時代にも女性の相撲見物があったことが推測される。江戸の勧進相撲では、千秋楽に限って女性も見物できたようである。当時、千秋楽は幕内力士が出場せず、ほとんど幕下以下力士の取組が多かった。

女性の見物が全面解禁になったのは、明治五年（一八七二）一一月の場所二日目からである。〈注〉おさんどん＝台所で働く女性のこと。

**おし【押し】** 相撲の基本技の一つで、両手の手のひらを筈《はず》にして相手の体に押し当て、腰を落として前に出ること。押しはいちばん基本となる相撲技で、相撲の極意に通じるものといわれている。↓〔押す〕

相手（左）の上腕部に筈に当て、押しで攻める。

**【～相撲】** 相手の廻しを取らず、終始押しや突きだけで攻めたり、それを得意とする相撲。押しや突きは相撲の基本技であり一つの典型でもあるが、一方で押し相撲は相手の変化技にもろい面がある。また、押し相撲には突き技も伴うので「突き押し相撲」という場合もある。

**おしおがわ【押尾川】** 年寄名跡の一つ。初代は大阪相撲で前頭二枚目まで進み、安永二年（一七七三）に引退した押尾川巻右衛門。昭和二年（一九二七）の東西合併の際に大阪の頭取から東京の年寄に加えられた。元大関・大麒麟が襲名継承し、押尾川部屋を運営しながら協会理事をつとめていたが退職して、現在は、空席となっている。

**おしきせ【お仕着せ】** 幕下以下の力士が師匠から与えられる、浴衣などの衣類のこと。

**おしたおし【押し倒し】** 決まり手八二手の一つ。筈《はず》にかかったりのど輪で押して出ていって、相手をあお向けに倒す。相手の倒れるのが土俵の内側か外側かは問われない。相手が倒れずに土俵の外に出た場合は、決まり手は「押し出し」となる。なお、相手があお向けでなく腹のほうを下にして倒れれば、決まり手は「送り倒し」になる。↓〔決まり手〕

決まり手・押し倒し

**おしだし【押し出し】** 決まり手八

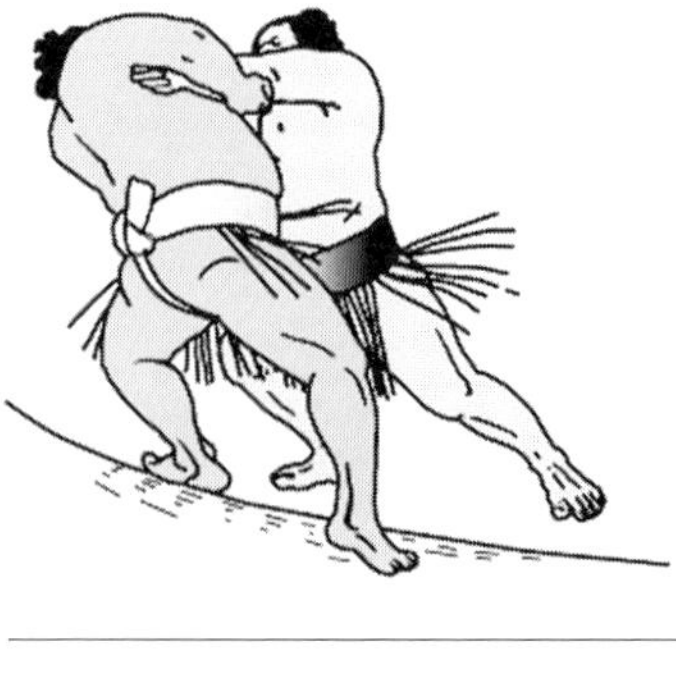

決まり手・押し出し

二手の一つ。筈《はず》にして相手の脇の下や胸に当てて、そのまま押して相手を土俵の外に出す。両手を筈にかける両筈《もろはず》で押す場合、筈を相手ののどに当てるのど輪攻めで押す場合もある。いずれも相撲の基本中の基本技である。この攻めで相手を倒せば、決まり手は「押し倒し」となる。→〔決まり手〕〔筈〕

**おす【押す】**「押すに手なし、押さば押せ、引かば押せ」などと表現されるほど、相撲のもっとも基本的な攻めの一つで、相手を押して前に出ること。両脇を締め、両手のひらを相手の脇の下や胸に筈にあてがい、腰から前に出るように押す。土俵際では十分に腰を割って、下から押し上げる。この体勢で勝負を決めれば「押し出し」か「押し倒し」となる。

また、忍耐の「忍」の文字を「おす」と読み、相撲界では〝押す〟は〝忍す〟に通じる」として、「押すことは強い意志が必要。引くことは簡単。引くことを我慢して押すことに徹すれば強くなる」と教えられる。→〔押し〕

**おす【押す】**相撲界独特の表現で、相手にごちそうになること。同じことを「押っ付ける」ともいう。

**おちゃこ【お茶子】**三月場所会場の大阪府立体育会館で、出店される相撲案内所で働く女性の呼称。国技館および七月場所の愛知県体育館の相撲案内所で働く「出方《でかた》」に該当する。なお、十一月場所の福岡では相撲案内所は開設されず、一般的な売店なので特に呼称はない。→〔相撲案内所〕〔出方〕

**おちる【落ちる】**①相手に引かれたりはたかれたりしたときに、出足が伴わなかったり足が送れなかったりして、土俵に手をついたり前にばったりと倒れたりすること。「前に落ちる」ともいう。
②本場所で負け越して番付の地位が下がること。

**おっつける【押っ付ける】**相手が差してきたり突っ張ってきたときに、これを防ぐために脇を固め、相手の腕に外側から手を押し当てて、相手の腕を絞り上げるように力を加えること。自分も差さないように、相手にも差されないようにする。「押っ付け」は下から上に相手を絞り上げるようにするのが基本で、強く押っ付けられるほど相手は攻撃力を封じられる。守りから攻めに転じるための非常に重要な技である。

**おっつける【押っ付ける】**相撲界独特の表現で、相手の懐を当てにしてごちそうになること。同じ意味を「押す」ともいう。

相手（右）の肘に下側から押っ付ける。

**おてあがり【お手上がり】**相撲界独特の表現で、「一文無し」のこと。金がまったくないこと。「お手上げ」「おてこ」「お天気」などともいう。「お天気」はよく晴れてカラカラに乾くことからきた表現である。

**おとうとでし【弟弟子】**同じ相撲部屋の先輩力士から見て、自分より少しでも後から入門してきた力士のことをいう。「おとでし」ともいう。→〔兄弟子〕

**おとわやま【音羽山】**年寄名跡の一つ。初代は享保二～八年（一七一七～二三）ごろに引退した音羽山峰右衛門。現在は、元前頭九枚目・光法が襲名継承している。

**おのえ【尾上】**年寄名跡の一つ。初代は宝永三年（一七〇六）六月まで勧進元や差添《さしぞい》をつとめた尾上六郎左衛門。現在は、元小結・濱ノ嶋が襲名継承し、尾上部屋を運営している。

**おのがわ【小野川】** 年寄名跡の一つ。初代は明和五年（一七六八）一月限りで大阪の頭取になった小野川才助。昭和二年（一九二七）の東西合併の際に大阪の頭取から東京の年寄に加えられた。現在は、元前頭八枚目・大道が襲名継承している。

**おのがわきさぶろう【小野川喜三郎】** 第五代横綱。滋賀県大津市出身。宝暦八年（一七五八）生まれ（同十一年説もある）。本名は川村喜三郎。京都の草摺部屋から、大阪では小野川部屋、江戸では玉垣部屋。江戸で初めて番付に載ったのは安永八年（一七七九）一〇月二段目附出し。天明元年（一七八一）三月新入幕。寛政元年（一七八九）一一月横綱免許（谷風と同時横綱免許）。同九年一〇月引退。身長一七八センチ・体重一三五キロ。幕内通算成績は一四四勝一三敗四分九預三無、優勝相当の成績は七回。

谷風（第四代横綱）と並び相撲興隆に功績のあった名力士である。天明二年二月にそれまで三連敗していた谷風に初めて勝ったが、これは谷風の連勝を六三連勝で阻止した勝ち星でもあった。このときから小野川と谷風の対戦は評判を呼び、寛政の相撲黄金期につながっていった。寛政六年三月に肩を負傷し、翌年一月には好敵手であった谷風の急死に遭遇、やや不運であった。

雷電との対戦は小野川の力が下り坂に向かったころで、江戸では一度も勝てなかった。

引退後は久留米藩の相撲頭取（年寄）をつとめていた。

文化三年（一八〇六）三月一二日、四九歳で没（四六歳説もあり）。

第五代横綱・小野川喜三郎（春英画）

**おやかた【親方】** 相撲協会の年寄の通称。正式名称は「年寄」である。立行司の木村庄之助、式守伊之助も「親方」と呼ばれている。↓〔師匠〕〔年寄〕〔部屋付き年寄〕〔部屋持ち年寄〕

**おやかたかぶ【親方株】**「年寄名跡」の俗称。↓〔年寄株〕〔年寄名跡〕

**おやだいこ【親太鼓】**↓〔本太鼓〕

**おやゆびのけが【親指のけが】**↓〔小指のけが〕

**およぐ【泳ぐ】** 出し投げを打たれたり、あるいは、はたかれたり引かれたりして前のめりになり、上体の移動に足の送りが伴わなくなる状態をいう。前傾した上体の重心を支えようとして、上体の後から足がついていこうとするので泳ぐように見える。

**おんがえし【恩返し】** 相撲界独特の表現で、稽古で胸を借りた先輩力士に本場所の土俵で勝つこと。そのように勝つことを「恩を返す」という。

**おんなずもう【女相撲】** 女性の相撲。江戸時代には興味本位の見世物として行われた。幕府が何度か禁止することもあったが、『義残後覚』（愚軒／文禄五年〈一五九六〉成立）、宝永～正徳年間（一七〇四～一七一六）の『関八州繫馬』（近松門左衛門）や『長枕《ながまくら》褥《しとね》合戦《かっせん》』（平賀源内）、『江戸繁昌記』（明和年間〈一七六四～七二〉）、『玉磨《たまみがき》青砥銭《あおとぜに》』（寛政二年〈一七九〇〉）など、江戸時代を通して数多くの記述に見られる。

明治六年（一八七三）に男女相撲（男性と女性とが取り組んだと思われる）は厳禁されたが、女相撲は全国各地でその後も開催された。同二三年一一月には東京で女相撲興行団が興行したことを、当時の新聞が報じている。明治・大正・昭和戦前に興行、「高玉」「石山」などの団体があった。しかし、今日では一部地方に祭事として残されているのみである。

# か行



……か……

**かいがいこうえん**【海外公演】日本の大相撲を海外で開催すること。相手国からの招待があって行われる。本場所と同じ形式で土俵入り、取組を行うが、トーナメントの場合もある。開催地と日本との両国間の友好と親善に役立つように、また、伝統ある日本の相撲を海外に広く紹介し、文化交流を図る目的で実施されるため、しばしば「裸の大使」と報道されたりもする。

　昭和四〇年（一九六五）七月に旧ソ連で第一回が行われて以来、以下のような一一ヵ国一六都市で、平成一七年（二〇〇五）一〇月のアメリカまで一三回行われている。

昭和四〇年七月　モスクワ、ハバロフスク公演（旧ソ連）
昭和四八年四月　北京、上海公演（中国、日中国交正常化を記念）
昭和五六年六月　メキシコシティー公演（メキシコ）
昭和六〇年六月　ニューヨーク公演（アメリカ）
昭和六一年一〇月　パリ公演（フランス）
平成二年六月　サンパウロ公演（ブラジル）
平成三年一〇月　ロンドン公演（イギリス）
平成七年一〇月　ウィーン、パリ公演（オーストリア、フランス）
平成九年六月　メルボルン、シドニー公演（オーストラリア）
平成一〇年六月　バンクーバー公演（カナダ）
平成一六年二月　ソウル、釜山公演（韓国）
平成一六年六月　北京、上海公演（中国）
平成一七年一〇月　ラスベガス公演（アメリカ）

**かいがいしどう**【海外指導】海外からの要請に応じて協会より指導者を派遣すること。ごく小人数で行われる。平成一一年（一九九九）一一月、ブラジル・ベレンで開催された「アマゾン入植七〇周年記念相撲大会」に藤島（元隆三杉）、若東、国東（ともに玉ノ井部屋、ブラジル出身）、床好の計四人が、相撲指導のため派遣された。

**かいがいじゅんぎょう**【海外巡業】海外で巡業を行うこと。両国間の友好・親善、日本伝統の相撲を紹介し文化交流を図る目的は海外公演と同じであるが、海外巡業では勧進元が行う点が異なる。

　戦前は、大正三年（一九一四）ハワイ巡業、同四年アメリカ巡業、同一〇年ハワイ・アメリカ巡業などが小規模に行われた。最近では、平成二〇年（二〇〇八）にロサンゼルスとウランバートル（モンゴル）、平成二五年（二〇一三）八月にジャカルタに巡業している。

**かいこう**【開口】三段構えの「上段の構え」の別称。→〔三段構え〕

**がいこくしゅっしんりきし**【外国出身力士】『日本相撲協会寄附行為施行細則』には、外国人で力士を志望する者は、確実な保証人二人と連署で、師匠である年寄を経て、力士検査届を協会に提出しなければならないこと、また、検査に合格して協会所属力士として登録される場合は、外国人登録済証明書を協会に提出しなければならないことが、それぞれ規定されている。

　外国出身力士の最初は、昭和九年（一九三四）に来日して春日野親方（栃木山）に入門した、米国ロサンゼルス生まれの二世の平賀将司。平賀は同一三年に序二段二三枚目まで進んで廃業した。協会に登録された外国出身力士の出身国には、モンゴル、ブルガリア、韓国、中国、ブラジル、ロシア、グルジア、ハンガリー、エジプトなどがある。

**かいしょ【会所】**「相撲会所」と記述されることが多い。江戸時代に発生して、勧進相撲の興行を運営した組織。その成立について正確に伝える史料は残されていない。寺社奉行に願い出ていた江戸の勧進相撲は貞享元年（一六八四）に興行を許可され、富岡八幡宮（深川八幡）境内で興行された。このころの年寄仲間であった、雷《いかずち》権太夫、玉垣額之助、伊勢ノ海五太夫などが組織を発展させ、次第に相撲会所としての形を整えたのは宝暦年間（一七五一～六四）のころと思われる。

　会所の年寄のうちに筆頭《ふでがしら》役、筆脇《ふでわき》役がいたが、その他の詳細は不明である。『当世相撲金剛伝』（立川焉馬／天保一五年〈一八四四〉）には筆頭、筆脇のほかに支配役五名、『相撲改正金剛伝』（立川焉馬／弘化四年〈一八四七〉）にはほかに組頭約三名が記述されている。

　相撲会所は、明治二二年（一八八九）一月に「東京大角力《おおずもう》協会」と改称された、とされてきたが、明治二〇年五月「東京大角觝協会」に改称されたという説が有力である。その後、大正一四年（一九二五）一二月に財団法人設立を認可されて「財団法人大日本相撲協会」となった。昭和三三年（一九五八）一月に「財団法人日本相撲協会」、平成二六年一月には「公益財団法人日本相撲協会」と改称され、現在に至っている。↓〔江戸相撲〕

**かいしょづき【会所付】**江戸相撲では、番付編成権が会所の年寄最上位の筆頭《ふでがしら》と次位の筆脇《ふでわき》にあったので、幕下以下の番付について筆頭によく仕える力士を優遇し、これを「会所付」と呼んだ。会所付になると、前相撲や本中を省略して、実力のいかんにかかわらずいきなり序ノ口に付け出すことが認められていた。

　明治一一年（一八七八）に『角觝《すもう》営業内規則』が定められ、同一六年ごろに筆頭・筆脇の制度は廃止されたようである。そのころから、次第に情実による不公平さが改められて、成績による番付の昇進降下が行われるようになった。↓〔筆頭〕〔筆脇〕

**かいしょは【会所派】**明治六年（一八七三）に初代高砂《たかさご》浦五郎が相撲会所に改革を求めて改正相撲組を組織したとき、これに対立した相撲会所の側を指す。↓〔高砂騒動〕

**かいせいすもうぐみ【改正相撲組】**初代高砂浦五郎が相撲会所に改革の要求を向けた際、会所によって明治六年（一八七三）一一月興行の番付からしこ名を塗抹されたため、会所に対抗して高砂らが新たに結成した組織の名称。通称高砂改正組とも呼ばれた。↓〔高砂騒動〕

**かいだす【かい出す】**稽古で、多数の力士の中から指名して土俵に引っ張り出すこと。「駆り出す」の発音が変化したもの。

**かいだす【かい出す】**相撲界独特の表現で、力士仲間を用事や遊びに連れ出すこと。あるいは、連れ出されること。

**かいちょう【会長】**大正一四年（一九二五）一二月、財団法人大日本相撲協会となって会長が置かれた。名誉総裁に賀陽宮親王、初代会長に福田雅太郎陸軍大将が就任した。当時、会長は土俵祭に出席し、千秋楽には優勝力士に賜盃を授与した。二代・尾野実信陸軍大将、三代・竹下勇海軍大将と続いたが、昭和二〇年（一九四五）一一月に会長制度は廃止された。

**かいてん【回転】** 突っ張りで、両手を交互に連続させて突く動きのこと。下から上に突き上げるので、両腕は単なるピストン運動ではなく回転運動になり、回転の速い突っ張りが相手に圧力をかけることになる。→〔突っ張り〕

**かいどうりきし【怪童力士】** 江戸時代から明治中期にかけて、相撲の興行で見られた巨体をもった少年力士のことで、「怪童力士」という呼称は後年に分類的につけられたもの。巨人力士と同様に、番付欄外に「土俵入掛御目申候」、または「土俵入仕候」などの文字とともに張り出されたが、ほとんどの怪童力士が観客の注目を集めるために土俵入りだけを行う一種の看板であった。

　例をあげると、江戸時代には、寛政六年（一七九四）一一月～同一〇年三月に土俵入りのみを行った大童山文五郎（七歳で体重七一・二キロ）、天保七年（一八三六）一一月～同九年二月の神通力國吉（七歳で七五キロ）、嘉永三年（一八五〇）一一月に登場した鬼若力之助（八歳で六八キロ）、安政六年（一八五九）一一月～文久二年（一八六二）一一月の番付に記載された舞鶴駒吉（八歳で七五キロ）などがおり、それぞれ錦絵に残されている。

　彼らのうち、大童山はのちに文

大童山文五郎（写楽画）

鬼若力之助（国芳画）

か

化元年（一八〇四）一〇月に張出で登場して同二年二月入幕し、在位三場所で九勝一敗の成績を残した。鬼若は万延元年（一八六〇）に力士として初土俵、明治五年（一八七二）入幕して前頭筆頭まで進み、年寄勝ノ浦を襲名した。また、明治中期にも鬼童丸竹松（一〇歳で七〇キロ）、梅ノ谷音松（一四歳で一三〇キロ）、甲斐龍関太郎（一四歳で一二〇キロ）、小戸平亀四郎（一三歳で一〇五キロ）などがいた。このうち、梅ノ谷は明治二五年序ノ口で初土俵、三一年入幕、三七年に第二〇代横綱・梅ケ谷（二代）となった。→〔巨人力士〕

**かいな【腕】** 普通、肘から肩までの上腕部と呼ばれる部分のことを、相撲では「うで」といわずに「かいな」という。「腕力《かいなぢから》」「腕を返す」などと用いる。

**【〜力】** 腕力のこと。

**【〜を返す】** 差した手を、相手の廻しを取らずに相手の背中につけ、親指を下に向けて手のひらを返し、肘を張って上側になった相手の腕を跳ね上げるようにすること。腕を返すと、相手はこちらの廻しに手が届かず、体《たい》が浮いて不安定になる。「差し手《で》を返す」「下手を返す」ともいう。

**【〜を抱える】** 相手の差し手を、片手または両手で上から抱き込むようにすること。

**【〜を極める】** 相手の腕を片手または両手で外側から抱え、肘の関節を押さえ込んで動けないようにすること。「閂《かんぬき》に極める」ともいう。この体勢から相手を土俵外に出せば決まり手は「極め出し」となり、倒せば「極め倒し」になる。→〔閂〕

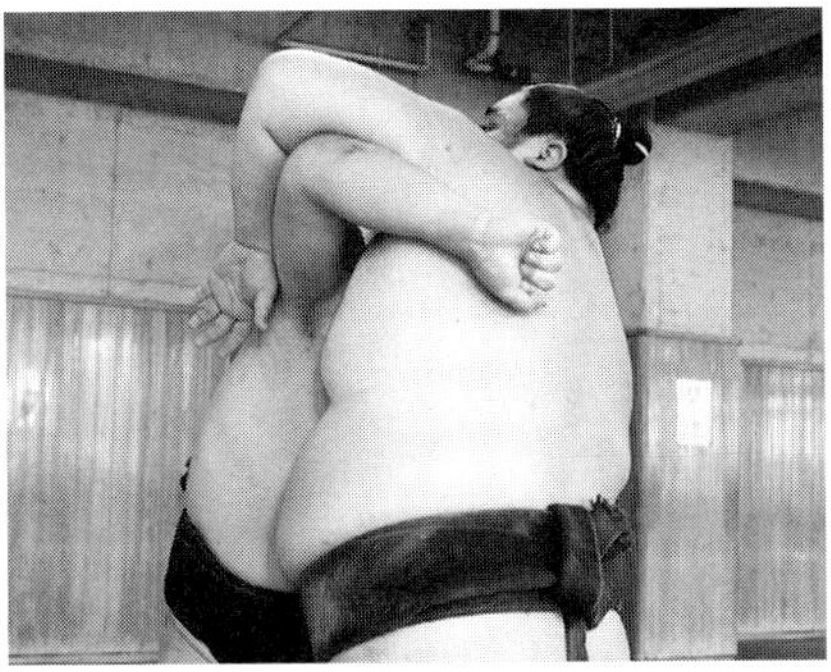

腕を返して相手（右）の上手を遠ざける。

**【〜を手繰る】** →〔手繰り〕

**【〜を張る】** →〔肘を張る〕

**【〜を振る】** 相手の差し手《で》を上手から、下方または横方向に力を加えて振ること。

**かいなひねり【腕捻り】** 決まり手八二手の一つ。突き合いや押し合いになったときに、両手で相手の一方の腕を抱え込んで体を近づけ、自分の体《たい》を外側へ開きながら取った腕をひねって倒す。このとき、相手の肘や手首を極めるように押さえてひねると、よく決まる。「とったり」は、相手を前向きにひねり倒すので、体の開きが逆になる。また、「小手捻《こてひね》り」は片手で相手の腕を抱え、片手で上手か下手を取るので、腕捻りとは区別される。→〔決まり手〕

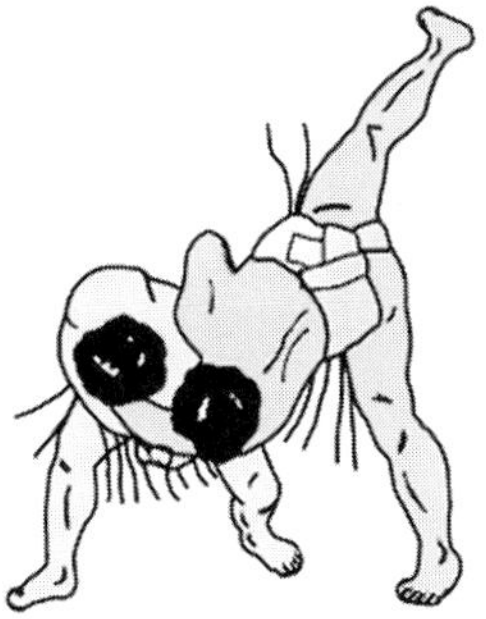

決まり手・腕捻り

**がいにする【害にする】** 相撲界独特の表現で、稽古場などで激しくしごくこと。あるいは、稽古でこてんぱんにやっつけること。

**がいぶりじ【外部理事】** 平成二〇年一〇月に相撲協会員以外から選任された外部の有識者二名が外部理事として召かれた。

**かいめい【改名】** 力士や行司などが名を変えること。改名する場合には協会に改名届を提出しなければならない。→〔しこ名〕

**かいめいとどけ【改名届】** 力士、行司などで改名のある者は、本場所千秋楽から三日以内に行われる番付編成会議の前までに、改名届（特に所定の用紙はない）を協会事務所または審判部に提出しなければならない。改名届は担当行司が集めた後、番付編成会議で改められ、次場所の番付に新しい名が記載され、その上に「○○改」と旧名が記載される。→〔巻末・番付の読み方〕

**かう**【買う】→〔申し合い〕

**かえいじけん**【嘉永事件】嘉永四年（一八五一）二月の春場所中に起きた、本中《ほんちゅう》力士のストライキ事件の通称。大相撲の歴史上初めてのストライキ事件であった。
引退後に年寄として中改《なかあらため》（検査役）をつとめていた秀ノ山雷五郎（第九代横綱）が、本中にいた自分の弟子を優遇して一日おきに土俵に上がらせ、他の弟子は三日に一度しか取り組ませなかった。このような不公平なやり方が前場所から続いたため、出場回数の少ない他の本中力士たちが反発し、百余名が回向院の念仏堂に立てこもった。相撲会所と秀ノ山はこれを無視して、本中の取組を抜かして開催しようとしたが、本中力士が殺気立ったため、要求を入れて編成し直した取組を組むことで解決した。しかし、この春場所は雨天のため五日目までで打ち切りとなった。→〔本中〕

**かえしわざ**【返し技】報道関係が使う表現で、相撲用語ではない。相手のしかけた技を利用して、逆に自分からしかける技のこと。例えば、上手投げに対して下手投げを打ち返したり、とったりに対して逆とったりをしかけたりすれば、返し技となる。

**かえりしょにち**【返り初日】①明治四二年（一九〇九）に旧両国国技館が完成する以前、初日が降雨などで興行できないときには初日を延期した。この場合にやり直しとなった初日を「返り初日」といった。初日以外の別の日をやり直せば「返り○日目」といった。
②大正一二年（一九二三）一月の本場所は初日一月一二日であったが、折からの三河島事件が七日目に解決して、帰参した力士のために一週間の稽古日をとり、一月二六日を「返り初日」としてさらに一〇日間興行を行った。十枚目以上の力士は返り初日以降の一〇日間が本場所成績となり、幕下以下は、最初の七日間のうちの成績に返り初日以降の一〇日間のうちの三日間の成績を加えた。→〔三河島事件〕

**かえりにゅうまく**【返り入幕】幕内に昇進した力士が十枚目に落ちた後に再入幕すること。「返り」は、番付の地位の降下した力士が元の地位に再昇進することを意味する。三役に昇進した力士が負け越して平幕に降下し、再び好成績をあげて三役に昇進すれば「返り三役」「返り小結」などといい、同様に十枚目と幕下二段目を往復すれば「返り十両」などという。
ただし、一般的には「再入幕」「再十両」といい、「返り入幕」「返り十両」とはあまりいわない。→〔エレベーター力士〕

**かおがあう**【顔が合う】本場所の土俵で対戦すること。

**かおじゃない**【顔じゃない】相撲界独特の表現で、力士として実力も貫禄もまだ不十分であるという意味の言葉。一般によく言われる「一〇年早い」と同じ意味で、その場に顔を出せるほどの身分ではないということ。

**かおぶれ**【顔触れ】対戦する両力士のしこ名を相撲字で書いた紙のこと。大きさは縦四八センチ、横三三センチ。本場所の中入で行われる顔触れ言上《ごんじょう》の際に観客に披露された後、翌日の朝、櫓《やぐら》の下に張り出される。顔触れを書くのは割場《わりば》担当の十枚目行司～三段目行司で、取組編成会議の終了後に再確認をし、行司控え室の割場で交替で書く。取組を「割《わり》」ということから、「割紙」「割触れ」とも通称でいう。
顔触れ言上とは、中入の横綱土俵入りの後に、立行司または三役行司が翌日の幕内の取組を紹介する口上のこと。その次第は、行司

か

が「はばかりながら、明日の取組をご披露つかまつります」の口上に続けて、左手で広げた白扇の上に顔触れを載せて「□□には△△……」と取組を読み上げ、これを左手で東→正面→西→向正面の順に回し、後方に蹲踞《そんきょ》して控える呼出に戻す。呼出は顔触れを受け取って、さらに、右手で西→正面→東→向正面と回覧する。こうして取組の披露が済むと、行司が「右、相つとめまするあいだ、明日もにぎにぎしくご来場を待ちたてまつります」と口上を述べて終わる。

この顔触れ言上は、千秋楽には行われず、また、全体で七分ほどかかるので取組の進行状態によっては行わない日もあり、その判断は立行司が行う。取組の増加と打ち出し時刻の関係で、昭和三四年（一九五九）五月場所を終えて中止され、同四五年一月場所、一人横綱の大鵬が休場したために復活したが一場所限りで再び中止。さらに、一人横綱の北の富士が休場したため、同四七年七月場所八日目から再開されて現在に至っている。

顔触れを手に、顔触れ言上をする立行司と背後に控える呼出。

江戸時代の錦絵にも顔触れが描かれたものがある。

**かおぶれごんじょう【顔触れ言上】**→〔顔触れ〕

**かかとにめがある【かかとに目がある】** 土俵際に追い込まれても、足が土俵にかかってからきわどい状況で残すことができ、踏ん張りがきくこと。第四五代横綱・若乃花（初代）の相撲を報道関係が表現した造語であるが、現在でも、足がしっかりと土俵際を識別して動くことのできる相撲をこのように言うことがある。→〔若乃花幹士（初代）〕

**かがみ【鏡】** 巻の冒頭に書かれる文字。また、「巻」の別称。→〔巻〕

**かがみさときよじ【鏡里喜代治】** 第四二代横綱。青森県三戸郡三戸町出身。大正一二年（一九二三）

第四二代横綱・鏡里喜代治

四月三〇日生まれ。本名は奥山喜世治。粂川部屋に入門の後に双葉山道場（後の時津風部屋）。昭和一六年（一九四一）一月初土俵。同二〇年一一月新十両。同二一年六月新入幕。同二八年三月新横綱。同三三年一月引退。身長一七四センチ・体重一六一キロ。幕内通算成績は三六〇勝一六三敗二八休、優勝四回。

入門時の師匠の粂川が親しかった第三五代横綱・双葉山の「双葉山道場」創設の際に弟子を譲ったため、鏡里は双葉山に育てられた。幕下筆頭のときに応召して弘前の連隊に入隊し昭和一九年秋場所を全休したが、それを含めても序ノ口から入幕まで負け越しは二場所のみ、入幕後も二六年五月に大関に昇進するまで負け越しは一場所という順調な出世ぶりであった。相手を右四つに組みとめて、典型的なあんこ型の太鼓腹で寄る取り口には安定感があった。

引退後は一代年寄鏡里となり、後に年寄名跡を粂川、立田川、時津風、立田川、二十山と替え、その間に立田川部屋を創設、昭和六三年四月に停年退職した。平成一六年二月二九日、八〇歳で没。

**かがみやま【鏡山】** 年寄名跡の一つ。初代は享保一〇年（一七二五）ごろに差添《さしぞい》をつとめたといわれる鏡山源助。現在は、元関脇・多賀竜が襲名継承し、部屋を運営しながら協会理事をつとめている。

**かきまわす【かき回す】** 対戦中に足を飛ばす、はたく、腕《かいな》を手繰るなど、手足を使った技を連発して、相手を混乱させるように動き回る様子をいう。「引っかき回す」ともいう。

**かぎょうじまい【稼業終い】** 巡業の最終日のこと、また、巡業を打ち上げること。現在も使用される用語である。

**かく【格】** 力士の地位や、行司、呼出、床山の仕事分担の順位を一般的に表現する言葉で、「格が上」のようにいう。行司の地位を「三役格行司、幕内格行司」というのは俗称で、正式には「三役行司、幕内行司」といって「格」は用いない。

**かくかい【角界】** 「かっかい」ともいう。相撲の社会を一般の人々が言い習わした俗称。いわゆる「相撲界」のこと。

**かくぎ【角技】** 相撲のこと。技に限定する表現ではなく、相撲全般のこと。大正末期まで「すもう」に「角力」の文字を当てたので、相撲に関する表現で「角」の文字を使うものがいくつかある。→〔相撲〕

**かくしんりきしだん【革新力士団】** 昭和七年（一九三二）一月の春《しゅん》秋園《じゅうえん》事件で大日本相撲協会を脱退した、鏡岩、男女ノ川、錦洋など一七名の東方力士が結成した団体の名称。→〔春秋園事件〕

**かくせい【角聖】** 第一九代横綱・常陸山《ひたちやま》谷右衛門につけられた尊称。立派な人格と実力を備えた力士で、現役中に出羽海部屋を継承し、現役中また引退後を通じて相撲の向上や改革に努力した。「角界の聖人」として尊敬され、「角聖」のほか「御大」などとも呼ばれた。→〔常陸山谷右衛門〕

**がくせいずもう【学生相撲】** 広義には中学生、高校生、大学生がそれぞれのレベルで研鑽したり競技する相撲の総称であるが、特に大学生中心の相撲を「学生相撲」と呼ぶことが多い。

明治三三年（一九〇〇）、東京高等師範学校（現筑波大学）校長の嘉納治五郎が学校体操科の中に相撲を取り入れるよう提唱した。以後広く普及して、中等教育以上の各学校に相撲部が設置されるようになり、東京学生相撲団が成立、これは後に関東学生相撲連盟に発展する。

学生を中心とした競技会は、明治四三年一月、旧両国国技館において、やまと新聞社主催で「学生相撲大会」と銘打って開催された大会が最初である。関西では、明治四五年に関西日報主催で学生相撲大会が開催されたが、これが大正八年（一九一九）一一月には大阪毎日新聞社主催の第一回全国中等学校相撲大会に発展する。関東と関西の最初の対抗戦は、大正二年一一月に東京・靖国神社境内相撲場で行われた。昭和一〇年（一九三五）一一月には関東学生相撲連盟と関西学生相撲連盟が合併し、全国的な組織として日本学生相撲連盟が結成された。その後、全国各地で多くの大会が運営されたが、戦争で中断。昭和二一年に日本学生相撲連盟が主体となって日本相撲連盟が設立され、現在に至っている。

現在、日本相撲連盟が運営にかかわる主要な競技会は年間に四〇大会以上あるが、学生を中心に行われるものに全国学生相撲選手権大会、西日本学生相撲選手権大会、東日本学生相撲選手権大会、全国高等学校相撲選手権大会などがある。大相撲には学生出身の力士が多数活躍している。→〔アマチュア相撲〕〔日本相撲連盟〕

**がくせいよこづな【学生横綱】** 全国学生相撲選手権大会の優勝者のこと。日本相撲連盟の正式な呼称は「優勝者」であるが、報道関係が「学生横綱」と俗称している。近年の学生横綱で大相撲入りした選手には次のような人々がいる。

第三八回（昭和三五年／一九六〇）内田勝男（東京農大）元大関豊山・元年寄時津風・停年退職

第四六回・四七回（昭和四三・四四年）連続優勝　輪島博（日本大）元横綱輪島・元年寄花籠・廃業

第五一回（昭和四八年）野村双一（日本大）元関脇出羽の花・現年寄出来山

第五二回（昭和四九年）尾形静夫（駒沢大）元幕内天ノ山・元年寄立田山・死亡

第五四回・五五回（昭和五一・五二年）連続優勝　長岡末弘（近畿大）元大関朝潮・現年寄高砂

第五六回（昭和五三年）藤沢和穂（同志社大）元幕下琴藤沢・廃業

第五七回（昭和五四年）小谷一美（日本大）元十枚目花嵐・廃業

第五八回・六〇回（昭和五五・五七年）連続優勝　服部祐児（同志社大）元幕内藤ノ川・廃業

第六二回・六三回・六四回（昭和五九・六〇・六一年）連続優勝　久嶋啓太（日本大）元幕内久島海・元年寄田子ノ浦・死亡

第六六回（昭和六三年）山崎直樹（日本大）元幕内大翔山・現年寄追手風

第六七回（平成元年／一九八九）林　正人（近畿大）元幕内大輝煌・廃業

第六八回（平成二年）池森ルイス剛（拓殖大）元十枚目隆濤・廃業

第六九回（平成三年）坂本直人（日本大）元幕内肥後ノ海・現年寄木瀬

第七一回（平成五年）鶴賀文仁（日本大）元幕下北勝森・廃業

第七二回（平成六年）後藤泰一（拓殖大）元幕内栃乃洋・現年寄竹縄

第七三回（平成七年）柳川信行（日本大）元十両柳川・廃業

第七四回（平成八年）齊藤直飛人（日本大）元関脇追風海・廃業

第七五回（平成九年）田宮啓司（日本大）元大関琴光喜・廃業

第七八回（平成一二年）垣添徹（日体大）元幕内垣添・現年寄雷

第七九回（平成一三年）成田旭（中央大）現幕内豪風

第八〇回（平成一四年）横山英希（東洋大）元十両高見藤・廃業

第八一回（平成一五年）上林義之（近畿大）現幕下大岩戸

第八二回（平成一六年）吐合明文（近畿大）現幕下吐合

第八三回（平成一七年）下田圭将（日本大）元幕下若圭翔

第八四回（平成一八年）森友樹（日本大）元十両大翔湖・廃業

第八六回（平成二〇年）佐久間貴之（日大）元幕内常幸龍

第八八回（平成二二年）明月院秀政（日体大）現幕内千代大龍
第八九回（平成二三年）正代直也（東農大）現幕内正代
現役しこ名・年寄名は平成二六年八月現在。

**かくぞうり【格草履】** 三役行司の階級順位の別称。土俵上で正装として上草履《うわぞうり》を履くことが許される地位の意味で、草履の種類ではない。本来は立行司の装束であるが、三役行司にも許されていることからいう。↓〔上草履〕〔三役行司〕〔立行司〕

**かくたび【格足袋】** 十枚目の行司の別称である。↓〔足袋〕

**かくだわら【角俵】** 土俵上外縁の正方形の四辺に埋め込まれる小俵《こだわら》の呼称。各辺に直線状に七俵ずつ並べられ、合計二八俵が使われている。七俵を並べるときには、中央の俵をやや低く、両端に向かってやや高くなるように埋めると見栄えがよいとされる。↓〔小俵〕〔口絵・土俵俯瞰図〕

**かくだんゆうしょう【各段優勝】** 十枚目（十両）、幕下二段目、三段目、序二段、序ノ口の、番付各段ごとの優勝の総称。幕内は「幕内最高優勝」という。それぞれは「十枚目優勝」「幕下二段目優勝」「三段目優勝」「序二段優勝」「序ノ口優勝」という。本場所千秋楽で、「十枚目以下各段優勝表彰式」は十枚目の取組終了後に行われて、各優勝力士に賞状と賞金が授与される。↓〔優秀力士表彰規定〕

**かくつう【角通】** 相撲について知識や情報が詳しく、よく知っている人のこと。「相撲通」ともいう。

**かくてい【角觝】** 古代中国で力や武芸の技量を比べる格闘技を意味した。後漢末期（紀元二、三世紀）の墳墓から、二人の人物が相対する「角觝図」が発見されている。古代中国には、力戯として角力《かくりき》、拍張《はくちょう》、手搏《しゅばく》、相撲《そうぼく》などがあり、角觝はそれらの総称であった。「角觝」の文字は、奈良時代に「相撲」「角力」の文字と前後して日本に伝わったが、日本では「相撲」の文字が多く使われ、現在に至っている。↓〔相撲《すまい》〕〔相撲《すもう》〕

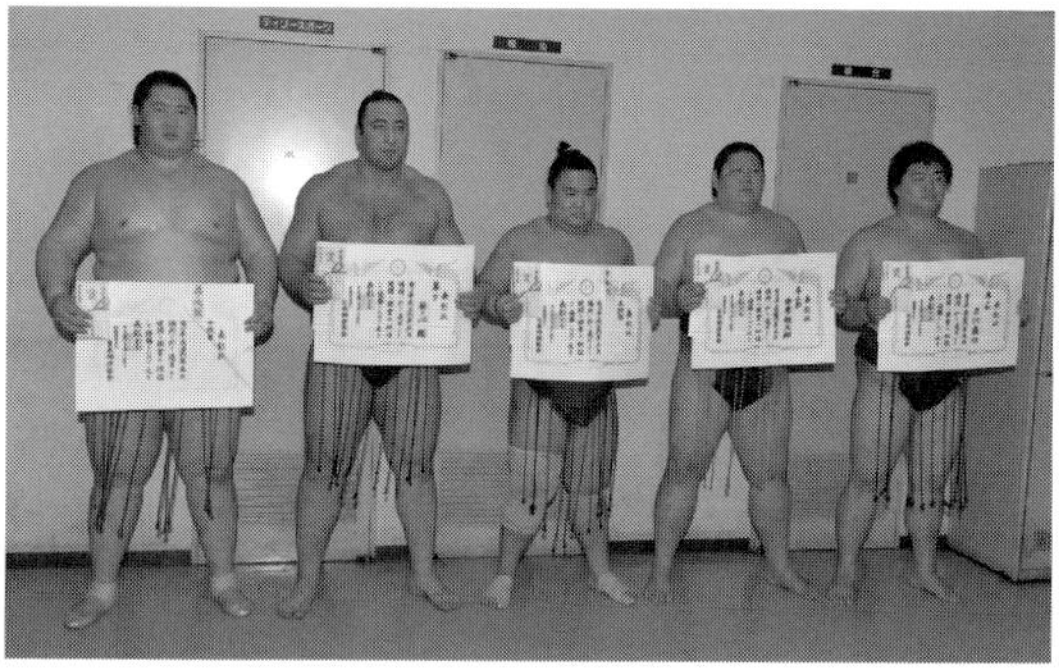

各段優勝の表彰を終えて（平成二六年五月場所）。

**かくりき【角力】** 奈良時代に中国から伝わった、古代中国の格闘技の一種を表す古い言葉。日本では特に明治～大正時代に多く用いられた。日本ではこの文字に「すもう」と当て読みした。昭和以降は「相撲」の文字に統一されているが、相撲界を意味する「角界」、相撲愛好家をいう「好角家」、相撲に詳しい人をいう「角通」などの言葉は、角力の文字から生まれたものである。↓〔角觝〕

**かくりゅうりきさぶろう【鶴竜力三郎】** 第七一代横綱。モンゴル国スフバートル県出身。昭和六〇年（一九八五）八月一〇日生まれ。本名はマンガラジャラブ・アナンダ。井筒部屋。平成一三年一一月、鶴竜力三郎名で初土俵。同一四年三月序二段、九月三段目。一六年九月幕下。一七年一一月新十両。一八年一一月新入幕。二一年五月新三役。二四年五月新大関。二六年五月新横綱。身長一八六センチ、体重一五七キロ。三段目優勝一回、殊勲賞二回、技能賞七回。幕内通算成績は六三二勝三八五敗一五二休、幕内優勝六回。

自ら入門志願の手紙を書き、縁あって井筒部屋に入門。まじめな人柄とひたむきな姿勢で、土俵上では組んでよし離れてよしの正攻法の取り口を見せている。雲龍型の土俵入りを披露している。

**かくれぼし【隠れ星】** 大正時代まで勝負判定の一つに預かりがあったが、その預かりには「丸預かり」「隠れ星」「土俵預かり」の三種があった。隠れ星になると、星取表には△と記され、内実は「勝ちに相当する丸星」、「負けではない半星」という評価をされた。これは力士双方の顔を立てる便法であったが、実際には丸星とされたほうの給金や番付が上がることがあったので「隠れ星」と呼ばれた。別称で「陰星《かげぼし》」ともいった。→〔預かり〕

**かけ【掛け】** 攻防いずれかの場合に、相手の足に自分の足をかけること。掛けが攻めに使われれば掛け手（掛け技）になる。相撲では、足技を用いることを「かける」という。古くは「絡《から》み」といった。

第七一代横綱・鶴竜力三郎

**かけぞり【掛け反り】** 決まり手八二手の一つ。相手の差し手《で》を抱え込んでその脇の下に頭を入れ、頭を入れた側と反対の足で切り返して相手を後ろに倒すか、あるいは、外掛けにいって自分の体《たい》を横に反らせながら相手を倒す。頭が相手の脇の下に入らなくても、足をかけ、体を反らせて倒せば「掛け反り」となる。本場所ではめったに見られない。→〔決まり手〕

決まり手・掛け反り

**かけて【掛け手】** 相手の足に自分の足をかける技や、相手の足を手で取る技のこと。「掛け技」ともいう。

　決まり手八二手のうち、掛け手は以下の一八手である。内掛け、外掛け、ちょん掛け、切り返し、河津掛け、蹴返し、蹴手繰《けたぐ》り、三《み》所《ところ》攻《ぜ》め、渡し込み、二枚蹴り、小股掬《こまたすく》い、外小股、大股、褄取《つまど》り、小褄取《こづまと》り、足取り、裾取《すそと》り、裾払い。→〔決まり手／決まり手八二手〕

**かけなげ【掛け投げ】** 決まり手八二手の一つ。上手投げ、下手投げ、小手投げなどの投げ技をしかけたときに、内掛けのように相手の内股に足を入れてかけ、その足を跳ね上げるように投げる。一種の合

決まり手・掛け投げ

わせ技である。また、相手に外掛けをしかけられたときに、返し技として相手のかけた足を内側から跳ね上げて投げる場合もある。

一度の掛け投げで相手が倒れないと、何度も跳ねながら投げ続けることになるので「けんけん」とも呼ばれる。→〔決まり手〕

**かげぼし**【陰星／蔭星】→〔隠れ星〕

**かけわざ**【掛け技】「掛け手」の別称。→〔掛け手〕

**かざりゆみ**【飾り弓】四本柱があった当時、本場所の奇数日には正面と東の間の柱（青柱）に、偶数日には向正面と西の間の柱（白柱）に取り付けていた弓を「飾り弓」と呼んだ。飾り弓は弓取に使われたこともあった。→〔出《で》掛《が》け柱〕

**かさんきん**【加算金】力士の「勤続加算金」の略称。→〔勤続加算金〕

**かしら**【頭】「若者頭《わかいものがしら》」の通称。→〔若者頭〕

**かしわで**【拍手】相撲では、両方の手のひらを打ち合わせる所作のこと。力士は、土俵に上がると二字口で蹲踞《そんきょ》して一回拍手を打ち、控えの力士に力水をつけてもらった後にも土俵内に戻って再び拍手を打つ。また、各土俵入りの際にも拍手を打つ。拍手は取り組む相手に対する礼ではなく、本来、神聖な土俵に対する礼である。したがって、横綱土俵入りでは一人でも拍手を打つ。「柏手」とも書くが、「拍手」が古来の用字である。→〔塵浄水《ちりちょうず》〕

**かしわどそしょう**【柏戸訴訟】年寄「伊勢ノ海」の名跡継承をめぐる騒動で、「柏戸事件」、「伊勢ノ海騒動」ともいわれる。三代伊勢ノ海・柏戸村右衛門の没後に、二代伊勢ノ海億右衛門の未亡人の加野《かの》が、村右衛門の弟子であった柏戸宗五郎の四代伊勢ノ海襲名を非難して、寛政九年（一七九七）に訴訟沙汰となった。初代伊勢ノ海五太夫から伝わるという家宝の「五柄の太鼓」を、相撲会所が興行のたびに伊勢ノ海から賃借していた

天明初めのころの土俵入り（伝・春章画）。四本柱の一本に飾り弓が結び付けられている。

事情などもあって騒動は錯綜したが、相撲会所の仲裁もあり、文化一〇～一一年ごろに三代柏戸宗五郎が四代伊勢ノ海を襲名して落着した。

**かしわどつよし【柏戸剛】** 第四七代横綱。山形県鶴岡市出身。昭和一三年（一九三八）一一月一九日生まれ。本名は富樫剛。伊勢ノ海部屋。昭和二九年九月初土俵。同三一年一一月新十両。同三三年九月新入幕。同三六年一一月新横綱。同四四年七月引退。身長一八八センチ・体重一四六キロ。幕内通算成績は五九九勝二四〇敗一四〇休、優勝五回。

立ち合いから鋭く踏み込んで相手の前褌を取り、一気に土俵上を突っ走る速攻相撲は、見る者にそう快さを感じさせた。横綱昇進は大鵬（第四八代、年寄大鵬）と同時で、両者の対戦は「柏鵬時代」と呼ばれる一時代を築いた。三八年一月場所から七月場所まで途中休場を含めて四場所休場したが、三八年九月場所で全勝優勝して「涙の復活」と言われるなど、負傷や糖尿病などの苦労が多かった。

第四七代横綱・柏戸剛

引退後は年寄鏡山を襲名し、鏡山部屋を創設した。平成八年（一九九六）一二月八日、五八歳で没。

**かすがの【春日野】** 年寄名跡の一つ。初代は安永三年（一七七四）四月限りで引退して年寄になった幕下二段目・春日野軍八。現在は、元関脇・栃乃和歌が襲名継承し、部屋を運営、協会理事をつとめる。

**かすがやま【春日山】** 年寄名跡の一つ。初代は享保年間（一七一六～三六）の力士で、宝暦三年（一七五三）春に差添《さしぞい》をつとめた春日山鹿右衛門。現在は、空席。

**かずさみち【上総道】** 相撲界独特の表現で、大きなことを、何でもない簡単なことのように小さく言うこと。昔の巡業で、遠い目的地をすぐそこであるかのように説明することがあったことに由来する。上総（現在の千葉県）地方では遠距離を「すぐそこ」と言ったということから生まれた表現。逆に、小さなことを大げさに言うことを「仙台道《せんだいみち》」といった。現在はあまり使われない。→（仙台道）

**かずをあらわすふちょう【数を表す符丁】** 相撲界で数を数えるときに符丁を用いることがあった。一を「へい」といい、以下、二を「びき」、三を「やま」、四を「ささき」、五を「かたご」、六を「さなだ」、七を「たぬま」、八を「やわた」、九を「きわ」と続く。祝儀・不祝儀を包む際に「やま持っていく」などと言った。いずれも現在ではあまり使われない。

**かた【型】【～になる】** 対戦中に、自分の得意の体勢になることをいう。「右四つの型になる」などという。

**【～にはまる】** ①自分の得意の体勢になり、基本どおりの技を発揮できること。「型にはまった突き押し」などという。

② ①とは逆に、相手の得意の体勢

に自分がさせられてしまうこともいう。
**【〜を持つ】** その型になれば勝てるとか相手を自分の動きに巻き込めるとかいった、自分に有利となる相撲の型を身につけることを「型を持つ」という。
**【自分の〜】** 自分の力が十分に発揮でき、自分の有利に相撲が取れる体勢。特に、四つに組む組み方について、「自分の型がある」「自分の型になる」などという。

**かたおなみ【片男波】** 年寄名跡の一つ。初代は寛保から延享（一七四一〜四八）ごろに引退し、以降年寄専務をつとめた片男浪岸右衛門。現在は、元関脇・玉春日が襲名継承し、部屋を運営している。

**かたかんぬき【片閂】** 相手の下手になった片腕の肘を、上手から締めつけるように押さえ、動けないようにする技。片方の腕を閂に極めるので「片閂」と呼ばれる。

**かたくなる【固くなる】** 相撲界独特の表現で、からかわれたりしたときに腹を立てること。あるいは、怒ってムッとなること。

**かたご** 数を表す符丁で、「五」を表す。→〔数を表す符丁〕

**かたすかし【肩透かし】** 決まり手八二手の一つ。前に出てくる相手の腕のつけ根を差し手《で》で抱えるか、引っかけるようにするかして、体《たい》を大きく開きながら、もう片方の手で相手の肩口をはたくように引き倒す。相手に差してくると思わせて引くので、相手の出てくる勢いも利用することになる。相手が倒れる瞬間は「叩《はた》き込み」に似ているが、叩き込みでは差し手が入らない。→〔決まり手〕

決まり手・肩透かし

**かたすかしをくう【肩透かしを食う】** 相撲用語に由来する表現で、相手にこちらの期待をうまくかわされたり、予定を狂わされたりすること。相撲の決まり手「肩透かし」を食うと、突然引き倒されたようになることから、一般にも「肩透かしを食った」などという。

**かたてよつ【片手四つ】** 両力士が廻しを取らずに、互いに向き合った片方の手のひらをつかみ合った体勢のこと。互いに相手の出方をうかがう体勢である。「片手車」ともいうが、いずれも現在はあまり使われない言葉である。→〔四つ／手四つ〕

**かたはず【片筈】** →〔筈《はず》／片筈〕

**かためがあく【片目が開く】** →〔初日／初日を出す〕

**かたや【方屋】** 現在は「相撲を取る場所」の意味で使われる。場所入りすることを「方屋入り」ともいう。「片屋」「形屋」とも書く。
　高倉天皇の承安四年（一一七四）、最後の相撲節《すまいのせち》を記述した文献に、負けた右相撲が「右方屋に逃げ入りておわる」とあり、相撲人《すまいびと》が控える場所と想像されるが、当時の方屋の形態は不明である。勧進相撲では東西に分けるようになり、それぞれの力士が控える場所に簡単なひさしの屋根をかけるようになった。この屋根が片側だけにあったため、「片屋」と呼び、それぞれを「東の片屋」「西の片屋」と称した。

**かたや【片や】** 行司が発する言葉の一つで、「こなた」と対にしてしこ名の冒頭につけて用いる。十枚目最後の取組と幕内で三役以上の取組では、力士が力水をつけてもらっている間に、行司が力士の一方のしこ名を「片や、○○、○○」といい、次に対戦相手に「こなた、△△、△△」とともに二声かける。この言葉は、本場所の奇数日には東方から、偶数日には西

①かち上げは、まず相手に肘から当たる。

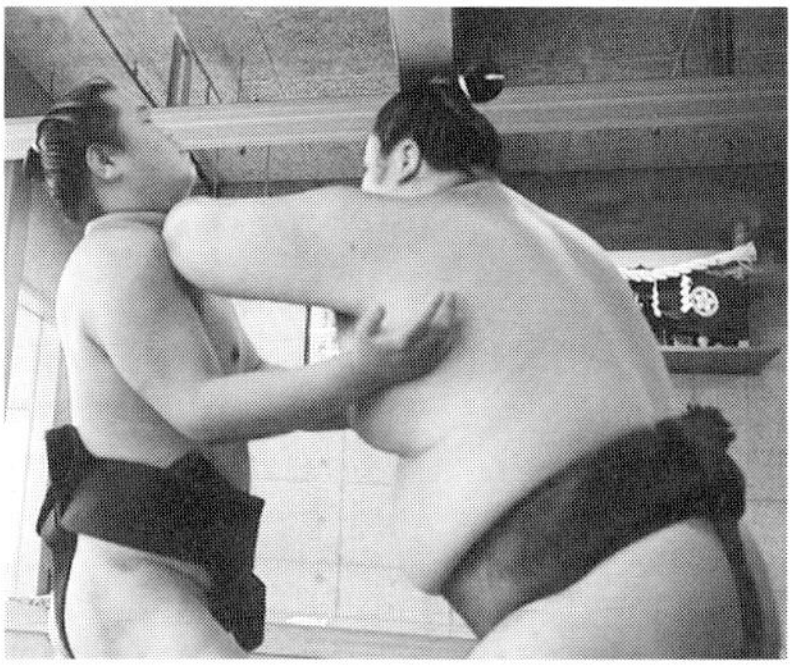

②そのまま前に出て相手をのけぞらせる。

方からかけることになっている。

**かたやいり【方屋入り】**①力士の土俵入りのこと。

②力士が相撲を取る場所に入ること。→〔方屋〕

**かたやかいこう【方屋開口】**土俵祭の際に、祭主をつとめる立行司が「故実言上《こじつごんじょう》」をする儀式のこと。祭主は軍配を左右に振り、立呼出の柝《き》が入った後、故実〈注〉にある勝ち負けの道理、土俵の由来、五穀豊穣の祈りなどを以下のように言上する。

「天地開け、始まりてより陰陽に分かり、清く明らかなるものは陽にして上にあり、これを勝ちと名づく、重くにごれるものは、陰にして下にあり、これを負けと名づく。勝負の道理は天地自然の理にしてこれをなすものは人なり、清く潔きところに清浄の土を盛り俵をもって形となすは五穀成就の祭りごとなり。ひとつの兆しありて形となり形なりて前後左右を、東西南北これを方という。その中にて勝負を決する家なれば今はじめて方屋と云い名づくなり」

「故実言上」、「方屋開口故実言上」ともいう。〈注〉故実＝昔の儀式・法制・服飾などに関する規定・古例・習慣などのこと。→〔土俵祭〕

**かたやびらき【方屋開き】**①「土俵祭」の別称。「方屋」は土俵を意味する。→〔土俵祭〕

②三段構えの「中段の構え」の別称。→〔三段構え〕

**かちあげ【かち上げ】**立ち合いの瞬間に、腕を内側に抱え込むようにして肘からぶつかってゆき、相手の胸から顎のあたりを突き上げて上体を起こしてしまう攻め方。「かち上げる」ともいう。また、相手が攻めてきたときに、かち上げで受けることもある。

**かちこし【勝ち越し】**十枚目以上の関取は本場所一五日間の取組で八勝以上を、七日間取り組む幕下以下の力士は四勝以上を、それぞれあげることをいう。勝ち越しがかかる取組を「給金相撲」と呼んだりするのは、勝ち越すと持ち給金（支給標準額＝力士褒賞金のベースになる）が増額されるからである。→〔力士褒賞金〕

**かちこしぼし【勝ち越し星】**本場所千秋楽の取組を終えた段階で、勝ち越した場合の勝ち数と負け数の差。例えば、十枚目以上の力士で八勝七敗ならば勝ち越し星は一番、九勝六敗ならば三番となる。この勝ち越し星の数によって、力士褒賞金の支給標準額が増額される。幕下以下力士の勝ち越し星も同様に計算される。→〔力士褒賞金〕

**かちどく【勝ち得】**幕下以下の力士は本場所で七番取ることになっているが、取組編成の都合で八番取る場合があり、これに勝てばその白星が翌場所の番付編成に加味される。この白星を「勝ち得」という。しかし、負けた場合でもその黒星は翌場所の番付編成に反映されない。これを「負け得」といい、「勝って勝ち得、負けて負け得」などという。

**かちなのり【勝ち名乗り】** 行司が勝ち力士のしこ名を呼び上げ、軍配で勝者を示す行為をいう。

**かちのこり【勝ち残り】** 結びの二番前の取組で勝った力士と、結び直前の取組で勝った力士が、仕度部屋に引き上げずにそのまま土俵下の控えに残ることをいう。結びの二番前で「勝ち残り」になった力士は、自分と同じ方屋（同じ側）の力士が結び直前の取組で負けた場合には、結びの取組が終わるまで、都合二番を控えに残ることになる。勝ち残りの力士は、次に土俵に上がる力士に水をつけなければならない。→〔控え力士〕〔負け残り①〕

行司の勝ち名乗りを受ける力士。

**かちみ【勝ちみ】** 相撲の勝負に勝つこと。勝機を逃さず速攻で勝負を決めれば「勝ちみが速い」という。逆に遅い場合は「勝ちみが遅い」という。

**かちみがはやい【勝ちみが速い】** 相撲界独特の表現で、抜けめのないこと。

**がちんこ** 立ち合いで双方が激しく当たり合うこと。当たり合ったときに、額と額がぶつかるなどして、「ガツン」と音が生じることに由来する表現。

**がっしょう【合掌】** 左右の手を相手の背中にまわし、指をからめて組む形をいう。両差《もろざ》しで組む場合と、片手を下手から、もう片方を相手の肩越しに回して組む場合とがある。この組み方は後ろに反ったりすると危険なので、大相撲では許されているがアマチュア相撲では禁じられている。相撲協会指導普及部が作成する『青少年の相撲指導要綱』でも、小・中学生の相撲では「合掌」「鴨《かも》の入れ首」「五輪砕き」を禁手に加えている。

決まり手・合掌捻り

**がっしょうひねり【合掌捻り】** 決まり手八二手の一つ。相手に両差《もろざ》しになられた場合などに、相手の首や上体に両腕を回して、挟みつけた頭や上体をひねるように倒す。相手の体の後ろで両手が合掌する形になるので、この名がある。片腕で相手の頭を抱え、もう片方の腕を相手の脇から背中に回して両手を組み、左右いずれかの方向にひねり倒す場合も合掌捻りである。→〔決まり手〕

**かつのうら【勝ノ浦】** 年寄名跡の一つ。初代は天明三年（一七八三）三月限り幕下二段目で引退し、以降年寄専務をつとめた勝ノ浦甚五郎。現在は、元前頭二枚目・起利錦が襲名継承している。

**かっぱじく** 相手が出てきた瞬間に体《たい》を開き、手で相手の肩などを内側にはじくように打つこと。そこでバランスを崩した相手を攻めるが、かっぱじいたまま勝負がつくこともある。

**がっぷりよつ【がっぷり四つ】** →〔四つ／がっぷり四つ〕

**かどばん【角番】** 「大関は、二場所連続して負け越したときは降下する」と『寄附行為施行細則 附属規定』の『番付編成要領』に定められており、一場所を負け越して、次に迎えた本場所を通称で「角番」という。角番となった大関を俗に「角番大関」という。囲碁や将棋の七番勝負で負けが決まる一局を「角番」ということに由来する。→〔大関〕〔番付編成要領〕

**かなやまたいいくかん【金山体育館】** 昭和三二年（一九五七）七月に名古屋準本場所の本場所昇格が決まり、翌三三年より年六場所制となって、同年に最初の七月場所（名古屋場所）が開催された会場。名古屋市中区古沢町にあり、収容人員八、五〇〇～九、〇〇〇人。

　大相撲が会場に使用していた当時は冷房装置がなく、通路に酸素ボンベを設置して、中入と中入後の取組後半の都合二回、七分間冷気を放出したり、各所に氷柱を置いたり、十枚目以上の力士には「時間いっぱい」から氷水のおしぼりが渡されるなどの苦労があった。以降、同三九年七月場所まで計七回本場所を開催した。しかし、金山体育館は会場が狭い、冷房がないなどの理由で、翌四〇年七月からは「愛知県体育館」を使用している。

**かばいて【かばい手】** 重なり合って倒れるような場合に、上になった力士が、死に体《たい》の状態にある相手の危険をかばうように手を出して、相手の体より少し早く土俵に手をつくこと。これは負けにはならない。協会『寄附行為施行細則附属規定』の『相撲規則　勝負規定』には「相手の体が重心を失っているとき、すなわち体が死んでいるときは、かばい手といって負けにならない」と定められている。

　逆に、相手がまだ相撲を取れる体勢（生き体）にあると判断されれば、かばい手ではなく「つき手」となって負けになる。→〔死に体〕〔つき手②〕〔非技〕

**がばなんす（とうち）のせいびにかんするどくりついいんかい【ガバナンス（統治）の整備に関する独立委員会】** 時代に対応する角界構築及び長期的な諸問題解決に対して、外部の改革委員会が平成二二年七月に承認された。外部から一一名の有識者が召かれた。平成二三年一月に解散。

**かぶ【株】** 「年寄名跡」の俗称。→〔年寄名跡〕

**かぶしきそしき【株式組織】** 大正一〇年（一九二一）五月の年寄総会で決められ、一時的に運営された組織のこと。協会の当時の議事録には「国技館は株式会社とする」とのみ記され、正式な名称は不明である。

　具体的には「1．国技館は六〇万円の株式会社とする。2．一株五、〇〇〇円とし、八八人の年寄が各一株を持ち、残り三二株は協会の持ち株とする。3．近く創立総会を開き、法定取締役三名、監査役三名を選挙する。4．協会は、場所ごとに監査役三名、理事三名、桟敷部長三名、木戸部長四名を選挙する」などが決められた。しかし、翌一一年一月の年寄総会では、株式会社を解散し、国技館の経営は取締、理事、役員に一任すると改められ、また、監督三名を置いて庶務を統轄することになった。

**かぶとやま【甲山】** 年寄名跡の一つ。初代は安永八年（一七七九）三月限りで引退した幕下二段目・甲山力蔵。現在は、元前頭一一枚目・大碇が襲名継承している。

**がぶりより【がぶり寄り】** 自分の体重を利用して、上下にあおるように相手を揺さぶりながら前に出ていくこと。四つからでも両差《もろざ》しからでもがぶり寄りは可能である。がぶることによって自分の腰は次第に下がり、逆に相手の腰は伸びて体《たい》が浮いていくので、通常の寄りよりも相手は残しにくい。

**がぶる**　がぶり寄りで前に出ていくこと。

**かます**　ぶちかますこと。「かまし合う」ともいう。→〔ぶちかまし〕

**かます**　相撲界独特の表現で、物を放り出すこと、転じて質店に物を質入れすること。質店のことを「かます屋」ともいった。

**かまぼこ** 相撲界独特の表現で、稽古をあまりせずに、他の力士の稽古を眺めている力士のこと。稽古場の壁板に背中をつけているのがかまぼこを連想させることから、このようにいわれる。

**かみ【紙】** 協会の『寄附行為施行細則 附属規定』の『相撲規則 土俵規定』に「土俵には水、紙、塩を備える」と規定されている。半紙を半分に切って水桶《みずおけ》の上に載せておき、力士が力水を使った後に口元や汗をぬぐうために用いる。体を清める意味もあり、水をつける力士が出番の力士に差し出すことになっている。正式には「紙」であるが、別称の「化粧紙」が使われることが多い。→〔化粧紙〕〔水①〕

平成七年二月の報恩古式大相撲で演じられた神相撲。両力士が組み合ったところで行司がすぐに引き分ける。

**かみずもう【神相撲】** 古式相撲といった儀式で行われることがある。東西の大関二人が登場して取り組むが、勝負をつけないで終わる。相撲と神事とのかかわりを示しているものの一つである。昭和六〇年（一九八五）一月の新国技館落成式では、大関・若嶋津と朝潮が髷《まげ》を結わずに和紙で束ねて後ろに垂らし、相撲の型を示す神相撲を行った。

**かみのいち【髪の位置】** 力士の髷《まげ》の、元結《もとゆい》で結んだ後ろの部分をいう。頭頂で後方に丸く突き出した部分である。通称で「根」ともいう。→〔根〕

**からあし【空足】** 足を踏みおろしたときに、土俵面の高さと自分の高低差の感覚とにズレや違和感のある場合をいう。空足を踏むと、バランスを崩したりねんざしたりする。

**からだ【体】** 力士の体力や肉体の意味を表す場合は「からだ」と読む。攻防の体勢や構えなどを表す場合は「たい」と読むことが多い。→〔体《たい》〕

**【〜が戻る】** 体調不十分で減っていた体重や衰えていた体力が元の状態に近づき、稽古が十分できるほどに回復すること。

**【〜の張り】** 力士の体調のよしあしを量る目安の一つで、特に、皮膚の張り具合や色つやのこと。力士の体調がよく充実して体重も増えているようならば、皮膚がピシッと張ってたるみがなく、肌の色つやもよい。

**【〜負け】** 体格、体重などが相手より劣って負けた場合にいう。特に、技や立ち合いのうまさ、前さばきのよさなどで勝っても、最後は相手の体力に圧倒されて負けるような場合に使う表現である。「体力負け」ともいう。

**かりかぶ**【借り株】「借り名跡」の俗称。→〔借り名跡〕

**かりどひょう**【仮土俵】巡業などで力士が稽古する場所として、一時的にスペースを確保して簡便に造られる土俵のこと。勝負俵（小《こ》俵《だわら》）は用いない。最近では「サブ土俵」と別称されることがある。

**かりみょうせき／かりめいせき**【借り名跡】年寄名跡の襲名資格者に対して一時的に貸与された年寄名跡のこと。年寄名跡の数は一〇五と決まっているため、空き名跡がなくて襲名継承できない、もしくは名跡を取得できない場合に、年寄名跡取得者と貸与される者とが双方連署して、協会に届け出たもの。貸与された者を「名跡借主」といい、年寄をつとめることができた。現在は、規定によってこのような貸与はできない。→〔年寄〕〔年寄名跡〕

**かわいがる** 相撲界独特の表現で、兄弟子が弟弟子に、または上位力士が下位力士に厳しい稽古をつけることをいう。激しい稽古で土俵に何度も転がり砂まみれになり、まるでいじめられているように見えるのを逆の言葉で表現したもの。

**かわづがけ**【河津掛け】決まり手八二手の一つ。左右どちらかの足を相手の足の内側にかけ、同時にかけた足と同じ側の腕で相手の首を抱え込み、かけた足を前に跳ね上げながら後ろに体《たい》を反らせて、相手を横か後ろにひねり倒す。同時に倒れても、必ず相手の体のほうが下になる必殺技である。『曾我物語』（作者不詳／鎌倉時代後期～室町時代初期に成立）に由来する名称という説もある。昭和三五年（一九六〇）、決まり手が七〇手となったときに「切り返し」から分離した。→〔決まり手〕

決まり手・河津掛け

**かわづさぶろう**【河津三郎】『曾我物語』の登場人物で、東国に割

河津三郎と俣野五郎の対戦を描いた絵図（狩野山雪画・部分）。

か

拠した武士団のひとり、伊東領主・伊東次郎祐親の嫡子で河津三郎祐泰のこと。『曾我物語』では、安元二年（一一七六）、伊豆（静岡県）山中で武士団の酒宴があったとき、海老名源八がさばく余興の相撲で河津三郎は俣野五郎と闘い、二度にわたって破ったとある。

江戸中期の『曾我物語』では、俣野が河津に河津掛けの反り手をかけたとあるが、幕末の絵草子には、河津が俣野にかけた河津掛けとあり、技をかけた者が逆になっている。これは、「蛙《かわず》掛け」「蛙投げ」という技の古称に、しゃれ好きの江戸の人々が「河津」をごろ合わせしたため、「河津がかけた蛙掛け」となったものと推測される。したがって、現在の決まり手「河津掛け」の名称が二人の闘いに由来するという説には、決め手がない。

**かわる【変わる】** 立ち合いのときに相手の体の正面に向かってゆかず、とっさに左右どちらかに跳ぶこと。あるいは、対戦中にいなしたりはたいたりして、自分の立つ位置をすばやく相手の側面に移すこと。いずれの場合も、相手は目標を見失い、体勢を崩すことになる。「変化する」、「横に跳ぶ」ともいう。

**かんげいこ【寒稽古】** 行司や呼出がのどを鍛えるために、寒中に行う発声練習のこと。

**かんさいすもうきょうかい【関西相撲協会】**「大日本関西相撲協会」ともいった。昭和七年（一九三二）一月の春秋園《しゅんじゅうえん》事件で大日本相撲協会を脱退した「大日本新興力士団」と「革新力士団」の力士たちが合同して、翌八年二月に大阪で設立した大相撲の分派的な団体組織の名称。両者は同七年二月にいったん「大日本相撲連盟」を結成したものの、これを脱退して協会に復帰する力士が続いたため、改めて「関西相撲協会」として再編成した。

このとき、大日本相撲協会は昭和二年から開催してきた関西本場所を中止し、東京での年二回の本場所興行に戻した。関西相撲協会は同八年二月に大阪で第一回興行を行ったが、大関・関脇・小結各一名、前頭一四名、十両八名という力士数のために、東方・西方に分けない番付を作成した。これを「片番付」ともいう。

それ以降の興行は東京の相撲人気には及ばず、日中戦争の勃発もあって、昭和一二年一二月に解散した。解散は大日本相撲協会との内諾の上に行われ、二一名の力士が東京の大日本相撲協会に復帰し、天竜、山錦、錦洋ら主導の立場にあった者は廃業した。→〔春秋園事件〕

**かんさいほんばしょ【関西本場所】** 東西両協会が合併した昭和二年（一九二七）から同七年一〇月まで、東京場所以外に三月、一〇月（ときに九月）に関西で本場所を興行し、これを「関西本場所」と呼んだ。大日本相撲協会関西出版部発行の星取表には「関西本場所」と書かれているが、「関西場所」ともいった。興行地は名古屋、京都、大阪、広島、福岡であった。しかし、春秋園《しゅんじゅうえん》事件で天竜らが昭和八年二月に関西相撲協会を結成したため、大日本相撲協会は関西の本場所を廃し、春・夏二回の東京のみでの興行に戻した。→〔関西相撲協会〕〔春秋園事件〕

**かんさつ【鑑札】** →〔営業鑑札〕

**かんさついいん【監察委員】** 本場所相撲における、故意による無気力相撲の防止や監察に当たる「相撲競技監察委員会」を構成する委員。協会の年寄のうちから理事会の承認を経て理事長が任命し、任期は一年である。→〔相撲競技監察委員会〕〔無気力相撲〕

**かんじ【監事】** 日本相撲協会の役員の名称。定員は二名または三名で、外部の有識者が就任し、任期は四年であるが再任もできる。監事は、財団法人の財産状況や理事の業務執行状況を監査するほか、

理事会および評議員会に出席して意見を述べることができるが、それらの表決に加わることはできない。→〔役員〕

**かんじょうずもう【勘定相撲】**→〔注文／注文相撲〕

**かんじょうをつける【勘定をつける】**→〔注文／注文をつける〕

**かんじんかた【勧進方】**勧進相撲で、興行の主催者側であった勧進元に属した力士の集団のこと。京都の勧進相撲の初期に「宮本」または「宮本相撲」とあり、江戸相撲の初期の番付に「本方《もとかた》（元方）」という言葉があったが、これらも「勧進方」の意味である。勧進方に対して、各地から集まった力士側で構成された組を「寄方《よりかた》」または「寄」「寄相撲」などといった。興行は勧進方と寄方が対抗する形で行われた。→〔勧進相撲〕

**かんじんずもう【勧進相撲】**勧進とは、寺院や神社などの建立、修繕などのために寄付を募ること。鎌倉末期ごろから、寄金を得る名目で勧進興行と称して芸を見せる形式が見られる。田楽や猿楽が広く見られるようになる室町時代に、相撲も勧進という形態で行われるようになった。しかし、徐々に本来の勧進の意味は薄れ、営利的なものとなった。

　江戸時代の番付にも「勧進相撲」「勧進大相撲」と記されている。江戸時代初期の相撲は、浪人などが加わる辻相撲の形態もあり、しばしば口論や争闘の原因となったため、徳川幕府は再三相撲を禁ずる触れを出した。最初は慶安元年（一六四八）二月に市中での辻相撲と勧進相撲を禁止し、大名のお抱え力士も下帯を絹でなく木綿にするよう命じた。同四年七月にはしこ名を付けることも禁じた。寛文元年（一六六一）一二月には再度、市中での勧進相撲を禁ずる触れが出されたものの、浅草三十三間堂、深川八幡で小規模の勧進相撲が行われたと伝えられている。

　江戸では、貞享元年（一六八四）に雷《いかずち》権太夫が願い出て興行を許可されてから、寺社奉行の許可を得れば勧進相撲の興行が可能となった。→〔江戸相撲〕〔大阪相撲〕〔京都相撲〕〔巻末・江戸相撲の興行地〕

**かんじんもと【勧進元】**①巡業の興行権を相撲協会より買い受け、各地で巡業の興行を主催した者のこと。平成七年（一九九五）四月より、巡業は売り興行から協会の自主興行となったが、平成一五年（二〇〇三）三月に、勧進元への売り興行に戻った。

②相撲の興行を主催した者のこと。明治七年（一八七四）一二月より勧進元を「願人」と改称したが、同四二年に両国に完成した国技館の最初の六月場所番付で再び「勧進元」と記され、昭和一九年（一九四四）一月の番付までこの形式が続いた。

**かんとうしょう【敢闘賞】**三賞の一つ。旺盛な敢闘精神を発揮して活躍し、本場所を盛り上げた力士に対して与えられる。→〔三賞〕

**かんぬき【閂】**相手が両差《もろざ》しにきたときに、その両肘の関節を両腕で外側から締めつけるように押さえ込み、相手の動きを封じてしまう技。こうすることを「閂に極める」、あるいは「腕《かいな》を極める」、単に「極める」という。逆に言うと、極め技をしばしば使う力士は、脇が甘いために、相手に両差しを容易に許してしまうともいえる。→〔極める〕〔極め技〕

**かんばんおおぜき【看板大関】**江戸時代の勧進相撲で、体が大きく見栄えがするという理由で大関に付け出された力士のこと。現在の、文字どおり興行の顔のような存在である「看板力士」とはまったく意味が異なり、体の大きさや見栄えを看板にして観客を集める営業的な意図があった。主に宝暦から天明年間（一七五一〜八九）にかけて見られた。

　看板大関は、相撲を取っても幕下力士と対戦するか看板大関どうしの一、二番で済ませ、その場所限りで消える者が多かった。谷風や鷲ヶ浜などはもともと看板大関であったが、後に実力で評価された数少ない力士である。「飾り大関」「食わせ関」「当座関」などともいった。→〔巨人力士〕

**かんばんりきし【看板力士】** 大相撲を代表する力士のこと。普通は横綱・大関を意味し、人気と実力を兼ね備えた力士をいう。取組をほとんどせずに巨体などを集客に利用した江戸時代の「看板大関」とは、まったく意味が異なる。

**かんれきどひょういり【還暦土俵入り】** 六〇歳を迎えたときに行う横綱土俵入りのこと。これまでに、第二二代横綱・太刀山、第二七代横綱・栃木山、第三一代横綱・常ノ花、第四四代横綱・栃錦、第四五代横綱・若乃花（初代）、第四八代横綱・大鵬、第五二代横綱・北の富士、第五五代横綱北の湖、第五七代横綱・三重ノ海、五八代横綱千代の富士の一〇名が行っている。いずれも、赤い布で作られた横綱を締めて土俵入りした。この横綱を「赤綱」と呼ぶのは俗称で、正式な呼称ではない。還暦土俵入りは本人の周囲が盛り上げて行うもので、第四九代横綱・栃ノ海、第五〇代横綱・佐田の山、第五三代横綱・琴櫻は辞退して赤い綱だけを贈られている。

北の湖（第五五代横綱）の還暦土俵入り。

**かんをつける** 相撲界独特の表現で、急ぐことなく悠長に構えることや、風呂にゆっくり入ることをいう。逆に、急いで物事を進めることは「石炭たく」という。

## ……き……

**き【柝】** 呼出が相撲競技の進行の折々に打つ、拍子木のこと。用具の名称としては「拍子木」というが、呼出は「柝」を通称として用いることが多く、役目や所作も「一番柝《ぎ》」「あがり柝《ぎ》」「柝を入れる」のように表現する。

材質は桜で、やや太い木の心材を用いると澄んだ音が出る。相撲の柝は独特のもので、芝居などの柝より大きく作られている。ややかまぼこ形に角を丸く削った二本の柝の、一方の端をひもで巻き、他方の端には穴をあけてひもを通し、二本をつなぐ。打つときは、右手に持った柝をやや前へ、左手の柝をやや後ろにずらし、右手の柝の中央に左手の柝の端を当てて音を出す。

呼出によって柝が入る。

打ち方によってさまざまな意味を表し、土俵入りをはじめ取組の進行など一切の行事や儀式が、呼出の打つ柝の音を合図として行われる。相撲の風景に柝は必要不可欠のものとなっている。呼出はその地位に関係なく、全員が柝を持っている。

**【～が入る】** 相撲競技の進行に際して手順よく進めるために、それぞれの開始や終了を呼出が柝を入れて合図をすること。なお、「柝が入る」「柝を入れる」といい、「柝を打つ」とはいわない。→〔呼出〕

**きおってでる【気負って出る】** 負けまいとする気持ちが先行すること。気負いすぎると、相手の立ち合いを無視して突っかけたり、気負いを見透かされて変化技を食ったりする。また、上手が引けたので気負って前に出たときに、ばた足であったり腰が下りていなくて、土俵際で負けてしまうこともある。

**きがち**【気勝ち】→〔気負け〕

**きくとじ**【菊綴】行司が着用する直垂《ひたたれ》の上下につけられた、組みひもを総《ふさ》にした丸い飾りのこと。形が菊の花に似ているのでこの名がある。上体に着ける衣には胸えり、両そで、背面に、下に着ける差袴《さしばかま》には前面、両外側のすそにそれぞれつけられている。菊綴の色は、行司の階級順位によって決められた軍配の房の色と統一されている。→〔行司装束〕〔直垂〕〔口絵・行司の装束〕

**きしゃせき**【記者席】新聞社などの取材記者のために、協会が用意している席。東西の溜まり席の最後部に、取材用の机を並べてある。昭和四五年（一九七〇）以前には向正面にあった。通称で「どぶ」という。以前はこの席に電話が引かれ、記者たちは取り口などを自社に送っていた。現在、協会は国技館内に記者クラブの部屋を設置して、記者たちの原稿作成や打ち合わせ、本社との連絡などの便を図っている。

**きしゅ**【旗手】①現在は、幕内最高優勝の力士が優勝旗を授与され、優勝パレードで同部屋または一門の力士が旗手をつとめる。→〔優勝パレード〕②東西制で団体優勝があった明治四二年（一九〇九）夏場所～昭和六年（一九三一）一〇月の大阪場所、昭和一五年春場所～二二年夏場所の間は、合計勝ち星の多い東方・西方のいずれかの側に優勝旗が授与された。この制度では、関脇以下の成績最優秀力士が旗手をつとめ、その栄誉を受けた。→〔東西制〕

東西制の優勝で旗手をつとめた照國（昭和一五、六年ごろ）。

**きしゅうずもう**【紀州相撲】元禄年間（一六八八～一七〇四）のころ、紀州（現和歌山県）徳川家お抱え力士の鏡山沖右衛門は、特に柔術を取り入れた相撲技に優れていた。他の力士たちも鏡山の技に学び、この一団は「紀州相撲」と称され、紀州以外の力士にも多くの影響を与えた。

紀州相撲は、従来の相撲技に柔術の技を加えたほか、立ったままの立ち合いに代えて、土俵に手を下ろしてから取り組む型を始め、「紀州流」と呼ばれた。また、相撲が盛んになり大名がお抱え力士を誇るようになるにつれ、紀州の力士たちは華麗な織物で作られた下帯（廻し）を着用するようになった。これは「紀州廻し」とか「紀州下帯」と称された。

縁に「大」の文字をあしらい、中央に桜花を配置した徽章。

**きしょう**【徽章】相撲協会の徽章。明治四二年（一九〇九）六月、常設館として旧両国国技館が開館したときに制定され、以来使用されている。東京大角力《おおずもう》協会の「大」の文字を輪郭にして、中央に国花である桜の図案を入れている。

**きせ**【木瀬】→〔木村瀬平〕

**きせぞうしゅんあん**【木瀬蔵春庵】織田信長の上覧相撲で、木瀬太郎太夫とともに行司をつとめたといわれる人物。→〔行司の歴史〕

**きせたろうだゆう**【木瀬太郎太夫】

か

織田信長の上覧相撲で行司をつとめたといわれている人物。『信長公記』（太田牛一）の天正六年（一五七八）の記述に「安土御山にて相撲とらせて御覧候。行事木瀬蔵春庵、木瀬太郎太夫両人也、この両人御服被下頂戴」とある。→〔行司の歴史〕

**きせのさとゆたか**【稀勢の里寛】第七二代横綱。茨城県牛久市出身。昭和六一年（一九八六）七月三日生まれ。本名は萩原寛（はぎわらゆたか）。田子ノ浦部屋。平成一四年三月萩原寛名で初土俵。七月序二段。九月三段目。一五年七月幕下。平成一六年五月新十両。一一月場所新入幕、稀勢の里寛（きせのさとゆたか）と改名。平成一八年七月新三役。平成二四年一月新大関。平成二九年三月新横綱。平成三一年一月引退、年寄荒磯を襲名。身長一八七㌢。体重一八四㌔。幕下優勝一回、殊勲賞五回、敢闘賞三回、技能賞一回、金星三個。幕内通算成績は七一四勝四五三敗、九七休。優勝二回。

第七二代横綱・稀勢の里寛

**きたじん**【北陣】年寄名跡の一つ。明治初年、第一二代横綱・陣幕久五郎がしこ名のまま大阪の頭取になったのが始まり。陣幕が大阪を去ったのち、大阪には以前から陣幕という名跡があったため「北陣」といわれるようになった。昭和二年（一九二七）の東西合併では廃家となったが、同一七年に復活。現在は、元関脇・麒麟児が襲名継承している。→〔陣幕久五郎〕

**きたのうみ**【北の湖】第五五代横綱・北の湖に対し、現役中の活躍と協会への功績をたたえて贈られた一代限りの年寄名跡。北の湖は、昭和六〇年（一九八五）一一月に三保ヶ関部屋より独立して北の湖

第五五代横綱・北の湖敏満

か

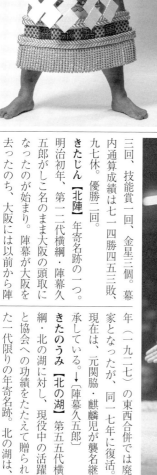

部屋を創設、協会理事長をつとめた。

**きたのうみとしみつ【北の湖敏満】** 第五五代横綱。北海道有珠郡壮瞥町出身。昭和二八年（一九五三）五月一六日生まれ。本名は小畑敏満。三保ヶ関部屋。昭和四二年一月初土俵。同四六年五月新十両。同四七年一月新入幕。同四九年九月新横綱。同六〇年一月引退。身長一七九センチ・体重一七〇キロ。幕内通算成績は八〇四勝二四七敗一〇七休、優勝二四回。

新十両、新入幕、三役入り、横綱昇進を史上最年少で果たし、初土俵以来の通算勝ち星九五一勝、横綱在位六三場所、年間最多勝利八二勝など次々と新記録を樹立した。得意は左四つに組んでの寄り切り、上手投げであったが、重心が低く重い腰での突っ張りやかち上げにも威力があった。横綱昇進直後は優勝決定戦に三連敗するなど「ここ一番」に弱い面があったが、五一年以降は落ち着いた土俵態度に風格も加わって大横綱となった。横綱昇進のころからの輪島（第五四代横綱）との対戦は、「輪湖時代」と呼ばれるほど毎回白熱して館内を沸かせた。

引退に当たり、協会は一代年寄「北の湖」を贈って長年の功績をたたえた。北の湖部屋を創設して弟子育成につとめながら、協会理事長として活躍していたが、平成二七年一一月二〇日急逝。六二歳。

第五二代横綱・北の富士勝昭

**きたのふじかつあき【北の富士勝昭】** 第五二代横綱。北海道旭川市出身。昭和一七年（一九四二）三月二八日生まれ。本名は竹沢勝昭。出羽海部屋から九重部屋。昭和三二年一月初土俵。同三八年三月新十両。同三九年一月新入幕。同四五年三月新横綱。同四九年七月引退。身長一八五センチ・体重一三五キロ。幕内通算成績は五九二勝二九四敗六二休、優勝一〇回。

新入幕まで七年かかった出世は決して速くなかったが、十両のころから速攻相撲を身につけ、入幕二年半後の昭和四一年九月には大関に昇進。翌年、年寄九重（第四一代横綱・千代の山）が出羽海部屋から独立した際、北の富士も九重部屋に移り、直後に優勝して師匠を感激させた。しかし、大関時代の相撲にはむらがあり、強さと弱さが同居して成績は安定しなかった。横綱昇進は玉の海（第五一代）と同時で「北玉時代」などといわれたが、玉の海の現役急死でその期間は短い。

引退後は年寄井筒を襲名して井筒部屋を創設したが、師匠の九重の死亡で九重を襲名して井筒部屋と九重部屋を合併継承し、千代の富士（第五八代、年寄陣幕から現九重）、北勝海（第六一代、現年寄八角）の二横綱を育てた。千代の富士の引退後は九重の名跡と部屋を譲って陣幕を襲名したが、平成一一年（一九九九）一月場所後に退職。現在はNHKの相撲解説などをつとめている。

**きたをむく【北を向く】** 相撲界独特の表現で、怒ったりすねたりすること。また、変わり者、すねるくせのある者、あるいは何かと偏りの強い者などを「北向き」というが、これらは、江戸時代に「北《きた》向天神《むきてんじん》」を「北向変人」と言い換えたしゃれから生じた言葉といわれている。

**きど【木戸】** 相撲場の出入り口の総称。江戸時代から使われていた言葉で、現在も特に観客の出入り口を「木戸」と呼んでいる。明治四二年（一九〇九）に開館した旧両国国技館には、観客が入場料を支払って出入りした表木戸と、力士や協会、茶屋の関係者が出入りした裏木戸が設けられていた。現在、表木戸にあたる出入り口は「正面入り口」（南門）、裏木戸にあたる出入り口は「通用口」（北門）になっている。

**きどごめん【木戸御免】** 多年にわたり相撲協会を支援して功績のあった人に対し、協会が感謝を表して贈る入場資格、または、贈られた人のこと。規定のバッジがある。→〔目代《もくだい》〕

**きどしゅにん【木戸主任】** 昭和三一年（一九五六）〜四三年におかれた年寄の役名。本場所の木戸（出入り口。入場券も含む）の管理をする役目を担った。

現在の国技館の正面入り口。通称「木戸」。

**きどせん【木戸銭】** 入場料のこと。これを支払って木戸札を入手し、それから客席に入場できた。

**きどふだ【木戸札】** 江戸時代の勧進相撲から明治期まで用いられた相撲場への入場券のこと。片手で握れるほどの薄い木製の札。観客は札場で木戸銭（入場料）を支払って木戸札を受け取り、それを木戸に手渡して入場した。木戸を入ると赤や青の色のついたこより（一等席券）が売られ、これを買う観客はここで中銭を支払った。木戸札には、使途の区別は不明であるが大札と小札があった。また、木戸札は、表面に「木戸通券」、裏面に「大入叶」と墨で書かれたものもあった。→〔札場〕

**きどぶちょう【木戸部長】** 木戸の責任者の役職名で、入場料など金銭に関する管理をした。部長の役職は、明治二二年（一八八九）の

明治中期に使われた木戸札。大きめのものが大札で、小ぶりのものが小札。

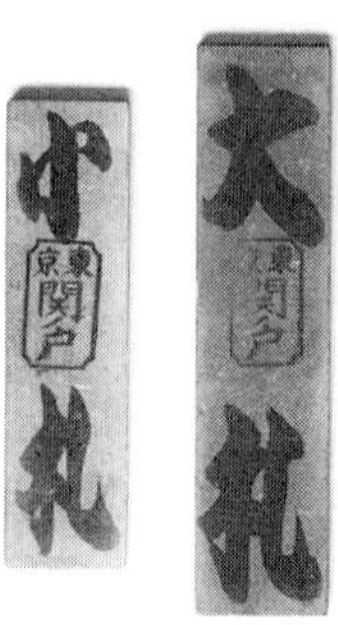


木戸札の裏面に「大札」「小札」と書かれている。

『東京大角觝協会申合規約』制定の際に「諸般の事務を取り扱う」として新設され、取締が指名した。「木戸部長」の名称は同三八年五月の番付に二名が記載されている。その後、昭和三一年（一九五六）三月に木戸部長は「木戸主任」と改称された。同四三年三月からは年寄の役職のうちに委員や主任などを設ける新体制となり、木戸主任の役名はなくなったが、現在は年寄のいずれかの役職の者が木戸を担当している。

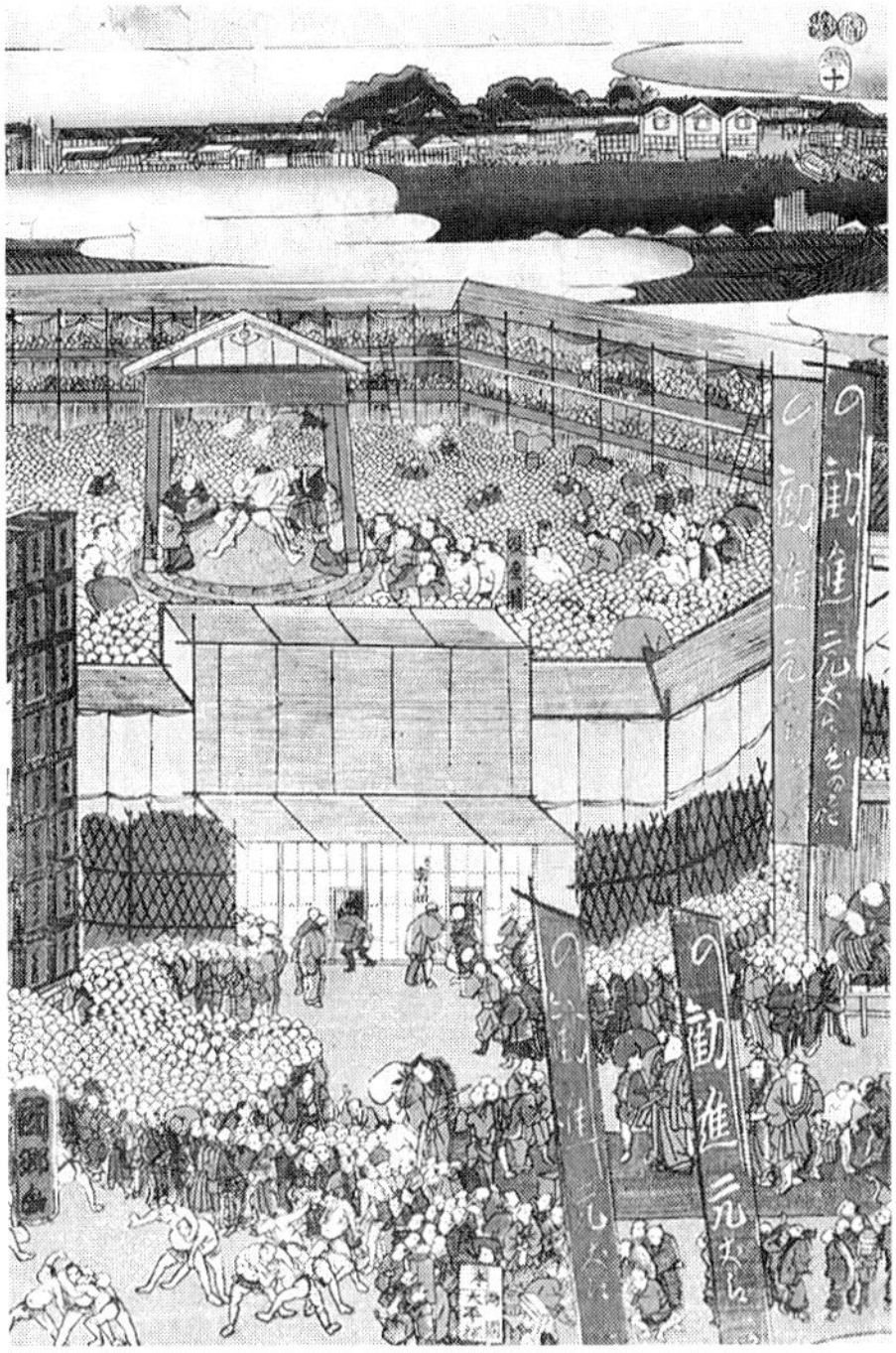

『両国大相撲繁栄之図』（国郷画・部分）。中央に一人通れるほどの木戸が描かれている。

**ぎのうしょう【技能賞】** 三賞の一つ。特に技能相撲を披露した力士に与えられる。→〔三賞〕

**きひんせき【貴賓席】** 国技館正面の二階席最前列に設けられている特別席。

貴賓席で観戦される天皇・皇后両陛下。

**きふこうい【寄附行為】** 正式には『財団法人日本相撲協会寄附行為』といい、これはその略称。『寄附行為』は財団法人設立に際して必要となる根本規則で、財団法人の目的、名称、事務所、資産に関する規定、理事の任免に関する規定などが定められている。→〔日本相撲協会寄附行為〕

**きほんきゅうきん【基本給金】** 力士褒賞金を算定する基礎になる「最低支給標準額」の通称。→〔最低支給標準額〕

**きほんわざ【基本技】** ①相撲において攻めの基本となる技のこと。基本技には押し、寄り、突っ張りの三つがある。
②決まり手八二手のうち、特に相撲の基本となる押し・寄り・突っ張りを主とした技のこと。決まり手のうちの基本技には、突き出し、突き倒し、押し出し、押し倒し、寄り切り、寄り倒し、浴びせ倒しの七手がある。→〔決まり手／決まり手八二手〕

**きまけ【気負け】** 『相撲隠雲解』（式守蝸牛／寛政五年〈一七九三〉）に見られる言葉で、立ち合いで気力が伴わずになかなか立てない力士を、行司が負けと宣したもの。相手の力士は闘わずして「気勝ち」となった。

　寛政三年の江戸城の上覧相撲で、谷風に対した小野川が気負けとされた話が伝えられている。

**きまりて【決まり手】** しかけた力士によって勝負が決まったときの技のこと。現在は八二手が定められ、ほかに非技（決まり手以外の決まり手＝勝負結果）として五種が加えられている。決まり手の公式判定は、十枚目行司と幕下行司の二名が桝《ます》席最前列の放送席で決めているが、決まり手名称の確定が難しい場合にはビデオ室の決まり手係の年寄に相談して決め、場内の放送を通して一番ごとに発表される。

　協会は、昭和一〇年（一九三五）に五六手に整理して制定したが、同三〇年五月に六八手を制定、同三五年一月に六八手の「出し投げ」を「上手出し投げ」「下手出し投げ」に分け、「河津掛け」を加えて七〇手とした。しかし、力士のスピードや体格が変わり、七〇手に当てはまらない技が見られるようになったため、平成一二年（二〇〇〇）十一月場所前から決まり手の見直しと検討を始めた。その結果、新しい決まり手を一二手追加して八二手とし、非技も新たに三種追加して五種とし、同年一二月に発表、翌一三年一月場所から実施した。

　よく言われる「四十八手」は、単に数が多いという意味である。投げ、掛け、反り、捻《ひね》りの四つに分け、それぞれに一二の技を当てはめた計四八手の技が江戸時代の文献にあるが、当時はこのほかにもさまざまな技があり、その数は口伝も合わせると三〇〇種以上もあったようである。→〔決まり手係〕〔場内放送〕〔非技〕〔巻末・決まり技の古称〕

**【決まり手八二手】**現行の決まり手名称の数。

基本技（七手）＝突き出し・突き倒し・押し出し・押し倒し・寄り切り・寄り倒し・浴びせ倒し

投げ手（一三手）＝上手投げ・下手投げ・小手投げ・掬《すく》い投げ・上手出し投げ・下手出し投げ・腰投げ・首投げ・一本背負い・二丁投げ・櫓《やぐら》投げ・掛け投げ・つかみ投げ

掛け手（一八手）＝内掛け・外掛け・ちょん掛け・切り返し・河津掛け・蹴返し・蹴手繰《けたぐ》り・三《み》所《ところ》攻《ぜ》め・渡し込み・二枚蹴り・小股掬《こまたすく》い・外小股・大股・褄《つま》取り・小褄《こづま》取り・足取り・裾《すそ》取り・裾払い

反り手（六手）＝居反り・撞木《しゅもく》反《ぞ》り・掛け反り・たすき反り・外たすき反り・伝え反り

ひねり手（一九手）＝突き落とし・巻き落とし・とったり・逆とったり・肩透かし・外無双・内無双・ずぶねり・上手捻《ひね》り・下手捻り・網打ち・鯖折《さばお》り・波離間《はりま》投げ・大逆手《おおさかて》・腕《かいな》捻り・合掌捻り・徳利投げ・首捻り・小手捻り

特殊技（一九手）＝引き落とし・引っ掛け・叩《はた》き込み・素首落とし・吊り出し・送り吊り出し・吊り落とし・送り吊り落とし・送り出し・送り倒し・送り投げ・送り掛け・送り引き落とし・割り出し・うっちゃり・極め出し・極め倒し・後ろもたれ・呼び戻し

→決まり手名称の各項を参照

**きまりてがかり【決まり手係】**勝負の決まり手を正式に判定する役目として、四〜五名の年寄を場内に配置するもの。ビデオ室でも決まり手を再確認している。→〔ビデオ室〕

**きまりてひょうじ【決まり手表示】**取組一覧と勝ち負けを示す電光表示板の右端に設置され、各取組の終了直後に、その一番のみの決まり手名称を表示する。

**きみがはま【君ヶ濱】**年寄名跡の一つ。初代は文久二年（一八六二）一〇月に君ヶ浜安右衛門と改称した幕内・武蔵潟伊之助。現在は、元前頭一四枚目・寶千山が襲名継承している。

**きむらしょうのすけ【木村庄之助】**行司の最高位を示す名跡で、立行司をつとめる。現在、立行司・木村庄之助は結びの一番をさばく。

　木村庄之助の名跡は享保年間（一七一六〜三六）の四代庄之助のころから伝わるが、五代庄之助以降、吉田司家門人となり、江戸勧進相撲の行司をつとめた。明治二〇年（一八八七）に相撲会所が東京大角力協会《おおずもう》に改組された際、「木村庄之助」は「式守伊之助」とともに年寄名跡として認められたが、昭和三四年（一九五九）に両名跡とも年寄名跡から除かれた。ただし、待遇は年寄と同様で、現在でも立行司を「親方」と呼ぶ。

なお、木村家は式守家の上位にあったが、木村・式守の両者がともに欠けることがあると困るために、明治中期から両家の交流が始まり、明治四五年五月には一〇代式守伊之助が一七代木村庄之助を襲名し、その後も折々に同様の昇進が見られる。〔歴代の庄之助については巻末付録参照〕↓〔行司の歴史〕〔式守伊之助〕〔松翁〕〔立行司〕

**きむらせへい【木村瀬平】** 年寄名跡の一つ。この名跡は「木村瀬平」の名で継承され、「木瀬」と通称される。初代は宝暦一三年（一七六二）に年寄として名前の残る木村瀬平。現在は、前頭筆頭・肥後ノ海が襲名継承し、木瀬部屋を運営している。

**きめたおし【極め倒し】** 決まり手

決まり手・極め倒し

八二手の一つ。相手の差し手《で》を両腕で抱え込み、関節を締めつけながら体《たい》を預けて倒す。相手が倒れずに土俵の外に押し出されれば、決まり手は「極め出し」となる。↓〔閂《かんぬき》〕〔決まり手〕〔極める〕

**きめだし【極め出し】** 決まり手八二手の一つ。相手の差し手《で》の関節を外側から腕を回し入れて締めつけ、相手の体の動きを制したまま歩いて土俵の外へ押し出す。相手に両差《もろざ》しになられたときには、相手の両腕の関節を締めつける場合

決まり手・極め出し

相手の腕を極めて、極め出しにいこうとする。

もあるが、両差しを許すのは脇が甘いからで、決してうまい相撲とはいえない。↓〔閂《かんぬき》〕〔決まり手〕〔極める〕

**きめる【極める】** 肘など体の関節を抱えて締めつけ、相手の動きを封じること。例えば、「閂《かんぬき》に極める」「首を極める」などがある。↓〔片閂《かたかんぬき》〕〔閂〕

**きめわざ【決め技】** 土俵上で勝負をつけたときの技。決まり手のこと。↓〔決まり手〕

**きめわざ【極め技】** 相手の片腕か両腕を外側から抱え込み、肘の関節などを押さえて抵抗できなくしてしまう技の総称。腕《かいな》を極める技や首を極める技などがある。

**きめんざんたにごろう【鬼面山谷五郎】** 第一三代横綱。岐阜県養老郡養老町出身。文政九年（一八二六）生まれ。本名は田中新一。江戸の武隈部屋に入門（京都相撲経験説もあるが史実的確証はない）。江戸で初めて番付に載ったのは嘉永五年（一八五二）二月二段目附

出し。安政四年（一八五七）一月新入幕。明治二年（一八六九）三月横綱免許。同三年一一月引退。身長一八六センチ・体重一四〇キロ。幕内通算成績は一四三勝二四敗一六分八預、優勝相当の成績は七回。

新入幕から二年五場所目で三役に出世を果たし、小結を連続七場所、関脇を連続六場所つとめて、その間に負け越しがなかったほど実力があった。しかし、上位に雲龍（第一〇代横綱）や響灘がいて大関昇進が遅れ、横綱昇進も四三歳という高齢であった。力は強かったが性格は温厚で、弟子をかわいがり、熱心な稽古の後に弟子とちゃんこを囲むのが何より楽しみというまじめさであった。

引退後は現役名で年寄になったが、翌明治四年七月二三日、四六歳で没した。

第一三代横綱・鬼面山谷五郎（国輝画・部分）

**きゃくせき【客席】** ①一般入場者の見物席の総称。→〔いす席〕〔溜まり席〕〔桝《ます》席〕

②東京、京都、大阪でそれぞれ相撲が行われていたころ、大阪から東京に移籍したり一時的に往来した力士の番付の地位を、仮に「客席」としたもの。「客席」は正規の地位の名称ではなく例外的な処置で、通常は幕内力士を対象に行われ、時として張出と同様の扱いになる場合もあった。明治一五年（一八八二）四月の番付には、西ノ海（初代）が東前頭の幕尻の位置に「客席」として記載された。同一六年五月の番付には、磯風、剣山が東西に一名ずつ張出の形で「客席」と記載されたが、これは三役格の扱いであった。→〔張出〕

**ぎゃくのよつ【逆の四つ】** →〔四つ／逆の四つ〕

**きゅうきん【給金】** 「力士褒賞金」の旧称。興行の収益金に応じて分配された「歩《ぶ》方《かた》」に対して、本場所の成績にしたがって加算され昇給していく支給金を「給金」といった。「持ち給金」とは異なる。→〔力士褒賞金〕

**きゅうきんずもう【給金相撲】** 本場所で勝ち越しをかけた相撲のこと。十枚目以上の力士の場合は、八勝目がかかった相撲をいう。力士褒賞金は個人の勝ち越し星数によって支給額が増額されるので、勝ち越しは加算の分岐点になる。したがって、勝ち越すことを「給金直し」または「給金を直す」という。

幕下以下力士の場合には七番なので、四勝目が給金相撲になるが、幕下以下には力士褒賞金は支給されない。→〔勝ち越し星〕〔力士褒

賞金〕

**きゅうきんなおし【給金直し】** 本場所相撲で、力士が勝ち越しのかかった取組に勝って持ち給金が直る（上がる）こと。また、単に勝ち越すことも意味する。勝ち越した力士には力士褒賞金が増額されるので、このようにいう。勝ち越しのかかった相撲のことを「給金相撲」という。→〔勝ち越し〕〔力士褒賞金〕

**きゅうしゅうばしょ【九州場所】** 毎年一一月に福岡で開催されている本場所のことを指す俗称。正式には「十一月場所」という。→〔十一月場所〕

**きゅうじょう【休場】** 規定の休場届を提出して、本場所の取組に出場しないこと。

**きゅうじょうあけ【休場明け】** 報道関係が使う表現で、前場所を休場した力士が負傷や病気から回復して出場する本場所のこと。また、そのような状況の力士のこと。「休場明けの場所」などという。途中休場で再出場した場合には「休場明け」といわない。

**きゅうじょうとどけ【休場届】** 本場所の休場を予定する力士に対して、協会への提出を義務付けている所定の届け。休場届は、初日の二日前に行われる取組編成会議の前までに提出しなければならない。全休を予定する力士と公傷扱いの力士は診断書を添付する。休場届は審判部で受け、当該の力士を取組から外す。

　本場所途中での負傷や病気などによる休場も、休場届と診断書を割《わり》場《ば》担当の行司または若者頭《わかいものがしら》に提出しなければならない。提出時間によって取組表から力士名を削れないときには、相手の不戦勝となる。→〔公傷取扱規定〕〔取組編成要領〕

**きゅうでんきねんたいいくかん【九電記念体育館】** 昭和四九年（一九七四）一一月から同五五年一一月まで、計七回本場所を開催した会場。同五六年一一月からは「福岡国際センター」を使用している。→〔十一月場所〕

**きゅうよ【給与】** 相撲協会『寄附行為施行細則』の『第八章　給与』の規定にしたがい、各職域および地位ごとに定められている。

(1)役員および役員以外の常勤年寄（参与を含む）の給与は〔基本給・手当〕からなり、勤続年数による勤続手当、在勤手当が加算される。非常勤年寄には非常勤手当が支給される。

(2)力士の給与は〔基本給・手当〕からなり、十枚目以上力士に各本場所の番付の階級により月給として支給される。

(3)行司・呼出・床山の給与は〔本俸・手当〕からなり、本俸・手当とも定められた基準により、各人の能力・成績ならびに勤務状況に応じて理事長が決定する。昇給は年一回。

(4)若者頭・世話人の給与は〔本俸・手当〕からなり、本俸は勤続年数に応じ、手当は各人の能力・成績ならびに勤務状況に応じて理事長が決定する。昇給は年一回。

(5)主事以下職員の給与は〔本俸・手当〕からなり、理事長が決定する。昇給は年一回。

　この給与体系は昭和三二年（一九五七）五月に月給制が導入され、それ以降に改正を重ねて整備されたものである。→〔月給制〕

**きゅうりょうごくこくぎかん【旧両国国技館】** 「両国国技館」の別称。→〔国技館〕〔両国国技館〕

**きょうかいごあいさつ【協会御挨拶】** 本場所の初日と千秋楽に、通常、十枚目の取組を三番残したところで、協会理事長が横綱以下役力士を従えて土俵上に整列し、観客に対して行う恒例のあいさつ。口上の後、正面、東、向正面、西、正面の順に全員が礼をする。

　大正一五年（一九二六）春場所に始まる。以前は整列する力士が横綱・大関に限られていたが、昭和四九年（一九七四）十一月場所千秋楽で大関が引退して力士が少なくなったことがあり、関脇・小結を加えたことがあった。また、平成三年（一九九一）九月場所初日にも同様のことがあり、現在は三役以上が整列する。なお平成二二年七月場所（名古屋）では外部理事の村山氏が理事長代行でつとめた。

協会御挨拶は理事長が横綱以下の役力士を従えて行う。

**きょうかいさばき【協会さばき】** 勝負判定に預かりがあった大正末期まで行われた。物言いがついた勝負で、判定が難しく、検査役の協議がもつれて数時間に及ぶような場合に、最終的な判定を協会が行ったもの。→〔預かり〕

**きょうかいそう【協会葬】** 相撲協会に永年在籍し、相撲の普及振興、発展に功績を残した者に対し、理事会の決定により協会が主催して葬儀を行うもの。これまでに二四名が協会葬で送られ、最近では平成二七年（二〇一五）一二月二二日、年寄北の湖敏満（横綱・北の湖）の逝去に際して行われた。

**ぎょうじ【行司】** 土俵上で東西の力士を立ち合わせて取組をさばき、勝負の判定に当たる人。また、その役目の名称。行司は、土俵に上がった力士の、勝負の決定から土俵を下りるまでの進退のいっさいを主導する。ただし、異議申し立てがあって物言いがついた場合は、行司は勝負判定を審判委員に一任しなければならない。

　行司の実務については、後述の『寄附行為施行細則　附属規定』の『審判規則　行司』（昭和三五年〈一九六〇〉五月八日施行。同五八年七月改正）に規定されている。さらに、判定に関しては『行司賞罰規定』（昭和三五年一月一一日施行。平成一二年〈二〇〇〇〉一月改正）が別途設けられている。勝負判定のほかには、力士の土俵入りの先導、土俵祭の祭主、番付編成会議の書記、番付や顔触《かおぶ》れなどを書く、相撲部屋にあって総務的な仕事をこなすなどの業務がある。

行司

　行司は各相撲部屋に配属されるが、協会が採用する協会所属員であり、協会より月給が支給される。採用後三年間は見習として、立行司ならびに行司会委員の指導を受けて審判法や行司実務を学び、その間に序ノ口行司に任用される。また、行司は必ず「木村」か「式守」を名乗らなければならず、その階級は、最高位の立行司から最下位の序ノ口行司まで八段階に定められている。毎年九月場所後、理事会において行司の勤務状況を評価し、翌年の行司の階級および待遇が決められる。行司の定員は、現在四五名である。

　『審判規則　行司』に規定された条項は、次のとおりである。

第一条　行司が審判に際しては、規定の装束（直垂《ひたたれ》、烏帽子《えぼし》）を着用し、軍配を使用する。

第二条　行司は、両力士が土俵に上がってから競技を終えて土俵を下りるまで、その進退に関して一切の主導的立場にある。すなわち、競技の進行および勝負の判定を決するものである。

第三条　相撲勝負の判定を公示す

るため、行司は勝ち力士出場の東または西に軍配を明白に差し上げることによって、勝負の決定を示し、両力士立礼の後、勝ち力士に勝ち名乗りを与えて競技の終了を示す。

第四条　行司は、勝負の判定にあたっては、いかなる場合においても、東西いずれかに軍配を上げねばならない。

第五条　行司は、勝負の判定を決すると同時に、その競技を円滑に進行させ、両力士を公平に立ち上がらせるために指導し、助言する。力士の仕切りに際しては、「構えて、まだまだ」等の掛け声をなす。

第六条　両力士の拳が、白線より出ないように注意を与える。

第七条　両力士が立ち上がってからは、「残った。ハッキョイ」の掛け声をなす。（「残った」は、技をかけている場合であり、「ハッキヨイ」は発気揚々を意味し、両力士が動かない場合に用いる。）

第八条　立ち合いに際しては、両力士を公平に立たせるのが原則であるから、卑怯な立ち合いをしたときには、行司は「待った」をさせて、再度仕切らせることができる。

第九条　制限時間が審判委員より知らされたときは、明瞭に両力士に伝えて立ち合わす。

第十条　制限時間となって一方の力士が、両拳を下ろしていても、相手が立つ体勢でなく、拳を下ろさずに立った場合、行司はこれを待ったさせることができる。

第十一条　競技進行中に力士に負傷を認めたときは、行司が両力士の動きを止め、負傷の程度により、審判委員と協議の上、競技の続行中止を発表する。

第十二条　競技が長引いて、両力士の疲労を認めた場合は、審判委員の同意を得て、水を入れることができる。

第十三条　水入り後組み直したときは、力士、審判委員に異議なきをたしかめてから、「いいか、いいか」と声をかけて開始する。

第十四条　水入り後、なお勝負がつかないときは審判委員の指示により、競技を中止させることができる。

第十五条　競技中に、力士の締込が胸まで伸びて、止めやすい状態の場合は、行司は動きを止めて、締め直させることができる。

第十六条　行司は勝負決定の軍配を東西いずれに上げても、審判委員または控え力士からその判定に異議を申し出られると、拒否することができない。

第十七条　異議申し立ての物言い後の判定は、審判委員に一任する。

第十八条　行司は一ヵ所に止まらず、審判委員や観客の邪魔にならぬように動かねばならない。

第十九条　行司は、審判の他に、土俵祭の祭主となり、土俵入りにもその誘導の役を果たさねばならない。

明治四二年以前の行司装束。裃姿でひょうたん形軍配を手にしている。

第二十条　行司は、その階級に応じて左のごとき色を使用する。

　立行司　庄之助　総紫
　　　　　伊之助　紫白
　三役行司　　　　朱
　幕内行司　　　　紅白
　十枚目行司　　　青白
　幕下二段目以下　黒または青

第二十一条　控え行司は土俵上の行司に事故ある場合はその代行をする。

→〔行司装束〕〔行司賞罰規定〕〔行司の階級〕〔行司の歴史〕

**ぎょうじ**【**行事**】国技館サービス株式会社では、年三回の東京本場所ごとに一番〜二十番の店舗が四軒一組みとなり場所担当の当番をつとめるが、この当番を「行事」という。行事は、東京本場所の前に行われる宿禰神社例祭に国技館サービスの代表として参列する。

**ぎょうじかい**【**行司会**】相撲協会で行司全員によって構成される。昭和三三年（一九五八）に力士会から分離、独立した。協会が『寄附行為施行細則』で認める、会員相互の親睦を図り、人格向上・修業を目的とした組織の一つ。協会は一定の助成金を支給している。

**ぎょうじかいたいそう**【**行司会体操**】昭和五六年（一九八一）二月に、日本大学理工学部・山本和義により考案された、行司の体力強化を図るための体操の名称。同五五年秋に木村筆之助が横転するなど、当時、土俵上で行司が負傷する事例が多くなったために行司の体力の向上、機敏性が求められ、専門的なコーチを招いて三日間の行司トレーニングなどが行われ

### 行司の掛け声

**見おうて**▼両力士が仕切りに入るときに、立ち合いの呼吸を相手に合わせるようにと、行司が発する掛け声の一つ。行司によっては「見合って」「見合わして」「構えて」「油断なく」などと違いがある。

**手を下ろして**▼立ち合いで、力士は両手を土俵に下ろすことが原則である。それを促して行司が発する掛け声。

**まだまだ**▼両力士の呼吸を計りながら、呼吸を合わせてから立ち上がるよう、行司が発する掛け声。

**時間です**▼仕切っている両力士に、行司が、仕切り制限時間がいっぱいになったことを伝える掛け声。このあとに「待ったありません」の掛け声が続く。

**待ったありません**▼仕切り制限時間がいっぱいになり、行司が「時間です」と告げた後に、「待った」をしてはいけないという掛け声。「待ったなし」と言う行司もいる。

**はっきょい**▼対戦中の両力士の動きが鈍ったり止まったりしたときに、行司が力士に奮起を促すために発する掛け声。協会『寄附行為施行細則　附属規定』の『審判規則』では、「ハッキョイ」は「発気揚々」を意味し、両力士が動かない場合に用いると定めている。行司によって「はっけよい」「はっきようい」など言い方の違いがある。

**残った**▼力士が動いて技をかけているときに、行司が発する掛け声。協会『寄附行為施行細則附属規定』の『審判規則』では、力士が立ち上がってから、技をかけている場合に、行司は「残った」の掛け声をなすと定めている。

**いいか**▼協会『寄附行為施行細則　附属規定』の『審判規則』に、水入り後に組み直したとき、行司は、力士と審判委員に異議なきを確かめてから「いいか、いいか」と声をかけて開始することが定められている。「いいか」と同時に行司は両力士の褌の上をパンとたたき、それを合図に取組が再開される。

た。現在は行われていない。

**ぎょうじがっこう【行司学校】** 昭和二二年（一九四七）一月に公布された労働基準法や児童福祉法によって、一〇歳前後で入門する豆行司などが問題とされたため、相撲協会は文部省・労働省の了解を得て、同二四年一月に合宿形式で義務教育を行う「行司学校」を設けた。主任教授には木村正直が任命された。しかし、これはごく短期のもので、同年春にはそれぞれ公立の小・中学校に入学させた。→〔豆行司〕

**ぎょうじくろぼし【行司黒星】**「差し違え」の俗称。→〔差し違え〕

**ぎょうじさいようきてい【行司採用規定】**『日本相撲協会寄附行為施行細則』に定められた規定で、これによって行司を新規採用する。規定では、義務教育を修了した満一九歳までの男子で、適格と認められる者とされる。手続きは、各相撲部屋に入門して、履歴書、保護者の承諾書、住民票、戸籍謄（抄）本と、師匠および行司会会長連名の採用願、行司会会長の添え状を協会に提出し、理事会の承認を受けなければならない。また、健康診断も受ける。

**ぎょうじしょうぞく【行司装束】** 協会『寄附行為施行細則　附属規定』の『審判規則　行司』には、行司は審判に際して規定の装束（直垂《ひたたれ》、烏帽子《えぼし》）を着用し、軍配を使用することが定められている。また、行司の階級順位により軍配の房の色が定められており、直垂の菊綴《きくとじ》（組みひもを総《ふさ》にした丸い飾り）や飾りひも（胸元・そで・すそにある）も房と同じ色を用いる。

各階級の房の色、および装束の規定は次のとおりである。(1)立行司・木村庄之助―総紫。(2)立行司・式守伊之助―紫白。立行司はいずれも腰に短刀を携える。(3)三役行司―朱色。三役行司以上は腰に印籠を下げ、白足袋、上草履を履くことが許される。(4)幕内行司―紅白。白足袋を履くことが許される。(5)十枚目行司―青白。白足袋を履くことが許される。(6)幕下行司以下―黒または青。幕下以下は素足で土俵をつとめる。

勧進相撲の時代から行司の装束は麻裃《あさがみしも》であった。江戸時代の錦絵などにその姿が描かれている。旧両国国技館の開設を機に、散髪した頭に裃は似合わないなどの意見も出て、明治四三年（一九一〇）五月から直垂、烏帽子の姿となり、現在に至っている。→〔行司〕〔行司の階級〕

**ぎょうじしょうばつきてい【行司賞罰規定】** 勝負は厳正かつ公平に行われるので、その判定に当たる行司は徹底して誤りなきように求められる。そのため、協会の『寄附行為施行細則　附属規定』に以下の『行司賞罰規定』（昭和三五年〈一九六〇〉一月一一日施行。平成一二年〈二〇〇〇〉一月改正）が定められた。

第一条　行司に対する賞罰は、番付編成要領第十三条の行司の成績評価基準により、信賞必罰をもって厳正に行うものとする。

第二条　番付編成要領第十四条の行司の成績評価を行う者は成績評価基準に照らし、著しく成績良好な者あるいは不良の者がありたるときは、その旨を理事長に報告しなければならない。

第三条　理事長は、前条の報告により必要あると認めたときは、理事会に提案するものとする。

第四条　賞罰は、理事会の決議により行うものとする。

ただし、止むを得ない理由があるときは、理事長はあらかじめ賞罰を行い、後日理事会に報告することができるものとする。

第五条　著しく成績良好な者は抜擢により番付順位を特進させることができる。

第六条　懲罰は、けん責、減俸、出場停止、番付順位降下、引退勧告、除名とする。

第七条　立行司は、成績評価の対象より除外し、自己の責任と自覚にまつこととする。
　ただし、式守伊之助の名跡を襲名した者は、襲名時より二年間は他の行司と同一に扱うものとする。
第八条　立行司にして自己の責任と自覚がないと認められたときは、理事会の決議により引退を勧告し、または除名するものとする。

**ぎょうじだまり【行司溜まり／行司溜】**土俵溜まりのうち、向正面に位置する部分の通称。ここに控え行司が座るところから、このように呼ばれる。行司溜まりには、審判委員が五名の場合にそのうちの二名が座り、東寄りの一名が時計係をつとめる。→〔土俵溜まり〕

**ぎょうじとしよりあずかり【行司年寄預かり】**宝暦年間（一七五一～六四）の勝負附に見られる言葉。→〔預かり〕

**ぎょうじどひょう【行司土俵】**行司は、立ち合いに至るまでは向正面側の土俵上に構えて両力士を引き合わせる。この行司が立つあたりの土俵を指して便宜的にいう言葉。また、土俵下の行司溜まりを含めていうこともある。


**ぎょうじのかいきゅう【行司の階級】**行司の階級順位は、最高位を立行司とし、以下順に三役行司、幕内行司、十枚目行司、幕下行司、三段目行司、序二段行司、序ノ口行司の八段階に定められている。

　協会の『寄附行為施行細則』には、十枚目行司以上は自己の人格の陶冶・技量の錬磨につとめるべきことと定められている。幕下以下の行司は行司養成員として、師匠である年寄（立行司を含む）が養成に当たるべきことが定められている。幕下行司から序ノ口行司までをまとめて「幕下以下行司」と便宜的に呼び分けることがある。また、『附属規定』によって、十枚目行司以上の定員数は当面二二名となっている。

　立行司は「木村庄之助」と「式守伊之助」を名乗り、木村庄之助は結びの一番のみをさばき、式守伊之助はその次位に位置する。十枚目行司以上は原則として二番をさばき、幕下以下行司はこの限りではないとされている。しかし、各階級順位の行司の数と力士の数とによっては、必ずしも自分と同じ地位の力士の取組をさばくとは限らず、下位の行司に休場があった場合には下位の力士をさばくこともある。また、一名の行司がさばく番数が多くなる場合もある。

　行司は階級順位によって軍配の房の色や装束が定められている。なお、「三役格」とか「三役格行司」と「格」を付けるのは通称で、協会の正式な呼称では「格」は付けない。→〔行司装束〕〔番付編成要領〕

**ぎょうじのれきし【行司の歴史】**平安時代の相撲節《すまいのせち》では、「立合《たちあわせ》」と称する役職がおかれ、主に相撲《すまい》人《びと》を立ち合わせる役目を担った。織田信長の軍記『信長公記』（太田牛一）には、元亀元年（一五七〇）三月の常楽寺での信長上覧相撲で「其時之行事は木瀬蔵春庵」、天正六年（一五七八）二月の上覧相撲では「行事木瀬蔵春庵、木瀬太郎太夫両人也」と書かれている。

　「行司」の文字が見えるのは元禄年間（一六八八～一七〇四）からである。勧進相撲が盛んになり、江戸中期には行司が勝負を判定する者として専門職化していった。その中で家系や流派を伝える行司が出現し、その流れは、一つは志賀清林を流祖とする吉田追風、もう一つは木瀬太郎太夫を流祖とするものと、大きく二つに分けられる。

　吉田追風は、元禄一六年（一七〇三）に一六代追風が肥後（現在の熊本県）細川家に仕え、それ以降勢力を張って、故実門弟の證、横綱免許、行司免許などを授与した。木瀬太郎太夫の流れは、慶長年間（一五九六～一六一五）の岩井播磨から享保年間（一七一六〜三六）に南部相撲で活躍した長瀬越後に伝わった。また、木瀬からは江戸の木村喜左衛門、木村瀬平、大阪の木村玉之助にも伝わった。

　現存する行司名である木村庄之助と式守伊之助は、いずれも江戸に台頭したものである。→〔木村庄之助〕〔式守伊之助〕

**ぎょうじばんづけへんせい【行司番付編成】** 行司の階級順位の昇降を決めること。年一回、審判部長、同副部長、巡業部長、指導普及部長、監事が行司の成績評価をして考課表を提出し、それに基づき九月場所後の理事会で詮衡のうえ編成される。詳細は『寄附行為施行細則　附属規定』の『番付編成要領　第二章行司番付編成』に規定されている。→〔番付編成要領〕

**ぎょうじべや【行司部屋】** ①本場所の会場内に設けられる「行司控え室」の通称。

②昭和三三年（一九五八）一月に、行司のみで運営する「行司部屋」が独立した。その後、同四八年に解散し、行司は各相撲部屋に配属されて現在に至っている。

**ぎょうじまった【行司待った】** 土俵上において、行司が両力士に「待った」と声をかけて動作を中断させること。正式には「待った」といい、「行司待った」は報道関係の造語であると推測される。

　「行司待った」には、⑴呼吸が合わないまま立ち上がった場合、⑵対戦中に力士が負傷した場合、⑶勝負が長引いて水入りとする場合、⑷対戦中に力士の廻しが大きく緩んだり解けたりした場合などがある。⑷の場合は「廻し待った」ともいう。⑵の場合には、負傷の程度によって続行もしくは痛み分けとされることがある。また、⑴では仕切り直しとなるが、その他の場合の勝負再開の合図は、中断したときの両力士の組み手を行司が正確に再現させた後、両力士に「いいか、いいか」と声をかけ、同時に褌《みつ》の上をたたく。→〔待った①③〕〔廻し待った〕

**ぎょうじめんきょ【行司免許】** 江戸時代より、熊本の吉田司家が行司に対して与えてきた免許または免許状のこと。司家文書には寛延二年（一七四九）に五代木村庄之助に免許したと記述されているが、史実は不明である。横綱免許とともに昭和二六年（一九五一）一月に廃止された。→〔吉田司家〕

**ぎょうじめんきょじゅよしき【行司免許授与式】** 熊本の吉田司家が行っていた、行司に免許状を与える儀式の名称。

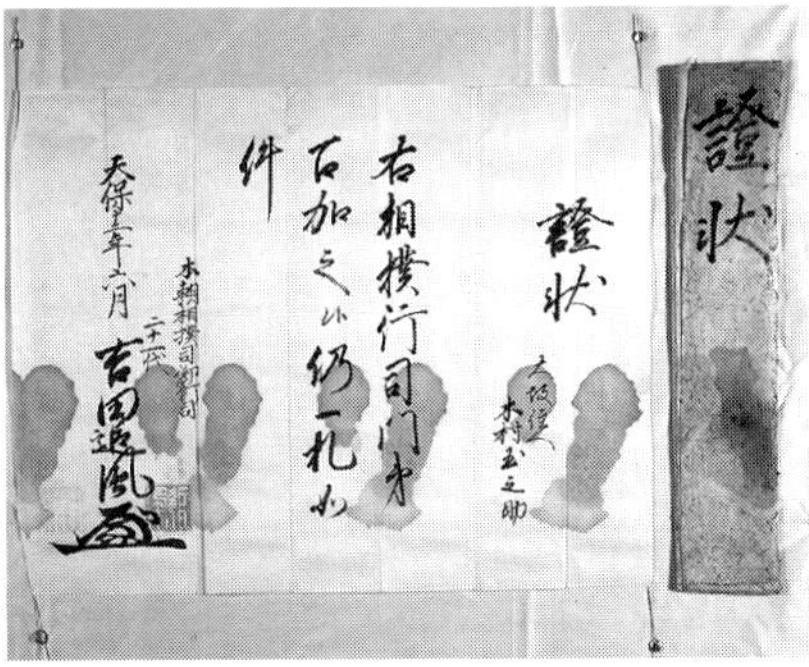


行司に与えられた故実門弟の證（行司免許）。

**きょうしゅうじょせい【教習所生】** 相撲協会の力士検査に合格した力士養成員（「新弟子」は通称）は相撲教習所に六ヵ月間所属して実技講座と教養講座を受けるが、この期間の力士養成員を正式には「教習所生」と呼ぶ。→〔相撲教習所〕

**ぎょうじようせいいん【行司養成員】** 相撲協会に行司として新規採用された者で、師匠である年寄および先輩の行司によって養成される、幕下行司以下の行司の正式な呼称。ただし、採用直後から三年間は「見習」である。→〔行司〕

**ぎょうじわり【行司割】** 行司について階級順位の上位から、だれがどの取組を担当するかを決めた一覧表のこと。割場《わりば》担当の行司が作成する。

**きょうだいでし【兄弟弟子】** 同じ相撲部屋に所属する力士はすべて兄弟弟子である。同じ師匠の指導を受けるという意味で兄弟である。特に力士どうしについていい、同じ部屋に所属する行司、呼出、床山は含まれない。→〔兄弟子〕〔弟弟子〕

**きょうとこくぎかん**【京都国技館】→〔その他の国技館〕

**きょうとずもう**【京都相撲】京都の勧進相撲は、『古今相撲大全』（木村政勝／宝暦一三年〈一七六三〉）によれば、寛永二一年（一六四四）に山城国愛宕郡田中村の光福寺の住職が八幡宮再建のために発願し、公許を得て正保二年（一六四五）六月に下鴨会式で一〇日間興行をしたのが始まりという。文書に残った記述はこれが最初であるが、文禄から慶長（一五九二～一六一五）のころにはすでに勧進相撲の形態は行われていたようである。

京都相撲は明治末期まで興行を催していた。しかし、明治四三年（一九一〇）三月、ロンドンで開催された日英博覧会の余興のために渡英した京都相撲一行は、博覧会では好評だったものの、その後欧州を転々としているうちに困窮して自然消滅してしまった。→〔江戸相撲〕〔大阪相撲〕〔勧進相撲〕

**きょうとずもうのよこづな**【京都相撲の横綱】明治期における京都相撲の横綱、小野川才助、兜潟弥吉、磯風音治郎、大碇紋太郎の四名のこと。→〔五条家〕

**きょうとばしょ**【京都場所】昭和二年（一九二七）の東西合併から同七年まで、年四場所のときがあり、その間に都合二回「京都場所」が開催された。会場は八坂新道特設相撲場、東山仁王門仮設国技館などであった。

大空武左衛門（国安画）

**きょじんりきし**【巨人力士】江戸時代の勧進相撲では、観客の興味を引く目的で身長の特に高い力士を登場させた。いわゆる「大男」であるが、後年になって分類的に「巨人力士」と呼称したもの。看板大関として番付に記載されたり、怪童力士と同様に土俵入り専門の力士だったりで、取り組むことは少なかった。

例をあげると、明和七年～安永三年（一七七〇～七四）の釈迦ヶ嶽雲右衛門（七尺四寸八分／二・二六メートル）、天明七年～寛政一〇年（一七八七～九八）の九紋龍清吉（六尺八寸五分／二・〇七メートル）、寛政六～七年（一七九四～九五）の鰭ヶ嶽源太夫（六尺八寸／二・〇六メートル）、文政一〇年（一八二七）に土俵入りのみを行った大空武

生月鯨太左衛門五人掛かりの錦絵（三代豊国）

左衛門（七尺五寸／二・二七メートル）、天保一五年〜嘉永三年（一八四四〜五〇）の生月鯨太左衛門（七尺六寸／二・三〇メートル）などが、巨人力士として評判をよんだ。

　このうち、釈迦ヶ嶽は大阪で初土俵を踏んで明和七年（一七七〇）江戸相撲に東大関で登場し、二三勝三敗一分一預の成績を残した。九紋龍も一八場所で三五勝一四敗一分一預の成績を残した。大男ぶりを「牛またぎ」と異名された大空は、本人が観客の好奇の目にさらされるのがいやで、すぐに力士を辞めてしまったので番付にもその名は載っていない。彼らの姿は錦絵にも残されているが、東京都江東区の富岡八幡宮境内の巨人力士身長碑には、実寸と名前が刻銘されている。→〔怪童力士〕

**ぎょせいきねんひ【御製記念碑】** 昭和三〇年（一九五五）五月場所の一〇日目、昭和天皇が初めて国民とともに本場所を観戦されたときの御製、「ひさしくも　見ざりしすまひ　人びとと　手をたたきつつ　見るがたのしさ」を刻んだ碑。翌三一年九月の土俵祭の後、御製記念碑の除幕式が蔵前国技館正面玄関前で、当時の出羽海理事長（第三一代横綱・常ノ花）以下役員等が参列して行われた。その後、記念碑は現在の国技館の、正面入り口より右手の櫓《やぐら》の横に移されている。→〔巻末・天覧相撲一覧〕

国技館にある御製記念碑。

**きよみがた【清見潟】** 年寄名跡の一つ。初代は天明四年（一七八四）一一月限りで引退して年寄になった三段目・清見潟又五郎（年寄名では又蔵）。現在は、元前頭三枚目・武州山が襲名継承。

**きよめのたいこ【浄めの太鼓】**「寄せ太鼓」の別称の一つであった。土俵祭で打つ太鼓を以前はこのようにいったが、現在はいわない。→〔寄せ太鼓〕

**きよめのみず【清めの水】**「水」の別称。力士が身を清める水であるため、このようにいわれる。→〔水①〕

**きらう【嫌う】** ①相手の思いどおりにならないこと。例えば、押し相撲を得意とする力士が四つ相撲を得意とする力士と対戦するときなどに、相手に廻しを取られないようにすること。相手の差し手《で》を抱えたり、自分の腕《かいな》を返して相手の上手を遠ざけたりして工夫する。「下手を嫌う」「上手を嫌う」という。

②立ち合いの際に、先に相手に十分に仕切られてしまい、自分のペースで呼吸を合わせることができずに、「待った」をすること。→〔立ち合い〕〔待った②〕

**きりかえし【切り返し】** 決まり手八二手の一つ。相手の膝の外側に自分の膝の内側をつけ、そこを支点にして、相手を後方にねじるように倒す。相手の膝に自分の足をかけてしまえば「外掛け」になるが、「切り返し」では足をかけず、また、自分の足は土俵につけたままである。相手が内掛けや下手投げをしかけてきたときに返し技としたり、相手を外掛けで崩してか

決まり手・切り返し

ら連続技の切り返しで決める場合もある。→〔決まり手〕

**きりもの【切りもの】** 相撲界独特の表現で、立て替えた金のこと。かつては巡業などでしばしば立て替え払いが生じたが、これを返却する場合に使われた。

**きりやま【桐山】** 年寄名跡の一つ。初代は宝暦七年（一七五七）春に差添《さしぞい》の届け出に名が残る桐山権平。現在は、元小結・黒瀬川が襲名継承している。

**きりをふく【霧を吹く】** 廻しを締めるときに、口に水を含んで霧のように廻しに吹き付けること。こうすると廻しが固く締まって、相手は廻しを取りにくくなる。

**きる【切る】** ①主として、相手に廻しを取られたときに、腰を振ったり相手の腕を押さえつけたりして廻しから手を放させること。この場合は「廻しを切る」ともいう。→〔廻し／廻しを切る〕

②「切る」の表現は、技では「無双を切る」「寄り切る」「廻しを切る」などがあり、動作や所作では「手刀を切る」「土俵を切る」「塵《ちり》を切る」「仕切る」などがあり、相撲では多様に使われる。

**きわ** 数を表す符丁で、「九」を表す。→〔数を表す符丁〕

**きんきほうじ【錦旗奉持】** 慶応四年（一八六八）七月に江戸が東京と改称され、九月に明治と改元になって天皇が東遷した際、京都の力士に「錦旗奉持」の下命があった。

力士たちは、菊の紋が入った陣羽織にダンブクロと呼ばれたズボンを着けて帯刀し、錦旗を掲げ持って東海道を供奉してきた。東京に到着して、品川高輪大木戸からは東京の力士が引き継いだ。明治三年（一八七〇）には、天皇の駒場野行幸に際して当時の兵部省より命令書が出て、東京の力士が錦旗奉持をつとめた。

『東京名所図絵・高輪大木戸』（三代広重画。東京都中央図書館所蔵）

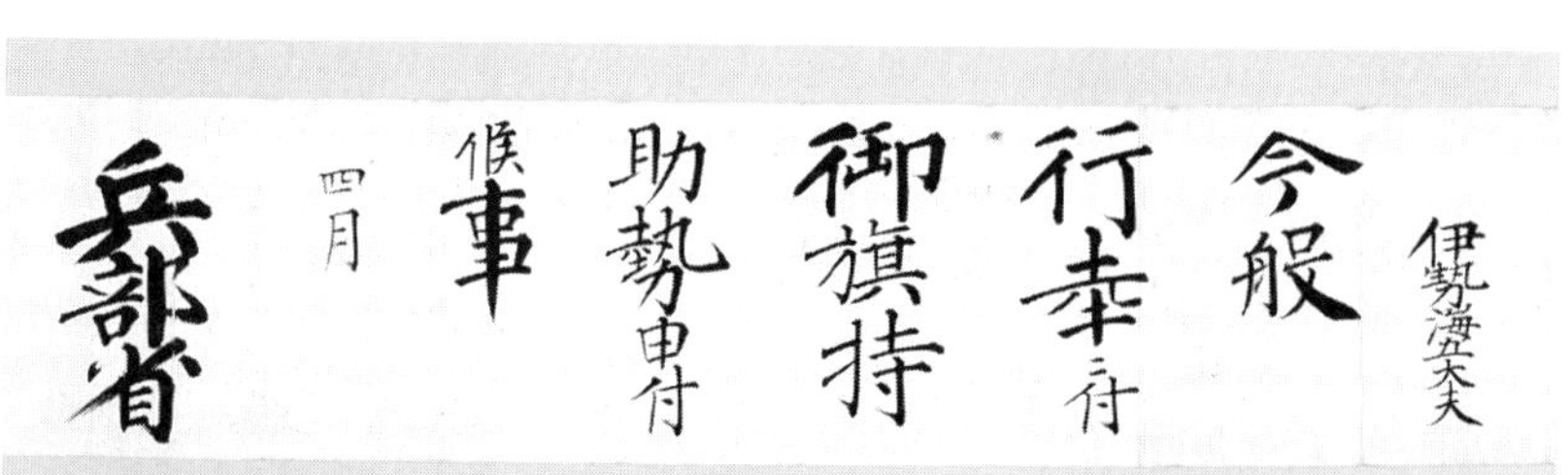

伊勢海五太夫
今般
行幸付
御旗持
助勢申付
候事
四月
兵部省

明治新政府の兵部省より年寄伊勢ノ海にあてた「御旗持助勢」の指令書。

**きんぞくかさんきん【勤続加算金】** 十枚目以上に昇進した力士が、それぞれの地位で規定の場所数に達した場合、次場所以降一場所ごとに引退時に受け取る力士養老金に追加されていくもの。横綱・大関・三役は昇進した場所を全勤、幕内・十枚目は連続勤務二〇場所、通算二五場所で勤続加算金受給の資格を得る。ただし、いずれも全休および公傷で休場した場所は含まない。「加算金」と略称される。→〔力士養老金〕

**きんて【禁手】** 取組中に行ってはならない規則違反の行為のこと。『審判規則　禁手反則』に八種の行為が禁手として定められ、それらを行うと反則負けとされる。「禁じ手」ともいう。

**きんてはんそく【禁手反則】** 禁じられた手を使った場合に、その行為を規則違反として負けを宣したり、行為の程度によって競技を中断し、注意を与えたり直させたりする規定のこと。『寄附行為施行細則　附属規定』の『審判規則　禁手反則』（昭和三五年〈一九六〇〉五月八日施行。同五八年七月改正）に、以下のように定められている。

第一条　相撲競技に際して、左記の禁手を用いた場合は反則負けとする。

一　握り拳で殴ること。
二　頭髪をつかむこと。
三　目または水月等の急所を突くこと。
四　両耳を同時に両掌で張ること。
五　前立褌をつかみ、また、横から指を入れて引くこと。
六　のどをつかむこと。
七　胸、腹をけること。
八　一指または二指を折り返すこと。

第二条　競技中、左記の場合は、行司または審判委員が注意をし、また一時中止して直すことができる。

一　後ろ立褌のみをつかんだときは、行司の注意により、とりかえねばならない。（行司が注意を与えることが不可能の場合は認められる）
二　サポータ・繃帯のみをつかんだときは行司の注意によりはなさなければならない。（行司が注意を与えることが不可能の場合は認められる）
三　競技中やむを得ず褌がゆるみ、また解けた場合は、行司の指示により締め直さねばならない。

**ぎんながし【銀流し】** 相撲界独特の表現で、はげやすい銀メッキのように、本物でないこと。力士が格好をつけたり、目立つように振る舞ったりすることを「銀流しを決める」という。

**きんぼし【金星】** 横綱・三役を除く幕内力士が横綱から得た勝ち星の俗称。協会の規定では「金星」という呼称を採用していないが、特に価値のある勝ち星として、横綱を倒した力士には力士褒賞金の支給標準額に金一〇円が加算される。「金星」という言葉は大正期から見られ、昭和五年（一九三〇）一月に金星は昇給の対象とされた。→〔力士褒賞金〕

**きんぼし【金星】** 相撲界独特の表現で、美人のこと。

**ぎんぼし【銀星】** 平幕の力士が大関を破った勝ち星のことを指す報道関係の造語。金星と異なり力士褒賞金の加算はつかない。

## ……く……

**くいさがり【食い下がり】** 体を低く構え、頭を相手の胸から下につけ、半身の体勢で前褌を引くこと。「向こう付け」に対し、「食い下がり」は半身で食いつく場合にいう。「食いつく」ともいう。→〔向こう付け〕

**くう【食う】** ①番付の地位に差のある取組で、下位力士が上位力士に勝つこと。特に、横綱・大関を破るような場合に使われる表現。②相手の技にかかること。

か

**くがつばしょ【九月場所】** 国技館で九月に開催される東京本場所の正式な呼称。俗称で「秋場所」ともいう。→〔本場所〕

**くさずもう【草相撲】** 素人相撲の総称として使われる言葉。ここでいう素人相撲とは、日本相撲連盟が組織的に統轄する、いわゆる「アマチュア相撲」とは異なり、特に組織的に行われていないもののこと。「草相撲」は、時代や行われる場所によって、宮相撲、野相撲、里相撲、村相撲、青年団相撲、土地相撲などとさまざまに呼ばれるものの総称である。→〔アマチュア相撲〕〔野相撲〕〔宮相撲〕

**くさつすもうけんしゅうどうじょう【草津相撲研修道場】** 日本相撲協会によって、昭和六三年（一九八八）八月に群馬県吾妻郡草津町に開設された研修施設。『寄附行為施行細則　附属規定』に定められた『草津相撲研修道場規則』によって運営され、青少年、学生に対して正しい相撲の指導が行われるよう、これに当たる指導者の研修を行うことを目的としている。所長を協会の指導普及部長がつとめ、指導員には年寄および現役力士が当たる。

研修の対象者は、小・中学校の体育教科で相撲指導に当たる教職員や、青少年・学生に対し相撲指導に当たる者、力士または力士を引退した者で相撲指導の適格者などである。研修道場は青少年・学生の相撲練習にも使用できる。また、研修の行われない期間には保健・保養などの福利厚生施設としても利用されている。

**くされぼし【腐れ星】** 昭和一九年（一九四四）春場所を限りに廃止された制度では、前相撲は土俵を下りずに二連勝すると本中《ほんちゅう》に進み、本中での二連勝を一勝と数えて三勝すると新序に進んだ。これらの二連勝は、最初に勝って次に負けた場合、もう一度ゼロから取り直さなければならず、このときの最初の勝ちを「腐れ星」と通称で呼んだもの。→〔本中〕

**くし** 床山が力士の髪を結うときに用いる、多種類のくしの総称。現在は、荒ぐし、前かき、すきぐし、そろえぐしの四種類が使われている。くしは協会が一括購入し、床山一人に各二本ずつ支給される。→〔床山の道具〕

**くしまけ【くし負け】** 「つりいぼ」の別称。→〔つりいぼ〕

**くせもみ【癖もみ】** 床山が、毛髪にやや癖のある力士の大銀杏《おおいちょう》を結うときに、水をつけて、毛髪が柔らかくなるまで一五分～二〇分かけてもみほぐし、結いやすいようにすること。癖もみが終わった状態を「癖直しができている」という。このようにしておくと、力士の髪型で側方に出すびん（鬢）を形よく整えることができる。

**くにゆずりのしんわ【国譲りの神話】** 『古事記』（奈良時代初期に編纂）にある、大国主神が葦原の中つ国を天照大神に献じたという神話で、「出雲の国譲り」という説話で知られる。天照大神によって遣わされた建御雷神《たけみかずちのかみ》と大国主神に服従する建御名方神《たけみなかたのかみ》とが、出雲国（現在の島根県）伊那佐浜で力くらべをして葦原の中つ国、つまり地上界の領有を決しようとしたというもの。

この力くらべは「手乞《てこい》」といって、双方が互いの手を握り合って攻めたと伝えられるが、建御雷神が勝って国譲りが行われた。現在の相撲の立ち合いは、平安時代の相撲節《すまいのせち》の手合《てあわせ》が変化したものであるが、手合の原型が手乞に求められるとして、この神話を相撲のルーツとする説もある。神話の舞台となった島根県簸川郡大社町の海岸、稲佐浜（古くは「伊那佐浜」と書いた）には「国譲りの岩」、日御碕には二人の神が投げ合ったという「つぶて岩」など伝承の地名が残っている。

**くびなげ【首投げ】** 決まり手八二手の一つ。相手の首に自分の左右いずれかの腕を巻きつけ、腰を入れて体《たい》をひねりながら相手を巻き込むように投げる。相手に両差《もろざ》しを許して、廻しを取れないまま土俵際に詰まったときに逆転をねらったり、窮余の一策で放つ捨て身の技でもある。→〔決まり手〕

決まり手・首投げ

**くびひねり【首捻り】** 決まり手八二手の一つ。相手の差し手《で》を片方の腕で抱え、もう片方の腕を相手の首に巻き、出てくる相手の力も利用して、首に巻いた腕のほうへ相手を引き込むようにひねり倒す。相手に両差《もろざ》しになられるなどして、劣勢に回ったときの逆転技である。→〔決まり手〕

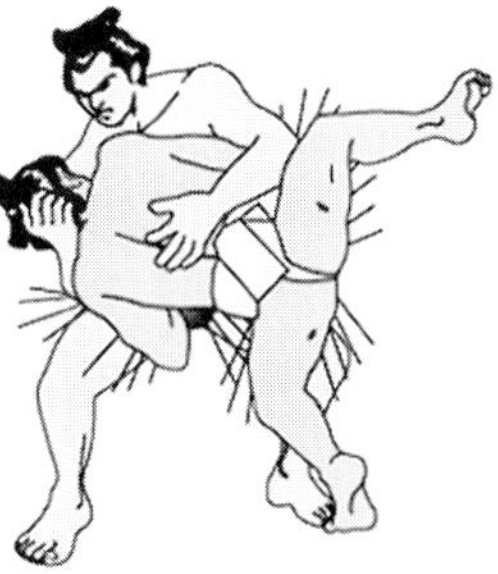
決まり手・首捻り

**くびをきめる【首を極める】** 相手の首を手で巻いて押さえつけ、相手の動きを封じること。例えば、「鴨の入れ首」にきた相手の首を上手から巻いて極める場合などがある。→〔極める〕

**くまがたに【熊ヶ谷】** 年寄名跡の一つ。初代は安永五年（一七七六）一月限りで引退した序二段・熊ヶ谷弥三郎。現在は、空席。

**くまもとひごすもうかん【熊本肥後相撲館】** →〔その他の国技館〕

**くみあいべつじゅんぎょう【組合別巡業】** 昭和三二年（一九五七）より前に行われていた部屋単位または数部屋の合併、一門単位などでの巡業方式。こうした単位を「巡業組合」または「組合」と称し、出羽海組合、時津風組合、立浪・伊勢ヶ濱組合、二所ノ関組合などとして巡業した。例えば、出羽海一門では、昭和三〇年の前半まで、一月場所後に関東一円を巡業する関東巡業を行っていた。

　昭和二〇年から三二年までの組合別巡業での興行は、勧進元がすべてを仕切って組合は損益に関係のない「売り切り」、収益や欠損を組合と勧進元とで半々にする「歩分《ぶわけ》」、巡業を組合が独自に仕切って全収益が組合に入る「手相撲」などの形態で行われた。手相撲は当時もごくまれにしか行われなかったが、売り切りは昭和三二年以降も、平成七年（一九九五）に自主興行になるまで行われていた。巡業が赤字となった場合に、一門の年寄たちが歩方に応じて欠損金を負担する「逆割《さかわり》」も行われた。また、小規模な集団の巡業では力士数も少ないので、時間をつなぐために各地域の力自慢の素人に飛び入りを許して相撲を取らせた、「飛び入り勝手」と称した余興も行われた。

　現在は、相撲協会全体による巡業方式で行われている。→〔売り切り〕〔巡業〕〔手相撲〕〔歩分〕

**くみがしら【組頭】** 江戸時代から明治前期に、会所に置かれた年寄の役職名。筆頭《ふでがしら》、筆脇《ふでわき》に次ぐ地位に数名が置かれていたようである。→〔筆頭〕

**くみちょう【組長】** ①『日本相撲史・中巻』（酒井忠正）に明治一六年（一八八三）五月の番付に関する記述で、「旧来の年寄筆頭筆脇の制をとってきたが、この年から取締と改め高砂浦五郎が推選され、別に副取締、組長を置いた」とあるが、詳しい職務は不明。同二〇年一月の番付には組長五名、二一年一月の番付には組長三名の

名の記載があった。↓〔取締〕
②巡業を部屋や一門単位で行っていた組合別巡業の時代に、その責任者を「組長」と称した。↓〔組合別巡業〕

**くみて**【組み手】四つ相撲の右四つ、左四つなどの型のこと。

**くみなおし**【組み直し】水入り後に勝負を再開するとき、両力士の組み手や足の位置が水入り前と異なる場合、審判委員が行司に注意を与え、元の状態に直させること。また、両力士も意見を言って組み直すことができる。↓〔水入り〕

**くめがわ**【粂川】年寄名跡の一つ。初代は天明元年（一七八一）一〇月限りで引退して年寄になった三段目・粂川平蔵。現在は、元小結・琴稲妻が襲名継承し、佐渡ヶ嶽部屋に所属している。

**くらいまけ**【位負け】相手との番付の地位や相撲経験の差が大きいために、自分の力を出し切れなくて負けることをいう。「地位負け」ともいう。

**くらまえこくぎかん**【蔵前国技館】敗戦後の昭和二〇年（一九四五）一二月に進駐軍に旧両国国技館が接収されたため、東京都台東区蔵前（現在の番地は蔵前二―一―九）に改めて建設された国技館。昭和一六年に購入しておいた協会の土地に、戦後、海軍戦闘機組立工場の鉄骨の払い下げを受けて仮設された。収容人員は一一、〇〇八名。
　同二五年一月場所から仮設のまま開催し、四期に分けて進められた建設工事が完了した同二九年九月に開館式を行った。その後、昭和四五年～四六年一月に改修されて新館ビルが完成した。しかし、両国に新国技館が建設されて、同五九年九月場所開催が蔵前国技館の最後となった。↓〔国技館〕

**くらまえはちまん**【蔵前八幡】現在の名称は「蔵前神社」といい、正式には「岩清水八幡宮」という。現存する江戸相撲最古の木版一枚刷り縦番付によれば、宝暦七年（一七五七）の一〇月場所がここで興行された。以降、天保四年（一八三三）一〇月に本所回向院が定場所となるまでの七六年間に、合計二二場所の小屋掛け興行が行われた。
　現在地は、東京都台東区蔵前三―一四―一一。最寄り下車駅は都営地下鉄大江戸線「蔵前」、または都営地下鉄浅草線「蔵前」。↓〔江戸相撲〕〔勧進相撲〕〔巻末・江戸相撲の興行地〕

**くらわす**【食らわす】相撲界独特の表現で、思い切りなぐること。

**くりしまさごろも**【栗島狭衣】明治九年（一八七六）、大関・綾瀬川の二男に生まれる。東京朝日新聞で相撲担当記者として活躍。画家の鰭崎英朋と組み、土俵上の勝負を伝えることに大きな役割を果たした。『相撲通』『角觝画談』『相撲百話』などの著作があり、当時の代表的な相撲評論家でもあった。後に栗島狭衣一座を結成し、娘の栗島すみ子は一九二〇年代に日本映画の花形女優になった。昭

昭和二九年九月蔵前国技館開館式。

和二〇年（一九四五）没。

**くろぶさ**【黒房】土俵上方の屋形の、正面の西寄りに下げられた房。
→〔房①〕

**くろぼし**【黒星】本場所の取組での負けを意味する。また、星取表に記される黒丸印（●印）のこと。勝ちは「白星」という。

**くろもとい／くろもとゆい**【黒元結】力士の身内に不幸があったときに用いた黒色の元結。昭和三〇年（一九五五）ごろまで用いられたようだが、現在は使用しない。
→〔床山の道具〕

**ぐんじんだまり**【軍人溜まり／軍人溜】大正一四年（一九二五）に財団法人が認可されてから、相撲協会の会長職を陸軍大将や海軍大将に委嘱したこともあって、協会では陸軍省や参謀本部の軍人たちを本場所に招待した。当時の軍人専用の席をこのようにいった。この軍人溜まりは終戦まで設置されていた。

**ぐんばい**【軍配】行司が土俵上で、勝負の判定を明確に示すために使用する、うちわの形をした用具の名称。材質はケヤキ、カシ、シタンなどで、七五〇《グラム》～一《キログラム》の重さがある。漆が塗られた両面に家紋や日月・菊水などの模様、漢詩などが描かれるが定められたものはない。

軍配は、戦国時代に武将が軍団を指揮するために使用したもので、江戸時代に入ってから行司が用いるようになったものと思われる。古くは「相撲団扇《うちわ》」「軍配団扇」などともいった。現在も軍配箱には「軍配団扇」と書いてあるが、用語としては「軍配」で統一しており、「軍配」と書いて「うちわ」と読む場合がある。中央部がくびれた「ひょうたん形軍配」も使われたが、現在はもっぱら「たまご形軍配」が使用されている。

なお、木村庄之助は力士の名乗りを上げるときに軍配を握る手の甲を上にした。これを「陰の構え」といい、式守伊之助の手の甲を下に向ける「陽の構え」と対比された。

勝負が決した瞬間に行司は軍配を上げて勝者を明示する。

【～を上げる】土俵上で勝負が決まった瞬間に、行司が勝ち力士の出場した東方または西方に向かって軍配を差し伸べ、勝者を明示すること。行司は必ずどちらかに軍配を上げなければならない。

【～を受ける】勝負がついて両力士が立礼した後、勝った力士が行司から勝ち名乗りを受けること。

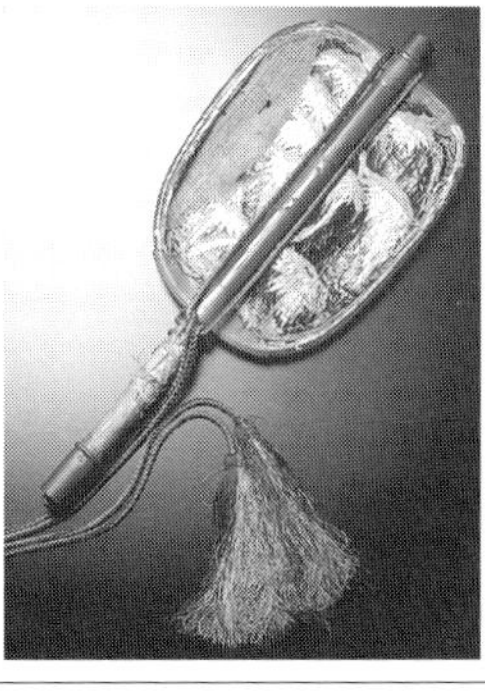
初代式守伊之助の軍配。

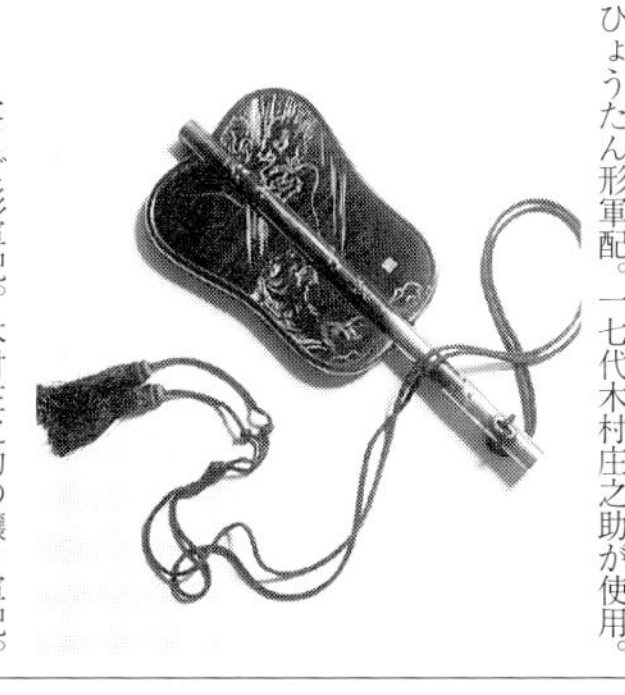
ひょうたん形軍配。一七代木村庄之助が使用。

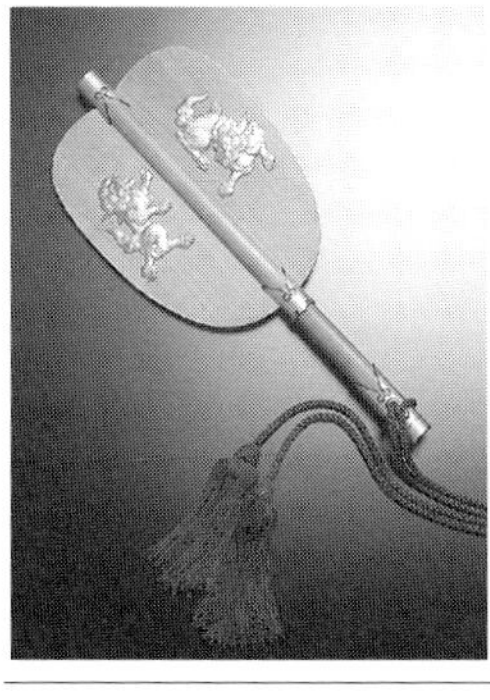
たまご形軍配。木村庄之助の譲り軍配。

軍配を受けることによって正式に勝利が確定する。

【〜を返す】 仕切り制限時間がいっぱいになって、両力士が最後の仕切りに入るとき、行司は手首を立てて握った軍配を自分の体のほうに寄せるように構える。このとき、軍配の表裏が返るので、行司のこの所作を「軍配を返す」という。

【〜を引く】 仕切り制限時間いっぱいとなり、行司が軍配を返して両力士の呼吸を合わせた後、両力士が立ち合った瞬間に返した軍配を行司が手前のほうに引き寄せること。

**ぐんばいのふさ**【軍配の房】 行司が使用する軍配の柄につけられた長さ一二尺（約三六〇センチ）のひもで、先端が房になっている。ひもと房の部分全体を「軍配の房」と呼称する。行司の階級順位によって、使用できる房の色が定められている。

立行司・木村庄之助の房は、結びの一番で両力士を呼び上げるときに、房を土俵に下ろし、東方—西方または西方—東方の順に軍配で指し示して房の先端がすれるようにするため、その長さを身長に合わせて持つ。房の長さが一二ヵ月を、房の糸が三六五本あって一年の日数を表すとの俗説があるが、定かではない。→〔行司装束〕〔行司の階級〕

**ぐんばいわれ**【軍配割れ】 古く『喜（嬉）遊笑覧』（喜多村節信／文政一三年〈一八三〇〉）などに「勝負なし」の相撲を「割れ」とする表現が見られ、行司が勝負を決しかねる場合を「軍配割れ」といった。「軍配割れ」と書いて「うちわわれ」と読む場合もあった。

現在では、協会『寄附行為施行細則　附属規定』の『審判規則』に「行司は勝負の判定にあたっては、いかなる場合においても、東西いずれかに軍配を上げねばならない」と規定され、一方の力士の勝利を必ず明示することになっている。→〔無勝負〕

## ……け……

**けいえいきょうぎかい**【経営協議会】『日本相撲協会寄附行為施行細則』に規定された機関で、協会の各職域委員が集まり、経営の円滑を図るために意見を述べ合う組織。昭和三三年（一九五八）三月に発足した。職域ごとに互選された経営協議会委員の任期は一年で、理事二名、委員・主任・年寄のうちから若干名を年寄会で選出、力士四名、行司二名、若者《わかいもの》頭《がしら》一名、世話人一名、呼出二名、床山二名で構成されている。

**けいこ**【稽古】 力士としての体を鍛え、相撲の基本技を身につけ、攻防の技術を磨くこと。相撲やその他の武道では「練習」とはいわず「稽古」という。力士にとっては巡業も必須の稽古であり、日常生活すべてに稽古の機会があるが、主として部屋の稽古場で行われることを指していう。

力士数の多い部屋ではおよそ早朝四時ごろから、力士数の少ない部屋では六時〜七時から始まり、午前一一時ごろまで続けられる。力士にとって一日でもっとも重要な時間である。稽古場では私語は禁止される。稽古の順番は部屋によって異なるが、普通は番付が下位の者から始め、はじめに四股、鉄砲など一人でする基本の稽古が行われ、その後、同じ相手と何番も続ける三番稽古、勝ち抜きで相手が替わる申し合いをする。最後の仕上げとして攻め手と受け手に分かれるぶつかり稽古、四股や股割り、腕立て、すり足などをし、蹲踞《そんきょ》をして終わる。

稽古が終わると稽古場を掃き清め、土俵中央に御幣を立て、塩をまいて翌日の稽古に備える。朝食はとらないで稽古に入るのが普通であるが、稽古前に軽く食事をする部屋もある。

【〜台】 兄弟子や上位力士が下位力士の稽古の相手をつとめると

稽古が終われば土俵はきれいに整えられ、中央に御幣を立てて塩で清められ、明早朝の稽古開始を待つ。

き、その兄弟子や上位力士のことをいう。

**【〜をつける】** 師匠や兄弟子・上位力士が、弟弟子・下位の力士を稽古場や巡業先の土俵上などで稽古指導すること。

**けいこずもう【稽古相撲】** 江戸時代に、稽古相撲と称し、入場料を取って稽古を見物させたことがあった。享保一一年（一七二六）一〇月の杉森稲荷神社での興行が稽古相撲であった。大阪相撲に「稽古相撲仕り候」と記載された番付が残されている。

地方場所の宿舎の稽古場で体をほぐす力士たち。

**けいこどひょう【稽古土俵】** 稽古をするために簡便に造られた土俵の通称。協会は『寄附行為施行細則　附属規定』の『相撲規則　土俵規定』で「練習場としての土俵は、平面に小俵《こだわら》を直径四メートル五五の円として埋める」と定め、競技に使用する「公開の土俵」は台形に土を盛って造ると規定している。→〔本土俵〕

**けいこば【稽古場】** 各部屋に設けられた相撲場のこと。中央に稽古土俵が造られ、一方の隅には鉄砲柱を立て、正面に稽古を指導する親方や見学する関係者のための場所がある。力士にとって土俵は神聖な場所であり、稽古場にも神棚が祭られている。大阪、名古屋、福岡の地方本場所でも、各相撲部

錦絵に描かれた部屋の稽古風景（初代国貞画）。

屋が宿泊所とする施設には稽古場が造られる。

**けいこばけいひ【稽古場経費】** 協会から各部屋を運営する師匠（部屋持ち年寄）に支給される費用。本場所ごとに支給され、支給額は部屋に所属する力士数に応じて算定される。

**けいこばよこづな【稽古場横綱】** 稽古では強いけれども、本場所ではあまり好成績をあげられない力士のこと。皮肉やからかいを含む表現で、「稽古場大関」ともいう。

**けいこまわし【稽古廻し】** 力士が稽古のときに用いる廻し。白い雲《うん》斎木綿《さいもめん》で作られ、関取は白いまま用いるが、幕下以下の力士は黒または紺色に染めてあるものを用いる。幕下以下の力士は、本場所の取組でも稽古廻しのまま土俵に上がる。

　稽古廻しを「雲斎木綿」とも別称するが、この木綿の生地は足袋の底などにも用いられ、しっかりと固く織られているので、かつてはドラム缶などで煮て柔らかくしたうえで廻しにこしらえた。→〔締込〕

**けいひつ【警蹕】** 横綱土俵入りのときに、行司が軍配の房を回しながら「シー」と発する声のこと。横綱が土俵中央に進み出て正面を向いたときに発する。「静粛に」という意味である。また、御前掛かり土俵入りや幕内土俵入り、十枚目土俵入りでも最後に土俵に上がる力士が「シー」という。

**けかえし【蹴返し】** 決まり手八二手の一つ。頭をつけて押し合いに

決まり手・蹴返し

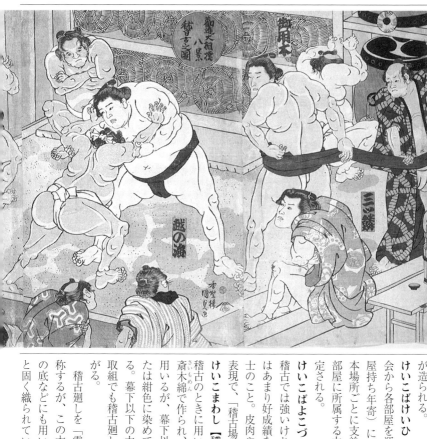

なったようなときに、自分の右足でなら相手の右足を、左足でなら左足を、足の裏で相手のくるぶしの内側を外へ払うようにけりながら、同時に相手を手前に引き落とすように倒す。うまく決まると、相手は膝をつくか、前に手をつく。四つに組んだときにしかけることもある。→〔決まり手〕

**けしょうがみ**【化粧紙】「紙」の別称。正式には「紙」というが、力士が水をつけた後に口を拭き身を清める意味から、「化粧紙」ということが多い。→〔紙〕

**けしょうだち**【化粧立ち】仕切りで、立つ気もないのに立つようなふりをすること。すぐにも立つかのようなふりをすることをいう場合もあった。平成三年（一九九一）九月に「待った」の制裁金制度（同一〇年九月場所から廃止）ができてからほとんど見られず、現在は使わない用語である。

**けしょうだわら**【化粧俵】土俵外縁の正方形を作る角俵とあげ俵とを合わせて、このように呼ぶ。→〔小俵《こだわら》〕〔土俵①〕〔口絵・土俵俯瞰図〕

**けしょうまわし**【化粧廻し】前垂れの部分に紋様や図案が描かれた廻しで、十枚目以上の力士が土俵入りのときに着ける。また、弓取りの力士も締めることができる。

体に締める部分と前垂れとは一枚の帯状の布地になっており、博多織や西陣の綴《つづ》れ織が用いられる。素材に緞子《どんす》という光沢のある絹織物を用いるところから、化粧廻しを「緞子」と別称することがある。力士によって異なるが、重量は六～八キロ、長さは約七メートルほど、幅約七〇センチを六つ折りにして体に三重に巻き、最後に一メートルほどを広げたまま前に垂らす。この前垂れの部分には金襴《きんらん》の裏地を付け、金糸銀糸などを用いた華やかな刺繍で表を飾る。垂らしたときに下端になる部分には、「馬簾《ばれん》」と呼ばれる金色や朱色などの房がつけられる。

化粧廻しは、力士の昇進を祝って後援会などから贈られる。横綱の化粧廻しは、太刀持ち、露払いをつとめる力士と三本一組みで作られ、「三つ揃《ぞろ》い」と呼ばれる。

第一九代横綱・常陸山の宝石をあしらった化粧廻し。

なお、関脇以下の力士は化粧廻しの馬簾に紫色を用いてはならないとされ、横綱・大関になると紫色を使用することができる。

**けしょうみず**【化粧水】「水」の別称。力士が口をすすぎ、身を清める水であることからいわれる。→〔水①〕

**けたぐり**【蹴手繰り】決まり手八二手の一つ。立ち合いで相手に当たる瞬間に、体《たい》を左右いずれかに開きながら足を飛ばし、足の裏で相手の足首の内側をけり、同時に相手の腕《かいな》を手繰るか肩をはたく

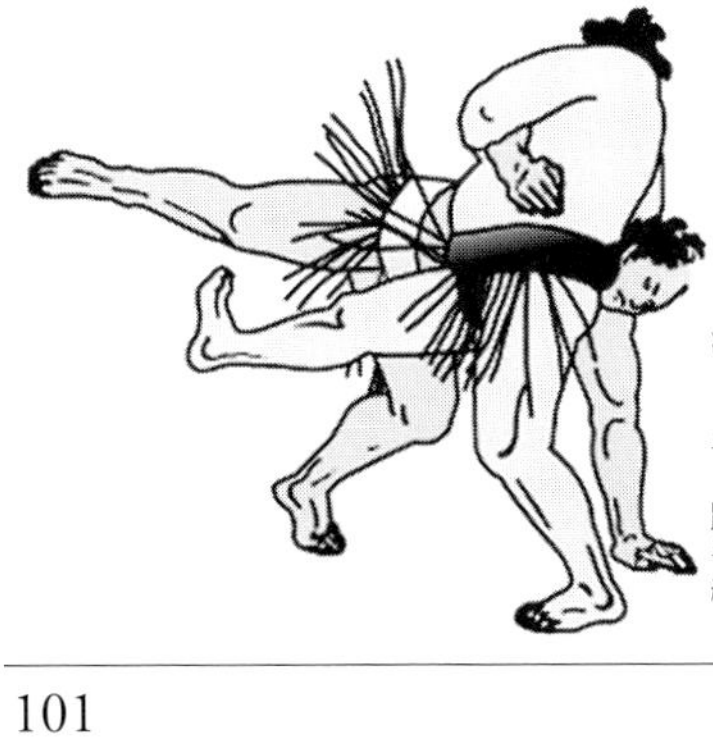

決まり手・蹴手繰り

かして土俵にはわせる。つまり、「ける」「手繰る」「はたく」などの合わせ技であるが、蹴手繰りを見せるかもしれないと相手に警戒させるのも、立ち合いで先《せん》を取る技といえる。→〔決まり手〕

**げだんのかまえ【下段の構え】** 三段構えの一つ。→〔三段構え〕

**げっきゅうせい【月給制】** 昭和三二年（一九五七）五月から実施された制度。かねて協会内に、生活の基盤を確実にしたい、それには月々に決まった固定給を収入としたいという要望があり、それを受けて給与体系が改革されて月給制となった。このときの新制度では、年寄・力士・行司・職員は固定給月給制、若者頭《わかいものがしら》・世話人・呼出・床山は月給ではなく場所ごとの固定給で、年寄には職務手当・常勤手当等を加算、力士・行司には月給のほかに本場所ごとの手当が支給された。力士は十枚目以上の関取のみが月給の対象者となり、本場所ごとの手当は、地位ごとに定められた最低支給標準額に優勝や勝ち越し星等の成績を加算した支給標準額によって算出された。

その後、月給制はいくたびか改正されて、現在は全協会員の給与が基本給（または本俸）と手当からなる月給となっている。また、力士は毎月の月給と本場所ごとの力士褒賞金の二本立てとなっている。月給は、幕下以下の力士養成員には支給されない。力士養成員には、本場所ごとに場所手当と幕下以下奨励金が支給される。

月給制の以前には、力士の収入についてはさまざまな変遷があった。江戸時代の大名のお抱え力士は家臣並みの待遇を受けることもあり、平均すると五人扶持（支給される扶持米は年間二五俵。知行高二五石の御家人の切米に相当）程度をもらっていた。江戸時代から明治初年ごろの会所では、実権者が興行の売上金から自分たちの分を取ったあとの残金を分配する、収益が赤字ならば上の者がそれを補塡するなど、大まかな仕組みであった。これに対して、明治六年（一八七三）高砂浦五郎が改革を唱え、同二九年二月の『東京大角觝《おおずもう》協会申合規約』に、年寄・幕下十枚目以上の力士には地位にしたがって給金を支給することが明記された。

大正時代には、本場所の総売り上げの一割のうち、三分（三％）を養老金（退職金に代わるもの）の一部として協会に積み立て、七分（七％）を十枚目以上の関取に歩方《ぶかた》金として分配し、「持ち給金＋歩方金」の支給形態であった。昭和一四年ごろには、序ノ口にしこ名が記載されると、初めて一場所一円五〇銭の給金がもらえた。序ノ口から横綱まで、勝ち越し星一番につき二五銭が加算されて「持ち給金」となった。この加算された金額は、どんなに不成績でも減額されなかった。→〔給与〕〔力士褒賞金〕

**けんがみね【剣が峰】** ①円形になった勝負土俵の、埋められた小俵《こだわら》の頂上部のこと。富士山頂の噴火口の周縁を「剣ヶ峰」というが、それに由来するともいわれる。

②対戦中に、攻め込まれて足が土俵にかかり、なんとか残している状態のことを、「剣が峰」ということがある。「剣が峰でこらえる」「剣が峰で残す」などという。

**けんかよつ【けんか四つ】** →〔四つ／けんか四つ〕

**けんけん** 決まり手の一つである「掛け投げ」の別称。相手の内股にかけた足を跳ね上げ、一度の投げで決まらなければ、続けて片足で跳びながら二度三度と投げる様が、子どもの遊びのけんけんに似ているところに由来している。「けんけん跳び」ともいう。→〔掛け投げ〕

**げんこう【原稿】** 「元書き」の別称。→〔元書き〕

**けんこうしんだん【健康診断】** 毎年二月と八月の二回、力士および

呼出が懸賞旗を持って土俵外縁を一巡する。

他の協会員に対して行われる定期健康診断。二月には力士・行司・呼出・床山および他の協会員について、八月は力士のみに行われる。身長、体重、握力、血圧、血液検査、尿検査、レントゲン検査、体脂肪、B型肝炎などの診断があり、平成二年（一九九〇）からは心電図、同四年からはエコー検査も加えられた。

**けんさちょう【検査長】** 昭和五年（一九三〇）五月から、取締が勝負検査の最高責任者となり、土俵下に座るようになった。同三二年五月には検査長制度は廃止された。その後は、正面に座る勝負検査役が検査長の役割をつとめたが、同四三年一月に新たに審判部が設置され、「審判長」と改称された。→〔勝負検査役〕〔審判委員〕

**けんさやく【検査役】**「勝負検査役」の通称。→〔勝負検査役〕

**けんしょう【懸賞】** 幕内の取組に限り、民間企業や力士の後援団体などが懸賞金を提供し、協会に申し込んでかけるもの。一場所に五回以上かけることが条件である。懸賞がかかった取組では、力士が塵浄水《ちりちょうず》を終えたところで、それぞれの懸賞旗を呼出が掲げて土俵を一周する。この取組に勝った力士は、勝ち名乗りの際に行司が軍配に載せて差し出す懸賞金を、手刀を切って受け取るのが作法である。なお、不戦勝の場合には、懸賞は取り下げられる。

懸賞の起源は古く、平安時代の相撲節《すまいのせち》では勝者に麻・絹などの織物や衣類、米などが贈られた。武家相撲の時代にもこの習慣は続き、現在、千秋楽の役相撲で与えられる弓、弦、矢にその名残が見られる。江戸時代には「纏頭《はな》」と称する力士への祝儀が盛んになった。明治四二年（一九〇九）に投げ纏頭が禁じられ、現在のように賞金の形になったのは、昭和三五年（一九六〇）からである。

**けんしょうきん【懸賞金】** 懸賞のかかった取組の勝ち力士に与えら

れる賞金。平成二六年（二〇一四）一一月現在の賞金額は六二、〇〇〇円で、その内訳は力士本人に三〇、〇〇〇円が渡され、本人名義の積立金が二六、七〇〇円、取組表掲載料と場内放送料に五、三〇〇円となっている。→〔懸賞〕

**けんしょうばた【懸賞旗】** 本場所の好取組にかかる懸賞の、スポンサーの社名や商品名などを染め抜いた旗。呼出が掲げて土俵を一周する。旗のサイズは、幅七〇センチ、長さ一二〇センチ。名称やキャッチフレーズは一五字以内と決められている。かつては、この呼出の役割を「懸賞触れ」といったが、現在ではいわない。→〔懸賞〕

商品や会社名が書かれた懸賞旗

**げんた** 戦前に用いられた相撲界独特の表現で、五のつく数のこと。例えば、五〇銭、五円など。現在は言わない。

**げんにんしょうめいしょ【現認証明書】**『日本相撲協会寄附行為施行細則　附属規定』に定められた、力士の本場所土俵上での負傷について、相撲の審判に当たった審判委員が負傷の生じた状況や負傷の状態を記載する所定の文書の名称。ただし、公傷制度は廃止されたので、現在はなくなった。

**げんをかつぐ【験を担ぐ】**「験」は「縁起」のことで一般的に使われる表現。力士もしばしば験を担いで、例えば、白星が続いている間はひげをそらないとか、国技館や本場所会場へ行く道を替えないとかする。また、悪い状態を打開するためには「験直し」をする。黒星が続くと、化粧廻しを替えて土俵入りをしたりお酒を飲んで気分を換えたりする。

## ……こ……

**こうえきざいだんほうじんにほんすもうきょうかい【公益財団法人日本相撲協会】** 政府の方針・指導により、従来の財団法人が見直され、種々の改革実行をみて、平成二六年度に公益財団法人として、新たに認可された。→〔財団法人日本相撲協会〕

**こうえんかい【後援会】** 力士や行司などの個人、または相撲部屋を応援するために作られている組織。谷町《たにまち》やひいきも後援者であるが、後援会はたいてい会費制で組織的に運営される。力士の後援会は出身地や出身学校などの関係者が中心となって作る場合が多く、部屋の後援会は都会地の個人ばかりでなく企業も参加して大きな組織となる。地方本場所の際に、宿舎の土俵造りなどを後援会が支援することもある。

明治三七年（一九〇四）に結成された「常陸山会」は、第一九代横綱に昇進した常陸山と出羽海部屋とを後援する人々の集まりであった。これは、個人ないし個別の部屋の後援会としては最初のものであった。

**こうかくか【好角家】** 相撲を愛好する人のこと。

**こうかくぐみ【廣角組】** 明治二一年（一八八八）九月の大阪本場所前に、地方巡業のあり方、待遇改善が一部の力士たちから要求された。対立は深まり関脇・大鳴門を含む幕内七名以下一部の下位力士たちも同調して脱走、有志の協力を得て廣角組を結成した。このとき頭取として支援したのが中村芝吉で、後の年寄中村の初代となった。廣角組は大阪に本拠地を置き、主に関西から西日本、東京、京都相撲との合併興行を主とした。分裂から七年、仲裁者の労が実り明治二八年一〇月に大阪相撲と和解となった。

**こうぎょうちゅうし【興行中止】** 本場所興行開催が予定され、番付が発表されたのにもかかわらず、なんらかの事情で中止となったこと。江戸から昭和期では、次の興行中止が認められる。

安永五年（一七七六）正月は、天候不順によるものか？

安政二年（一八五五）二月は、江戸大地震により中止。

安政五年（一八五八）一一月は、江戸大火により中止。

昭和七年（一九三二）一月は、「春秋園事件」のため中止。

　また、平成二三年三月は、諸事情のため番付・開催がなかった。

**こうぎょうにっすうのへんせん【興行日数の変遷】** 江戸相撲で、宝暦七年（一七五七）一〇月場所以降の興行日数は以下のとおり。

宝暦七年一〇月　このころは晴天八日間興行であった。

安永七年（一七七八）三月　晴天十日間興行となる。

天保四年（一八三三）一〇月　本所回向院が定場所となり、毎年春冬二回、晴天十日間興行を続ける。

明治七年（一八七四）一月　この場所より春夏二回興行となり、晴天十日間は変わらず。

明治四二年六月　両国に国技館開館。晴雨にかかわらず一〇日間の興行となる。

大正七年（一九一八）一月　前年一一月に国技館焼失のため、靖国神社で晴天十日間。

大正九年一月　国技館再建、晴雨にかかわらず一〇日間興行。

大正一二年五月　養老金増額等のため一日延長され、晴雨にかかわらず一一日間興行となる。

大正一三年一月　前年九月関東大震災で国技館焼失のため、名古屋市で晴天十日間興行。

大正一三年五月　国技館修築なり、晴雨にかかわらず一一日間興行。

昭和二年（一九二七）三月　大阪で晴天一一日間興行。東西協会合併により春夏の東京場所のほか三月、一〇月の二回地方本場所（関西本場所）を設ける。同年一〇月京都、以降、三年三月名古屋・一〇月広島、四年三月大阪・九月名古屋、五年三月大阪・一〇月福岡、六年三月京都・一〇月大阪で晴天一一日間。

昭和七年二月　春秋園事件により国技館で残留力士のみの晴雨にかかわらず八日間興行。三月名古屋晴天十日間・一〇月京都で晴天一一日間。

昭和八年一月　地方本場所（関西本場所）が廃止され、春夏二回の東京場所のみに戻り、晴雨にかかわらず一一日間。

昭和一二年五月　この場所より一三日間興行となる。

昭和一四年五月　この場所より一五日間興行となる。

昭和一九年五月・一一月　国技館軍需工場接収のため、後楽園球場で晴天十日間。

昭和二〇年六月　東京大空襲被災の国技館で晴天七日間興行。一一月は晴天十日間。

昭和二一年一一月　進駐軍が国技館を改称したメモリアル・ホールで一三日間。

昭和二二年六月　明治神宮外苑相撲場で晴天十日間。

昭和二二年一一月　明治神宮外苑相撲場で晴天一一日間。

昭和二三年一〇月　大阪仮設国技館で晴雨にかかわらず一一日間。

昭和二四年一月　浜町仮設国技館で晴雨にかかわらず一三日間。

昭和二四年五月　浜町仮設国技館で晴雨にかかわらず一五日間興行となる。以降、一五日間興行が定着して現在に至る。

昭和二八年　この年より初、春、夏、秋の四場所制となる。
昭和三二年　この年より一、三、五、九、一一月の五場所制となる。
昭和三三年　この年より一、三、五、七、九、一一月の六場所制となる。
↓〔回向院〕〔晴天十日間興行仕り候〕〔両国国技館〕〔巻末・江戸相撲の興行地〕

**こうげきのたい【攻撃の体】** 三段構えの「中段の構え」のこと。↓〔三段構え〕

**こうしききろく【公式記録】** 現在、相撲協会では、以下九種の公式記録を作成し発表している。「通算出場記録」「通算勝ち星数記録」「幕内在位場所数記録」「幕内出場回数記録」「幕内勝ち星数記録」「通算連続出場記録」「幕内連続出場記録」「三賞受賞回数記録」「金星獲得回数記録」。↓〔巻末・歴代力士十傑記録表〕

**こうしょう【公傷】**『日本相撲協会寄附行為施行細則　附属規定』で『公傷取扱規定』によって、公傷を「翌本場所の休場を余儀なくされる本場所の土俵上のけが」と定めていたが、平成一六年（二〇〇三）一月場所から公傷制度は廃止された。

**こうはくぶさ【紅白房】** 幕内行司が持つ軍配につけられた、朱色と白色のひもを組み合わせた房の名称。直垂《ひたたれ》の菊綴《きくとじ》や飾りひもも同色で統一される。↓〔行司装束〕〔房②〕

**こうほうぶ【広報部】** 日本相撲協会の事業の実施にあたり『寄附行為施行細則』により配置された部署の一つ。国内および海外に対する広報業務を正確かつ迅速に行うため、平成八年（一九九六）二月に設置された。部長、副部長各一名と若干名の委員によって構成され、協会の公式発表は部長または副部長が行っている。

　広報部では、報道関係に情報を提供するばかりでなく、大相撲ホ

国技館全景。左側が建物正面になる。

国技館の館内。中央に土俵と吊り屋根が見られる。

ームページを開設して一般の人々も随時新しい相撲情報を入手できるよう図っている。また、映像制作で撮影・制作・管理を担当するほか、協会関係者の肖像権の管理・運営・保存、力士の成績一覧作成・管理も行っている。→〔大相撲ホームページ〕〔肖像権〕〔相撲映画〕

**こうろうきん【功労金】** 理事長・理事・監事・委員・参与・主任の各役職に就いた年寄の退職に際して、協会に特に功労のあった場合に、理事会の決議によって支給されるもの。横綱・大関の引退時に支給される特別功労金とは異なる。

**ごがつばしょ【五月場所】** 国技館で五月に開催される東京本場所の正式な呼称。俗称で「夏場所」ともいう。→〔本場所〕

**ごきゅうしょ【御休所】** 国技館内に設けられている、天皇、皇族と国家元首のみが使用する休息所の名称。一般には公開されていない。

**こくぎかん【国技館】** 東京本場所を開催する常設の建物の名称で、財団法人日本相撲協会が建設し経営管理をしている。敷地面積は一八、二八〇・二平方メートル（五、五二九・八坪）、地上三階・地下二階建ての建築延べ面積は三五、三四一・九平方メートル（一〇、六九〇・九坪）、建物の構造は鉄筋コンクリート造りで、鉄骨造り隅切方形の和風の屋根が全体を包む。客席数一一、〇九八を擁し、昭和六〇年（一九八五）一月九日に落成した。屋内中央の土俵は可動式で地下に格納できるように造られており、大相撲の開催のないときには多目的に利用できる。

　これまで、東京には国技館が三ヵ所に建てられている（昭和二四年の浜町仮設国技館は除く）。最初は明治四二年（一九〇九）六月に開館した回向院境内の旧両国国技館、次に昭和二五年に仮設され同二九年に完成した蔵前国技館、そして現在の国技館である。この国技館を、完成後の一時、旧両国国技館に対して「新国技館」といったことがある。

所在地は東京都墨田区横網一丁目三番二八号。アクセスはJR総武線「両国」駅下車徒歩一分、または都営地下鉄大江戸線「両国」駅下車。→〔蔵前国技館〕〔常設館〕〔両国国技館〕

**こくぎかんサービスかぶしきがいしゃ【国技館サービス株式会社】** 公益財団法人日本相撲協会に協力して、入場券の一部販売や、入場客の館内への案内、飲食物や土産品の販売などを行う会社組織。

昭和三二年（一九五七）三月に、江戸時代から続いた相撲茶屋の制度や経営に不明瞭な点があると国会において指摘され、茶屋の組織、運営、名称などが改められて「相撲サービス株式会社」が設立された。この会社組織が、昭和六〇年一月場所後にさらに名称を改めて、現在に至っている。ただし、現在も「相撲茶屋」「茶屋」は通称として使われている。→〔相撲サービス株式会社〕〔相撲茶屋〕

**こくさいすもうれんめい【国際相撲連盟】** 相撲を世界に普及させる目的で設立された、アマチュア相撲の団体。日本相撲連盟が中心となって創設したが、独立した団体として、将来のオリンピック出場を目指している。

平成四年（一九九二）、二五ヵ国・地域の選手を集め、国技館で第一回世界相撲選手権大会を日本相撲連盟との共催で実施した。以降、加盟国・地域は増えて現在すでに八〇を超え、各大陸ごとに相撲連盟が作られ、欧州選手権、アフリカ選手権などが開催されている。世界相撲選手権大会は第七回まで国技館で開催されたが、平成一一年の第八回大会は国外初のドイツ・リーザ市で行われた。同一八年の第一四回大会は大阪で開催され、「ＳＵＭＯ」として着実に世界に普及してきている。また、日本相撲連盟と共催してアジア相撲選手権大会も行っている。→〔アマチュア相撲〕〔日本相撲連盟〕

**ここのえ【九重】** 年寄名跡の一つ。貞享五年（一六八八）四月に行司・九重勝之助の名が残るが、初代といえるのは、宝永五年（一七〇八）に最初に差添《さしぞい》として届け出た九重庄之助。現在は、元大関・千代大海が襲名継承し、九重部屋を運営している。→〔千代の富士貢〕

**こし【腰】【入り〜】** 腰の構えが前に出すぎた体勢をいった。入り腰になると、重心が腰から上体へ移動して高くなり、後方に倒れやすくなる。現在はあまり使われない言葉である。このようになることを「腰が入る」という。

**【浮き〜】** 相手の攻めで上体が起きてしまい、腰が伸びて、本来低くあるべき重心が浮き上がった体勢をいった。現在はあまり使われない言葉である。このようになることを「腰が浮く」という。

**【うっちゃり〜】** →〔うっちゃり腰〕

**【〜が浮く】** 相手の攻めによって腰の構えを崩され、上体が伸びて体の重心を低く保てなくなること。

**【〜が下りる】** 両膝を開きぎみにして腰の位置を低くし、体の重心を低く構えた体勢をとること。相手を土俵際まで寄りたててゆき、最後に寄り切る瞬間には腰が下りているのが相撲の定石である。「腰を落とす」「腰を割る」も同じ体勢を表現している。

**【〜が伸びる】** 相手の強い引きつけで腰が相手の体に密着したり、あるいは、土俵際まで攻め込まれて棒立ちになった状態をいう。腰が伸びると力が出せなくなる。

**【〜が入る】** 腰の位置は上体のやや後方にあるのが自然の構えであるが、その重心が崩れるほど腰が前に出てしまうこと。逆に、腰が低く安定した体勢を「腰が入ったいい体勢」のようにいい、よい表現としても使われる場合がある。

**【〜から出る】** 押し、寄り、突っ張りのいずれの攻めも、前に出る際に腰から先に出るようなつもりで足を運ぶことを教える表現。または、腰を引いた小手先だけの攻めは有効ではないことを教える表現。「腰で突っ張る」「足で突っ張る」も同様の基本を表現している。

【〜高】①立ち合いで、腰を十分に下ろして低く構えず、腰が高い位置にある構えをいう。これでは相手に当たった瞬間の圧力が弱まり、悪い立ち合いとされる。②攻める際に、腰を十分に下ろさず、伸びぎみの腰つきのまま寄ったり押したりする体勢をいう。③身長の高い力士に多く見られるが、普通、重心の高いことをいう。

【〜を入れる】腰を低く構え、廻しを強く引きつけて相手の体を浮かせるか、あるいは、自分の腰に相手を乗せるように体を近づけること。寄ってゆくとき、引きつけるとき、技をかけるとき、技をかけられて残そうとするときの基本である。「腰を寄せる」ともいう。

【〜を決める】立ち合いで、十分に腰を割り、下から強い圧力をかけられる低い体勢を保ち、相手に当たる瞬間に備えること。

【立ち〜】腰が十分に下りないで、前傾姿勢がとれず、重心が高いままの不安定な状態をいう。「腰高」ともいう。

【二枚〜】柔軟で弾力性のある腰のこと。特に、相手の押しや寄り、投げを土俵際でよく残すことができる腰という意味の表現である。同じ意味で「粘り腰」「残り腰」ともいう。

**こじいれる【こじ入れる】** 相手が嫌う差し手《で》をむりやりに差すこと。あるいは、脇の固い相手との対戦で、なんとか工夫して下手を差すこと。

**こしくだけ【腰砕け】** ①相手が技をしかけないまま、自分から腰が砕けて土俵に手をついたり倒れること。腰砕けは、非技として決まり手八二手以外の公式判定になっており、負けとされる。→〔非技〕②対戦中に、相手の圧力などによって腰から重心が崩れたり力が抜けるようになり、体を支えられなくなった状態。「腰が砕ける」ともいう。この状態で負ければ、相手のしかけた技が決まり手になる場合もある。

非技・腰砕け

**こじつごんじょう【故実言上】** 土俵祭の儀式の一つである「方屋開口」で行われる。→〔方屋開口〕〔土俵祭〕

**こしなげ【腰投げ】** 決まり手八二手の一つ。深く腰を入れ、相手を自分の腰の横に乗せるようにして投げる。このとき、腰を低く落とし、下から上に腰を伸ばすようにして、相手の体《たい》を浮かせて投げるときれいに決まる。上手でも下手でもよく、また、廻しを取らなくても、腰に乗せて投げれば「腰投げ」となる。→〔決まり手〕

決まり手・腰投げ

**ごじょうけ【五条家】** 鎌倉時代に高辻家から分かれて始まった家系で、京都にあって相撲の家を自称した。発祥は吉田司家より後年であったが、家格が上であったため、家系家格を重んじる江戸時代にあって、はじめは吉田司家も主家である細川家を通じて五条家に伺いを立てていた。文政一一年（一八二八）に稲妻雷五郎への横綱免許を五条家が与えたことにより、両家の対立が強まった。稲妻の免許状には「紫化粧廻注連縄免許」と記されていたという。

その後、五条家は吉田司家とは別に、江戸後期から明治後期にかけて京都・大阪相撲を中心に計一四名の力士に横綱免許を授与した。五条家が横綱免許を与えたのは以下の一五名である。このうち、小野川才助、兜潟弥吉、磯風音次郎、大碇紋太郎の四名は京都相撲の横綱であった。

玉垣額之助（江戸相撲）
柏戸利助（江戸相撲）
稲妻雷五郎　文政一一年吉田司家横綱免許。第七代横綱。
陣幕久五郎　慶応三年（一八六七）吉田司家横綱免許。第一二代横綱。
小野川才助（京都相撲）
八陣信蔵（大阪相撲）
兜潟弥吉（京都相撲）
高越山《こうづさん》谷五郎（大阪相撲）
境川浪右衛門　明治一〇年（一八七七）吉田司家横綱免許。第一四代横綱。
朝日獄鶴之助（東京相撲）
梅ヶ谷藤太郎　明治一七年吉田司家横綱免許。第一五代横綱。
磯風音治郎（京都相撲）
西ノ海嘉治郎　明治二三年吉田司家横綱免許。第一六代横綱。
小錦八十吉　明治二九吉田司家横綱免許。第一七代横綱。
大碇紋太郎（京都相撲）
※若島権四郎は、五条家免許の実証がない。
→〔吉田司家〕

**こしわり【腰割り】**中腰の構えで両足を広く開き、膝を曲げて腰を落とした姿勢、または、その姿勢をとる稽古のこと。太ももを両手で押したり腕組みをして、腰をできるだけ下ろし、重心を低くしても体勢が崩れないように下半身を鍛える運動で、稽古の基本の一つである。

**こじんゆうしょうせいど【個人優勝制度】**幕内および各段で最多の勝ち星をあげた力士を表彰する制度。個人優勝の表彰は、旧両国国技館が落成した明治四二年（一九〇九）六月の夏場所で、時事新報社（後に毎日新聞社と合併）寄贈の優勝額を幕内の優勝者に授与したのが最初である。このときの幕内優勝者は七勝三分の前頭七枚目・高見山であった。現在の、幕内最高優勝の力士に天皇賜盃を授与する表彰の形式は、大正一五年（一九二六）春場所からである。→〔優勝制度〕

**こずもう【小相撲】**昭和一〇年代まで行われていた、部屋単位など三〇人ほどの小集団による巡業のこと。一門別、組合別巡業よりさらに小規模なものであった。小相撲の巡業では、平幕の力士を大関にしたり、十枚目の力士を役力士にしたり、幕内以上の力士がいない場合もあった。→〔組合別巡業〕

**ごぜんがかりどひょういり【御前掛かり土俵入り】**「御前掛かり揃《そろ》い踏み」「天覧相撲土俵入り」ともいい、「御前掛かり」と略称する。「御前掛かり」とは、天皇および皇太子が観戦する際の特別な作法の土俵入りのことである。

御前掛かりの幕内土俵入りは通常と異なる形式で行われる。まず、柝《き》が入り、行司の先導で花道に一列に並び、一礼する。再び柝が入って一人ずつ土俵に上がり、正面に向かって全員が四列に並び、右足で二回、左足で一回四股を踏む。次に、蹲踞《そんきょ》すると、下位力士より一人ずつしこ名を呼ばれ、力士は立ち上がって一礼し、土俵を下りる。

**ごぜんずもう【御前相撲】**高貴な人の前で行われる相撲のこと。上覧相撲や天覧相撲、台覧相撲なども広い意味で御前相撲である。例をあげると、文化五年（一八〇八）七月に京都で、一条右大臣相撲御覧が行われた。これは右大臣一条忠良が内々で観覧したもので、土俵の儀式、土俵入りのほか、取組一一番が行われた。→〔上覧相撲〕〔天覧相撲〕

御前掛かり土俵入りでは行司と力士は全員、貴賓席のある正面に向く。

**こだわら【小俵】** 土俵に使われる、わら製で中に土を詰めた俵のこと。普通は「俵」と通称で呼ぶことが多い。協会の『寄附行為施行細則 附属規定』の『相撲規則 土俵規定』には、土俵は「小俵をもって作る」こと、「小俵は、六分を土中に埋め、四分を地上に出す」ことなどが定められている。

土俵には、円を作る勝負俵一六俵と徳俵四俵、外縁の正方形を作る角俵二八俵とあげ俵四俵、上がり段を作る踏み俵一〇俵、水桶《みずおけ》俵四俵の、合計六六俵の小俵が用いられている。長さは勝負俵が約七八センチ、徳俵六三センチ、角俵・あげ俵六一・五センチ、踏み俵五六センチ、水桶俵三六センチとそれぞれに異なる。俵の直径はいずれも一五センチほどになる。→〔土俵規定〕〔口絵・土俵俯瞰図〕

**こぢから【小力】** 差し手《で》争い、投げ、あるいは、押っ付けや前褌を引いたりしたときに瞬間的に発揮される力のこと。対戦中の各局面で力強さを見せたときに「小力がある」という。

勝負俵として埋め込まれた小俵。

**ごっつぁん** 相撲界独特の表現で、相手の厚意に対して感謝の意を表す言葉。「ごちそうさま」がなまったもので、「ごっちゃん」ともいう。また、相手に何かを借りたり頼もうとする場合にも使い、雑誌を借りれば「雑誌、ごっちゃん」などと言う。

**こづまとり**【小褄取り】決まり手八二手の一つ。四つに組んだときに、相手の重心を崩して体《たい》を泳がせるようにし、流れた足の足首を相手の正面からつかんで引き上げて倒す。「褄取《つまど》り」と似ているが、褄取りは足のつま先をつかんで倒す点が異なる。平成一三年（二〇〇一）一月場所より追加された決まり手である。→〔決まり手〕

決まり手・小褄取り

**こて**【小手】一般に腕の肘と手首の間の部分。

【〜に振る】相手の下手を、上手から巻くように抱えて振り回すこと。相手は肘を極められたようになるので、振られる方向に体を移動せざるを得ない。この体勢から投げが決まれば「小手投げ」となる。

【〜に巻く】相手の差し手《で》を、上手から巻くように抱えること。

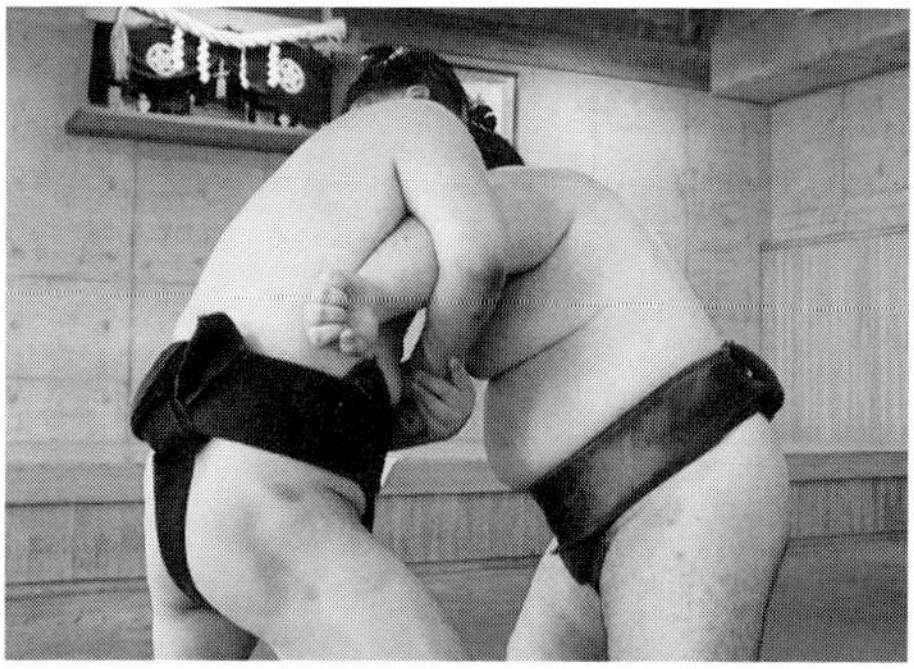

小手に巻く。

**こてなげ**【小手投げ】決まり手八二手の一つ。相手の差し手《で》を外側から極めるように抱え込み、上から下へ押さえつけるようにして相手を足元に投げる。相手に差されて一気に寄られたときの逆転技であり、また、廻しを取らずに強引に投げる技なので相手からの反撃に遭うことも多く、小手投げを多発するのは脇の甘い力士に多い。→〔決まり手〕

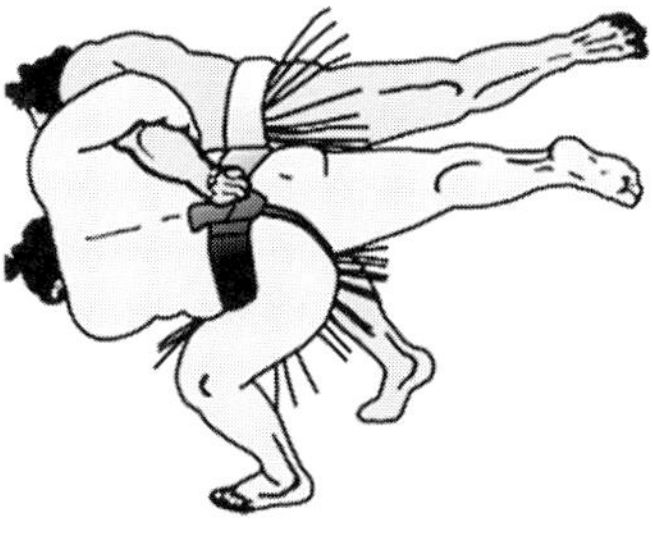

決まり手・小手投げ

**こてひねり**【小手捻り】決まり手八二手の一つ。片方の腕で相手の腕を抱え、抱えたほうへひねって倒す。このとき、もう片方の手で上手または下手を取るが、首を抱えていても同じである。従来は「巻き落とし」または「腕《かいな》捻《ひね》り」とされていたが、平成一三年（二〇〇一）一月場所よりこれらと分けて追加された決まり手である。巻き落とし、腕捻りでは上手や下手を取らず、小手捻りでは片方の手で上手または下手を取る点が異なる。→〔決まり手〕

決まり手・小手捻り

**ことおうしゅう**【琴欧洲】元大関・琴欧洲。元大関経験者は三年間の限定ながら年寄資格を認められている。現在の鳴戸親方→〔年寄〕

**ことざくらまさかつ**【琴櫻傑将】第五三代横綱。鳥取県倉吉市出身。昭和一五年（一九四〇）一一月二

六日生まれ。本名は鎌谷紀雄。佐渡ヶ嶽部屋。昭和三四年一月初土俵。同三七年七月新十両。同三八年三月新入幕。同四八年三月新横綱。同四九年五月引退。身長一八三㌢・体重一五五㌔。幕内通算成績は五五三勝三四五敗七七休、優勝五回。

近年の横綱にしては珍しい晩成型の昇進で、三二歳であった。入幕から一年で小結に昇進したが、三九年一月場所、新小結の場所で対戦した横綱・柏戸（第四七代）をうっちゃろうとして右足首を骨折。けがを克服した後、猛稽古を積んで四二年一一月には大関に昇進した。しかし、その後も負傷による角番を三度も味わいながら大関に五年間余、三二場所も在位し、連続優勝をして横綱昇進を手にした。熱心な稽古がやっと開花した結果でもあった。後年に「猛牛」と愛称されたが、頭からぶちかます強烈な突進は相手の胸がはれ上がるほどであった。

第五三代横綱・琴櫻傑将

引退後は年寄白玉を襲名したが、師匠の死亡で佐渡ヶ嶽を襲名継承し、大関・琴風（現年寄尾車）をはじめ多数の関取を育てる一方、協会理事などを歴任した。平成一七年一一月停年退職。平成一九年八月一四日没。六六歳。

**こどもずもう**【子ども相撲】子どもが取る相撲の総称。現在では「わんぱく相撲」、「ちびっこ相撲」などとも呼ばれて組織化も進んでいる。平安時代の相撲節《すまいのせち》では行事の一つに「童相撲」があり、江戸時代には将軍の上覧に供する子ども相撲も行われている。昭和の初めごろには、「学童相撲」と呼ぶ小学生の相撲が行われた。→〔わんぱく相撲全国大会〕

**ことりのつかい**【部領使】奈良～平安時代の相撲節《すまいのせち》で、左右の近衛府から派遣され、諸国に相撲人《すまいびと》（力士）を貢進するよう勧めて回った使者のこと。元来は、近衛府に命ぜられて諸国に使いに出る役目であった。部領使は、相撲節が行われる二、三ヵ月前に派遣された。これを受けて諸国の供御人（国司・郡司＝地方長官）は、優れた相撲人を節《せち》の約一ヵ月前には入京させなければならなかった。また、部領使を「相撲使《すまいのつかい》」、「相撲部領使」ともいった。→〔相撲節〕

**こなた**　行司が土俵上で対戦する力士のしこ名につける言葉の一つ。「片や」と対で用いられる。→〔片や〕

**こにしきやそきち**【小錦八十吉】第一七代横綱。千葉県山武郡横芝光町出身。慶応三年（一八六七）一〇月一五日生まれ。本名は岩井八十吉。高砂部屋。初めて番付に載ったのは明治一六年（一八八三）五月序ノ口。同二一年一月新十両。同年五月新入幕。同二九年五月新横綱。同三四年一月引退。身長一六七センチ・体重一二〇キロ。幕内通算成績は一一九勝二五敗九分六預、優勝相当の成績は七回。

第一七代横綱・小錦八十吉

一三歳のとき、土地相撲の大関であった父親に入門させられたが、幼くて力士になる意志が固まらずいったん帰郷、再び父に勧められて一六歳で再入門した。入幕後は三九連勝するなどすばらしい成績で、立ち合い一気の出足は、行司が「はっきょい」と言い終わらないうちに勝負が決まったほどで、当時の新聞で「狂える白象の如し」と評された。色が白く丸々とした体と愛嬌のある顔立ちで人気が高く、小錦の錦絵はよく売れたという。

引退後は年寄二十山を襲名、律儀で温厚な人柄を愛されて大関・千葉ヶ崎らを養成し、取締までつとめた後に、別格扱いの年寄として厚く遇された。大正三年（一九一四）一〇月二二日、四八歳で没。

**ごにんがかり【五人掛かり】** 巡業や花相撲で時として行われる、一人の横綱に対して五人の下位力士が次々と挑む余興の相撲。「横綱五人掛かり」ともいう。対戦は、五人のうちの下位力士から順に始め、一人が仕切っている間に他の四力士は土俵の四隅で同時に仕切りをする。勝負がつくとすぐに次の力士が挑んで、横綱が五人を倒せば横綱の勝ちとなり、途中で横綱が負ければその時点で勝負は終わりとなる。

**このえふ【近衛府】**「このえつかさ」とも読む。従来の外衛府から大同二年（八〇七）に改編された部署で、左近衛府と右近衛府があった。朝廷警護や市中警備を任務としたが、奈良～平安時代の相撲《すまいの》節《せち》では、相撲人《すまいびと》の召集や儀式の運営も統轄した。天皇が相撲節開催を宣する召仰《めしおおせ》が行われた後、左・右近衛府ではそれぞれに「相撲所《すまいどころ》」と呼ぶ臨時の役所を設け、ここを中心に作戦を立て、相撲人を鍛練するなどした。相撲人を「左方」「右方」とに分け、相撲召合《めしあわせ》（相撲競技〕は左右対抗の形で行われた。「東方」と「西方」となるのは、江戸期の勧進相撲からである。↓〔相撲節〕〔相撲節の役職〕〔相撲人〕

**ごのせん【後の先】** 立ち合いで、相手を受けて立つように見えるが、実際には相手を制して先手を取ること。一見して後れをとったように見えても、自分の立ち合いができている場合には不利にはならない。第三五代横綱・双葉山は、「後の先」を取る絶妙の立ち合いができた力士と言われている。↓〔先〕

**このほかちゅうまえずもうとうざいにござそうろう【此外中前相撲東西ニ御座候】** 番付の西方最下段の左側に書かれる語句で、「番付外で相撲を取る力士もいる」という意味である。「中前相撲」は「前相撲」と「本中《ほんちゅう》」を合わせた言葉である。

昭和四八年（一九七三）まで、新弟子検査に合格すると前相撲から本中へと進み、さらに新序、序ノ口となって初めて番付にしこ名が記載された。現在は本中が廃止されて前相撲から新序、序ノ口へと出世するが、江戸時代以来の名残で現在もこの語句が番付に記載されている。

宝暦七年（一七五七）一〇月～同一〇年一〇月の番付には中相撲、前相撲の名も記されているが、同一一年一〇月には「此外　中《ちゅう》角力《ずもう》前角力御座候」と記された。↓〔巻末・番付の読み方〕

**こひょうりきし【小兵力士】** 体つきが小型の力士のこと。単に「小兵」ともいい、いずれも報道関係の用語である。

**こふだ【小札】** 木戸札（入場券）の一種。↓〔木戸札〕

**ごへい【御幣】** 裂いた麻や紙垂《しで》を棒に挟んで垂らしたもの。土俵に四本柱が立っていたころには、正面の東寄りの柱（青柱。現在の青房）に、御幣を毎日取り付けていた。大阪相撲ではこの御幣を「幣《へい》束《そく》」と呼んでいた。

**ごぼうぬき【ゴボウ抜き】** 相手の体をまっすぐ上方へ一気に持ち上げるような吊り方のこと。ゴボウを土中から一気に抜き取る様に似ているので、このように表現する。

**こまたすくい【小股掬い】** 決まり手八二手の一つ。出し投げを打つと、相手は引きつけられている側（手前のほう）の足を前に出してこらえようとする。このとき、その足の膝から上のあたりを内側からすくい上げ、相手をあお向けに倒す。頭を相手の胸につけて押すようにすると決まりやすい。「外小股」では相手の足を外側からすくい取る。↓〔大股〕〔決まり手〕

決まり手・小股掬い

**こむすび【小結】** 関脇に次ぐ力士の地位の名称。普通、小結、関脇、大関が三役と呼ばれる。「小結」の名称がいつごろから使われていたか定かではない。

**こめびつ【米びつ】** 相撲界独特の表現で、実力力士、人気力士のこと。収入が多いという意味で、このようにいった。

**ごめんいわい【御免祝い】** 本場所初日の約一ヵ月前に報道関係者を招いて行う行事。相撲協会が本場所等の日程を発表する。開催地には「御免札」が立てられる。なお、「馬は跳ね上がり（人気がはね上がる）、鳥は取り込む（客をとり込む）」という縁起をかついで、通常は午《うま》か酉《とり》の日に開催される。

**ごめんこうむる【蒙御免】** 番付中央の最上段に太い字で書かれている語句で、江戸時代の勧進相撲が寺社奉行から興行許可を受けたことを示すものであった。現在も番付に記載されるほか、本場所開催

を告知する「御免札」などにも「蒙御免」と書かれる。→〔巻末・番付の読み方〕

**ごめんふだ**【御免札】現在、本場所初日約一ヵ月前の「御免祝い」の日に、会場の櫓《やぐら》の下、または中央の出入り口に立てられる札。中央上部に「蒙御免」と大きく書かれている。起源などは定かではないが、江戸時代後期には立てられていたと思われる。江戸時代の勧進相撲で、「御免」は寺社奉行の興行許可を得たことを示した。会場付近の人通りの多い辻などに本場所相撲の日程を知らせるために立てた。

平成一三年七月場所で立てられた御免札。

**ごめんをこうむる**【御免を蒙る】相撲界独特の表現で、種々の事情によって相撲部屋を破門されること。現在はあまり使われない。

**こもん**【顧問】『日本相撲協会寄附行為』に「顧問若干名をおくことができる」と規定される役名。「顧問」は外部に委嘱され、理事長の諮問に応ずる。

**こやがけ**【小屋掛け】勧進相撲の時代の、仮設の相撲場のこと。世間では芝居小屋などと対比して

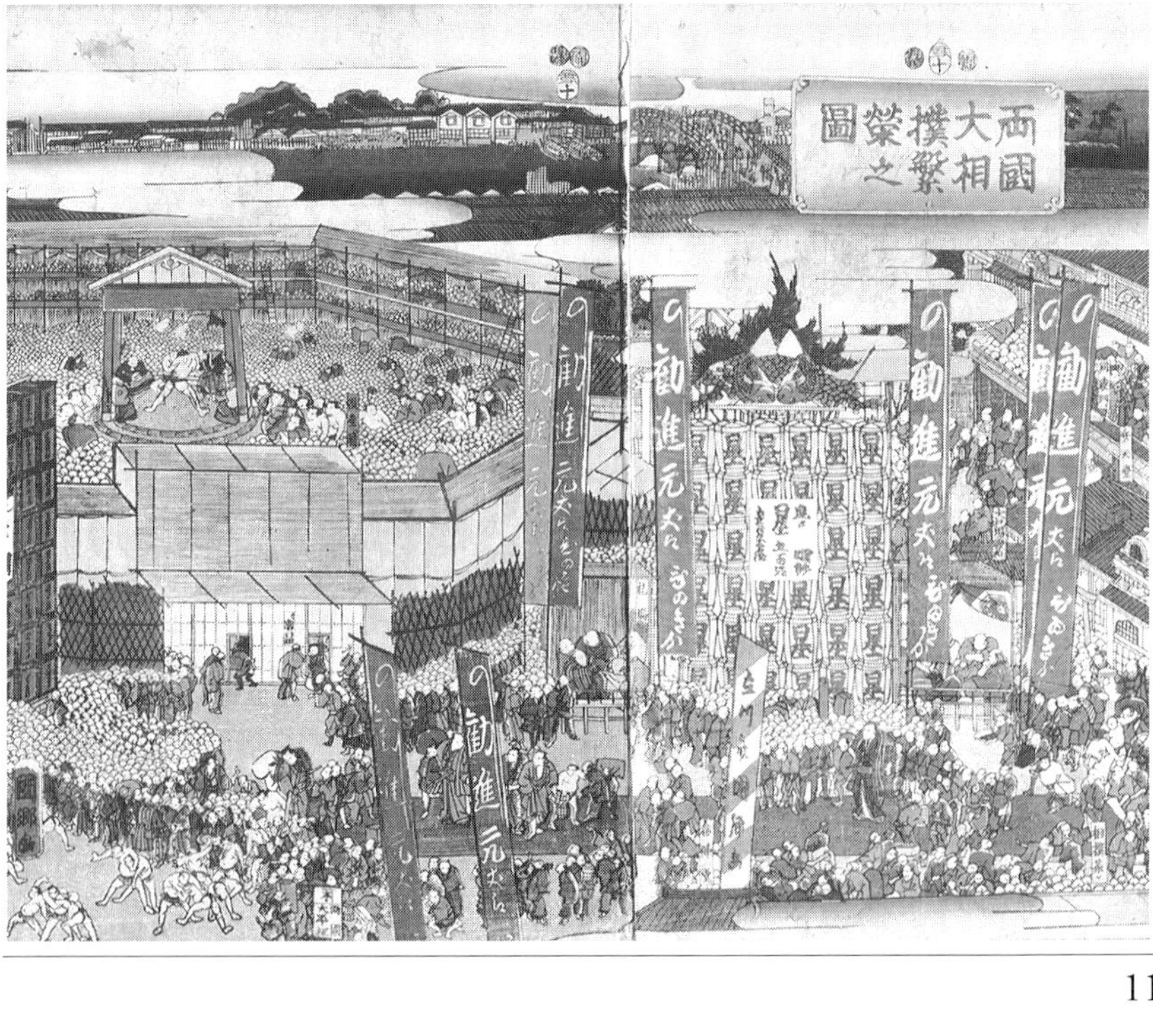

小屋掛けの様子がわかる『両国大相撲繁栄之図』（国郷画）の一部。

か

「相撲小屋」と俗称した。

**こゆびでとる**【小指で取る】 相手の廻しを取るときには、小指で引っかけるようにしてつかむということ。小指から先に取ることにより、脇が締まり、相手の差し手《で》を封ずることになる。「廻しを小指で取る」ともいう。

**こゆびのけが**【小指のけが】「小指を負傷することがある力士は相撲がうまい」ということを意味する表現。突きや押っ付けで攻める場合には、小指に力を入れることによって脇が締まり、相手の差し手《で》を防ぐことができる。また、四つ相撲で相手の廻しを取る場合には小指から先にゆくと、しっかり廻しに手がかかって切られにくくなる。したがって、この相撲の基本に忠実な力士ほど本場所でも稽古でも小指を痛めやすく、このようにいわれる。

逆に、親指が先に出るような形で突きや押っ付けをすると、必然的に脇が空いて、相手十分に組み止められやすくなる。したがって、「親指のけが」は「相撲がへた」といわれる。

**これよりさんやく**【これより三役】 本場所の千秋楽で最後三番の取組のこと。正式には「役相撲」という。行司は、三役揃《そろ》い踏みの後に「これより三役にござります」と口上を述べる。

宝暦一三年（一七六三）の江戸相撲の勝負附にも「これより三役」は見られる。しかし、明治四二年（一九〇九）春までは千秋楽に幕内力士が出場しなかったため、幕下の力士が取り組んだ。同年夏からは幕内が出るようになり、昭和二年（一九二七）春には横綱が「これより三役」で取り組んでいる。

→〔役相撲に叶う〕〔弓・弦・矢〕

**こわり**【小割】→〔取組表〕

**こんごうしゃ**【金剛砂】 江戸時代に使われた言葉で、力士が力を出すために手のひらにもみ込んだ砂のこと。『相撲傳書』（木村守直／享保七年〈一七二二〉）に「相撲とるべき已前砂を取て両掌揉込筋力をたすけ出ス両掌の砂を金剛砂と云」とある。

**こんでいとすもう**【健児と相撲】『日本書紀』（養老四年〈七二〇〉完成）二四に、皇極天皇元年（六四二）七月二二日、百済からの使者を饗応するために、健児を召集して「相撲《すまい》とらしむ」との記述がある。このころに武技としての相撲が登場したと思われる。「健児」は古代に諸国に配置された兵士のこと。「ちからびと」とも読んだ。兵制としての健児制は八世紀後半に確立する。

**こんぱち** 相撲界独特の表現で、人差し指を親指で押さえてパチンと弾く動作。初めてちょんまげを結った力士の額を、先輩力士が親しみを込めて弾き、その後でご祝儀をあげたりする。また、若い力士の失敗を軽くとがめたりする場合にも用いられる。

# さ行

……さ……

**さいじゅうりょう【再十両】** 十枚目（十両）から幕下二段目に降下した力士が、再び十枚目に上がること。

**さいしゅつじょう【再出場】** 報道関係が使う表現で、本場所中に途中休場した力士が、負傷や急病が短期間に回復するなどして休場を取りやめ、同一の本場所中に改めて出場すること。

**さいしゅっせ【再出世】** 一度出世披露を受けて番付に載った力士が、成績不振、病気、けがなどの理由で地位が序ノ口から降下した場合に、再び前相撲から取って出世すること。地位が序ノ口から降下すると、番付から力士の名も消える。昭和六三年（一九八八）五月以降、再出世力士は土俵上で披露を受けなくてもよいことになっている。→〔新序出世披露〕〔前相撲〕

**ざいだんほうじんにほんすもうきょうかい【財団法人日本相撲協会】** 正式名称。通称または略称で「日本相撲協会」、「相撲協会」とも呼ばれる。事務所の所在地は東京都墨田区横網一丁目三番二八号国技館内。

　公益法人として『財団法人日本相撲協会寄附行為』とその『施行細則』によって運営され、力士を引退した年寄の評議員のうちから選出された理事によって内部処理と対外的行為が行われる。その目的は「わが国固有の国技である相撲道を研究し、相撲の技術を練磨し、その指導普及を図るとともに、これに必要な施設を経営し、もって相撲道の維持発展と国民の心身の向上に寄与する」と定められている。

　日本相撲協会は、現在、一年間に六回の本場所（一月場所、三月場所、五月場所、七月場所、九月場所、十一月場所）を挙行し、力士の成績によって、その昇降を番付により発表する。番付編成会議は本場所終了後に開き、十枚目、大関、横綱への昇進は直ちに発表されるが、他は次回本場所前に定められる番付発表日において発表される。

　なお、相撲部屋は、協会が認めた部屋継承者の運営のもとに、協会に登録された力士を委託し指導養成する。年寄、力士、行司、若者頭《わかいものがしら》、世話人、呼出、床山、および職員が協会に所属し、それぞれの立場において細かい規則がある。

　その沿革は、江戸時代からの「相撲会所」が明治二〇年（一八八七）五月に「東京大角力《おおずもう》協会」の名称（当時は「角觝」の文字も使用）で改組され（明治二一年説、二二年説もある）、大正一四年（一九二五）一二月に文部省より財団法人として認可を受けて「財団法人大日本相撲協会」の名称が誕生した。翌一五年七月に「東京大角力協会」と「大阪角力協会」とがそれぞれ解散して「財団法人大日本相撲協会」の結成に調印、昭和二年（一九二七）一月に正式に合併して「財団法人大日本相撲協会」が発足した。昭和三三年一月に「大」の文字が削除され、「財団法人日本相撲協会」と改称して平成二六年一月に公益財団法人として認可された。→〔会所〕〔東京大角力協会〕〔日本相撲協会寄附行為〕〔公益財団法人日本相撲協会〕

**さいていしきゅうひょうじゅんがく【最低支給標準額】** 協会が十枚目以上の力士に本場所ごとに支給する力士褒賞金の、算定の基礎になる金額のこと。最低支給標準額は番付の地位に応じて定められており、十枚目以上に昇進した力士の場合には、過去の成績を加算した支給標準額が昇進した地位で定められた最低支給標準額に満たないときは、その金額まで引き上げられる。また、幕下以下（附出しを含む）の力士にとっては、この金額からスタートするという金額である。

最低支給標準額に、勝ち越しや優勝、金星などの成績が加算された金額を「支給標準額」といい、力士褒賞金は、この支給標準額を四、〇〇〇倍した金額で支給される。

最低支給標準額については、協会『寄附行為施行細則』の『第九章 賞罰』第九十一条に以下のように定められている。

十枚目以上の力士には、力士褒賞金を支給する。（昭和四五年〈一九七〇〉一月場所一部改正）

力士褒賞金の最低支給標準額を、次のとおり定める。

ただし、地位降下の場合は、昇進当時の増加額に相当する金額を減ずる。

| | |
|---|---|
| 横綱 | 一五〇円 |
| 大関 | 一〇〇円 |
| 幕内 | 六〇円 |
| 十枚目 | 四〇円 |
| 幕下以下 | 三円 |

附出し力士に対する支給標準額は、最低支給標準額とする。（昭和四一年五月場所改正）

力士褒賞金の支給時期は、各本場所ごととし、支給割合は、当分四、〇〇〇倍とする。（平成一〇年〈一九九八〉一月場所改正）

幕下以下の力士養成員に対しては、当分力士褒賞金は支給しない。（昭和三六年三月場所改正）

したがって、幕下以下力士の支給標準額には成績加算は累積されるが、褒賞金の資格を得る十枚目に昇進して初めて実際に支給される。なお、支給標準額に乗ずる割合は、昭和四〇年に四〇〇倍、四五年に一、〇〇〇倍、五三年に一、五〇〇倍、六一年に二、五〇〇倍、平成一〇年に四〇〇〇倍と時代や物価に応じて改正され、現在に至っている。→〔支給標準額〕〔力士褒賞金〕

**さいにゅうまく【再入幕】** 幕内から十枚目に降下した力士が、再び幕内に上がること。→〔返り入幕〕

**さいにゅうもん【再入門】** かつてあった制度で、力士を一度やめた者が改めて相撲界に入ること。そうした力士は「再入門力士」と呼ばれた。昭和五九年（一九八四）一月に「廃業後の力士は再入門できない」との内規ができ、現在、再入門は許されていない。また、平成八年（一九九六）一一月以降、協会は「廃業」という言葉を採用していない。力士が現役で協会を辞める場合はすべて「引退」である。→〔引退〕

**さかいがわ【境川】** 年寄名跡の一つ。初代は宝暦から安永（一七五一～一七八一）にかけて番付にあった境川浪右衛門。現在は、元小結・両国が襲名継承し、境川部屋を運営している。

**さかいがわなみえもん【境川浪右衛門】** 第一四代横綱。千葉県市川市出身。天保一二年（一八四一）四月八日生まれ。本名は宇田川政吉、後に市川浪右衛門。境川部屋。初めて番付に載ったのは安政四年（一八五七）一一月序ノ口。慶応三年（一八六七）三月新入幕。明治一〇年（一八七七）二月横綱免

許（同九年一二月五条家より横綱免許）。同一四年一月引退。身長一六九㌢・体重一二八㌔。幕内通算成績は一一八勝二三敗七一分五預、優勝相当の成績は五回。

　姫路藩の抱えで増位山のしこ名であったが、明治三年、尾張藩に替わって境川と改名し、同時に大関に昇進した。相手を腹の上に乗せる〝腹櫓《はらやぐら》〟や吊り出しを得意としたが、常に相手に十分相撲を取らせてから自分の勝ちに持っていったため、負けた相手にも気分を損なわれなかったという。そのために引き分けも多かった。

　当時、吉田司家は西南戦争（明治一〇年）で薩摩士族軍にくみして相撲会所とも疎遠であったため横綱免許を出せず、五条家免許を追認するような形になった。境川は実力もあったが人徳もあって、自分の弟子だけでなく他人の弟子も分け隔てなくかわいがり、周囲から非常に信頼された。

　引退後は年寄境川として取締もつとめ、初代高砂とともに会所の改革に努力した。明治二〇年九月一六日、四六歳で没。

第一四代横綱・境川浪右衛門（国明画）

**さかいただまさ【酒井忠正】** 明治二六年（一八九三）伯爵・阿部正桓の二男に生まれ、同四三年酒井家の養子となる。元伯爵で貴族院副議長、農林大臣などを歴任。昭和二五年（一九五〇）五月に設置された横綱審議委員会の初代委員長となった。

　また、同二九年九月に、蔵前国技館の完成と同時に開館された「相撲博物館」の初代館長をつとめた。相撲博物館の収蔵品は、酒井忠正の収集品が基礎になった。著書の『日本相撲史』（上巻・昭和三一年／中巻・同三九年）は相撲の起源から書き起こし、大正末年までの相撲史を総覧している。他に『相撲随筆』などがある。昭和四六年二月没。→〔相撲博物館〕〔横綱審議委員会〕

酒井忠正

**さかてまわし【逆手廻し】** 相手の廻しを取るときに、手の甲を内側に向けて廻しをにぎった状態をいう。これを「逆手に取る」、または「逆《さか》に取る」という。通常は、手の甲が外側に向くように取る。

**さかとったり【逆とったり】** 決まり手八二手の一つ。相手に自分の差し手《で》を取られて「とったり」を打たれた場合に、取られた手を抜くようにしながら腰を強くひねって引くと、相手が抱えていた腕を逆に引くようになって、自分のほうが先に「とったり」を打つ形になる。つまり、「とったり」を逆に打ち返すので、この名がある。

よほど反射神経の鋭い器用な力士でなければ使えない難しい技である。→〔決まり手〕

決まり手・逆とったり

**さかどり【逆取り】** 野外興行の巡業で、天候が崩れて最後まで続行できないと判断した場合、途中から番付最上位者の取組を始めて、順次番付下位へと進めた取組方法をいった。→〔入れ掛け〕

**さかにとる【逆に取る】**「逆手廻し」になること。→〔逆手廻し〕

**さがり【下がり】** 締込《しめこみ》の間に挟んで垂らす一種の飾りのこと。下がりを着けるのは、土俵上で前を隠すという意味があるとされている。関取が着用する下がりはピンとしているが、その作り方は、まず、締込と同じ織物の縦糸だけを束ね、糸にくしを通してほつれを整える。次に、ふのりで丸く棒状に固め、先端だけを平たくつぶし、下がり板に張って乾燥させ完成する。垂らす本数は縁起をかついで一七本、一九本、二一本と奇数に限られる。取組中に折れ曲がったりすることもあるので、力士は予備を用意して場所に臨む。また、下がりを保護するためには、厚紙を三つ折りにし、番付紙を何枚も重ね張りして作った「下がり入れ」に収納する。

下がりをさばいて蹲踞に入る。

幕下以下力士の下がりは木綿製の丸いひもになっていて、ふのりで固めてはいない。

明治時代の中ごろまでは締込と一体のもので取り外しできなかったが、取組中に指や腕に巻きついて危険であったため、現在のように締込とは別のものとされた。

なお、取組中に下がりが落ちた場合に、力士が自分の手で拾うと負けになる。落ちた下がりは足で払いのけるか行司が拾うか、いずれかの方法で処理しなければならない。また、物言いがついて取り直しになったとき、土俵を下りて下がりを外した場合には、再び土俵に上がっても下がりは外したまま仕切りに入る。

**【〜をさばく】** 廻しの前部（前褌《まえみつ》）に挟み込んで前に垂らしてある「下がり」を、蹲踞《そんきょ》および仕切りをするときに両手で左右に分ける動作をいう。

**さきしばり【先縛り】** 大銀杏《おおいちょう》を結うとき、髷《まげ》の部分の形を整えるために仮に縛るひものこと。元結《もとゆい》で

結んだ後、先縛りは取り除く。↓〔大銀杏〕

**さきのり【先乗り】** 巡業にあたり、年寄や行司、呼出など一部の担当者が力士を中心とした本隊より先発して、宿泊施設の手配、土俵築《つき》、宣伝などのために開催地入りすること。「先発」ともいう。現在の巡業では、宿泊の手配は旅行業者に委託し、宣伝は巡業を決めたときに記者発表するなど前もって行うが、「先乗り」は現在も行われている。

**ささき** 数を表す符丁で、「四」を表す。↓〔数を表す符丁〕

**さしかつ【差し勝つ】** 特に、得意な四つの型が相手と異なる場合に差し手《で》争いになり、相手の差し手を封じて自分の得意な型に組むこと。逆に、相手に得意な型に組まれて自分が不得手な型になれば「差し負け」という。↓〔四つ／相四つ／けんか四つ〕

**さじき【桟敷】** ①「桝《ます》席」の旧称。現在、入場券は「桝席券」として販売されるが、旧来の習慣で桝席を「桟敷」または「桟敷席」と呼ぶ人もいる。国技館の桝席は、土俵から離れるにしたがって高く階段状に造られているため、「ひな段桟敷」とも呼ばれたことがある。↓〔桝席〕

②本来「桟敷」は地面や土間より高く構築された見物席をいうが、小屋掛け時代の古称では「桟敷」は上席のことをいった。現在では、土間になっている溜まり席のほうが土俵に近い上席となっている。↓〔溜まり席〕

**さじきかた【桟敷方】** 江戸時代の勧進相撲で、場内で品物を売るなど、茶屋の前身のような業務をしたと思われる者のこと。幕末の番付や勝負附にその存在が示されている。彼らのうち、白山の豊吉という人物が相撲茶屋「白豊（現在は十四番）」を興している。

明治四二年（一九〇九）に旧両国国技館ができてから場内の営業は相撲茶屋がするところとなり、現在では国技館サービス株式会社が行っている。↓〔国技館サービス株式会社〕〔相撲茶屋〕

**さじきぶちょう【桟敷部長】** 場内の客席の監督、管理にあたった年寄の役職名で、取締が指名した。明治四三年（一九一〇）五月の番付に「桟敷部長」の記載がある。その後、昭和三一年（一九五六）三月に桟敷部長は「桟敷主任」と改称された。同四三年三月からは年寄の役職のうちに委員や主任などを設ける新体制となり、桟敷主任の役名はなくなった。

**さじきまわり【桟敷廻り】** 江戸時代から明治時代まで行われた慣習で、力士が場所入りした後にひいき客の桟敷まで出かけて祝儀の礼を言ったりした行為のこと。第一九代横綱・常陸山が桟敷廻りは力士の品位を落とすと主張、明治四二年（一九〇九）に廃止された。

**さしぞい／さしぞえ【差添】** 江戸時代から明治一三年（一八八〇）五月までの番付に記載された名称。詳しい職務については不明だが、勧進元の補佐と思われる。↓〔勧進元②〕

**さしちがえ【差し違え】** 行司が勝負を誤って判定し、敗者の側に軍配を上げること。この行司の判定に審判委員、または控え力士が物言いをつけ、審判委員が協議した後に行司の判定がくつがえされると、差し違えとなる。場内へは正面の審判長が「行司差し違え」を発表し、行司は正しい勝ち力士に軍配を上げ直すことになる。俗称で「行司黒星」ともいう。

なお、立行司に差し違えがあった場合には、立行司はその当日中に審判長・行司監督（行司の監督係）とともに理事長に対して口頭で進退を伺う。進退伺いが定例となったのは、昭和三三年（一九五八）に副立行司が廃止されたのとほぼ同時期であった。↓〔立行司〕〔物言い〕

**さしで【差し手】** 四つに組んだときに、相手の脇の下に差し入れた

さ

手、または腕のこと。

【〜争い】それぞれ得意の四つの型を持つ力士が、腕を自分有利に差そうとして攻防をすること。普通、差し手争いは差してからの巻き替えなど攻防の中での競り合いをいい、差す前の立ち合いでの競り合いは「前さばき」という。↓〔前さばき〕

【〜を返す】↓〔腕《かいな》／腕を返す〕

【〜を殺す】相手の差し手によって自分が不利を受けないように、上手から強く抱え込んだり押っ付けたりして、相手の腕の自由を奪うようにすること。「差し手を封じる」ともいう。

相手（左）の脇の下に入った差し手。

**さしまけ**【差し負け】↓〔差し勝つ〕

**さしみ**【差し身】相手に対して、下手を差すときの身のこなし。自分に有利な差し手《で》に組むのが素早くうまい場合に「差し身がいい」という。

**さす**【差す】四つに組んで、自分の腕を相手の脇の下に差し入れること。片手でも両手でもよく、また、相手の廻しを取っても取らなくても、自分が下手になれば「差す」という。両差《もろざ》しは、両腕とも下手になった体勢である。

**さだのやましんまつ**【佐田の山晋松】第五〇代横綱。長崎県南松浦郡新上五島町出身。昭和一三年（一九三八）二月一八日生まれ。本名は佐々田晋松、後に市川晋松。出羽海部屋。昭和三一年一月初土俵。同三五年三月新十両。同三六年一月新入幕。同四〇年三月新横綱。同四三年三月引退。身長一八二センチ・体重一二九キロ。幕内通算成績は四三五勝一六四敗六一休、優勝六回。

入幕三場所目の三六年五月場所に前頭一三枚目で初優勝。平幕優勝の力士は大関・横綱になれないというジンクスを見事に破った。折から柏鵬時代幕開けのころで、横綱・柏戸（第四七代）、横綱・大鵬（第四八代）の強豪に当たって苦労したが、大関昇進までは激しい突き押し中心の取り口で活躍した。横綱になってからは苦手の四つ相撲にも自信をつけ、安定した成績を残したが、四二年一一月、四三年一月と連続優勝しながら、翌三月場所六日目に「精根尽き果てた」と突然に引退を発表して周囲を驚かせた。

引退後は年寄出羽海を襲名、横綱・三重ノ海（第五七代、年寄武蔵川）を育てるなど名門部屋を運営しながら協会に貢献し、理事長

第五〇代横綱・佐田の山晋松

さ

を四期つとめた。出羽海理事長として二期つとめた後、境川（元関脇・鷲羽山）と名跡を交換して部屋を譲り、境川理事長として二期つとめた。のち協会理事、審判部長、相撲博物館館長代理をつとめて平成一五年二月停年退職。平成二九年四月二七日没。七九歳。

**ざっとうぶれ【雑踏触れ】** 巡業で、勧進元やスポンサーを土俵上で三役以上の行司が紹介すること。本来客席まで出向いてあいさつすべきところを、場内が混雑しているために土俵から行う、という意味で「雑踏触れ」という。このとき、呼出は場内を静めるために柝《き》を入れる。→〔柝〕〔呼出〕

**さどがたけ【佐渡ヶ嶽】** 年寄名跡の一つ。初代は安永九年（一七八〇）一〇月限りで引退した幕内・佐渡ヶ嶽澤右衛門。現在は、元関脇・琴ノ若が襲名継承し、部屋を運営している。

**さなだ** 数を表す符丁で、「六」を表す。→〔数を表す符丁〕

**さのやま【佐ノ山】** 年寄名跡の一つ。初代は享保一四年（一七二九）二月に差添《さしぞい》をつとめた佐野山丈助。元来は「佐野山」と書いたが、明治後期に「佐ノ山」と改められた。現在は、元前頭筆頭・土佐豊が襲名継承している。

**さばおり【鯖折り】** 決まり手八二手の一つ。相手が両差《もろざ》しで自分が両上手を取ったときに、取った廻しを強く自分のほうへ引きつけながら、相手の肩に顎を押しつけるなどして上から押さえ込むように力を加え、腰の砕けた相手の膝を土俵につかせる。身長差があれば、右四つや左四つから鯖折りが決まることもある。→〔決まり手〕

決まり手・鯖折り

**さばく** ①立ち合いで相手の動きを封じて自分有利の組み手にしたり、対戦中に相手の動きをうまくあしらって自分有利に相撲を取ったりすること。「相手をさばく」という。

②蹲踞《そんきょ》や仕切りの際に、下がりを両手で左右に分けること。「下がりをさばく」という。

③行司が勝負判定をすること。このときは「裁く」とも書く。

**サブどひょう【サブ土俵】** →〔仮土俵〕

**さんがつばしょ【三月場所】** 大阪で三月に開催される地方本場所の正式な呼称。会場は大阪府立体育会館。俗称で「春場所」「大阪場所」ともいう。昭和二八年（一九五三）三月から正式に大阪開催が加えられた。

三月場所は、寒暖の一定しない季節で場所中の健康管理が難しいこともあり、上位陣が序盤戦で星を落とす例が多いため、報道関係がしばしば「荒れる大阪」などと表現する。また、学校を卒業見込みの若者たちが入門し、新弟子として前相撲を取る場所であることから「就職場所」と俗称されることもある。→〔大阪府立体育会館〕〔本場所〕

**さんじゅうろっぴょう【三十六俵】** 昭和六年（一九三一）一月場所限りで廃止された二重土俵の俵の数で、内側の円が一六俵、外側の円が二〇俵で作られ、合計三六俵であった。ここから土俵を「三十六俵」と別称した。

**さんしょう【三賞】** 本場所を盛り上げた関脇以下の幕内力士に授与される、殊勲賞・敢闘賞・技能賞の三つの賞。特に成績が優れ相撲内容が芳しく、勝ち越した力士のうちから、三賞選考委員会が受賞者を決定するが、大活躍をして複数の三賞を受賞する力士もいる。

さ

平成二四年一月場所の三賞受賞者。殊勲賞・鶴竜（中央）、技能賞・妙義龍（左）、敢闘賞・臥牙丸（右）。

三賞の賞金は各二〇〇万円〈平成一四年〈二〇〇二〉現在〉となっている。

昭和二二年〈一九四七〉秋場所より、戦後の相撲復興と発展を目的として制度化された。→〔敢闘賞〕〔技能賞〕〔殊勲賞〕〔巻末・三賞受賞力士一覧〕

**さんしょうせんこういいんかい【三賞選考委員会】** 三賞の受賞力士を選考し決定する機関。委員会は、相撲協会の審判委員、相撲記者クラブ員、維持員のうちから理事長が委嘱した者をもって構成されている。委員数は四五名以内とされ、任期は一年である。選考委員会は本場所千秋楽に開催され、そこで受賞力士を決定する。

【三賞選考委員会内規】

一、優秀力士表彰規定第四条の選考委員会は、相撲記者クラブ員・維持員・審判委員の中から理事長が委嘱した者をもって構成する。

二、選考委員は、四五名以内とし、任期は、一年とする。任期中に欠員が生じても補充しない。

三、選考委員会は、毎本場所千秋楽の委員会にて各賞者を決定する。

四、選考委員会の議長は、委員の互選により選出する。

五、選考委員会は、委員の現在数の半数以上の出席がなければ成立しない。

六、賞者の選出は、満場一致または多数決により決定する。

七、委員が選考委員会に欠席する場合、規定の用紙をもって意見を具申することができる。この場合その文書をもって票決の一票とする。規定用紙以外は無効とする。

八、賞者の選出は、左の基準により行うものとする。

1．各賞者は、関脇以下の力士で勝ち越すことを前提条件とする。

2．殊勲賞者は、横綱・大関を

倒すか幕内優勝に関係ある勝ち星をあげた成績優秀な者の中から選出する。

3．敢闘賞者は、敢闘精神旺盛で成績優秀な者の中から選出する。

4．技能賞者は、技能が特に優秀な者の中から選出する。

九、選考委員会は、選考の結果各賞に該当者が見当たらない場合は選出しないことができる。

常陸山（左）と二代梅ヶ谷（右）による三段構え・上段の構え。

（平成元年〈一九八九〉七月場所改正）

**さんだんがまえ【三段構え】** 古式にのっとって土俵上で行われる儀式で、相撲の基本体として伝わるもの。番付最高位の力士二名によって演じられ、本然《ほんねん》の体《たい》である「上段の構え」、攻撃の体である「中段の構え」、防御の体である「下段の構え」で構成される。

横綱・曙と横綱・貴乃花による三段構えの上段の構え。

上段の構えは「開口」ともいい、その所作は、二力士が両足を開いて向かい合って立ち、互いに向き合う片手を肩の高さに差し伸べ、もう片方の手は手のひらをそれぞれ乳の下にあてがう。

中段の構えは「方屋開き」ともいい、膝をやや曲げて腰を落とし、互いに片手を少し曲げて中だめの形をとり、もう片方の手は横腹のあたりにあてがう。

中段の構え。

下段の構えは「結びの構え」ともいい、中段の構えのままさらに腰を落とし、片手を折り曲げて手のひらを互いに開いて向き合う。

第二三代吉田追風が考案し、第一九代横綱・常陸山と第二〇代横綱・梅ヶ谷に伝えたのが始まりと言われる。近年では、昭和六〇

下段の構え。

年（一九八五）一月の国技館落成式に、第五五代・北の湖と第五八代・千代の富士の両横綱が演じている。

**さんだんめ**【三段目】幕下二段目に次ぐ力士の地位の総称。三段目の中でさらに地位が枚数で示され、「三段目二枚目」「三段目三枚目」のように呼び、数が増えるほど下位になる。現在、定員は二〇〇名。番付では上から三段目に、全員が「同」の文字をふられて記載される。

三段目になると、それまでのげたから雪駄を履くことが許される。

**さんだんめぎょうじ**【三段目行司】行司の階級順位の第六位で、幕下行司のすぐ下位に位置する呼称。三段目および序二段の取組をさばく。師匠である年寄や立行司の指導下に置かれる行司養成員として、「幕下以下」とまとめて通称で呼ばれることがある。軍配の房は「黒または青」と規定されている。→〔行司の階級〕〔幕下行司〕

**さんだんめよびだし**【三段目呼出】呼出の地位の全九段階で上位より七番目。→〔呼出の階級〕

**さんねんさきのけいこ**【三年先の稽古】稽古に臨む教訓の一つ。稽古の成果はすぐに現れるものではなく、今日の稽古に怠ることなく励み、日々の鍛練をしっかり積み重ねよという教訓である。

**さんばんいっとく**【三番一得／三番一徳】いわゆる「三番勝負」の古称。『相撲隠雲解』（式守蝸牛／寛政五年〈一七九三〉）に記述があるが、勧進相撲で行われたものではない。勝負を決める方法の一つで、対抗する双方が三番の相撲を取り、一勝一敗となったときに三番目の取組で勝った側に勝ち名乗りをあげたもの。「七番一得」もあった。

**さんばんぎ**【三番柝】巡業では前半で稽古を観客に見せ、後半に取組をするが、この稽古の後に入れる柝《き》のこと。本場所では観客に稽古を見せることはないので、この柝は入れない。

**さんばんげいこ**【三番稽古】稽古方法の一つで、実力の接近した力士どうしが二人だけで何番も続けて対戦する稽古のこと。「三番」は数多くという意味で、多いときには二〇番、三〇番と続ける。必然的に稽古量が増えるので、力士としての地力を養うのに適した稽古である。略称して「三番いこう」などという。→〔稽古〕

**さんばんしゅっせ**【三番出世】新弟子の取る前相撲で、一番出世、二番出世ともできず、三番目に新序出世披露を受けること。また、その力士のこと。新弟子が多い三月場所では、一〇日目～一一日目までに三勝できた者と全敗であっても全休でなかった残りの者が、一二日目に「三番出世」となり披露される。→〔一番出世〕〔新序出世披露〕〔前相撲〕

**さんぽうさじき**【三方桟敷】正面以外の東、西、向正面の三方にある桟敷席の総称。現在は「桟敷席」といわず「桝《ます》席」といい、この言葉もあまり使われない。→〔桟敷①〕〔桝席〕

**さんやく**【三役】①普通、大関、関脇、小結を総称して「三役」という。千秋楽の結び三番を取る力士が行う三役揃《そろ》い踏みでは横綱も登場するが、明治四二年（一九〇九）に横綱が正式に最高位となるまでは大関が最高位であり、三役は小結以上を意味した。現在は横綱を三役とは別格にしている。
②力士の待遇の面では、大関を除き、関脇、小結のみを三役とする。例えば、協会の『寄附行為施行細則　附属規定』では年寄名跡の襲名・継承資格について、横綱、大関は無条件に資格を得るが、三役（関脇、小結）は一場所以上つとめることが条件となっている。

また、『寄附行為施行細則』の『第八章　給与』では、横綱、大関、三役（関脇・小結）の三段階に区分されている。

**さんやくぎょうじ**【三役行司】行

司の階級順位で、上位から二番目の呼称。立行司の次位で幕内行司の上位に位置し、三役および幕内の取組をさばく。立行司に休場などがあった場合には、特例として三役行司が結びをさばくこともある。三役行司は、軍配の房は朱色を用いる。また、白足袋と上草履を着用して土俵に上がることが許される。→〔行司の階級〕

**さんやくそろいぶみ【三役揃い踏み】** 本場所の千秋楽で結びを含めて最後の三番の取組、「これより三役」のときにまず東方から呼び上げられ、力士三人が土俵に上がり、そろって四股を踏むこと。次に西方力士が呼び上げられて四股を踏む。

　東方力士は正面に向かって前方に二人、後方に一人の三角形、西方力士は東方とは逆の三角形になって四股を踏む。また、千秋楽の最後の三番で成績優秀な平幕力士が取り組む場合があれば、その平幕力士も三役揃い踏みに加わる。

三役揃い踏み。前方に一人なので西方力士の揃い踏みである。

　力士はそのまま取組となるので、化粧廻しではなく締込《しめこみ》姿で土俵に上がる。東方、西方の順に揃い踏みが行われるとき、東方力士一名は、次に取り組むため土俵上の塩の位置で待ち、西方の一名は揃い踏みの後にそのまま土俵上に残る。

**さんやくよびだし【三役呼出】** 呼出の地位で第三位。定員は三名。→〔呼出の階級〕

**さんよ【参与】** 『日本相撲協会寄附行為』に「若干名をおくことができる」と規定される年寄の職掌の一つで、この法人の業務に参与する。年寄で、協会役員に五期以上選任され任期満了となった者、委員に一〇期以上選任され任期満了となった者、その他理事会で特にその資格ありと認めた者は、理事会の詮衡を経て参与とされる。昭和三四年（一九五九）三月の番付から、年寄名の欄に参与が記載されるようになったが、現在はいない。→〔巻末・財団法人日本相撲

さ

協会寄附行為〕

……し……

**しお【塩】**「清めの塩」ともいって、力士が立ち合う前に土俵にまく。塩には、神聖な土俵を清めて邪気を祓い、力士の心身を清め、安全を祈る意味がある。本場所では一日約四五㌔の粗塩を消費する。精製されていない粗塩を用いるのは、力士の指の間からこぼれにくく、力士の手に適度な湿り気をもたせるからである。また、すり傷を作ったときに塩が消毒になるという利点もある。

　普通、本場所で塩をまくのは十枚目以上の力士だけである。ただし、取組の進行状況によって時間に余裕があれば、幕下二段目の力士が塩をまくこともある。

清めの塩をまく。

**【〜に行く】** 仕切り直しのたびごとに、東方力士は赤房下の塩かごへ、西方力士は白房下の塩かごへ塩を取りに行くこと。「塩に分かれる」ともいう。

**【〜に分かれる】**「塩に行く」と同じ。

**【〜の華《はな》】** 力士のまく塩が土俵の照明に美しく映える様を表現した、報道関係の造語。

**【〜まき】** 力士が土俵上に塩をまく所作のこと。

塩かご

**しおかご【塩かご】** 力士が土俵にまく塩を入れておく、竹で編まれたかご。土俵の赤房下（東方）と白房下（西方）の二ヵ所の縁に置かれる。

**しかくしゃ【資格者】** 協会での勤続年数や力士としての出場場所の数によって、退職金・養老金の受給資格、巡業でのグリーン車の使用資格などを与えられた者を、協会内で通称してこのようにいう。年寄、力士、その他協会員のそれぞれについて、『日本相撲協会寄附行為施行細則』、同『附属規定』、その他の規定が詳しく定めている。なお、勤続加算金や年寄襲名などに限定して「有資格者」ともいうが、これは「資格者」の一部に含まれる。

**しかくどひょう【四角土俵】** 土俵は、一七世紀後半〜一八世紀前半にかけて成立したものと考えられるが、初めのうちは、現在のような円形のものだけではなく、四角の土俵も存在した。やがて、一八世紀の中ごろになると円形の土俵が主流となった。

　現在の岩手県盛岡市を中心に行われていた南部相撲では、昭和初期まで、一辺が約四・五㍍の正方形の土俵を用いていた。南部地方

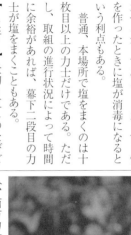

南部相撲を描いた絵図。四本柱と四角土俵が見られる。

に巡業した力士たちもこの土俵にのぼったという。この土俵を「角芝」「角土俵」「南部の四角土俵」ともいった。→〔南部相撲〕

**しがせいりん【志賀清林】** 行司の祖といわれる人物。吉田司家の『相撲式』や由緒書に、聖武天皇在位（神亀〜天平年間〈七二四〜七四九〉）のころ、相撲の作法や勝負判定に詳しいというので近江国（現在の滋賀県）から朝廷に召され、相撲御行事人と定められたとの記述があるが、史実としては疑わしく実証されていない。

**じがためしき【地固め式】** 新築建造物の地鎮祭などで、力士が平安を祈願して土俵入りを行う儀式のこと。昭和五八年（一九八三）四月の新国技館起工式の際には、北の湖、千代の富士の両横綱で行った。

**しかをきめる【シカを決める】** 相撲界独特の表現で、単に「シカ」ともいう。知らないふりをしてそっぽを向いたり、とぼけて知らん顔をすること。花札のシカが横を向いているところからきている。「シカをかます」ともいう。

**じかん【時間】** 「仕切り制限時間」の略称。制限時間いっぱいを時計係審判より合図された行司は、仕切りの両力士に「時間です」と声をかけ、立ち合いに臨んで双方が呼吸を合わせるようにうながす。

**しきひで【式秀】** →〔式守秀五郎〕

**しきもりいのすけ【式守伊之助】** 木村庄之助とともに立行司をつとめる名跡であるが、立行司としては次位になり、現在は結び前の二番をさばく。

　名跡の由来は、初代伊勢ノ海五太夫が享保一四年（一七二九）に相撲の家元を名乗る熊本の吉田司家に出向き、一六代吉田追風の故実門人となって行司家「式守」を立てることを許され、式守五太夫を名乗ったことに始まると伝わる。初代伊之助は現在の静岡県南伊豆町の出身で、はじめ谷伊之助の名で力士として入門したが、後に行司になり、安永三年（一七七四）に木村庄之助の次位となった。

明治二二年（一八八九）に相撲会所が東京大角力《おおずもう》協会に改組された際、「式守伊之助」は「木村庄之助」とともに年寄名跡となったが、昭和三四年（一九五九）に両名跡とも年寄名跡から除かれた。

→〔木村庄之助〕〔行司の歴史〕〔立行司〕〔歴代式守伊之助略伝〕

**しきもりひでごろう【式守秀五郎】** 年寄名跡の一つ。この名跡は「式守秀五郎」の名で継承され、「式秀」と通称される。式守は伊勢ノ海一門の行司が名乗った姓で、安永（一七七二～八一）末期に初代の年寄となったのも行司・式守秀五郎。元小結・大潮が襲名継承し、式秀部屋を運営していた。現在は、元前頭九枚目・北櫻が継承、部屋を引き継いだ。

**しきゅうひょうじゅんがく【支給標準額】** 正確には「力士褒賞金支給標準額」といい、力士褒賞金の内容となるものである。力士褒賞金は、十枚目以上の力士に対して本場所ごとに支給され、平成二六年（二〇一四）現在、各力士の支給標準額の四、〇〇〇倍で算出される。支給標準額については、協会の『寄附行為施行細則』の『第九章　賞罰』第九十二条に以下のように定められている。

力士褒賞金の支給標準額は、本場所相撲の成績により増加する。その方法は、次による。

一、本場所相撲の成績に基づき、勝ち越し星一番につき金五〇銭を増加する。（昭和三五年（一九六〇）九月場所改正）

二、幕内力士（大関三役を除く）にして、横綱より勝ち星をえたときは、特別に金一〇円を増加する。

三、幕内以上の力士にして優勝した場合は、次のとおり特別に増加する。

全勝優勝　五〇円
優　　勝　三〇円

→〔最低支給標準額〕〔力士褒賞金〕

仕切りでは両手を下ろし、呼吸を合わせる。

**じぎょうぶ【事業部】** 日本相撲協会の事業の実施に当たり『寄附行為施行細則』により配置された部署の一つ。東京での本場所の実施運営を行うとともに、協会で行う事業のうち他の部署に属さない事業を行うと規定されている。しかし、実際には、場所中以外のことも含めて協会全体にわたって広範囲に対応している。事業部長と副部長、および委員若干名で構成される。

**しきり【仕切り】** 対戦する両力士が土俵上で向かい合い、両手を土俵について十分に腰を割り、立ち合いに備えて互いに呼吸を合わせてゆくこと。または、その構えや姿勢のこと。

仕切り制限時間の中で仕切りは数回繰り返され、それによって両

仕切り線

両こぶしが仕切り線の前方に出てはならない。

力士の呼吸が合ってゆく。ただし、一回の仕切りで呼吸が合って立つ場合もある。仕切りの構えは、たいてい右四つが得意の力士は左手を先に、左四つの力士は右手を先に下ろす。また、押しを得意とする力士は左右同時に下ろす場合が多い。

**しきりおくれ【仕切り後れ】** ①仕切りの動作が相手力士よりも後れること。②相手の気迫に押されて立ち上がれないこと。

**しきりせいげんじかん【仕切り制限時間】** 相撲協会が『寄附行為施行細則　附属規定』の『相撲規則　勝負規定』（昭和三〇年〈一九五五〉五月八日施行）に定めるもので、両力士の呼吸が合って立ち合うまでに、仕切り直しを許される時間のこと。通称で「制限時間」といい、単に「時間」と略称されることもある。現在は幕内四分、十枚目三分、幕下以下二分以内と決められている。

### 古い時代の仕切り

**狗居《いぬい》仕切り**▼江戸時代に行われるようになった、土俵に両手をつき、腰を落として仕切る型のこと。犬が腰を下ろして前足をそろえている姿に似ていたので、このようにいった。「狗居の構え」「蹲踞《つくばい》の構え」などともいった。「狛犬《こまいぬ》仕切り」と同じ。

**腰高仕切り**▼両手を土俵についたときに、頭よりも腰のほうが高い位置にあるような仕切り。腰を十分に落とさないので、自分から先制攻撃を加えていく場合に有利な構えとされた。

**狛犬仕切り**▼腰を低く落とし、頭を腰の位置より高くした構えの仕切り。両手を土俵に下ろした姿が神社の狛犬の像に似ていたので、このように呼ばれた。

**じゃんけん仕切り**▼片手を握りこぶしにし、もう片方は手のひらを開き指を立てて土俵につけた仕切り。立ち合いになれば一方の手で突き、他方で差しにゆくねらいの仕切りであった。

**中仕切り**▼両手を土俵に下ろさずに、中腰のまま仕切る型をいった。

**平ぐも仕切り**▼腰を低くして両手の肘を深く折り曲げ、上体を土俵面に近づけて構えた仕切り。相手を下から攻めようとした構えが、平ぐも（和名ヒラタグモ）のように扁平に見えたところから、この名称で呼ばれた。

**指立て仕切り**▼両手の五指を伸ばして土俵につけ、手の甲を相手側に向けた仕切り。

→〔仕切り〕

赤房下の時計係審判が、呼出が両力士の呼び上げを終えたときから計り始め、時間いっぱいになれば行司と呼出に合図し、力士に伝える。仕切り直しが仕切り制限時間内であれば塩を取りに戻るが、制限時間後に仕切り直しとなった場合には塩を取りに戻ることは許されない。制限時間後に土俵の外に出れば負けとなる。また、制限時間がいっぱいになっても故意に立たない力士には、審判委員が判断して負けを宣することができる。

制限時間は、昭和三年に大相撲ラジオ放送の開始と同時に設けられ、以降は次のように変遷して現在に至っている。

昭和三年一月　幕内一〇分　十枚目七分　幕下以下五分
昭和一七年一月　幕内七分　十枚目五分　幕下以下三分
昭和二〇年一一月　幕内五分　十枚目四分　幕下以下三分
昭和二五年九月　幕内四分　十枚目三分　幕下以下二分

→〔仕切り直し〕

**しきりせん**【仕切線】土俵中央に七〇センチの間隔を空けて引かれた二本の白線。仕切り線はそれぞれ幅六センチ、長さ九〇センチで、白エナメルペイントで塗られる。本場所中は、結びの取組が終わった後に呼出が塗り直している。力士は、自分側の仕切り線から前方へ手を出して仕切ってはならないが、後方に下がって仕切るのは差し支えないことになっている。

仕切り線が初めて設けられたのは昭和三年（一九二八）一月で、二本の間隔は六〇センチであったが、昭和四五年五月に七〇センチに広げられた。→〔土俵規定〕〔口絵・土俵俯瞰図〕

**しきりなおし**【仕切り直し】仕切りの際に、立ち合いに向けて両力士の呼吸が合わず、仕切りをやめていったん立ち上がり、再び仕切りを行うこと。→〔仕切り制限時間〕

**しきりはば**【仕切り幅】力士が仕切りのときに構える両足の間隔のこと。この仕切り幅によって相手の立ち合いの動きを予測できる場合もある。なお、二人の力士の間隔は「仕切り幅」とはいわない。これは二本の仕切り線によって制限されている。

土俵に上がった力士は二字口で四股を踏む。

**しこ**【四股】相撲の基本となる動作である。両足を開いて立ち、手を太ももか膝に添え、軸にする足は膝を軽く曲げて構え、他方の足は膝を伸ばして体の側方に高く上げる。次に、軸足の膝を伸ばしながら、上げた片足をつま先から力強く土俵に下ろす。このとき、腰が後方に引けたりせずに、上体が起きていなければならない。

この一連の動作を「四股」という。土俵では、仕切りに入る前に左右交互に三回の四股を踏む。また、下半身を鍛えるための重要な稽古でもある。四股は「力足」ともいう。

古来、四股は「醜《しこ》（強いもの、醜いもの）」に通じ、四股を踏むことは地中の邪気を祓い大地を鎮める神事から発したものといわれ、「地踏み」「地固め」とも呼ばれた。現在も地鎮祭などで横綱土俵入りが行われ、その伝統を伝えている。→〔地固め式〕

**【〜十両鉄砲幕内】** 稽古に臨む教訓の一つ。四股と鉄砲は相撲のもっとも基本の稽古ではあるが、基本に忠実な四股が踏めれば十両（十枚目）力士にふさわしく、理にかなった鉄砲ができれば幕内力士といわれるほどで、基本とはいえ、難しく重要な稽古であるから手を抜いてはならないという教訓である。

**【〜を踏む】** 四股の動作を繰り返すこと。

**しこな【しこ名／四股名／醜名】** 力士の名乗りのこと。本来は「醜名」と書き、大地を踏みつけて地中の邪気（醜《しこ》）を追い払う神事を行う者の名称を指したという。また、「醜」の文字には「醜い」の意味があり、「醜名」は自分の名乗りを謙遜する意味もあった。江戸時代になって、力士が土俵上で四股を踏むところから「四股名」の文字が当てられるようになった。

しこ名には、力士の出身地の山、川、海などの文字がつけられる伝統がある。江戸時代に大名に抱えられた力士が藩にゆかりのあるしこ名を名乗ったという歴史もあり、力士に郷土代表の意味あいが持たされたことに由来する。出身地にちなむほかに、師匠のしこ名を継承する、師匠のしこ名の一字をもらう、部屋ゆかりの出世名であるしこ名をつける、本名を名乗るなどさまざまである。また、しこ名は改名することもあり、その場合は所定の届けをしなければならない。→〔改名届〕〔出世名〕

**しころやま【錣山】** 年寄名跡の一つ。初代は享保七年（一七二二）八月に勧進元をつとめた錣山里右衛門。現在は、元関脇・寺尾が襲名継承し、部屋を運営している。

**ししゃ【使者】** 相撲協会の番付編成会議で横綱、大関への昇進が推挙され、理事会で満場一致の賛成をもって決まった後、当日のうちに協会から力士の所属部屋に派遣されて推挙された旨を伝達する者のこと。通常は、理事と一門の審判委員の二名が使者をつとめる。→〔昇進伝達式〕

**じしゃぶぎょう【寺社奉行】** 武家時代に、主に寺社の管理や訴訟を扱った役職。徳川幕府では一般に譜代大名のうちから四名が任命され、寺社地での興行なども統轄した。江戸の勧進相撲は、初期の興行の趣旨が寺社への勧進であり、興行場所が寺社の境内などであったため、寺社奉行の許可を得て初めて興行が可能となった。

史実に残る最初の興行は、貞享元年（一六八四）に雷《いかずち》権太夫が願い出て許可されたものである。番付の上段中央に大きく「蒙御免《ごめんこうむる》」と書き、興行が許可されたものであることを示した。この文字は現在の番付にも残されている。

また、江戸時代には、相撲の場内に検使役〈注〉の見物席を正面桟敷に設けて、それを「寺社溜まり」または「役桟敷」と称した。幕末まで、役人は朝の五ツ時（現在の八時）には回向院に来たので、会所の主だった年寄たちが両国橋まで迎えに出て、場内に入ると呼出が「寺社のお上がりでござい。被り物を取りましょう」と触れたという。〈注〉検使役＝寺社奉行から派遣されて相撲場内の監視をした役人。寺社奉行をつとめる大名の家臣で、大検使と小検使がいた。→〔江戸相撲〕〔勧進相撲〕〔町奉行〕

**しじゅうはって【四十八手】** ①『源平盛衰記』（作者不詳／鎌倉時代に成立）に「四十八手の取り手」の記述があるが、これは相撲の技が無数にあることを表現したもの。現在でも多数の手や技があることを「四十八手」と言い表すことがある。

②元禄（一六八八〜一七〇四）の

ころに相撲の技が分類整理され、反り、投げ、掛け、捻《ひね》りにそれぞれ基本技一二種があり、計四八手とされた。しかし、土俵の形態も定まらない時代であったから、これ以外に「手捌《てさば》き八二手」「手砕き八六手」「擬《まが》いの手一二手」などがあり、諸書を合わせると三〇〇種以上に及んだ。

相撲協会では決まり手を、昭和一〇年（一九三五）に五六手に整理して制定し、同三〇年五月に六八手、同三五年初場所以降に七〇手に改正、平成一二年（二〇〇一）一月には追加改正して八二手としている。→〔決まり手〕

**じしゅこうぎょう【自主興行】** 巡業について、興行会社やイベント業者などとの契約興行とせず、協会が運営管理のいっさいを全国統一的に行う興行形態のこと。特に、平成六年（一九九四）九月の理事会で諮られ、翌七年四月の春巡業より実施された興行を指していう。従来の契約興行によって過密日程や不十分な相撲環境がもたらされ、力士の稽古不足や健康管理の問題が生じたことを反省して実施された。

主な改善点は、巡業日数の削減、会場を照明・観客席等が完備した定員五、〇〇〇人以上に限定、各地の中心都市に限り一日興行を原則、参加力士は幕内を中心とし、興行時間は稽古を午前六時～一一時・競技を午後一時～三時ないし四時とするなどであった。また、宿泊環境の改善も図り、食事はビュッフェ形式としメニューには栄養士など専門家の助言を加えるようにした。しかし平成一五年三月からこれらの改善点に留意しながら自主興行は廃止され、全て売り興行となった。→〔売り興行〕〔勧進元①〕〔巡業〕

**ししょう【師匠】** 相撲協会のうちで、部屋を持っている年寄の通称。「親方」とも呼ばれる。師匠は、部屋に所属する力士、および協会から各部屋に配属された行司・呼出・床山などの協会員を指導し、養成をする。→〔年寄〕〔部屋持ち年寄〕

**ししょうかい【師匠会】** 昭和五二年（一九七七）に当時の春日野理事長が発案し、結成された組織の名称。相撲部屋を持っている年寄によって構成され、相撲内容の充実と相撲の発展を目的とし、現在も継続して活動している。具体的には、力士の外出時の服装をトレーニングウェアでなく浴衣・着物にするなどの指導、立ち合いの正常化、稽古の充実と健康管理の指導などを実施している。なお、協会が規定する「年寄会」とは別の任意の組織である。

**しずめもの【鎮め物】** 土俵祭のときに、土俵の中央に一五㌢平方の穴を掘り、土俵の安泰を祈願して埋められる縁起物のこと。埋められるのは、勝栗、洗米、昆布、スルメ、塩、カヤの実。これらをかわらけに入れ、奉書紙で包んで土俵の穴に安置し、御神酒を注ぐ。

洗米と塩（左の皿）、勝栗、カヤの実、スルメ、昆布（右の皿）。これらを奉書紙に包んで鎮め物とする。

鎮め物は本場所中を通じて埋めておかれる。→〔土俵祭〕

**しぜんたい【自然体】** 勝負の相手に正対したときの、両足を肩幅ほどに開き両手を下げて立ち、体からりきみを抜いた姿勢で、この姿勢からいつでも攻撃や防御に即応できるという状態のこと。精神的には、先入観を持たず、無我の境地となり、あるがままの心で相手に対すること。

**したおび【下帯】** 土俵入りで化粧廻しの下に着ける白いさらしの褌《ふんどし》のこと。取組で締込《しめこみ》を着用する際には、協会の『相撲規則 力士規定』によって下帯を着けてはならないと定められている。

**したくべや【仕度部屋／支度部屋】** 全力士が土俵入りや取組までを待機し、また、取組を終えて身仕度をする控え室のこと。ここで、力士は化粧廻しや締込《しめこみ》をつけたり、立ち合いの稽古をしたり体をほぐ

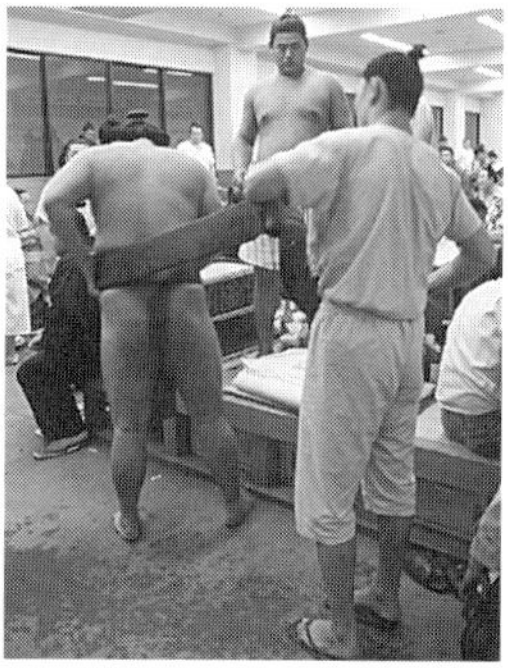

仕度部屋で廻しをつける力士と手伝う付け人。

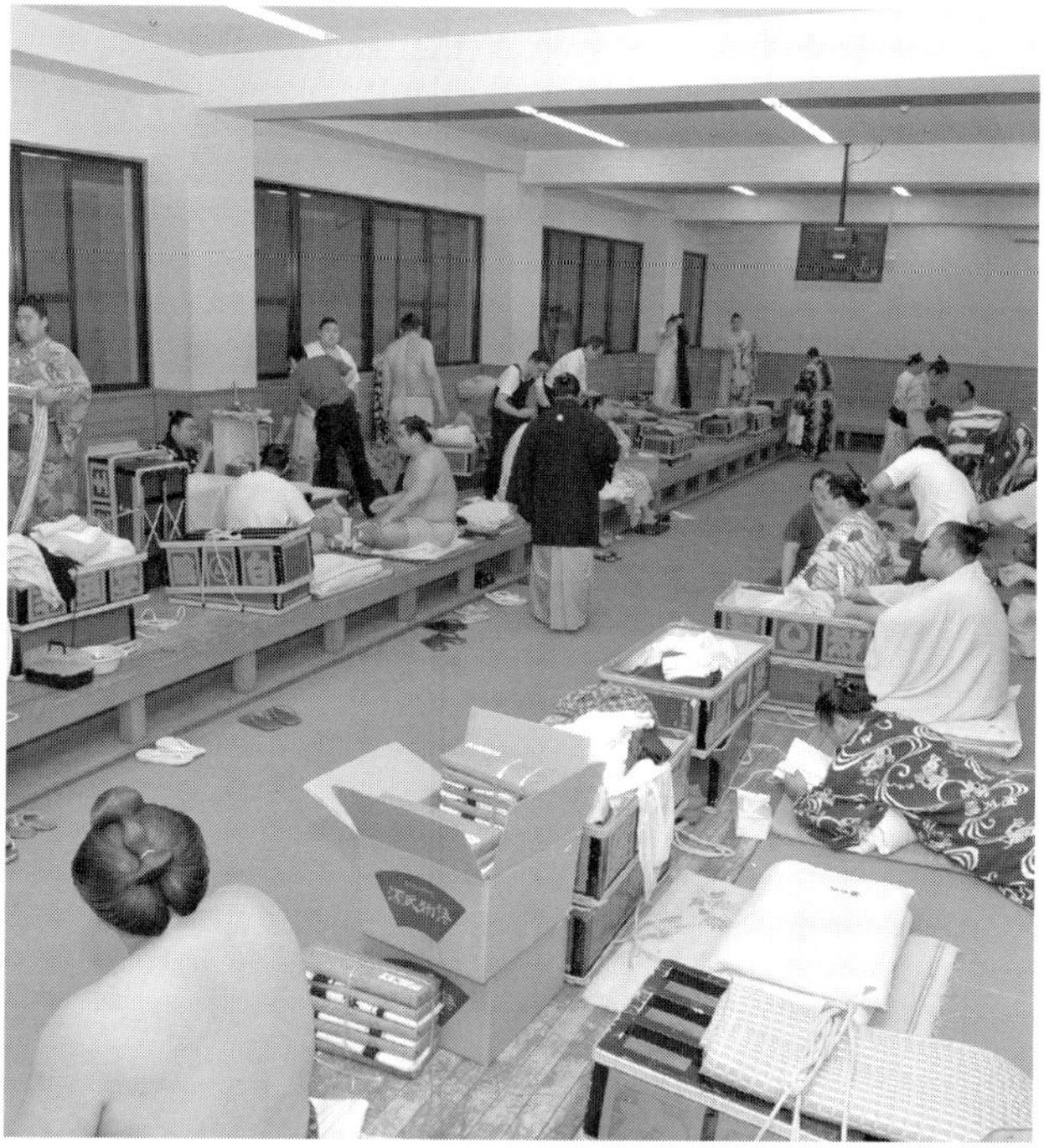

仕度部屋の風景。

したり、あるいは体を休めたりする。本場所の仕度部屋は東西に分かれているが、各力士は番付の東西に分かれるのではなく、対戦する相手と別の仕度部屋に分かれて控えることになっている。そのとき、番付上位力士が番付と同じ東または西の仕度部屋に入り、対戦する下位力士がその反対側の仕度部屋に入る決まりである。

国技館の仕度部屋は東西の花道の奥に設けられ、間口九㍍、奥行き二七㍍あり、畳敷きにして五八畳分の広さがある。「仕度部屋」は通称で、正式名称は「力士控え室」という。

下手を深く差し、相手の後ろ褌を取った状態。

**したて【下手】** 四つに組んだとき、相手の脇の下に差し込まれた手または腕のこと。自分の右手が相手の左脇の下に入れば「右下手（右差し）」、左手が右脇の下に入れば「左下手（左差し）」、両手が入れば「両《もろ》差《ざ》し」という。また、下手になった手・腕を「差し手《で》」ともいう。

【〜が浅い】肘から手の先くらいまでを差した状態をいう。また、相手の廻しの横褌《みつ》から前褌のあたりを取ることもいう。→〔浅い〕

【〜が深い】上腕部から肩口くらいまでを差した状態をいう。

【〜廻し】下手で取った廻しのこと。

【〜を切る】相手に下手廻しを取られたときに、相手の差し手を上から押さえ、腰をひねるか振るかして廻しから相手の手を放させること。または、廻しを取っている相手の手を押さえてひねり上げ、親指を開かせて廻しから手を放させる方法もある。

【〜を引く】差した手で相手の廻しをつかむこと。「下手を取る」ともいう。

**したてだしなげ**【下手出し投げ】決まり手八二手の一つ。相手の廻しを下手で取った腕の肘を自分の脇腹につけ、足を引いて体《たい》を十分に開き、相手の体を前へ押し出すように投げる。相手は引きずられるようになり、土俵にはうようになり倒れる。→〔上手出し投げ〕〔決まり手〕

決まり手・下手出し投げ

決まり手・下手投げ

**したてなげ**【下手投げ】決まり手八二手の一つ。四つに組んだときに、相手の廻しを下手で取ったほうから投げる。右下手から投げれば「右からの下手投げ」のようにいう。相手が倒れなくとも、その投げで相手が土俵の外に出れば、決まり手は「下手投げ」となる。→〔上手投げ〕〔決まり手〕

**したてひねり**【下手捻り】決まり手八二手の一つ。四つに組んだときに、下手で相手の廻しを取ったほうへ相手をひねって倒したり、相手の膝を土俵につかせて倒す。相手の足が流れた瞬間をねらって、下手を強く下方へ引きながらひねるとうまく決まる。よほど力が強くなければ下手捻りだけでは決まらず、上手投げとの合わせ技になることが多い。→〔上手捻り〕〔決まり手〕

決まり手・下手捻り

**しちがつばしょ**【七月場所】名古屋で七月に開催される地方本場所の正式な呼称。現在の会場は名古屋市にある愛知県体育館。昭和三三年（一九五八）七月より本場所に加えられ、このときから年六場所制になった。俗称で「名古屋場所」ともいう。→〔愛知県体育館〕〔地方場所〕〔本場所〕

**しで**【垂】横綱に挟んで下げる、切れ目を入れて折った長方形を連ねた白紙のこと。横綱には長方形を四つ連ねた垂を五本下げる。このことから横綱に下げる垂を「四連五垂れ」ともいう。一般には「紙《し》垂《で》」「四手」とも書く。→〔横綱②〕

**しどうふきゅうぶ**【指導普及部】日本相撲協会の事業の実施に当た

理事長から幕内最高優勝者に賜盃が授与される。

り『寄附行為施行細則』により配置された部署の一つ。昭和四四年（一九六九）一月施行の『指導普及部規定』によれば、国技としての正しい相撲の伝承のために、相撲技術の研修、相撲の指導普及、相撲道に関する出版物の刊行等を行うことを目的としている。

職務には、「正しい相撲のあり方、相撲技術、土俵態度等の研修結果をもって力士・行司を指導する」「青少年、学生の相撲の指導奨励に当たって、関係各省や学校等官公署と連絡を保ち、指導員の派遣要請に応ずる」「日本相撲連盟、学生相撲連盟等と連携を密にして相撲の奨励普及につとめる」などがある。また、国技館内に開設された相撲道場、草津相撲研修道場の運営も指導普及部が行っている。→〔草津相撲研修道場〕〔相撲道場〕

**じどりしき【地取式】**『古今相撲大全』（木村政勝／宝暦一三年〈一七六三〉）によれば、勧進相撲の時代に、初日の前日に行われた儀式の一つ。行司が清めをした後、勧進方と寄方《よりかた》の双方から力士が一人ずつ出て、一勝一敗として勝負を分けた。行司は軍配を持たず幣を用いてこの取組をさばいた。平安時代の相撲節《すまいのせち》の内取《うちどり》を踏襲したものであるという。しかし、『相撲と武士道』（北川博愛／明治四四年〈一九一一〉）によれば、幕末のころには行われなくなったようである。

**しにたい【死に体】**体の重心を失ったり復元力がなくなって逆転は不可能である、または、それ以上相撲は取れないと判断される体勢に陥ったときをいう。例えば、体が後方へ三〇度以上傾き、つま先が上を向いてしまったような状態をいう。→〔生き体〕

**しはい【賜盃】**「天皇賜盃」の略称。→〔天皇賜盃〕

**しはいはいたいしき【賜盃拝戴式】**千秋楽の表彰式で、幕内最高優勝をした力士に協会理事長より天皇賜盃を授与する儀式。賜盃は大正一四年（一九二五）に作製され、翌一五年春場所の幕内最優秀力士（優勝力士）、一一戦全勝の横綱・常ノ花（第三一代）に初めて授与された。このとき、賜盃の名称は「摂政宮殿下賜盃」で、翌昭和二年（一九二七）夏場所から「天皇賜盃」と呼ばれた。→〔賜盃返還式〕〔摂政宮殿下賜盃〕〔天皇賜盃〕

**しはいへんかんしき【賜盃返還式】** 本場所の初日に、先場所に幕内最高優勝をした力士が天皇賜盃を返還する儀式。賜盃は理事長が受け取る。中入となり、横綱土俵入りの終了後に、「優勝旗返還式」「優勝額除幕式（東京本場所のみ）」と併せて土俵上で行われる。

**しはくぶさ【紫白房】** 立行司の式守伊之助が持つ軍配に許される、紫色と白色のひもを組み合わせた房の名称。直垂《ひたたれ》の菊綴《きくとじ》や飾りひもも同色で統一される。→〔行司装束〕〔房②〕

**しばたやま【芝田山】** 年寄名跡の一つ。明治初期に年寄阿武松の襲名問題で阿武松緑之助系と阿武松和助系に分派したが、明治二二年（一八八九）に和助系が「芝田山」と改称して落着した。現在は、元横綱・大乃国が襲名継承し、芝田山部屋を運営しながら協会副理事をつとめている。→〔大乃国康〕

**じひようせいりきし【自費養成力士】** ①昭和三一年（一九五六）一月からごく短期間実施された制度に「自費力士養成制度」があったが、これに該当した力士のこと。この制度は、新弟子検査で入門基準に満たない力士でも、師匠が有望としたときに自費で養成したもの。

その間、毎場所前に新弟子検査を受け、合格すれば協会に登録されて協会より養成費が支給された。合格しなくても正式な新弟子と同様に本場所に出場し、勝ち越せば褒賞金が加算され、番付も上がった。また、検査に合格しない場合も幕下に昇進すれば自費でなくなるとされた。

この制度は翌三二年五月に廃止された。

②昭和三二年五月から同四二年三月まで行われた制度。基準場所を経ても幕下に昇進しない場合、協会はその力士に対する養成費などの支給を停止すると定めたが、師匠が経費を自己負担した場合には、そのまま力士として登録された。→〔足切り制度〕

**じふみ【地踏み】** 地鎮祭などの儀式で、災厄を祓うために力士が四股を踏むこと。→〔地固め式〕〔四股〕

**じぶんじゅうぶん【自分十分】** 四つ相撲で自分の得意の組み手になることをいう。→〔相手十分〕

**じぶんのかた【自分の型】** →〔型／自分の型〕

**じぶんのすもう【自分の相撲】** →〔相撲／自分の相撲〕

**しぼる【絞る】** 攻めてきた相手の差し手《で》の、特に肘のあたりを外側からつかんで、内側にねじるように押し上げること。「絞り上げる」ともいう。絞れば、相手の体は浮いて攻撃の手が止まり、逆に攻めやすくなる。

**しほんばしら【四本柱】** ①土俵の四隅に立てられていた柱で、その上に屋根が載っていた。四本柱が立てられるようになった正確な年代は不明である。当時の柱に巻か

昭和五年五月より勝負検査役が土俵下に下りた後の、四本柱の土俵。

明治四三年六月に売り出された写真番付。

れた巻絹の色も詳しく伝えられていないが、文久二年（一八六二）春場所の錦絵『勧進大相撲繁栄図』（国久画）には四神〈注〉を表す青、白、赤、黒の柱が描かれている。

　しかし、観客に相撲を見やすくさせるために、昭和二七年（一九五二）九月の秋場所前の理事会で四本柱撤廃が決められ、同場所から吊り屋根と四色の房に替えられた。ただし、現行の相撲協会『寄附行為施行細則　附属規定』の『相撲規則　土俵規定』には「室外の土俵には四本柱を使用することもある」と定められている。

〈注〉四神＝古代中国の四方をつかさどる神で、東は青龍神、西は白虎神、南は朱雀神、北は玄武神と称する。また、青龍は春、白虎は秋、朱雀は夏、玄武は冬の四季もつかさどった。→〔房①〕

②江戸時代の「中改《なかあらため》」、明治以降の「勝負検査役」の俗称。昭和五年（一九三〇）三月まで、勝負検査役は土俵上で四本柱を背にして座っていたため、このようにいわれた。特に、正面と西の間の柱は、検査長が背にして座ったことから、「親柱」「役柱」ともいった。同年五月から勝負検査役は土俵溜まりに座るようになった。→〔勝負検査役〕

**しめこみ【締込】** 十枚目以上の力士が本場所で取り組む際に着用する廻しの正式な呼称。通称で「廻し」とか「取り廻し」という。博多織の繻子《しゅす》（つやのある絹織物）で作られ、力士の体型によって異なるが、普通は長さ約九メートル、幅八〇センチほどある。力士はこの幅を六つ折りにして体に締める。稽古場で使用する稽古廻しとは異なり、締込には紺、紫系統のほか、最近ではさまざまな色彩の染めが使用されている。→〔稽古廻し〕〔廻し〕

**しゃしんばんづけ【写真番付】** 番付の順序に力士の写真を並べたもの。明治後期から昭和五〇年代まで、作製されていた。

**じゃのめ【蛇の目】** 円の小俵《こだわら》の

蛇の目を掃く呼出たち。前相撲の時間帯で観客はまだ少ない。

外縁に二五㌢幅に敷かれた砂の部分を指していう。蛇の目は、力士の踏み越しや踏み切りの有無を確認するためのもので、呼出が取組の合間に必ずていねいに手ぼうきで掃き整えておく。ここに敷かれた砂を「蛇の目の砂」ともいう。

昭和六年（一九三一）一月場所まで使用されていた二重土俵のときは、内俵の円と外俵の円との間に砂が敷かれ、二つの円を蛇の目に見たてて「蛇の目土俵」と呼ばれた。その名称が現在の土俵にも残っている。→〔口絵・土俵俯瞰図〕

**【～を掃く】**①呼出が、勝負土俵の外側の、蛇の目の部分をほうきで掃くこと。もつれた勝負などでは、力士の足や体の一部が土俵外の砂に触れたかどうかを判定する必要があるため、取組が終わるごとに改めて掃く。また、力士が最後の塩を取りに行った後にも入念に掃く。②取組中に力士が蛇の目を足先で掃くようにして、土俵を割ること。また、手の一部が蛇の目を掃く場合もあり、これも負けとなる。

**しゃも**　相撲界独特の表現で、客席の見取り図のこと。

**じゅういちがつばしょ【十一月場所】**福岡で一一月に開催される地方本場所の正式な呼称。現在の会場は福岡国際センター総合ホール。昭和三一年（一九五六）一一月に福岡準本場所の本場所昇格が決まり、翌三二年十一月場所から本場所が開催された。このときから年五場所制となって場所名を月名で呼ぶことになった。俗称で「九州場所」ともいう。→〔地方場所〕〔本場所〕

**じゅうごしゃくどひょう【一五尺土俵】**→〔土俵の変遷〕

**じゅうさんじゃくどひょう【一三尺土俵】**→〔土俵の変遷〕

**じゅうぶんにしきられた【十分に仕切られた】**相手に得意な型になられ、自分は不利な体勢になること。相手のしっかり腰を割った仕切りからの立ち合いで、いわば、

さ

立ち合い負けをしたような場合の表現である。

**じゅうまいめ【十枚目】** 幕内に次ぐ力士の地位の総称。通称で「十両」ともいうが、正式な呼称は「十枚目」である。その地位は枚数で示され、通称で「十両二枚目」「十両三枚目」のように呼び、数が増えるほど下位になる。昭和四二年（一九六七）五月場所より、十枚目力士の定員は二六名以内と決められた。その後、平成一六年（二〇〇四）一月からは二八名以内に変更された。番付では、上から二段目に、個別に地位名を「前頭」として記載される。

十枚目以上の力士は「関取」と呼ばれ、力士として一人前の扱いを受ける。取組の際、仕切りに入る前に水をつけてもらえるのは十枚目以上であり、塩をまくのも原則として十枚目以上である。また、協会から月給を支給されるようになり、羽織・袴《はかま》、絹の締込《しめこみ》、土俵入りの化粧廻し、大銀杏《おおいちょう》の結髪が許され、付け人がつくようになる。

幕末から明治初期には、幕下の上位一〇枚目までの力士に給金一〇両を与え、関取として待遇した。これが「十両」の語源とされているが、定かではない。江戸相撲の番付では、最上段に最高位大関から前頭まで、二段目に幕下が記載され、現在の十枚目（十両）という地位はなかった。明治二一年（一八八八）一月場所から幕下の上位一〇枚目までを太い文字で記載してそれより下位の幕下と区別し、さらに翌二二年五月場所からそれまでの「同」の文字を個々に「前頭」と記載して、十枚目と幕下との地位の差をいっそう明確にした。→〔関取〕〔幕下二段目〕

**じゅうまいめぎょうじ【十枚目行司】** 行司の階級順位で、上位から四番目に位置する呼称。十枚目および幕下上位の取組をさばく。軍配の房の色は青白と定められており、土俵上で白足袋を履くことができる。十枚目行司以上になると、一人前の行司として自己の人格陶冶や技量の錬磨が厳しく要求される。→〔行司の階級〕

**じゅうまいめどひょういり【十枚目土俵入り】**「十両土俵入り」は通称で、正式には「十枚目土俵入り」という。幕下上位の取組を五番残したところで行われる。

呼出の柝《き》に従って十枚目行司が先導し、十枚目力士が化粧廻しを着け、下位力士から順に土俵に上がり、勝負土俵の外側を左回りに進み、客席に向かって立つ。最後の力士が土俵に上がり、警蹕《けいひつ》といって「シー」と声をかけると同時に全員が内側を向き、所作を始める。まず、拍手を一つ打って、右手を上げ、次に化粧廻しを両手でつかんで少し持ち上げ、両手を上げる。これは順に塵浄水《ちりちょうず》、三段構え、四股を簡略化した所作である。この間、行司は中央に蹲踞《そんきょ》して軍配の房を振る。

東方力士が終われば、次に西方力士が同様にして土俵入りを終わる。なお、場所中の奇数日には東方力士から、偶数日には西方力士から土俵入りを行う。→〔警蹕〕〔幕内土俵入り〕

**じゅうまいめよびだし【十枚目呼出】** 呼出の地位で上位より五番目に位置する。定員は八名以内。→〔呼出の階級〕

**じゅうりょう【十両】** 正式には「十枚目」という。通称の「十両」は、幕末から明治初期にかけて、幕下の上位一〇枚目までの力士に給金一〇両を与えたことに由来するといわれている。→〔十枚目〕

**じゅうりょうどひょういり【十両土俵入り】** →〔十枚目土俵入り〕

**じゅうろくしゃくどひょう【一六尺土俵】** →〔土俵の変遷〕

**しゅくんしょう【殊勲賞】** 三賞の一つ。特に横綱や大関、その場所の優勝力士を倒した力士に与えられる。→〔三賞〕

**しゅっしんち【出身地】** 力士の出身地は、番付のしこ名のすぐ上に記載され、土俵入りや取組前に放

出世力士、審判委員、幕下以下行司、若者頭が囲む中央で呼出が柝を入れ、手打ち式を行う。

送でも紹介される。「御当所場所」「郷土力士」などといわれるように、力士と出身地の結びつきは密接である。原則として力士本人が協会に届け出ている地名が記載される。昭和九年（一九三四）五月から、幕下以下も全員出身地が記載されるようになった。

**しゅっせいなり**【出世稲荷】明治四二年（一九〇九）に旧両国国技館の完成を記念して、相撲協会が祭祀した稲荷社。正式には「出世稲荷大明神」といい、力士たちの出世を願う。現在は国技館の正面左手に移され、相撲茶屋（現国技館サービス株式会社）が祭祀した豊国稲荷大明神と並んで祭られている。

**しゅっせずもう**【出世相撲】①本場所が年二回であったころ、長期の地方巡業で実力をたくわえた力士たちが勝ち星をあげ、番付を上げる機会としたのはその二回の本場所のみであった。そこから、本場所の相撲を「出世相撲」と呼称した。②関取となって故郷に錦を飾ること。あるいは、巡業で故郷に帰り地元の人に相撲を見せること。

**しゅっせひろう**【出世披露】「新序出世披露」の略称。→〔新序出世披露〕

**しゅっせめい**【出世名】古くからある相撲部屋に伝わる力士のしこ

国技館敷地内の出世稲荷（右）と豊国稲荷（左）。

名のうち、出世した力士が名乗ったもので、特に代々継承されるようなしこ名のこと。例えば、井筒部屋の西ノ海や逆鉾、高砂部屋の朝潮、伊勢ノ海部屋の柏戸や藤ノ川、出羽海部屋の両国などがある。現在も、将来を嘱望される力士が師匠から許されて、出世名に改名する場合がある。

**しゅっせりきし【出世力士】** 前相撲を取って、本場所の土俵上で新序出世披露を受けた力士のこと。出世披露を受けて新序となり、翌場所の番付の序ノ口に初めてしこ名が記載される。→〔新序出世披露〕〔前相撲〕

**しゅっせりきしてうちしき【出世力士手打ち式】** 千秋楽の表彰式がすべて終了した後、その本場所で前相撲を取り、新序出世披露を受けた力士が審判委員らとともに土俵に上がり、御神酒をささげ、呼出の打つ柝《き》に合わせ手打ちをして締める儀式。「千秋楽手打ち式」ともいう。→〔新序出世披露〕〔前相撲〕

**しゅぶさ【朱房】** 三役行司が持つ軍配につけられた朱色の房。直垂《ひたたれ》の菊綴《きくとじ》や飾りひもも同色で統一される。かつて「緋房」ともいったが、「朱房」が本来の呼称である。また、吊り屋根の房の色と混同して「赤房」と呼ぶのも誤用である。→〔行司装束〕〔房②〕

**しゅもくぞり【撞木反り】** 決まり手八二手の一つ。低く構えて相手の懐に飛び込み、頭を相手の脇の下に入れて肩の上に担ぎ上げ、体《たい》

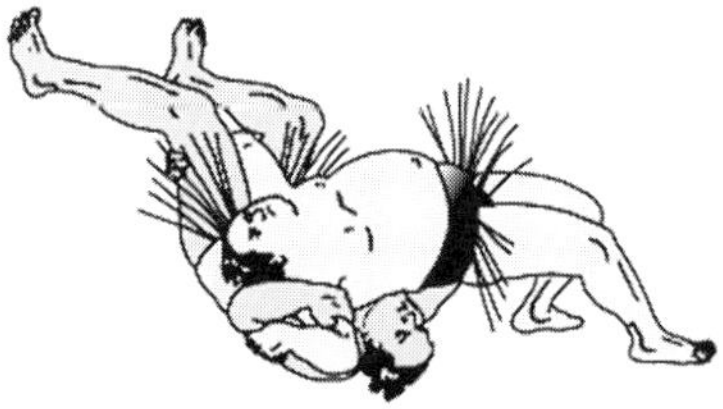

決まり手・撞木反り

巡業では稽古を見るのも観客の楽しみ。土俵上では申し合いが続けられている。

さ

を反らせて相手を後ろに落とす。めったに見られない大技である。「たすき反り」に似ているが、たすき反りでは相手が自分の肩の上で斜めになり、撞木反りでは相手と自分がT字形になる。→〔決まり手〕

**じゅんあし【順足】** 四つに組んだとき、差し手の側の足を前に出《で》した体勢、または、その足の位置のこと。例えば、右四つなら右足を前に出すのが順足で、左四つなら左足が前に出る。右下手で左足が前に出れば「逆足《ぎゃくあし》」という。「順足」と「逆足」は、それぞれに攻防に対応しようとする構えで、足の位置のよしあしをいう言葉ではない。

巡業中の山稽古。

**じゅんぎょう【巡業】** 地方で興行する本場所でない相撲のこと。相撲協会『寄附行為施行細則　附属規定』では、巡業を「本場所相撲間の期間を利用して地方を巡回し、相撲競技を公開実施し、地方の要望に応え、国技相撲の普及を図ることを目的とする」と定めている。また、巡業を「稽古場所」「稽古相撲」とも別称するように、力士は本場所に向けて十分な稽古を積むことが要請され、行司、呼出、床山にとっても修練の場となっている。

現在、協会には巡業部が配置され、巡業の実施・運営を統轄している。巡業は、巡業部長、副部長、各一門より審判委員一名ずつ、関取とその付け人、行司、若者頭、世話人、呼出、床山など総勢約三四〇名が各地を回る。

巡業が実施される時期と地域は、普通「春巡業―四月。関西、中部、関東」「夏巡業―七月～八月。東北、北海道」「秋巡業―一〇月。東海、関西、中国、九州」「冬巡業―一二月。九州」となっている。

昭和三二年（一九五七）より前は、現在のように協会全体では行わず、各部屋単位または一門単位、あるいは合同して巡業組合を構成する組合別巡業などであった。→〔大合併《おおがっぺい》巡業〕〔組合別巡業〕〔自主興行〕

**じゅんぎょうけいこほうしょうきんせいど【巡業稽古報奨金制度】** 昭和六一年（一九八六）の夏巡業から六回実施されたもので、巡業中に熱心に稽古した力士たちに報奨金が巡業部より渡された。春日野理事長（同四九年二月～六三年一月）、二子山理事長（同六三年二月～平成四年〈一九九二〉一月）のときには、努力賞として巡業部とは別に理事長から金一封が出た。このように、巡業は力士にとって十分な稽古を奨励される期間である。

**じゅんぎょうばんづけ【巡業番付】** 昭和三二年（一九五七）より前に、部屋単位、または数部屋の合同などの小集団で巡業が行われていたときに作られた番付。横綱や大関など上位力士がいない場合には、その中で一番上位の力士を大関とするといった便法で番付を作り、これを「巡業番付」といった。現在は協会全体で巡業を行うので、こうしたことはない。

また、勧進元や協力者が加わった巡業では板番付を作製する。板番付に十枚目以上の力士名を書き、興行の協力者の名前を入れて会場入り口に飾った後、興行が終われば協力者に寄贈する。この板番付は幕下行司や三段目行司が書いている。

**じゅんぎょうぶ【巡業部】** 日本相撲協会の事業の実施に当たり『寄附行為施行細則』により配置された部署の一つ。平成六年（一九九四）七月改正の『地方巡業部規定』では、巡業部の職務は、地方巡業の実施・運営、参加する協会員の保護・監督・指導、巡業中の稽古等の指導・監督、巡業の収支にかかわる事項、地方での相撲の指導普及と多岐にわたり、必要に応じて他の部署と連携して遂行する。組織は、部長・副部長・委員で構成され、時に主任が配置される。

**じゅんぎょうゆうしょうせいど【巡業優勝制度】** 平成一一年（一九九九）春より行われた制度。春巡業など一定期間の巡業中に幕内の取組に星取表をつけ、横綱・大関を除く幕内力士で勝ち星の多い者を成績優秀者とし、最後の巡業地の土俵上で表彰した。同点のときは番付上位者となり、賞金一〇〇万円、ビール一、〇〇〇本等が、巡業スポンサーより与えられた。

しかし、同一二年春よりこの制度は中止された。

**しゅんじゅうえんじけん【春秋園事件】** 昭和七年（一九三二）一月六日、春場所を前にして起こった力士たちと大日本相撲協会との紛擾事件。「天竜事件」ともいう。

先代出羽海（元横綱・常陸山）に入門した古参力士が、当代の出羽海（元小結・両国）に対して配当金や待遇の不満を訴えたことに端を発した事件であったが、師匠への要求のみにとどまらず、関脇・天竜が協会の会計や制度についても改革要求を提案したため、協会全体への問題に拡大した。西方幕内力士の全員を含む出羽海一門の力士三二名が東京・大井町の中華料理店「春秋園」に集合し、協会に力士の待遇改善などの要求をする次第となった。

しかし、両者の交渉は見解の相違が埋められず、天竜らは協会に脱退届、師匠に暇乞《いとまごい》状を提出、力士たちは髷《まげ》を切り「大日本新興力士団」を結成した。東方力士も協会不信任をとなえ、相撲道の改革の点で西方力士を支持する部分もあり、結局、有志一七名が協会を脱退して名古屋で「革新力士団」を結成した。

協会は改革案を発表した後、役員を一新して話し合いに臨んだが決裂し、両力士団四八名と行司五名を除名処分にした。春場所は大幅に遅れ、残留力士による新番付で同七年二月二二日から八日間開催されたが、八日間の興行収入は

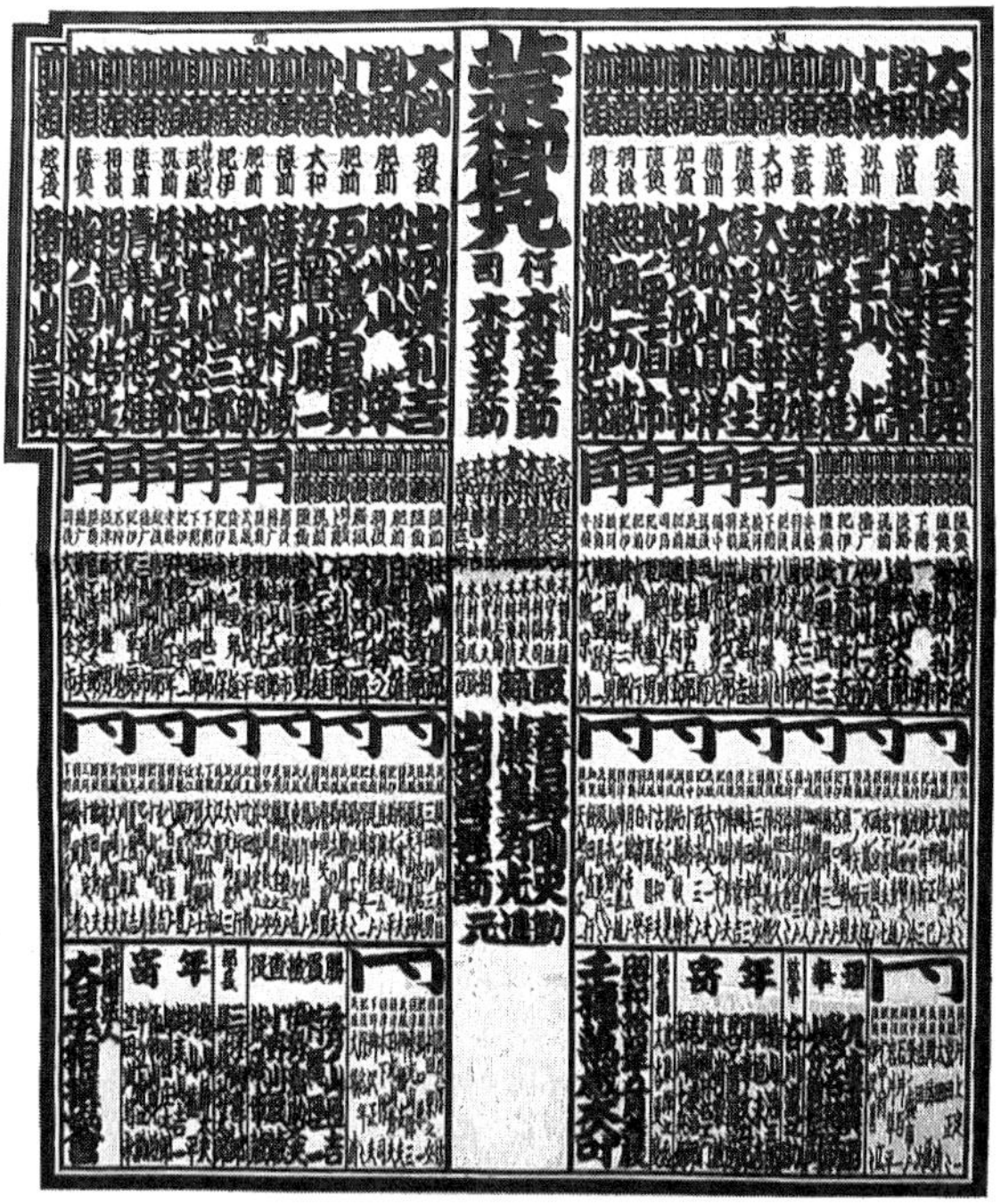

組合別巡業のころの出羽海一門の巡業番付。

二万五千余円と激減して従来の一日分程度であった。そのため、資金不足となった協会は給金の代わりに入場券で支払ったが、その入場券が売れなくて仕方なく家族が見に行ったという話も伝わる。

一方、大日本新興力士団と革新力士団は合同して二月四日から六日間興行し、連日大入りとなった。のち両団体は合併して「大日本相撲連盟」を結成したが、同年一二月には首謀者たちの私憤的な行動に失望した朝潮（後に男女ノ川）、綾櫻、新海ら幕内一二名、十両八名、その他十数名の力士が東京の協会に帰参し、八年一月の春場所に別席（別格）として土俵に登場した。このとき、協会は本来の番付のほかに帰参力士を記載した別の一枚の番付を作成した。

このあと、天竜らは大阪で八年二月に「関西相撲協会」を設立し、当初の興行は人気を集めたが、四年後の昭和一二年一二月には解散のやむなきに至った。天竜、山錦らは相撲をやめ、大和錦、藤ノ里、肥州山ら二一名は東京に戻り大日本相撲協会に復帰した。→〔関西相撲協会〕〔大日本相撲連盟〕〔二枚番付③〕〔別席〕

**じゅんとしより【準年寄】** 平成一〇年（一九九八）四月の理事会で新たに制定された優遇措置による役名。年寄襲名資格を得た関脇以下の力士で、年寄名跡の空きがない場合、師匠からの推薦を受けて理事会で審議し、力士名のまま「準年寄」として一年間在籍できるとするもの。定員は五名以内で、評議員の資格はない。優遇期間内に年寄名跡の取得、襲名ができない場合は退職となる。二〇〇六年十二月、この制度は廃止された。

**じゅんほんばしょ【準本場所】** 現在は行われていない興行形態で、本場所に準ずる相撲競技の意味であった。当初はその成績が力士の番付や給金にも加味され、力士褒賞金は昭和三四年（一九五九）の準本場所まで加算された。しかし、同三五年九月の理事会で、力士褒賞金支給を本場所のみとして準本場所では支給しないことが決められた。

準本場所は、大阪準本場所、西宮準本場所、広島準本場所、北海道準本場所などが行われた。また、昭和三二年一一月から本場所となった九州場所、翌三三年七月からの名古屋場所も、それ以前はそれぞれ「福岡（九州）準本場所」「名古屋準本場所」と呼ばれていた。→〔本場所〕

**しょうおう【松翁】** 天保年間（一八三〇〜四四）の八代木村庄之助が名乗った号で、番付にも「木村松翁」と記載された。それ以降で番付に現れたのは昭和初期の二〇代木村庄之助のみである。このほかに年寄名として木村松翁を名乗った者を合わせると全部で四名になる。

昭和一〇年（一九三六）に吉田司家の承認を得て名乗った二〇代木村庄之助は、自著『国技勧進相撲』の中で「松翁」は「庄之助のうち、とくにすぐれた者に与えられる尊称」と書いているが、元来の意味は尊称ではなく隠居号であった。→〔木村庄之助〕

**しょうがいい【性がいい】** 相撲界独特の表現で、気前がよいこと。あるいは、金持ち、資産家で金回りがよいこともいう。逆に、金の持ち合わせがないこと、単に文無しであること、また、待遇の悪いことを「性が悪い」という。

**しょうきん【賞金】** 優秀な成績を収めた力士らに、協会が表彰して贈るもの。本場所の幕内最高優勝および各段優勝力士に贈る優勝賞金、殊勲・敢闘・技能の三賞賞金、横綱・大関・立行司に昇進した者に贈る名誉賞などがある。

**しょうごばん【正五番】** 巡業や花相撲などで、主に幕下以下の力士によって演じられる余興の相撲。東西五人ずつ二手に分かれ、一人で相手側の五人を負かした者を勝者とする。飛び付きではなく仕切

使者（右）の口上を受ける力士と師匠夫妻（左）。

りをして取り組む。本場所の相撲では行われない。→〔花相撲〕

**しょうしんでんたつしき【昇進伝達式】** 理事会と番付編成会議で横綱、大関に昇進が決まると、相撲協会から通常は理事と一門の審判委員の二名が使者として力士の所属部屋に派遣され、推挙されたことを伝える儀式。使者の口上は力士と師匠とで受け、力士が感謝の旨と今後の精進の決意を述べて終わる。

横綱、大関への推挙は、本場所終了後三日以内に行われる番付編成会議で推挙された後、理事会の満場一致の賛成を経て決まり、当日に発表される。昇進伝達式も当日に行われる。大関で二場所連続で負け越して関脇に降下し、次場所で一〇勝以上した場合は、番付編成会議当日から大関として扱われるが、使者派遣は行われない。→〔使者〕

**しょうしんひろうえん【昇進披露宴】** 力士が横綱、大関、三役、幕内、十枚目などにそれぞれ昇進したときに、所属部屋が主催し、後援者や関係者を招いて披露する会のこと。行司が昇進した場合にも行われる。

**じょうせつかん【常設館】** 明治四二年（一九〇九）六月に開館し、こけら落としの場所の番付に記載された旧両国国技館の最初の呼称。その番付には「明治四十二年六月五日より於両国元町常設館晴雨ニ不関《かかわらず》十日間大角力《おおずもう》興行」とある。江戸時代からつねに仮設の小屋掛けによる晴天のみの興行であったのが、全天候型で常設の相撲場の誕生を見たためにこのように呼称し、「相撲常設館」「両国元町常設館」などとも呼ばれた。

ただし、「常設館」の呼称での番付記載は同年六月場所のみで、翌四三年一月には「於本所元町国技館」、六月には「於両国国技館」と記載され、正式に「国技館」と命名された。→〔江見水蔭〕〔旧両国国技館〕

**しょうぞうけん【肖像権】** 協会員の肖像、映像、しこ名等に関する権利のこと。年寄・力士など協会員の肖像権を協会が一括管理するために、肖像権規定を『寄附行為施行細則　附属規定』に明文化した。協会員の肖像権を管理・運営・保全し、これが侵害されることを防止することを目的とする。

【協会員の肖像権に関する規定】（平成五年〈一九九三〉九月一日施行）

第一条　この規定で協会員とは、力士その他財団法人日本相撲協会所属員とする。

第二条　この規定で肖像権とは、協会員の肖像・映像・しこ名等に関する権利とする。

第三条　この規定は、協会が協会員の肖像権を管理・運営・保全し、およびこれが侵害されることを防止することを目的とする。

第四条　第三者による肖像権侵害に対する対抗措置については、協会が判断するものとする。

第五条　協会員を対象とする第三者による肖像権の利用については、本規定に基づき理事長が別途定める「協会員の肖像等の撮影・使用に関する運用基準」に従うものとする。

第六条　協会員は、取材、写真・ビデオ等の撮影、番組出演その他テレビ出演等の行為に応ずる場合には、必ず事前に協会の了解を得、師匠の指示に従って行い、協会の許可のない取材行為等に応じてはならないものとする。

第七条　協会と協会員との間における協会員の肖像権に関する取り扱いを確認するため、協会員は、理事長が別途定める「協会員の肖像権に関する確認書」を協会宛て提出するものとする。

**しょうぞくほじょひ【装束補助費】** 協会より行司に対して本場所ごとに支給される、行司装束を整えるための費用。行司の階級順位に応じて支給額が定められている。↓〔行司装束〕

**じょうだんのかまえ【上段の構え】** 三段構えの一つ。↓〔三段構え〕

**じょうないほうそう【場内放送】** 力士、行司、審判委員などを紹介したり、勝負の結果や決まり手、その他土俵の進行を知らせるための館内放送のこと。場内放送係の行司が行っている。放送席は西側仕度部屋から土俵に向かって花道の左側、桝《ます》席最前列に設けられている。

大正一四年（一九二五）春場所で、観客サービスとして国技館内に高声電話機（場内拡声器）を設置し、序ノ口の取組より力士名と行司名を呼出が放送したのが最初である。昭和七年（一九三二）二月には上位の取組の決まり手も係の行司が発表した。昭和六二年七月場所からは、序ノ口力士から全取組の決まり手を発表するようになった。

**しょうねんすもうきょうしつ【少年相撲教室】** 昭和六一年（一九八六）八月より始まる。相撲協会が主催し、文科省が後援する小学三～六年生を対象とする相撲教室で、年間六回開かれている。一会場で指導する人数は約一〇〇人で、一〇〇人分の廻し、マット、土俵一面を協会が用意し、指導普及部から年寄二名、幕下以下力士二名の計四名が派遣されて指導に当たる。

**しょうぶきてい【勝負規定】** 『日本相撲協会寄附行為施行細則　附属規定』に定められた『相撲規則』（昭和三〇年〈一九五五〉五月八日施行）のうちの一つ。制限時間、立ち合い、その他勝負に関して遵守すべきことを、以下の一七ヵ条によって規定している。

第一条　力士が立ち合うまでに、待ったの時間制度を認め、各段により左のごとく定める。

イ　幕内　四分

ロ　十枚目　三分

ハ　幕下二段目以下　二分以内

第二条　審判委員の時計係より指示を受けた呼出、行司は、明瞭に制限時間による待ったなしを力士に伝える。

第三条　制限時間は、呼出が東西の力士の名を呼び終わったときから計る。

第四条　制限時間後は、行司、審判委員が、故意に立たない力士と認めた場合は、負けを宣することができる。

第五条　立ち合いは腰を割り両拳を下ろすを原則とし、制限時間後、両拳を下ろした場合は「待った」を認めない。（平成一〇年〈一九九八〉九月場所改正）

第六条　土俵内において足の裏以外の体の一部が早く砂についた者を負けとする。

第七条　土俵外の砂に体の一部でも早くついた者を負けとする。ただし、吊って相手の両足が土から上がっているのを土俵外に出すとき、自分の足を土俵外に踏み出してから相手の体を土俵外に下ろした場合は、送り足となって負けにならない。

第八条　吊って相手の両足が土から離れても、後退してかかとから踏み切った場合は負けである。

第九条　頭髪が砂についたときは負けである。しかし、相手を倒しながら、瞬時早く髪がついたときは負けにならない。

第十条　土俵外にどれほど高く吊っても、また、相手の体を持ち上げても勝ちではない。

第十一条　俵の上を歩いても、俵の上に足をのせて、つま先、かかとがどれほど外に出ても、土俵の外線から外の砂につかなければ負けとならない。

第十二条　土俵外の空中を片足、両足が飛んで土俵内に入った場合は、土俵外の砂につかなければ負けとならない。

第十三条　締込《しめこみ》の前の垂れが砂についても負けとならない。

第十四条　相手の体を抱えるか、褌《みつ》を引いていて一緒に倒れるか、または手が少し早くついても、相手の体が重心を失っているとき、すなわち体が死んでいるときは、かばい手といって負けにならない。

第十五条　体の機能故障の場合は別として、競技中に、行司、審判委員の指示なくして競技を自ら中止することはできない。

第十六条　前褌がはずれ落ちた場合は、負けである。

第十七条　水入り後の組み直しには、前と違っているときは、力士は意見をのべることができる。

**しょうぶけんさやく【勝負検査役】** 江戸時代は中改めと称され、『角觝《すもう》営業内規則』を明治一九年（一八八六）一月に改正した『角觝仲間申合規則』の条項に、「取締組長並びに勝負検査役立ち会い協議の上順序及び給金相定め」と記され、力士の番付編成などに加わった年寄上位職の役名であった。通称で「検査役」ともいった。明治二〇年一月の番付に「勝負検査役」と記載された。その後、制定の『東京大《おお》角觝《ずもう》協会申合規約』では、協会役員として検査役八名が置かれ、「角力の勝負を実験してこれを記録し、また引分預かり等の処置をなし……」と定めている。番付の記載は同二〇年五月から同二二年一月までなく、同二二年五月から同三〇年一月までは「勝負検査員」となり、同三〇年五月から再び「勝負検査役」となっている。

　昭和以降も呼称は残ったが、昭和四三年（一九六八）二月に協会の組織改変が行われ、新たに審判部が設置されて勝負検査役は「審判委員」と改称された。→〈中改め〉〈審判委員〉〈取締〉

**しょうぶだわら【勝負俵】** 円形の勝負土俵を形成する二〇俵の小《こ》俵《だわら》のうち、四俵ずつ円弧に並べられた計一六俵の小俵の呼称。勝負土俵の円は、この勝負俵一六俵と徳俵四俵とで形成される。勝負

四本柱を背に座る勝負検査役。

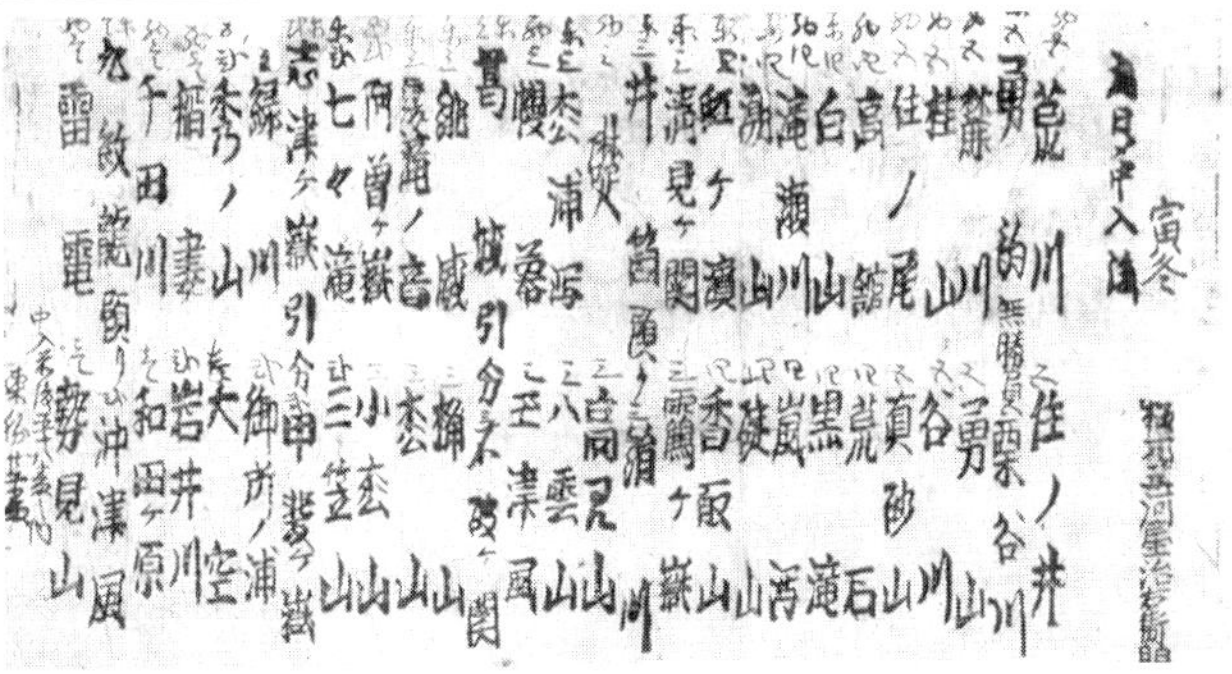

勝負附

俵と徳俵は、他の小俵に比べてやや扁平な楕円状に作り、土俵には断面の楕円が縦になるように埋める。また、固く締めるために直径一センチ弱の玉砂利を土に混ぜて詰める。→〔小俵〕〔徳俵〕〔口絵・土俵俯瞰図〕

**しょうぶづけ【勝負附】** ①主な取組の勝敗を一覧にしたもの。上段に勝者、下段に敗者が書かれた。結びの一番が終わると、印刷した勝負附を売り子が売り歩いたという。星取表がなかったころは、勝負附が一般に勝敗の結果を知る早道であった。明治四二年（一九〇九）に旧両国国技館が完成して以降も館内などで売られた。

②現在は、大相撲勝負星取表を作るために内部資料としてのみ作成されている。本場所一五日間の、序ノ口からの全取組の勝敗を一覧にするが、特に「勝負附」として公開はされない。→〔大相撲勝負星取表〕

**しょうぶどひょう【勝負土俵】** 二〇俵の小俵《こだわら》で円形に作られた部分のこと。→〔土俵②〕〔口絵・土俵俯瞰図〕

**しょうぼうべってぐみ【消防別手組】** 明治九年（一八七六）～一一年の間、力士によって消防活動をした組織の名称。明治維新の後、相撲の衰退を食い止めるべく腐心していた相撲会所が、力士の奉仕活動が必要との警視庁の示唆を受けて政府に請願し、明治九年に創設を許可された。

『見立年式消防組初揃』（猛斎画）。この錦絵では実際に別手組に加わっていない上位力士を描いている。

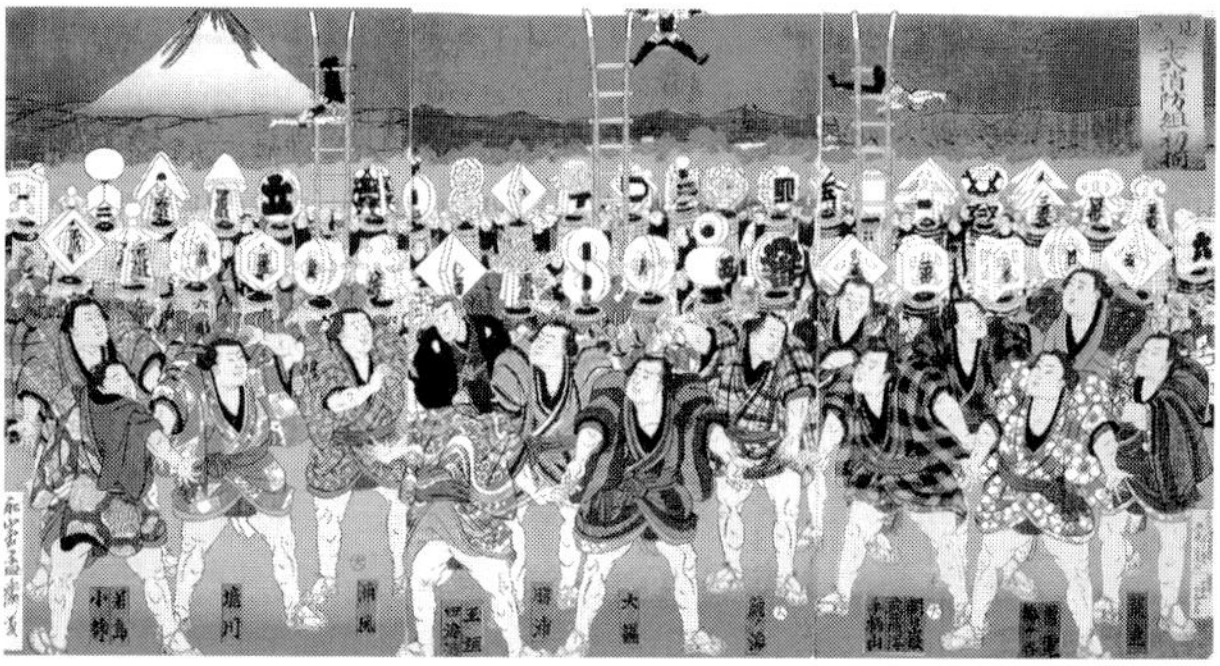

幕下三段目力士五六名をもって構成され、警視庁消防組の別動隊として火事の現場に出動し、燃え広がらないように火の移っていない風下の家や可燃物を取り除く消火作業を行った。三年間で実効をあげ、同一一年八月に解散を願って許可された。「別手組」ともいうが、この組織は相撲に理解のあった西郷隆盛、黒田清隆、伊藤博文、後藤象二郎、板垣退助など政府要人の支援によって日の目を見たといわれている。

**しょうめん【正面】** 土俵の位置関係では青房と黒房の間を「正面」という。正面の溜まりには審判長が座る。正面から見て正対する側を「向正面」、左手を「東」、右手を「西」という。土俵の東西は、地理上の方位と関係なく割り振られている。

**しょうめんさじき【正面桟敷】** 正面の桟敷席のこと。ただし、現在は「桟敷席」とはいわず「桝《ます》席」といい、この言葉は使われない。

**しょうめんだまり【正面溜まり／正面溜】** 土俵溜まりのうち、正面に位置する部分の通称。ここには審判長のみが座る。→〔土俵溜まり〕

**じょうらくじ【常楽寺】** 元亀元年（一五七〇）三月に、織田信長が上洛の途中、近江（現在の滋賀県）において上覧相撲を催した場所の地名。信長の軍記『信長公記』（太田牛一）には、「三月三日に江州国中の相撲取を召し寄せられ、常楽寺にて相撲を取らせ御覧候」と記され、このとき、勝者に重籐の弓を与えたと記述されている。また、この記述には「行事」の文字が見られ、相撲に行司の役目をする者が出現していたことをうかがわせる。

**じょうらんずもう【上覧相撲】** 将軍または諸大名の臨席のもとに行われた相撲。「御前相撲」ともいう。源頼朝による文治五年（一一八九）の上覧相撲が最初とされる。

江戸城内の上覧相撲会場の絵図。

特に江戸時代には、徳川家斉が五回、徳川家慶が二回催している。

**【史料に見られる主な上覧相撲】**

文治五年四月
源頼朝　鎌倉八幡宮（『吾妻鏡』によれば頼朝は以降しばしば上覧相撲を行っている）
正嘉元年（一二五七）一〇月
北条時頼
元亀元年（一五七〇）三月
織田信長　常楽寺（滋賀・甲賀）
天正六年（一五七八）二月
織田信長　安土城（『信長公記』によれば信長はしばしば上覧相撲を行っている）
寛政三年（一七九一）六月
一一代徳川家斉　江戸城吹上
寛政六年五月
一一代徳川家斉　浜御殿
享和二年（一八〇二）一二月
一一代徳川家斉　江戸城吹上
文政六年（一八二三）四月
一一代徳川家斉　江戸城吹上
文政一三年三月
一一代徳川家斉　江戸城吹上
天保一四年（一八四三）閏九月
一二代徳川家慶　江戸城吹上
嘉永二年（一八四九）四月
一二代徳川家慶　江戸城吹上
（寛政三年以降はすべて記述した。）

**しょうれいきん【奨励金】**「幕下以下奨励金」の略称。→〔幕下以下奨励金〕

**しょくむかさんたいしょくきん【職務加算退職金】** 年寄の退職時に協会より年寄退職金とともに支給されるもので、理事長・理事・監事・委員・参与・主任の各役職についた者に加算される。職務加算退職金の算定は、理事長・理事・監事・委員・主任はつとめた期数に応じて、参与はつとめた年数に応じて加算される。略称で「職務加算」ともいう。→〔年寄退職金〕

**しょっきり【初っ切り】** 巡業や花相撲で、幕下以下の二人の力士により演じられるおどけた余興の相撲。滑稽な動きで観客を笑わせるが、初っ切りは本来、相撲の所作や決まり手、禁手などを交えて演じ、それらを観客に知ってもらう目的も持っている。→〔花相撲〕

**しょっくち【初口】** 相撲界独特の

花相撲で初っ切りを演ずる。

表現で、ものごとの初めを表す「初口《しょくち》」がなまった言葉。

**しょっぱい**　相撲界独特の表現で、弱い力士のことや活気がなく消極的な取り口を「相撲がしょっぱい」という。転じて、金がない場合に「懐がしょっぱい」といったり、けちを表現する場合にも用いられる。

**じょにだん【序二段】**　三段目に次ぐ力士の地位の総称。序二段の中でさらに地位が枚数で示され、「序二段二枚目」「序二段三枚目」のように呼び、数が増えるほど下位になる。定員はないが、およそ番付の東西に一六〇名ずつ三二〇名ほどいる。番付では、全員が下から二段目に、「同」の文字をふられて記載される。

**じょにだんぎょうじ【序二段行司】**　行司の階級順位の第七位で、下位から二番目に位置する呼称。序二段および序ノ口の取組をさばく。師匠である年寄や立行司の指導下に置かれる行司養成員として、「幕下以下」とまとめて通称で呼ばれることがある。軍配の房は「黒または青」と規定されている。→〔行司の階級〕〔幕下行司〕

**じょにだんよびだし【序二段呼出】**　呼出の地位の全九段階で上位より八番目。→〔呼出の階級〕

**しょにち【初日】**　①相撲興行の第一日目のこと。初日が日曜日に恒例化されたのは昭和二四年（一九四九）五月からである。それ以前は、「客をとり込む」、「人気がはね上がる」という縁起をかついで酉《とり》か午《うま》の日の大安が初日とされた。「去る、往ぬ・居ぬ」に通じる申《さる》と戌《いぬ》の日は絶対に避けられた。なお、巡業の一日興行の場合には「初日」とはいわない。

②本場所に出場した力士が最初にあげる勝利のこと。初日、二日目と負け続けて、三日目に勝てば「三日目に初日を出す」のようにいう。

**【〜を出す】**　本場所の初日から連敗していた力士が初白星をあげること。「片目が開《あ》く」「目が開く」ともいう。初日から連敗が続いたままの場合は「初日が出ない」という。→〔両目が開く〕

**じょのくち【序ノ口】**　番付に記載される最下位の力士の地位。序ノ口の中でさらに地位が枚数で示され、「序ノ口二枚目」「序ノ口三枚目」のように呼び、数が増えるほど下位になる。定員はないが、およそ番付の東西に五〇名ずつ一〇〇名くらいである。番付では、最下段に「同」の文字をふられて記載される。極細の文字で書かれるところから、「虫眼鏡」と別称される。

　江戸の勧進相撲の番付では、出世の上り口という意味で「上ノ口」と書かれたものもある。

**じょのくちぎょうじ【序ノ口行司】**　行司の階級順位の第八位で、最下位に位置する呼称。序ノ口の取組をさばく。師匠である年寄や立行司の指導下に置かれる行司養成員として、「幕下以下」とまとめて通称で呼ばれることがある。軍配の房は「黒または青」と規定されている。→〔行司の階級〕〔幕下行司〕

**じょのくちよびだし【序ノ口呼出】**　呼出の地位の全九段階で最下位。→〔呼出の階級〕

**しらたま【白玉】**　年寄名跡の一つ。初代は宝暦元年（一七五一）一二月に差添《さしぞい》をつとめた白玉浪右衛門。現在は、元前頭三枚目・琴椿が襲名継承している。

**しらぬい【不知火】**　年寄名跡の一つ。初代は弘化二年（一八四五）に大阪で現役名で頭取をつとめた第八代横綱・不知火諾右衛門。昭和一七年（一九四二）に大阪の頭取から東京の年寄に加えられた。現在は、元小結・若荒雄が襲名継承している。

**しらぬいがた【不知火型】**　横綱土俵入りの二つある型のうちの一つで、他の一つは雲龍型である。横綱土俵入りのせり上がりのときに、不知火型は両手を左右に開く。

この形は、積極的な攻めを示すといわれている。また、横綱の背に回った結び目の輪が二つである。第一一代横綱・不知火光右衛門の豪快かつ優美な土俵入りの型が踏襲されたといわれるが、現在行われている不知火型の土俵入りは、第二二代横綱・太刀山の型を基にしている。→〔雲龍型〕〔横綱土俵入り〕

雲龍型の横綱。

不知火型の横綱。

**しらぬいこうえもん【不知火光右衛門】** 第一一代横綱。熊本県菊池郡大津町出身。文政八年（一八二五）三月三日生まれ。本名は原野峰松のち近久峰松。大阪では湊部屋、江戸では境川部屋。江戸で初めて番付に載ったのは嘉永三年（一八五〇）一一月二段目附出し。安政三年（一八五六）一一月新入幕。文久三年（一八六三）一一月新横綱。明治二年（一八六九）一一月引退。身長一七七センチ・体重一二〇キロ。幕内通算成績は一一九勝三五敗一五分九預、優勝相当の成績は三回。

右四つで強さを発揮したが、うまさもあって、〝足取り〟を得意にする両国梶之助との対戦で、普通に勝っては味気ないというのでわざわざ足取りで破り、評判になったこともある。色白の美男力士で人気もあったが、土俵入りは豪快かつ華麗で「土俵入り名人」と評され、後に「不知火型」として踏襲されたといわれる。

江戸相撲を引退後は、明治三年三月、大阪に帰って下の名は諾右衛門と称し土俵入りだけをつとめる横綱として大阪番付に張り出された。その後は頭取不知火として大阪相撲に貢献した。明治一二年二月二四日、五五歳で没。

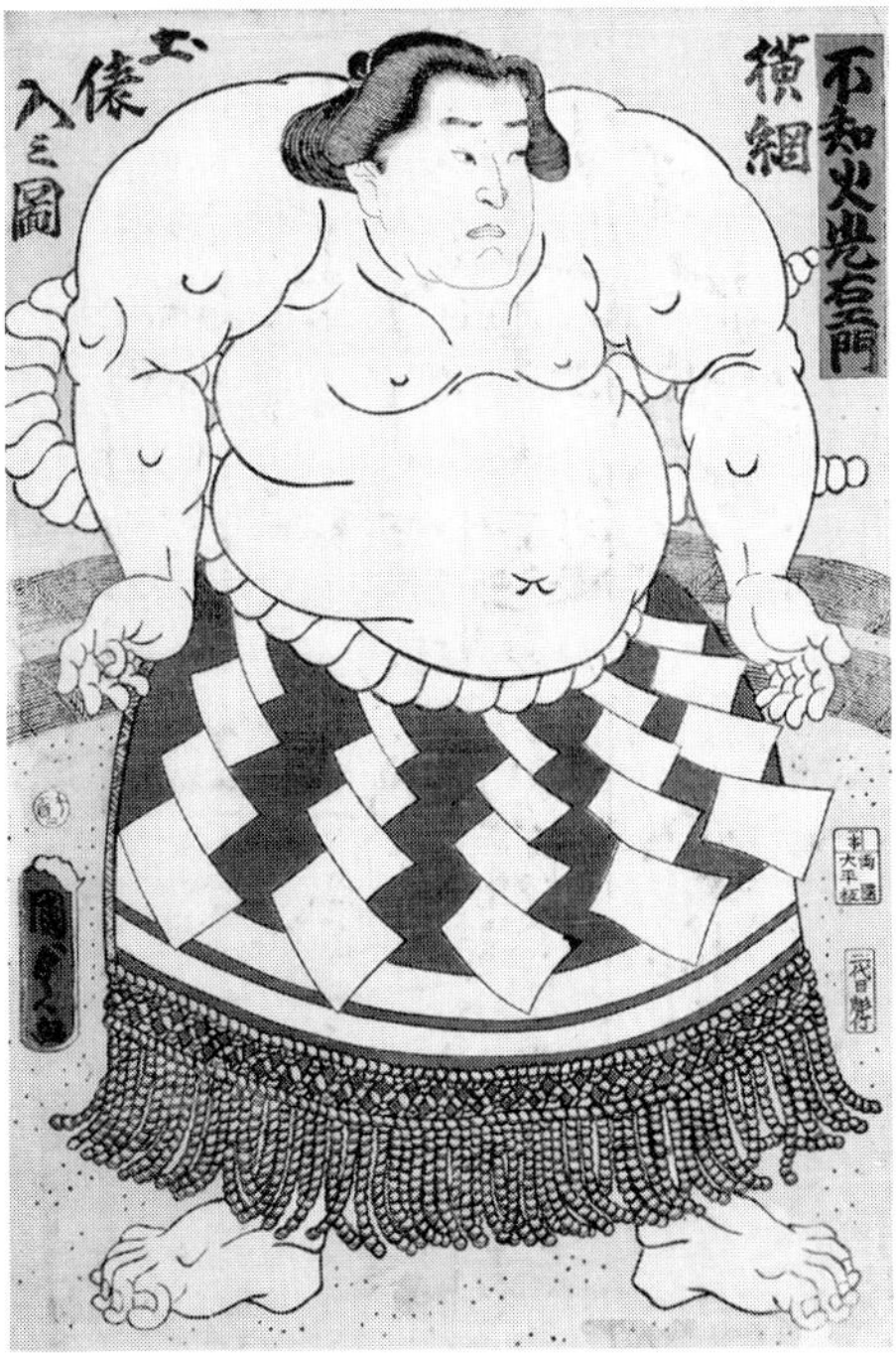


第一一代横綱・不知火光右衛門（二代国貞画）

**しらぬいだくえもん／なぎえもん？【不知火諾右衛門】** 第八代横綱。熊本県宇土市出身。享和元年（一八〇一）生まれ。本名は近久信次。大阪では湊部屋、江戸では浦風部屋。江戸での初土俵は文政一三年（一八三〇）一一月二段目附出し。天保八年（一八三七）一月新入幕。同一一年一一月横綱免許。同一五年一月引退。身長一七六センチ・体重一三五キロ。幕内通算成績は四八勝一五敗三分二預一無、優勝相当の成績は一回。

天保一〇年、入幕後五場所で小結・関脇を経ずに前頭筆頭からいきなり大関になったが、同時期に肥後細川家に抱えられ、翌場所に関脇に落ちてしこ名を濃錦里《のぎのさと》から不知火と改名した。このころまでが不知火の相撲の最盛期で、以降、天保一二年には一時番付から名前が消えたり、名前があっても休場したりして、同一三年春に関脇で復活した。

引退後は大阪に帰って頭取をつとめた。嘉永七年（一八五四）閏七月二四日、五四歳で没。

**じりき【地力】** 力士がもともと持っていた力。また、稽古によって新たに実力が身についたことを「地力がつく」といったりする。

**しろぶさ【白房】** 土俵上方の屋形の、向正面の西寄りに下げられた房。→〔房①〕

**しろぼし【白星】** 本場所の取組での勝ちを意味する。また、星取表に記される白丸印（○印）のこと。負けは「黒星」という。

**【〜は薬】** 体調不十分であったり調子が上がらなくて黒星が続くような場合に、一つ白星をあげることによって、あるいは白星を重ねることによって、次第に調子を取り戻していくという意味をたとえた表現。

**しんかくかい【振角会】** 明治三八年（一九〇五）二月に発足、当時の新聞社の相撲担当記者が任意に集まってつくった会の名称。千秋楽の夜に集会を持って、力士の成績や好取組の批評などを研究し合った。会員は一社一名に限定され、それ以外は入会できなかった。振角会は明治四一年に誕生する「東京相撲記者倶楽部《くらぶ》」の母体となり、さらに現在の「相撲記者クラブ」に至る。→〔東京相撲記者倶楽部〕

**しんきたい【心・気・体】** 「心を修め、気を養い、体を整う」の意味で、「心静ならざれば敵の動静を察知すること能わず、気鋭かざれば業も通ぜず、力及ばざれば敵を屈せしめることできず」という教訓である。また、相撲でも「心・技・体」を「心を修め、技を養い、体を整う」の意味で使うことがある。

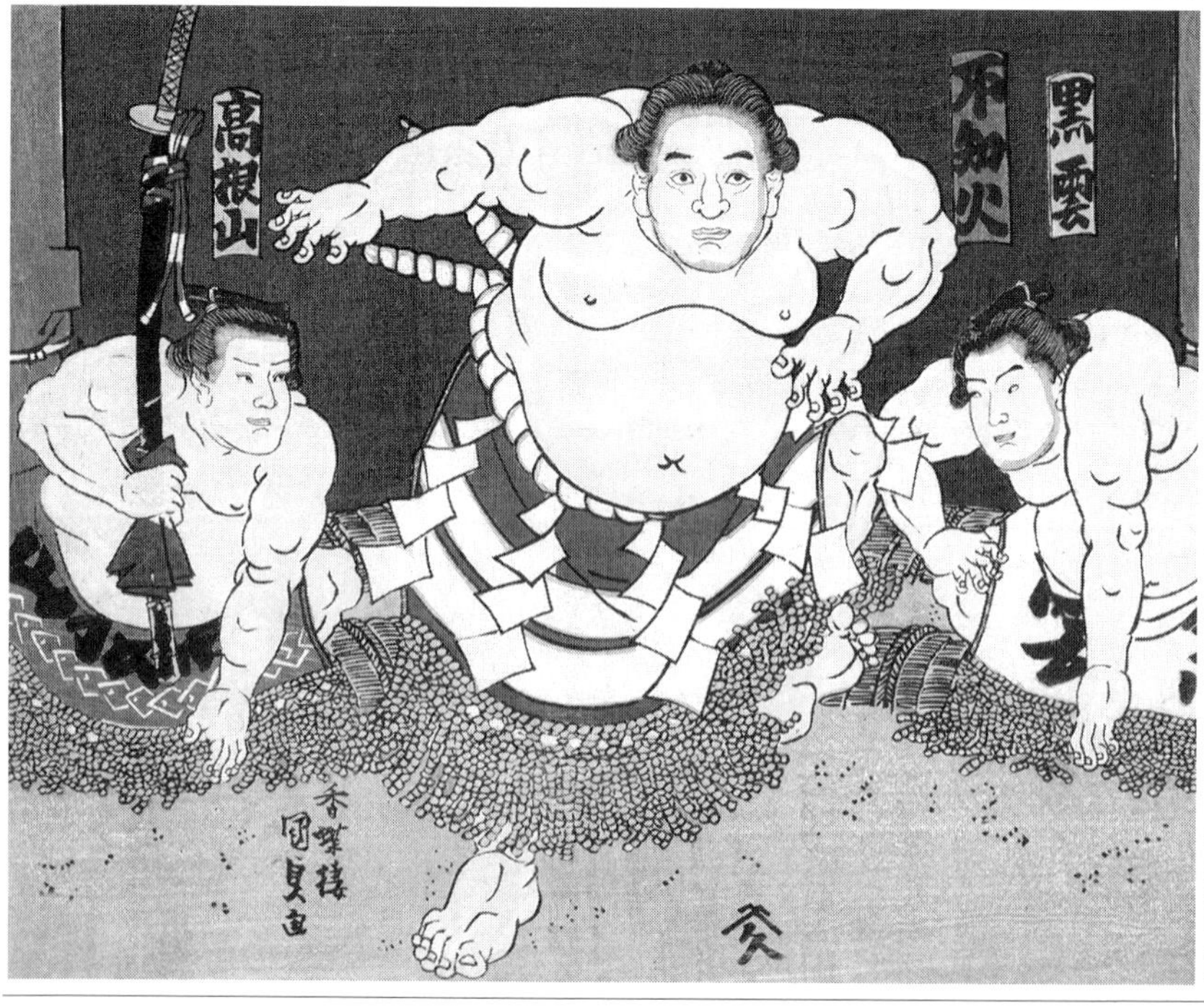


第八代横綱・不知火諾右衛門（香蝶楼国貞画）

**しんきゅうしけん【進級試験】** 指導普及部の職掌の一つ。協会の『相撲道場規則』には相撲道場の「会員は進級試験を受けることができる」と書かれている。現在は、指導普及部が統轄する相撲道場支部に参加する人たちが受けている。→〔相撲道場〕

**しんこうりきしだん【新興力士団】** 正式名称は「大日本新興力士団」といった。→〔春秋園事件〕

**しんじずもう【神事相撲】** 人々の平和な暮らしや農作物の豊かな実りなどを祈願して、神事として行われる相撲のこと。地域によっては、隣接する集落どうしの間で代表を選んで相撲を取らせ、その勝負によって五穀豊穣の吉凶を占うこともある。主に神社の境内や神前で地元の人々により祭礼として行われる。

神事相撲は古くから日本各地にさまざまな形態で伝えられるが、古代からの伝承や習俗を残すものも多く、相撲が本来、農耕儀礼として行われた神事であったことをうかがわせる。→〔相撲節〕〔巻末・各地の主な神事相撲〕

**しんじゅうりょう【新十両】** 幕下の地位の力士が、初めて十枚目（十両）に昇進すること。幕下二段目も十枚目も同じ番付二段目に記載されるが、地位や待遇の差には歴然としたものがあり、力士は十枚目になって初めて「関取」と呼ばれる。→〔十枚目〕〔関取〕

**しんじょ【新序】** 現在、入門して新弟子となった力士は、本場所で前相撲を取って新序出世披露を受け、「新序」となり、翌場所の番付の序ノ口にしこ名が記載される。

しかし、昭和三三年（一九五八）三月までは「新序」として大相撲勝負星取表に記載され、同三五年一一月までは「序ノ口及び新序」として星取表に記載された。→〔前相撲〕

**しんじょしゅっせひろう【新序出世披露】** 新弟子は、前相撲を取っ

新序出世披露。化粧廻しは兄弟子たちから借りたもの。

さ

て新序となり、翌場所からしこ名が番付の序ノ口に記載される。この新序になったときに、土俵上で行司の出世披露言上とともに紹介される儀式をいう。本場所中、三段目の取組の途中で行われる。

出世披露言上は「出世触れ」ともいい、幕下行司以下の行司が行う。呼出が「東西東西」と触れた後、行司は「これに控えおります、力士儀にござります。ただ今までは、番付外に取らせおきましたところ、当場所成績優秀につき、本日より番付面に差し加えおきまするあいだ、以後相変わらずごひいきお引き立てのほど、ひとえに願いあげたてまつります」と口上を述べる。

新序力士は、親方や兄弟子の化粧廻しを借りて締め、披露された後、協会の各部署に所属部屋としこ名を述べてあいさつをして回る。→〔前相撲〕

**しんずもう【新相撲】** 女子アマチユア相撲のこと。興味本位のものではなく純粋のスポーツであり、ぶちかましや顔への突っ張りなどもあり、ルールは男子と同じである。服装はレオタードの上に特製の廻し一体型の新相撲パンツを着用する。

将来のオリンピック出場を目標にしている日本相撲連盟が、相撲を「世界のスポーツ」にするために女子相撲普及に乗り出し、新組織「日本新相撲連盟」を平成八年（一九九六）四月に大阪で発足させた。現在、フランスなど欧米では新相撲に強い興味を見せており、勝負が早く決まり、ルールが簡単ということで海外普及は着実に進んでいる。→〔アマチュア相撲〕〔日本相撲連盟〕

**しんちゅうぐんいあんおおずもう【進駐軍慰安大相撲】** 終戦直後の昭和二〇年（一九四五）一一月一四日に、進駐軍の希望によって開催した相撲。同年三月の東京大空襲で被災して応急修理された旧両国国技館で開催された。

このとき、土俵の直径を一尺（約三〇・三セン）広げて一六尺とし、「待った」を三回に短縮して行った。二日後に初日を迎えた秋場所もこの一六尺土俵で行われたが、「体力が衰えている上に、小さい力士には不利」と力士には広い土俵は不評で、翌場所からは本来の一五尺に戻された。→〔土俵の変遷〕

**しんでし【新弟子】** 新弟子検査に合格した力士、および土俵経験のごく浅い力士のことをいう通称。普通、入門から一年間くらいは「新弟子」と呼ばれるが、相撲協会の正式名称は「力士養成員」である。また、入門直後の半年間は相撲教習所に通って実技と学科を学ぶが、その間は「教習所生」とも呼ばれる。→〔教習所生〕〔相撲教習所〕〔力士養成員〕

**しんでしけんさ【新弟子検査】** 正式には「力士検査」という。力士を志望する者が、『日本相撲協会寄附行為施行細則』の規定にしたがって受ける検査。受験資格や協会の採用基準については、同『施行細則』の第五十五条に詳しく定められている。→〔幕下附出し〕〔力士検査〕〔力士入門規定〕

**しんない** →〔よかた〕

**しんにゅうまく【新入幕】** 十枚目の地位の力士が、初めて幕内に昇進すること。

**しんばしくらぶじけん【新橋倶楽部事件】** 明治四四年（一九一一）一月、春場所を前にして発生した紛擾事件の通称。

春場所前、関脇以下十両以上の力士一同は協会に対し、配当金、養老金などに関する待遇改善を求めた。浪ノ音ら代表は横綱・大関に協会との交渉を依頼したが、国技館建設の多額の借財などを理由に聞き入れられず、五四名の力士が「新橋倶楽部」に立てこもり、独立興行を目指して稽古土俵を築き対立した。

横綱・大関はさらに交渉したが協会と合意に至らず、二度にわたる好角家たちの調停によって、場所後の協会の収支決算に横綱が指名する力士側立会人が加わること、毎場所後に協会総収入の一〇分の一を慰労金として支給し、その三分の二を横綱・大関を含む関取衆に配当、残りを引退力士への養老金として積み立てることなどが決まり、両者は和解した。これによって、春場所は二月四日から興行された。

**しんぱんいいん【審判委員】** 日本相撲協会の審判部に所属して、『寄附行為施行細則　附属規定』の『審判規則』（昭和三五年〈一九六〇〉五月八日施行。同五八年七月改正）に規定された本場所相撲における勝負の判定などの業務を行う。審判委員は、理事会の詮衡を経た委員のうちから理事長が任命し、定員は二〇名以内、任期は一年で再任もある。

本場所の場では審判委員は「審判」と呼称される。幕内・十枚目の取組では審判部長・副部長がつとめる審判長を含めて審判四名、または五名が土俵溜まりに座って勝負の判定に当たる。最近は五名の場合が多い。審判は厳正かつ公平を期するために、以下の『審判規則　審判委員』に規定された一二ヵ条にしたがう。

第一条　任命された審判委員は、幕内、十枚目は五人または四人ずつ、幕下、三段目、序二段は三人ずつ、それ以下は二人ずつで、所定の位置において相撲勝負の判定に加わる。人数は、ときにより、変動することができる。

第二条　審判委員は、東西に各一人、行司溜まりに二人、そのうち東寄りの審判委員は時計係となり、五人の場合は正面につく。

第三条　審判委員は、勝負の判定を正しくし、公平に決定する責任があるから、行司の軍配に異議を感じた場合は、直ちに速やかに、異議ありの意思表示をして、協議に入らねばならない。

第四条　審判委員は、見え難い位置において勝負がついた場合など、理由があれば協議に際して棄権することができる。

第五条　審判委員は、控え力士からの物言いがついた場合、これを取りあげて協議しなければならない。

第六条　審判委員は、勝負の判定に限らず、土俵上いっさいの競技進行に留意し、相撲競技規定に抵触または違反のないようにする責任がある。

第七条　力士が競技規定に違反し、相撲精神を汚し、また、禁手等を犯したときは、直ちに審判委員の協議を開いて、適宜の処置をしなければならない。

第八条　審判委員は、勝負記録をつけて、協会の勝負記録係に報告しなければならない。

第九条　審判委員は、土俵に出場する場合は、紋服白足袋を着用しなければならない。

第十条　審判委員は、水入り後の組み直しには、満足するまで行司に注意しなければならない。

第十一条　審判委員は、引き分けと認めざるを得ない勝負については、土俵上で決定する。

第十二条　審判長は、物言いの協議に際し、最終的に判定を裁決するものとする。

なお、審判部および審判委員は、昭和四三年に協会の組織改変があって設置された。それ以前は「勝負検査役」の名称であった。→〔審判規則〕〔審判部〕〔中改め〕〔勝負検査役〕

**しんぱんきそく【審判規則】**『日本相撲協会寄附行為施行細則　附属規定』に定められた規則で、昭和三五年（一九六〇）五月八日に施行された。内容は「行司」「審判委員」「控え力士」「禁手反則」の四項目に分けられ、それぞれについて本場所競技において遵守すべき条項を定めている。→〔行司〕〔禁手反則〕〔審判委員〕〔控え力士〕

**しんぱんこうたい【審判交替】** 現

さ

在は、取り組む力士の地位に応じて二人～五人一組みの審判委員が、本場所の一日に七回入れ替わっている。一日には約二〇〇番を超える取組があり、序ノ口の取組開始から幕下の取組終了までは、四組の審判委員が交替してそれぞれ四〇番前後をつとめる。十枚目土俵入りの後に交替した審判委員が幕下上位の五番と十枚目の取組をつとめ、中入で一度、さらに幕内の前半戦終了後に一度交替がある。→〔審判委員〕

**しんぱんちょう【審判長】** 本場所の十枚目以上の取組では、協会審判部の部長または副部長がつとめ、他の審判委員とともに勝負の判定に当たる。審判長は正面に座り、物言いがついて土俵上で協議があった場合には、その内容や判定について館内に説明する。観客に配布される取組表に記載された審判委員のうち、太字で示された一名が審判長である。なお、幕下以下の取組では審判委員が持ち回りで審判長役をつとめる。

**しんぱんぶ【審判部】** 日本相撲協会の事業の実施に当たり『寄附行為施行細則』により配置された部署の一つ。職務は『審判部規定』に明示され、本場所相撲における勝負の判定、取組の作成、番付の審査編成、力士や行司に対する賞罰に関する事項、公傷に関する事項、その他相撲競技に関する事項等を行う。

組織は、部長、副部長および二〇名以内の委員で構成され、相撲競技実施に当たっては、部長・副部長は「審判長」、審判委員は「審判」と呼称される。

**しんぱんぶきてい【審判部規定】** 『日本相撲協会寄附行為施行細則附属規定』に定められた、審判部の構成や業務などに関する規定。昭和五四年（一九七九）一月施行。同五六年一月改正。なお、相撲競技の実施に当たって審判が遵守すべき事項は、同『附属規定』に『審判規則　審判委員』が別に定められている。

**しんぱんぶしつ【審判部室】** 本場所の会場内に設置される審判長・審判（審判委員）の控え室。通称「審判室」という。東京ではここで取組編成、番付編成が行われるが、地方では会場によって異なる。

**じんまく【陣幕】** 年寄名跡の一つ。初代は宝暦四年（一七五四）に引退して大阪の頭取になった陣幕長兵衛。昭和二年（一九二七）の東西合併の際に大阪の頭取から東京の年寄に加えられた。現在は、元前頭筆頭・富士乃真が襲名継承している。

**じんまくきゅうごろう【陣幕久五郎】** 第一二代横綱。島根県松江市出身。文政一二年（一八二九）五月三日生まれ。本名は石倉槇太郎。大阪では朝日山部屋、江戸では秀ノ山部屋。江戸で初めて番付に載ったのは嘉永三年（一八五〇）一

第一二代横綱・陣幕久五郎（国輝画）

一月二段目附出し。安政五年（一八五八）一月新入幕。慶応三年（一八六七）四月横綱免許。同年一一月引退。身長一七三センチ・体重一三七キロ。幕内通算成績は八七勝五敗一七分三預、優勝相当の成績は五回。

寄り切りを得意としたが、じっくり構えて自分の型に入ると守りが固く、「負けずや」と異名された。明治二年（一八六九）三月の大阪相撲で土俵入りだけをつとめ、そのまま大阪で相撲頭取総長となった。その後、大阪相撲の資格を東京相撲と同格にするなど貢献した。

相撲界を離れて後、各地で顕彰碑等を建てて回ったが、東京都江東区の富岡八幡宮の「横綱力士碑」が有名である。明治三六年一〇月二一日、七四歳で没。→〔番付の歴史／カコミ・創作された番付〕〔横綱力士碑〕

……す……

**すいきょしき【推挙式】**「横綱推挙状授与式」の略称。ちなみに、「推挙」は横綱だけでなく大関昇進でも使われる言葉であるが、大関に対しては「昇進伝達式」のみが行われる。→〔昇進伝達式〕〔横綱推挙状授与式〕

**すいきょじょう【推挙状】**「横綱推挙状」の略称。→〔横綱推挙状〕

**すかす** 相撲界独特の表現。力士などが、厳しい稽古がつらくなったりして、部屋を無断で逃げ出すこと。同じ意味の表現に「けつを割る」「旅に出る」「わらじを履く」「げたを履く」「飛行機に乗る」などがあるが、その時代や部屋によって異なる。また、無断で宴席などを抜け出すこともいう。

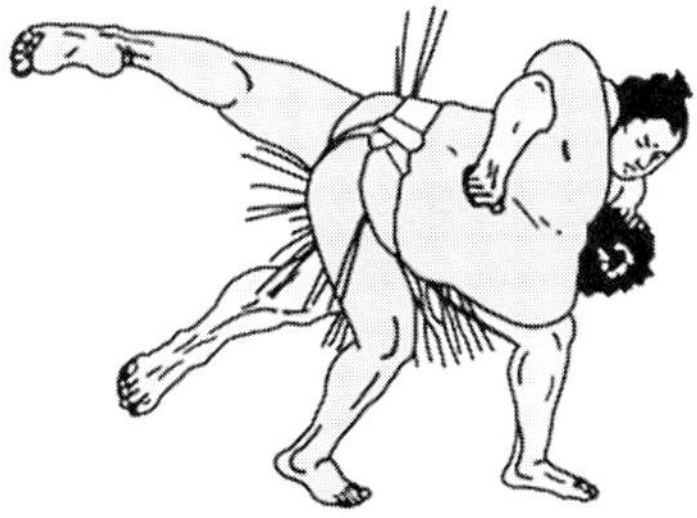
決まり手・掬い投げ

**すくいなげ【掬い投げ】** 決まり手八二手の一つ。下手を差したら廻しを取らずに、腕《かいな》を返して、相手の脇の下から上のほうへすくい上げるように投げを打って倒す。きれいに決まると、相手は半回転してあお向けに倒れる。両差《もろざ》しの体勢から掬い投げを打つと、決まり手は「巻き落とし」になることが多い。→〔決まり手〕

**すくう** 相手の脇の下に腕《かいな》を差し入れ、腕を返して相手の上手を跳ね上げるようにすること。すくうと同時に投げを打って勝負が決まれば、決まり手は掬い投げとなる。

右の力士が腕を返してすくった瞬間。

**すそとり【裾取り】** 決まり手八二手の一つ。四つに組んで、相手が上手投げを打ってきたときに、足を送って投げを残しながら下手廻しを放し、その手で相手の投げを支えているほうの足首を取ってあ

決まり手・裾取り

お向けに倒す。相手の足首が、ちょうど着物の「裾《すそ》」の位置にあたるところから、この名がある。めったに見られない決まり手である。→〔決まり手〕

**すそはらい**【**裾払い**】決まり手八二手の一つ。出し投げを打ったり引っかけたりして相手の体を横に向け、相手の手前側になった足首のくるぶしのあたりを後方から前にけり払うようにして、相手をあお向けに倒す。→〔決まり手〕

決まり手・裾払い

**ずつきをかます**【**頭突きをかます**】相撲界独特の表現で、師匠や先輩力士が若い力士をしかること。しかられる側からは「頭突きを食らう」という。なお、技術用語としては現在は「頭突き」を使わず、「頭で当たる」という。

**すな**【**砂**】土俵の上に敷かれた砂、あるいは蛇の目の砂。呼出の手で常にきれいに掃き整えられる。砂は目の細かい川砂を用いる。→〔蛇の目〕〔土俵①②〕

【**〜負け**】土俵の砂で肌が荒れたり化膿したりすること。現在は素足で土の上を歩く習慣がないため、新弟子時代にすり足で足裏の皮膚が荒れ、稽古を休めないまま悪化させる場合がある。しかし、体が慣れるにしたがって足の裏も強くなり、徐々にそのようなこともなくなる。

【**〜をかむ**】あたかも足の指が土俵の砂をかむようにしっかりと土俵につき、押されても簡単に動かない状態をいう表現。この相撲独特の足のこなしは、稽古のときから足の指に力を入れ、しっかりと土俵をとらえる鍛練をして体得される。

**すなかぶり**【**砂かぶり**】「溜まり席」の通称。土俵近くにあり、土俵上の熱戦で客席まで砂が飛んでくることからこのように呼ばれる。→〔溜まり席〕

**すなきゅう**【**砂久**】相撲界独特の表現で、サービス、待遇が悪いこと。明治時代に実在した旅館の名前である。相撲関係者の常宿であったが、客扱いがぞんざいでサービスが悪かったために、その名前が象徴的に使われるようになった。

**すねからあせ**【**すねから汗**】上半身は汗をかきやすいが、下半身の特に足のすねから汗が出ることは少ない。すねから汗が出るほど、しっかり稽古をせよという教訓である。

**スピードしゅっせ**【**スピード出世**】報道関係の造語で、短期間のうちに著しく番付の地位を上げること。または、出世にかかった期間が平均に比べて特に短いことをいう。ただし、平均的な期間は時代によって異なる。昭和三三年（一九五八）一月に六場所制になって以降、初土俵から入幕までの場所数が特に少なく、スピード出世といわれた力士は次のとおりである（〈 〉内は所要場所数・最高位。昭和三二年九月場所以降初土俵幕下附出し力士は除く）。

常幸龍〈九〉、大砂嵐〈一〇〉、北勝富士〈一〇〉琴欧洲〈一一・大関〉、阿覧〈一一・関脇〉、正代〈一一〉、高鐵山（板井）〈一二・小結〉、小錦〈一二・大関〉、栃東〈一二・大関〉、朝青龍〈一二・横綱〉、時天空〈一二・小結〉、嘉風〈一二〉、把瑠都〈一二・大関〉、境澤〈一二・前頭一五枚目〉、山本山〈一二・前頭九枚目〉、宇良〈一二〉

→〔スロー出世〕

**ずぶ**「丸預かり」の俗称。→〔預かり〕〔丸預かり〕

**ずぶねり** 決まり手八二手の一つ。四つに組んで体を低く構え、相手の肩や胸に頭をつけ、相手の差し手《で》を抱えるか肘を押さえつけるかして、頭を軸に上手のほうから相手をひねって倒す。相手の出鼻にしかけると有効である。頭を中心にしてひねるので、「頭《ず》ひねり」がなまってこの名になった。→〔決まり手〕

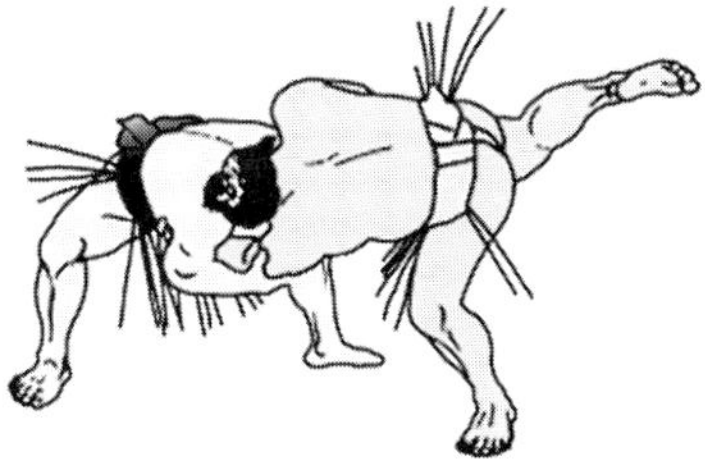
決まり手・ずぶねり

**すまい**【**相撲**】旧かな遣いでは「すまひ」。また、「すまふ」ともいった。「すまひ」「すまふ」は古くからある大和言葉（本来の日本語）で、「須埋《すまい》」「須末比《すまひ》」「須末《すま》布《ふ》」などの万葉仮名が用いられ、「争い、争う」の意味であった。これに、中国から渡来した「相撲」の文字を当てたものと思われる。

「相撲」の文字は『日本書紀』（養老四年〈七二〇〉完成）に初めて使われ、奈良～平安時代の相撲節《すまいのせち》で常用されるようになり、江戸時代に至った。

一時、明治～大正時代に「角力」や「角觝」を「すもう」と読ませたり文字に当てたりしたが、昭和以降は「相撲」の文字に統一されている。→〔相撲《すもう》〕

**すまいせん**【**相撲銭**／**相舞銭**】中世後期に、寺社などの課役があったときに、相撲人を出す数に比例して郷ごとに賦課された銭貨のこと。

文明四年（一四七二）、『大乗院寺社雑事記』には奈良・興福寺領の課役の雨乞いで「相撲役勤仕」の基準に従い銭貨を賦課したと記されている。

**すまいのせち**【**相撲節**】「相撲節《すまいのせち》会《え》」ともいった。奈良時代より平安時代末期まで行われた、天皇が宮中で相撲を叡覧した荘重華麗な儀式。現在の大相撲の原型となった。『続日本紀』（延暦一六年〈七九七〉奏上の勅撰史書）に、元正天皇の養老三年（七一九）七月に抜出司《ぬきでのつかさ》（相撲節を取り扱う役目。

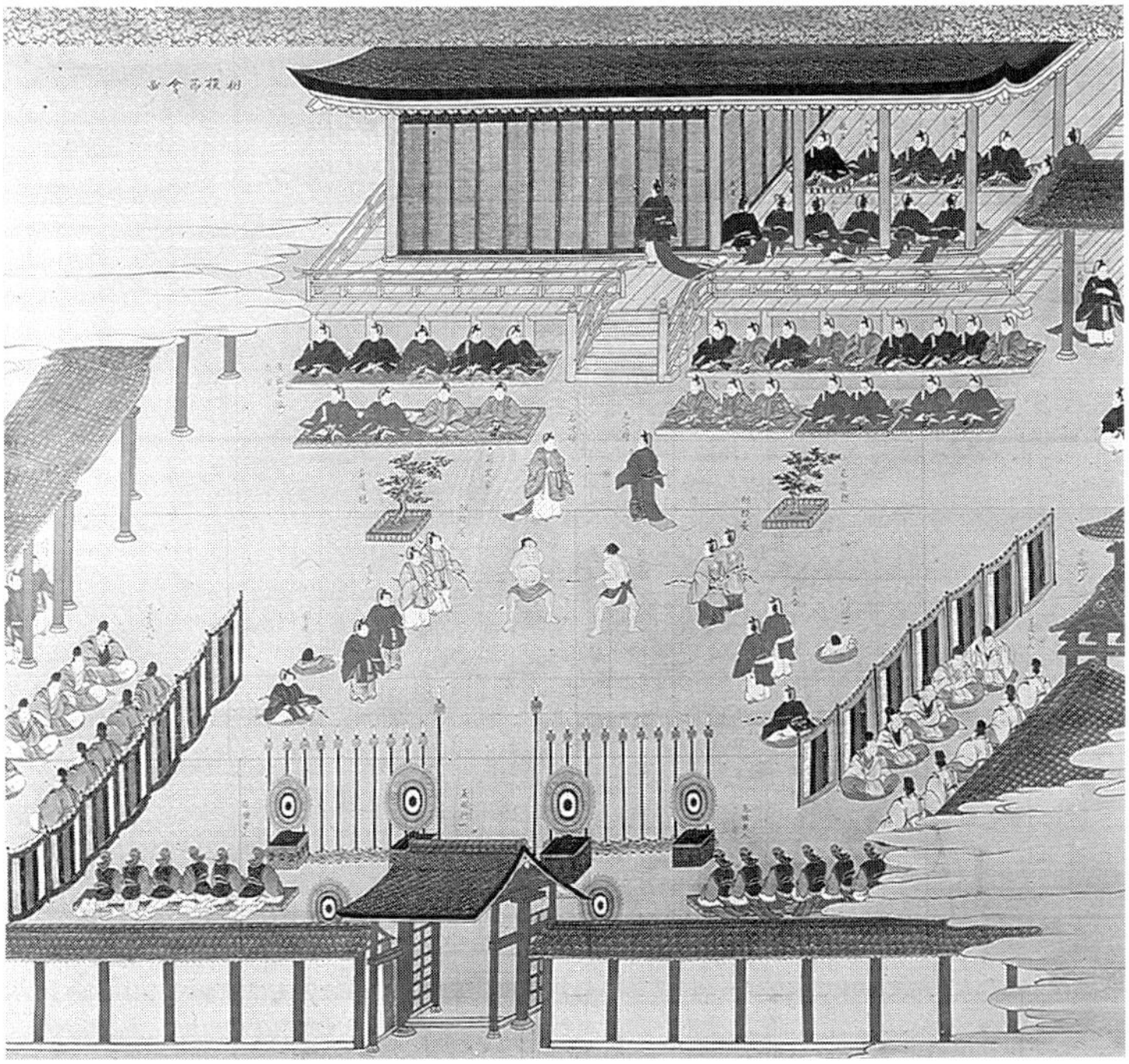
相撲節の絵図。中央に相対する相撲人、正面奥の御簾の中に天皇の座がある。

後に「相撲司《すまいのつかさ》」と改称）を任命、聖武天皇の神亀五年（七二八）四月に諸国の郡司に相撲人《すまいびと》の貢進を勅命、同天皇の天平六年（七三四）七月七日に「天皇観相撲戯」と記述があり、このころより宮中行事として定着した。

　平安時代にさらに発展して、制度の充実が図られ、『延喜式』（延喜五年〈九〇五〉撰進開始）には相撲節は三度節《さんどせち》〈注〉の一つとして記載されている。

　その次第は、開催を宣する「召仰《めしおおせ》」の儀式、相撲人（力士）が鍛練をしそれを検分する「内取《うちどり》」、実際に勝負を叡覧する「相撲召合《すまいめしあわせ》」、選抜した相撲人を取り組ませる「追相撲《おいすまい》」、相撲人を慰労する「還饗《かえりあるじ》」などがほぼ一ヵ月にわたって行われた。

　しかし、たび重なる内乱により、承安四年（一一七四）を最後に相撲節は廃絶した。〈注〉三度節＝朝廷の三大行事で、一月一七日の射礼《じゃらい》、五月五日の騎射《うまゆみ》、七月二五日の相撲《すまい》があった。相撲節で召合が行われた日は時代によって変動し、初期には七月七日、後に七月一六日、二五日、二八日、二九日などに行われた。→〈相撲節の儀式〉〈相撲節の役職〉〈相撲人〉

**すまいのせちのぎしき【相撲節の儀式】** 奈良～平安時代の相撲節では、主な儀式として以下のことがほぼ一ヵ月にわたり順次催された。

【召仰《めしおおせ》】相撲節の開催を宣する儀式で、召合《めしあわせ》の十数日前に行われた。相撲節を準備するようにとの天皇の仰せを上卿《しょうけい》が受け、上卿から左右の近衛次将に相撲節の開催と日程などが伝えられ、次将より大将、兵衛《ひょうえ》、宮人《みやびと》などに伝達された。この召仰のときに、相撲節に舞楽を加えるか否かが定められた。

【内取《うちどり》】相撲召合《すまいめしあわせ》の当日に備えて相撲人《すまいびと》が鍛練をする儀式。内取を行う前に、左・右近衛府で大将以下が協議して各陣営の最手《ほて》（最強の相撲人）、腋《わき》（最手の次位）を選定し、相撲人交名《きょうみょう》（名簿）を作成したうえで内取の手番《てつがい》（取組順）を決めた。内取は近衛府ごとに行われ、左相撲（左近衛府に属する相撲人）どうし、右相撲（右近衛府に属する相撲人）どうしで顔を合わせた。

　内取の叡覧は清和天皇在位（八五八～八七六）のころに始まり、その後に慣例化したが、文献に「内取」と書かれたのは村上天皇の天暦年間（九四七～九五七）である。内取は、左右の近衛府が行った「府の内取」と、仁寿殿の前庭で叡覧の下に行われた「御前の内取」とに分けられた。府の内取の終了後、相撲召合の二、三日前に御前の内取が行われ、天皇も左相撲、右相撲の内取を別々に観覧した。また、相撲人が庭前に列を作り、天皇がその体格筋骨などを検分する儀式を「相撲人御覧」といった。

平城京出土の土器に書かれた「左相撲」の文字。（協力：奈良市教育委員会）

【相撲召合】相撲人が各一七人ずつ左・右近衛府に配属され、勝負を競った儀式のこと。相撲節ではもっとも重要な儀式として紫宸殿で行われた。単に「召合」ともいう。

【追相撲《おいすまい》】相撲召合の翌日に行われた重要な儀式。前日の相撲召合の余韻を楽しみ、前日の優秀な相撲人を選抜して取り組ませる抜出《ぬきで》が数番あり、勝負が持《もち》（引き分け、預かりなど）となったものの決着をつけるなどの意味あいがあった。嵯峨天皇の弘仁一二年（八二一）に『八日相撲式』で追相撲の式次第が詳しく制定された。式場は召合と同様に紫宸殿であった。

また、天皇による相撲人御覧も行われた。追相撲では相撲召合当日より舞楽が多く演じられた。

【還饗《かえりあるじ》】すべての節会の儀式が終わり、後日になって左右の近衛大将がそれぞれ自分の陣営の相撲人や関係者を自邸に招いて行った、慰労の饗宴のこと。「相撲還饗」ともいった。相撲還饗の文字は、延喜一〇年（九一〇）八月の文献に見られる。還饗では、酒宴の合間に相撲や布引《ぬのびき》（布を引き合う競技）などの余興を行い、勝者には禄布や絹布が与えられ、それぞれ役職の者たちにも大将から下賜品が与えられた。

【臨時相撲】ほぼ一ヵ月にわたる相撲節の儀式を終えた後、諸国に戻らずに滞京している相撲人や禁中守護の兵士に、相撲を取らせたもの。臨時相撲は略式で行われ、主として上皇がご覧になったが、叡覧された例もあった。臨時相撲では終わってから、左右の相撲人に布の引き合いをさせて勝ったほうに授ける「布引」や、負けたほうが物を献上する「輸物《かけもの》」などの余興が行われた。ただし、「臨時相撲」の名称で呼ばれたかどうかは不明である。

【童相撲】相撲節の召合の儀式にならって、童子が取った相撲のこと。しばしば叡覧があった。初めて童相撲が行われたのは清和天皇の貞観三年（八六一）で、このとき天皇は一一歳であった。その後もしばしば開催された。童相撲でも相撲召合と同様に左右各二〇人の童子が選ばれて取り組み、相撲が終わると、猿楽や曲芸など幼帝たちの喜びそうな催しが行われたこともある。ただし、「童相撲」の名称で呼ばれたかどうかは不明である。→〔相撲節〕〔相撲節の役職〕〔相撲人〕

**すまいのせちのやくしょく【相撲節の役職】** 相撲節では以下の役職がそれぞれ任命されて運営に当たった。

【相撲司別当《すまいのつかさべっとう》】平安時代の相撲節で宣旨によって任命された、儀式の総裁ともいうべき役職。左右に各一名ずつ配置され、多くは親王が就任した。別当は、いわば名誉職で、実際の儀式の統轄は、その下位の相撲司が行った。

【相撲司《すまいのつかさ》】相撲節の儀式いっさいを取り計らい、運営に当たった。左相撲司と右相撲司が置かれ、『延喜式』（延喜五年〈九〇五〉撰進開始）には左右一二人と定められているが、人数は時代によって異なる。相撲司は参議が侍従の中から選んで奏上し、中務省に任命され、その下に多くの宮人、雑楽人たちが配置された。この役職は、『続日本紀』（延暦一六年〈七九七〉奏上の勅撰史書）には「抜出司《ぬきでのつかさ》」の名称で見られ、淳和天皇の天長三年（八二六）の文献で「相撲司」になっている。

【出居《いでい》】左右の近衛中将以下の武官が任命され、勝負の審判をつとめた。服装は闕腋袍《わきあけのほう》、靴、長剣を着けた。

弓を手に立合（右端）が勝負を告げる。

【相撲長《すまいのおさ》】左・右近衛府から各二人ずつ出され、相撲人《すまいびと》（力士）の監督や世話をした。相撲人の髪の乱れや犢鼻褌《とうさぎ》（褌《みつ》）のゆるみを直したり、競技中に落ちた挿頭《かざし》（造

絵巻に描かれた仕度をする相撲人たち。

花）を走り出て拾ったり、競技がもつれると両者を引き離したりした。服装は冠、緌《おいかけ》（冠の装飾物）、退紅色の袍《ほう》、白半臂《はんび》、白下襲《したがさね》、白布袴《ほうこ》、無絵尻鞘、靴など。

【立合《たちあわせ》】左右に各二人ずつ配置され、相撲人を立ち合わせる役目を担った。現在の行司のような役割であった。服装は相撲長と同様だが、立合は箭《や》を負って弓を手にした。なお、立合、籌刺《かずさし》、奏名《ふしょう》などの役は、相撲長より地位の低い者が任命された。

【籌刺】「奏籌者」「籌指」「立籌者」とも書いた。左右に各二人ずつ配置され、「立籌《たてかず》」といって、勝負が終わるごとに地面に矢を立て、勝方《かちかた》の数を示し勝負の数を記録した。服装は立合と同様であった。

【奏名】「府生」「唱名」とも書き、「奏名者」「唱名者」ともいった。相撲人の名を奏上した。後の呼出のような役目であった。

【伶官《わざおぎ》】舞楽を奏した。左右に配置され、服装は青袍に平胡《ひらやなぐい》を負い、絲鞋《いとのくつ》、左伶官は桔梗《ききょう》、右伶官は女郎花《おみなえし》の造花をつけた。↓〔相撲節〕〔相撲節の儀式〕〔相撲人〕

**すまいのつかい**【相撲使】「部領《ことりの》使《つかい》」のこと。↓〔部領使〕

**すまいびと**【相撲人】奈良～平安時代に行われた相撲節《すまいのせち》において、諸国から貢進されて相撲を取った人のこと。相撲人は左右の近衛府に分属され、それぞれ左相撲（左方）、右相撲（右方）と呼称された。儀式の隊列での服装は、烏帽子《えぼし》、狩衣《かりぎぬ》を着け、袴《はかま》を着けずに犢鼻褌《とうさぎ》（褌）に紐小刀《ひもがたな》を差し、素足であった。

相撲召合《すまいめしあわせ》（取組）では、着衣と剣をはずして犢鼻褌のみになり、左相撲は髪に葵《あおい》の造花を、右相撲は瓠《ゆうがお》の造花を挿して登場した。この造花は綿で作られ、「挿頭花《かざし》」

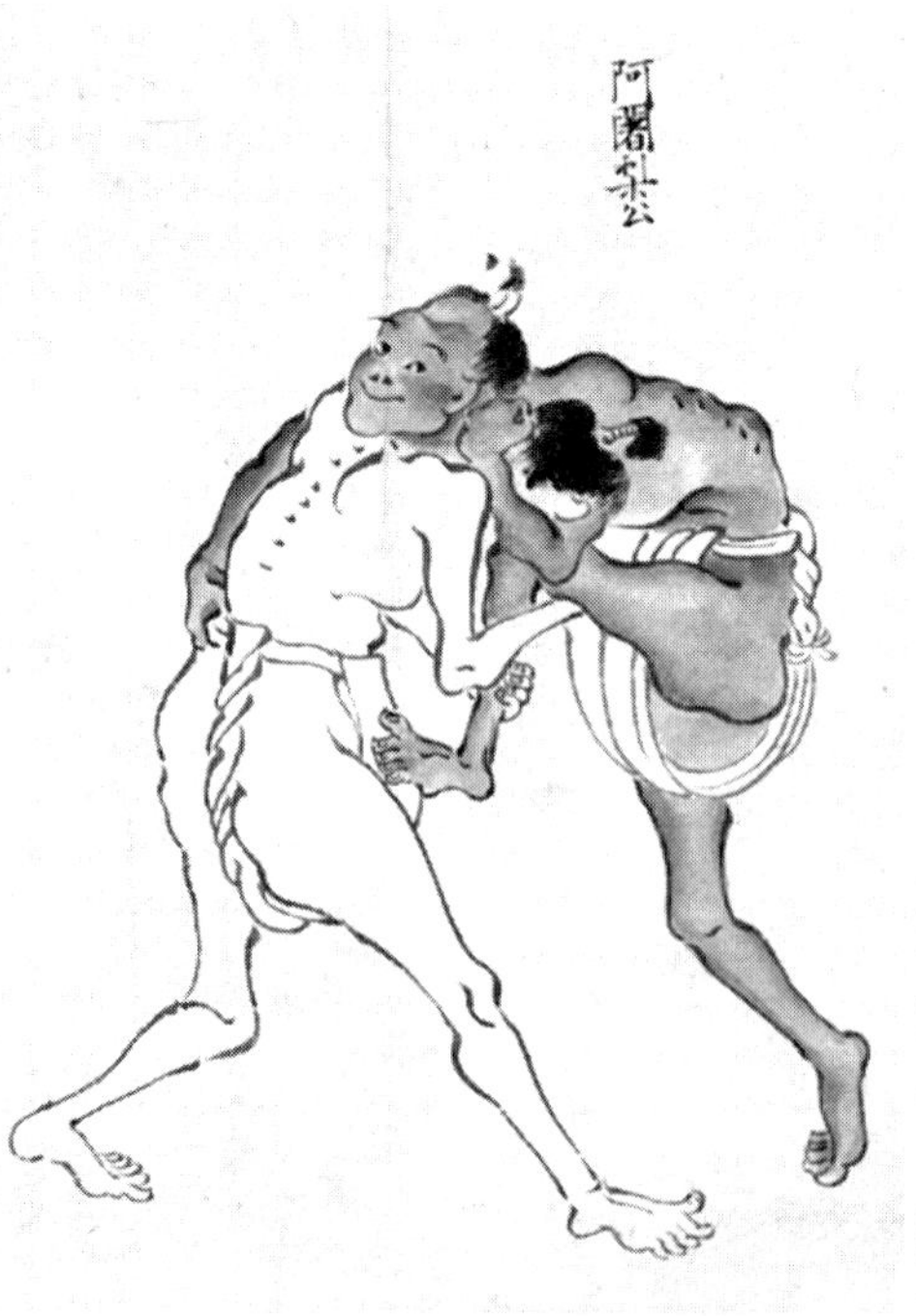

相撲節の絵巻に描かれた相撲人。

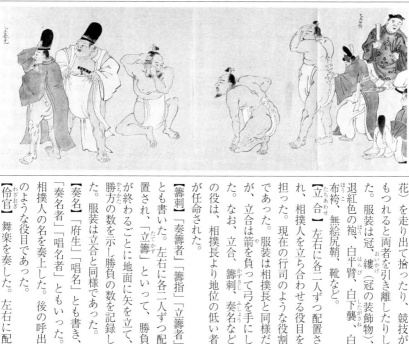

『古今相撲大全』にある『相撲節会庭上図』。中央に相撲人、その後方に立合、籌刺、さらに後方に相撲長が控える。

または「挿頭」と称した。勝負が終わると、勝方《かちかた》は使用した挿頭花と剣衣を次に登場する相撲人に与えた。これらは「肖物《にるもの》」といい、勝者にあやかる意味があった。負《まけ》方《かた》の次の相撲人は新しい挿頭花をつけて登場した。

初期の相撲節では相撲人の数は左右各々に、相撲人が一七名ずつ、「占手《うらて》」と呼ばれた童一名、それぞれ「垂髪《うない》」「総角《あげまき》」と呼ばれた白丁〈注〉が各一名で、都合二〇番であったが、後には童、白丁の出場が廃されて、相撲人のみの一七番となった。〈注〉白丁＝一般的には神事などで物を持ち運ぶ人。

【総角】左右に各一名ずつで、垂髪の次に取り組んだ白丁。「総角」は平安時代の男児が結った髪型の呼称。占手、垂髪、総角の順で取組が終わると、普通の相撲人が登場した。

【垂髪】左右に各一名ずつで、占手の次に取り組んだ白丁。垂髪は古い時代の年少男児の髪型で、そのような結い方をしていたところから呼称された。

【占手】身長四尺（一二〇センチ）以下の童に限られ、左右に各一名ずつが選ばれた。相撲召合《すまいめしあわせ》では最初に出場し、その日の勝負を占う意味があったと思われる。

【最手《ほて》】相撲人のうちから最強として選定された者。左相撲、右相

総角

垂髪

撲から各一名が選ばれ、それぞれ左最手、右最手と称した。「最上の取り手」の意味で、後世の大関に相当する。

【腋《わき》】「脇」とも書いた。また、「最《ほ》手《て》脇《わき》」「助手《すけて》」ともいった。最手の次に強いとして選定された者。左相撲、右相撲から各一名が選ばれ、それぞれ左腋、右腋と称した。後世の関脇に相当する。↓〔近衛府〕〔相撲節〕

**すまいびときょうみょう【相撲人交名】** 相撲節《すまいのせち》で、左・右近衛府がそれぞれに作成した、出場する相撲人《すまいびと》の名簿のこと。↓〔近衛府〕〔相撲節〕〔相撲節の儀式〕

**すもう【相撲】** 円形の土俵内で、二人の競技者が素手で一対一の勝負を争う競技のこと。相手の足裏以外の体の一部を土俵内の土につけるか、相手を土俵の外に出すかすれば勝ちとなる格闘技である。

世界各地に同種の格闘技があるが、日本では、廻しを着けただけの裸体で闘うなど古代以来の儀式的要素を維持し、固有の発展を遂げている。古墳時代の埴輪で力士の姿をしたものが出土しており、そのころから行われていたことが想像される。文献では『古事記』（奈良時代初期に編纂）に「国譲り神話」として「力くらべ」が記され、『日本書紀』（養老四年〈七二〇〉完成）に「野見宿禰《のみのすくね》と当麻《たいまの》蹶速《けはや》」の伝説が記されて禰いる。これらは一般に相撲の起源とされるが、いずれも神話・伝説である。

「すもう」は大和言葉であるが、中国から漢字が渡来して「相撲」、「角力」、「角觝」、「争力」などの文字が当てられた。いずれも「力くらべ」を意味するものである。「角觝」は明治時代中期まで、「角力」

### 相撲節の舞楽

中国などから渡来した音楽が九世紀半ばごろに日本固有の形式になった雅楽に、舞を伴うもので、朝廷行事の重要な要素である。奈良～平安時代の相撲節《すまいのせち》でも舞楽は大きな比重を占めた。ただし、旱魃や飢饉など大きな災厄のあったときには舞楽を加えず、相撲召合《すまいめしあわせ》（取組）のみが行われた。

**厭舞《えんぶ》**▼取組を始める前に、左右から出て演じられた舞楽の題名。悪霊を伏せ、災厄を防ぐまじないの意味があった。鉾《ほこ》を取って舞うところから「振鉾《ふりほこ》」とも呼ばれた。

平成七年二月の報恩古式大相撲で演じられた「納蘇利」。

**散楽《さんがく》**▼題名ではなく、舞楽の一形式。相撲節の式場に入る行列に散楽人四〇名が加えられ、鉦《かね》、太鼓を打ち、宝螺《ほうらい》を吹いて、行進した。

**納蘇利《なそり》**▼右方が勝った場合に奏された舞楽の題名。納曾利とも書く。

**抜頭《ばとう》**▼左方が勝った場合に奏された舞楽の題名。

**乱声《らんじょう》**▼行列が入場を始める合図として、にぎやかに演じた。また、相撲召合（取組）が始まって勝負がついたときにも、勝った側がはやし立てるように演じた。「らんぞう」とも読む。

**陵王《りょうおう》**▼舞楽の題名。勝敗数で左方が勝ち、最手（最強の相撲人）は右方が勝ったとき、右方が納蘇利を演じた後に左方が陵王を演じた例があった。

は大正末期まで用いられ、現在は「相撲」の文字に統一されている。→〔大相撲①〕〔勧進相撲〕〔神事相撲〕〔埴輪〕〔武家の相撲②〕

**【自分の～】** 自分の得意技や得意の型で取る相撲のこと。「自分の型」よりも広い範囲で使われる言葉。

**【～が遅い】** 得意の組み手になっても勝負に出ず、じっくりと相撲を取ったり勝負を決めるまでの時間が長くなりがちな相撲をいう。「相撲が好き」ともいう。

**【～が固まる】** 力士個々の体型や体質によって、その力士がもっとも力を発揮できる相撲の取り方がある。自分にふさわしい相撲が取れるようになること。

**【～が好き】** →〔相撲／相撲が遅い〕

**【～が違う】** 実力に格段の差がある場合にいう。

**【～が乱れる】** 相手の動きにかきまわされて、自分本来の相撲が取りきれない状態をいう。

**【～が若い】** ①相撲が未熟であることをいう。②年配の力士などに対して、相撲に活気があり、動きに年齢を感じさせない取り口である場合にいう。

**【～勘】** 取組の動きの中でもっとも自分有利になる瞬間を見極め、技をかけたり体勢を立て直したりして、勝ちにつなげることができる直感的な能力。あるいは、有利な瞬間を見極めることができる直感のこと。「勝負勘」ともいう。

**【～巧者】** 技能的な相撲を取る力士や、前さばきのうまい力士、対戦相手によって多彩な技を使い分けることのできる力士などをいう。報道関係などが用いる表現である。

**【～力】** 相撲を取るときに全身の動作によって作り出される全体的、統一的な力のこと。

**【～に勝って勝負に負ける】** 有利な体勢で攻めながら、詰めの段階で逆転されて負けてしまうような場合にいう。

**【～の重み】** その地位にふさわしい風格や土俵態度など、相手を圧倒するような力士の威厳のこと。特に横綱・大関についていわれる。

**【～の性《たち》】** 力士の持っている固有の相撲の取り方のこと。例えば、離れて取るか廻しを欲しがるか、寄りを得意とするか、投げを好むかなどがある。それらは力士の性格、体質、体格などから生じる違いである。「相撲っぷり」ともいう。

**【～の幅】** 四つ身、突き、押しなど相撲のさまざまな型や技を、どれだけ自分の相撲として使いこなせるかという力量のこと。

**【～負け】** 相手が得意な相撲の型をしっかり持っていて、しかも、攻防の中でその型にならされてしまうような負け方のこと。いわば、相手の相撲のうまさに負けることで、「うまさ負け」ともいう。

**【～を作る】** 巡業を興行するために、開催予定地の地元有力者や勧進元の候補者と話し合い、興行契約を成立させること。

**【～を取らせてもらう】** 下位力士が実力の差の歴然とした上位力士と取り組み、負けても善戦したような場合にいう表現。手も足も出ないという状態ではなく、少しは相手になったということ。特に平幕力士が横綱に初挑戦したときなどに用いられる。

**すもうあんないしょ【相撲案内所】** 昭和三二年（一九五七）、相撲協会の諸改革の一つとして相撲茶屋を廃止、相撲サービス株式会社を設立したときに、それまでの相撲茶屋を相撲案内所とし、屋号ではなく番号で呼ぶことになった。現在は、三月場所会場の大阪府立体育会館では一〇店、七月場所会場の愛知県体育館では六店が「相撲案内所」の名称を用いて出店している。十一月場所会場の福岡国際センターでは「大相撲売店」の名称が用いられている。これらの地方本場所会場の相撲案内所および大相撲売店はそれぞれ独立経営で、国技館サービス株式会社とは

関係がない。→〔国技館サービス株式会社〕〔相撲サービス株式会社〕〔相撲茶屋〕

**すもうえいが【相撲映画】** 昭和一四年（一九三九）五月に大日本相撲協会は、名勝負を後世に残したいとの志から映画撮影部を設立し、伊勢寅彦を制作担当責任者とした。幕内全取組を撮影し、万国商事映画部の協力を得て、『大相撲日報』と題して好取組三〜四番を全国の映画館に配給し、翌日に上映された。しかし、同一九年一〇月、戦時下の統制政策により協会の映画撮影部は名目だけを残して㈱理研映画に吸収された。

戦後は、昭和二一年に同社および協会の後援によって伊勢寅彦が「相撲映画プロダクション」を設立、同四六年五月の伊勢の没後に夫人の松江が代表となって「㈱相撲映画」と改組された。

平成八年（一九九六）四月に日本相撲協会が㈱相撲映画の業務を吸収して、現在は、協会広報部が統轄する「広報部映像制作」となっている。

**すもうえいぎょうないきそく【角觝営業内規則】** 明治一一年（一八七八）二月、警視庁が発布した『角觝《すもう》並行司取締規則』に東京での職業相撲は一団体に限られると定められ、それを受けて、当時、改革問題で対立していた相撲会所と高砂浦五郎らの改正相撲組が和解合併することとなった。その折に、同年五月付けで両者の間に確認された一二ヵ条からなる内規を『角觝営業内規則』といった。

内容は、損益金の精算や番付の昇降、給金の増減など、会所の組織や運営について改革を目指すものであった。なお、この『角觝営業内規則』は同一九年一月に『角觝仲間申合規則』として改正された。→〔角觝仲間申合規則〕〔角觝並行司取締規則〕〔高砂騒動〕〔巻末・明治改革期の諸規約〕

**すもうかいしょ【相撲会所】**「会所」ともいう。→〔会所〕

**すもうきしゃクラブ【相撲記者クラブ】** 相撲の報道関係者が組織する任意の団体の名称。明治三八年（一九〇五）一月に相撲記者が集まってつくった「振角会」という組織が母体となった。現在は、東京相撲記者クラブ、大阪相撲記者クラブ、名古屋相撲記者クラブ、九州相撲記者クラブがある。組織の形は、新聞社・通信社・テレビ局・ラジオ局が会員社または準会員社となり、雑誌社の友好社、それらOBによる会友の、大きく四つのグループから成る。→〔振角会〕〔東京相撲記者倶楽部〕

**すもうきそく【相撲規則】**『日本相撲協会寄附行為施行細則　附属規定』に定められた相撲競技を厳正に行うための規則で、土俵の形態に関する『土俵規定』、土俵上の力士の仕度や所作に関する『力士（競技者）規定』、勝負の判定に関する『勝負規定』から成る。昭和三〇年（一九五五）五月八日に施行された。→〔勝負規定〕〔土俵規定〕〔力士規定〕

『両国回向院元柳橋』（初代広重画）の切手。

『当時英雄取組之図』（初代国貞画）の切手。

**すもうきって【相撲切手】** 主なも

のでは、昭和五三年（一九七八）七月より本場所開催にあわせ翌年三月まで、五回に分けて相撲絵の切手が一〇種発売された。第一集『両国回向院元柳橋』（初代広重）と『秀ノ山雷五郎横綱土俵入之図』（初代国貞）、第二集『東西土俵入之図』（春章）と『陣幕と雷電の取組』（春英）、第三集『当時英雄取組之図』（初代国貞）と『幼遊び愛敬角力の図』（歌麿）、第四集『勧進相撲弓取之図』（二代国貞）と『大角力両国橋渡図』（初代国貞）、第五集『武隈と岩見潟取組の図』（国芳）と『大童山土俵入之図』（写楽）であった。平成一一年（一九九九）八月より発売された『二〇世紀シリーズ』（全一七集）で、第一集に『旧両国国技館』、第八集に『横綱・双葉山』が加えられている。また、同一〇年のカナダ公演ではカナダ郵政省が四五セントの相撲切手を発行した。

**すもうきほんたいそう【相撲基本体操】** 大日本相撲協会が体育関係の有識者と提携して、昭和八年（一九三三）に発表した、相撲に固有の型をおり込んで体系化した学校体育向けの体操のこと。相撲基本動作として、「気《き》鎮め」「塵《ちり》浄水」「四股」「伸脚」「仕切り」「攻め」「防ぎ」「四つ身」「反り」「土俵入り」の一〇種の動作を取り入れていた。

**すもうきょうかい【相撲協会】** これは通称であり、略称でもある。現在の正式名称は「公益財団法人日本相撲協会」。→〔公益財団法人日本相撲協会〕

**すもうきょうかいいん【相撲協会員】** 日本相撲協会に所属する個人、または全体を指していう。該当者は、年寄、力士、行司、若者頭、世話人、呼出、床山、事務職員である。内部では「協会員」と略称している。

**すもうきょうかいけんこうほけんくみあい【相撲協会健康保険組合】** 健康保険法に基づき、厚生大臣の

### 報道などでさまざまに表現される相撲

**気合い相撲▼**気合いの入った活気のある相撲。「景気相撲」に同じ。

**近代相撲▼**動きが速く、攻防の激しい相撲を表現した言葉。第二七代横綱・栃木山が近代相撲のはしりといわれるが、戦後の第四四代横綱・栃錦、第四五代横綱・若乃花の両者が土俵で攻防を競ったころから、報道関係によって多く用いられた。

**景気相撲▼**威勢がよく活気のある相撲。

**けんか相撲▼**力まかせの荒っぽい相撲のこと。技術のうまさや見た目の美しさなどに欠け、腕力だけが目立つような相撲。

**サーカス相撲▼**見る者をハラハラさせながらも、相手の攻めに耐え抜いて勝利するような相撲。また、基本を無視した変化の激しい相撲にも使われる表現。

**速攻相撲▼**立ち合いから一気に出て、出足をきかせて勝負をつけるようなタイプの相撲。

**はらはら相撲▼**不安定な相撲を取るが、結果として勝利をおさめる相撲。あるいは、取り口が不安定で、安心して見ていられない相撲。

**馬力相撲▼**「技やうまさを備えず力に頼る」という悪い意味も含まれる。

**半《はん》端《ば》相撲▼**自分の相撲の型を持たない力士、また、そのような力士の相撲の取り口をいう。力士は実力を備えるにつれ、自分が有利になれる相撲の型を身につけるが、そのような型を持たないことを「半端である」と表現したもの。→〔型／型を持つ〕

**変則相撲▼**基本から外れた相撲。例えば、突きや押し、あるいは四つにわたる正攻法の取り口でなく、半身になったり変化したりする相撲をいう。

認可を受けて昭和三三年（一九五八）九月に設立した。被保険者は相撲協会員、国技館サービス株式会社社員である。健康保険組合として成人病検診事業や被保険者への健康指導などを行っている。

**すもうきょうぎかんさついいんかい【相撲競技監察委員会】**『日本相撲協会寄附行為施行細則』に定められた、本場所相撲における故意による無気力相撲を防止し、監察し、懲罰することを目的とする機関。昭和四六年（一九七一）一二月に設置された。通常「監察委員会」と略称する。委員会は、委員長・副委員長各一名、委員若干名で構成される。無気力相撲と思われる相撲があった場合は、審判部長と協議して結論を出し、理事長に提出する。→〔無気力相撲〕

**すもうきょうしゅうじょ【相撲教習所】** 新弟子検査（正式には力士検査）に合格し、日本相撲協会に新たに登録された力士を、六ヵ月間指導教育する施設の名称。昭和

相撲教習所の実技講座で股割りをする。

三二年（一九五七）一〇月、国技館内に開設された。教習所では入所式を行い、実技講座と教養講座とを履修して、卒業式を迎える。卒業に際しては、その間の成績に応じて皆勤・優等・精励・特別の四賞が表彰される。幕下附出し力士は基本技を指導される実技講座が免除される。

相撲教習所で教養講座を受講する新弟子たち。

『寄附行為施行細則　附属規定』には、以下の『相撲教習所規則』（昭和三二年九月一二日施行）が定められている。

第一条　財団法人日本相撲協会に相撲教習所を設ける。

第二条　相撲教習所には、所長一名、委員、指導員若干名を置く。必要に応じ主任を置くことができる。

　所長には、理事が当たる。指導員は年寄および現役力士より所長が任命する。

第三条　この教習所は、日本相撲協会に新たに登録された力士を、実技と教養に分けて教育し、指導することを目的とする。

第四条　実技の指導には、指導員が当たり、教養講座は、適当な講師を依頼して行う。

第五条　教育期間は六ヵ月間とし、本場所に出場することは実習と認める。

第六条　実技、および教養講座とも、定められた単位を六ヵ月間に習得したときは、本教習所を卒業した者と認める。

第七条　教養講座は、当分左のとおりとする。

　相撲史（道義を含む）、運動医学、相撲甚句、国語（書道作文を含む）、社会学（一般）、自然科学。

第八条　教習所生以外の力士、および行司その他日本相撲協会関係者にして、聴講を希望する者は、申し入れがあれば認める。

第九条　教習所生にして、日本相撲協会の力士として、認められない行為があったときは、師匠に勧告して除名することができる。

　なお、教習所には三つの稽古土俵が設置されており、教習がない期間には一般の相撲道場会員にも開放されて利用が認められている。

**すもうぐさ【相撲草】**「すまいぐさ」とも読む。スミレ、オオバコ、オヒシバの異称。「相撲取り草」ともいうが、いずれも本来は子ども遊びの呼称であった。例えば、スミレは花のつく部分の茎がかぎ形になるので、ここを交差させて引き合い、相撲を取るようにして遊んだことからこの異称がついた。オオバコやオヒシバも丈夫な茎を引き合って遊んだもの。スミレは「相撲花」「相撲取り花」ともいう。オヒシバは根も強い雑草で、引き抜きにくいことから「力草」とも呼ばれる。また、同様の遊びは松の葉などでも行われる。

**すもうくじ【相撲籤】**昭和二一年（一九四六）一一月、戦後の大相撲人気を回復させる目的で、旧両国国技館（当時はメモリアル・ホール）の秋場所で発売されたくじ。大蔵省が発案し、日本勧業銀行が発売、大日本相撲協会が協力した。

　あらかじめ決められた好勝負三番の勝ち方が「東―西―東」「西―東―西」のように何通りか示され、それを予想して的中させた人の中から抽選で賞金が与えられた。一枚一〇円で発売され、毎日打ち出し後に土俵上で行司が抽選機を回して当選券を発表した。売り上げはまずまずだったものの、力士の間に「馬のようだ」との不満の声が上がり、一場所かぎりで中止となった。また、大阪、京都、名古屋でも発売された。

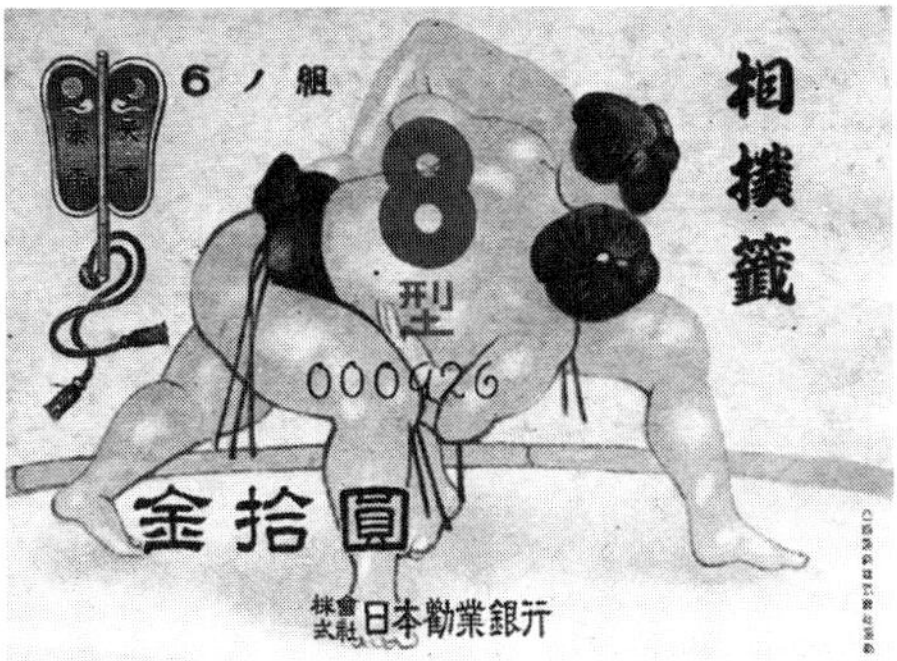

相撲籤

**すもうぐし【相撲櫛】**江戸時代に力士が髷《まげ》に挿したくし。元禄（一六八八～一七〇四）のころ、両国梶之助が前髪にくしを挿したのがきっかけとなり、力士の間でくしを挿すのが流行となった。

　力士が前髪にくしを挿したという『古今相撲大全』（木村政勝／宝暦一三年〈一七六三〉）の記述を引用して、『近世奇跡考』（山東京伝／文化元年〈一八〇四〉）では、当時は相手の胸に頭をつける型の相撲はまずいこととされていて、前髪にくしを挿すのは、頭をつける相撲は取らないと自負する証しであったと解釈している。

**すもうくみちゅうもうしあわせきそく【角觝組中申合規則】** 明治二〇年五月に制定されたとされる規則（二一年、二二年説もある）。この規則で「相撲会所」を「東京大角觝協会」と改称した。現在全文は不明である。

**すもうけんこうたいそう【相撲健康体操】** 大相撲の長い伝統から生まれた健康体操。力士が毎日稽古前に行う準備体操を一般向けにアレンジしたものである。①気鎮めの型②塵浄水《ちりちょうず》の型③四股の型④伸脚の型⑤股割り⑥仕切りの型⑦攻めの型⑧防ぎの型⑨四ツ身の型⑩均整の型⑪土俵入りの型。以上一二の型から形成されている。

**すもうこう【相撲膏】** ねんざや打撲傷の治療に用いられた外用薬の一種。力士がよく用いたので、このように呼ばれた。最近まで使われていたが、黒く塗布した部分が肌着などから透けて見えるために使用を敬遠されるようになった。

**すもうごう【相撲号】** 戦前、協会が陸・海両軍に献納した九七式戦闘機の名称。昭和一四年（一九三九）二月には陸軍に「愛国機相撲号」を献納した。東京・立川の陸軍飛行場で献納・命名式が行われ、横綱を締めた双葉山が代表して献納の辞を述べた。翌一五年六月には海軍に「報国機相撲号」を献納し、東京・羽田飛行場で献納式が行われた。これらの献納に前後して、花相撲として献納大相撲が数回開催された。

**すもうサービスかぶしきがいしゃ【相撲サービス株式会社】** 江戸時代から続いた相撲茶屋が、昭和三二年（一九五七）に改組されて、新たに設立された組織の名称。

　同年三月の国会、衆議院予算委員会で、公益法人である相撲協会が力士の待遇改善などの近代化を進めるためには、従来の相撲茶屋の独占経営が支障になっていると指摘された。さらに衆議院文教委員会が協会に改善案を提示、これを受けて、文部省との折衝や協議の後に制度改革を実施した。

　改革の主な内容は、財団法人の定款でもある『寄附行為』の全面的改正、年寄・力士の月給制実施（従来は定収入制でなかったため健康保険等は適用外）、相撲診療所・社会保険の開設導入など福利厚生制度の充実、協会外の学識経験者による運営審議会の設置、茶屋制度の廃止などであった。

　以上の経緯から、相撲茶屋を廃止して同三二年九月に「相撲サービス株式会社」が設立された。資本金を相撲協会が五〇％出資して経営の監督指導にあたり、従来の相撲茶屋二〇店が一〇〇株ずつ出資を分担した。また、それぞれの相撲茶屋が伝統的に使用してきた「高砂家」などの屋号を廃止して、「相撲サービス株式会社一番」から「二十番」までの呼称に変更した。観客の案内や飲食物の販売などサービス業務は従来とほぼ変わらないが、それまで茶屋が扱ってきた桟敷席の前売りなど入場券の販売については一定の制限を設けることになった。

　その後、この会社組織は、昭和六〇年一月場所後に「国技館サービス株式会社」と名称を改めて、現在に至っている。→〈国技館サービス株式会社〉〈相撲茶屋〉

**すもうじ【相撲字】** 番付、御免札、顔触れなどに行司が専門的に書く、相撲界独特の書体の毛筆文字のこと。字画の間の白い部分をできるだけ少なくし、一文字の面を黒々と塗りつぶすように書く。これは、場内大入りで立すいの余地がないという縁起をかついだものといわれている。行司は見習のときから相撲字を練習して身につけなければならない。相撲字は、番付を根岸家が書いていたため、「根岸流」ともいわれた。

**すもうしどうようこう【相撲指導要綱】** 正式には『青少年の相撲指導要綱』といい、相撲協会指導普及部が、青少年のための相撲指導書として刊行している冊子である。「褌《みつ》の締め方」「勝負規定」「禁じ手」「土俵の構築法」「基本姿勢」「相撲基本動作」「準備動作」「基本技」「実技練習」などを内容としている。

　その主な項目の概要は次のとおり。これらは指導の場で号令とともに行う練習として考案されたもので、本場所または稽古で力士が行うものとは異なる。

【基本姿勢】「蹲踞《そんきょ》」「四股」「仕切り」「中腰の構え（中腰で両脇を締めて両腕を曲げ、両手のひらは物を挟む形で前に出す）」の四つの姿勢をいう。

相撲字で顔触れを書く行司。

【相撲基本動作】一〇の動作を、以下順に指導している。「気鎮《き》め（蹲踞の姿勢で深呼吸をし、呼吸を整える）」「塵浄水」「四股」「伸脚（片足の膝を曲げて腰を落とし、もう片足は膝を手で押さえて伸ばす。これを左右交互に繰り返す）」「仕切り」「攻め（中腰の構えから重心を右膝に移し、右手を斜め前方へ突き上げる。これを左右交互に繰り返す）」「防ぎ（中腰の構えから左手を自分の左足の内側へ、右手のひらを左側へ突き落とすように上から下に突く）」「四つ身」「反り（両手を上に伸ばして反り身になり、両手を右横に、次に左横に振り捨てるようにする）」「土俵入り」。

【準備動作】基本動作を習得した後、実技に入る前に行う。「四股」「腰割り（股関節を柔らかくする）」「均整の型（上肢と下肢をバランスよく動かす鍛練）」「伸脚」「運び足（前後左右にすり足で動く鍛練）」「鉄砲」などがある。

**すもうじんく【相撲甚句】** 甚句は七、七、七、五の四句で構成される代表的民謡の形式で、相撲甚句もその形式を踏襲し、哀調をおびた独特の節回しで歌われる。力士が余興に歌ったものが江戸末期から明治にかけて流行し、次第に今日のような相撲甚句といわれる型になり、「どすこい、どすこい」の囃子詞《はやし》（掛け声）が入るようになった。巡業や花相撲のときに披露される。

　「前唄」に始まり、「花づくし」「山づくし」「出世かがみ」「当地興行」などが代表的なものである。また、巡業地の名所や名物を歌詞におり込んだものを「御当地甚句」という。

　相撲甚句『花づくし』

花を集めて甚句にとけば
　正月寿ぐ福寿草
二月に咲くのが梅の花

三月桜や四月藤
五月あやめにかきつばた
　六月牡丹《ぼたん》に舞う蝶や
七月野山に咲く萩の
　八月お盆で蓮の花
桔梗《ききょう》　かるかや　おみなえし
　冬は水仙玉椿
あまた名花のある中で
　自慢でかかえた太鼓腹
しゅすの締込《しめこみ》バレン付き
　雲州たばねの 櫓髷
清めの塩や化粧水
　四股ふみならす土俵上
四つに組んだる雄々しさは
　これぞ誠の国の華　ヨー

**すもうじんじゃ【相撲神社】** 奈良県桜井市の大兵主神社境内に祭られた神社。大兵主神社は『日本書紀』（養老四年〈七二〇〉完成）に野見宿禰《のみのすくね》と当麻蹶速《たいまのけはや》が相撲を闘ったと記された場所にあたり、相撲神社には野見宿禰が祭られている。→〈野見宿禰〉

**すもうしんりょうじょ【相撲診療所】**「日本相撲協会診療所」の通称。→〈日本相撲協会診療所〉

**すもうだいこ【相撲太鼓】** 相撲で用いられる太鼓を、一般の人々が芝居などの太鼓と区別していった俗称。

**すもうぢゃや【相撲茶屋】** 江戸時代に興り、相撲見物客の案内や入場券・飲食物・土産品の販売を行った業種。昭和三二年（一九五七）に制度や組織が廃止され、「相撲サービス株式会社」として改組された。さらに同六〇年に「国技館サービス株式会社」と名称変更されて現在に至っているが、「相撲茶屋」の呼称は現在も通称として観客に親しまれている。略称して「茶屋」ともいう。

江戸相撲が興行形態を整えつつあった宝暦から明和年間（一七五一～七二）に、相撲を見物する人々の中から桟敷札や飲食物の世話をする者が自然発生的に現れた。これが講中のような小集団を作り、寛政年間（一七八九～一八〇一）には桟敷札を売る出方《でかた》、観客を案内する物持《ものもち》、全体を仕切る桟敷方などが業務分担をするようになり、天保四年（一八三三）に相撲会所は桟敷方一四名と永代営業権を認める証文を交わした。

その後、明治四二年（一九〇九）の旧両国国技館の開設に際して、二〇名になっていた桟敷方は相撲茶屋（正式名称は「東京角力《すもう》茶屋組合」）となって、昭和三二年まで存続した。同年の相撲サービス株式会社への改組で、二〇軒の相撲茶屋はそれまでの屋号を廃止して「一番」から「二十番」の呼称に変わった。

当時の屋号と新しい呼称は次

繭玉が飾られた相撲案内所（相撲茶屋）の店頭風景。

**相撲茶屋の用語・符丁**

**出物《でもの》**▼相撲案内所で用意するすべての飲食物のこと。この言葉や繭玉は現在の相撲案内所でも使われているが、他はほとんど使われていない。

**小物代《こものだい》**▼火鉢、座布団、お茶などの代金で、木戸銭以外の支払い。昭和四六年（一九七一）一月場所から小物代は廃止された。

**正《まさ》**▼お酒のこと。

**豆盆《まめぼん》**▼五月場所の風物であるそら豆を客に出すときの食器。

**繭玉《まゆだま》**▼縁起物の飾りで、一月場所に国技館内の店頭に飾る。

**や鳥《とり》**▼焼き鳥のこと。

のとおりである。高砂家（一番）、紀乃國家（二番）、大和家（三番）、吉可和（四番）、みの久（五番）、中橋家（六番）、和歌島（七番）、上州家（八番）、西川家（九番）、三河屋（十番）、上庄（十一番）、四ツ万（十二番）、武蔵屋（十三番）、白豊（十四番）、長谷川家（十五番）、河平（十六番）、藤しま家（十七番）、伊勢福（十八番）、竪川（十九番）、林家（二十番）。

なお、昭和二八年に初めて大阪で三月場所が開催されたとき、大阪の茶屋は、本家、櫓、千鳥屋、勝《かつ》恵美、三都屋、増喜、天野、新大錦、初富《はつとみ》、静松、玉河家の一一軒であった。→〔国技館サービス株式会社〕〔相撲案内所〕〔相撲サービス株式会社〕

**すもうてらこや【相撲寺子屋】** 東京場所の初日の前日、国技館内相撲教習所にて一般ファンに向けた相撲の歴史講座。平成二〇年九月の開講当初から講師は大山親方がつとめていた。現在は相撲塾として開催されている。→〔相撲塾〕

**すもうどう【相撲道】** 相撲を単なる力くらべや勝ち負けを争う競技としてのみとらえず、勝負の先に人間として究めるべき道があるという考えに立ってそれを求めること。また、そのような立場から、相撲を求道の一つであるとして表現したもの。「角道」ともいう。

**すもうどうじょう【相撲道場】** 『日本相撲協会寄附行為施行細則 附属規定』に定められた『相撲道場規則』にしたがって運営される、相撲の指導普及を目的とした協会の機関。昭和三〇年（一九五五）六月に国技館内に開設されて、学生、青少年、一般の使用に公開している。使用は会員制で、小・中学生五〇円、高・大学生一〇〇円、青・成年者二〇〇円の入会金を納めると会員証が交付される。

指導には協会の指導普及部が当たり、常勤の専任指導員のほか、現役力士が臨時に指導員をつとめることもある。相撲教習所の土俵を使用して指導するため、会員の練習は時間が定められて、力士が教習所を使用しないときに限られる。

**すもうどうじょうきそく【相撲道場規則】** 相撲協会が国技館内に開設している相撲道場について、使用者の資格や利用方法などを定めた規則。昭和三〇年（一九五五）五月八日施行。相撲道場は、相撲の指導普及につとめる目的にしたがい、青少年、学生、社会人一般の会員を募って、協会の指導普及部が指導に当たっている。→〔相撲道場〕

**すもうとえんげき【相撲と演劇】** 【狂言】狂言は、室町時代（一四世紀半ば～一六世紀半ば）の初頭に庶民喜劇として発生し、一四世紀後半から一五世紀にかけて観阿弥・世阿弥父子が大成させた。

相撲を題材にした狂言には、大名が蚊の化身と相撲を取るという『蚊相撲』、日本の相撲取りが海を渡って中国皇帝と相撲を取るという『唐相撲』（『天正狂言本／天正六年〈一五七八〉奥書』に収録、『唐人相撲』ともいう）などがある。

【歌舞伎】歌舞伎や人形浄瑠璃には「相撲物」と呼ばれる系統の作品が多い。慶長八年（一六〇三）には「歌舞伎踊」の文字が史料に初出しているが、隆盛を見るのは元禄年間（一六八八～一七〇四）である。しかし、幕府の取り締まりで享保～宝暦年間（一七一六～六四）に一時沈滞し、その間、人形浄瑠璃が盛んになった。その後、天明年間（一七八一～八九）に復活し、次第に芸術性も加えて現在に至っている。

歌舞伎では、江戸時代に『浪花《なにわ》曙《あけぼの》血文鳥《ちぶみのからす》』（宝暦三年〈一七五三〉）、『花川戸身替りの段』（天明三年〈一七八三〉）、『四《よつ》紅葉思恋深川』（享和四年〈一八〇四〉）、『勝相撲浮名花触』（文化七年〈一八一〇〉）、『櫓《やぐら》太《だい》鼓《こ》鳴音《おとも》吉原《よしわら》』（慶応二年〈一八六六〉）が演じられ、

明治以降も『櫓太鼓成田仇討』（明治一〇年〈一八七七〉）、雷電と小野川を題材にした『有松染《ありまつぞめ》相撲《すもう》浴衣《ゆかた》』（同一三年）、江戸町火消しと力士の争闘を描いた『神明恵和合取組』（同一三年）、『櫓太鼓出世取組』（同三三年）などがある。

歌舞伎で俳優が力士を演ずる際には、厚い肉襦袢の上にさらに厚い衣装を着け、高下駄を履くなどして体を大きく見せる工夫をする。

なお、歌舞伎の作品には人形浄瑠璃に由来するものがあり、後述の『双蝶々《ふたつちょうちょう》曲輪《くるわ》日記《にっき》』の八段目は人形浄瑠璃と同年（寛延二年〈一七四九〉）に『引窓』と題されて歌舞伎で初演され、この外題は現在でも折々に演じられる。また、『関取二代勝負附』も人形浄瑠璃の翌年（明和六年〈一七六八〉）に歌舞伎で初演されている。

【人形浄瑠璃】一五世紀末には成立が見られるが、貞享元年（一六八四）に大阪道頓堀に竹本座が創設され、時を同じくして近松門左衛門が精力的に創作を始めて隆盛になる。全盛期は宝暦年間（一七五一～六四）までで、以降は歌舞伎の復活によって次第に古典芸能化していった。

人形浄瑠璃では、二人の力士の意地の張り合いを描いた『昔米万《むかしこめまん》石通《ごくどおし》』（享保一〇年〈一七二五〉初演）、その改作で『双蝶々曲輪日記』（寛延二年）、相撲に勝ってひいきの苦境を救う力士を描いた『関取千両幟』（明和四年）、その改作で『関取二代勝負附』（同五年）などがある。

**すもうとかいぐん【相撲と海軍】** 戦前の海軍は、水兵の鍛練などの目的で相撲を積極的に取り入れていた。特に海軍兵学校では体力錬成のために相撲を活用していた。

昭和八年（一九三三）九月に海軍兵学校が作成した『相撲参考書』は、巻頭に「相撲守訓」を掲げ、内容として相撲の歴史、実技練習法、立ち合いや仕切り、技、審判法、礼式など相撲全般を網羅するものであった。「相撲守訓」には「仕切立合ヲ堅確ニシ常ニ氣力ヲ充實シ敵ノ膽ヲ奪フノ氣勢アルヘシ」などの箇条があげられ、本文には「相撲は艦上生活上絶好のスポーツ」、「海軍相撲の特色とするは『待ッタ』無しの一件なり」などと書かれていた。海軍兵学校は終戦により昭和二〇年一一月に廃校となった。

**すもうとこうだん【相撲と講談】** 講談の源流は室町時代に始まる「太平記読み」（『太平記』〈最古の写本は一三七〇年代のもので、南北朝動乱を描いた軍記物語〉）といわれ、元禄年間（一六八八～一七〇四）に講釈場が作られて独自の寄席芸能となった。江戸時代には「講釈」といい、「講談」と呼ぶようになったのは明治以降である。

題材は大名家のお家騒動や豪傑の武勇伝などであったが、相撲の名勝負や名力士も盛んに取り上げた。初代横綱・明石志賀之助や第四代横綱・谷風梶之助の事績、大関・雷電為右衛門と第五代横綱・小野川喜三郎の勝負などは人気を呼んだ。しかし、繰り返し演じられるうちに脚色が進んで史実と異なる要素も多く、講談が伝える内容には相撲に関して史料的価値は少ない。

**すもうとこてんぶんがく【相撲と古典文学】** 朝廷の儀式として相撲《すまいの》節が行われていた平安時代（八世紀末～一二世紀末）には、相撲について触れた作品がいくつか残されている。

相撲節については『日本三代実録』（延喜元年〈九〇一〉完成）に記述されているが、『大鏡』（作者不詳／平安時代後期に成立）や『今昔物語集』（編者未詳／平安時代後期に成立）にも相撲節にまつわる記述が見られる。清少納言も『枕草子』（平安時代中期に成立）で相撲節にごく一部触れている。また、『源平盛衰記』（作者不詳

／鎌倉時代に成立）には、惟喬親王（八四四～八九七）が惟仁親王と競馬と相撲で皇位継承を決めたとある。その後は、『宇治拾遺物語』（編者未詳／鎌倉時代初期に成立）に相撲の記述がいくつか見られるほか、相撲の取組がある『曾我物語』（作者不詳／鎌倉時代後期～室町時代初期に成立）が書かれている。

**すもうどころ【相撲所】** 相撲が盛んな地方や地域をいう。

**すもうとはいく【相撲と俳句】** 俳句は、五・七・五音の短い定型詩で季節の事象を表現し、庶民の文芸であるがゆえに、古くから相撲の風景を詠み込んだ作品が多い。

松尾芭蕉（一六四四～九四）、服部嵐雪（一六五四～一七〇七）、与謝蕪村（一七一六～八三）らにもわずかだが相撲を詠んだ句がある。小林一茶（一七六三～一八二七）の「べったりと人のなる木や宮相撲」は、地方の神社で行われる相撲の観戦風景を生き生きと詠んだ句である。

また、力士にも風流を好む者がいて、第三代横綱・丸山権太左衛門、第七代横綱・稲妻雷五郎などが佳句を残している。→〔稲妻雷五郎〕〔丸山権太左衛門〕

**すもうとらくご【相撲と落語】** 落語の原型は江戸時代の初頭に見られるが、職業的な落語家が庶民を前にして演じる娯楽として盛んになったのは、安永～天明年間（一七七二～八九）のころといわれ、江戸相撲が隆盛を迎えた時期とほぼ同じである。それ以降、明治・大正時代にかけて、落語では相撲や力士を題材にした演目が多数作られた。

主な作品には、『花筏』（別名『提燈屋相撲』）、『鍬潟《くわがた》』、『凝り相撲』（別名『相撲風景』）、『阿武松』、『半分垢《あか》』、『五人回し』、『大男の毛』、『相撲の蚊帳《かや》』、『賽《さい》投げ』などがある。

『花筏』は、巡業に出た大関・花筏（実在しない）が急病で出場できなくなり、体の大きな提燈屋の親方が替え玉で出て勝ってしまうという話である。「花筏は張り手がじょうずだなあ」「当たり前だよ、提燈屋だもの」という下げで終わる。『鍬潟』は、体の小さな男が相撲部屋に入門し、寝るときに布団から足がはみ出すので「大きくなった」と喜ぶと、それは座布団だったという話。『凝り相撲』は、相撲場で観客が熱狂する模様を語るもの。

**すもうとり【相撲取り】** 力士を指して一般にいう俗称。→〔力士〕

**すもうとりぼし【相撲取り星】** さそり座のμ（ミュー）星は二つの三等星で、隣接してまたたく様子が相撲を取っているように見られるもの。群馬・静岡・和歌山・島根・山口・愛媛などの地方でいう。

**すもうなかまもうしあわせきそく【角觝仲間申合規則】** 明治一一年（一八七八）五月に定められた『角觝営業内規則』を、同一九年一月に名称を改め内容を改正した規約。この新規約で、会所の年寄のうち役員を、上から取締、組長、勝負検査役と新たに定めた。→〔角觝営業内規則〕〔巻末・明治改革期の諸規約〕

**すもうならびにぎょうじとりしまりきそく【角觝並行司取締規則】** 明治一一年（一八七八）二月に警視庁が発布した相撲取り締まり規則。四ヵ条からなる規則には、力士は営業鑑札を必要とすること、東京相撲は一団体となって興行することなどが定められていた。このために、当時、相撲会所派と高砂浦五郎らの改正相撲組に分裂していた両者が和解するに至った。その条文は以下のようなものであった（原文は片かな）。

第一条　角觝及行司たらんと欲する者は其区戸長並組合取締の奥印を以て警視本署へ願出鑑札を受くべし

但鑑札料として上等金拾銭、下等金五銭納むべし

第二条　居所を転ずる時は第一条

の手続を以て鑑札書換を願ひ出づべし
但廃業の節は所轄分署へ鑑札相添届出づべし
第三条　角觝及行司は東京府下を一組となし角觝は年寄、行司は重立たるものにて年番を定め組合取締をなすべし
但年番交換の都度其姓名を届出づべし
第四条　無鑑札之者及組合に入らずして其業をなすを許さず
→〔高砂騒動〕

**すもうにんぎょう**【相撲人形】力士をかたどった人形の総称。板で作った板人形、紙で作った張り子などもあるが、主に土で作られた人形をいう。江戸時代の後期、相撲が歌舞伎と並ぶ庶民の娯楽となってから、さまざまな種類が全国各地で作られてきた。化粧廻し姿や着物姿、郷土出身の力士や強豪力士のしこ名を入れたものや取り組み姿、俵を担いでいる姿などの人形が多い。大きくたくましい肉体を持つ力士は強さと健康の象徴であり、親たちは力士にあやかって子どもが健やかに育つように願った。人形の持つ雰囲気は、生産地それぞれの製法や色合い、絵付けなどによって違う。昭和に入って土製の人形の生産は衰退したが、今も郷土の伝統玩具として受け継がれているものも少なくない。→〔巻末・代表的な相撲人形〕

**すもうのえはがき**【相撲の絵葉書】相撲に関する風景や力士を題材とした絵葉書で、明治中期に写真版で売り出された。江戸時代の相撲錦絵に代わるもので、現代でいえばブロマイド的なもの。特に明治から大正・昭和戦前にかけてよく発行された。

**すもうのにしきえ**【相撲の錦絵】江戸時代に風俗を描く芸術として確立された多色刷り浮世絵版画のうち、特に相撲や力士を題材として描いたもの。元禄年間（一六八八～一七〇四）には菱川師宣や奥

『横綱土俵入』（春英画・部分）。谷風・小野川が描かれている。

村政信が初期の相撲絵を描いているが、このころは墨絵が中心であった。明和二年（一七六五）に鈴木春信が墨に朱・緑・青・黄などを加えた多色刷り錦絵を始めて、安永年間（一七七二〜八一）には勝川春章が力士の似顔絵を描き始めた。

天明・寛政年間（一七八一〜一八〇一）には、谷風・小野川・雷電などの力士が輩出して江戸相撲が全盛となり、谷風を好んで描いた勝川春章をはじめ、春好、春英、春亭ら勝川派の門人たちも、力士の着物姿や化粧廻しの立ち姿など色彩豊かな相撲の錦絵を数多く残した。それらは力士の似顔を忠実に再現し、大力士ばかりでなく幕内力士をほとんど網羅して、相撲見物や江戸の土産として大いに人気があった。

描いたのは寛政六年（一七九四）から一年足らずのごく短期間だったが、東洲斎写楽も怪童力士・大童山を題材に作品を残している。

勝川派の後に台頭したのは歌川派で、文政（一八一八〜三〇）のころからは豊国、二代豊国、三代豊国（初代国貞）など数多くの絵師が、力士ばかりでなく回向院や両国の風景、風俗を描いて活躍した。特に三代豊国は、阿武松、稲妻、不知火諾右衛門、秀ノ山の四横綱のほか多数の作品を残している。幕末には歌川派の芳虎、芳幾、武者絵で名高い国芳、国輝、国明らが活躍した。

明治期には外国製の絵の具が入るようになって錦絵の人気が衰え、さらに写真の発達に追われるように錦絵は消滅していった。

相撲の錦絵には相撲場の全景やその周辺の風景、土俵周りや取組などを描いた作品も多く、そこからは当時の相撲の形態や習慣、お抱え力士の藩名などを知ることができ、単に芸術的価値にとどまらない相撲史研究の貴重な資料となっている。現在、相撲博物館には約四、〇〇〇点の錦絵が収蔵されている。一般には、「相撲錦絵」「相撲浮世絵」「力士絵姿」などともいう。→〔相撲切手〕口絵を参照

**すもうのぶぎょう【相撲之奉行】**
鎌倉時代に、相撲が武士の戦闘技術の形態を加えるのに伴い、相撲の監督、関連の職務を取り扱うために置かれた役職の名称。

嘉暦元年（一三二六）の鎌倉・鶴岡八幡宮の和与状に「同宮相撲奉行猿渡九郎三郎」の人名がある。安土桃山時代には、織田信長の事績を記した『信長公記』（太田牛一）に、「青地鯰江召し出だされ、両人の者に熨付の太刀脇指下され、今日より御家人に召し加えられ、相撲之奉行を仰せ付けられ、両人面目の至り也」と記されている。

**すもうはくぶつかん【相撲博物館】**
日本相撲協会が相撲の普及発展の一翼を担う機関として設立。昭和二九年（一九五四）九月に蔵前国技館の開館と同時に併設された。現在は両国の国技館内にある。

相撲博物館展示室内。

協会の『寄附行為施行細則』には「相撲の研究調査および出版物の刊行を行う」とされ、相撲文化の向上発展に寄与することを目的としている。長い歴史のある相撲の研究調査のほか、相撲資料の展覧、収集・整理・保管などを行っている。初代館長・酒井忠正の収集品が基礎となり、歴史的に貴重

『関取道中大井川川越之図』（初代国貞画・部分）

取組の図『雷電・陣幕』（春英画）

な資料が多く保存されている。

館内の展示は折々にテーマを決めてなされる。開館日は土曜日・日曜日・祝日・年末年始を除く毎日（ただし、東京本場所中は国技館入場者のみ）。開館時間は午前一〇時より午後四時半まで、入場料は無料である。→〔酒井忠正〕

**すもうべや**【**相撲部屋**】日本相撲協会が力士の養成を委託するところで、年寄名跡を継承している部屋持ちの年寄（師匠）が運営する。そのために、各相撲部屋に対して協会から相撲部屋維持費、稽古場経費、養成員養成費などが支給されている。力士は日本相撲協会に所属するが、同時に必ずいずれかの相撲部屋に所属しなければならない。普通は「部屋」と略称される。原則として、師匠である年寄の停年などによって部屋の継承が不可能になるような場合を除いて、力士は部屋を移籍することはできない。

相撲部屋は多くの場合、師匠個人の住宅と稽古場を兼ね、力士の生活の場ともなっている。ただし、既婚の力士はそれぞれの自宅から相撲部屋に稽古に通う。また、各部屋には力士のほかにも、それぞれ協会員である部屋付きの年寄、行司、若者頭、世話人、呼出、床山が所属している。

相撲部屋は、江戸時代の宝暦年間（一七五一〜六四）のころにその形態が整った相撲会所を「相撲部屋」と呼んだことに始まるとされている。また、同じころに相撲専業者となった相撲年寄が弟子を自宅で養成するようになり、この稽古場を備えた自宅も「相撲部屋」と呼ばれるようになった。しかし、江戸時代には大名に抱えられる力士も多く、相撲部屋は必ずしも力士の生活の中心ではなかった。

現在のように部屋で稽古して生活し、そこから相撲場に通うようになったのは、明治以降のことである。平成二六年（二〇一四）一一月現在で、相撲部屋は四四を数える。→〔移籍〕〔一門〕〔部屋持ち年寄〕〔巻末・相撲部屋一覧〕

**すもうべやいじひ【相撲部屋維持費】** 協会から各師匠（部屋持ち年寄）に支給される相撲部屋維持のための費用。支給額は部屋に所属する力士数に応じて算定され、本場所ごとに支給される。

**すもうべやかいほう【相撲部屋開放】** 日本相撲協会が実施する制度の一つで、スポーツ少年団、地区の子ども会、ボーイスカウト、小・中学校のクラブ活動などの相撲の練習に協力して、相撲部屋を無料で開放し、年寄と力士が実技指導を行うもの。施設を提供する相撲部屋に対しては、廻しなどの用具類や経費が協会から補助される。小・中学校の夏休み期間中に実施され、三日間以上続けたグループは最終日に成果の検討会を行って、ちゃんこを提供される。

**すもうもの【相撲物】** 人形浄瑠璃や歌舞伎などで、町人の社会や生活に題材を求めた作品を「世話物」というが、相撲物はその中の一系統になる。世話物のうち、相撲や力士などを題材に取り上げた作品を総称して「相撲物」という。

**すもうれっしゃ【相撲列車】** 巡業などで、力士の移動のために仕立てられる臨時列車のこと。現在でも、伊勢神宮奉納相撲などで全車両を貸し切りにする場合にいう。以前は畳敷きの座敷車両があり、幕内以上に利用されてグリーン車扱いであった。

昭和50年代まで見られた相撲列車の風景。
（提供：ベースボール・マガジン社『相撲』）

**すもうれんせいか【相撲錬成歌】** 正式には「日本相撲協会錬成歌」という。相撲教習所の校歌ともいうべきもので、通称で「錬成歌」という。相撲の伝統と健全な精神、厳しい修業を表現したもので、相撲教習所の入所式・卒業式のときに歌われる。

昭和五三年（一九七八）一一月、当時の春日野理事長（元横綱・栃錦）が呼出・永男（のりお、本名・福田永昌）に作詞を依頼し、作曲家・甲斐晴文が曲をつけて発表された。歌詞は三番まである。

一　磐石《いわお》の如き
　　胸いたに
　鋼鉄《はがね》の腕
　　火花散る
　攻と守りの　十五尺
　鍛える我等　鍛える我等
　　相撲道
二　はだも凍てつく　寒稽古
　夏にはまわしに　玉の汗

初志の大志　ひとすじに
生きるは我等　生きるは我等
　相撲道
三　国技の伝統　守りつつ
新たな技量　みがきつつ
土俵に飾る　晴れすがた
輝く我等　輝く我等　相撲道

**すりあし【すり足】** 土俵の表面から足を離さずに、するように足を運ぶこと。すり足は相撲の基本である。

**スローしゅっせ【スロー出世】** 報道関係の造語で、番付の地位を上げるのにかかった期間が、平均に比べて特に長期であること。ただし、平均的な期間は時代によって異なる。昭和三三年（一九五八）一月に六場所制になって以降、初土俵から入幕までに要した場所数が特に多く、スロー出世といわれた力士は次のとおりである。

| 〈力士名〉 | 〈場所数〉 | 〈最高位〉 |
|---|---|---|
| 星岳石濤 | 一一五 | 前頭一四 |
| 旭南海 | 一〇五 | 前頭一六 |
| 芳東 | 九三 | |
| 琴春日 | 九一 | 前頭七 |
| 琴椿 | 八九 | 前頭三 |
| 豊桜 | 八八 | 前頭五枚目 |
| 貴ノ嶺 | 八七 | 前頭一二 |
| 北桜 | 八六 | 前頭九枚目 |
| 大真鶴 | 八五 | 前頭一六枚目 |
| 北播磨 | 八五 | |

→〔スピード出世〕

## ……せ……

**せいい【正位】** 番付で力士の名が本来の位置に記載されること、または、その位置のこと。番付では、横綱以下三役は、一つの地位では東西一名ずつ計二名が本来であるが、三名以上になるときには東西の各一名を「正位」といい、それ以外は「張出」と呼ばれて番付の枠外に記載される。以前はしばしば張出が見られたが、平成六年（一九九四）七月以降、張出は書かれていない。

　番付に「正位」や「張出」の文字は記載されないが、正位の場合は「正横綱」「正大関」のようにいわれることがある。正位と張出で地位や待遇の差はないが、順番では東正位、西正位、東張出、西張出とされる。→〔張出〕〔巻末・番付の読み方〕

**せいかつしどうぶ【生活指導部】** 日本相撲協会の事業の実施に当たり『寄附行為施行細則』により配置された部署の一つ。平成一四年（二〇〇二）五月改正の『生活指導部規則』によれば、主として協会員の生活指導に当たるが、その職務の内容上、部長・副部長のほかに配置される委員には、相撲部屋の師匠が加わる。

　具体的には、生活指導要綱に基づいて適正な指導を行うとともに、指導上生じた問題の処理、相談への対応を行う。

**せいげんじかん【制限時間】** 正式には「仕切り制限時間」という。
→〔仕切り制限時間〕

**せいこうほう【正攻法】** 相手に正面から当たってゆき、けれんみのない相撲の取り方をいう。特に、立ち合いで変わる、引く、はたく、いなすなどの変化技に対比させていわれる言葉である。

**せいさいきん【制裁金】** 平成三年（一九九一）九月の理事会で『勝負規定』第五条の改正が決議され、故意に「待った」をした力士に制裁金を課すことになった。

　制限時間後、故意に「待った」をしたと審判委員が判断した場合に、両者または一方の力士に対して幕内以上一〇万円、十枚目五万円の制裁金が課せられた。

　制裁金には立ち合いの乱れを是正する目的があったが、同一〇年八月の理事会で力士によりいっそうプロの自覚を促そうとする方針から廃止が決められ、九月場所から廃止された。→〔仕切り〕〔立ち合い〕

**せいてんいちにち【晴天一日】** 巡業を屋外で行っていたころに、晴れの日に一日だけ興行するというときに用いた表現。

**せいてんとおかこうぎょうつかま**

つりそうろう【晴天十日興行仕り候】番付に記載された言葉。江戸時代から明治末期までの相撲興行は小屋掛け方式で行われ、雨天などの場合には興行できなかった。そのために、順延する場合もあるが合計一〇日間の本場所を開催するということを番付で断ったもの。「晴天十日」とか「晴天興行」などの言葉はこれに由来する。天候不順で続行できず五日間で興行が打ち切られたり、一〇日間の興行を終えるのに二四日かかったりしたこともあった。

　明治四二年（一九〇九）、全天候型の相撲常設館ができて、その旧両国国技館の六月の本場所で、ようやく番付に「晴雨ニ不関十日間大角力興行」と書かれた。↓〔入れ掛け〕〔興行日数の変遷〕

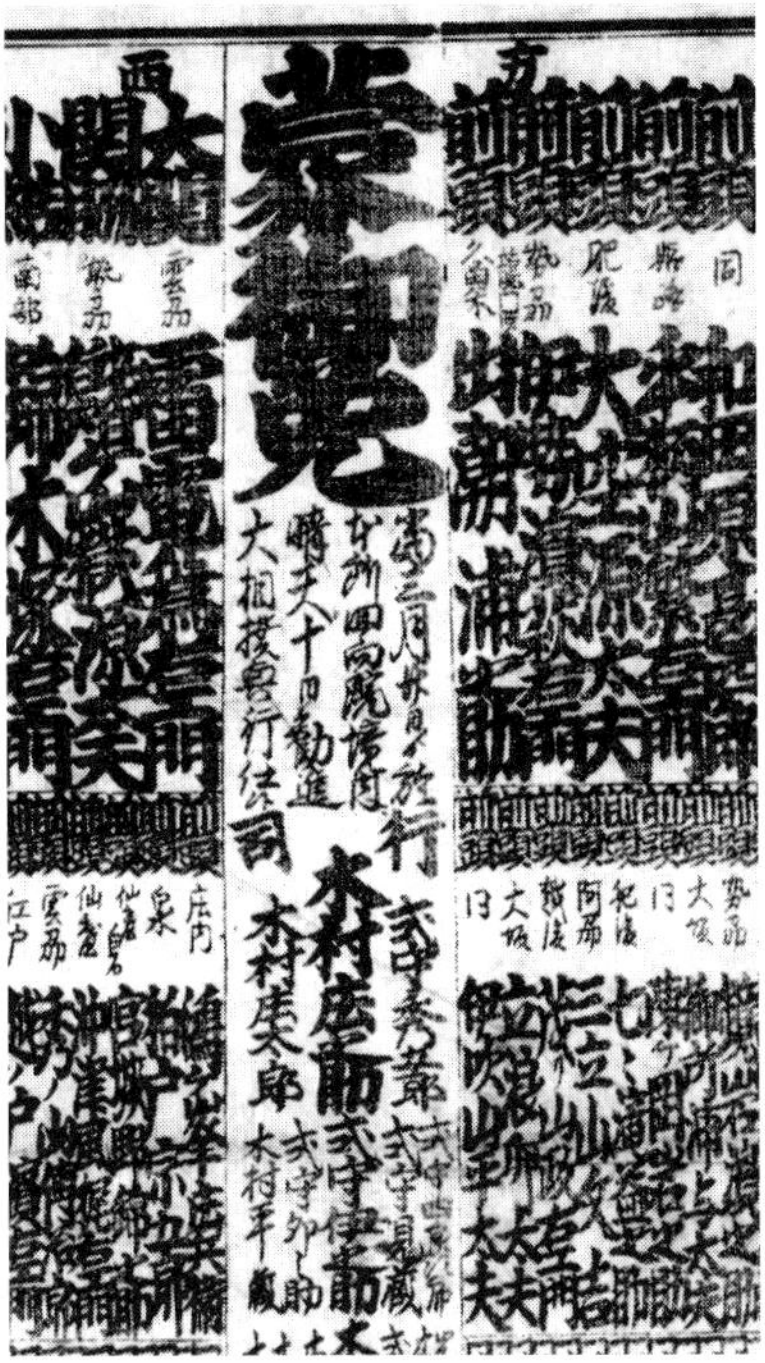


寛政七年三月の番付。「蒙御免」の下に「晴天十日勧進大相撲興行仕候」と書かれている。

**せいてんふだ【晴天札】**「木戸札」の別称と思われる。使われ方は正確には不明であるが、晴天興行で降雨などにより入れ掛けとなったときに、観客に渡して翌日の入場券とした場合もあったらしい。寛政九年（一七九七）の柏戸訴訟では和解の条件として、二代伊勢ノ海の未亡人、加野に太鼓使用料として晴天札二五枚が贈られた。↓〔入れ掛け〕〔柏戸訴訟〕

**せいはくぶさ【青白房】**十枚目行司が持つ軍配につけられた、青色と白色のひもを組み合わせた房の名称。直垂《ひたたれ》の菊綴や飾りひもも同色で統一される。実際には緑と白。↓〔行司装束〕〔房②〕

**せかいすもうせんしゅけんたいかい【世界相撲選手権大会】**アマチュア力士による相撲の世界大会。日本相撲連盟と国際相撲連盟の共催で行われる。平成四年（一九九二）に国技館で第一回大会を開催した。↓〔国際相撲連盟〕〔日本相撲連盟〕

**せき【関】**この言葉がいつごろから使われていたか定かではないが、関取のしこ名につける敬称である。例えば、「貴乃花関」「武蔵丸関」などという。『古今相撲大全』（木村政勝／宝暦一三年〈一七六三〉）には「角力人の貫首たるものを関と称す」とあり、この「関」は当時番付の最上位に位置した大関を指している。

**せきしいちがく【尺子一学】**『相撲今昔物語』（子明山人／天明五年〈一七八五〉）に、元禄年間（一六八八～一七〇四）に紀州家行司として召し抱えられ、二〇石を拝領した人物と記されている。

　同書によれば、大阪の力士、八角楯之助が初代谷風梶之助（第四代横綱・谷風梶之助とは別人）になかなか勝てずにいたとき、一学は八角の求めに応じて谷風の弱点が「急《せ》く気性」にあることを見ぬき、「たやすく立ち合うことなかれ」と教えたという。この助言から八角は「待った」を工夫したといい、「待った」の起源として伝わる話であるが、真偽のほどは確かでない。↓〔八角楯之助〕

**せきたんたく【石炭たく】**相撲界独特の表現で、急いでものごとを進めること。巡業が屋外で行われ

さ

たときに、急に天気が怪しくなって取組を早める場合などに使った。

**せきとり【関取】** 十枚目以上の力士に対して用いられる敬称、または、その総称。地位として明文化されてはいないが、伝統的に使用されている言葉である。

十枚目に昇進して初めて「関取」と呼ばれ、力士として一人前の扱いを受ける。取組の際、仕切りに入る前に水をつけてもらえるのは関取だけであり、塩をまくのも原則として関取である。また、協会から月給を支給されるようになり、羽織・袴の着用、絹の締込《しめこみ》と共布の下がり、土俵入りの化粧廻し、大銀杏の結髪、白の稽古廻しが許され、幕下以下の付け人がつき、部屋では個室が与えられる。

「関取」の語源は不明だが、明和年間（一七六四〜七二）には人形浄瑠璃や歌舞伎で『関取千両幟』『関取二代勝負附』と題された相撲物が上演されるなどして、「関取」という言葉が一般に定着していたようである。→〔関〕

**せきのと【関ノ戸】** 年寄名跡の一つ。初代は関脇までつとめて安永六年（一七七七）一〇月に引退した関ノ戸億右衛門（安永三年に伊勢ノ海に改め）といわれる。現在は、元小結・岩木山が襲名継承している。

**せきめこくぎかん【関目国技館】** →〔その他の国技館／大阪大国技館〕

**せぎり【瀬切り】** 明治時代から大正時代に使われた「十両筆頭」の別称。この地位は一枚上がれば入幕して幕内力士になれることから、「瀬を乗り切る」の意味でいわれた。→〔貧乏神〕

**せきわけ【関脇】** 大関に次ぐ力士の地位の名称。「関脇」の語源については不明だが、相撲節では最強の相撲人を「最手《ほて》」と呼び、次位は「腋《わき》／脇」または「最手脇」と呼んでいた。元禄年間（一六八八〜一七〇四）の京都・大阪の勧進相撲の番付に「関脇」の文字が見られる。

**せっしょうのみやでんかしはい【摂政宮殿下賜盃】** 現在の天皇賜盃の、作製された当初の呼称。大正一四年（一九二五）四月二九日、当時摂政宮であった昭和天皇の誕生日を祝賀する台覧相撲が東宮御所において開催された。その折の下賜金をもとに作製されたので、このように呼ばれた。「東宮殿下記念盃」とも別称された。

この賜盃は、大正天皇の崩御で摂政宮が昭和天皇に即位したことにより、昭和二年（一九二七）夏場所から「天皇賜盃」と改められた。→〔天皇賜盃〕

**せりあがり【せり上がり】** 横綱土俵入りで、十分に腰を落とした姿勢から徐々に上体を起こしていく動作のこと。→〔横綱土俵入り〕

**せわにん【世話人】** 十枚目力士・幕下力士で現役を引退した後に、適格者として協会に新規採用されて規定の業務を行う者の職務名。『日本相撲協会定款』に規定される。相撲競技用具の運搬や保管の任に当たるほか、上司の指示に従って服務する。協会内では「世話人」の呼称は用いられず、ほとんど現役時のしこ名で呼ばれている。

**せわにんかい【世話人会】** 相撲協会で世話人によって構成される。協会が『寄附行為施行細則』で認める、会員相互の親睦を図り、人格向上・修業を目的とした組織の一つ。協会は一定の助成金を支給する。

**せん【先】** 相手より先手を取ること、また、相手の機先を制すること。古い時代には「先」に「先の先」、「後の先」、「対《つい》の先」があるとされたが、現在は「後の先」のみをいう。「先の先」は、相手が先手を取ろうとした瞬間に自分がそれを制して先手を取ること、「対の先」は、相手が先手を取ろうとした瞬間に同時に自分も先手を取るべく動作することをいった。→

さ

〔後の先〕

**【〜を取る】** 立ち合いに、相手の攻めを制して自分の得意な型になったり得意技をしかけること。「先手を取る」ともいう。

**ぜんきゅう【全休】** 本場所を全日間休場すること。

**ぜんこくがくせいすもうせんしゅけんたいかい【全国学生相撲選手権大会】** 日本相撲連盟、日本学生相撲連盟、毎日新聞社の三団体が共催する、大学生が参加する大会としては最大規模の大会である。この大会の優勝者は報道関係から「学生横綱」と俗称される。毎年一〇月下旬〜一一月初旬に、隔年で東京・国技館か大阪・堺市大浜相撲場で開催される。大正八年（一九一九）に第一回が開催された。→〔アマチュア相撲〕〔学生相撲〕〔学生横綱〕〔日本学生相撲連盟〕〔日本相撲連盟〕

**ぜんこくこうとうがっこうすもうせんしゅけんたいかい【全国高等学校相撲選手権大会】** 各都道府県予選を勝ち抜いた代表校による競技大会。日本相撲連盟と全国高等学校体育連盟相撲専門部が共催して、毎年八月初旬に行っている。開催地は年度ごとに各都道府県の持ち回りとなっている。大正八年（一九一九）に第一回が行われた。

　また、高校生が全国規模で参加する競技会は、他に高等学校相撲金沢大会（五月下旬）、選抜高校相撲十和田大会（八月中旬）、選抜高校相撲宇佐大会（九月下旬）があるが、こちらは大会名称の都市で毎年行われる。→〔アマチュア相撲〕〔日本相撲連盟〕

**ぜんこくちゅうがっこうすもうせんしゅけんたいかい【全国中学校相撲選手権大会】** 各都道府県予選を勝ち抜いた代表校による競技大会。日本相撲連盟と全国中学校体育連盟、および毎年開催地が各都道府県の持ち回りになるため、当該都道府県の教育委員会が共催している。昭和四六年（一九七一）八月に第一回大会を開催、以降、毎年八月に行われている。また、同種の大会として全国都道府県中学生相撲選手権大会があるが、こちらは前記大会の約一〇日前に国技館で開催されている。→〔アマチュア相撲〕〔日本相撲連盟〕

**せんしゅうばんざいだいだいかのう【千穐万歳大々叶】** 番付に書かれる語句。「千年も万年も大入りでありますように」との意味。

**せんしゅうらく【千秋楽】** 相撲興行の最終日のこと。本場所の千秋楽では優勝力士の表彰など、さまざまな行事が行われる。「楽日」と別称したり、「楽」と略称する。一般に演劇等でもいう。

　江戸相撲では、千秋楽には幕内力士は出場せず、ほとんど幕下以下の取組が多かった。明治二〇年（一八八七）五月の場所から千秋楽にも大関以下力士全員が出場すると発表されたが、さまざまな事情で実現せず、実際には幕内下位の力士が出場したにとどまった。当時の興行一〇日間の入場者数を見ると、千秋楽がもっとも少なく他の日の四分の一程度であった。横綱以下全力士が出場するようになったのは、両国に国技館が開館した明治四二年六月からである。

**せんしゅうらくてうちしき【千秋楽手打ち式】** →〔出世力士手打ち式〕

**ぜんしょう【全勝】** ①本場所の対戦相手全員に勝つこと。十枚目以上の力士の全勝は一五勝、幕下以下力士は七勝である。②初日から連勝を続けることを「土つかず」というが、この表現の代わりに「七日目まで全勝」のようにいうことがある。

**ぜんしょうゆうしょう【全勝優勝】** 本場所の各段の相撲競技で、全勝で優勝を飾ること。幕内では、最高優勝の力士褒賞金支給標準額の加算分は三〇円（支給割合は四、〇〇〇倍）であるが、これが全勝優勝の場合には五〇円となる。

**せんだいみち【仙台道】** 相撲界独特の表現で、小さなことを大きく誇張して言うこと。距離を表す

「里」は明治二年（一八六九）に「一里＝三六町（約三、九二七メートル）」に全国統一されたが、仙台地方ではそれ以前からあった「一里＝六町（約六五四メートル）」を使用していた。「仙台道六里＝実際の一里」から、近い所を遠く言う、つまり、大げさに言う表現として転用された。逆に、大変なことを簡単なことのように言うことを「上総《かずさ》道」といった。どちらも現在はあまり使われない。→〔上総道〕

**せんだがわ【千田川】** 年寄名跡の一つ。初代は天明八年（一七八八）八月限りで引退した千田川吉兵衛。昭和二年（一九二七）の東西合併の際に大阪の頭取から東京の年寄に加えられた。現在は、元小結・闘牙が襲名継承している。

**せんどう【先導】** 力士が土俵入りをする際に、行司が先頭に立って花道から土俵上まで力士を導くこと。

**ぜんにほんすもうせんしゅけんたいかい【全日本相撲選手権大会】** 日本相撲連盟が主催する社会人・学生が参加してアマチュア相撲の日本一を決める大会。毎年一一月下旬～一二月初旬に開催される。この大会の優勝者は報道関係から「アマ横綱」と俗称される。昭和二八年（一九五三）から始まり、平成二八年（二〇一六）で六五回となる。→〔アマチュア相撲〕〔アマ横綱〕〔日本相撲連盟〕

**ぜんにほんりきしせんしけんたいかい【全日本力士選士権大会】** 正式な名称は「明治神宮例祭奉祝奉納全日本力士選士権大会」という。大正一四年（一九二五）一一月、東京大角力協会は明治神宮外苑相撲場で「明治神宮競技大会　力士選士権争奪戦」を勝ち抜きトーナメント方式で開催した。この第一回大会の優勝者は引退直後の栃木山（第二七代横綱、翌年に春日野襲名）であった。

翌一五年に大会名は「全日本力士選士権大会」と改称された。太平洋戦争による中断があったが昭

行司が横綱土俵入りの先導をつとめる。

和二七年（一九五二）に復活、現在は「明治神宮例祭奉祝奉納全日本力士選士権大会」として回を重ねている。例年、国技館を会場にして九月下旬～一〇月初旬に開催される。

**せんのせん【先の先】**→〔先〕

**せんぱつ【先発】**→〔先乗り〕

**せんぷうき【扇風機】** 対戦中に、自分を軸にして相手を振り回したとき、大きな動きに見えることをこのように表現したもの。現在はあまり使われない言葉である。

**せんべつ【餞別】** 幕下以下の力士養成員が引退するときに、協会より支給される。標準金額があらかじめ定められているが、支給金額はその勤務年数を考査して決められる。ただし、三段目以下への支給は、一五場所以上勤務の力士に限られる。

**ぜんやさい【前夜祭】** 三月大阪、七月名古屋、一一月福岡の地方本場所で、開催の前に行われる行事のこと。その場所を盛り上げるために、地域出身力士の紹介や土俵入り、地元の少年との相撲などが行われる。

## ……そ……

**そうだんやく【相談役】**『日本相撲協会寄附行為施行細則　附属規定』に定められた役職の一つ。停年に達した年寄で、理事会の推薦により協会に留まることを要請された者、または協会役員で、停年前にその役職を辞した者のうち、理事長経験者で、理事会の決議により認められた者が当たる。

**そうづきあい【総付き合い】** 年寄、力士、行司、若者頭、世話人、呼出、床山などが、その職務や地位を超えて親睦のために集まることをいう表現で、特定の組織の名称ではない。例えば、同期会なども総付き合いの一つである。

**そうむらさき【総紫】** 行司最高位である立行司・木村庄之助が持つ軍配に許される、紫色の房の正式な名称。直垂《ひたたれ》の菊綴や飾りひもも同色で統一される。「紫房」と呼ぶのは俗称である。→〔行司装束〕〔房②〕

**そうめんだい【そうめん代】** 巡業の際に、巡業参加者のうち十枚目以上に協会または組合から支給された臨時の手当。現在はない。なお、季節にかかわらず「そうめん代」といった。また、幕下以下に支給された手当は、汚れた浴衣を洗うという意味で「せっけん代」と呼ばれた。

**そうり【総理】** 大阪相撲で、明治三二年（一八九九）六月から同四三年一月まで用いられた役職名。同三二年六月の興行で総理一名、取締二名、勝負検査役八名、部長二名、頭取一二名となっている。

**そくどめ【足どめ】** 前に出てくる相手の足の甲を踏みつけて勢いを止め、逆に相手の上半身を突き返して攻めに転ずること。現在は使わない古技である。

**そくびおとし【素首落とし】** 決まり手八二手の一つ。低い体勢で前に出てくる相手の首または後頭部を、手首や腕でたたき落とすようにして倒す。「叩《はた》き込み」では相手の肩や背中をたたくが、素首落としは首から上部をたたくという点で異なる。平成一三年（二〇〇一）一月場所より追加された決まり手である。→〔決まり手〕

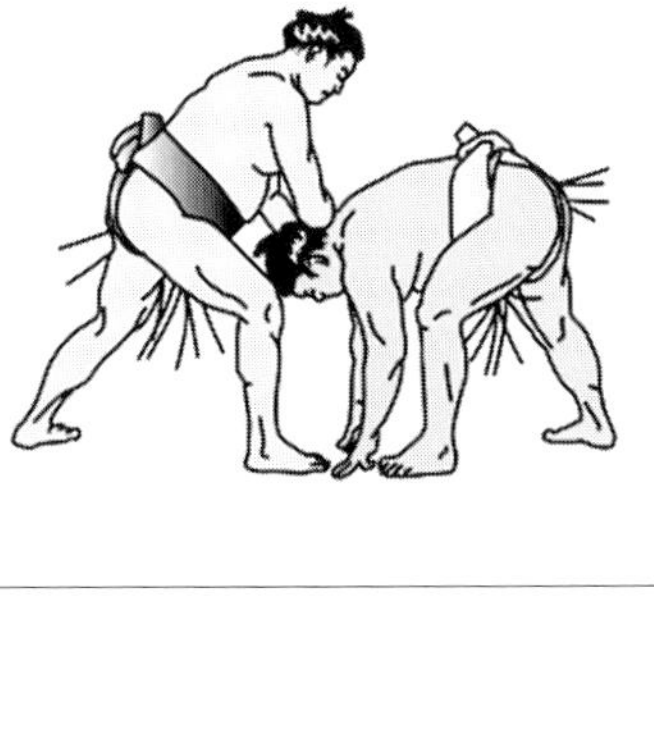

決まり手・素首落とし

**そっぷがた【そっぷ型】** 筋肉質でやせ型の力士の体型、また、その体型をした力士のこと。鶏ガラ出しのちゃんこを「そっぷ炊《だ》き」といい、この鶏ガラのようにやせ細っているということから連想された呼称である。「そっぷ」はオランダ語で「スープ」を意味し、江戸時代に日本でも使われるようになった言葉である。これと対照的に丸々と肥満した体型を「あんこ型」という。→〔あんこ型〕

**そとがけ**【外掛け】決まり手八二手の一つ。四つに組んだときに、例えば、右足を相手の左足に外側からかけ、相手の廻しを強く引きつけながら刈り払うように後ろに倒す。相手が吊ろうとしたり投げを打とうとして足が伸びた瞬間に、なるべく足首に近い位置にかけるときれいに決まる。→〔内掛け〕〔決まり手〕

決まり手・外掛け

**そとこまた**【外小股】決まり手八二手の一つ。四つに組んで出し投げなどを打ち、相手が残そうとして前に送った足を膝のあたりで外側から抱え、すくうようにして後ろに倒す。「小股《こまた》掬い」と似ているが、小股掬いは相手の足を内側から取り、「外小股」では外側から取る。→〔決まり手〕

決まり手・外小股

**そとたすきぞり**【外たすき反り】決まり手八二手の一つ。例えば、右四つに組んだら、左手で相手の右下手の手首をつかみ、自分の右下手は抜いて相手の右腕の上に回し、相手の右足太ももを右手で内側からすくい上げながら体《たい》を反らせて倒す。相手は差し手《で》を極められた状態で外側に落ちる。「たすき反り」のように肩越しに落とすのではなく、やや後ろ側方に倒す形で決まる。ほとんど見られない決まり手である。→〔決まり手〕

決まり手・外たすき反り

**そとむそう**【外無双】決まり手八二手の一つ。左四つに組んでいれば、左の差し手《で》を抜き、体《たい》を低くして相手の左膝の外側に左手のひらを当て、右上手で相手の差し手を抱えながら右に体をひねって倒す。相手は差し手を極められ、膝を押さえられているので、足を跳ね上げるようにして大きく倒れる。「内無双」では相手の膝を内側から払う。→〔決まり手〕

決まり手・外無双

**そとよつ**【外四つ】→〔四つ／外四つ〕

**そのたのこくぎかん**【その他の国技館】明治四二年（一九〇九）六月の旧両国国技館の開館以降、全国各地で私設の相撲常設館建設がブームの様相を呈した。また、合併以前の大阪角力《すもう》協会でも独自の常設館建設に努力した。以下に主なものを開館年度順にあげる。

【横浜常設館】明治四二年一二月、

横浜市中区の相生座跡地に開館。民間経営。開館式では、東京大角力協会の立行司・式守勘太夫が祭主となって土俵祭を行った。四方がガラス窓の木造三階建て、総建坪は四五〇坪（約一、四八八平方メートル）、収容人員は一、五〇〇～二、〇〇〇名程度。「横浜の国技館」とも呼ばれ、一部新聞は「横浜相撲常設館」と呼んだ。

【浅草国技館】明治四五年二月、東京都台東区浅草に開館。民間経営。旧両国国技館と同じ辰野金吾、葛西萬司が設計したエジプト・サラセン風の建物で、収容人員は一二、〇〇〇名。総建坪は一、六〇〇坪（約五、二九〇平方メートル）。観客席は四階まであり、二〇人乗りエレベーター、力士養成場などを備えていた。「浅草国技館」の名称で相撲を興行したのは一年ほどで、大正二年（一九一三）に活動写真館となり、同一二年九月の関東大震災で損壊して取り壊された。

【京都国技館】明治四五年六月、京都市中京区の千本通三条東入ルに開館。民間経営。相撲だけでなく演芸などの興行場として建設された。外観は人造石の洋館で内部は純日本風の木造三階建て、収容人員は三、五〇〇人。開館式には式守伊之助が土俵祭を行い、幕内土俵入りも行われた。

　当時、東京と大阪の両協会の和解がなっておらず、京都と東京の合併相撲が行われた。勧進相撲以来の京都相撲は明治末に消滅し、京都国技館は活動写真の常設館となったが、昭和初期に解体された。

【熊本肥後相撲館】大正二年一〇月、熊本市に相撲常設館として落成。開館式では地元の吉田司家が方屋祭を行い、東京・大阪両協会の関係者、横綱・太刀山らも参加した。二階建てで、三階に楼閣が載っていた。活動写真館としても利用されたが、市電の敷地に決まって昭和三年（一九二八）に解体された。

【名古屋国技館】大正三年二月、名古屋市中区に開館。㈱大正土地の民間経営であったが、建設に際して東京・大阪両協会も協賛し、開館式には当時の三横綱、常陸山、梅ヶ谷、太刀山が出席した。正一六角形のモダン建築で屋根はドーム型、鉄骨造り四階建て、総建坪五〇八坪（約一、六八〇平方メートル）、収容人員は八、八〇〇人であった。

名古屋国技館

　多目的使用の建物で、相撲のほか映画上映、演説会、サーカスなども開催された。大正八年に売却に出され、協会は七五、〇〇〇円で買おうとしたが、二五〇、〇〇〇円を提示した個人に渡った。同一二年春ごろに取り壊された。

【富山国技館】大正四年七月に富山市に完成。民間経営。開館披露をかねて、前月に正式な引退相撲を旧両国国技館で行っていた第二〇代横綱・梅ヶ谷が、出身地富山市のために再度の引退相撲を行った。翌年火災で焼失し、再建されなかった。

【大阪国技館】大阪角力《すもう》協会が大阪市南区の新世界に建設した相撲常設館で、大正八年九月に開館した。資本金二〇〇万円を募る株式制度によって建設したため、役員には頭取でない者も加わっていた。建坪は五〇一坪（約一、六五六平方メートル）、収容人員は七、〇〇〇人で、建物の外観は明治四二年開館の東京の旧両国国技館とよく似た円形のドームであった。

昭和二年の東京大角力協会との正式合併を機会に、同一二年に「大阪大国技館」が新築され、この常設館も役目を終えた。

**【阪神大国技館】**兵庫県尼崎市に建設予定で、昭和一一年九月に地鎮祭を行ったが、先行して大阪大国技館が大阪市関目に建設され始めたため、立地条件の悪さから建設初期に中止された。計画段階では、関西にも大国技館が必要との発想があり、当時の大日本相撲協会の年寄入間川が奔走尽力したが実現しなかった。

**【大阪大国技館】**昭和一二年六月、大阪市旭区関目町に落成。地名から「関目国技館」と別称された。建設発起人は堀田駒三郎で、民間経営。旧両国国技館と同じ円形建物で四階建て、敷地面積は六、〇〇〇坪（約一九、八三六平方メートル）、建坪三、〇〇〇坪（約九、九一八平方メートル）、収容定員は二五、〇〇〇人であった。開館に当たって、立行司・木村庄之助祭主による土俵祭が行われ、開館記念大相撲では双葉山と清水川による三段構えが披露された。

同年六月から四年間で計七回の一三日興行がここで開催された。同一五年より軍需工場となり、敗戦後は進駐軍に接収されて、そのまま再び相撲の開催を見ることはなかった。

**そりて【反り手】**自分の体を後方に反らせるようにして、相手を投げて倒す技のこと。「反り技」ともいう。決まり手八二手のうち、反り手は以下の六手である。居反り、撞木《しゅもく》反り、掛け反り、たすき反り、外たすき反り、伝え反り。→〔決まり手／決まり手八二手〕

**そりわざ【反り技】**「反り手」の別称。→〔反り手〕

**そろいぶみ【揃い踏み】**巡業先の勧進元などが物故した場合に、追善などのために行った。巡業に参加した大関以下幕内全力士が化粧廻しを着けて土俵に上がり、正面に向かって数列に並び、そろって四股を踏んだ。時には、この後に焼香することもあった。本場所千秋楽に行われる「三役揃い踏み」とは異なる。→〔三役揃い踏み〕

**そんきょ【蹲踞】**直立の姿勢から、上体を立てたまま膝を折って腰を深く下ろし、つま先立ちで両膝を開いた姿勢のこと。両手を膝の上に置き、顎を引いて背筋を伸ばし、重心を安定させる。

土俵上では、二字口で対戦相手に正対して塵《ちり》浄水を切る際に一度、さらに、仕切りに入る前にこの姿勢をとる。相撲の基本姿勢の一つである。また、土俵での重要な作法として「蹲踞の礼」ともいう。

蹲踞

# た行

……た……

**たい【体】** 相撲の攻防にかかわって体勢を表現する場合に、「からだ」と読まずに「たい」と読む場合が多い。→〔体《からだ》〕

【〜が浮く】 相手の強い引きつけなどによって、腰が伸びて重心が上体のほうに移ってしまうこと。重心が高くなると、不安定な体勢になる。「腰が浮く」ともいう。→〔腰／腰が浮く〕

【〜がない】 重心を失ったり復元力がなくなったりして、それ以上は相撲を取り続けることが不可能な体勢になること。いわゆる「死に体」になった状態をいう。→〔死に体〕

【〜が流れる】 体《からだ》の移動に足がついてゆかず、重心を失って相手の攻めを残す余裕のない体勢になること。→〔足／足が流れる〕

【〜が割れる】 一方が寄っていった土俵際で、寄られた側がうっちゃりを見せたとき、うっちゃりが決まって両力士の胸が離れた状態をいう。体《たい》が割れていなければうっちゃりは成立せず、寄り倒されることになる。→〔寄り倒し〕

【〜さばき】 技を繰り出したりするときの、体《からだ》の動かし方、身のこなし。

【〜を預ける】 相手の体《からだ》に自分の体《からだ》を密着させ、全体重で相手に圧力をかけるようにすること。例えば、土俵際まで相手を追い詰め、最後に勝負を決めるときに体《からだ》ごと相手にもたれかかり、その重

体を預けて寄り切る。

みによって土俵を割らせる場合などである。

【〜を入れ替える】土俵際に押し込まれた力士が、くるりと回って相手と入れ替わり、逆に相手を土俵際に詰めること。「体《たい》が替わる」ともいう。

【〜を開く】立ち合いや攻防の中で、相手に正対していた体《からだ》を、左右どちらか一方の足を後方に引き、その方向に向けること。相手との間隔をあけて突きや突進から体《たい》をかわし、次に自分が技をしかけるねらいの動きである。体《たい》を開くと、目標を失った相手が前にばったりと落ちて、叩《はた》き込みが決まる場合もある。

**たいこ【太鼓】** 相撲の興行を人々に知らせたり、一日の興行の節目を刻むために用いる、欠かすことのできない道具である。太鼓は呼出の仕事の一つで、呼出は見習のときから太鼓の打ち方を稽古してその技術を修得する。

太鼓には、櫓《やぐら》の上で打つ太鼓と、相撲の開催を知らせる「触れ」の際に太鼓をかついで歩きながら打つものがある。前者は「櫓太鼓」、後者は「触れ太鼓」と俗称されるが、呼出は「太鼓」で呼称を統一している。現在、櫓の上で打つ太鼓には、場所中の午前八時半から九時に打つ「寄せ太鼓」と、打ち出しのときの「跳ね太鼓」がある。ただし、千秋楽には跳ね太鼓を打たない。

花相撲で呼出が演じる太鼓の打ち分け。

吉田司家の文書には、「高く座を構へて人を置き是を櫓と云、人を集め出入の時に太鼓を打、相図とす」とあり、相撲場に櫓を立て、その上で太鼓を打って相撲の開催を知らせたことが推測される。↓〔跳ね太鼓〕〔触れ〕〔触れ太鼓〕〔櫓太鼓〕〔寄せ太鼓〕〔呼出〕

**たいこいわい【太鼓祝い】** 本場所前日の土俵祭に引き続いて行われる行事のこと。土俵祭の御神酒がふるまわれた後、呼出が太鼓を打ちながら土俵の周囲をまわり、さらに町へと触れに出る。その後、各相撲部屋を回り、稽古場で顔触《かおぶ》れを触れて太鼓をたたく。終わりに力士たちが手締め式を行う。↓〔顔触れ〕〔触れ〕

**たいこのひ【太鼓の日】** 本場所前日に行われる「土俵祭」の別称。土俵祭が終わると、市中に触れの太鼓が出て、翌日の初日興行を触れ歩くことにちなんで、このようにいわれる。↓〔土俵祭〕

**たいしゅうデー【大衆デー】** 大正一五年（一九二六）春場所より、初日に限り入場料を全席五〇銭均一にして開放し、この初日のことを「大衆デー」と呼んだ。当時のマスコミは「五〇銭均一デー」「社会奉仕デー」「初日社会奉仕日」などとも呼んだ。このサービスはごく短期間で終わった。

**たいしょく【退職】** 相撲協会から

た

離れること。力士、年寄、行司、呼出、床山など協会員が停年前に辞めることを意味する。平成八年（一九九八）一一月以前は廃業と表記されていた。→〔廃業〕

**たいしょくきん【退職金】**『日本相撲協会寄附行為施行細則』による『退職金支給規定』にしたがって、協会員の退職に際して支給されるもの。力士が現役を引退する場合に支給される力士養老金もこの規定にしたがう。同規定には、「力士養老金および勤続加算金」「年寄退職金および職務加算退職金」「従業員退職金」のほか、「力士養成員の引退に関する餞別」について定められている。→〔年寄退職金〕〔力士養老金〕

**たいちがい【体違い】**①土俵際で両力士の体が瞬間的に入れ替わって、行司が判定を誤ること。物言いがついて行司の判定がくつがえされれば、差し違えとなる。
②土俵上で勝負がついたとき、両力士の廻しの色、体つき、身長その他がよく似ていたために、行司が誤って負け力士に軍配を上げた場合をいう。→〔差し違え〕

**だいにほんおおずもうれんめい【大日本大角力連盟／大日本大相撲連盟】**大正一四年（一九二五）、東京大角力協会と大阪角力協会とが、正式な合併を果たすまでの準備団体として旗揚げしたもので、臨時措置的な呼称であった。調印に際しては、大日本大角力連盟は両協会から独立した団体であること、最終的に合同したときに「大日本相撲協会」と改称すること、連盟役員は両協会から取締・理事・検査役計一七名を選任することなどが合意された。→〔大日本相撲協会〕〔東西合併〕

**だいにほんしんこうりきしだん【大日本新興力士団】**昭和七年（一九三二）一月の春秋園《しゅんじゅうえん》事件で大日本相撲協会を脱退した、大ノ里、天竜、山錦、綾櫻、信夫山、藤ノ里、大和錦など三二名の西方力士たちが結成した団体の名称。→〔春秋園事件〕

**だいにほんすもうきょうかい【大日本相撲協会】**正式には「財団法人大日本相撲協会」といった。大正一四年（一九二五）一二月に財団法人設立が文部大臣から認可され、「東京大角力《おおずもう》協会」の組織を改めて「財団法人大日本相撲協会」と改称した。昭和二年（一九二七）一月には大阪角力協会と正式に東西合併して、名実ともに日本でただ一つの大相撲の組織となった。

　このときから、東京で春・夏の二場所、大阪・京都・名古屋・広島・福岡のいずれかで三月、一〇月（一場所だけ九月がある）の二場所を開催する、年四回の本場所興行となった。年四場所は同七年一〇月まで行われたが、春秋園事件の影響で同八年二月からは東京の二場所のみとなった。

　昭和二〇年一一月までの協会役員は、会長、理事長、取締、理事、監事で、昭和一九年三月に藤島（元常ノ花）が理事長に就任した例を除き、会長および理事長は陸軍、海軍の大将クラスの人物が占め、他の役員には年寄が就いた。大日本相撲協会の名称は、昭和三三年一月に「財団法人日本相撲協会」と改まり、平成二六年一月に公益法人日本相撲協会として新しいスタートをきった。→〔財団法人日本相撲協会〕〔東西合併〕〔公益法人日本相撲協会〕

**だいにほんすもうせんしけんたいかい【大日本相撲選士権大会】**昭和六年（一九三一）六月に、同三年から毎年続いた天覧相撲を記念して、大日本相撲協会が旧両国国技館で開催した大会。十枚目以上の力士と年寄で、二部に分けた全勝者で優勝を争った。このとき、引退後六年を経た春日野（第二七代横綱・栃木山）が優勝して周囲を驚かせた。昭和一八年に第一三回を数えたが、翌年の大会は中止されてそのままとなった。

**だいにほんすもうれんめい【大日本相撲連盟】**昭和七年（一九三二）

一月の春秋園《しゅんじゅうえん》事件で、協会を脱退した力士たちは大日本新興力士団と革新力士団とを結成した。同年二月に、両者は合同して「大日本相撲連盟」を結成した。しかし、脱退して協会に復帰する力士が続いたため、翌八年二月には新たに「関西相撲協会（大日本関西相撲協会ともいう）」を設立したが、同一二年一二月に解散した。この間、番付を編成する力士の数が少ないために東西なしの片番付をつくり、中入などに「番外挑戦試合」「臨時挑戦試合」などと銘打って、割《わり》以外で同一の力士が三番から七番も取る競技方法などを行った。

→〔革新力士団〕〔関西相撲協会〕〔春秋園事件〕〔大日本新興力士団〕

**たいほう【大鵬】** 第四八代横綱・大鵬に対して、その活躍と協会への功績をたたえて三〇回優勝を機に贈られた一代限りの年寄名跡。贈られたのは、現役中の昭和四四年（一九六九）八月であった。

**たいほうこうき【大鵬幸喜】** 第四八代横綱。北海道川上郡弟子屈町出身。昭和一五年（一九四〇）五月二九日生まれ。本名は納谷幸喜。二所ノ関部屋。昭和三一年九月初土俵。同三四年五月新十両。同三五年一月新入幕。同三六年一一月新横綱。同四六年五月引退。身長一八七㌢・体重一五三㌔。幕内通算成績は七四六勝一四四敗一三六休、優勝三二回。そのうち六連続優勝が二回、全勝優勝が八回ある。早くから大器として期待され、新入幕の場所で初日から一一連勝して目を見張らせた。体にも恵まれ、足腰が柔らかいので対戦相手の突進を受けてもショックを上体が吸収してしまうようだった。前さばきもうまく、左四つに組みとめての掬《すく》い投げ、上手投げを得意とした。取り口は堅実で「相撲に型がない」と評されたが、師匠の二所ノ関は「自然体の型で万能相撲である」と評し、全盛期には「巨人、大鵬、卵焼き」という流行語を生んだ。横綱・柏戸（第四七代）との対戦は、柏戸の剛に対する大鵬の柔が妙味ともなり、二人の熱戦が続いた時期は「柏鵬時代」と呼ばれた。

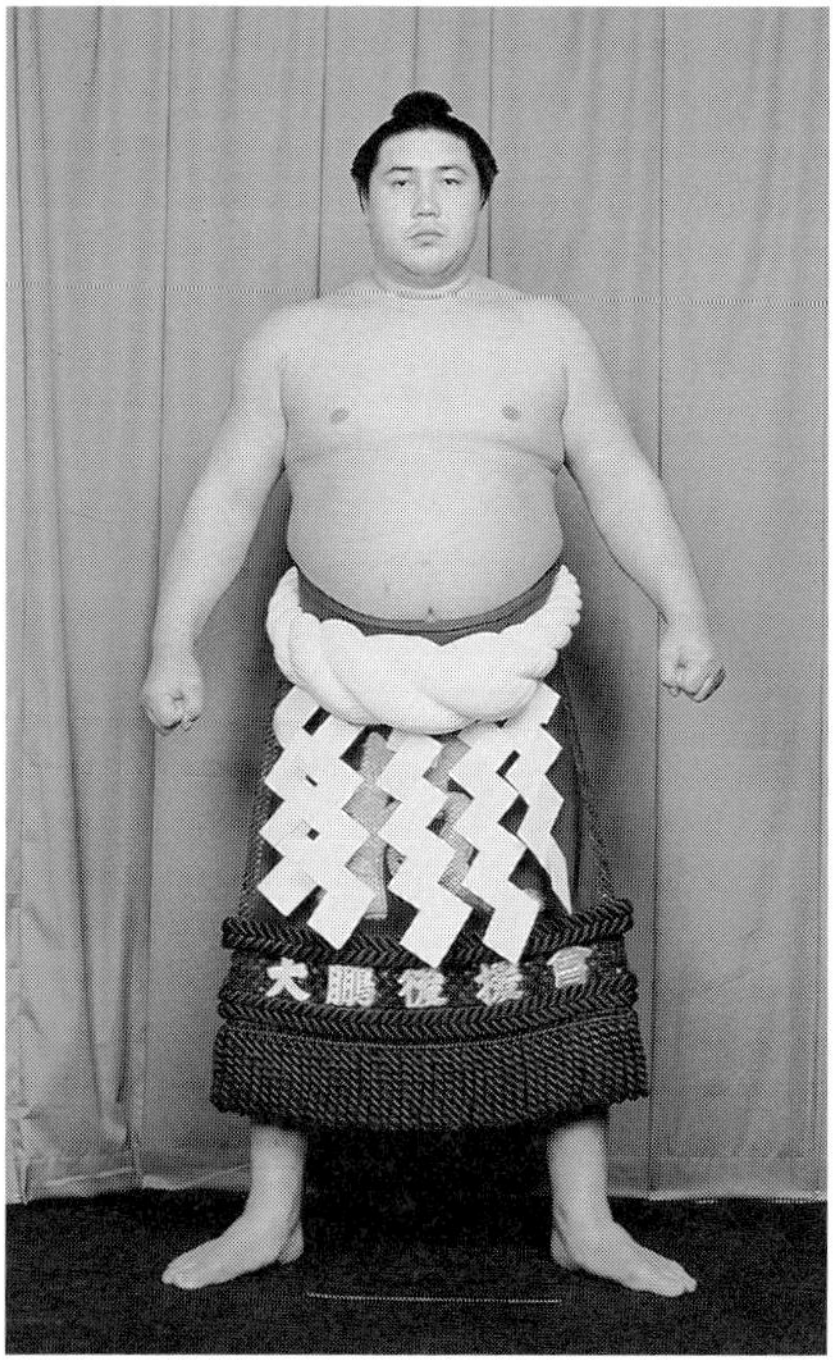
第四八代横綱・大鵬幸喜

　優勝が三〇回を数えた昭和四四年八月に、功績をたたえられて協会より一代年寄「大鵬」を贈られた。また、現役時代から日本赤十字社を通じて血液運搬車「大鵬号」を寄贈し続けて、ライオンズクラブ国際協会から「一九八二年度世界人道主義賞」を贈られた。

　引退後の昭和四六年一二月に二所ノ関部屋から独立して大鵬部屋を興し、部屋を運営しながら協会では理事、役員待遇を歴任。平成一七年（二〇〇五）五月に停年退職した。その後、相撲博物館館長の職に就任していた。平成二五年一月一九日没。七二歳。

**たいまのけはや【当麻蹶速】**『日本書紀』（養老四年〈七二〇〉完成）に見られる伝説上の人物。大和（現在の奈良県）の出といわれ、垂仁天皇七年のときに野見宿禰《のみのすくね》と力くらべをして敗れたと伝えられる。奈良県北葛城郡當麻町に当人を祭ったという蹶速塚がある。↓〔野見宿禰〕

**たいらんずもう【台覧相撲】** 天皇以外の皇族が観戦する相撲のこと。

**たかさき【高崎】** 年寄名跡の一つ。初代は寛政八年（一七九六）から大阪の頭取をつとめた高崎市右衛門。昭和二年（一九二七）の東西合併の際に大阪の頭取から東京の年寄に加えられた。現在は、元前頭六枚目・金開山が襲名継承している。

**たかさご【高砂】** 年寄名跡の一つ。この名跡は伝統的に「高砂浦五郎」の名で継承されている。初代は、高見山大五郎のしこ名から明治四年（一八七一）三月に高砂浦五郎と改名した。初代高砂は同六年に力士の待遇改善を要求して会所側と決裂、同一一年に和解して年寄として復帰した。現在は、元大関・朝潮が襲名継承し、高砂部屋を運営しながら協会では役員待遇となっている。

**たかさごそうどう【高砂騒動】** 明治初期に、初代高砂浦五郎（当時前頭筆頭）が相撲会所に改革を迫って会所を脱退した事件で、「高砂組脱退事件」ともいう。

高砂は、相撲会所の運営が筆《ふで》頭《がしら》、筆脇《ふでわき》など少数の年寄の専横するところであるとして、以前から力士の待遇改善のほか相撲会所の改革を求める志を抱いていた。明治六年（一八七三）、地方巡業中に同志を東京に帰して自分の意見を年寄に伝えさせたが、相撲会所は一一月興行の番付から高砂ら九名の名前を塗抹して発表し、一ヵ月遅れで一二月に興行を行った。

このため、翌七年に高砂らは愛知県の許可を得て、名古屋で「改正相撲組」を組織して東京相撲から分離し、後には京都・大阪の力士の一部とも呼応して地方興行を続けた。改正相撲組は「高砂組」とも呼ばれたが、これに対立した相撲会所の側を「会所派」といった。

改正相撲組は、明治八年には東京に戻って興行したが、同一一年二月に警視庁が「角觝《すもう》（力士）及び行司は東京府下を一組となす」とする『角觝《すもう》並《ならびに》行司《ぎょうじ》取締規則』を発布したため、相撲会所と和解合併して騒動は収束した。このとき、相撲会所は旧態による弊害を改めた『角觝営業内規則』を制定した。高砂の求めた改革はひとまず成功したが、復帰後の高砂は年寄となってさらに改革を進めた。

なお、和解後の一一年五月場所の番付は、本番付に会所側の力士を記載し、改正相撲組から復帰した力士の番付をもう一枚別に作った。↓〔改正相撲組〕〔角觝営業内規則〕〔角觝並行司取締規則〕〔巻末・明治改革期の諸規約〕

**たかしま【高島】** 年寄名跡の一つ。初代は明和七年（一七七〇）一一月の三段目に名のある高砂五郎七である。明治二一年（一八八八）までは「高砂五郎治」の名で継承されてきたが、初代高砂浦五郎によって「高嶋」と改称させられた。現在は、元関脇・高望山が襲名継承している。

**たかだがわ【高田川】** 年寄名跡の一つ。初代は明治九年（一八七六）六月限りで引退し、現役名で大阪の頭取になった高田川音吉。昭和二年（一九二七）の東西合併の際に大阪の頭取から東京の年寄に加えられた。元大関・前の山が襲名継承し、部屋を運営していた。現在は、元関脇・安芸乃島が継承している。

**たかのさととしひで【隆の里俊英】** 第五九代横綱。青森県青森市出身。昭和二七年（一九五二）九月二九日生まれ。本名は高谷俊英。二子山部屋。昭和四三年七月初土俵。同四九年一一月新十両。同五〇年五月新入幕。同五八年九月新横綱。同六一年一月引退。身長一八二センチ・体重一五八キロ。幕内通算成績

第五九代横綱・隆の里俊英

は四六四勝三一三敗八〇休、優勝四回。

幕下時代から糖尿病に苦しみ、成績も一進一退を繰り返しながら、初土俵から一五年余り九一場所をかけて横綱に昇進した。同期生で同部屋の若乃花（第五六代横綱、現年寄間垣）が先に横綱になったうえ、すでに引退していた後の昇進でもあった。その後は実力も安定し、当時話題になっていたテレビドラマから「おしん横綱」などと言われた。右四つが自分の型で、相手の廻しを切るのもうまかったが、「ポパイ」の愛称をつけられたほど力も強かった。

引退後は年寄鳴戸を襲名し、鳴戸部屋を創設して後進の指導に当たっていた。平成二三年一一月七日没。五九歳。

**たかのはな**【**貴乃花**】第六五代横綱・貴乃花に対して、その活躍と功績をたたえられて贈られた一代限りの年寄名跡。贈られたのは、引退した場所の平成一五年一月場所。

第六五代横綱・貴乃花光司

**たかのはなこうじ**【**貴乃花光司**】第六五代横綱。東京都中野区出身。昭和四七年（一九七二）八月一二日生まれ。本名は花田光司。藤島部屋から二子山部屋。昭和六三年三月初土俵。平成元年（一九八九）一一月新十両。同二年五月新入幕。同七年一月新横綱。同一五年一月引退。身長一八五センチ・体重一四七キロ。幕内通算成績は七〇一勝二一七敗二〇一休、優勝は二二回。

元大関・貴ノ花（元年寄二子山）の次男。兄は元横綱・若乃花（第六六代、退職）である。平成三年五月場所の初日、当時の貴花田に敗れた横綱・千代の富士（第五八代）が新旧交替を悟って引退を決意した話は有名。このとき、貴花田は史上最年少の金星であった。前頭二枚目で平幕優勝、小結でも一度優勝して平成五年一月に大関昇進、同六年九月場所と十一月場所を連続して全勝優勝し、横綱に昇進した。引退後に功績を認められて一代年寄「貴乃花」を贈られた。二子山部屋を引き継ぎ貴乃花部屋と改称、現在は、協会理事として活躍している。

**だきこむ【抱き込む】** 相手を自分の懐に引き入れて、上手から抱え込むような組み方をすること。懐の深い力士が積極的に引き入れる場合もあれば、相手に懐に跳び込まれてやむを得ず抱き込む場合もある。

**たきだし【炊き出し】** 明治時代の東京大角力《おおずもう》協会（明治二二年〈一八八九〉一月に相撲会所から改称）は、番付発表の日から千秋楽まで、一日二回の炊き出しを行い、力士、行司、呼出など関係者の食事をすべて作っていた。年寄が差配して、飯の分配係、副食物係、膳部係を配置し、さらに十数名の作業員を雇用して、一日に約八〇〇名分を炊き出していた。明治四二年一月場所では、一月二日から二月三日の間に、白米六五〇俵、しょう油七〇樽《たる》、みそ二〇樽、タクアン二〇〇樽を要したという。

幕下以上の力士は部屋や自宅で食べるので若い者《もん》が協会から運び、三段目以下の力士と行司、呼出は協会の台所に食べに来た。食事の内容は、協会特製のトウガラシみそか甘みそ、みそ汁、タクアンであった。台所では膳に向かって番付順に二列に並び、「お上がり」の合図でいっせいに食事をした。大人数なので「あと貸せ」といって先の者が済むのを後ろに控えて待ち、自分たちの番になると、下座から手回しで膳が配られ、食事が済むと「お下《くだ》り」と言いながら下座のほうへ手回しで膳を下げた。

しかし、雨や雪で順延になっても炊き出しをしていたので経費がかかり、同四二年一月場所を最後に食料費を支給する制度に改められ、炊き出しは廃止された。

**たぐり【手繰り】** 突き押しで攻めてくる相手の腕をつかまえ、左右いずれかに引っ張って、相手の体勢を崩すこと。「腕《かいな》を手繰る」ともいう。

**たけくま【武隈】** 年寄名跡の一つ。初代は宝永五年（一七〇八）一〇月などに勧進元を届け出た竹熊弥太八といわれている。現在は、元前頭筆頭・蔵玉錦が襲名継承している。

**たけなわ【竹縄】** 年寄名跡の一つ。初代は宝暦一二年（一七六二）五月限りで引退して大阪の頭取になった竹縄半右衛門。昭和二年（一九二七）の東西合併の際に大阪の頭取から東京の年寄に加えられた。現在は、関脇・栃乃洋が襲名継承している。

**たこつる【タコ釣る】** 相撲界独特の表現で、思い上がりをしている者をいさめること。

**タコになる** 相撲界独特の表現で、親方や兄弟子の助言などを聞かず、思い上がりをしていること。

**たごのうら【田子ノ浦】** 年寄名跡の一つ。初代は宝暦一〇年（一七六〇）一〇月限りで引退した三段目・田子浦源蔵。元前頭筆頭・久島海が襲名継承していたが急逝。元前頭八枚目・隆の鶴が襲名継承して元鳴戸部屋が田子ノ浦部屋と改称して、現在に至る。

**だしなげ【出し投げ】** 昭和三〇年（一九五五）五月に制定された決まり手六八手のうちに、「出し投げ」があった。下手と上手の違いを問わず、廻しを取った腕の肘を自分の脇につけ、相手を横または下方向に引きずるようにして土俵にはわせる投げ技であった。同三五年に決まり手は七〇手となり、出し投げは上手出し投げと下手出し投げとに分けられた。

**だしべ／だしっぺい【出し幣】** 本場所開催中に掲げておく幣のこと。出し幣は二本あり、それぞれさおの先に麻と幣を結び、櫓の先端から突き出すように掲げる。高い所に幣を掲げるのは、天に対する礼とされる。

櫓から突き出されたささおと出し幣。

**たすきぞり【たすき反り】** 決まり手八二手の一つ。四つに組んだとき、相手の差し手の肘《で》をつかんで腰を落とし、その脇の下に頭を入れ、もう片方の手で相手の足を内側から取り、相手を肩に担ぎながら体《たい》を反らせて後方に落とす。「たすき」を肩に回してかけるように相手を肩に乗せるので、この名がある。「撞木《しゅもく》反り」と似ているが、撞木反りでは倒れたときに自分の両足も上がる。→〔決まり手〕

決まり手・たすき反り

**たちあい【立ち合い】** 仕切りのあと、両力士の呼吸が合って立ち上がり、勝負を開始するまでの動作のこと。相撲の勝負は立ち合いで決まるといわれるほど大切である。力士は有利な体勢となるように、立ち合いの一瞬に精神を集中させる。一瞬の呼吸を早めたりずらしたり力士はさまざまに工夫を凝らすが、立ち合いの正常化は常に叫ばれている。→〔阿吽《あうん》の呼吸〕〔仕切り〕〔待った②〕

**【～が厳しい】** 自分の得意な型に

立ち合いの一瞬に勝負がかかる。

なったり得意技で攻撃できるように、相手が当たってくる圧力をはねつけ、相手に十分な体勢を決して許さないような立ち合いをすること。

【〜が決まる】腰を十分に下ろし、土俵に両手をつき相手の目をしっかりと見て、相手に呼吸を合わせ、きれいな立ち合いができた場合にいう。この表現は、一方の力士が自分の立ち合いができて、有利な流れを作れたときにいう。

【〜勝ち】自分の意図したとおりの立ち合いや、先手を取る立ち合いによって、有利に闘う状況に持ち込んだ場合をいう。逆に、相手に先手を取られて得意な型や技を許してしまう場合を「立ち合い負け」という。このようになることを「立ちおくれる」ともいう。↓〔先／先を取る〕

【〜不成立】力士がいったん立ち上がっても、手つき不十分であったり仕切り線を越えていたり、立ち合いの条件を満たしていない場合には、行司あるいは審判長が立ち合いのやり直しを命じる。このような場合を「立ち合い不成立」という。↓〔待った①〕

**たちあいまい／たちあわせまい**【立合舞】奈良～平安時代の相撲節《すまいのせち》で、勝負がつくと勝方《かちかた》から立合《たちあわせ》が出て、弓を持って舞ったもの。勝方の他の者たちは笑い声をあげてはやしたて、負方《まけかた》は立合や籌刺《かずさし》の役の者を取り替えた。↓〔相撲節〕〔相撲節の儀式〕

**たちあがり**【立ち上がり】立ち合いの動きの一つで、相手とぶつかる瞬間をいう。腰を割った低い姿勢から体を相手にぶつけていくときの、下から上に向けて圧力を加え、相手の上体を起こそうとする動きである。

**たちごし**【立ち腰】↓〔腰／立ち腰〕

**たちもち**【太刀持ち】横綱土俵入りに際して、太刀を捧げる介添え役の名称。横綱と同部屋か一門の幕内力士がつとめ、同じく介添え役である露払いより上位力士の役割とされる。太刀持ちは、太刀を捧げた右腕の肘を真横に張るようにする。↓〔横綱土俵入り〕

第二二代横綱・太刀山峰右衛門

**たちやまみねえもん**【太刀山峰右衛門】第二二代横綱。富山県富山市出身。明治一〇年（一八七七）八月一五日生まれ。本名は老本弥次郎。友綱部屋。初土俵は明治三三年五月幕下附出し。同三五年一月新十両。同三六年一月新入幕。同四四年六月新横綱。大正七年（一九一八）一月引退。身長一八五センチ・体重一三九キロ。幕内通算成績は一九五勝二七敗一〇分五預七三休、優勝制度（明治四二年）以前の優勝相当の成績は二回、以降の優勝は九回。

入門は板垣退助や西郷従道の声もかかる鳴り物入りであった。太刀山は、常陸山（第一九代横綱）と梅ヶ谷（第二〇代横綱）が拮抗した「梅常陸」時代の末期に登場し、筋骨たくましい体から繰り出す強烈な突っ張りは相手を一突き半で土俵外に飛ばすほどの威力があって、「一月半」「四五日」などと異名された。また、怪力を生かした〝揺り戻し〟の技は、相手の体を裏返して土俵中央にたたきつけるすさまじいもので、「太刀山の仏壇返し」と恐れられた。全勝五回と、五六連勝を記録している。
　引退後に年寄東関を襲名したが、翌大正八年五月場所後に検査役選挙に落選して廃業した。昭和一六年（一九四一）四月三日、六三歳で没。

**たつ**【立つ】仕切り制限時間いっぱいになり、土俵に両手をついて相手に向かって立ち上がること。

**たつたがわ**【立田川】年寄名跡の一つ。元来は「龍田川」と書いた。初代は宝暦七年（一七五七）に差《さし》添《ぞい》をつとめた龍田川清八。現在は、元小結・豊真将が襲名継承している。

**たつたやま**【立田山】年寄名跡の一つ。初代は明和六年（一七六九）四月限りで引退した三段目・龍田山清太夫で、もとは竜田山（龍田山）と書いていたが、のちに立田山と改めた。現在は、元前頭筆頭・薩洲洋が襲名継承している。

**たっつけばかま**【裁着袴】呼出や相撲茶屋の出方《でかた》が場所中に着用する袴の一種で、膝から下を筒状に作って足にぴったりさせ、腰回りにゆとりを持たせた衣服。一般には「裁着け／裁衣《たつつけ》」といい、元来は野外での活動をしやすく作られたもの。

裁着袴を着け、土俵を掃き清める呼出。

**たつなみ**【立浪】年寄名跡の一つ。初代は明治九年（一八七六）一月限りで引退した幕内・鬼ヶ崎綱之助。現在は、元小結・旭豊が襲名継承し、立浪部屋を運営している。

**たてかわ**【立川】年寄名跡の一つ。初代は元禄一五年（一七〇二）九月に名前の残る立川七郎兵衛。現在は、元関脇・土佐海が襲名継承している。

**たてぎょうじ**【立行司】行司の階級順位で最高位の呼称。定員は二名で、それぞれ「木村庄之助」と「式守伊之助」を名乗り、庄之助が上位で結びの一番をさばく。
　軍配の房の色は庄之助が総紫《そうむらさき》、伊之助が紫白《しはく》と定められている。また、立行司は短刀を腰に差すが、これは、横綱・大関をさばく大役として、仮に差し違えがあればみずから責任を取り切腹するという覚悟を示している。→〔行司の階級〕

**たてみつ**【立褌】廻しを締めたときに、背中側の結び目の下部にくる縦になった部分。「前立褌」に対して「後ろ立褌」とも通称する。力士は対戦中にここをつかんではならず、行司の注意によって手を放さなければならない。ただし、前立褌をつかむのとは違って反則負けにはならない。古くは「立帯」「立手綱」などといった。

**たてみつのちゅうい**【立褌の注意／たてまわしの注意】競技中に相手の後ろ立褌《たてみつ》のみをつかんだ

場合に、行司または審判委員が注意をし、行司が指示して手を放させること。ただし、競技の流れの中で、行司が注意を与えることが不可能な場合には認められる。↓〔禁手反則〕

**たてやま【楯山】** 年寄名跡の一つ。初代は宝暦一三年（一七六三）に年寄名の残る立山宇右衛門。六代目から「楯山」と書くようになった。元関脇・玉ノ富士が、年寄片男波から名跡変更で襲名継承し、片男波部屋に所属。

**たてよびだし【立呼出】** 呼出の地位における最上位で、定員は一名。→〔呼出の階級〕

**たどん** 昔の言葉で、黒星の俗称。「炭団」とも書いた。たどんは炭の粉を丸めて乾燥させた燃料で、色が黒いところからこの俗称が生まれた。黒星続きで勝ちがないことを「たどんが並ぶ」といったり、弱くて黒星の多い力士を異名で「たどん屋」といった。

**たにかぜかじのすけ【谷風梶之助】** 第四代横綱。宮城県仙台市若林区出身。寛延三年（一七五〇）八月八日生まれ。本名は金子与四郎。関ノ戸から伊勢ノ海部屋。明和六年（一七六九）四月に大関附出しで初土俵。寛政元年（一七八九）一一月横綱免許（第五代横綱・小野川と同時免許）。身長一八九センチ・体重一六一キロ。幕内通算成績は二五八勝一四敗一六分一六預五無、優勝相当の成績は二一回。

第四代横綱・谷風梶之助（春亭画）

力量、人格ともに優れ、安永〜寛政年間（一七七二〜一八〇一）の相撲人気を沸騰させた。安永七年（一七七八）三月から天明二年（一七八二）二月場所の七日目まで六三連勝したが、これを小野川に阻止され、このときから二人の対戦は興行が札止めになっても客が詰めかける話題の取組となった。八歳ほど年下の小野川との通算成績は、谷風の六勝三敗二分二預三無であった。

寛政七年一月九日、当時流行していた風邪《かぜ》（御猪狩風）のために現役のまま仙台で急逝、四四歳であった。天明年間に江戸で猛威をふるった流行性の風邪を「谷風邪」と呼んだ。一説に「わしを土俵で倒すのは無理だから、風邪をひいたときに来い」と谷風自身が豪語したゆえともいう。

**たにがわ【谷川】** 年寄名跡の一つ。初代は安永二年（一七七三）閏三月限りで引退した谷川圓太夫。現在は、元関脇・北勝力が襲名継承している。

**たにまち【谷町】** 相撲界独特の表現で、力士や相撲部屋の後援者のこと。明治時代の後半に、大阪の谷町に相撲好きな医者がおり、力士を無料で診療したという。この医師の所在地「谷町」をとり、熱心な後援者をこのように呼ぶようになった。

**たぬま** 数を表す符丁で、「七」を表す。→〔数を表す符丁〕

た

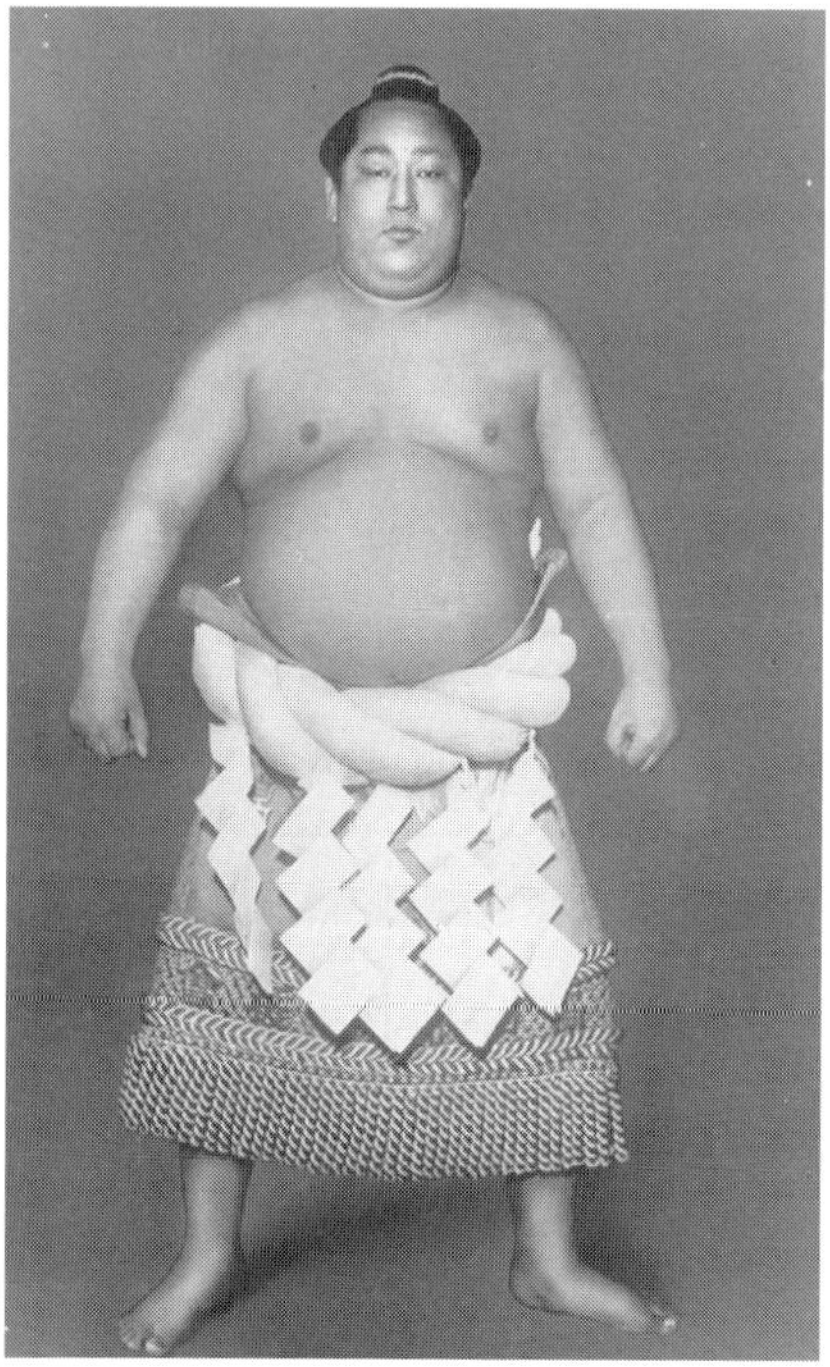
第三二代横綱・玉錦三右衛門

**たび【足袋】** 十枚目行司の階級順位の別称。十枚目行司に昇進すると、白足袋を履いて土俵に上がることが許されることに由来する。明治末期には幕内行司以上を「本足袋」、十枚目行司を「格足袋」と呼んで区別したが、現在は「本足袋」「格足袋」ともあまり耳にしなくなった言葉である。→〔行司装束〕〔行司の階級〕

**たぶさ** 大銀杏《おおいちょう》やちょんまげを結ったときに、元結《もとゆい》で縛って髪を束ね頭頂部に載せた部分の名称。大銀杏の場合には、特に「大たぶさ」という。髪も身体の一部とみて、これが土俵に触れれば負けとなる。→〔大銀杏〕〔大たぶさ〕〔ちょんまげ〕

**たまがき【玉垣】** 年寄名跡の一つ。初代は享保二年（一七一七）六月ごろに引退したと伝わる玉垣額之助。現在は、元関脇・元小結・智ノ花が襲名継承している。

**たまにしきさんえもん【玉錦三右衛門】** 第三二代横綱。高知県高知市出身。明治三六年（一九〇三）一二月一五日生まれ。本名は西ノ内弥寿喜。二所ノ関部屋から粂川部屋、再び二所ノ関部屋。大正八年（一九一九）一月初土俵。同一四年一月新十両。同一五年一月新入幕。昭和八年（一九三三）一月新横綱。身長一七三センチ・体重一三五キロ。幕内通算成績は三〇八勝九二敗一分二痛分一七休、優勝九回。

入門志願の当時の体重が五七キロで規定の一七貫（六三・七キロ）に満たず、部屋には寝起きさせてもらったが、新弟子としては登録されなかった。あきらめずに合格を目指し、一年半後に初土俵を踏むと、「ボロ錦」といわれるほど生傷の絶えない猛稽古で実力を養った。人一倍の負けん気で、右を差すと一気に土俵を走る速攻の寄りは、気迫を感じさせる相撲であった。

現役中に年寄二所ノ関となって二枚鑑札で小部屋を発展させ、大関・佐賀ノ花らの関取を育てた。折から台頭した双葉山（第三五代横綱）に土をつけるのは玉錦とも期待されたが、昭和一三年一二月四日、巡業先で虫垂炎をこじらせて現役のまま三四歳で急逝した。

**たまのい【玉ノ井】** 年寄名跡の一つ。初代は延享元年（一七四四）の上方番付に小結で名前の残る玉之井村右衛門（年寄名は玉ノ井）。元関脇・栃東が襲名継承していたが、現在は、実子の元大関・栃東が引き継いで協会副理事をつとめている。

**たまのうみまさひろ【玉の海正洋】** 第五一代横綱。愛知県蒲郡市出身。昭和一九年（一九四四）二月五日生まれ。本名は谷口正夫。二所ノ関部屋から片男波部屋。昭和三四年三月初土俵。同三八年九月新十両。同三九年三月新入幕。同四五年三月新横綱。身長一七七センチ・体重一三五キロ。幕内通算成績は四六九勝二二一敗、優勝六回。

中学時代に柔道二段の実力を買

われて入門しただけに足腰が強く、幕下時代までは投げにこだわる相撲であったが、十両入りしてからは突っ張りや寄り身でも勝てるようになった。四一年一一月に大関に昇進、四三年ごろから右四つの自分の型を完成させ、左上手を取っての強烈な上手投げ、吊り出しが威力を発揮した。横綱に同時昇進した北の富士（第五二代）とは「北玉」と呼ばれる熱戦を展開したが、玉の海のけれんみのない堂々たる右四つは大横綱への道を期待させるものであった。

　横綱在位一〇場所の成績は平均一三勝という優れたものであったが、昭和四六年一〇月一一日、右肺動脈幹血栓症で現役のまま二七歳で急逝した。

第五一代横綱・玉の海正洋

**たまり**【溜まり／溜】「土俵溜まり」の略称。→〔土俵溜まり〕

**たまりかい**【溜り会】日本相撲協会は『寄附行為』に「事業を後援するもの」として維持員の制度を定めているが、その維持員が組織する親睦団体の名称を「溜り会」という。東京、名古屋、福岡にそれぞれあり、大阪では名称を「東西会」という。任意の活動として、十枚目以下各段の優勝力士を表彰して金一封を贈ったり若手力士の激励会を開いたりしている。→〔東西会〕

**たまりこづかい**【溜まり小使い】行司の付け人のことをいった。幕下以下の行司が先輩の行司に付いたもの。行司溜まりに控えて、先輩の行司が土俵に上がる際に軍配を渡す役目などをつとめた。溜まり小使いは昭和五五年（一九八〇）に廃止された。

**たまりせき**【溜まり席／溜席】土俵溜まりのすぐ後ろから桝《ます》席までの間の客席。正確には維持員席と溜まり席とに分かれ、溜まり席分だけが一般に販売される。ここでの飲食喫煙は禁じられており、座布団に座って観戦する。溜まり席を通称で「砂かぶり」ともいう。→〔維持員〕

**だめおし**【駄目押し】本来の相撲用語ではなく、一般語が相撲で使われている。ほぼ勝ちを手中にしている状態でさらに技を出すなどして勝利を決定させること。

　自分の負けがわかると相手は力を抜くが、力を抜いたときに攻められると負傷をしがちであり、このような行為は危険であるために戒められている。勝負がまだ決着せず、相手が土俵際でこらえているような場面での駄目押しは必要である。

**ためる**「極《き》める」に同じ。→〔極める〕〔極め技〕

**たろう**【太郎】相撲界独特の表現

土俵下から枡席の手すりまでの間が溜まり席になる。

で、金銭、あるいは給金のこと。特に呼出、床山などの日当を指していった。また、巡業の興行中に天候が急変して中止した場合などに手当が半分に減らされたが、これを「半太郎」といった。

**たわら【俵】** 通称。正式には「小《こ》俵《だわら》」という。→〔小俵〕

**たわらをわる【俵を割る】** →〔土俵／土俵を割る〕

**だんい【段位】** アマチュア相撲で採用されている技量等の認定基準。初段から十段までの段位があり、高段者ほど実力が高い。日本相撲連盟の段位審査委員会が、昭和三六年（一九六一）七月施行の『段位審査基準』および平成一三年（二〇〇一）一二月施行の『段位審査基準補則』にしたがって認定している。基準の概要は以下のとおりである。

〔初段〕相撲の基本を半年以上修得し、競技能力のある者。中学生は県内大会で個人第三位までに入賞した者、または、団体優勝か準優勝したチームの者。高校生はインターハイ出場者。

〔二段〕相撲の基本を一年以上修得し、初段認定後六ヵ月以上経過した者。中学生は全国大会で個人第三位までに入賞した者。高校生は国体出場者、または、ブロック大会で個人第三位までに二回以上入賞した者。

〔三段〕相撲の基本を修得し、二段認定後一年以上経過した者。高校生は国体またはインターハイの個人優勝者、同じく個人第三位までに二回以上入賞した者、または、全国選抜大会で個人優勝が二回以上の者、同じく個人第三位までに三回以上入賞した者。

〔四段〕三段認定後一年以上経過し、相撲の指導能力がある者。

〔五段〕アマチュア相撲の普及発展に貢献し、四段認定後二年以上経過した者。大学生は学生横綱または全日本相撲選手権大会優勝者、または、全国選抜大会で個人第三位までに五回以上入賞した者。

［六段］アマチュア相撲の普及発展に尽力し、その功績が顕著で、五段認定後三年以上経過した者。ただし、所属連盟会長等は五段の所持及び三年以上経過を要しない。六段以上には年齢制限があり、六段の最低年齢はおおむね三〇歳。

［七段］アマチュア相撲の普及発展に尽力し、その功績が特に顕著で、六段認定後五年以上経過した者。ただし、所属連盟会長等は六段の所持及び五年以上経過を要しない。最低年齢はおおむね四〇歳。

［八段］アマチュア相撲の普及発展に尽力し、その功績が特に顕著で、七段認定後五年以上経過した者。ただし、所属連盟会長等は七段の所持及び五年以上経過を要しない。八段以上の最低年齢はおおむね五〇歳。

［九段］相撲の発展に特に顕著な功績を残し、人格、識見共に豊かで、アマチュア相撲界の範たる者。

［十段］徳操高潔、識見高邁であり、特にアマチュア相撲界の表徴とするにふさわしい者。

→〔日本相撲連盟〕

**だんたいいじいん【団体維持員】** 日本相撲協会が『寄附行為』に規定する維持員の一つ。各相撲部屋、力士などを後援するために会を組織した団体で、相撲協会維持員の申し込みをして理事会の承認を受け、年間に規定金額の維持費を納入したもの。団体維持員の申し込みは代表者を決めてしなければならない。→〔維持員〕

**だんぱつしき【断髪式】** 現役を引退した力士が髷《まげ》を切る儀式。平成一一年（一九九九）九月の理事会で、十枚目を一場所以上つとめた力士は引退に際して国技館の土俵上で断髪式を行えることが決められた。また、関取で三〇場所以上をつとめた力士は、断髪式および引退相撲を力士会の協力を得て行うことができる。

国技館の土俵上で行われる断髪式では、引退する力士が紋付、袴《はかま》、大銀杏《おおいちょう》の正装で土俵中央のいすに座り、後援者、同期生、他の力士たち、肉親などが次々と髷にはさみを入れて、最後に師匠が止めばさみを入れて大たぶさを切り離す。

引退力士は必ずしも国技館の土俵上で断髪式をするとは限らず、所属部屋や他に会場を設けて断髪式を行う場合もある。

断髪式で師匠の止めばさみが入った瞬間。

国技館の土俵上で断髪式を行ったのは、昭和二一年（一九四六）一一月、第三五代横綱・双葉山が最初であった。それ以前は所属部屋で断髪するのが習慣で、大正三年（一九一四）に引退した第一九代横綱・常陸山も引退相撲は国技館で行ったが、断髪式は自分の出羽海部屋で済ませている。→〔引退相撲〕

……ち……

**ちいさくはいりおおきくなる【小さく入り大きくなる】** 体を小さくして相手の懐に跳び込み、その後に肘を張ったり頭をつけたりして、相手に上手を取りにくくさせて、自分有利の体勢になることをこのように表現する。

雷電の墓と雷電の力石（右下の球形）。（協力：東京赤坂・報土寺）

**ちがのうら【千賀ノ浦】** 年寄名跡の一つ。初代は天明三年（一七八三）一〇月限りで引退した三段目・千賀浦門三郎。現在は、元関脇・舛田山が襲名継承し、千賀ノ浦部屋を運営していた。現在は、元小結・隆三杉が継承している。

**ちからあし【力足】**「四股」の別称。「力足を踏む」のようにいう。→〔四股〕

**ちからいし【力石】** 各地の神社や寺院などで見られる、丸形や鶏卵形の石の一般的な呼称。石の呼称や形、重さはさまざまであるが、「力石」は代表的な呼称の一つである。これらの石を持ち上げて力くらべをした。

**ちからがはいる【力が入る】** 相撲界独特の表現で、疲れること。相撲が長引いたり巡業で移動に時間がかかったりしたときに、「力が入った」ということがある。

**ちからずもう【力相撲】** 両力士が互いに力の限り攻防を繰り返すような相撲をいう。

**ちからまけ【力負け】** 相手の技によって制せられるのでなく、番付の地位や格の違いで負けること。

**ちからみず【力水】** 正式には単に「水」という。力士の所作を言い表すときは、単に「水をつける」という。→〔水①〕

**ちほうじゅんぎょうくみあいきてい【地方巡業組合規定】** 巡業を部屋や一門別に行っていた組合別巡業について、東京大角力《おおずもう》協会が定めた規定。従来『大角力組合新規約』があったが、これを明治四二年（一九〇九）二月に改正して規約の名称を変更したもの。新規約では、汽船・汽車の利用は横綱・大関が一等、幕内力士は二等とされた。ただし、周囲の乗客に不敬な行為・服装によっては幕内であっても二等利用は不可なども追加された。→〔大角力組合新規約〕〔巻末・明治改革期の諸規約〕

**ちほうせわにん【地方世話人】** 巡業に際して、勧進元の勧誘や興行契約の事前交渉などを相撲協会に協力してつとめる役割の名称。また、新弟子の勧誘なども行う。地方世話人は協会の内規にしたがって推薦され、認証されてつとめる。また、その役を多年にわたってつとめたものは目代《もくだい》に昇格する。→〔目代〕

**ちほうばしょ【地方場所】** 年六回の本場所のうち、大阪で開催される三月場所、名古屋で開催される七月場所、福岡（九州）で開催される十一月場所の総称。「東京場所」に対応させた名称である。→〔三月場所〕〔七月場所〕〔十一月場所〕

**ちほうばしょぶ【地方場所部】** 日本相撲協会の事業の実施に当たり『寄附行為施行細則』により配置された部署の一つで、大阪（三月場所）、名古屋（七月場所）、福岡（十一月場所）で開催される、

地方場所では、宿舎近くに造られた土俵で稽古に励む。

年三回の地方本場所を実施運営する。部長と委員若干名とで構成され、時に主任が配置される。なお、東京本場所は事業部が実施運営している。

**ちほうほんばしょ【地方本場所】** ①現在の「地方場所」の別称。②東西合併後の昭和初期に行われた地方興行の呼称。「関西本場所」ともいった。現在の地方本場所（地方場所）とは異なる。

昭和二年（一九二七）の東西合併から同七年まで、東京・旧両国国技館の春・夏場所のほか、二回の地方本場所を加えて年四場所のときがあった。開催地は大阪（同二年三月、四年三月、五年三月、六年一〇月の四回）、京都（二年一〇月、六年三月、七年一〇月の三回）、名古屋（三年三月、四年九月、七年三月の二回）、広島（三年一〇月の一回）、福岡（五年一〇月の一回）であった。

**ちゃのまさじき【茶の間桟敷】**↓〔テレビ桟敷〕

**ちゃんこ** 力士が作る料理、また、力士が食べる食事を総称して「ちゃんこ」という。鍋料理であれ中華料理であれ、刺し身、揚げ物、すべてちゃんこである。

力士たちは普通、稽古を終えた後（午前一〇時～一一時ごろ）と夕刻にちゃんこを食べる。多くの部屋では一日二食であるが、肉、魚、野菜、豆腐などさまざまな食材を用いたちゃんこによって、体が大きく運動量も多い力士の栄養やカロリー補給が可能になっている。献立を決めるのは、おかみさんやマネージャー、ちゃんこ長など部屋によって異なる。

**【～長】** ちゃんこを作る当番の力士を統轄する力士のこと。主として幕下以下力士が担当する。関取の多い部屋ではちゃんこ長をおくが、おかない部屋もある。ちゃんこ長は自分より若い力士たちにちゃんこの作り方から、食材の買い出しまでを指導する。「ちゃんこ頭」ともいう。

**【～鍋】** 力士が作る鍋料理の総称。

スープの種類や中に入れる食材に関係なく、鍋料理であれば「ちゃんこ鍋」という。「ちゃんこ」という言葉が、中国から伝わった板金製の鍋「砂（沙）鍋（シャーコオ）」に由来するという説もあるが、定説となってはいない。

【〜場】力士の食事を作る所。普通は相撲部屋の台所をいう。

部屋では稽古の後、汗を流して髷を整え、それからちゃんこになる。

【〜番】ちゃんこを作る当番の力士のこと。普通は、各部屋の幕下以下力士が三〜四名ずつの当番を決めて、食材の買い出しや料理にあたる。普通は、稽古に支障がないように日替わりで当番をする。現在では、部屋の元力士がマネージャーとなり、若い力士にちゃんこの作り方を指導する場合も見られる。

**ちゃんこのあじがしみる【ちゃんこの味がしみる】** 相撲界独特の表現。入門して稽古を十分に積み、相撲界についてひと通りのことを知り、精神的にも体つきも力士らしくなることをこのように表現する。

**ちゃんすけ** 相撲界独特の表現で、巡業などの宿泊先で世話になる人たちに渡す謝礼や祝儀をいう。「ちゃーすけ」という場合もある。

**ちゅうがくせいりきし【中学生力士】** 昭和四六年（一九七一）まで存在した、中学校に在籍する力士のこと。同年十一月場所中に、文部省から中学生力士は学校教育法に定められている出席日数に満たない者が多いと指摘され、十一月場所中は中日《なかび》までに四番取らせ、直ちに帰京させ通学させた。

当時、義務教育中の力士については、以下のようにした。⑴今後は一般生徒と同様に完全通学させる。⑵生徒の生活環境を改善。⑶東京場所のみ出場。地方場所は休ませる。⑷東京場所では日曜日ごとの三番のみ。方法は審判に一任。⑸地方場所の順位は変動せず。

これらのことから、翌四七年一月より義務教育を修了した者でなくては力士として登録できないと改められた。→〔力士検査〕

**ちゅうごしのしきり【中腰の仕切り】** 腰を十分には割らず、いくぶん立ち腰の姿勢で構える仕切り。「中仕切り」ともいったが、現在は見られない。

**ちゅうずもう【中相撲】** ①江戸時代に、前相撲から相中《あいちゅう》、本中《ほんちゅう》、新序、序ノ口と進んだときに、相中と本中を合わせて「中相撲」といった。相中と本中の両方が記載されたのは、天保九年（一八三八）の番付が最後である。→〔相中〕〔中前相撲〕〔本中〕
②明治四三年（一九一〇）に大阪で行われた東京・大阪の合併巡業を「中相撲」といった。巡業の規模を表現したものと思われる。→〔大相撲③〕

**ちゅうだんのかまえ【中段の構え】** 三段構えの一つ。→〔三段構え〕

**ちゅうばね【中跳ね】** 本場所で中入になる直前の、十枚目最後の一番のことをいう。この取組にあたって、行司は「中入の触れ」の口上を述べる。→〔中入の触れ〕

**ちゅうまえずもう【中前相撲】** 前相撲と本中《ほんちゅう》とを合わせた言葉。本中は現在はないが、「中前相撲」は現在の番付にも書かれている。→〔此外《このほか》中前相撲東西ニ御座候《ござそうろう》〕〔本中〕〔前相撲〕〔巻末・番付の読み方〕

**ちゅうもん【注文】** 相撲の作戦の

た

こと。立ち合いの際の奇襲作戦やかく乱戦法など、また、取組の流れの中での変化などを指していう。

【～上手《じょうず》】立ち合いにしばしば奇襲作戦などを行って、自分有利に取り組もうとする力士、または、その取り口のこと。

【～相撲】立ち合いの際に、真正面から当たったり四つに渡り合ったりせず、左右に跳んではたいたり、足を飛ばしたりするなど、意図的に奇襲作戦を用いる相撲のこと。「勘定相撲」ともいう。

【～にはまる】相手の注文相撲をまんまと食って負けたり、不利な体勢になること。

【～をつける】立ち合いで、自分に有利な体勢になることをねらって、奇襲作戦に出ること。「勘定をつける」ともいう。

**ちょうしをおろす**【調子を下ろす】相手を甘く見て手を抜いたり気を抜いた相撲を取ること。

**ちょうしをおろす**【調子を下ろす】相撲界独特の表現で、気に入らない相手に本気で受け答えをしないことをいう。

**ちょうば**【ちょう場】相撲界独特の表現で、お世辞のこと。現在はあまり使われない。

**ちょうもと**【帳元】①『活金剛伝』（立川焉馬撰／文政五年〈一八二二〉）にある言葉で、江戸相撲の会所で重要な地位を占めていたと思われる役職名。三河屋治右衛門がつとめていたが、書記のような役割であったと推測される。→〈根岸治右衛門〉

②呼出の職域の中で、金銭の出納などを任された者を「帳元」と呼ぶことがあった。現在ではあまり使われない言葉である。「帳元」は興行などの会計責任者を表す一般用語であり、それを内部で転用したものと思われる。

**ちよのふじみつぐ**【千代の富士貢】第五八代横綱。北海道松前郡福島町出身。昭和三〇年（一九五五）六月一日生まれ。本名は秋元貢。

第五八代横綱・千代の富士貢

九重部屋。昭和四五年九月初土俵。同四九年一一月新十両。同五〇年九月新入幕。同五六年九月新横綱。平成三年（一九九一）五月引退。身長一八三センチ・体重一二七キロ。幕内通算成績は八〇七勝二五三敗一四四休、優勝三一回。

少年のころから生家の漁業を手伝って鍛えられた強い足腰と、中学時代にスポーツ万能であった体の柔軟さや瞬発力とで、入門後の数年間は相手を投げ飛ばそうとする粗い相撲を取りがちであった。そのため、幕下時代から左肩を脱臼する癖がつき番付を上下することが多かったが、筋肉トレーニングで脱臼を克服、相撲も投げ技中心から、立ち合いに鋭く踏み込んで相手の前褌を取り、頭をつけて一気に寄る速攻へと大きく変化した。

その精悍な顔つきから「ウルフ」

た

とあだ名され、右四つに組み、相手の首を押さえながら打つ強烈な上手投げは「ウルフスペシャル」と報道された。横綱在位一〇年間、全勝優勝七回、五三連勝などの優れた成績を残し、平成元年九月には国民栄誉賞も受賞した。

同年同月、協会が功績をたたえて贈ろうとした一代年寄「千代の富士」を辞退し、引退後は陣幕を襲名した。後に部屋を先代九重（元横綱・北の富士）から譲り受けて年寄名跡を交換、九重を襲名し、大関・千代大海（現年寄九重）らを育成した。平成二八年七月三一日没。六一歳。

第四一代横綱・千代の山雅信

**ちよのやままさのぶ【千代の山雅信】** 第四一代横綱。北海道松前郡福島町出身。大正一五年（一九二六）六月二日生まれ。本名は杉村昌治。出羽海部屋。昭和一七年（一九四二）一月初土俵。同一九年一一月新十両。同二〇年一一月新入幕。同二六年九月新横綱。同三四年一月引退。身長一九〇センチ・体重一二二キロ。幕内通算成績は三六六勝一四九敗二分一四七休、優勝六回。

入門時から将来の横綱を期待された大器で、典型的なそっぷ型の体は筋骨たくましく、その突っ張りは強烈であった。千代の山の横綱昇進は二四歳で、当時「青年横綱」と呼ばれて人気が沸いたが、昇進後は腰痛に苦しみ、二八年春場所二日目から四連敗し、横綱の責任を全うできないとして横綱返上を申し出て協会に慰留された。その後に奮起して三〇年初・春場所では連続優勝をしている。

引退後は年寄九重を襲名、出羽海から独立して九重部屋を興し、横綱・北の富士（第五二代）、横綱・千代の富士（第五八代、年寄九重）を育てた。昭和五二年一〇月二九日、五一歳で没。

**ちょんがけ【ちょん掛け】** 決まり手八二手の一つ。左四つに組んだ場合、相手の差し手《で》を引き込み関節を極めるようにして、自分の左足を相手の左足首に内側からかけて手前に引き、相手の上体をひねりながら倒す。「内掛け」は相手の向き合った足にかけるが、ちょん掛けでは反対側の足にかける。

足をかける形が材木の荒削りに使う「手斧《ちょうな》」に似ているところから「ちょうな掛け」となり、後になまって「ちょん掛け」となったもの。→〔決まり手〕

決まり手・ちょん掛け

**ちょんまげ** 幕下以下の力士が結う、元結《もとゆい》で縛った髷《まげ》を前方に寝かせただけの髪型の名称。また、十枚目以上の関取も、非公式の場や普段の生活では「ちょんまげ」に結っている。力士の多くは、髷の先端をやや右に曲げている。これは、かつて第三二代横綱・常ノ花が髷の先端を右にもっていったのが非常に格好よく見えたので、他の力士がまねるようになったと伝えられている。

**ちり**【塵】「塵浄水《ちりちょうず》」の略称。→〔塵浄水〕

【～を切る】「塵浄水を切る」こと。

**ちりちょうず**【塵浄水】相撲協会『寄附行為施行細則　附属規定』の『相撲規則　力士（競技者）規定』（昭和三〇年〈一九五五〉五月八日施行）に定められた作法である。

土俵に上がって二字口の内側で蹲踞《そんきょ》の姿勢をとり、一度両手を下げた後、両手のひらをもみ手してから拍手を一回打ち、手のひらを上に向けて両腕を左右に開き、肩の高さあたりで手のひらを下に向けて返す。この、もみ手から腕を開いて手のひらを返すまでの一連の所作を「塵浄水」と呼び、そうすることを「塵浄水を切る」または「塵を切る」という。

塵浄水は、野天で相撲を取った時代に、水がないために雑草で手を清めたことに由来するといわれている。また、相手に手のひらを返して見せるのは、武器を持たずに正々堂々と素手で闘うことを誓う意味である。

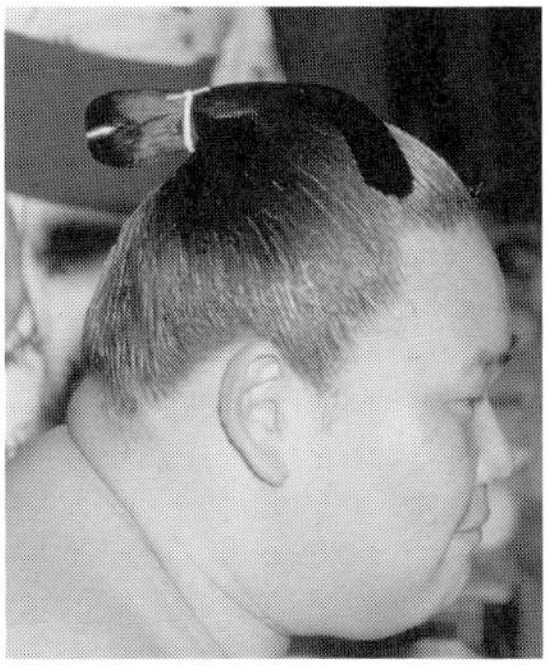

横から見たちょんまげ。

塵浄水。①まず、蹲踞した後に拍手を打つ。

## つ

**ついぜんずもう**【追善相撲】特定の故人を追善供養するために行われる花相撲。不特定の人々を慰霊するために行われる花相撲は「慰霊相撲」と呼ばれている。→〔花相撲〕

**ついのせん**【対の先】→〔先〕

**つうけん**【通巻】本場所中に、協会員以外で協会に関係する者や相撲部屋の関係者が、事務連絡など

②次に、手のひらを上に向けて両腕を上げた後、下に向けて返す。

のために通用口を入るときに使用する通行券のこと。

**つかまえる**　四つ身を得意とする力士が、離れて取ろうとする相手の押しや突きを封じて、相手を四つに組み止めること。

**つかみなげ【つかみ投げ】**　決まり手八二手の一つ。上手で相手の後ろ廻しをつかみ、相手の体を宙に浮かせて、自分の後方へ放り出すように投げつける。よほど腕力の強い力士でないとできない大技である。決まり手の数を七〇手とした昭和三五年（一九六〇）以降に一度も出ていない技である。↓〔決まり手〕

決まり手・つかみ投げ

**つき【突き】**　相手の上半身を目がけて腕を突き出し、手のひらを相手の体に強く当てる技。突きには、両手を同時に突き出す両手《もろて》突き、一発の突きで相手の体勢を崩したり腰砕けを誘うような突き放しなどがある。また、左右の腕を回転させるようにして連続する突きを「突っ張り」といい、突っ張りの一発一発が「突き」である。↓〔突っ張り〕

**【〜上げる】**　突っ張りや突きによって相手の上体を起こし、相手の腰が伸びるようにすること。体当たりのように体ごと突き上げる場合もある。

**【〜返す】**　相手が突いてくるのに対して、自分も突っ張りで対抗して相手を後退させること。

**【〜勝ち】**　突き合いをして、相手を後退させること。または、突きによって勝負を決めること。逆の場合は「突き負け」という。

**【〜放し】**　突っ張り、両手突き、のど輪などによって、相手を一気に突き飛ばす技。両力士の体力差が大きい場合に見られる技である。

**つきおしずもう【突き押し相撲】**　↓〔押し／押し相撲〕

**つきおとし【突き落とし】**　決まり手八二手の一つ。四つに組んだり押し合いになったとき、相手の脇腹や肩に手を当て、体《たい》を開きながら相手を下へ強く突くようにして前に落とす。自分が押し込まれて俵に足がかかった一瞬に逆転の突き落としが決まることもあれば、押し込んだときに相手が踏んばろうとした瞬間に突き落とす場合もある。↓〔決まり手〕

決まり手・突き落とし

**つきたおし【突き倒し】**　決まり手八二手の一つ。強い突っ張りや張り手で相手を突き倒す。倒れる位置は土俵の内外を問わない。「突き倒し」は相手と体を離した突き合いで決まり、「突き落とし」は相手と組んだ状態から決まることが多い。突かれた相手が倒れずに土俵の外に出れば、決まり手は「突き出し」となる。↓〔決まり手〕

決まり手・突き倒し

**つきだし【突き出し】**　決まり手八

二手の一つ。強い突っ張りで相手を土俵の外へ突き出す。突き出しを決めるためには、強い突きだけでなく鋭い出足も必要である。↓〔決まり手〕

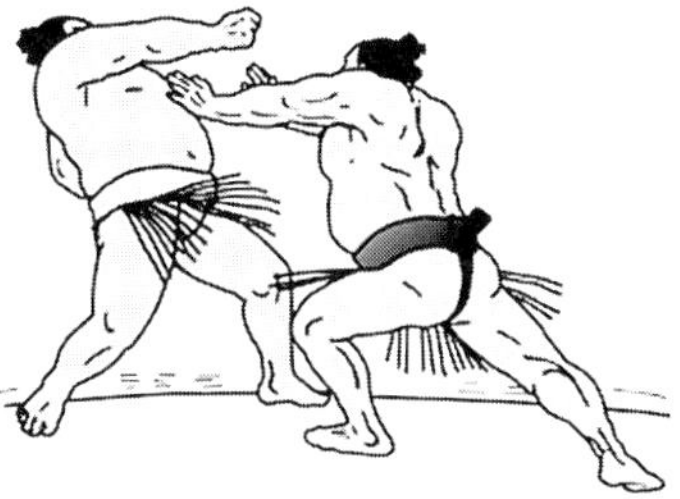
決まり手・突き出し

**つきつけ【突きつけ】** 相手が投げ技などをしかけてきたときに、腕や腰を相手に密着させるようにすること。突きつけられた相手は大きく投げを打つことができなくなる。突きつけは防御と同時に次の段階で攻めに転ずる技である。

**つきて【つき手】** ①相手の力が加わらないまま、手をつくこと。勝負結果として公式判定され、負けとされる。平成一三年（二〇〇一）一月場所より非技として追加された。↓〔非技〕

②投げを打ち合って同体で倒れるような場合に、上になった力士が下の力士より先に土俵に手をつくこともいう。ただし、まったく同じ体勢で、下になった力士の危険をかばう「かばい手」になることもあり、勝負判定では「つき手」か「かばい手」かの判断が問題になる。相手の体勢が生き体であると判断されれば、上の力士は「つき手」となって負けになり、相手が死に体であると判断されれば「かばい手」となって負けにはならない。

非技・つき手

なお、「つき手」と判断されたときの場内説明では、「〇〇の手つきがあったため」のように発表されることがある。↓〔生き体〕〔かばい手〕〔死に体〕

**つきひざ【つき膝】** 相手が技をしかけたり力を加えていないまま、足を滑らせるなどして膝をつくこと。勝負結果として公式判定になっており、負けとされる。平成一三年（二〇〇一）一月場所より非技として追加された。↓〔非技〕

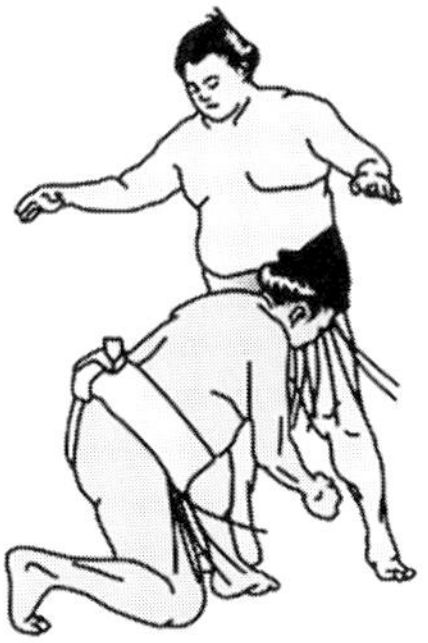
非技・つき膝

**つけだし【附出し】** 普通は番付外の前相撲で初土俵を踏むが、番付に記載される序ノ口以上の地位で初土俵を踏む例外的な扱いを「附出し」という。ただし、現在では協会の定める基準を満たした者に「幕下附出し」のみを認めている。

かつては力士の実力や経験を判断してさまざまな地位への附出しがあった。これらは現在の附出しとは意味あいが異なり、その地位で初めて番付にしこ名が登場したことを意味する。例えば、第四代横綱・谷風の明和六年（一七六九）大関附出し、第一一代横綱・不知火の嘉永三年（一八五〇）二段目附出し、第一六代横綱・西ノ海の明治一五年（一八八二）幕内附出しなどがある。↓〔幕下附出し〕〔力士検査〕

**つけだし【附出し】** 相撲界独特の表現で、苦労知らずの人という意味を表す。附出しの力士は新弟子時代の苦労を知らないということから生じた。

**つけびと【付け人】** 十枚目以上の関取の下に配属されて、廻しの着け外し、洗濯、入浴など、その身辺の世話いっさいをする幕下以下の力士のこと。「若い者《もん》」ともいう。十枚目で二～三名、幕内で三～四名がつき、横綱には八～一〇名がつく。また、親方にもつく。

原則として同部屋の幕下以下の力士がつとめるが、小人数の部屋では同門の大きな部屋から人員を借りることもある。付け人は関取や親方の世話をしながら相撲社会のしきたりや礼儀、相撲そのものを学ぶ。同時に関取には付け人にそれらを教え、力士として強く育てる義務と責任がある。→〔関取〕

**つじずもう**【辻相撲】都市の町の辻や河原などで行われ、集まった人々から祝儀を求めることで職業化していった相撲。室町時代に発生し、江戸時代初期に盛んになった。辻相撲には浪人や大名の抱えを解かれた相撲取りなどが参加して、しばしば口論や争闘を起こして社会不安の原因となったため、徳川幕府は慶安元年（一六四八）から宝暦四年（一七五四）にかけて辻相撲禁止の触れを二十数度出して取り締まった。勧進相撲が寺社奉行の許可を得て興行できるようになった貞享元年（一六八四）以降も、辻相撲は辻踊りのような風俗とともにしばしば禁止された。→〔勧進相撲〕

**つたえぞり**【伝え反り】決まり手八二手の一つ。差してきた相手の手首あたりをつかみ、相手の脇の下をくぐり抜けながら体を後ろに反らせて、その圧力で倒す。もう片方の手を相手の内股に入れると、相手の体を肩に担ぐようになるので、その場合は「たすき反り」になる。平成一三年（二〇〇一）

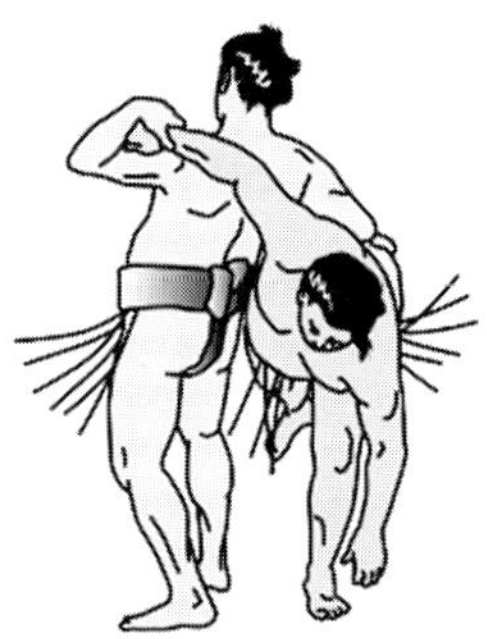

決まり手・伝え反り

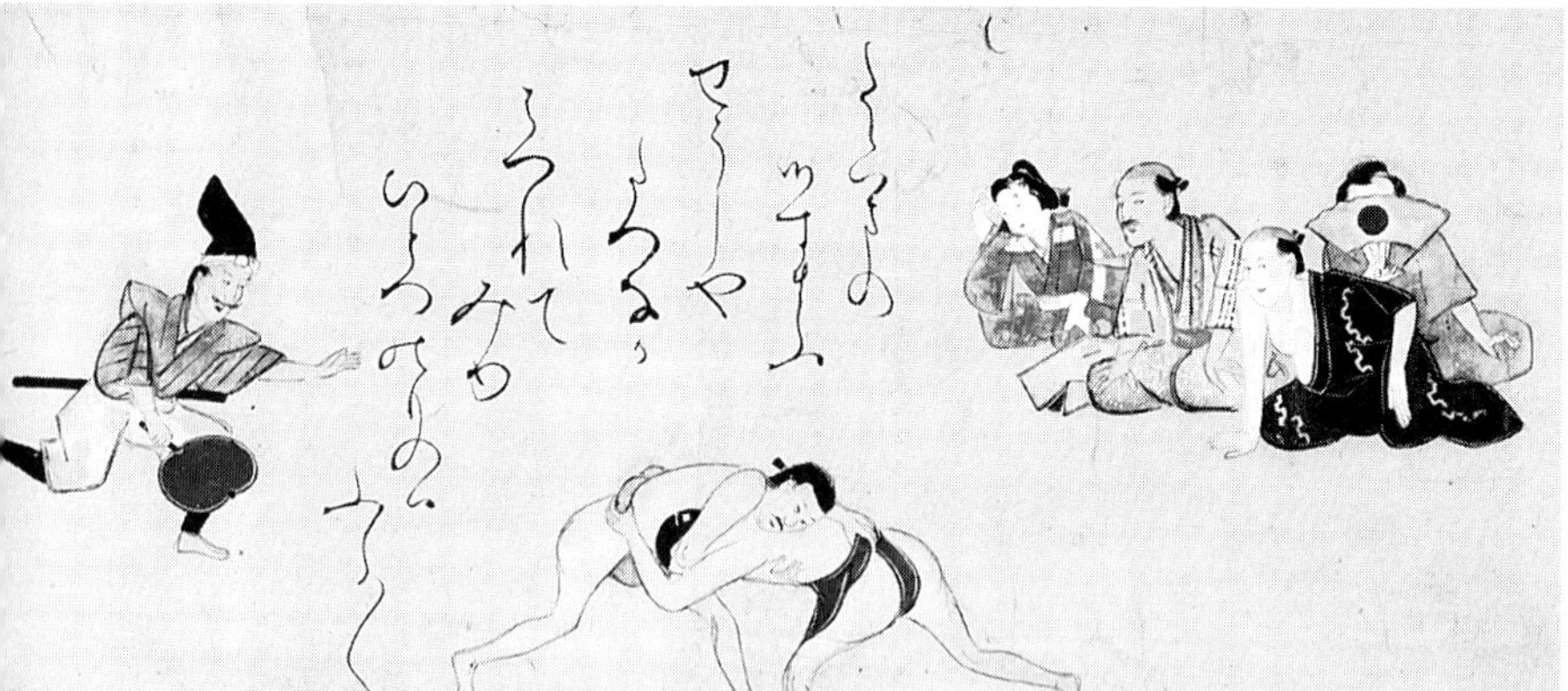

元禄ごろの辻相撲を描いた絵図。

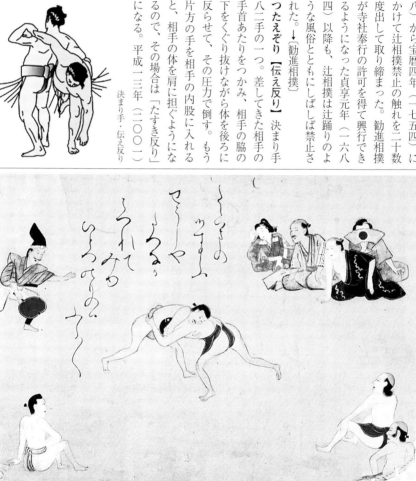

一月場所より追加された決まり手である。→〔決まり手〕

**つち【土】** 負けた力士の体につくのは実際には土俵の砂であるが、負けを表現するときには「砂」といわずに「土」という。

**【〜がつく】** 負けること。特に、前半戦のうちに負けてしまった場合や、連勝していたのが負けたような場合に、この表現が使われることが多い。

**【〜つかず】** 本場所相撲で、初日から負けることなく連勝している状態を、しばしば「〜日目を終わって土つかず」などと表現する。

**【〜をつける】** 下位の力士が上位力士を倒した場合に使われる表現。「横綱に土をつける」などという。

**つっかける【突っかける】** 立ち合いで相手がまだ十分に仕切っていないときに、一方的に立ち上がって攻撃をしかけようとすること。それでは相手は立てないので「待った」となる。また、負けまいとする気負いから相手に合わせずに立とうとすることを「立ち急ぐ」というが、これもほぼ同じことである。→〔立ち合い〕〔待った②〕

**つっぱり【突っ張り】** 相撲の基本技の一つ。左右の腕を連続して交互に回転させ、手のひらで相手の胸を突いて、相手の体勢を崩す技。同時に、相手に攻め込ませない効果もある。

突っ張りは下から上へ、相手の体を起こすように突く。

突っ張りは「足で突っ張る」「腰で突っ張る」といわれ、手だけでなく、鋭い出足を伴い腰を入れて下から上に突き上げる。そうすることで、相手の上体が起きて腰が伸び、不利な体勢にさせることができる。突っ張りで相手を土俵の外に出せば決まり手は突き出し、倒せば突き倒しとなる。→〔突き〕〔突き倒し〕〔突き出し〕

**つな【綱】** ①地位としての横綱の略称。→〔横綱①〕

②横綱が締める「横綱」の略称。→〔横綱②〕

**【〜争い】** 横綱に昇進することを目指して、複数の大関力士が熱のこもった取組を展開すること。報道関係の造語である。

**【〜取り場所】** 大関が前場所で優勝するなど優秀な成績を残し、次の本場所の成績に横綱に推挙される条件がかかった場合のこと。報道関係の造語である。

**【〜を張る】** 横綱の地位と責任をつとめること。

**つなうち【綱打ち】** 横綱が締める綱を作ること。新横綱が誕生したときと、年三回の東京本場所の前に作る。地方本場所には東京で作った綱を持っていく。

作業は横綱が所属する部屋で行われ、部屋や一門の力士が集まり、白手袋を着け掛け声に合わせて綱をよる。新横綱の綱打ちは、「綱打ち式」「綱打ち祝い」とも呼ばれ、紅白の鉢巻きをしめた力士たちによってにぎやかに祝いながら作られる。

**つなうちしき【綱打ち式】** 新横綱が誕生したときに行う綱打ちのこと。「綱打ち祝い」ともいう。→〔綱打ち〕

**つなしめ【綱締め】** 横綱が土俵入りのために化粧廻しの上に横綱を着けること。本場所では、仕度部屋で数人の付け人が行う。引退相撲などの花相撲や地方巡業では、余興として綱締めを土俵上で実演することがある。

**つなだい【綱代】** 「横綱綱代」の

略称。→〔横綱綱代〕

**つなより【綱より】**「綱打ち」の古い表現。江戸・明治前期には現在よりも横綱に細い綱を用いていた。→〔綱打ち〕

**つねのはなかんいち【常ノ花寛市】**第三一代横綱。岡山県岡山市出身。明治二九年（一八九六）一一月二三日生まれ。本名は山野辺寛一。出羽海部屋。明治四三年一月初土俵。大正四年（一九一五）五月新十両。同六年五月新入幕。同一三年五月新横綱。昭和五年（一九三〇）五月引退。身長一七八㌢・体重一一三㌔。幕内通算成績は二二一勝五八敗八分六預六八休、優勝一〇回。

子どものころからのあこがれであった常陸山（第一九代横綱）を慕って入門し、稽古熱心でもあり、常陸山の指導を受けて大成した。常ノ花の相撲は速攻で、猛烈な突っ張りから右四つに組み、櫓《やぐら》投げや上手投げを得意技にしたので派手さがあった。大正末期から昭和初期にかけて大相撲はやや沈滞気味であったが、攻撃精神の旺盛なその相撲はおおいに土俵を沸かせた。

引退後は年寄藤島を襲名、後に出羽海を襲名して、横綱・千代の山（第四一代）、横綱・佐田の山（第五〇代）、大関・汐ノ海らを育てた。戦後の混乱期に理事長として大相撲の復興に尽くした功績は大きい。理事長を辞して後に相談役をつとめた。昭和三五年一一月二八日、六四歳で没。

第三一代横綱・常ノ花寛市

**つぶれる**　相手の強い引きつけなどによって重心が不安定になったところに体《たい》を預けられたりして、崩れるように倒れること。

**つまどり【褄取り】**決まり手八二手の一つ。四つに組んだときに、下手の方向に大きく回り込んで相手の体の横に食いつき、相手の重心を崩して前に泳がせ、流れた足のつま先を取って後方に引き上げて倒す。「褄《つま》」は着物の前で合わせる部分の下のほうをいうが、決まり手の名称は「つま先」からきている。→〔決まり手〕

決まり手・褄取り

**つめ【詰め】**相手を攻めて、勝負がつきそうになった最終的な局面のこと。また、最終的な局面でも気を抜かずに勝ちを確実にすることもいう。土俵内で決まる掛け技や投げ技にも詰めはあるが、主として、押しや寄りなど土俵際で勝負が決まる相撲についていわれる言葉。

特に、押し相撲や四つに組んだ寄り身の相撲は、土俵際で腰を十

た

分に割って相手を土俵外に出すのが詰めの基本である。これを怠ると、突き落としやうっちゃりなどの逆転技で負けたり、相手の体より先に自分の足を土俵外に踏み出してしまう勇み足で負けたりする。このような負けは「詰めが甘い」といわれる。

　古法では「勝負詰め」ともいい、勝負があったとみなすことをいったようである。例えば、一方が死に体であったり、あるいは突き放されて体《たい》の回復が不可能と見られた場合に、行司が「詰まった」とみなして負けとした。逆に、十分な詰めをしないものを「勝負詰まらず」といったという。

**つゆはらい【露払い】**　横綱土俵入りに際して、横綱の先を歩いて道を開く介添え役の名称。横綱と同部屋か、一門の幕内力士がつとめ、同じく介添え役である太刀持ちより下位の力士の役割とされる。→〔横綱土俵入り〕

**つらずもう【つら相撲】**　勝ち始めると連勝し、負け始めると連敗してしまう相撲、また、その傾向のある力士のこと。星取表に白星または黒星が連なることから、このようにいわれる。

**つりいぼ**　髷《まげ》を初めて結う力士などに見られる症状で、髪が引っ張られるために毛根が化膿すること。特に夏場に出やすい。「くし負け」ともいう。

**つりおとし【吊り落とし】**　決まり手八二手の一つ。四つになって両廻しを引きつけ、相手を吊り上げ、その場で足元に投げつける。荒技である。→〔決まり手〕

決まり手・吊り落とし

**つりだし【吊り出し】**　決まり手八二手の一つ。両廻しを引きつけて相手を吊り上げ、そのまま土俵の外に持っていく。腕力も必要だが、相手の体をうまく自分の腹に乗せるときれいに決まる。下手を取っていれば下手の側に吊って出るのが基本である。

　土俵外に出すときに、相手の両足が土俵から完全に離れていれば、自分の足が先に土俵を割っても「送り足」といって負けにはならない。ただし、その足がかかとから出た場合は「踏み越し」といって負けになり、勝負判定は「勇み足」とされる。→〔決まり手〕

決まり手・吊り出し

**つりやね【吊り屋根】**　土俵の上方に天井から吊られた屋根の通称。「屋形」ともいう。昭和二七年（一九五二）九月、秋場所前の理事会で四本柱の廃止が決められ、柱の上に載っていた屋形が、同場所より吊り屋根に替えられた。現在の国技館の吊り屋根の重さは六・二五トンに及ぶ。二本のワイヤで吊られており、昇降できるようになっている。

　なお、吊り屋根には四隅に黒房、青房、赤房、白房の四色の房を下げ、水引幕を張りめぐらしている。→〔テレビ放送〕〔屋形〕

**つりより【吊り寄り】**　相手を吊りぎみにしながら寄っていくこと。

## ……て……

**てあい【手合】**　①奈良〜平安時代の相撲節《すまいのせち》で、実際に双方の相撲人《すまいびと》が取り組むことをいった。

　また、「手合」と書いて「てあわせ」とも読む。手合《てあわせ》では、双方

た

が相対して立ち、はじめに声をかけ合い、体の備えを整え、取組の機をうかがった。このとき、両手をあげて歩きながら声をかけ合ったが、この動作を「練合《ねりあい》」または「練歩《れんぽ》」ともいった。こうして機が熟せば、手合《てあい》となって組み合った。

ただし、手合《てあわせ》の途中で体に故障があるなどと訴え、しばしば相撲を免ぜられたことがあり、これを「障《さわり》」といった。→〈相撲節〉〈相撲節の儀式〉〈相撲人〉

②現在の仕切りの創始型といえる。勧進相撲の初期には、力士は現在のように手を下ろさず立ったまま相対して、機をうかがった。

『相撲傳書』（木村守直／享保七年〈一七二二〉）では、手合《てあい》の形として、上段の手合（両手指先を頭より上に上げる。「立眼相」と

満員の館内の中央に吊り屋根がある。

平成七年二月の報恩古式大相撲で再現して演じられた手合。二人の相撲人は両手を上げて練合をし、機が熟すと取り組む。

もいった）、中段の手合（両手指先を目の高さに上げる）、下段の手合（両手を肩より下に下げる）、奇相の手合（「無形の手合」ともいい、両手を動かして形を定めない）、陰陽の手合（両手の高低をそろえない）、居眼相（片手を中腰の膝に添え、もう片方を体の前に構える臨機応変の形）の六種をあげている。

また、『相撲強弱理合書』（木村守直／延享二年〈一七四五〉）には、貞享年間（一六八四〜八八）に「一声の手合」があり、初めに互いに声のみを発してすぐに勝負に移ったとある。

次第に力士の立ち合いに備える構えとして手合が定着したが、行司が両力士の間に差し入れた団扇《うちわ》を引くのを合図に取り組むようになるのは、後年のことである。

**であし【出足】** 立ち合いの瞬間から勝負を決めるまでの、土俵内で前に出る足の運びのこと。相撲は常に前に出ることが基本であり、出足のよしあしが重要になる。重心を低く保ち、すり足で鋭く前進する出足が理想である。上体や手だけが先に出て、出足が伴わないと、相手の引きやはたきで前に落ちたりのめったりする。

**【〜相撲】** 出足の威力を生かした相撲をいう。普通は、速攻型の力士が立ち合いから出足をきかせて一気に勝負を決めるような場合に使われる。

**【〜を誘う】** 対戦中に、引いたりはたいたりしたことが、かえって相手の前に出てくる力を助けてしまうような結果になること。

**てあて【手当】** 相撲協会が力士、年寄、行司その他の協会員に支給する給与の一部。給与は基本給または本俸と、手当とから成る。また、給与としての手当のほかに、衣装や装束などの経費の中にも手当と称するものがある。→〔給与〕

**ていねんせい【停年制】** 日本相撲協会では昭和三五年（一九六〇）一月に行司停年制を実施、満六五歳をもって停年とした。翌三六年一月に年寄、若者頭《わかいものがしら》、世話人、呼出、床山、職員についても停年制を実施、年寄は満六五歳、若者頭、世話人、呼出、床山、職員は満五五歳が停年となった。その後に改正されて、年寄以下全職域の協会員が「満六五歳の誕生日の前日」をもって停年となった。さらに平成二六年一一月場所中に年寄の停年延長が認められ、再雇用が七〇歳まで可能となった。

**てがあう【手が合う】** 相撲界独特の表現。気が合う、仲が良いこと。

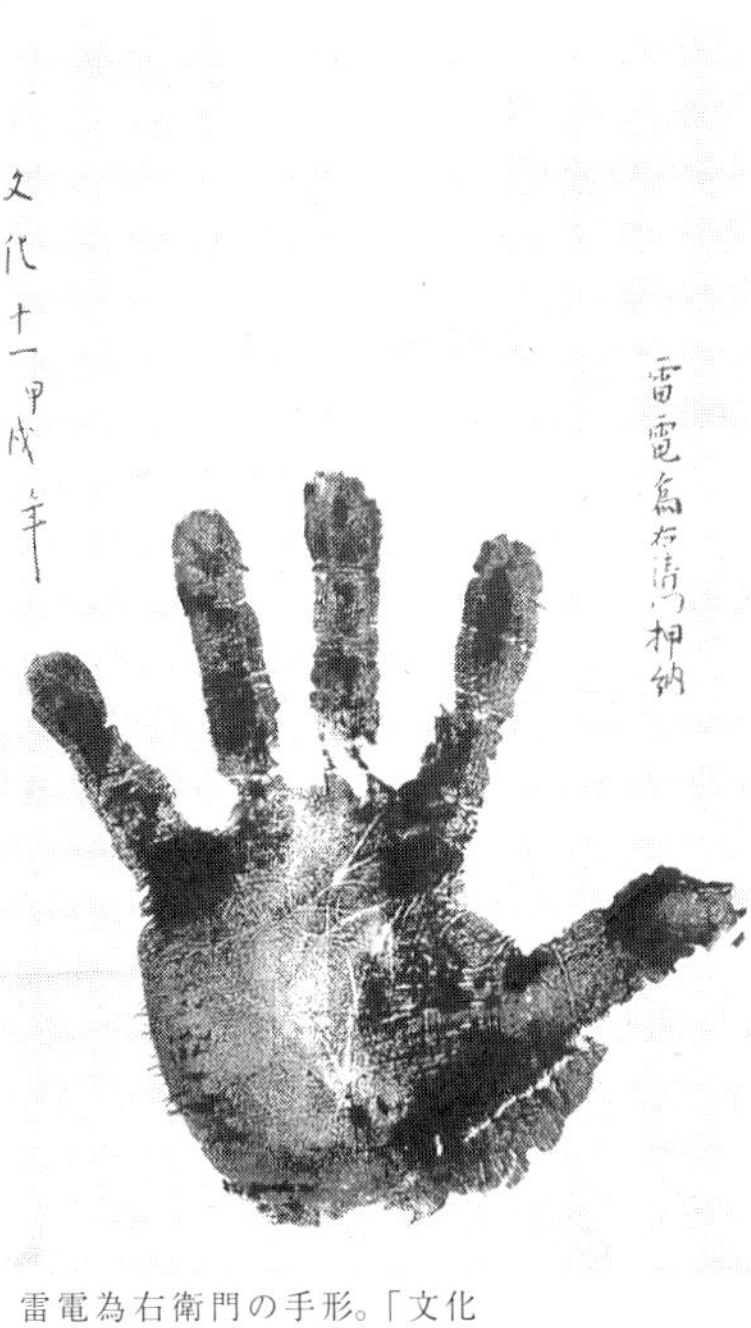

雷電為右衛門の手形。「文化十一甲戌年」の文字が見える。

**でがけ【出掛け】** 取組編成で使う言葉。奇数日は東方力士、偶数日は西方力士が「出掛け」となる。

**でがけばしら【出掛け柱】** 四本柱の当時の青柱と白柱を指す。飾り弓を、奇数日は正面東寄りの青柱に、偶数日は向正面西寄りの白柱に交互にかけていた。→〔飾り弓〕

**てかず【手数】** 連続して多発する突きのこと。「手数が多い」などという。→〔突き〕〔突っ張り〕

**てがた【手形】** 手のひらを広げ、墨や朱肉を用いて和紙や色紙などに押しつけたもの。力士の手形は朱肉を用いることが多い。普通は十枚目以上の力士が押す。手形にはしこ名の署名が添えられ、記念品として珍重される。元来は玄関などに飾られ、厄除けや商売繁盛などにご利益があると考えられていた。

**でかた【出方】** 国技館サービス株式会社の、主にサービスを業務とする男性従業員の呼称。現在、約二五〇名が浴衣に裁着《たっつけ》袴《ばかま》を着けた姿で働いている。現在の服装は、明治四二年（一九〇九）の旧両国国技館の落成にあたって定められたもので、それ以前は個々まちまちであった。

桝席を片づける出方。

本場所では、出方は午前七時に出勤し、まず館内の座布団を整え、観客に販売する飲食物の準備をする。観客が入場してくると席に案内し、飲食物・土産品の注文を受けたり席まで運んだりする。打ち出し後は、館内の清掃をはじめ、さまざまな雑役をこなして一日を終える。→〔国技館サービス株式会社〕〔相撲茶屋〕

**てがたな【手刀】** →〔手刀を切る〕

**てがたなをきる【手刀を切る】** 力士が勝ち名乗りを受けるときの作法の一つ。懸賞のかかった取組に勝った力士が、行司が軍配に載せて差し出す懸賞を受け取るとき、五本の指を一直線に伸ばした片方の手を軍配の前で左右に振る作法を「手刀を切る」という。指の間をぴったりとつけて前に突き出した手の形を「手刀」と呼ぶが、軍配に向かって左・右・中の順に手刀を切る。この作法は、左が神産《かみむ》巣日神《すびのかみ》、右が高御産巣日神《たかみむすびのかみ》、中が天御中主神《あまのみなかぬしのかみ》の五穀の守り三神に感謝する礼儀とされる。

手刀を切って懸賞を受ける勝ち力士。

懸賞を受け取る際に手刀を切ることは、昭和四一年（一九六六）七月場所から正式に相撲の規則として実施され、現在に至っている。

**できやま【出来山】** 年寄名跡の一つ。初代は宝永四年（一七〇七）正月に勧進元をつとめた出来山岸右衛門。現在は、元関脇・元関脇・出羽の花が襲名継承し、協会理事をつとめていた。

**てぐるま【手車】** 「手四つ」の別称。→〔四つ／手四つ〕

**でげいこ【出稽古】** 力士が自分の所属する部屋ではなく、他の部屋に出向いてする稽古のこと。力士数の少ない部屋や関取のいない部屋では、十分な稽古相手を得るために一門が異なっても出向いて稽古を行うことがある。関取でも近くの部屋に稽古相手を求めたり、苦手にしている相手を研究するなどの理由で、一門以外の部屋に出稽古に出かける場合もある。

**テケツ** 相撲界独特の表現で、入場券のこと。「チケット」がなまったもの。現在も観客の入場口（木戸）を担当する部署を通称で「テケツ」といっている。

**でし【弟子】** 部屋持ち年寄を師匠としてその指導を受ける力士のこと。「師匠」または「親方」に対応する言葉である。

**でずいり【手数入り】** 横綱土俵入りのこと。相撲協会の正式用語ではない。新横綱が土俵入りを奉納する明治神宮ではこの言葉を使っている。→〔明治神宮奉納土俵入り〕

**てずもう【手相撲】** 組合別巡業が行われていたころに、勧進元なしの巡業のことを関係者の内部でこのようにいった。手相撲はごく例外的に行われた形態で、当初の巡業予定地まで移動する間に、たまたま日程に余裕があるなどの理由で途中の町村で予定外の興行をしたもの。そのような場合には勧進元が見つからないので、興行の手配から決算までをすべて組合がする手相撲になった。→〔売り切り〕〔組合別巡業〕〔歩分《ぶわけ》〕

**てずもう【手相撲】** 相撲界独特の表現で、自分の金銭で飲食すること。

**てつがい【手番／手結】** 奈良～平安時代の相撲節《すまいのせち》における相撲人《すまいびと》（力士）の取組のこと。正確なことは不明であるが、『日本相撲史』（酒井忠正）の記述によれば、一番ごとの取組は「番」と称し、「手番《つがい》」はそれが一覧になったものという。内取《うちどり》の手番は、相撲人が各近衛府に分属が定まって作成され、それに従って内取が行われた。相撲召合《すまいめしあわせ》（本来の競技）の手番は、内取の結果などを吟味して、召合当日の早朝に大将が作成し、進擬《しんぎ》（検分）を経て奏上された。この奏文を「結番文《むすびつがいぶみ》」、または「手結文」と称した。→〔相撲節〕〔相撲節の儀式〕

**てつき【手つき】** →〔つき手②〕

**てっぽう【鉄砲】** ①稽古場の隅に立てられている鉄砲柱や稽古場の壁板に向かい、突っ張りの稽古をすること。脇を締め、右手で突く場合には右腰を入れ、同時に右足をすり足で入れていく。これを左右繰り返して何度も行う。鉄砲は、攻めるときの足の運びと手の動きの基本を身につける不可欠の稽古である。

②攻防の中で見られる両手突きのこと。

**てっぽうかます【鉄砲かます】** 相撲界独特の表現で、相手の頼みをきっぱりと断ること。「顎をかます」ともいう。

**てっぽうばしら【鉄砲柱】** 稽古場の隅に立てられた丸い柱。節のないヒノキ材を使い、地中に約一㍍ほど埋め、地上に二～三㍍を出す。力士はこれに向かって、突きや突っ張りの稽古をする。

鉄砲柱に向かって稽古に励む。

**てどり【手取り】** 相撲技や技能のこと。「手取り力士」といえば、技のある力士という意味である。

**てよつ【手四つ】** →〔四つ／手四つ〕

**てるくにまんぞう【照國萬藏】** 第三八代横綱。秋田県湯沢市出身。大正八年（一九一九）一月一〇日生まれ。本名は菅萬蔵から大野萬蔵。伊勢ヶ濱部屋。昭和一〇年（一九三五）一月初土俵。同一三年一月新十両。同一四年五月新入幕。

同一八年一月新横綱。同二八年一月引退。身長一七四チセン・体重一六一キロ。幕内通算成績は二七一勝九一敗七四休、優勝二回。

順調なスピード出世で、十枚目、幕内、大関（昭和一七年一月）、横綱への各昇進は、いずれも当時の最年少記録を更新するものであった。典型的なあんこ型で色が白く、相撲に気合いが入ってくるとその体が桜色に紅潮して美しかった。大きな腹をするような低い立ち合いから、相手の右前褌《まえみつ》を取り左押っ付けで寄るうまい相撲を取った。足腰が柔らかかったので、はたかれても前に落ちるような負けはあまりなかった。

引退後は年寄荒磯、後に伊勢ヶ濱を襲名し、大関・清國（元年寄伊勢ヶ濱）ほか関取を育て、理事をつとめた。昭和五二年三月二〇日、五八歳で没。

第三八代横綱・照國萬蔵

**テレビさじき**【テレビ桟敷】会場に足を運ばずテレビで相撲を観戦

テレビ実況放送の開始に伴い、四本柱が廃止されて吊り屋根となった。左下にテレビカメラが構える。

することを、「桟敷」という言葉で相撲らしく表現した報道関係の造語。「茶の間桟敷」ともいう。

**テレビほうそう【テレビ放送】** 昭和二八年（一九五三）五月の夏場所より、NHK（日本放送協会）が本場所一五日間のテレビ放送を開始した。当時は、現在のようにテレビが一般家庭に普及していなかったので、人々は街頭テレビなどの前に集まって相撲を観戦した。NHKは前年の昭和二七年九月の秋場所で、ラジオ放送を音声として流すテレビ実験放送をすでに行っていたが、協会では、その秋場所前の理事会で四本柱の廃止を決め、同場所から土俵上方に神明造の吊り屋根と、柱に代わる房を設置した。

　同二八年の秋場所からは民間放送の日本テレビも参入し、同三四年までに東京の民間放送テレビ局すべてが相撲中継を開始した。しかし、東京オリンピック開催でカラーテレビが普及し、さまざまなスポーツ中継番組などが増え、同四一年の一月場所を最後に民間放送局は中継を中止した。それ以降、本場所をテレビで生中継しているのはNHKだけである。

　現在、NHKでは総合テレビ、BS放送（衛星放送）で放送し、海外七五の国と地域にも本場所開催中に毎日二時間の中継を英語や日本語で提供している。→〔四本柱〕

**でわのうみ【出羽海】** 年寄名跡の一つ。初代は寛政一一年（一七九九）二月限りで引退した幕内・出羽ノ海運右衛門。元関脇・鷲羽山が襲名継承していたが、停年を迎えた。現在は、元前頭二枚目・小城ノ花が襲名継承、理事をつとめている。

**でんきがはしる【電気が走る】** 相手に激しく当たったときに、首筋から後頭部にかけてしびれや痛みが、感電したときのような衝撃で感じられることをいう。当たる角度が悪い場合に電気が走る。

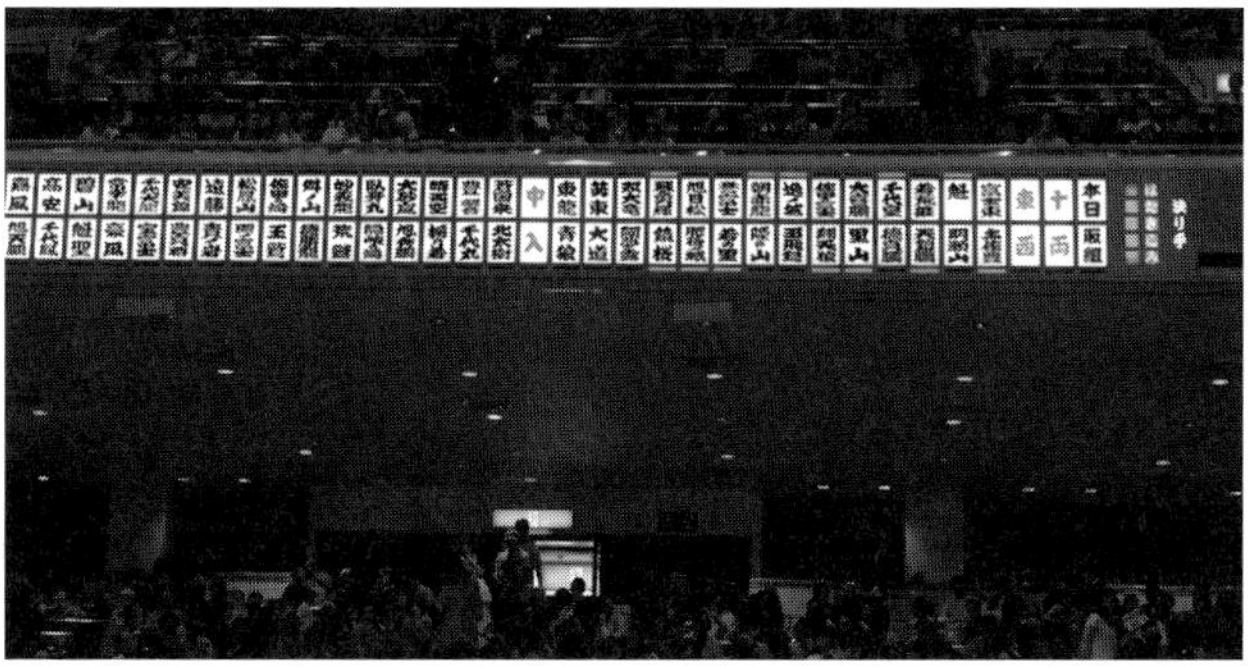

電光表示板

**でんこうひょうじばん【電光表示板】** 本場所が開催される会場内に設置され、その日の取組一覧と勝ち負けを表示する設備。取組一覧は十枚目と幕内力士を東西に分けて示し、取組の済んだものから勝ち力士の側に赤いライトを点灯して勝ち負けを示している。また、十枚目以上の休場力士の名前も表示される。

**でんしゃみち【電車道】** 立ち合いから、一直線に相手を押しや寄りで土俵の外に出すこと。その様が電車のレールのようにまっすぐであるところから、このように呼ばれるようになった。「電車道で勝つ」、または「電車道で負ける」という。

**てんのうしはい【天皇賜盃】** 本場所で幕内最高優勝をした力士に、賜盃拝戴式で授与されるカップの正式名称。略称で「賜盃」ともいう。銀製で、大きさは高さ一〇七センチ、重さ二九キロ、容量三六リットル、口径三三・三センチ。

　優勝力士は、普通、仕度部屋で天皇賜盃とともに記念撮影を済ませ、当日中に協会が賜盃を保管する。翌場所初日の中入で賜盃返還式が行われる。のちに優勝した力士には銀製のレプリカが与えられる。賜盃には、優勝力士の栄誉をたたえてしこ名を刻印した銀製の名札がつけられるが、札の数は八〇枚で、いっぱいになると古いものから取り外す。

　大正一四年（一九二五）四月に摂政宮《せっしょうのみや》（当時。後に昭和天皇）の誕生日を祝賀する台覧相撲が行われ、その下賜金をもとに作製された。→〔賜盃拝戴式〕〔賜盃返還式〕〔摂政宮殿下賜盃〕

**てんらんずもう【天覧相撲】** 天皇が観戦する相撲のこと。天皇が臨席する形態は、天平六年（七三四）〜承安四年（一一七四）の相撲節《すまいのせち》があったが、これは宮廷儀式であり、天覧相撲とは別のものといえる。明治天皇の天覧は、慶応四年（一八六八）四月の大阪・坐摩神社での京都力士の相撲が最初である。明治一七年（一八八四）三月には、旧浜離宮庭園にあった延遼館で大規模な天覧相撲が行われ、全国に新聞で報道された。この天覧相撲は、明治維新後に衰退ぎみであった相撲の復活のきっかけとなった。

　その後、昭和二〇年（一九四五）までの天覧相撲は、東京・芝にあった海軍将校の社交クラブ「水交社」や宮城内覆馬場、陸軍将校の社交クラブ「偕行社」などで行われた。戦前には二回ほど天覧相撲の番付が特別に作られ、普通の番付の「蒙御免《ごめんこうむる》」に代えて「賜天覧《てんらんをたまわる》」と書かれた。

　現在のように国民とともに本場所の土俵を観戦するようになったのは、昭和天皇の昭和三〇年夏場所が最初である。→〔御製記念碑〕〔巻末・天覧相撲一覧〕

幕内最高優勝の力士に授与される天皇賜盃。

明治二一年一月、弥生社での天覧相撲（蜂須賀国明画）。

**てんらんずもうどひょういり【天覧相撲土俵入り】**「御前掛かり土俵入り」の別称。→〔御前掛かり土俵入り〕

**てんらんずもうばんづけ【天覧相撲番付】** 昭和五年（一九三〇）と翌年の昭和天皇誕生日に行われた天覧相撲で作成された番付。その後、戦前までの天覧相撲でも作成されたことがあった。通常の番付で「蒙御免《ごめんこうむる》」と書かれる位置に「賜天覧《てんらんをたまわる》」と書かれていた。現在、こうした特別な番付は作られない。

**てんりゅうじけん【天竜事件】**

「春秋《しゅんじゅう》園《えん》事件」の別称。→〔春秋園事件〕

……と……

**どう【同】** 番付で、幕下二段目以下序ノ口までの力士は、地位の名称を書く位置に「同」と書かれる。これは「前頭に同じ」という意味である。「前頭」は本来「前相撲の頭」という意味であったから、序ノ口以上は全員が前頭であった。その時代の名残である。ちなみに、十枚目（十両）は地位を「前頭」と明記されている。→〔前頭〕〔巻末・番付の読み方〕

**どうきせい【同期生】** 初土俵が同じ本場所であった力士どうしのこと。力士が十枚目に昇進したときには、同期生で明け荷を贈る習慣がある。昭和六三年（一九八八）三月初土俵の同期生である第六四代横綱・曙、第六五代・貴乃花、第六六代・若乃花のように、同期生から横綱が三名も誕生した例は珍しい。→〔初土俵〕

**とうきょうおおずもうきょうかい【東京大角觝協会】** 明治一九年（一八八六）一月に制定された『角觝《すもう》仲間申合《なかまもうしあわせ》規則』が明治二〇年五月に「角觝組中申合規則」として改称され（二一年、二二年説もある）、江戸時代から続いた「相撲会所」を改称して「東京大角觝協会」と定めた。なお、従来明治二二年設立とされてきたが、この「東京大角力協会申合規約」は明治三六年五月のものと判明した。

　このことは、単に組織の名称変更にとどまらず、相撲の近代化と組織のより合理的な運営を目指すものであった。明治維新後の急激な欧化政策の中で、幕末以来の外国との不平等条約が改正されないのは断髪令（明治四年）以降もちょんまげを結った力士がいるからなどの見当外れの暴論や、「裸手踊り」などの誹謗もあり、相撲の近代組織への改革は急務であった。そのような状況下で、同六年から同一一年の高砂浦五郎の会所

改革の運動、同一七年の天覧相撲を経て、東京大角觝協会の設立に至った。

「東京大角觝協会」では「角力」と「角觝」の文字が併用されたが、明治四二年六月の番付には「勧進元大角力協会」と記載された。「東京大角力協会」の名称は、大正一四年（一九二五）一二月に財団法人の設立が認可されて「財団法人大日本相撲協会」と改称された。昭和四一年（一九六六）四月に「財団法人日本相撲協会」、平成二六年（二〇一四）一月には「公益財団法人日本相撲協会」と改称。→〔大日本相撲協会〕〔東京大角力協会申合規約〕〔巻末・明治改革期の諸規約〕

**とうきょうおおずもうきょうかいもうしあわせきやく【東京大角觝協会申合規約】** 明治二九年の中村楼事件により制定された規約で、全七〇ヵ条に及んだ。また、この規約は、同一一年五月の『角觝《すもう》営業内規則』を改正した同一九年一月の『角觝仲間申合規則』を、さらに発展充実させたものであった。

主な内容は、協会の役員を取締二名・検査役八名・部長一名・副部長一名とする、取締と検査役は年寄・幕下十枚目以上の力士・足袋以上の行司が投票して選ぶほか、収益の配当方法、公平な勝負判定や番付作成の方法、地位ごとの力士の給金制度、年寄数を八八名に制限、年寄の加入資格、木村庄之助・式守伊之助の両行司を年寄に加えるなど、広範にわたった。

なお、明治三六年五月に一部改正（従来二二年とされていたもの）、同四二年六月に幕内以上力士の千秋楽出場、力士引退時の養老金、横綱の最高位などの追加があったが、この規約は、大正一四年（一九二五）一二月に財団法人大日本相撲協会が誕生するまで存続された。→〔角觝営業内規則〕〔角觝仲間申合規則〕〔巻末・明治改革期の諸規約〕

**とうきょうすもうきしゃくらぶ【東京相撲記者倶楽部】** 明治四二年（一九〇九）六月に、旧両国国技館の開設に合わせ、新聞社相撲担当記者の任意集団であった「振《しん》角《かく》会」を母体として誕生した。東京大角力《おおずもう》協会は、新聞報道等の重要性を認識して国技館内に記者倶楽部室を提供し、連絡兼解説者として専任の年寄を配置した。→〔振角会〕〔相撲記者クラブ〕

**とうきょうすもうぢゃやくみあい【東京角力茶屋組合】** 昭和三二年（一九五七）九月に廃止された「相撲茶屋」の組合の名称。廃止と同時に「相撲サービス株式会社」が設立され、同六〇年一月から「国技館サービス株式会社」と改称されて現在に至っている。→〔国技館サービス株式会社〕〔相撲サービス株式会社〕〔相撲茶屋〕

**とうきょうばしょ【東京場所】**「東京本場所」ともいう。年六回の本場所のうち、東京・国技館で開催される一月場所、五月場所、九月場所のこと。→〔本場所〕

**とうざい【東西】** ①力士の番付上の位置、土俵入り、取組などすべてが東と西とに分けられる相撲独特の形式。正保二年（一六四五）京都・糺森《ただすのもり》で行われた相撲で、近江国（滋賀県）と山城国（京都府）の間にある逢坂山（海抜三二五㍍）を境に、西から上京する力士と東から上京する力士とに分けたことに始まるという。

②行司の口上。最初の取組が始まるとき、行司は軍配を掲げて「東西」と一度だけ言う。呼出の「とざいとうざい」の掛け声とは意味合いが異なり、取組の開始を宣する口上である。→〔東西東西《とざいとうざい》〕

**とうざいかい【東西会】** 日本相撲協会は『寄附行為』に「事業を後援するもの」として維持員の制度を定めているが、大阪本場所の維持員が組織する親睦団体を「東西会」という。会員は三月場所では茶色の陣羽織を着け、土俵溜まりで観戦し、千秋楽に東西会優勝旗、

た

東西会三賞を授与する。

現在の東西会との関連は定かではないが、明治・大正時代に華族、実業家、政治家などの好角家が大相撲を後援した組織の名称を「東西会」といった。昭和四年（一九二九）一月に木戸御免の伊藤鉄五郎を会長、花島兼吉を副会長にして大阪で結成された相撲愛好家の団体がその名称を継承したと伝えられている。→〔溜り会〕

**とうざいがっぺい【東西合併】** 東京大角力《おおずもう》協会と大阪角力協会とが合同して一つの組織となり、昭和二年（一九二七）春場所から一体の興行をするようになったことをいう。このときの組織の名称は、合併調印から最終的に「財団法人大日本相撲協会」となるまでにやや曲折があった。

大正一四年（一九二五）四月の台覧相撲下賜金で摂政宮《せっしょうのみや》殿下賜盃（昭和二年夏場所より「天皇賜盃」と改称）が作製されたのを契機に、「大日本大角力連盟」を設立した。東京の年寄八八家と大阪の頭取（年寄）一七家の合同、大阪の一代頭取制の廃止、両協会の年寄・力士に同名があれば力士名を改めさせる、横綱・立行司を除き他は実力審査のうえ地位を決める、などのことが合意された。また、新たに合同番付を作成するため、力士の実力を審査する東西連盟相撲を興行した。

大正一四年一二月に東京大角力協会は財団法人設立を認可されて「財団法人大日本相撲協会」を設立したが、この名称は直ちに統一組織名としては使われなかった。しかし、財団法人設立は東西合併をさらに加速させた。昭和二年春場所では「大日本角力協会」、夏場所・京都場所では「日本大角力協会」の名称を使用、昭和三年春場所より「大日本相撲協会」となった。→〔大日本大角力連盟〕〔大日本相撲協会〕〔東西連盟相撲〕〔年寄名跡〕

**とうざいがっぺいずもう【東西合併相撲】** 東京と大阪・京都の相撲が合併して開催した興行のこと。東西合併時の東西連盟相撲（大正一四年〈一九二五〉～一五年）とは別のものである。明治七年（一八七四）九月に京都で東京・大阪・京都の合併興行が行われ、翌一〇月には大阪で東京・大阪の合併興行が行われた。それ以降、途中中断はあるが、主として東京・大阪の合併興行が例年行われた。

ところが、明治四三年に大阪角《す》力《もう》協会が大木戸森右衛門に横綱免許を授与して以来、同協会は吉田司家から破門され、東京大角力協会とも絶縁した。大正元年一一月に三者の和解が成立し、翌大正二年二月に旧両国国技館で両協会による東西合併大相撲が一〇日間興行された。その後、東西合併相撲は同年三月に大阪、名古屋で興行され、さらに以降も同様の形態で興行された。→〔大木戸森右衛門〕〔大阪相撲〕〔大阪相撲の横綱〕〔京都相撲〕〔東西連盟相撲〕

**とうざいせい【東西制】** 正式には「東西対抗競技」という。全力士が東と西に分かれ、東方どうし、西方どうしは対戦せずに、東西対抗で相撲競技をする形式。東西制は、江戸時代から昭和六年（一九三一）一〇月の大阪場所まで行われたが、同七年の春秋園《しゅんじゅうえん》事件で大量の脱退力士が出たために中断した。

その後は「一門系統別部屋総当たり制」となったが、出羽海部屋に幕内力士が大勢誕生して一門系統別の取組編成が難しくなり、東西制を昭和一五年春場所に復活させ同二二年夏場所まで実施した。→〔一門系統別部屋総当たり制〕〔取組制度〕〔部屋別総当たり制〕

**とうざいれんめいずもう【東西連盟相撲】** 東京大角力《おおずもう》協会と大阪角力協会との合併の準備として、両協会の合同番付を作成するために力士の実力を審査する目的で開催した相撲興行。「連盟相撲」ともいった。

東西連盟相撲は、第一回前半を大正一四年（一九二五）一一月に京都で一〇日間、第一回後半を同一五年三月に大阪で一一日間、第二回を同年一〇月に大阪で一一日間興行した。第一回前半から東西の実力差が大きく、中日過ぎから三〇名の大阪方幕内力士は半数が休場、ほとんどが負け越した。後半の興行では大阪方の出場は一二名で、千秋楽には三、四名になっていた。

第二回は第一回の前・後半の成績で番付を作成し、「大日本大角力連盟興行仕り候」とうたって、個人優勝の横綱・常ノ花に摂政《せっしょうの》宮《みや》殿下賜盃（後の天皇賜盃）が授与された。→〔東西合併〕

**とうさぎ【犢鼻褌】** 奈良～平安時代の相撲節《すまいのせち》で相撲人《すまいびと》が着用したもの。相撲節では、相撲人は烏帽子《えぼし》、狩衣を着け、犢鼻褌に紐《ひも》小刀《がたな》を差して叡覧の庭前に参入した。勝負のときには、装束と紐小刀をはずしてワラで編んだ円座《わろうだ》という敷物の上に置き、頭に花を挿して犢鼻褌のみになった。→〔相撲節〕〔相撲人〕

**とうすけ【藤助】** 相撲界独特の表現で、けちんぼうや、しみったれな人のこと。明治時代中期に藤田川藤助という力士がいて、徹底した倹約で金を蓄えたという。現在はあまり使われない言葉である。

**どうたい【同体】** 投げの打ち合いなどから、両力士がほぼ同時に倒れたり土俵の外に出たりした体勢のこと。物言いがついた勝負で、審判委員が協議して同体と判定すれば取り直しとなる。→〔取り直し〕〔物言い〕

**どうちゅう【道中】** 巡業中の移動のこと。現在も、巡業日程と先発の予定表に移動日のことを「道中」と表記する。かつては次の巡業地への距離が七里（約二八キロ）以上ある場合には、早朝に出発し一日をかけて移動したが、これを「一日道中」といった。

**とうどり【頭取】** 京都相撲や大阪相撲、また他の相撲集団で、勧進相撲などの興行や経営に中心的な役割をつとめた者の呼称。江戸の「年寄」にあたる。→〔東西合併〕〔年寄名跡〕

**とうどりそうちょう【頭取総長】** 第一二代横綱・陣幕久五郎が大阪に戻り、「陣幕」の名のままこの地位についた。明治二年（一八六九）三月の大阪相撲の番付には、頭取の最上位に「陣幕」の名が他の頭取よりやや大きめの文字で記載されている。

**どうもん【同門】** 一つの中核となる部屋から分家したり独立したりして、縁続きとなった複数の相撲部屋をまとめて「一門」といい、一門が同じであることを「同門」という。→〔一門〕

『関取道中之図』（三代豊国画）

**ときつかぜ【時津風】** 年寄名跡の一つ。初代は宝暦一二年（一七六二）五月限りで引退した後、世話人から助頭取、頭取と進んだ時津風弥吉。昭和二年（一九二七）の東西合併の際に大阪の頭取から東京の年寄に加えられた。現在は、元前頭三枚目・時津海が襲名継承し、部屋を運営している。

**ときわやま【常盤山】** 年寄名跡の一つ。初代は宝暦六年（一七五六）九月限りで引退した常盤山小平治。現在は、元関脇・舛田山が襲名継承している。

**とくしゅわざ【特殊技】** 決まり手

た

八二手のうち、基本技、掛け手、投げ手、反り手、ひねり手に分類できない技のこと。それには以下の一九手が分類される。

　引き落とし、引っ掛け、叩《はた》き込み、素首《そくび》落とし、吊り出し、吊り落とし、送り吊り出し、送り吊り落とし、送り出し、送り倒し、送り投げ、送り掛け、送り引き落とし、割り出し、うっちゃり、極め出し、極め倒し、後ろもたれ、呼び戻し。→〔決まり手／決まり手八二手〕

**とくだわら【徳俵】** 円形の勝負土俵を形成する二〇俵の小俵《こだわら》のうち、正面、向正面、東、西の四ヵ所に、ほぼ一俵にあたる幅で外側にずらされている計四俵の小俵の呼称。

　この部分は俵を一俵分外側にずらしてあるため、「徳俵」の名が生まれた。徳俵は、他の一六俵の勝負俵より、地上部がやや高くなるように埋められる。

　相撲が野外で興行されていた時代に、土俵上にたまる雨水などを排出するために円形の一部をずらして切れ目を作ったことが、徳俵の起源ともいわれている。→〔小俵〕〔勝負俵〕〔口絵・土俵俯瞰図〕

**とくべついじいん【特別維持員】** 日本相撲協会が『寄附行為』に規定する維持員の一つ。長期間にわたって協会の事業に協力し、その功績が顕著であるとして協会が認めた者、または相当額の寄付を協会にした者に資格が与えられる。→〔維持員〕

**とくべつこうろうきん【特別功労金】** 横綱・大関が引退したときに、理事会の決議によって支給されるもの。年寄に対して退職時に支給される功労金とは異なる。

**とくべつひょうしょう【特別表彰】** 相撲協会に対して特別な貢献があったり、特に表彰に値する成績や努力があった場合に、協会が臨時に表彰するもの。これまでに行われた主な特別表彰には次のようなものがあった。

能代潟と天竜　昭和六年（一九三一）五月　同年夏場所で、引き分けの後に両者は正規の本割前に再戦して天竜が勝った。両者の敢闘精神をたたえて表彰。
双葉山　昭和一三年六月　連続五場所全勝優勝の栄冠を表彰。
栃錦　昭和二七年五月　通算八回目の技能賞受賞を表彰。
名寄岩　昭和二九年五月　精魂を土俵に傾け、長年にわたり力士の本分を尽くしたことを表彰。
大晃　昭和三八年一月　連続一、〇〇〇回出場を表彰。
青ノ里　昭和四二年九月　連続一、〇〇〇回出場を表彰。
明武谷　昭和四三年一月　連続一、〇〇〇回出場を表彰。
大鵬　昭和四四年九月　三〇回優勝の大記録に対し、一代年寄としてその栄誉を表彰。
千代の富士　平成二年〈一九九〇〉一月　国民栄誉賞受賞に対して表彰。
巨砲と太寿山　平成三年五月　幕内連続一〇年以上勤務を表彰。

**とけいがかりしんぱん【時計係審判】** 本場所相撲で行司溜まり（向正面）に座る審判委員（審判）二名のうち、東寄り（赤房下）に座る審判委員の呼称。通称「時計係」という。競技の円滑な進行につとめ、制限時間を計り、行司・呼出に制限時間いっぱいの合図を送る役目を担う。→〔仕切り制限時間〕〔審判委員〕

時計係審判が手をあげて制限時間いっぱいの合図を送る。

**とこやま【床山】** 力士の髷を結う専門職で、相撲協会が採用し、各相撲部屋に配置される。所属は協会員であり、給料は本俸と手当からなる月給制で、協会より支払われる。現在、定員は五〇名以内と定められているが、平成九年（一九九七）九月の理事会で、力士数一二名以上で床山が配置されていない部屋から申請があった場合には、定員を超えて採用できる臨時措置が付加された。

床山の新規採用は、義務教育を修了した満一九歳までの男子で、適格と認められる者とされる。応募の手続きは、各相撲部屋に入門して、履歴書、保護者の承諾書、住民票、戸籍謄（抄）本と、師匠名による「採用願」を協会に提出しなければならない。

採用されると、床山がいない部屋に優先的に配置されるが、最初の三年間を見習として養成期間におかれ、協会が指定する経験豊富な先輩床山のいる別の部屋に通って研修につとめる。

床山の地位は、特等を最上位にして以下一等から五等まで六段階に分けられている。協会の『寄附行為施行細則』によれば、原則的には五等は勤続五年未満の者とされる。四等は五年以上一〇年未満、三等は一〇年以上二〇年未満、二等は二〇年以上三〇年未満、一等は三〇年以上で、それぞれ成績優秀な者としている。また、それぞれの地位で特に成績優秀者が右記の勤続期間を満たさなくても特進する場合もある。特等は平成六年六月より付加された地位で、勤続四五年以上・年齢六〇歳以上で成績優秀な者、または勤続三〇年以上四五年未満で特に成績優秀な者に限られる。

床山の停年は平成二年より満六五歳とされている。なお、床山は一般の理・美容師とは異なるのでその種の免許は不要である。→〔大《おお》銀杏《いちょう》〕〔ちょんまげ〕

**とこやまかい【床山会】** 相撲協会

で床山によって構成される。協会が『寄附行為施行細則』で認める、会員相互の親睦を図り、人格向上・修業を目的とした組織の一つ。協会は一定の助成金を支給する。

**とこやまきんむきてい【床山勤務規定】** 相撲協会の『寄附行為施行細則　附属規定』に『床山勤務規定』(昭和六二年〈一九八七〉九月七日施行)を定め、床山の勤務について次のように定めている。

一、この規定は、床山の勤務を円滑にし、力士の結髪を各相撲部屋に満遍なく行い、さらに床山技術の向上を計ることを目的とする。

二、床山は、上位の者を長として班を編成し、担当相撲部屋を定め、巡回して力士の結髪を行うものとする。

三、班の編成および担当相撲部屋の決定は、各本場所ごとに行うものとする。

四、班の数および班の人員は実情に合わせて編成し、担当相撲部屋は相撲部屋の所在する地域によって区分するものとする。

五、床山は、各本場所ごとの班の編成および担当相撲部屋の決定に当たっては、勤務表を作成し、事業部長の承認を得るものとする。

六、班長は、自己の裁量により班員に指示し、班員は班長の指示に従い行動し、担当相撲部屋力士の結髪を行うものとする。

**とこやまのどうぐ【床山の道具】** 床山が携帯する道具箱には、普通、荒ぐし、前かき、すきぐし、そろえぐし、にぎりばさみ、中剃《なかぞ》りに使うかみそり、やすり、耳かき、髷棒《まげぼう》、先縛り、元結《もとゆい》、すき油、水おけ、癖直しに使うガーゼなどが入っている。

【荒ぐし】力士の髷《まげ》を結うときに最初に床山が手にするくし。すき油をつけた後、もつれたり固まったりしている髪の毛をこれで解いて整える。

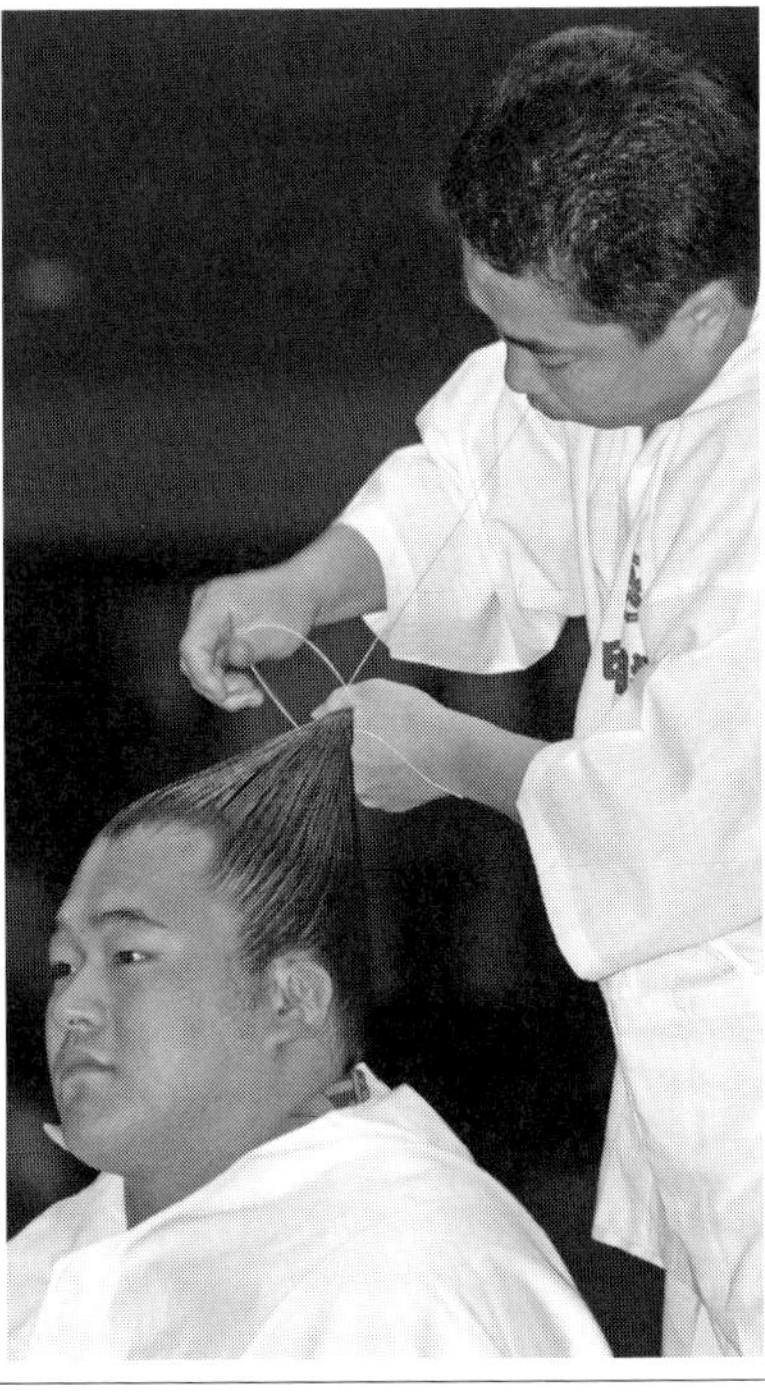
花相撲で結髪の実演を見せる床山。

【すき油】力士の髪に付ける油。「すき油」が正式な呼称であるが、通称の「びん付け油」で呼ばれることが多い。原料はナタネ油と九州産の木ロウ(ハゼの実から採ったロウ。つや出しに使う)で、四〜五種類の香料が加えられ、独特の香りがする。すき油は江戸時代から使われており、当時のものは梅花の香りがしたと伝えられる。

【すきぐし】歯の粗いくしで、髪に付いた汚れやフケを取り除くために使われる。昔は竹で作られていたが、現在はツゲ材で作られている。

【そろえぐし】大銀杏《おおいちょう》を結い、最後の仕上げをするときに使うくし。使用度がいちばん多いくしで、髷《まげ》を結うときはもちろん、力士の起床直後や洗髪後にとりあえず髪を整える場合などにも使う。

【前かき】大銀杏のはけ先が載る部分の髪を、目をそろえて整えるために使うくし。

【髷棒】大銀杏を結うときに使う鋼でできた棒状の道具。大銀杏の

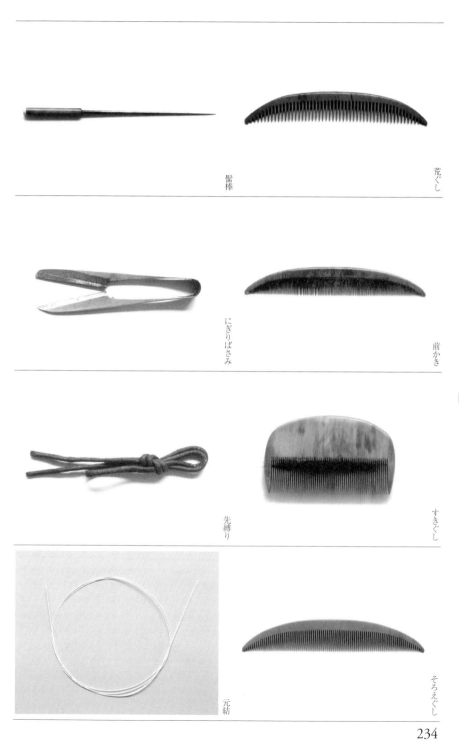

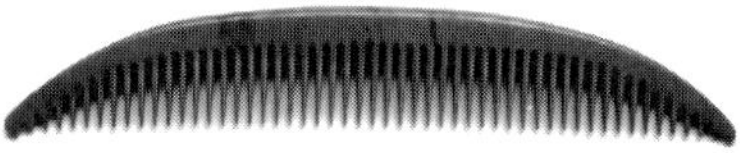
荒ぐし

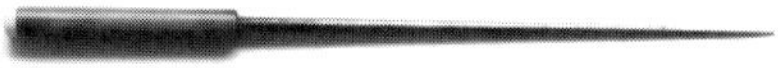
髷棒

前かき

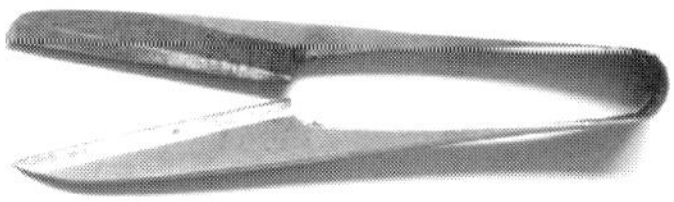
にぎりばさみ

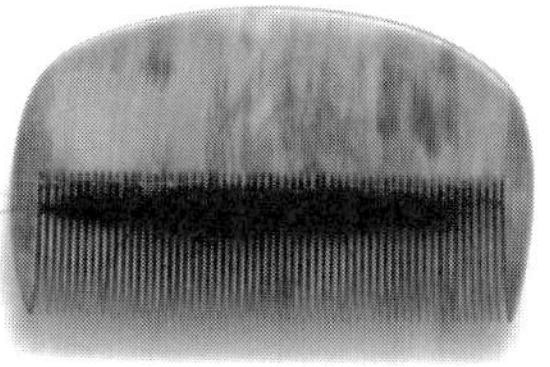
すきぐし

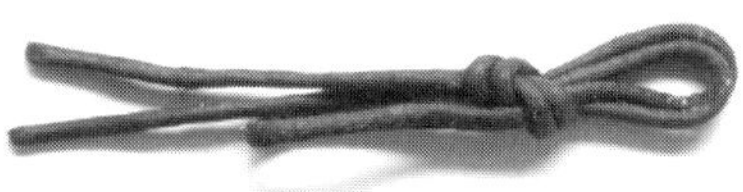
先縛り

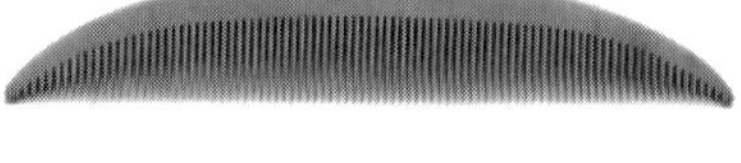
そろえぐし

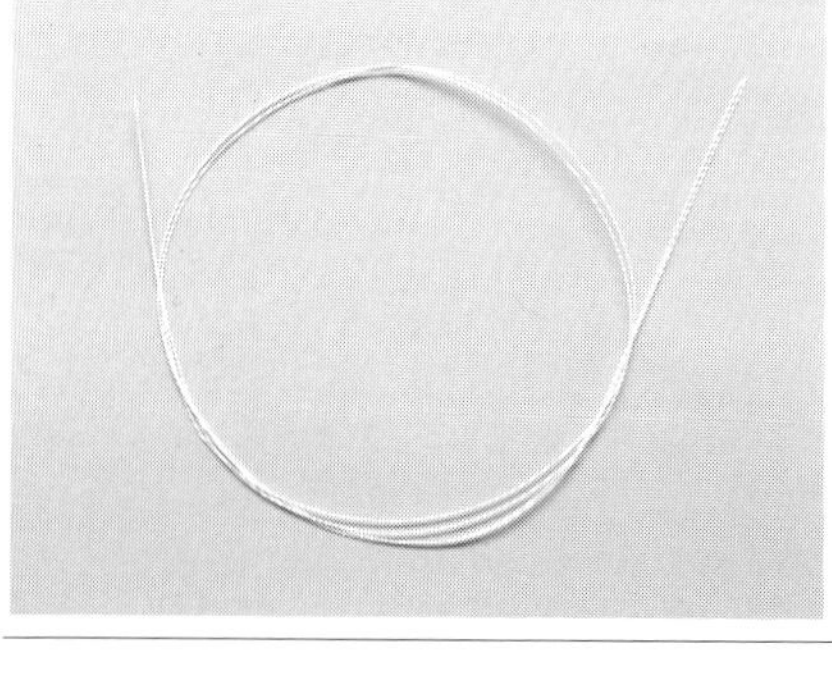
元結

両耳の上や、後ろの部分を髷棒で張り出すように整える。市販製品に同種の物がないので、畳針を入手して、床山が自分で加工して使っている。

【元結】力士の髷を縛る紙製のひも。材料は紙幣を作るのと同じ、丈夫な良質の和紙で、これを細長く切り、木綿で巻き、海藻と米で作られたのりを塗布し、乾燥させて作る。水引のメーカーが製造している。元結で髪を縛ることを、「元結をかける」と表現する。

**とざいとうざい**【東西東西】土俵上または土俵下で、呼出が観客の注意を喚起し、静粛にするよう発する言葉。理事長による協会御挨拶の直前など、折々に呼出は柝《き》とともにこの掛け声を発する。行司が発する「東西」とは意味合いが異なる。→〔東西②〕

**どざえもん**【土左衛門】水面に浮いた溺死者のことを俗に、「土左衛門」という。この言葉は、江戸相撲の力士で、青白く太った成瀬川土左衛門の名に由来するといわれる。

　成瀬川は、『近世奇跡考』（山東京伝／文化元年〈一八〇四〉）によると、享保九年（一七二四）六月の、江戸・深川の富岡八幡宮における勧進相撲で東方前頭筆頭に位置したとある。ただし、同書には、溺死者を土左衛門と呼ぶのは江戸の方言だとも書かれている。

水おけ

**どじょうほる**【ドジョウ掘る】相撲界独特の表現で、ご祝儀をもらうこと。昔、巡業などで観客が土俵に金を投げ入れることがあり、それを集める姿がドジョウすくいに似ているとして、このように表現された。現在は使われない言葉である。

**としより**【年寄】『日本相撲協会寄附行為』および『寄附行為施行細則』に定められた資格で、力士が現役を引退して後に年寄名跡を襲名継承した者をいう。通常は「親方」と呼ばれる。

　年寄は協会の理事をはじめとする各種の役職（監事・委員・主任など）を担当する資格を有し、弟子を養成する義務がある。役職のうち、理事は所長、各部部長に任ぜられるが、これらは役員改選後に理事長が指名する。役員は理事と監事で、それ以外の年寄が任ぜられる委員および主任は、理事会の詮衡を経て理事長が任命し、その任期は各一年である。

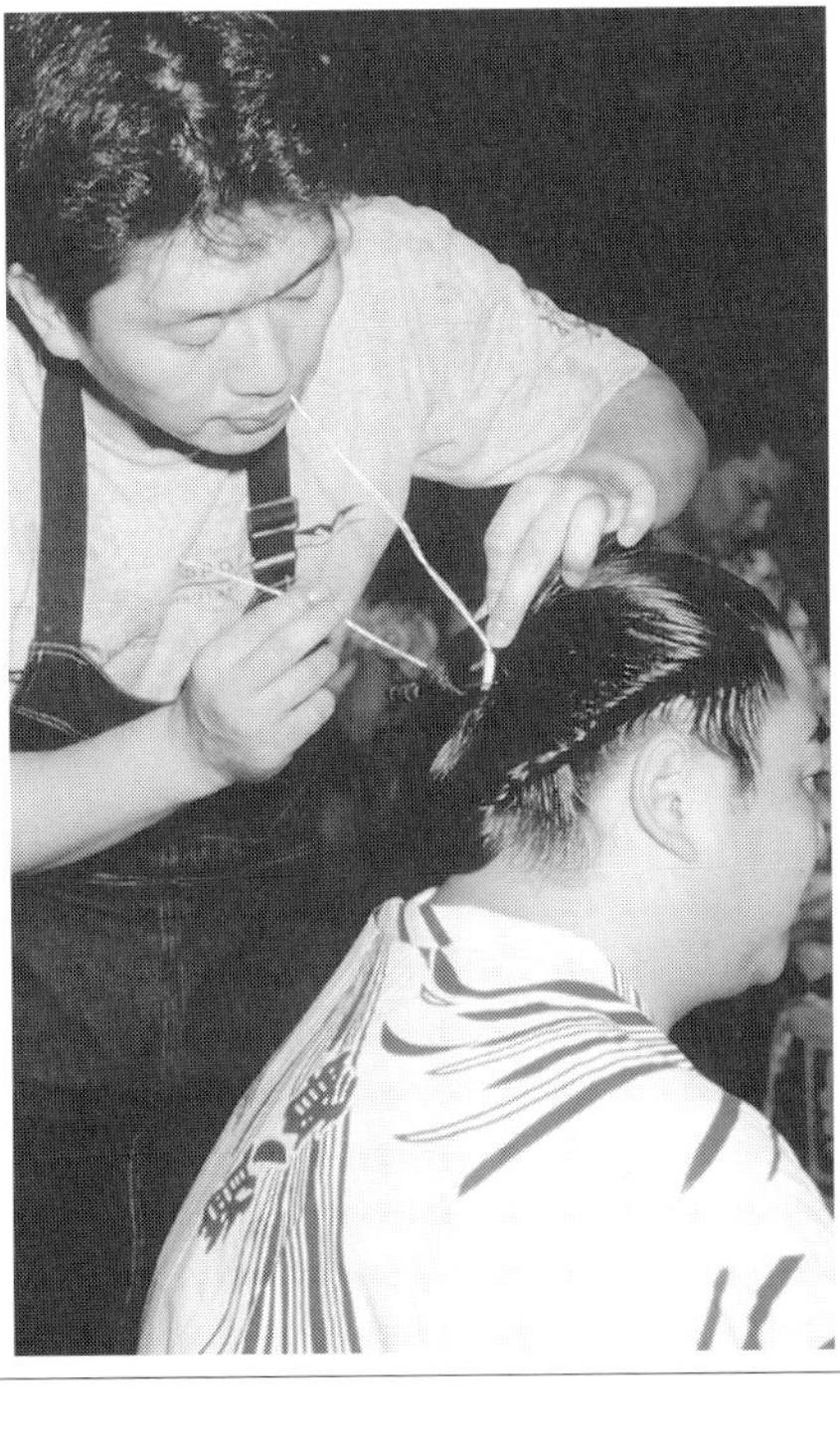

床山が大銀杏に元結をかける。

年寄名跡の襲名継承については、年寄名跡襲名・継承届を協会に提出して、理事会の詮衡と議決を経た後に年寄名簿に登録される。年寄名跡の襲名継承資格は、日本国籍を有する者で、幕内を通算二〇場所以上、幕内・十枚目（関取）を通算三〇場所以上、三役を一場所以上、また、横綱・大関をつとめた力士に限られる。

横綱・大関には、引退に際して、力士名のまま横綱は五年間、大関は三年間、年寄（委員待遇）としての資格が与えられる。

現在、協会の『年寄名跡目録』に記載された名跡の数は一〇五で、これに「北の湖」「貴乃花」の一代年寄二名と、元大関の「琴欧洲」が加わっている。

年寄制度の原型は、雷《いかずち》権太夫が勧進相撲興行を寺社奉行に願い出て貞享元年（一六八四）に許可され、年寄仲間を組織したことに始まるといわれている。享保年間（一七一六～三六）には年寄仲間のみに興行が許可されるようになり、江戸時代の勧進相撲を通じて制度を整えていった。→〔準年寄〕〔年寄名跡〕

**としよりかい【年寄会】** 相撲協会で役員を除いた年寄によって構成される。協会が『寄附行為施行細則』で認める、会員相互の親睦を図り、人格向上・修業を目的とした組織の一つ。協会は一定の助成金を支給する。前身は昭和三〇年（一九五五）一月に発足した「明朗会」である。

**としよりかぶ【年寄株】**「年寄名跡」の俗称。「親方株」とも俗称される。「株」という表現は俗称であり、日本相撲協会の正式な用語ではない。→〔年寄名跡〕

**としよりしゅうめいねがい【年寄襲名願】** 正式には「年寄の名跡襲名・継承承認願書」という。表書きに「年寄名跡襲名願」と書かれるため、このように通称される。現役力士が引退し、年寄名跡を継承したい旨を願い出る届け証のこと。

資格のある力士は現役中に年寄名跡を入手できるが、「力士引退届」と同時にこれを提出し、理事会で承認を得た後、初めて年寄名を用いることが認められる。→〔年寄〕〔年寄名跡〕〔二枚鑑札〕

**としよりたいしょくきん【年寄退職金】** 年寄名跡を襲名継承して年寄をつとめた者の退職に際して、協会より支給されるもの。年寄が受ける退職金は、勤務年数に応じた年寄退職金と、理事長・理事・監事・委員・参与・主任の各役職についた者に加算される職務加算退職金とが合わせて支給される。

特に協会に功労があった場合には理事会の決議によって功労金が別途支給される。→〔退職金〕

**としよりばしょてあて【年寄場所手当】** 東京本場所に限り、場所勤務に対して、役員待遇以下の年寄と準年寄に支給される。

**としよりみょうせき／としよりめいせき【年寄名跡】** 日本相撲協会の『年寄名跡目録』に記載された年寄の名称で、現在は一〇五の年寄名跡が記載されている。現役を引退した力士は、この年寄名跡を襲名継承して初めて協会の年寄になることができる。

年寄名跡の数は、明治二二年（一八八九）八八、昭和二年（一九二七）一〇五となり、現在に至っている。

昭和二年の一〇五は、東京大《おお》角力《ずもう》協会と大阪角力協会との東西合併の際に大阪頭取（年寄）から一七が加えられたものである。そのうち荒岩・鏡山は一代年寄だったために同四年に廃家になり（現在の鏡山はもともと東京にあった年寄名跡）、同一七年には大阪からさらに猪名川改め安治川・藤嶋改め大島・北陣・不知火・西岩が加えられた。同二六年には根岸家が名跡を返上、同三四年には木村庄之助と式守伊之助が年寄から除かれた。

現在は、以下の一〇五の年寄

名跡に一代年寄の北の湖・貴乃花と、三年の期限つきだが元大関の琴欧洲が加えられている。浅香山・朝日山・安治川・東関・荒磯・荒汐・雷《いかずち》・伊勢ヶ濱・伊勢ノ海・井筒・稲川・入間川・岩友・浦風・枝川・追手風・阿武《おうの》松《まつ》・大島・大嶽《おおだけ》・大鳴戸・大山・尾車・押尾川・音羽山・尾上・小野川・鏡山・春日野・春日山・片男波・勝ノ浦・甲山《かぶとやま》・北陣・君ヶ浜・木村瀬平（木瀬）・清見潟・桐山・熊ヶ谷・粂川・九重・境川・佐渡ヶ嶽・佐ノ山・式守秀五郎（式秀）・錣山《しころやま》・芝田山・白玉・不知火《しらぬい》・陣幕・関ノ戸・千田川・高崎・高砂・高島・高田川・武隈・竹縄・田子ノ浦・立田川・立田山・立浪・立川・楯山・谷川・玉垣・玉ノ井・千賀ノ浦・出来山・出羽海・時津風・常盤山《ときわやま》・友綱・中川・中立・中村・鳴戸・西岩・錦島・錦戸・二所ノ関・二十山《はたちやま》・八角・花籠・放駒・濱風・秀ノ山・富士ヶ根・藤島・二子山・振分・間垣・松ヶ根・待乳《まつち》山《やま》・陸奥《みちのく》・湊・湊川・峰崎・三保ヶ関・宮城野・武蔵川・山科・山響・山分・若藤・若松〈五十音順〉。

なお、「名跡」を「株」と称するのは俗称である。「年寄株」「親方株」などの表現は、相撲協会の正式の用語ではなく、俗称にすぎない。→〔年寄〕

**としよりみょうせききん／としよりめいせききん【年寄名跡金】** 年寄名跡を襲名した年寄と、一代年寄二名に対して、会計年度末に協会より支給される。

**としよりみょうせきしょうしょ／としよりめいせきしょうしょ【年寄名跡証書】** 年寄名跡を取得した者に対して、日本相撲協会が取得を認証して発行交付する権利者の証。交付される者は、年寄名跡にかかわる決議事項を遵守する旨の誓約書を提出する。

**としよりみょうせきもくろく／としよりめいせきもくろく【年寄名跡目録】** 現存の年寄名跡を確認するために、日本相撲協会が目録に作成したもので、現在、一〇五の年寄名跡が記載されている。一代年寄は目録には加えられない。→〔年寄名跡〕

**とちぎやまもりや【栃木山守也】** 第二七代横綱。栃木県栃木市出身。明治二五年（一八九二）二月五日生まれ。本名は横田守也から中田守也。出羽海部屋。明治四四年二月初土俵。大正三年（一九一四）一月新十両。同四年一月新入幕。同七年五月新横綱。同一四年五月引退。身長一七三センチ・体重一〇四キロ。幕内通算成績は一六六勝二三敗六分一痛分四預二四休、優勝九回。

第二七代横綱・栃木山守也

入幕四場所目には小結に昇進して、大正五年五月場所の八日目、無敵といわれた横綱・太刀山（第二二代）を五六連勝で阻止する殊勲をあげた。小兵にもかかわらず、腰を割った鋭い出足と左筈《はず》押しで、相手に廻しを取らせず一気に土俵外にもっていく自分の型を持っていた。その小気味よい取り口と同様、大関で連続優勝し横綱昇進直後に三連続優勝、その後に二度目の三連続優勝をした直後に引退と、出処進退も鮮やかであった。

　引退後は年寄春日野を襲名、昭和七年（一九三二）より取締をつとめて協会に貢献し、温厚篤実な指導で横綱・栃錦（第四四代）をはじめ横綱・栃ノ海（第四九代）、大関・栃光らを育てた。

　昭和六年の大日本相撲選士権大会に年寄春日野で出場し、時の大関・玉錦（第三二代横綱）を破って優勝したのは、後進を指導しながら自分の鍛練も怠らなかったためであった。昭和三四年一〇月三日、六七歳で没。

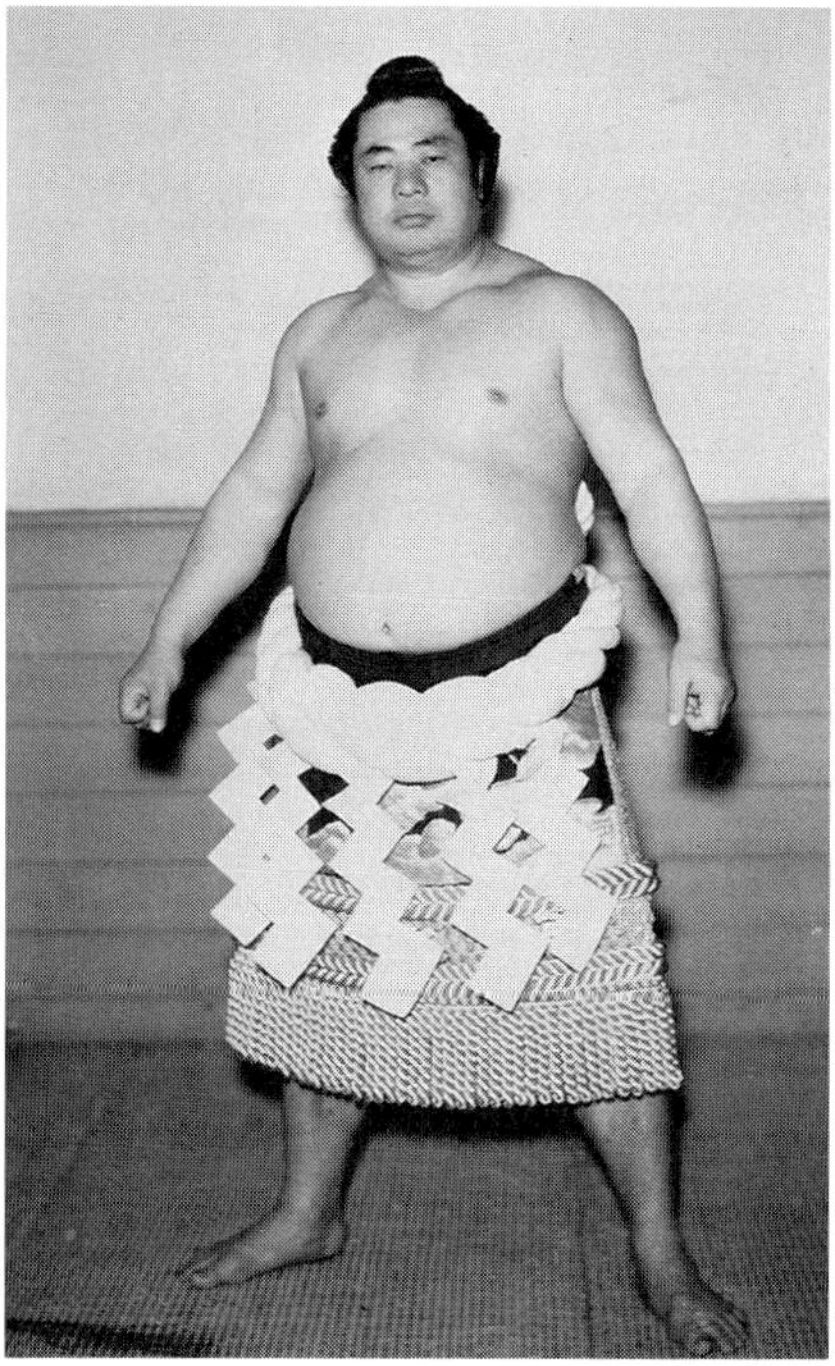

第四四代横綱・栃錦清隆

**とちにしききよたか【栃錦清隆】**

第四四代横綱。東京都江戸川区出身。大正一四年（一九二五）二月二〇日生まれ。本名は大塚清から中田清。春日野部屋。昭和一四年（一九三九）一月初土俵。同一九年五月新十両。同二二年六月新入幕。同三〇年一月新横綱。同三五年五月引退。身長一七七センチ・体重一二六キロ。幕内通算成績は五一三勝二〇三敗一分四四休、優勝一〇回。

　十両のときに昭和一九年九月から一年間、海兵団で兵役をつとめた。入幕してからは技能賞九回が語るように、軽量をカバーする右四つ左半身から多彩な掛け技や投げ技を繰り出して、土俵狭しと活躍した。二六年一月には前頭二枚目で、初日から七連敗した後、奮起して八連勝で勝ち越す離れ業を演じている。二七年九月に関脇で初優勝し、翌場所大関に昇進したが、大関時代の後半ごろから投げにこだわらない左四つ右押っ付けの型を完成した。

　横綱昇進後は、若乃花（第四五代横綱）とスピード感あふれる鋭い技や大技を競い合い、三四年には優勝を交互に繰り返したこともあって「栃若時代」と呼ばれた大相撲の一時代を築いた。

　同三四年一〇月には師匠の死亡で特例の二枚鑑札（年寄春日野）となって土俵をつとめ、引退後は横綱・栃ノ海（第四九代）を育てた。また、理事長を七期一四年つとめ、昭和六〇年一月には現国技館を完成させるなど相撲協会の発展に貢献した。理事長を辞して後に相談役をつとめた。平成二年（一九九〇）一月一〇日、六四歳で没。

**とちのうみてるよし【栃ノ海晃嘉】**

第四九代横綱。青森県南津軽郡田舎館村出身。昭和一三年（一九三八）三月一三日生まれ。本名は花田茂広。春日野部屋。昭和三〇年九月初土俵。同三四年一月新十両。同三五年三月新入幕。同三九年三月新横綱。同四一年一一月引退。身長一七七センチ・体重一〇八キロ。幕内通算成績は三一五勝一八一敗一〇四休、優勝三回。

　栃木山（第二七代横綱）、続く

栃錦（第四四代横綱）の春日野二代の親方に育てられた技能派力士で、「柏鵬時代」たけなわの三七年五月関脇で初優勝、三八年一一月大関で優勝し、翌場所一三勝して横綱に昇進した。前さばきのうまさには抜群のものがあり、低い当たりからの左差し右押っ付けでも、また両前褌《まえみつ》を取っても、鋭い寄りで柏戸（第四七代）・大鵬（第四八代）らの大型力士をたびたび破った。椎間板ヘルニアで苦しみ、横綱在位一七場所、二八歳で引退した。

引退後は現役名で年寄になったが、後に年寄中立を襲名、さらに春日野を襲名継承して、協会理事をつとめた。平成一五年三月に停年退職。→〔春日野〕

**とちゅうきゅうじょう【途中休場】** 報道関係が使う表現で、負傷や急病などの理由で、本場所開催中の二日目以降のいずれかの日より休場すること。→〔休場〕〔全休〕

第四九代横綱・栃ノ海晃嘉

**とっくりなげ【徳利投げ】** 決まり手八二手の一つ。相手の首や頭を両手で挟み、そのまま左または右にひねり倒す。首や頭を徳利の首に見立てたところからこの名称がある。「合掌捻《ひね》り」の場合は相手の首や背に回した両手を組み合わせるが、徳利投げでは両手を組まない。平成一三年（二〇〇一）一月場所より追加された決まり手である。→〔決まり手〕

決まり手・徳利投げ

**どっこいきめる【どっこい決める】** 相撲界独特の表現で、他人の言うことに耳を貸さずに自説を押し通すこと。自分のほうに非があっても、それを決して認めないこと。「どっこい」は頑固な性質の人を指す言葉。互いに強情を張り合ったときに、相手の強情に折れてしまうことを「どっこい負け」という。

**とったり** 決まり手八二手の一つ。押し合いや突き合いになったときに、とっさに相手の手を手繰って、例えば、相手の右手首を右手でつかみ、体《たい》を開いて相手の右横に回りながら相手の右腕を左腕で外側から抱え込み、前にひねるように引いて倒す。相手が差してきたときに、その差し手《で》を取れば相手の出る力を逆に利用できる。

決まり手・とったり

た

相手の腕《かいな》をしっかり取らないと、取られた腕を引きぬく勢いで相手が「逆とったり」の逆転技をしかける場合がある。→〔決まり手〕

**とってしちぶみてさんぶ【取って七分見て三分】** 稽古に臨む教訓の一つ。稽古場では、実際に相手と取り組んで相撲を覚えるのが七分で、他者の稽古を土俵の外で観察して覚えるのが三分だということ。他の力士の稽古ぶりからも学べという教訓である。

土端には上がり段が作られている。

**どは【土端】** 台形に盛り上げた土俵の四面に作られる、傾斜面のこと。この土端に上がり段や水吐き口が作られる。

**とびちがい【跳び違い】** 立ち合いで、両力士がともに右または左に跳んで変わること。

**とびつき【飛び付き】** ①稽古方法の一つ。順番を決めずに、われがちに土俵に入り、仕切りをしないで、いきなり対戦する稽古の形式。→〔稽古〕

②「前相撲」の別称であったが、現在は使われていない用語。かつての前相撲は仕切りをせず、いきなり立ち合って取り組んだのでこのようにいわれた。昭和一九年（一九四四）夏場所から、戦争で新弟子数が少なくなったために一回だけ仕切りをするように改められた。しかし戦後に新弟子が増えて、飛び付きが復活するなどの変遷はあったが、現在飛び付きは行われていない。→〔本中《ほんちゅう》〕〔前相撲〕

③花相撲の余興で、仕切りなしで行われる勝ち抜き戦のこと。相手を連続して五人負かす「飛び付き五人抜き」などがある。

**とびどうぐ【飛び道具】** 蹴手繰《けたぐ》りや蹴返《けかえ》しなど、足を使う技のこと。足を飛ばして一瞬で勝負を決めるので、このように別称される。この種の技をしばしばしかける力士を「飛び道具がある」と表現する。→〔蹴返し〕〔蹴手繰り〕

**どひょう【土俵】** ①力士が相撲競技をする場所。土俵は、相撲協会の『寄附行為施行細則　附属規定』の『相撲規則　土俵規定』に、その寸法や形態が詳しく定められている。

年六回の本場所では場所ごとに、「土俵築《つき》」といって協会の呼出が総員で造る。土俵は神聖な場所とされ、完成すると場所中の安泰と安全を祈願する土俵祭が行われ、土俵中央の土中に鎮め物が埋められる。

以上の意味では、「土俵」は土を盛られた台形および上部の吊り屋根の全体を表す。ただし、部屋の稽古場の土俵は台形には盛らず、平面に造られる。→〔稽古場〕〔土俵規定〕

②勝負に関して「土俵」という場合は、台形の平面に二〇俵の小俵《こだわら》で直径四・五五㍍の円形に作られた部分のみを指していう。『土俵規定』には、「競技の境界を示す円の小俵は、徳俵四俵とその間に各四俵ずつで、二〇俵となる」と定められている。勝負を決する境界線は、小俵が作る円の外線である。勝負がここで決まることから便宜的に「勝負土俵」と呼ばれることがある。

また、歴史的に土俵の形や直径などに変遷があったことから、「内俵」「内土俵」「内丸土俵」「円俵」などの俗称も生じた。円形の部分に対して、その外側の、正方形に俵を埋めてある部分を「外角土俵」ということもあった。→〔口絵・土

俵俯瞰図〕
③土俵を作る小俵そのものを「土俵」ということもある。

**【〜が荒れる】** 優勝を期待される力士や上位力士が早々に負けたりする本場所を、報道関係がこのように表現する。また、勝負判定の難しいきわどい相撲が何番かあって、物言いや取り直しが多い本場所も同様にいわれる。

**【〜に詰まる】** 相手に攻められて後退し、土俵際に追い詰められた状態をいう。

**【〜を切る】** 稽古の申し合いで、先の勝負がついていないうちに他の力士が土俵に入った場合に、土俵の外に出るようにと促す言葉。そのような場合には、師匠や先輩力士から「土俵を切れ」と注意される。

**【〜を取る】** 稽古で土俵に上がる順番を決めること。または、稽古の土俵を確保すること。

**【〜を割る】** 相手の押しや突き、寄りなどによって、土俵の外に足または体の一部が出て負けること。「俵を割る」ともいう。相手の投げ技で土俵の外に横転するような場合にはいわない。

**どひょうあずかり【土俵預かり】** 大正時代まで勝負判定の一つに預かりがあったが、その預かりには「丸預かり」「隠れ星」「土俵預かり」の三種があった。土俵預かりは、その場の体裁をつくろったり行司差し違えによるもので、勝負附や星取表に○と●とに分けて記されたり、給金昇給の面で勝敗は明らかにされた。→〔預かり〕

**どひょういり【土俵入り】** 観客の前に力士が勢ぞろいして顔見せをすること。力士は化粧廻しを着け、呼出の柝《き》を合図に行司が先導して土俵に上がる。

本場所では、幕下上位五番の前に十枚目土俵入り、中入で幕内土俵入りと横綱土俵入りが行われる。横綱は、太刀持ち・露払いを従えて行うが、幕内と十枚目の土俵入りは、「塵浄水《ちりちょうず》」「三段構え」「四股」を簡略化した所作で行う。また、巡業や花相撲でも土俵入りが行われる。→〔十枚目土俵入り〕〔幕内土俵入り〕〔横綱土俵入り〕

**どひょうきてい【土俵規定】** 『日本相撲協会寄附行為施行細則　附属規定』に定められた『相撲規則』（昭和三〇年〈一九五五〉五月八日施行）のうちの一つ。前文で「相撲競技は、土俵内（競技場）で競技者の力士が二人で勝負を争う個人競技である。競技場は、土俵をもって作られているので、相撲競技における競技場を土俵という」と土俵を規定して、土俵の大きさ、形、仕切り線、各種の寸法、その他付属の装飾などについて、以下の一一ヵ条によって規定している。

第一条　練習場としての土俵は、平面に小俵《こだわら》を直径四メートル五五の円として埋めるが、公開の土俵は、三四センチから六〇センチの高さで、一辺を六メートル七〇とした台形に土を盛り、中に直径四メートル五五の円を小俵をもって作る。

第二条　小俵は、六分を土中に埋め、四分を地上に出す。土俵は荒木田《あらきだ》をもってつきかため、四股を踏んでも足跡がつかない堅さにして、砂を入れる。

第三条　土俵の正方形の土を盛り上げるとき、四方を土俵で積む

土俵築が終わり、完成して初日を待つばかりの土俵。

こともあるが、本場所では、小俵をもって一辺に七俵ずつ、各角に一俵を埋める。競技の境界を示す円の小俵は、徳俵四俵とその間に各四俵ずつで、二〇俵となる。

第四条　円の小俵の外に二五センチほどの幅をもって砂を敷き、踏み越し、踏み切り等を判明しやすくする。これを蛇の目という。

第五条　円内と円外の境界線は、俵の外線である。この円内において競技を行う。

第六条　四つの徳俵は円外にあるが、その外線をもって境とする。

第七条　土俵中央に七〇センチの間隔において、白線を引く。（昭和四五年四月二四日一部改正）

第八条　土俵には水、紙、塩を備える。

第九条　土俵の正面を定め、正面から土俵に向かって左を東、右を西として、東西力士の控え溜まりを定め、正面の反対側を行司溜まりとする。

第十条　土俵には屋根を吊るし、水引幕を張り、四方に正面東から順次各角に青、赤、白、黒の房を吊るす。室外の土俵には四本柱を使用することもある。

第十一条　土俵が構築されると、土俵祭を行ってから競技を行う。

→〔土俵①②〕〔口絵・土俵俯瞰図〕

**どひょうぎわ【土俵際】** 円形に埋められた勝負土俵のすぐ内側から、勝負俵や徳俵の上にかかるあたりのこと。ここが勝負の決する重要な場所となり、「土俵際で残す」「土俵際でうっちゃる」などと表現される。一般にも、後がない状況を「土俵際」と表現する。

→〔小俵《こだわら》〕〔勝負俵〕〔徳俵〕

**どひょうだまり【土俵溜まり／土俵溜】** 土俵のすぐ下の、審判委員、控え力士、控え行司などが座るところ。略して「溜まり」ともいわれる。「正面溜まり」「行司溜まり」などと個別に呼ばれる部分の総称である。

**どひょうつき【土俵築】** 協会の『寄附行為施行細則　附属規定』の『相撲規則　土俵規定』に従った寸法や仕様で、呼出が土俵を造ること。呼出が全員で作業して、相撲の舞台として美しく見栄えよく仕上げる。

本場所の土俵築は、東京本場所の国技館では前々場所で使用した土俵の土台を残し、表面から二〇センチほどを削って打ち返す。場所前に三日間かけて行われ、新しく入れる荒木田《あらきだ》（土）は八トンほどになる。地方本場所では本場所終了後に土俵を撤去するため、本場所ごとに土台からすべて新しく造られる。

また、巡業や部屋の稽古土俵についても土俵築は行われる。

**どひょうつきのどうぐ【土俵築の道具】** 土俵を造るときに用いられる道具には、次のようなものがある。

**【くわ】** 古い土を掘り崩したりかき寄せる起こしぐわ、じょれん（鋤簾）のほか、小俵《こだわら》を埋める溝を掘る専用ぐわ（刃幅約一三・七センチ、小俵の直径に合わせて作られている）を用いる。

**【五寸釘】** 勝負土俵の直径四・五五メートルの円周を描く際に、コンパスの芯の代用にする。また、斜面に水吐き口や上がり段を作る際、土の表面に削り取る部分の当たり線を描く。

**【たこ】** 持ち上げては下に落とし

大たたきを用いて土俵に盛った土をならし固める呼出たち。

て、土を突き固める。二人で持ち上げる大たこと、一人で使う小たこがある。土に当たる部分をタコの頭、手に持つ部分をタコの足に見たてて、この名がある。

【たたき】土俵をたたいて固める。頭上に振り上げて打ち下ろし、台形の上面を固める大たたきと、台形の斜面をまんべんなくたたいて固める小たたきとがある。小たたきでていねいにたたく作業を「千本づき」という。土俵の土が乾燥して表面にひび割れができたときも、これらでたたいて修復する。

【突き棒】小俵を掘った溝に入れてから、まわりの土を突き固める。大突き棒と小突き棒がある。

【トンボ】たこやたたきを使用する前に、土俵の表面をあらかじめ平らにかきならす。「ならし」「かき」ともいう。

【ビールびん】土を詰めた小俵をたたいて成形する。小俵は断面を真円でなくやや涙形に作るので、ビールびんが微妙な成形に有効。海外公演の際、外国のビールびんは割れやすいので、日本から数本持参している。

以上のほか、縄、剣スコップ、角スコップ、巻き尺、折り尺、ナイフ、小刀などが使われる。

**どひょうのへんせん【土俵の変遷】** 歴史的に土俵の形態を記した正確な史料はごく少なく、わずかに残された絵図や相撲絵などから推測できるにすぎない。

江戸時代初期にはまだ土俵はなく、「人方屋《ひとかたや》」といって人垣の中で相撲を取っていた。土俵が登場するのは一七世紀後半のことである。当初は五斗俵を並べて勝負の境界線としていたが、その後、俵は細くなり、六分くらいを土に埋め、現在のような土を盛った土俵が造られるようになった。

初期の土俵は、四角に作られたものもあったが、一八世紀中ごろには円形のものが主流となった。円は一重であったが、その後、相撲技術の発展に伴い、踏み越しなどを見やすくするために「二重土俵（一三尺土俵）」が考えられた。これは、内側に一六俵で直径一三尺（三・九四メートル）の円を、外側に二〇俵で一五尺（四・五五メートル）の円を作り、間に砂を敷いた土俵であった。現在もいう「蛇の目の砂」はその名残である。

二重土俵は江戸時代から昭和初期まで続いたが、昭和六年（一九三一）四月の天覧相撲の際に、内側の土俵を取り払い、外側のみの一重の「一五尺土俵」とされ、現在に至っている。

なお、昭和二〇年秋場所で、一尺（約三〇・三センチ）広げた「一六尺土俵（直径四・八五メートル）」が使われた。ところが、力士の評判が悪く、一場所限りで翌場所は元の一五尺に戻された。→〔四角土俵〕〔蛇の目〕〔進駐軍慰安大相撲〕〔二重土俵〕〔人方屋〕

**どひょうびらき【土俵開き】** 相撲部屋の創設、移転などで新しい土俵ができたときの行事。土俵祭、横綱土俵入りを行ったりして土俵の新設を祝う。特に年寄が独立して相撲部屋を興したときは「部屋開き（「部屋落成式」ともいう）」といって、関係者や地域の人々を招いて盛大に土俵開きを行う場合が多い。

また、各部屋で土俵の俵を新しいものに替えたり、地方本場所の宿舎に土俵を造ったときにも行う。

江戸時代の上覧相撲で行われた土俵祭。

**どひょうまつり【土俵祭】** 本場所の初日の前日に、会場となる土俵で必ず執り行われる儀式のこと。

「方屋開《かたやびら》き」ともいう。

円形の土俵内に、正面に三本、東西に二本ずつ、計七本の幣を立てて三方を囲み、右手には榊が飾られる。その中央にござを敷いて祭壇を設け、二基の三方を置いて献酒の瓶子《へいし》と清めの塩などが載せられる。この祭壇で、祭王をつとめる神官装束の立行司が脇行司二名を従え、五穀豊穣、国家平安、土俵の無事を祈願する。理事長および審判部長以下の審判委員と行司が参列する。

幣を立てめぐらした祭壇に向かい、脇行司で祓う。

式次第は進行係の口上と立呼出が入れる柝《き》に従って進められる。順に、脇行司による「祝詞《のりと》奏上」と「清祓《きよはら》いの儀」（「修祓《しゅうばつ》」ともいう）、本場所の無事平安を祈る立行司の「祭主祝詞奏上」、続いて、祭主は座したまま脇行司が土俵に上がって東西の四本の幣を土俵の四隅に置く「祭幣」、土俵の四隅のあげ俵へ左・右・中の順で「献酒」、祭主が故実言上《こじつごんじょう》をする「方屋開口《かたやかいこう》」、立行司と脇行司全員で土俵中央に「鎮《しず》め物《もの》」を納め、祭主が向正面・西・正面・東の順に徳俵に「献酒」（このときも俵に対し左・右・中の順）、脇行司が理事長・審判部長・副部長・審判委員に「献酒」、最後に東花道から呼出による太鼓二基の「触れ太鼓土俵三周」で終わる。

土俵中央に祭主が鎮め物を納め、献酒をする。

土俵祭の最後に呼出の打つ太鼓が土俵下を三周し、そのまま街に触れに出ていく。

また、各部屋の土俵開きでも土俵祭を行う。→〔方屋開口〕〔鎮め物〕〔触れ太鼓〕

**どぶ** 「記者席」の通称。席に備えられた取材用の机の下が、足を入れられるように掘り下げられてあり、その部分を「どぶ」に見立てたといわれる。→〔記者席〕

**とみおかはちまんぐう【富岡八幡宮】** 東京都江東区富岡にあり、「深川八幡」とも通称される。

慶安元年（一六四八）以来幕府に禁じられていた江戸の勧進相撲は、貞享元年（一六八四）に雷《いかずち》権太夫が寺社奉行に願い出て興行を許可され、復活して最初の興行地がこの境内であった。宝暦七年（一七五七）以降の記録に残るだけでも二八場所がここで興行された。

境内には、「横綱力士碑」（歴代横綱の名を刻んだ記念碑）、「相撲横綱由来記」、「超五十連勝力士碑」（五〇連勝以上した横綱の名を刻む。第四代横綱・谷風／六三連勝、第一五代横綱・梅ヶ谷／五八連勝、第二二代横綱・太刀山／五六連勝、第三五代横綱・双葉山／六九連勝、第五八代横綱・千代の富士／五三連勝、第六九代横綱・白鵬／六三連勝）、「大関力士碑」（看板大関を除き、横綱に昇進した大関と歴代大関名を刻む）、「強豪関脇力士碑」（最高位が関脇で特に優れた力士の顕彰碑）、「巨人力士身長碑」、「釈迦ヶ嶽等身碑」（実弟が建立した記念碑）などがある。

現在地は、東京都江東区富岡一―二〇―一三。最寄り下車駅は都営地下鉄大江戸線「門前仲町」、または営団地下鉄東西線「門前仲町」。→〔江戸相撲〕〔巨人力士〕〔横綱力士碑〕

**とめばさみ【止めばさみ】** 力士の現役引退を象徴する断髪式で、参会者が少しずつはさみを入れ、最後に師匠が大銀杏《おおいちょう》に結った髷の大たぶさを切り離すためにはさみを入れることをいう。→〔断髪式〕

**ともえせん【巴戦】** 本場所で、幕内および各段の最高成績に同点者が三人いる場合に行われる優勝決定戦のこと。

巴戦になると、三力士が土俵下で最初の対戦相手を決めるくじを引く。三枚のくじにはそれぞれ「東一」「西一」「〇」と書かれてあり、「東一」と「西一」が最初に対戦し、次にその勝者と「〇」とが対戦する。ここで最初の勝者が「〇」に勝てば優勝となる。二番目の対戦で「〇」が勝者となった場合は、さらに「東一」「西一」の敗者と対戦する。したがって、一人が連勝しない限り、敗者復活戦の形が繰り返されることになる。

なお、同点者が五人（一人が不戦勝の形になる）、六人の場合は、二人ずつ決定戦を行って最後が巴戦になる。同点者が四人、七人（一人が不戦勝の形になる）、八人の場合は、二人ずつ決定戦を行って最後に残った二人の優勝決定戦になるので、巴戦にはならない。→〔優勝決定戦〕

**ともづな【友綱】** 年寄名跡の一つ。初代は安永八年（一七七九）に現役中に年寄となった関脇・友綱良助。元関脇・魁輝が襲名継承し、部屋を運営していた。現在は、元関脇・旭天鵬が継承。

**とやまこくぎかん【富山国技館】** →〔その他の国技館〕

**とよくにいなり【豊国稲荷】** 明治四二年（一九〇九）の旧両国国技館落成の折に、相撲茶屋（現国技館サービス株式会社）が商売繁盛を祈って祭祀した稲荷社。正式には「豊国稲荷大明神」という。現在は国技館の正面左手に移され、協会が祭祀した出世稲荷大明神と並んで祭られている。

**とりくち【取り口】** 相撲の取り方のこと。狭い意味では、技を指すこともある。立ち合いから押して出るか突っ張ってゆくか、あるいは組むかなど、組んだら寄るか投げるか、あるいは足技にゆくかなど、力士個々がしばしば見せる典型的な取り方や技のことをいう。

**とりくみ【取組】** 対戦する力士の組み合わせのこと。対戦そのものを指すこともある。「割《わり》」ともいう。

**とりくみせいど【取組制度】** 本場所で対戦する力士の組み合わせを決める取組制度は、数度の変遷を経ている。江戸時代から、全力士が東と西に分かれ、東方どうし西方どうしは対戦せずに、東西対抗の団体戦で相撲競技をする「東西制」が行われていた。

これが昭和七年（一九三二）一月の春秋園《しゅんじゅうえん》事件で中断し、部屋が異なっても同じ一門の力士どうしは対戦しないとした「一門系統別部屋総当たり制」となった。ところが、出羽海部屋に幕内力士が大勢誕生して一門系統別の取組編成が難しくなり、同一五年春場所には東西制を復活させた。

戦後は昭和二二年秋場所から一門系統別を復活させ、同四〇年一月以降、同じ部屋の力士どうしは対戦しないとして対戦相手の範囲を広げた「部屋別総当たり制」に改められて、現在に至っている。

〈取組制度の変遷〉

江戸時代～昭和六年一〇月
　東西制
昭和七年二月より
　一門系統別部屋総当たり制
昭和一五年一月
　東西制復活
昭和二二年一一月
　一門系統別部屋総当たり制
昭和四〇年一月
　一門系統別部屋総当たり制廃止、部屋別総当たり制実施

→〔一門系統別部屋総当たり制〕〔東西制〕〔部屋別総当たり制〕

**とりくみひょう【取組表】** その日の序ノ口以上の全取組を記載した一覧表。現在、A3判の印刷物にして入場者に配布されている。その裏側には幕下一五枚目以上の前日までの星取表が載っている。

　この取組表を「大割《おおわり》」と別称することがあるが、関係者のみに配布される幕内のみの取組表を「小《こ》割《わり》」というので、大割はそれと区別する言葉である。→〔巻き〕

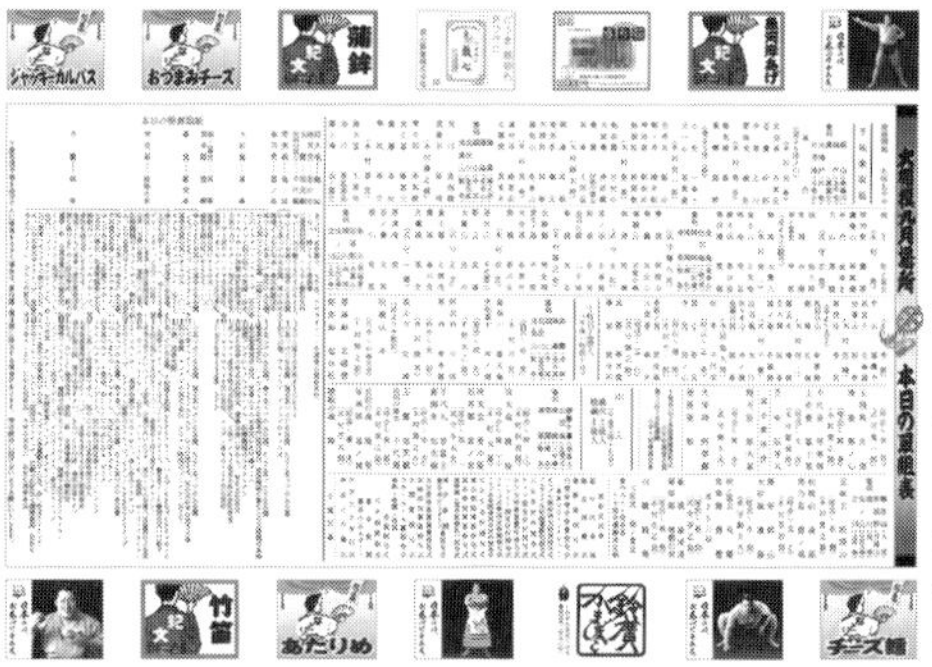

観客に配られる「本日の取組表」

**とりくみへんせいかいぎ【取組編成会議】** 本場所の取組を作成する会議。審判部の部長・副部長と審判委員で構成され、副理事および書記としての行司が同席する。取組編成は、相撲協会の『寄附行為施行細則　附属規定』にある『取組編成要領』にのっとって行われる。

　本場所初日と二日目の取組は初日の二日前に、三日目からの取組は前日に編成される。平成一一年（一九九九）一月より、千秋楽の取組は一四日目中入後の前半終了後に編成されることとなった。→〔取組編成要領〕

**とりくみへんせいようりょう【取組編成要領】**『日本相撲協会寄附行為施行細則　附属規定』に定められたもので、昭和四六年（一九七一）七月に施行された。『取組編成要領』は、以下の九ヵ条から成る。

第一条　本場所相撲の取組は、取組編成会議において作成する。

第二条　取組編成会議は、審判部の部長、委員をもって組織する。監事は、取組編成会議に同席するものとする。

第三条　取組編成会議には、書記として行司を出席させることができる。

　ただし、発言することはできない。

第四条　取組は、当分の間、相撲部屋別総当たりにより編成するものとする。

第五条　取組は、本場所の初日の二日前に初日、二日目の取組を、その後は前日に取組を編成し、発表するものとする。

第六条　取組は、段階別に番付順位により編成することを原則とする。

　ただし、下位の力士をその成績により横綱、大関と取り組ませることができるものとする。

第七条　上の段階の力士に欠場者のあった場合は、下の段階の力士をその成績により上の段階の力士と取り組ませることができるものとする。

第八条　病気、けが等により欠場する力士が生じた場合、相撲部屋の師匠は即刻その旨を審判部長に届け出なければならない。

第九条　欠場力士があった場合、審判部長は取組編成会議にその旨を報告し、取組編成を行うものとする。
　ただし、欠場者の届け出が取組編成終了後の場合は、直ちに取組編成会議を開き改めて取組編成を行うものとする。
→〔休場届〕

**とりこぼし【取りこぼし】**　番付の地位や実力に差があって、順当にいけば勝てるはずと思われた下位力士に負けること。

**とりごま**　毛髪の量の少ない力士が、他の力士から中剃《なかぞ》りした髪の毛を分けてもらい、自分の髪の中に付け足すこと。床山の用語である。

**とりごま**　相撲界独特の表現で、順次に清算する予定で、物品や金銭をとりあえず借りておくこと。このようにすることを「とりごま決める」という。

**とりしまり【取締】**　東京相撲および東西合併以降の相撲協会の役職名。年寄の最上位で、事務の総監督、土俵の勝負判定などを担当した。明治一六年（一八八三）五月の番付に初めて記され、このころに、それまで会所の最上位であった「筆頭《ふでがしら》」を「取締」に改めたものと思われる。同一九年一月、『角觝《すもう》営業内規則』を『角觝仲間申合規則』に改正、取締の職務も定められた。
　その後、相撲協会の組織改変により取締の地位も変わったが、昭和四三年（一九六八）二月まで役職として存在した。→〔会所〕〔筆頭〕

**とりてき【取的】**　幕下以下力士の俗称であるが、主に序二段以下の力士を指していう。

**とりなおし【取り直し】**　取組後の行司の判定に物言いがついて、審判委員の協議の結果、改めて両力士を立ち合わせること。両力士の倒れ方、一方の踏み切り手つきと一方の倒れ方などが同体あるいは同時と判定された場合には、審判長が協議の経緯を説明した後、その場で取り直しとなる。また、水入りを二回繰り返しても勝負がつかない場合に、二番後に改めて両力士を立ち合わせること。後者の場合は、行司が「双方とも取り疲れましたるゆえ、二番後取り直しにござります」と口上を述べる。現在は二番後取り直しで決着しなければ引き分けとなる。
　大正一四年（一九二五）一一月に引き分け・預かりが廃止されて、取り直し制度に改められた。このときは、痛み分け以外で勝負が決まらない取組は二番後取り直しとなり、それで勝負がつかなければ後日に当日の割《わり》以外に取り直しの取組をした。昭和三年（一九二八）五月には二番後取り直しを廃止して、勝負がつくまで何時間でも取ることになった。現在はこのようなことはない。→〔痛み分け〕〔同体〕〔引き分け〕〔水入り〕

**とりび【取り日】**　主に幕下二段目以下の力士について、本場所の土俵で相撲を取る日をいう。十枚目以上の力士は本場所一五日間を毎日取らなければならないが、幕下二段目以下の力士は一五日間中に七日取ればよい。その取り日は、一日おきになったり二日連続したりする。

**とりまわし【取り廻し】**　これは通称で、正式には「締込《しめこみ》」という。
→〔締込〕

**とる【取る】**　①相撲は「行う、する」の意味で「相撲を取る」と表現する。「関取」「取組」「取り直し」なども「取る」からきている。『古事記』（奈良時代初期に編纂）にも「われまずその御手を取らむ」という記述がある。
　しかし、「相撲を取る」の意味で『曾我物語』（作者不詳／鎌倉時代後期～室町時代初期に成立）には「相撲掛け」があり、歌舞伎には「相撲遣い」があるので、古くは「取る」以外の表現があったと思われる。
②相手の廻しをつかむことを「廻

しを取る」という。

**どろぎ【泥着】** 部屋での稽古の後や巡業先などで、力士が廻しをつけたまま体にはおる浴衣のこと。古くなった浴衣を用いて、体についた稽古の汗や砂などを気にせずにはおったところから、この名称で呼ばれるようになった。

**トンネル** 連戦連敗で、星取表に黒星が並ぶ状態の表現。「トンネルを出る」といえば、白星をあげて連敗を脱することである。

**とんぱち【トン鉢】** 相撲界独特の表現で、常識外れなことをする人。または、先見の明がない人、勘が悪い人を指していう。複眼のトンボでも眼に鉢巻きをされては何も見えないという意味で、元来は「トンボに鉢巻きを締めた」といったが、それが短縮された言葉。

# な行

……な……

**ないき**【内規】『日本相撲協会寄附行為』や同『施行細則』などに特に定められていないが、協会内部の取り決めとして確認されている事項をいう。例えば、歴代横綱について「同時に横綱昇進したときは、先に引退したほうを前の代数とする」があり、また「幕下一五枚目以内で全勝すれば、翌場所は十枚目に昇進する」などが内規としてあるが、あくまでも内規であり実施されないこともある。

**ナイターこうぎょう**【ナイター興行】戦後、本場所の興行を通常より開始時間を遅らせて行ったことが二回ほどあり、「ナイター興行」といわれた。昭和二六年（一九五一）五月の夏場所は、午後四時四〇分幕内土俵入り、打ち出し午後七時三〇分で行われた。このときは比較的好評であった。

しかし、同三〇年九月の秋場所で、中入午後六時、打ち出し午後八時として再度行ったときには不評であった。勤労者も相撲観戦が楽しめるようにと企画され、新聞・雑誌の報道関係も後押ししたが、当時は街頭テレビの時代であったため、外でテレビを見る子どもの帰宅が遅くなるとの反対の声が多かったという。また、場所入りする力士たちの調整も難しかったので、この場所限りでナイター興行は終わった。

**なかあらため**【中改】江戸時代の勧進相撲で、物言いがついた相撲などを判定した役職の名称。四本柱を背にして座ったので「四本柱」とも通称された。現在の審判委員にあたる。中改は天明年間（一七八一～一八〇八）よりおかれたが、明治一一年（一八七八）制定の『角觝《すもう》営業内規則』を同一九年一月に『角觝仲間申合《なかまもうしあわせ》規則』として改正したときに「勝負検査役」が定められ、中改は廃止された。→〔勝負検査役〕〔審判委員〕

**なかいり**【中入】十枚目の取組が終わり、幕内の取組が開始されるまでの、取組の行われない時間のことをいう。通常、この間に幕内土俵入りと横綱土俵入り、審判交替が行われる。また、立行司または三役行司により「顔触れ言上」と呼ぶ翌日の取組披露が行われるが、これは毎日行われるわけではない。→〔顔触れ〕〔審判交替〕

**なかいりのふれ**【中入の触れ】本場所で十枚目最後の取組前に、行司が場内に触れる口上のこと。両力士のしこ名を二回ずつ呼び上げた後、「この相撲一番にて中入」と触れる。

**なかがわ**【中川】年寄名跡の一つ。初代は貞享元年（一六八四）の相撲仲間一五名のひとりにあげられている中川浅之助。現在は、元前頭一四枚目・旭里が襲名継承、部屋を経営している。

**ながし**【流し】興行の前日に相撲の開催と取組を触れたのに雨が降って当日の相撲が中止となった場合、順延となった翌日の開催を知らせるだけの太鼓を打って流した

幕末のころの錦絵（二代国貞画）。四本柱を背に勝負を検分する中改。

ことをいう。翌日も前日に触れた取組と同じであるから、触れを繰り返す必要はなかった。「流し太鼓」は俗称で、正式な用語ではない。→〔触れ〕〔触れ太鼓〕

**ながせえちご【長瀬越後】** 南部相撲の行司の名。享保一七年（一七三二）六月に南部相撲が京都で興行をしたとき、行司の長瀬善太郎は関白一条家から「越後」（行司名）の名を許され、長瀬越後と名乗って南部藩（現在の岩手県）の相撲行司となり、相撲の古式を守り四角土俵を用いたと伝えられる。

昭和初期まで続いた南部相撲で、長瀬家は行司として中心的な役割を果たした。→〔行司の歴史〕〔南部相撲〕

**なかぞり【中剃り】** 毛髪の多い関取の場合に、大銀杏《おおいちょう》を結う前にあらかじめ頭頂部の中央を円形にそっておくこと。中剃りをしておくと、形よくきれいに結える。かみそりでそるのが本来であるが、かみそりを怖がる力士や、髪の毛が特に多い力士の場合は、そらずにバリカンを当てることもある。引退が近くなると、断髪に備えて中剃りをしなくなる力士が多い。→〔大銀杏〕

**なかだち【中立】** 年寄名跡の一つ。初代は宝永五年（一七〇八）に差《さし》添《ぞえ》をつとめたとされる行司・九重庄之助で、後に中立庄之助と改名した。現在は、元小結・小城錦が襲名継承している。

**なかび【中日】** 本場所一五日間興行で真ん中の日、つまり八日目のこと。報道関係では、この日を中心に「前半戦、後半戦」と分けて呼ぶことがある。

**なかむら【中村】** 年寄名跡の一つ。明治二一年（一八八八）に大阪相撲で分裂問題が生じたとき、脱退組を頭取として支援した中村芝吉が初代である。昭和二年（一九二七）の東西合併の際に大阪の頭取から東京の年寄に加えられた。元関脇・富士櫻が部屋を運営していたが停年となった。現在は、元前

頭二枚目・佐田の富士が襲名継承している。→〔廣角組〕〔副理事〕

**なかむらろうじけん【中村楼事件】** 明治二九年（一八九六）一月、東京相撲の取締、高砂浦五郎の専制に大関・大戸平ら西方力士たちが反発した事件の通称。この事件による協会と力士たちとの和解が両国・中村楼で行われたため、このように呼ばれている。

明治初期から相撲の改革を志して、江戸時代からの相撲会所を「東京大角觝《おおずもう》協会」として改組するなど努力してきた高砂であったが、権力が大きくなるに伴って独断専行も目につくようになった。しかし、高砂は明治二六年六月に永世取締に推薦された。

だが、当時の有力力士は高砂系だったために依然として専横が残り、明治二八年夏場所中の西ノ海—鳳凰戦での高砂の傍若無人な言動がそれまでの積憤を爆発させる引きがねとなり、翌二九年一月に西方三三名の力士によって高砂排撃の檄告書が提示される始末となった。

同年二月に協会は『東京大角觝協会申合規約』を改正して改善を示し、力士たちと和解した。→〔東京大角觝協会申合規約〕

**なげ【投げ】** 腰の回転を利用して、相手をその場に倒そうとする体の動きのこと。また、その動きによって決まる投げ手（投げ技）のこと。

**【〜を打つ】** 投げ手を使うこと。相撲では「投げ」は「打つ」と表現する。

**なげあし【投げ足】** 土俵上で投げ技がきれいに決まったり、土俵際で勢い余った体が土俵下に飛んだり、体が大きく宙に浮いて遠方に落下するような場合に、足が投げだされたようになること。また、その状態になった足のこと。

**なげて【投げ手】** 腰をひねって相手を投げる技のこと。「投げ技」ともいう。決まり手八二手のうち、投げ手には以下の一三手がある。上手投げ、下手投げ、小手投げ、掬《すく》い投げ、上手出し投げ、下手出し投げ、腰投げ、首投げ、一本背負い、二丁投げ、櫓《やぐら》投げ、掛け投げ、つかみ投げ。→〔決まり手／決まり手八二手〕

**なげはな【投げ纏頭】** ひいきにする力士が勝ったとき、客が土俵に羽織や煙草《たばこ》入れを投げ入れて祝儀としたこと。江戸時代から明治時代までの習慣で、これらを呼出が拾って力士に届け、力士の付け人が投げ主に届けると代わりに祝儀をくれた。羽織などに投げ主の名前が書いてあったという。明治四二年（一九〇九）六月に開設された旧両国国技館の本場所から、投げ纏頭は禁止された。

**なげわざ【投げ技】**「投げ手」の別称。→〔投げ手〕

**なごやこくぎかん【名古屋国技館】** →〔その他の国技館〕

**なごやばしょ【名古屋場所】** ①毎年七月に名古屋で開催されている本場所のことを指す俗称。正式には「七月場所」という。昭和三三年（一九五八）七月から名古屋開催が初めて本場所となったが、当時の会場の金山体育館には冷房設備がなく、「熱帯場所」「南洋場所」なども俗称された。→〔金山体育館〕〔七月場所〕〔本場所〕

②昭和二年（一九二七）の東西合併から同七年まで年四場所のときがあり、その間に都合三回「名古屋場所」が開催された。

**なつばしょ【夏場所】** ①正式には「五月場所」といい、これは俗称である。→〔五月場所〕

②昭和二八年（一九五三）〜三一年の年四場所制のときに、五月の東京本場所を通称で「夏場所」といった。

**なのりごんじょうぎょうじ【名乗言上行司】** 江戸時代の上覧相撲の際に、力士のしこ名を呼び上げる役目を担った行司を特に「名乗言上行司」と称した。「名乗《なのり》」「名乗上げ」などともいった。→〔呼出〕

**なまくらよつ【なまくら四つ】** →

な

〔四つ／なまくら四つ〕

**なると**【鳴戸】 年寄名跡の一つ。初代は宝暦五年（一七五五）に勧進元で名が残る鳴戸沖右衛門。元横綱・隆の里が襲名継承し、鳴戸部屋を運営しながら協会委員をつとめていたが急逝。現在、元大関・琴欧州が継承。→〔隆の里俊英〕

**なんぶずもう**【南部相撲】 昭和初期まで南部地方（現在の岩手県）で行われていた、四角い土俵を特徴とする相撲のこと。四角い土俵は「南部の四角土俵」「角芝《かくしば》」などと呼ばれた。

南部相撲の行司は慶長年間（一五九六～一六一五）の岩井播磨に始まるが、万治二年（一六五九）にはその弟子にあたる生方治郎兵衛が南部家に召し抱えられ、その後、享保一七年（一七三二）の京都における南部相撲の興行のときに一条家（一条兼香）から「越後」の名乗りを許された長瀬家がつとめた。行司は南部家に代々召し抱えられ、その保護を受けて、岩井播磨が伝えた遺風を守り続けた。そのため、四角土俵のほかにも他に見られない特徴があった。

『甲子夜話』（松浦静山／文政五年〈一八二二〉）に、「奥州南部は相撲の土俵を円形にせず、方形に置いてその角角に四本柱を建つ。行司も常の上下は着せず、能狂言にきまる太郎冠者の上下と同制なるを腰の帯まで着す、ただし麻にはあらず緞子《どんす》錦など華麗なるを用ゆ」、「大関、関脇をとる者は銘々刀を持て土俵の傍《かたわ》らまで行ってそれより角力《すもう》すと。皆常と異なり」とある。→〔岩井播磨〕〔四角土俵〕〔長瀬越後〕

## ……に……

**にくわれ**【肉割れ】 力士がしだいに太り、特に腹の肌が割れたように見えることをいう。力士によって異なるが、皮膚が部分的に線を引いたように薄くなり、その部分が光っているように見える。一般に力士が大きく強くなっていくこ

『江戸両国回向院大相撲之図』（国郷画・部分）。桟敷客が羽織などを投げ纏頭にする。

な

南部相撲取組の絵図。四角土俵が見られる。

との証明である。

肉割れすることを相撲界独特の表現で「ナマズが走る」という。

**にげる【逃げる】** 立ち合いのときに正面から当たらず、左右いずれかの方向に自分の位置を変えて相手の突進を避けること。「横に逃げる」ともいう。「変わる」は立ち合いと攻防の両場面でいわれるが、「逃げる」は立ち合いだけのことである。→〔変わる〕

**にし【西】** ①土俵の位置関係で白房と黒房の間。正面から見て右手になる。土俵下に控え溜まりが定められ、西方の控え力士が座る。②番付表で左半分の最上段に書かれる文字。この下にしこ名を記載された力士が西方になる。

**にしいわ【西岩】** 年寄名跡の一つ。明治二一年（一八八八）に大阪相撲を脱退して「広角組」に加入した関の戸清蔵が同二三年に岩友清太夫と改名、同二八年の和解時に頭取として復帰したが、もともとあった岩友と併存したので通称「西岩友」と呼ばれ、のち西岩となった。昭和一七年（一九四二）に東京の年寄に加えられた。現在、元関脇・若の里が継承。

**にしかた【西方】** ①番付上では、左半分に西方力士のしこ名が書かれる。現在は西方の力士は同じ地位（枚数）であれば東方より下位とされる。→〔西②〕②土俵における西のこと。正面から見て右側になる。→〔西①〕

**にしきじま【錦島】** 年寄名跡の一つ。初代は宝暦七年（一七五七）一〇月の番付に名が残る五段目・錦島三太夫と伝わる。現在、元関脇・朝赤龍が継承。

**にしきど【錦戸】** 年寄名跡の一つ。初代は弘化二年（一八四五）一一月に錦戸段右衛門を襲名した幕下二段目・総ヶ関荒五郎。現在は、元関脇・水戸泉が襲名継承し、錦戸部屋を運営している。

**にじぐち【二字口】** 控え力士が呼出に呼ばれて土俵に上がる際に、上がり段から最初に上がったあたりの、徳俵のある場所をいう。土俵に上がった力士は、まず、二字口で蹲踞《そんきょ》の姿勢をとる。昭和六年（一九三一）一月場所まで使用された二重土俵のときに、二本並んだ徳俵が二の字に見えたことに由来する名称である。

第一六代横綱・西ノ海嘉治郎（初代）

**にしにほんがくせいすもうれんめい【西日本学生相撲連盟】** 大正一四年（一九二五）に関西学生相撲連盟として創立、昭和二一年（一九四六）五月に現名称に変更された。日本相撲連盟に加盟し、富山・岐阜・愛知県以西の学生相撲加盟団体を統轄する。西日本学生相撲選手権大会、西日本学生相撲個人体重別選手権大会などを主催する。→〔学生相撲〕〔日本相撲連盟〕

**にしにほんじつぎょうだんすもうれんめい【西日本実業団相撲連盟】** 昭和一一年（一九三六）発足の西日本工場相撲連盟が前身といわれるが、昭和四七年にあらためて設立された。日本相撲連盟に加盟して、勤労者の健全な体力の向上と職域相撲の発展を目的としている。西日本実業団相撲選手権大会（毎年四月第四日曜日）などを主催するほか、平成一二年（二〇〇〇）より西日本選抜学生社会人新相撲《しんずもう》大会を西日本学生相撲連盟と共催している。→〔新相撲〕〔日本相撲連盟〕

**にしのうみかじろう【西ノ海嘉治郎（初代）】** 第一六代横綱。鹿児島県薩摩川内市出身。安政二年（一八五五）一月三日生まれ。本名は小園嘉次郎。京都の鯨波《ときのこえ》部屋から東京の高砂部屋。東京で初めて番付に載ったのは明治一五年（一八八二）一月幕内附出し。同二三年五月横綱免許。同二九年一月引退。身長一七六㌢・体重一二六㌔。幕内通算成績は一二二勝三六敗二四分四預、優勝相当の成績は二回。

西ノ海は、初代高砂が明治七年に名古屋で旗揚げした「改正相撲組」に加入していたため、東京会所に復帰した高砂に優遇されて幕内附出しとなった。力が強く筋骨たくましい体で相手を四つに組みとめ、相手の差し手を両腕《で》で極める〝泉川〟やそのまま土俵の外に運ぶ〝ため出し〟が得意であった。相手が極められた腕をめったに外せなかったので「泉川関」の異名で恐れられた。東京で横綱の文字が番付に記載されたのは、明治二三年五月、西ノ海が最初。

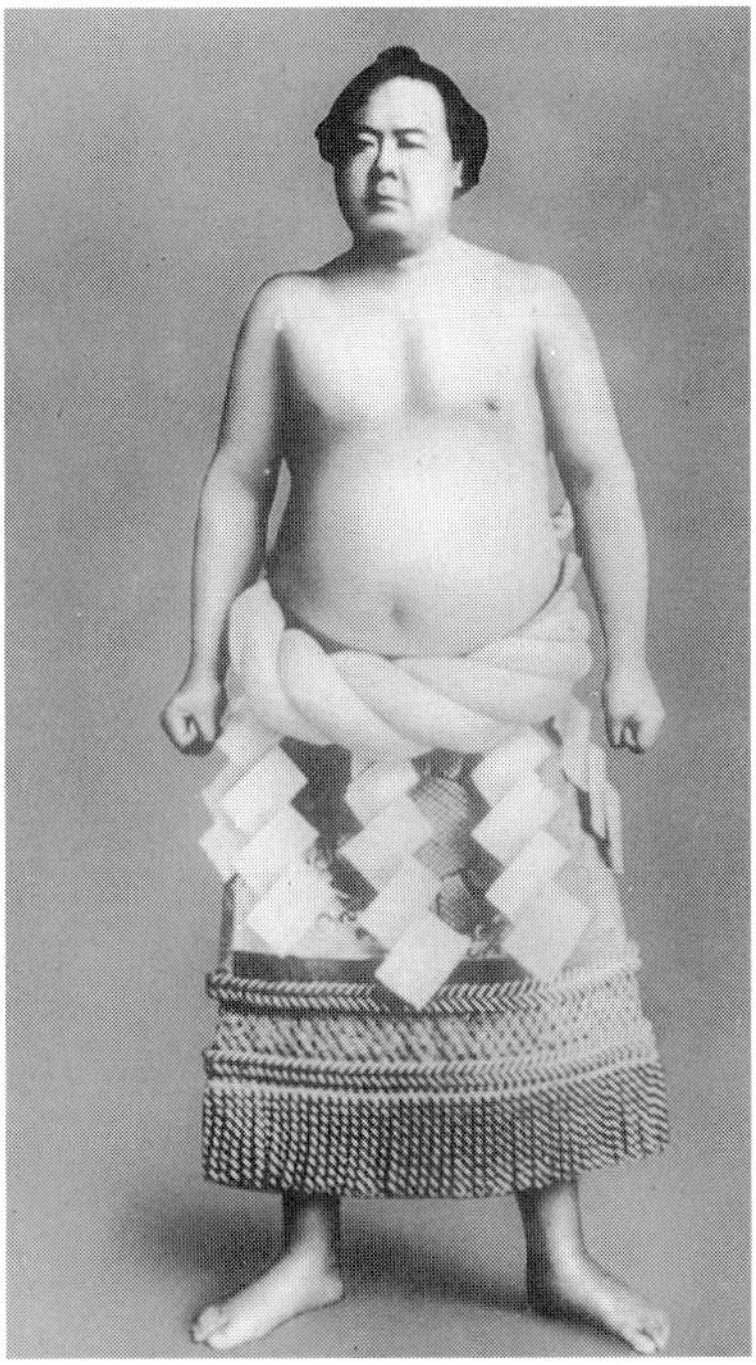
第二五代横綱・西ノ海嘉治郎（二代）

引退後は年寄井筒を襲名し、横綱・西ノ海（第二五代）、大関・駒ヶ嶽ほか多くの力士を育成して井筒部屋を発展させた。明治四一年一一月三〇日、五三歳で没。

**にしのうみかじろう【西ノ海嘉治郎（二代）】** 第二五代横綱。鹿児島県西之表市出身。明治一三年（一八八〇）二月六日生まれ。本名は牧瀬休八から近藤休八。井筒部屋から関ノ戸、再び井筒。初めて番付に載ったのは明治三三年五月序ノ口。同三八年五月新十両。同三九年五月新入幕。大正五年（一九一六）五月新横綱。同七年五月引退。身長一八五センチ・体重一三九キロ。幕内通算成績は一〇六勝三八敗二七分九預七〇休、優勝一回。

初の相撲常設館が落成した明治四二年六月場所で、錦洋のしこ名を師匠の西ノ海に改め、同時に二枚鑑札（年寄井筒）となり、翌年大関に昇進、大関を七年間一三場所つとめた。横綱昇進は三六歳で、土俵態度には堂々たる風格があったが、在位五場所で全勤は一場所のみであった。温厚な人柄を表してやや勝ちみは遅いものの、組んでも離れてもうまい相撲を取った。

引退後は検査役や取締を歴任しつつ東西合併に力を注ぎ、横綱・西ノ海（第三〇代）、大関・豊国らを育てた。昭和六年（一九三一）一月二七日、五〇歳で没。

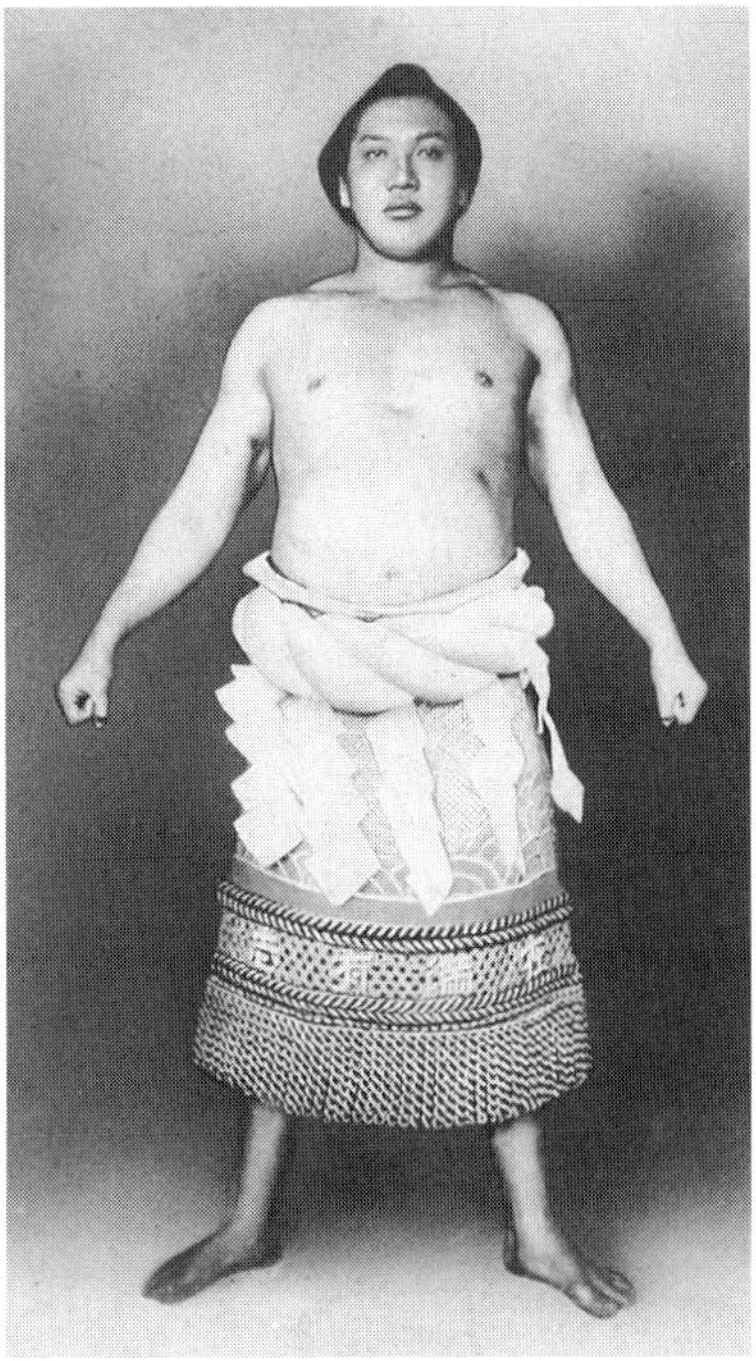
第三〇代横綱・西ノ海嘉治郎（三代）

**にしのうみかじろう【西ノ海嘉治郎（三代）】** 第三〇代横綱。鹿児島県霧島市出身。明治二三年（一八九〇）一一月二日生まれ。本名は松山伊勢助。井筒部屋。明治四三年一月初土俵。大正四年（一九一五）一月新十両。同五年一月新入幕。同一二年五月新横綱。昭和三年（一九二八）一〇月引退。身長一八三センチ・体重一一六キロ。幕内通算成績は一三四勝六〇敗二分二預一一六休、優勝一回。

横綱となって二場所目に、しこ名を源氏山大五郎から師匠の西ノ海に改めたが、同じ県出身で同名の横綱が三名も誕生したのは珍しい。そっぷ型ながら怪力で、出し

な

投げや掬《すく》い投げ、のど輪攻めを得意とし、両差《もろざ》しも名人と呼べるほどにうまかった。家出してまで入門した不屈な一面もあったが、やや慎重すぎる性格で、立ち合いを待ち切れない観客の不評を買ったこともある。晩年は負傷や病気による休場が多かった。

　引退後は年寄浅香山を襲名した。昭和八年七月二八日、四二歳で没。

**にじゅうどひょう【二重土俵】** 小《こ》俵《だわら》で作る円が二重になった土俵。いつごろから存在したかは不明であるが、昭和六年（一九三一）一月場所まで使われ、勝負は直径一三尺（約三・九四メートル）の内側の土俵で決められた。二つの円で三六俵の小俵が用いられ、「蛇の目土俵」とも呼ばれた。内側の土俵は「勝負土俵」、外側の土俵は「砂除け土俵」または「外俵」と呼ばれたこともある。

　同年四月の天覧相撲から土俵の直径が一三尺から一五尺（四・五五メートル）へと改められ、現在に至っている。→〔土俵の変遷〕

**にじゅうぼうず【二重坊主】** 相撲界独特の表現。何らかの理由でいったん髷《まげ》を切ったものの、相撲部屋に出戻りとなり、髷を結えないまま再び相撲を取る場合をいう。

**にしょのせき【二所ノ関】** 年寄名跡の一つ。初代は文化三年（一八〇六）一〇月に二所ノ関軍右衛門と改名した大関・錦木塚右衛門で、のちに南部相撲小頭をつとめた。昭和戦前戦後にかけて二所ノ関一門は繁栄をきわめた。その後、元関脇・金剛が襲名継承したが、病気退職。現在は、元大関・若嶋津の松ヶ根親方が、名跡変更で継承した。

**にだんめ【二段目】** 江戸時代から明治初期まで、番付の上から二段目に記載された幕下力士をまとめていった通称。現在はいわない。明治二二年（一八八九）五月から、二段目のうちの一〇枚目までを「前頭」と書き、十枚目（十両）と幕下の地位の差を明確にした。→〔十枚目〕〔幕下二段目〕

**にちょうなげ【二丁投げ】** 決まり手八二手の一つ。例えば、左四つに組んだら、相手の左足の膝に外側から左足をかけて、払い上げるように投げる。「二丁」は二本の足のことで、うまく決まると相手の両足がまとめて払われるので、相手の体が宙で一回転する大技である。廻しを取っていても、取っていなくてもよい。→〔決まり手〕

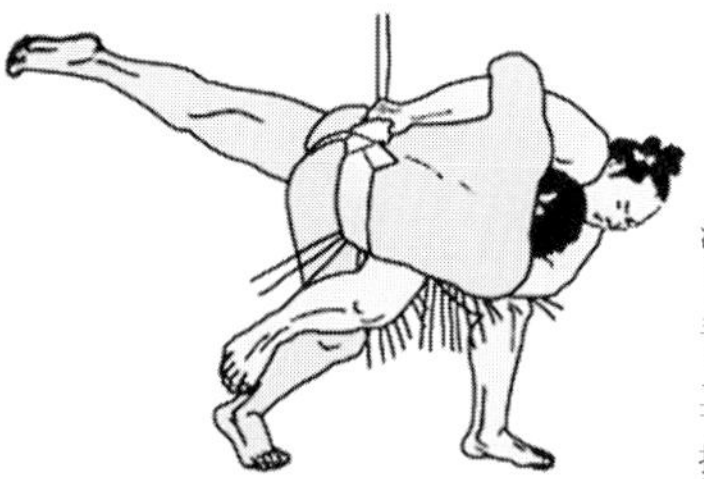

決まり手・二丁投げ

**にばんぎ【二番柝】** 取組開始の一五分前に、仕度部屋に入れて回る柝《き》のこと。→〔一番柝①〕〔柝〕

**にばんごとりなおし【二番後取り直し】** →〔取り直し〕

**にばんしゅっせ【二番出世】** 新弟子の取る前相撲で一番出世できなかった力士が、その後の場所中に三勝して、新序出世披露を受けること。新弟子が多い三月場所では、六日目～八日目までに三勝できた者が九日目に「二番出世」となり披露される。→〔一番出世〕〔新序出世披露〕

**にばんだいこ【二番太鼓】** かつて櫓の上で打たれた太鼓の一つ。夜明け前に一番太鼓が打たれ、関取の場所入りのころに二番太鼓が打たれた。二番太鼓は、関取が羽織・袴《はかま》で場所入りする姿を表現して打たれたという。しかし、夜明け前の一番太鼓が安眠妨害であるとの苦情から時間を繰り下げて打たれるようになり、現在は一番太鼓、二番太鼓と区別することはなく、「朝太鼓」と呼ばれている。→

〔朝太鼓〕〔一番太鼓〕〔櫓太鼓〕〔寄せ太鼓〕

**にほんがくせいすもうれんめい【日本学生相撲連盟】** 日本相撲連盟に加盟して、大学生の相撲を統轄し普及を図る団体。昭和一〇年（一九三五）一一月に、関東学生相撲連盟と関西学生相撲連盟が合併して設立され、大学と専門学校による学生相撲の全国統一組織として現在に至っている。全国学生相撲選手権大会、全国学生相撲個人体重別選手権大会ほかの大会を、他団体と共催して行っている。→〔学生相撲〕〔日本相撲連盟〕

**にほんざし【二本差し】**「両差《もろざ》し」の別称。→〔両差し〕

**にほんじつぎょうだんすもうれんめい【日本実業団相撲連盟】** 戦前にあった工場相撲連盟の復活を願う人々によって、昭和三四年（一九五九）五月に設立された。日本相撲連盟に加盟して、勤労者の健全な体力の向上と職域相撲の発展を目的としている。全日本実業団相撲選手権大会（毎年九月第三日曜日）などを主催している。→〔日本相撲連盟〕

**にほんすもうきょうかい【日本相撲協会】** 正式名称は「公益財団法人日本相撲協会」で、これは「公益財団法人」を略した呼称。普通は、さらに略称して「相撲協会」または「協会」と呼ばれる。→〔公益財団法人日本相撲協会〕

**にほんすもうきょうかいきふこうい【日本相撲協会寄附行為】** 財団法人日本相撲協会を運営するために制定された根本規則の名称。正式には『財団法人日本相撲協会寄附行為』、略称して『寄附行為』という。

全四六カ条からなり、「総則」「目的および事業」「資産および会計」「維持員」「役員および職員」「会議」「年寄、力士および行司その他」「運営審議会」「寄附行為の変更ならびに解散」「補則」の一〇章について根幹となるところを定めている。これは、大正一四年（一九二五）九月、文部省に提出した財団法人大日本相撲協会設立の申請書に添付され、その後、協会の発展とともに一部改正が繰返されて現在に至っている。

また、協会では、『寄附行為』各項の具体的な運営方法については別に『寄附行為施行細則』を定め、さらに協会付属施設や各部署に関する規則、賞罰や資格については『寄附行為施行細則 附属規定』を詳細に定めて、運営に支障なきを図っている。→〔公益財団法人日本相撲協会〕

**にほんすもうきょうかいしんりょうじょ【日本相撲協会診療所】** これは正式名称で、協会内部では「診療所」または「相撲診療所」という。『日本相撲協会寄附行為施行細則』に規定され、福利施設として国技館内に設けられた協会の医療機関。昭和三三年（一九五八）一月に開設された。

診療所には内科、外科、理学療法科および整形外科があり、協会員、家族および地域住民など一般の診療を行うほか、医務委員会が置かれて力士の健康管理に当たっている。また、東京本場所中は力士の負傷や救急患者の応急処置も行っている。

**にほんすもうれんめい【日本相撲連盟】** 正式には「財団法人日本相撲連盟」という。戦後すぐの第一回国民体育大会の実施計画を受けて、昭和二一年（一九四六）九月に設立され、同二二年一〇月に日本体育協会に加盟した。同四六年一二月に財団法人として認可された。

アマチュア相撲を統轄する団体で、ここに加盟する団体には全国四七都道府県の各相撲連盟をはじめ、全国を北海道・東北・関東・北信越・東海・関西・中国・四国・九州の地区に分けた各ブロック相撲連盟、日本学生相撲連盟、東日本学生相撲連盟、西日本学生相撲連盟、日本実業団相撲連盟、西日本実業団相撲連盟、東日本実業団相撲連盟、西日本実業団相撲連盟、日本新相撲連盟、全国高等学校体育連盟相撲専門部、全国中学校体育連盟相撲競技部などがある。

　全日本相撲選手権大会の開催や青少年の相撲指導、普及などが主な活動で、剣道・柔道と同様に段位制度を採用している。アマチュア相撲日本一を決める全日本相撲選手権大会には、大学生は三段、社会人は四段以上の段位を取得していないと出場できない。また、平成四年（一九九二）には国際相撲連盟を別個に創立、同八年に日本新相撲連盟を創立して、相撲の世界的な普及も視野において活動している。→〔アマチュア相撲〕〔国際相撲連盟〕〔新相撲〕〔段位〕

**にほんはいる【二本入る】** 両差《もろざ》しになること。→〔両差し〕

**にまいかんさつ【二枚鑑札】** 明治一一年（一八七八）から昭和六年（一九三一）まで、年寄、力士、行司は営業鑑札を持たなければならなかった。このため、現役を続けながら同時に年寄名跡を継承している力士を「二枚鑑札」といった。これは、部屋の師匠が急逝したり何らかの事情で年寄名跡を譲られて、後継者である力士が現役のまま部屋を継いで二枚鑑札となったものである。

　営業鑑札は昭和六年に廃止されたが、鑑札の名は相撲界にそのまま残り、同七年から同三三年の間には一四名の二枚鑑札が出ている。同三三年七月より行司は引退後に年寄名跡を継承できなくなり、同時に二枚鑑札も廃止された。ただし、同三四年一〇月の理事会で、急死した年寄春日野（元横綱・栃木山）の名跡を、横綱・栃錦が現役のまま継承することが特例として承認された。同年十一月場所の番付には「横綱栃錦清隆　年寄栃錦事春日野清隆」と記載された。

　現在は、現役中に年寄名跡を取得しても襲名するのは引退後である。また、年寄名跡をしこ名にすることはできない。→〔営業鑑札〕〔角觝《すもう》並《ならびに》行司《ぎょうじ》取締規則〕

**にまいぐし【二枚櫛】** 江戸時代に使われた言葉で、相撲櫛を前髪に二本挿すこと、あるいは、二本のくしを挿して土俵に上がることをいった。相撲櫛は、江戸相撲の力士が相手の胸に頭をつけない証しとして前髪に挿したものと伝わる。鬼勝象之助という巨人力士が相撲櫛を二本挿して土俵に上がったところ、このようにいわれたという。→〔相撲櫛〕

**にまいげり【二枚蹴り】** 決まり手八二手の一つ。四つに組み、相手の体を吊りぎみに浮かせ、相手の足首あたりを外側からけり、同時にひねりながら、出し投げを打って倒す。けり、ひねり、出し投げの合わせ技で難度の高い技である。「二枚」とは、足の膝から足首にかけての外側の部分のこと。→〔決まり手〕

**にまいごし【二枚腰】** →〔腰／二枚腰〕

**にまいばんづけ【二枚番付】** ①京都・大阪相撲の番付の通称。②明治六年（一八七三）に起こった高砂騒動で、東京相撲は改正相撲組と相撲会所とに分裂した。両者が警視庁の指導により和解することになり、同一一年五月場所の開催にあたって、本来の番付に会所側の力士を記載し、改正相撲組から復帰した力士の番付をもう一枚別に作った。→〔高砂騒動〕③昭和七年（一九三二）の春秋《しゅんじゅう》園《えん》事件で大日本相撲協会を脱退した力士の一部が協会に帰参した際、同八年春場所で協会は本来の

決まり手・二枚蹴り

番付のほかに帰参力士を記載した別の番付を作成した。このもう一枚の番付には、幕内格別組として一二名、十両格別組として八名のほか、「以上ノ外十数名ノ力士帰

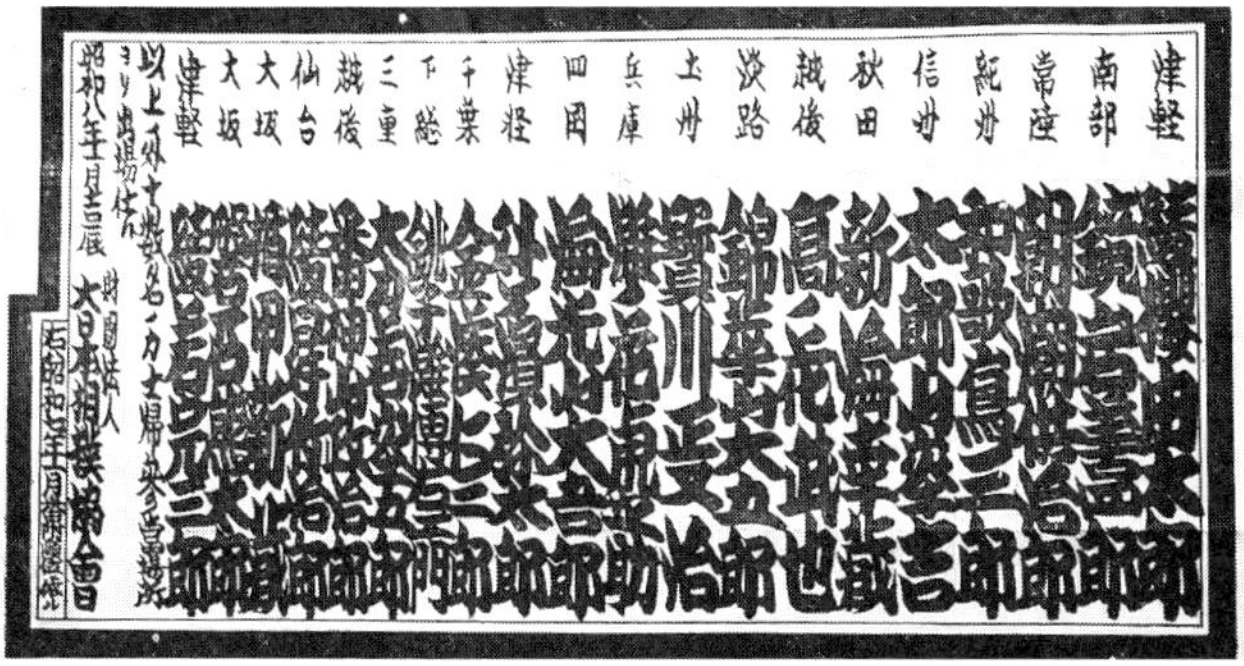

春秋園事件でのちに復帰した力士を記載した別番付。

参當場所ヨリ出場仕候」と記載された。これは「別席番付」ともいう。→〔春秋園事件〕

**にゅうじょうけん【入場券】** 相撲を観戦する際に前売り券、または当日券として購入する切符。一般には溜まり席券、桝《ます》席A・B・C券、ボックス席券（東京のみ）、いす席A・B・C券、当日券（いす自由席）が販売されている。なお、平成二二年（二〇一〇）一一月現在、東京本場所の入場券の案内と前売り券の販売は、相撲協会電話予約センター、国技館切符売り場などの窓口に加え、ぴあ店舗、サークルKサンクス、セブンイレブン、ファミリーマートおよびローソンで初日の約一ヵ月前から行われている。また、インターネットでもチケット大相撲ほかで購入が可能であり、電話予約もある。

**にゅうまく【入幕】** 十枚目の地位の力士が幕内に昇進すること。普通は前頭の地位に上がることで、番付では一段上がって最上段に記載される。初めての昇進は「新入幕」、入幕後に成績不振などで十枚目に降下し再度入幕した場合は「再入幕」という。また、幕内と十枚目を何度往復しても「再入幕」といっている。

**にゅうもん【入門】** 力士として相撲部屋に所属すること。普通、新弟子は本人が志望したり親方がスカウトしたり、あるいは後援者の推薦などで各部屋に入門するが、協会に登録される以前は親方が預かっている形で、正式な入門ではない。力士志望者は力士検査（新弟子検査）に合格して相撲協会に登録された後、各相撲部屋に所属することが認められる。この時点で正式に入門となる。

また、行司、呼出、床山についても、協会に登録され、各部屋に配属されたときをもって「入門」と表現する。→〔行司採用規定〕〔力士検査〕〔力士入門規定〕

**にゅうもんきてい【入門規定】**「力士入門規定」の略称。→〔力士入門規定〕

**にゅうもんけんさ【入門検査】**「力士検査」または「新弟子検査」の通称。→〔力士検査〕

## ……ぬ……

**ぬきあげる【抜き上げる】** 相手の両廻しを取ったり、抱きかかえたりして、相手の体をまっすぐ上方へ勢いよく吊り上げること。このような吊り方を「ゴボウ抜き」ともいう。

**ぬけぬけ【抜け抜け】** 一人の力士が一日おきに勝ちと負けを繰り返すこと。星取表には白星と黒星が一日おきに並ぶ。

## ……ね……

**ね【根】** 力士の髷《まげ》の、元結で結んだ後方に丸く突き出した部分の通称。正式には「髪の位置」というが、通称で呼ぶ場合が多い。→〔大《おお》銀杏《いちょう》〕〔髷〕

**ねがいにん【願人】** 明治七年（一八七四）一二月に、東京で勧進元

を「願人」と言い換えた。しかし、同四二年六月に再び「勧進元」の呼称に戻された。→〔勧進元②〕

**ねぎしじえもん【根岸治右衛門】** 江戸時代から番付の版元を引き受けて専業とした根岸家の世襲当主の名前。屋号の三河屋から「三河屋治右衛門」の名でも呼ばれた。版元のほかに、会所では帳元もつとめた。

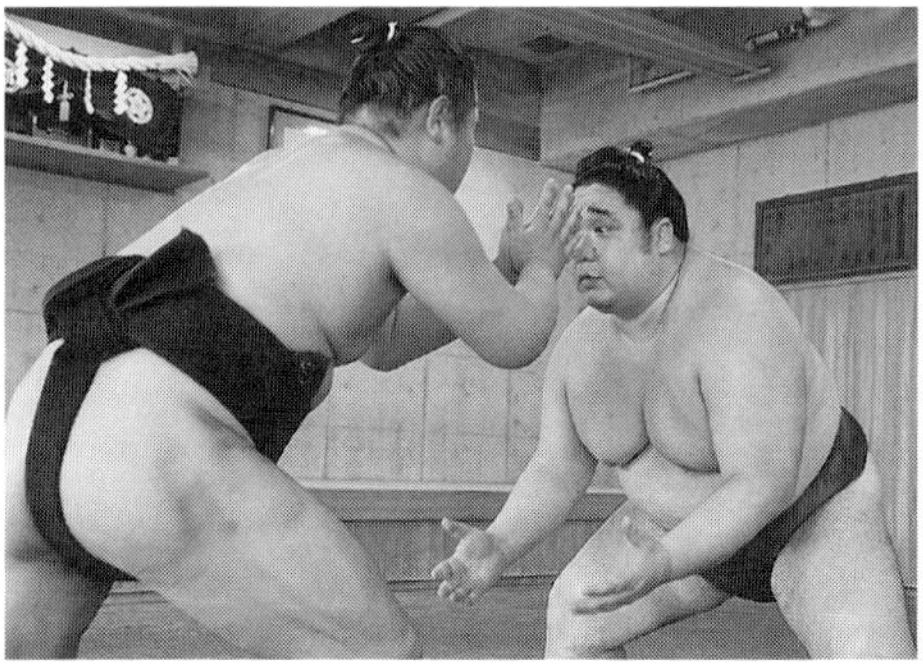

相手の眼前でパチンと手を打ち、意表を突くねこだまし。

明治一〇年代になって、根岸家は年寄名跡「根岸」となって世襲した。また、昭和一七年（一九四二）から二〇年までの番付には「会長秘書・根岸治右衛門」の名がある。昭和二六年五月、一〇代根岸治右衛門を最後に根岸家は年寄名跡を返上し、相撲界を離れた。→〔会長〕〔帳元①〕〔版元〕

**ねぎしりゅう【根岸流】** 相撲界独特の書体で書かれる「相撲字」の別称。現在は「根岸流」といわず、「相撲字」といっている。→〔相撲字〕〔版元〕

**ネコかん** 相撲界独特の表現で、相手に圧倒されて、手も足も出ないこと。ネコを紙袋に入れた状態ということ。

**ねこだまし** 立ち合いの瞬間などに、出てくる相手の目の前で両手をパチンとたたく技の名称。ひるんだ相手の動きのすきをねらって懐に跳び込み、足を取ったり、横や後ろに回り込んだりするねらいでする。奇襲かく乱戦法である。

**ねずみきど【鼠木戸】** 勧進相撲の時代の木戸口は狭く造られており、それをこのように通称した。室町時代に行われた相撲で、警護を兼ねた出入り口を「鼠戸口」と呼んだと伝えられるが、それに由来すると思われる。江戸時代には芝居や見世物の小屋でも観客の出入り口を「鼠木戸」と呼んだ。

**ねずみばん【鼠判】** 割《わり》を作るときに使う、わら半紙をロール状に巻いたものの呼称。取組編成のとき、担当の行司が決められた取組を鼠判に記していく。これを基に取組表などを作成する。→〔巻き〕

**ねばりごし【粘り腰】** →〔腰／二枚腰〕

**ねんかんさいゆうしゅうりきししょう【年間最優秀力士賞】** 相撲協会以外の団体が表彰するものの一つ。報知新聞社が、一年間に本場所相撲で最多白星をあげたことを基準に、土俵態度なども総合評価して力士に贈るもの。「前年度の優秀力士表彰」として、毎年一月場所初日に表彰式が行われる。

**ねんかんさんしょう【年間三賞】** 相撲協会以外の団体が表彰するものの一つ。日刊スポーツ新聞社が、年六回の本場所相撲を通して三賞にふさわしい活躍をした力士に贈るもの。「前年度の優秀力士表彰」として、毎年一月場所初日に表彰式が行われた。現在は行われていない。

## ……の……

**のこりごし【残り腰】** →〔腰／二枚腰〕

**のこる【残る】** 相撲界独自の用語ではない。相手の攻めをこらえて、土俵を割らずにいたり、投げ技に倒れずにいたり、踏みとどまっていること。

**のずもう【野相撲】** 相撲節《すまいのせち》が衰退した後、河原や野原などに相撲場を造り、集まってくる力自慢が対戦をした素人相撲のこと。櫓《やぐら》を組んだり太鼓を打ったりした例もあった。後には見物料を求めることも見られるようになり、やがて職業的な相撲へと変化していった。「野天相撲」ともいった。

**のぞく** ちょっと差すこと。差した手が、相手の腕と体の間から少し出た状態のこと。指先が少しのぞいて見えることからいわれる。攻防いずれにも対応できる差し手《で》の位置である。→〔浅い〕

**のっち** 相撲界独特の表現で、「最初の、初めの」という意味。現在はあまり使われない。

両手で一気にいこうとするのど輪攻め。

**のどわ【のど輪】** 相手ののどを筈《はず》にあてがって押す技。通常、一方の手は肘を脇につけて押っ付ける。→〔筈〕

**のぼり【幟】** 力士のしこ名、行司や部屋の名前などを色鮮やかに染め抜いた布製の旗。大きさは決まっていないが、東京の本場所で立てられる幟は長さ五・四メートル、幅九〇センチほどである。後援者などからそれぞれに贈られ、本場所会場や地方場所の宿舎、巡業の会場周辺に立てられる。

江戸時代からの習慣であったが、明治四二年（一九〇九）旧両国国技館の開館を機に本場所の幟は廃止され、巡業だけのものとされた。しかし、昭和二七年（一九五二）一月場所に復活して、現在のように本場所会場で相撲情緒を盛り上げている。幟は縁起をかついで一場所ごとに新調される。

立ち並ぶ幟の下をゆく触れ太鼓。

**のみのすくね【野見宿禰】** 伝説で相撲の始祖として伝わる、出雲国（現在の島根県）の人。『日本書紀』（養老四年〈七二〇〉完成）に、一一代垂仁天皇（四世紀）の七年七月乙亥七日当麻蹶速《たいまのけはや》と野見宿禰と力捔《ちからくらべ》をせしむとあり、宿禰は当麻蹶速の脇骨を蹴折りまたその腰を踏み折りてこれを殺すと記述されている。さらに記述は、この勝

野見宿禰神社

利によって宿禰は蹶速の領地を垂仁天皇から賜り、とどまって朝廷に忠勤したとある。現在、両者が闘ったと伝えられる場所、奈良県桜井市には「相撲神社」が建立され、また、宿禰が賜った新領地は奈良県香芝市付近に「腰折田」の地名で伝わる。→〔当麻蹶速〕

宿禰神社の歴代横綱之碑。

**のみのすくねじんじゃ【野見宿禰神社】** 相撲の祖といわれる野見宿禰を祭祀した神社で、東京都墨田区亀沢二―八―一〇にある。明治一七年（一八八四）、この地に部屋があった初代高砂浦五郎が尽力して創建した。元の社殿は東京大空襲で炎上したため、昭和二八年（一九五三）六月に再建された。

年三回、東京本場所の取組編成会議の当日には、出雲大社の東京分祠から神官を迎えて、協会理事長、審判部長その他関係者が出席して「宿禰神社例祭」を執り行っている。また、新横綱が誕生したときは神前で土俵入りを行う。

境内のすぐ左手に「歴代横綱之碑」が二基あり、拝殿右手前に第三一代横綱・常ノ花寛市が納めた大きな自然石の御手洗がある。また、境内を取り巻く玉垣の石柱には大勢の相撲関係者の刻銘がある。

**のりきん【乗り金】** 勧進元による巡業が行われていたときに、乗り物による移動があると、片道の乗り物代を勧進元が負担し、これを「乗り金」といった。

野見宿禰と当麻蹶速の対戦を描いた想像絵図。

**のりこみしょにち【乗り込み初日】** 巡業で、開催予定地に到着した当日に、そのまま興行を催すこと。また、到着当日に相撲を興行し、さらにその日のうちに次の巡業地へ向けて出発することを「乗り込み初日跳《は》ね立ち」という。

# は行

……は……

**はあたろう**　相撲界独特の表現で、物事をしっかり処理できないいい加減な人、または、愚かな人のこと。「はあちゃん」ともいう。

**はいぎょう【廃業】**　平成八年（一九九六）一一月以前に使用された言葉で、力士が現役を退き相撲協会から離れること、あるいは、年寄、行司、呼出、床山など他の協会員が停年前に辞めることを意味した。　現在はこの言葉を使用せず、「引退」または「退職」で統一されている。→〔引退〕〔退職〕

**はいぎょうとどけ【廃業届】**　力士、年寄、行司、呼出、床山などが相撲協会を離れる場合に、その旨を届け出たもの。現在は「廃業」という言葉を使用しないので、退職届という。

**ばかまけ【馬鹿負け】**　相撲界独特の表現で、相手に要領よくやられてしまい、「あきれて開いた口がふさがらない」とか、「ばからしくて、もう相手になりたくない」という場合に用いられる言葉。

**はがみ【端紙】**　相撲界独特の表現で、借金の証文や借用証書のこと。借金をすることを「端紙を入れる」といった。

**はきて【掃き手】**　攻防の動きの中で、指先など手の一部が土俵面に触れることをいう。手が土俵の内側で掃けば負けになる。決まり手は、そのときに相手がしかけた技となる。なお、「掃く」という動作は手に限らず、足が土俵外の砂を掃いても負けとなる。

**はくせん【白扇】**　呼出が土俵上で用いる白色無地の扇。呼出は白扇を開いてその上端に視線を送り、両力士を呼び上げる。これは土俵を汚したり力士に息をかけたりしないという心遣いを表す所作。呼出の視線からは、いかにも何かを読み上げているように見えるが、白扇には何も書かれていない。日本舞踊に用いる舞扇と同じ物で、一般に使われる扇子より大ぶりに作られている。→〔呼び上げ〕〔呼出〕

**はくほうしょう【白鵬翔】**　第六九代横綱。モンゴル国ウランバートル市出身。昭和六〇年（一九八五）三月一一日生まれ。本名はムンフバト・ダヴァジャルガル。宮城野部屋。令和元年九月、日本名・白鵬翔で帰化。

　平成一三年三月初土俵。平成一六年一月新十両。平成一六年五月新入幕。平成一七年一月新三役。平成一八年五月新大関。平成一九年七月新横綱。身長一九二センチ。体重一六〇キロ。十両優勝一回、殊勲賞三回、敢闘賞一回、技能賞二回、金星一個。幕内通算成績は一〇五三勝一九〇敗一五三休、優勝四三回。

　父もモンゴル相撲の力士であるのに加え、メキシコ五輪のレスリング重量級でモンゴル国初の銀メダリストとなるなど国民的英雄である。入門当初は小柄な体格で対戦成績も振るわず、後の横綱でありながら序ノ口で負け越しを喫するなど苦労を重ねたが、徐々にオ

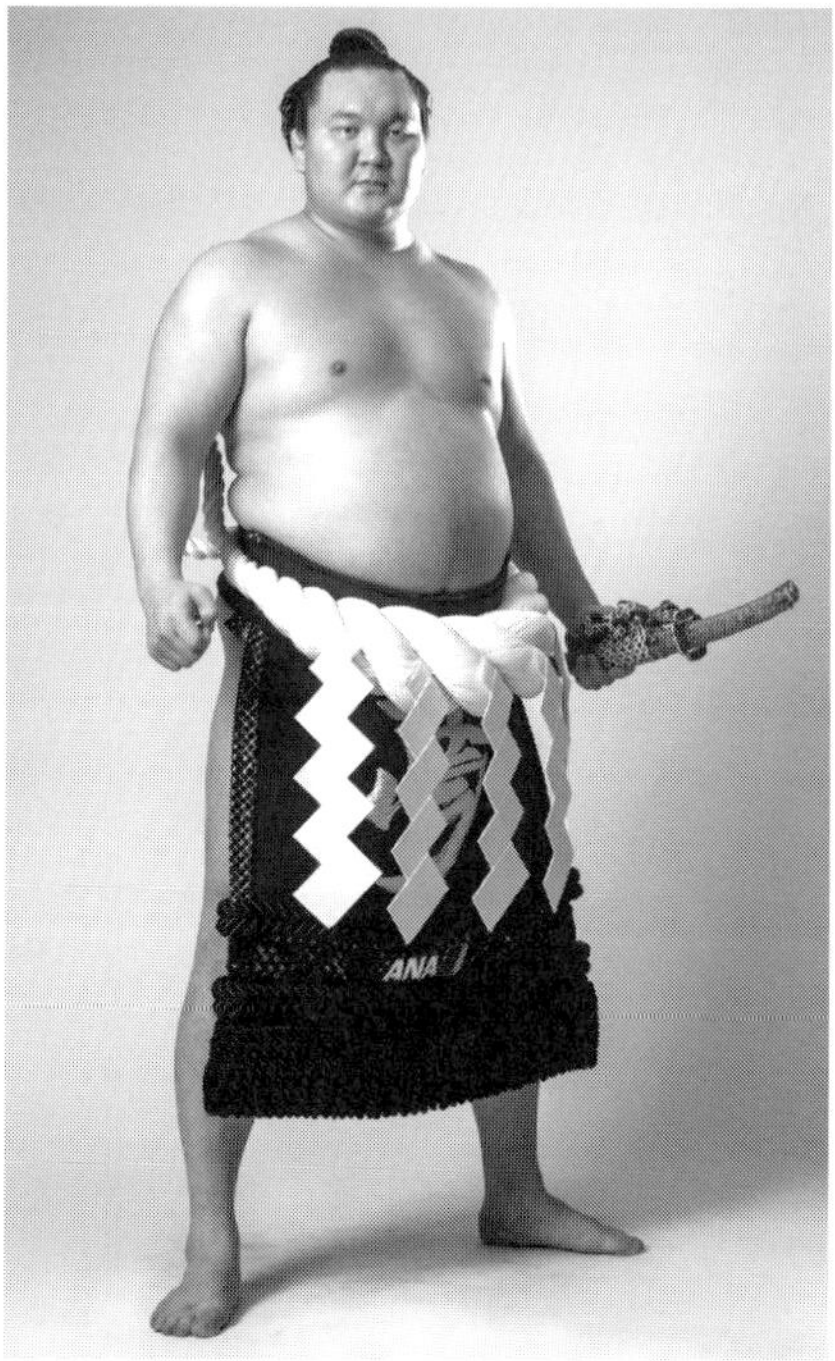

第六九代横綱・白鵬翔

第三六代横綱・羽黒山政司

能を発揮し、横綱となってから築き上げた連勝記録の六三連勝は、横綱双葉山の連勝記録につぐ歴代二位である。

**はぐろやままさじ**【羽黒山政司】第三六代横綱。新潟市西蒲区中之口地区出身。大正三年（一九一四）一一月一八日生まれ。本名は小林正治。立浪部屋。昭和九年（一九三四）一月初土俵。同一二年一月新十両。同年五月新入幕。同一七年一月新横綱。同二八年九月引退。身長一七九㌢・体重一二九㌔。幕内通算成績は三二一勝九四敗一分一一七休、優勝七回。

三歳で父親を亡くして一五歳で上京し、東京・両国の銭湯で働いているときに立浪親方から相撲に誘われた。序ノ口から十両まで各段で優勝してそれぞれ一場所で通過、入幕以降も異例のスピード出世で、初土俵から横綱昇進まで八年間一七場所であった。年少のころからの苦労と猛稽古が鍛え上げた筋骨たくましい体で、相手の前《まえ》褌《みつ》を浅く引き、頭をつけて押す堅実な取り口であった。

横綱になってからはがっぷり四つに組んでの寄り切りや吊り出し、上手投げなど豪快な技が加わり、風格、安定感ともに他を圧した。昭和二〇年一一月から四連続優勝して、敗戦で意気消沈する人々を勇気づけた。途中、アキレス腱断裂を二度も味わう不運を重ねながら復活し、二七年春場所には全勝優勝をした。

二八年一月から二枚鑑札（年寄立浪）となり、引退後は大関・若羽黒らの関取を多数育て、協会取締、理事を歴任した。昭和四四年一〇月一四日、五四歳で没。

**はけさき**【はけ先】力士の髷《まげ》の先端部分のこと。→〔大銀杏《おおいちょう》〕〔髷〕

**ばける**【化ける】周囲の予想を超えるような立派な力士になること。また、力士が突然に強くなること。特に、熱心な稽古を重ねる

は

うちに、その力士に備わっていた生来の相撲の資質が磨かれて、めきめきと強くなるような場合にいう。同様の意味あいを「大化け」ともいう。

**はさみつける【挟みつける】**廻しを取らないで、押っ付けるか絞ることによって相手の体を両側から押さえ込むようにすること。相手は動きを封じられ、重心が浮いてしまう。「挟む」ともいう。

**ばしょ【場所】**相撲界で日常的に使われる言葉で、本場所、巡業、海外公演・巡業などで相撲を開催している状態のこと。または開催地や会場を指していう。
　例えば、初日を迎えることを「場所が開く」、本場所や巡業で相撲競技があることを「場所がある」といい、それぞれの会場を「次の場所は大阪」「青森場所」「ロンドン場所」のようにいう。

**ばしょいり【場所入り】**本場所一五日間に、毎日、力士が部屋から国技館へ入場すること。地方本場所では宿舎から開催会場へ場所入りする。

ファンが待ち受ける中を場所入りする。

**ばしょちゅう【場所中】**本場所が開催されている期間。

**ばしょちゅうのひょうしょう【場所中の表彰】**本場所の千秋楽では、幕内最高優勝、各段優勝、三賞など協会規定の表彰のほかに、諸外国の友好杯や、国・自治体、報道各社、公益団体、民間企業などが提供する表彰も行われる。これらは時々に提供元が変わる場合もあるが、平成二二年（二〇一〇）一一月場所では以下の表彰があった。

［各国友好杯］アラブ首長国連邦友好杯／チェコ共和国友好杯／日仏友好杯／ハンガリー共和国友好杯／メキシコ合衆国友好楯／モンゴル国総理大臣賞。

［国・自治体］内閣総理大臣賞／福岡市長賞／福岡県知事賞／宮崎県知事賞。

［報道各社］毎日新聞社優勝額／NHK金杯／RKB賞／九州朝日放送賞／テレビ西日本賞／西日本新聞社年度最多勝力士賞。

［公益団体］八女茶振興会賞ほか。

［民間企業］大関賞／コカ・コーラ賞ほか。

アラブ首長国連邦友好杯。銀製。

総理大臣賞。純銀製。台座に優勝力士の名が刻まれ、レプリカが贈られる。

**ばしょとり【場所取り】**巡業の興行中に、条件のよい場所にちゃんこ場や各力士の休憩所を確保すること。現在の巡業では場所取りは必要なくなっている。

**ばしょぶとん【場所布団】** 力士が仕度部屋で使う小型の布団。長さ約一・五メートルほどの長方形で、二つに折って座布団のように使うこともある。仕切り制限時間がなかったころに、仕度部屋で長い時間を待機するために使われるようになったという。

**はしる【走る】** 速攻で相手を土俵際に押し込んだり寄るとき、「一気に走る」と表現される。

**はず【筈】** 親指と他の四本の指をY字形に開き、その手のひらを相手の脇の下や脇腹などに当てる型をいう。筈に当てるのは相撲の基本である。「矢筈」ともいう。両手を当てる両《もろ》筈と片手を当てる片筈があり、片筈には右筈と左筈の型がある。

　矢が弓の弦から外れないようにこしらえた切り込みを矢筈というが、開いた指の形がそれに似ているのでこの名がある。

相手の脇に筈に当てる。

【片～】左右いずれか一方の手を筈にあてがうこと。両手を筈にあてがえば「両筈」という。

【～押し】片手または両手を筈に当てて、相手を押してゆくこと。

【～にあてがう】筈を相手の肩口やワキの下などに当てること。「筈に当てる」「筈にかう」ともいう。

【～にかかる】筈を相手の顎、のど、脇の下などに、定石どおりの当て方をすること。

両筈で一気に押す。

【左～】相手の右脇の下に、左手を筈にあてがう型をいう。

【右～】相手の左脇の下に、右手を筈にあてがう型をいう。

【両～／双～】相手の脇の下や脇腹に、両手とも筈にあてがう型のこと。

【矢～】「筈」のこと。

【矢～攻め】特に相手の顎を筈で攻める型のこと。現在はあまり使わない言葉である。のどを筈で攻めれば「のど輪」または「のど輪攻め」という。

**はずおし【筈押し】** 相撲界独特の表現で、ごちそうになること。この意味では単に「押す」という場合が多い。「昨日、押したよ」などという。

**はずにかかる【筈にかかる】** 相撲界独特の表現で、主客でないのにお相伴でわきからごちそうになること。ただで飲食すること。

**ばたあし【ばた足】** 足の裏を土俵面から離し、ぺたぺたと歩くような足の運びをいう。相撲の基本であるすり足と対比させて、悪い足の運びとしていわれる。

**はたきこみ【叩き込み】** 決まり手八二手の一つ。相手が突き押しで突進してくるときに、すばやく体《たい》を開きながら、相手の肩や背中をたたいて前につんのめるように落とす。相手が低く出てくる場合に有効な技である。体《たい》が開いていれば、相手の体《からだ》に手が触れないうちに相手が前に落ちても、決まり手は「叩き込み」になる。

は

体《たい》の開きが不十分だと、はたくのに乗じた相手の突き押しで一気に土俵外に出され、はたくことが逆に負けを呼び込んでしまう。↓〔決まり手〕

決まり手・叩き込み

**はたく**　攻防の中で、体《たい》を開きながら相手の腕や肩口などを手のひらで払うようにたたき、相手の体《からだ》を前に落とすこと。

**はたちやま【二十山】**　年寄名跡の一つ。初代は明和四年（一七六七）一〇月限りで引退した五段目・廿山重五郎（年寄名は要右衛門）。現在は、元小結・栃乃花が襲名継承している。

**はつがおあわせ【初顔合わせ】**　本場所で初めて対戦すること。略して「初顔」ともいう。主に幕内で初めて対戦するときにいう。

**はっかく【八角】**　年寄名跡の一つ。初代は明治一二年（一八七九）六月限りで引退した幕内・鬼面山谷五郎（五月山鯉蔵改め。第一三代横綱・鬼面山とは別人）現在は、元横綱・北勝海が襲名継承し、八角部屋を運営しながら協会理事長の職にある。↓〔北勝海信芳〕

**はっかくたてのすけ【八角楯之助】**　享保年間（一七一六～一七三六）のころ、大阪・京都で活躍した大阪堺出身の力士。後に紀州徳川家の抱えとなり、最高位は大関。名は楯右衛門ともいう。八角は「待った」を始めた力士として伝わる。

『相撲今昔物語』（子明山人／天明五年〈一七八五〉）には、八角に「待った」の工夫を教えたのは紀州家の行司、尺《せき》子《し》一学《いちがく》であったとある。讃岐の谷風梶之助（初代。第四代横綱とは別人）に勝つ思案をする八角に、尺子は谷風が「大力無双の関取なり、然りといへども相撲になりては急《せ》く気性あり」といい、「汝苦痛をこらへたやすく立ち合うことなかれ」と教えた。ここから八角は「待った」を工夫して、谷風に勝ったと記されている。

しかし、「待った」の話を伝える古書は他にも数種あって、必ずしもこれが定説にはなっていない。この力士・八角は、年寄名跡「八角」の由来とはかかわりがない。↓〔尺子一学〕〔待った②〕

**はつげいこ【初稽古】**　新しい年が明け、一月場所（初場所）を目前に控えた力士たちが行う新年初の稽古のこと。

**はつどひょう【初土俵】**　新弟子検査に合格した後、初めて本場所の土俵で前相撲や幕下附出しとして相撲を取ること。前相撲で規定の成績をあげれば新序となり、翌場所の番付に序ノ口として名前が記載される。力士にとって初土俵は出発点である。

また、行司・呼出についても同様の意味で「初土俵」という。↓〔前相撲〕

**はつばしょ【初場所】**　①正式には「一月場所」といい、これは俗称である。↓〔一月場所〕

②昭和二八年（一九五三）～三一年の年四場所制のときに、一月の東京本場所を通称で「初場所」といった。

**はなかご【花籠】**　年寄名跡の一つ。初代は宝暦二年（一七五二）に勧進元に名が残る花籠与市。元関脇・太寿山が襲名継承している。

**はなずもう【花相撲】**　本場所の開かれていないときに行われる、勝ち負けが番付の昇降や給金にかかわりのない相撲興行のこと。引退相撲、追善相撲、福祉や慈善を目的とした寄付相撲、トーナメント方式の相撲大会などを総称していう。

正面奥に花道を土俵に向かおうとする力士が見える。

花相撲では取組のほかに、本場所などでは見ることができない、初《しょ》っ切り、横綱の綱締め実演、相撲甚句、太鼓の打ち分け、大銀杏《おおいちょう》の結い方実演、力士と人気歌手ののど自慢、豆力士との相撲などの余興が演じられる。

「花相撲」という言葉は、一説には、平安時代の相撲節《すまいのせち》で相撲人《すまいびと》（力士）が葵や瓠《ゆうがお》の造花を髪に挿したことに由来するといわれている。この「花」は江戸時代に「祝儀（纏頭《はな》と書いた）」の意味に転じて、観客の投げ入れる祝儀によって興行した相撲を「花相撲」といった。→〔引退相撲〕〔初っ切り〕〔相撲甚句〕〔追善相撲〕

**はなみち**【花道】力士が土俵と仕度部屋を往復するとき、また、審判委員、行司、呼出などが入退場をするときに利用する通路。力士は自分の取組の二番前に、仕度部屋から花道を通って土俵に向かい、花道の土俵直前で一礼して控えに入る。東方力士と行司は東花道を、西方力士と審判委員、呼出は西花道を使う。

「花道」は、平安時代の相撲節《すまいのせち》で、相撲人《すまいびと》（力士）が髪に造花を挿して登場したことにちなんだ名称であるという。

**はなれごま**【放駒】年寄名跡の一つ。初代は宝暦四年（一七五四）春に差添《さしぞい》をつとめた放駒源七。元大関・魁傑が襲名継承し、放駒部屋を運営しながら、協会理事長をつとめていたが、停年退職。現在は、元関脇・玉乃島が襲名継承している。

**はなれてとる**【離れて取る】四つに組んだり廻しを引いたりせず、または、相手と体を密着させずに、突っ張りや押しで闘うこと。

**はにわ**【埴輪】「埴輪」は、三世紀末から七世紀にかけての古墳時代の遺跡から発掘される、動物や人物をかたどった素焼きの土製品である。この中に古代の相撲や力

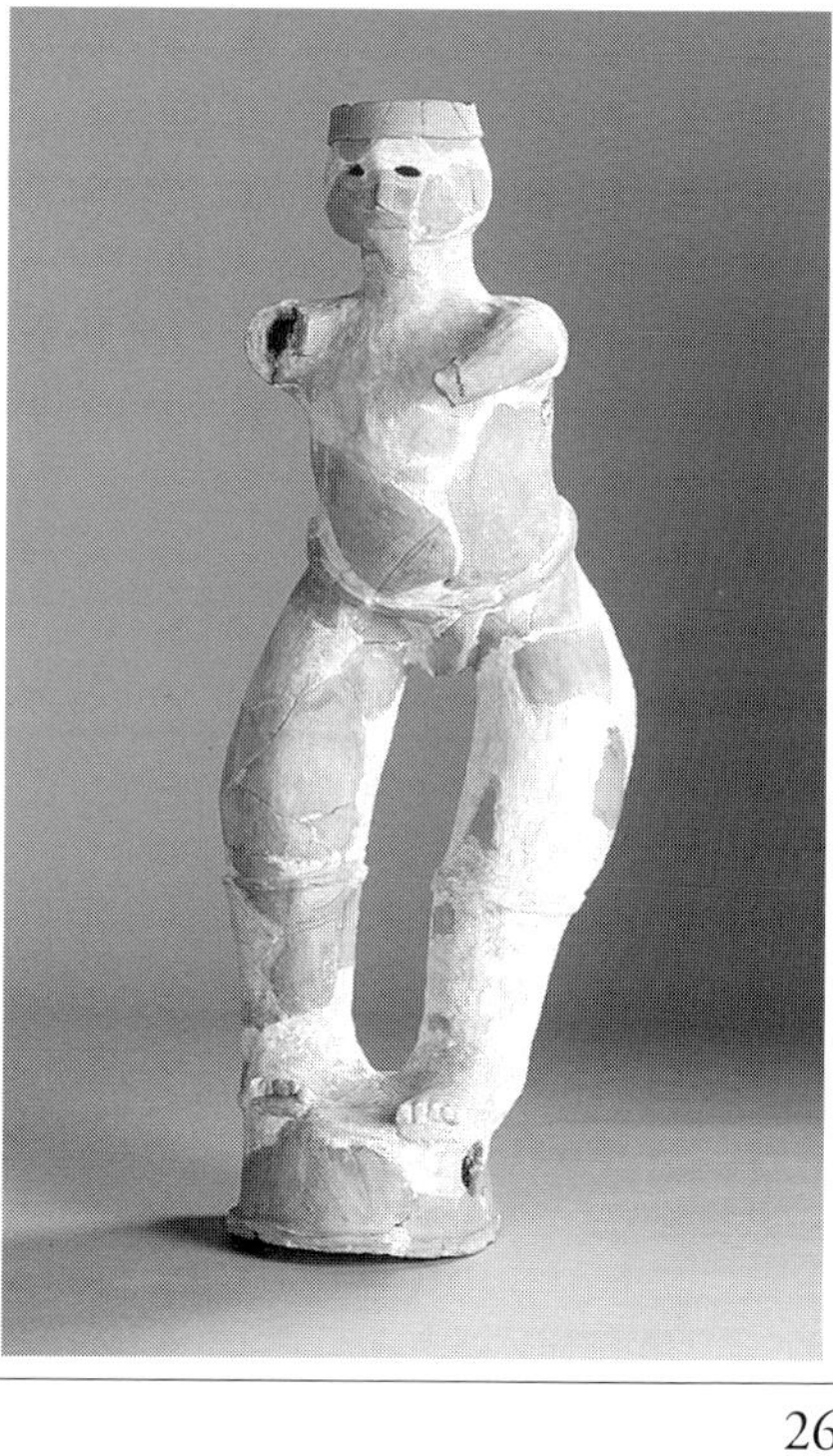

井辺八幡山古墳出土「男子力士像埴輪」（協力：和歌山市教育委員会）

士を想像させる埴輪がある。

　岡山県邑久郡牛窓町で出土した五～六世紀ごろの須恵器には、二人の人物が組み打ちをしている人形の装飾が付けられている。また、和歌山県井辺八幡山古墳からは、裸の体に廻しのようなものを着けた男子像が出土している。六世紀初頭のものと思われるこの埴輪は、はだしの両足をやや開きぎみにして、手は失われているが前に差し伸べていたらしい立像である。

**はねだいこ**【跳ね太鼓】櫓《やぐら》の上で打つ太鼓の一つ。正式な呼称である。結びの一番が終わって打ち出しと同時に打たれる。客を場外へ出しやすくする意味で、バチを内から外へ入れて散らすように打つが、俗に、その音が「テンテンバラバラ」と聞こえて客の散ってゆく情景を表しているといわれる。

　また、跳ね太鼓は、明日の来場を願うという意味もあり、千秋楽には打たない。→〔太鼓〕〔櫓太鼓〕

**はねだち**【跳ね立ち】巡業の興行を終えて、その日のうちに次の巡業地へ向けて出発すること。「跳ねる」には「興行を終える」の意味がある。

**はねる**【跳ねる】本場所の興行や巡業での興行が終わること。「跳ね」ともいう。

**はまかぜ**【濱風】年寄名跡の一つ。初代は宝暦一〇年（一七六〇）一〇月限りで引退した幕内・濱風今右衛門。現在は、元前頭三枚目・五城楼が襲名継承している。

**はまちょうかせつこくぎかん**【浜町仮設国技館】昭和二〇年（一九四五）一二月、進駐軍に旧両国国技館が接収された。そのため、同二四年春場所の一三日間、同年夏場所の一五日間を、東京都中央区・浜町公園の仮設国技館で興行した。

　GHQ（連合国最高司令官総司令部）から「仮設での興行は一場所限り」という条件付き建築許可を取りつけ、総工費一、二〇〇万

浜町仮設国技館を出発する触れ太鼓（昭和二四年）。

張り差しにいこうとして手が出る。

円（当時）をかけ突貫工事で完成した。この二四年春場所は戦後初の満員御礼の出た場所となった。

一場所限りの条件であったにもかかわらず夏場所を開催できたのは、建て直すことを理由にして再契約ができたためであった。→〔メモリアル・ホール〕

**はやさまけ【速さ負け】** 相手のすばやい動きや進退の速さについていけないで、自分の力を十分に出す前に負けてしまうことをいう。

**はやとずもう【隼人相撲】** 隼人が天皇の前で演じた相撲のこと。隼人は、古代の南九州に日向隼人、大隅隼人、薩摩隼人、甑《こしき》隼人として割拠し、大和政権に抵抗した人々であるが、五世紀の仁徳朝のころには服属したと推測される。七世紀後半に始まる律令時代には交替で上京し、朝廷に産物を献納し、隼人舞や相撲を演じた。

**ばりき【馬力】** 相撲界独特の表現で、お酒のこと。飲酒によって元気が出ることからきている。お酒を飲むことを「馬力をかける」という。また、「馬力屋」は飲酒のできる店、酒類販売店のこと。

**ばりきまけ【馬力負け】** 相手の前に出る勢いや突進してくる力に圧倒され、そのまま土俵外に押し出されたり、先手を取られて負けること。

**はりざし【張り差し】** 立ち合いに張り手を加え、相手がひるんだすきに自分有利の差し身にいくこと。大きく張らずに、さっと張って差すのが定石である。

**はりだし【張出】** 番付で力士の名が枠外に記載されること。また、広い意味では番付の地位も表す。番付では、横綱以下三役は、一つの地位では東西一名ずつ計二名が本来であるが、三名以上になるときには東西の各一名を「正位《せいい》」といい、それ以外は「張出」と呼ばれる。

番付に「正位」や「張出」の文字は記載されないが、「張出」の場合は「張出横綱」「張出大関」

張り手が決まり、相手（右）の出足が止まる。

のようにいわれることがある。公傷力士を張出とした時期もある。以前は番付の枠外に記載した張出がしばしば見られたが、平成六年（一九九四）七月以降張出は見られていない。

三役以上の張出は文久三年（一八六三）七月の東張出関脇・陣幕が見られる。横綱の張出は明治二三年（一八九〇）五月の東張出横綱・西ノ海（初代）が最初であり、このとき同時に番付に初めて「横綱」の文字が記載された。→〔正位〕〔巻末・番付の読み方〕

**はりて【張り手】** 相手の顔面を横から平手でたたくこと。強い張り手を食った相手が脳震とうを起こしたりする場合があるが、本来張り手は、相手がたじろいだすきに自分に有利な組み手をねらう「張り差し」という技である。張り手をすることを単に「張る」という。

なお、両耳を同時に両手のひらでたたくことは「禁手」になっている。

**はりまなげ【波離間投げ】** 決まり手八二手の一つ。相手が両差《もろざ》しで腰に食いつくような低い体勢で攻め込んできたときに、土俵際で相手の頭や肩越しに右または左の廻しを取り、右上手なら右のほうにひねりながらうっちゃるように投げる。廻しは両手で取る場合もあり、土俵際での捨て身の技である。「つかみ投げ」に似ているが、廻しを取る位置が右か左にずれ、ひねりの入る点が異なる。→〔決まり手〕

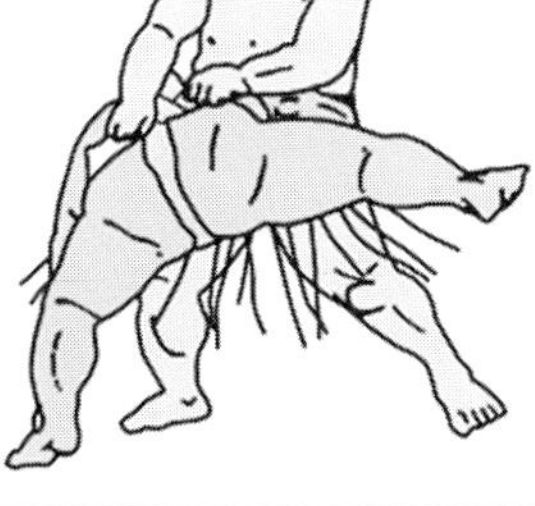
決まり手・波離間投げ

**はる【張る】** 張り手をすること。→〔張り手〕

**はるばしょ【春場所】** ①正式には

は

「三月場所」といい、春場所は俗称である。→〔三月場所〕
②昭和二七年（一九五二）までは一月に行われた場所の正式名称。

**はるまふじこうへい【日馬富士公平】** 第七〇代横綱。モンゴル国ゴビアルタイ県出身。昭和五九年（一九八四）四月一四日生まれ。本名はダワーニャム・ビャンバドルジ。伊勢ヶ濱部屋。平成一三年一月安馬《あま》公平名で初土俵。五月序二段、七月三段目、平成一四年（二〇〇四）五月幕下。平成一六年三月新十両。一一月新入幕。平成一八年五月新三役。平成二一年（二〇〇九）一月新大関、日馬富士公平と改名。平成二四年一一月新横綱。

　身長一八六センチ、体重一三七キロ。序ノ口優勝一回、三段目優勝一回、十両優勝一回、殊勲賞四回、敢闘賞一回、技能賞五回、金星一個。幕内通算成績は七〇一勝三六六敗七三休、幕内優勝八回。

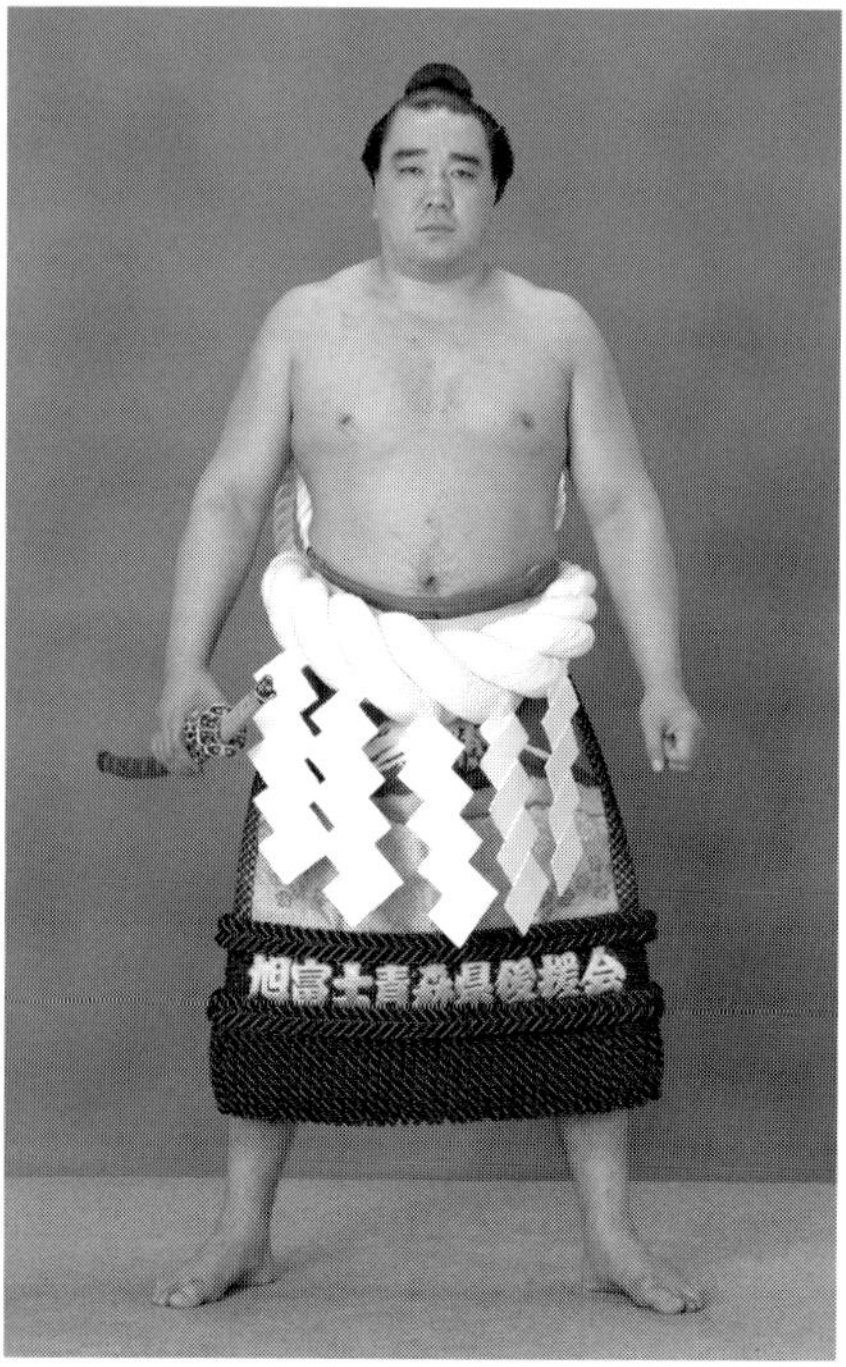

第七〇代横綱・日馬富士公平

二〇〇〇年七月、モンゴルでの相撲大会に出場した折、安治川親方（元横綱旭富士）にスカウトされ、伊勢ヶ濱部屋に入門。幕内最軽量の力士だが、足腰が非常に強く、強気な性格で「真っ向勝負」を身上に土俵上でも粘りのある相撲を取っている。子どもの頃から、絵が上手でプロの領域に達している。二場所連続の全勝優勝での横綱昇進は貴乃花光司以来で、モットーの「全身全霊」という言葉通りの取り口を見せている。

**ばれん【馬簾】** 化粧廻しの前垂れにつけられた下飾りの部分をいう。金色、あるいは朱色や緋色などの房で作られている。→〔化粧廻し〕

**ばんがい【番外】**「番外お好み」の略称。→〔番外お好み〕

**ばんがいおこのみ【番外お好み】** ①戦前までの天覧相撲や江戸時代の上覧相撲で、通常の取組以外に所望されて行った特別な取組のこと。幕内取組、三役取組の後に「お好み取組」が数番置かれた。
②現在は、本場所以外の巡業や花相撲で、本割以外に特別に組まれる相撲をいう。例えば、観客へのサービスとして、本場所では対戦のない同じ相撲部屋の力士どうし、特に横綱、大関や人気力士を取り組ませることがある。また、引退相撲で引退する力士が特に希望して、指名した相手と本割以外で取り組むこともある。→〔本割②〕

**ばんかず【番数】** 取組の数のこと。相撲は取組を一番、二番と数える。また、稽古場や巡業での稽古の対戦についても同様に数えるので、「稽古で番数を重ねる」のようにいう。

**ばんくるわせ【番狂わせ】** 番付の下位力士が、実力の差のある上位力士に勝つこと。特に横綱・大関を破ったときにいわれる。

**ばんこうべや【板木部屋／板行部屋】** ①江戸時代の『相撲名所図絵』（立川焉馬／弘化二年〈一八四五〉）に「板木部谷　帳元山の栞二あり、

一名三河屋と云ふ、版木の桜多し、前鳥むらかりて勝負漬をあらそう、名物番漬勝負漬」の記述がある。版元であった三河屋治右衛門が、番付や勝負附を印刷する様子を表したもののようである。→〔根岸治右衛門〕

②昭和の初期まで、番付版元であった根岸家の出張所が国技館内に設けられてその日の勝負附を印刷したが、この部屋を根岸家の者が「板行部屋」と称したといわれる。板行部屋は東方力士の仕度部屋のわきにあり、印刷工が控えていたという。

**ばんざい【万歳】** 相手に両差《もろざ》しを許して腕《かいな》を返され、左も右も相手の廻しを取ることができない体勢のこと。両手があたかも万歳をしたような形になるが、まさに「お手上げ」「処置なし」の意味もある。

**はんしんだいこくぎかん【阪神大国技館】** →〔その他の国技館〕

**はんそくまけ【反則負け】** 取組中に、相撲協会『寄附行為施行細則附属規定』の『審判規則 禁手反則』（昭和三五年〈一九六〇〉五月八日施行）に定められた八種の禁止行為を行った場合に、負けとされること。また、廻しが外れてしまった場合も、『相撲規則 勝負規定』（昭和三〇年五月八日施行）には「前褌《まえみつ》がはずれ落ちた場合は、負けである」と定められている。

これらは決まり手も「反則負け」と発表される。→〔禁手反則〕

**ばんづけ【番付】** ①力士、行司、年寄の地位を示す一覧表のこと。現在の番付には若者頭《わかいものがしら》、世話人、呼出（十枚目以上）の名前も記載される。正式には「番付表」という。

番付は、独特の相撲字で書かれ、上位者ほど大きく太く、地位が下がるにつれて小さく細く書かれる。力士名は、番付面を東西に分けて、向かって右に東方力士、左に西方力士を書き、縦五段に分けて、最上段に横綱・大関・関脇・小結・前頭の幕内力士、上から二段目に十枚目（十両）と幕下二段目、三段目に三段目、四段目に序二段、最下段には序ノ口力士と年寄名、若者頭、世話人、呼出（十枚目以上）、特等床山・一等床山が書かれる。中央には、上から「蒙御免《ごめんこうむる》」の文字、開催年月日と場所、行司、審判委員の名が記載される。

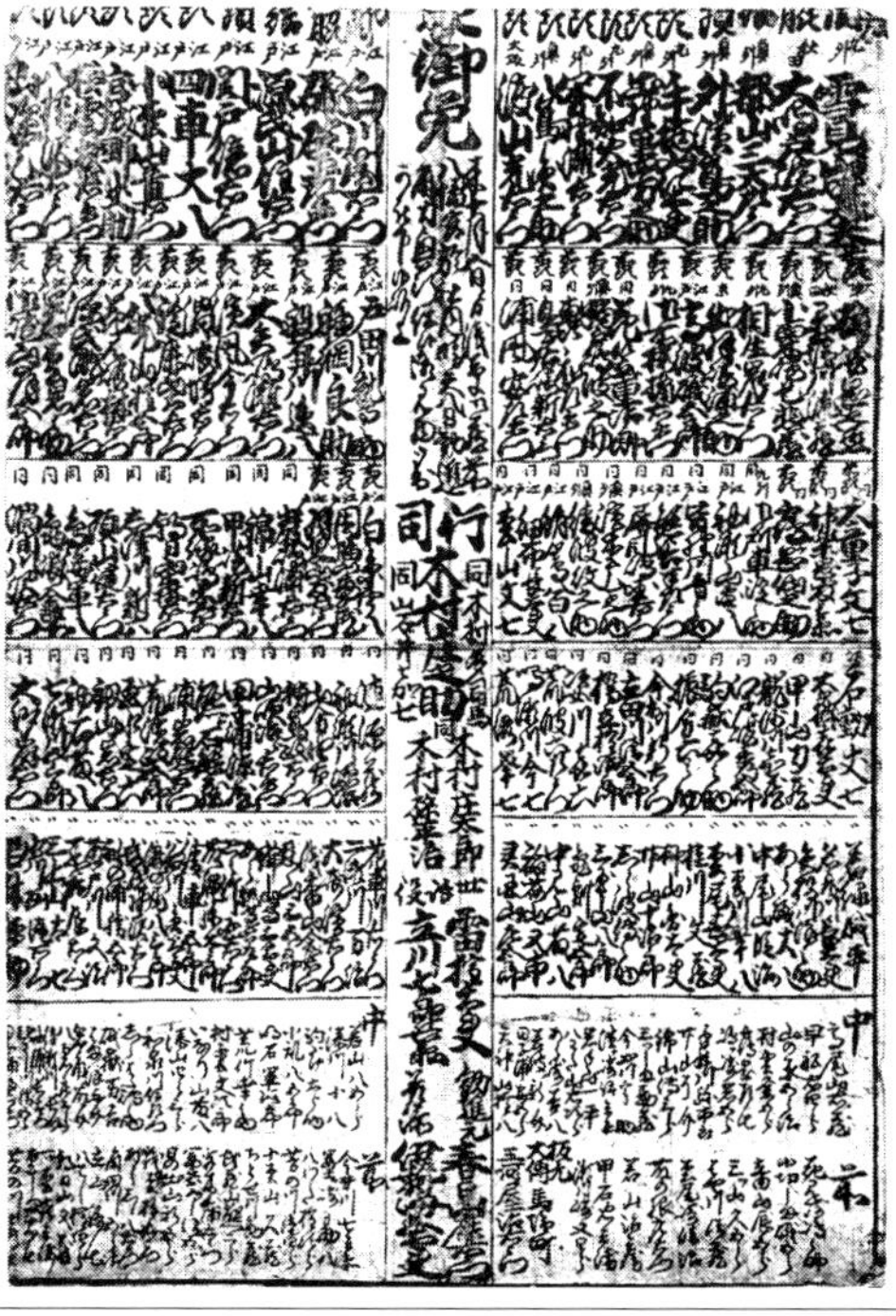

宝暦七年一〇月の番付。六段目に「中」、最下段に「前」と書かれている。

番付は、ケント紙に現役の行司によって書かれたものが、約四分の一の大きさに縮小印刷される。行司が書く番付を「元書き」といい、寸法は縦一一〇センチ×横八〇センチである。印刷された番付は縦五八センチ×横四四センチになる。和紙ふうに作られた用紙に毎場所約六〇万部ほど印刷される。→〔番付の歴史〕〔元書き〕〔巻末・番付の読み方〕

② 「力士の地位」のことを「番付」ともいい、「番付が上がる（下がる）」などという。→〔番付発表〕〔番付編成会議①〕

**ばんづけうん【番付運】** 番付の地位の昇降は、自分の成績だけで決まるのではなく、他の力士の成績によっても左右されるため、このような言葉が生まれた。『寄附行為施行細則 附属規定』の『番付編成要領』には、「幕内四二名以内、十枚目二八名以内」と力士の番付員数が規定されている。したがって、例えば、十枚目筆頭で好成績を残しても、幕内下位に負け越す力士がいなければ、十枚目筆頭の力士は翌場所に入幕することができない。この場合は番付運が悪いことになる。逆に、上位力士が成績不振で降下が多ければ下位力士の昇進枚数が増えて、番付運がよいといえる。

**ばんづけがい【番付外】** 番付にしこ名がまだ記載されない段階の力

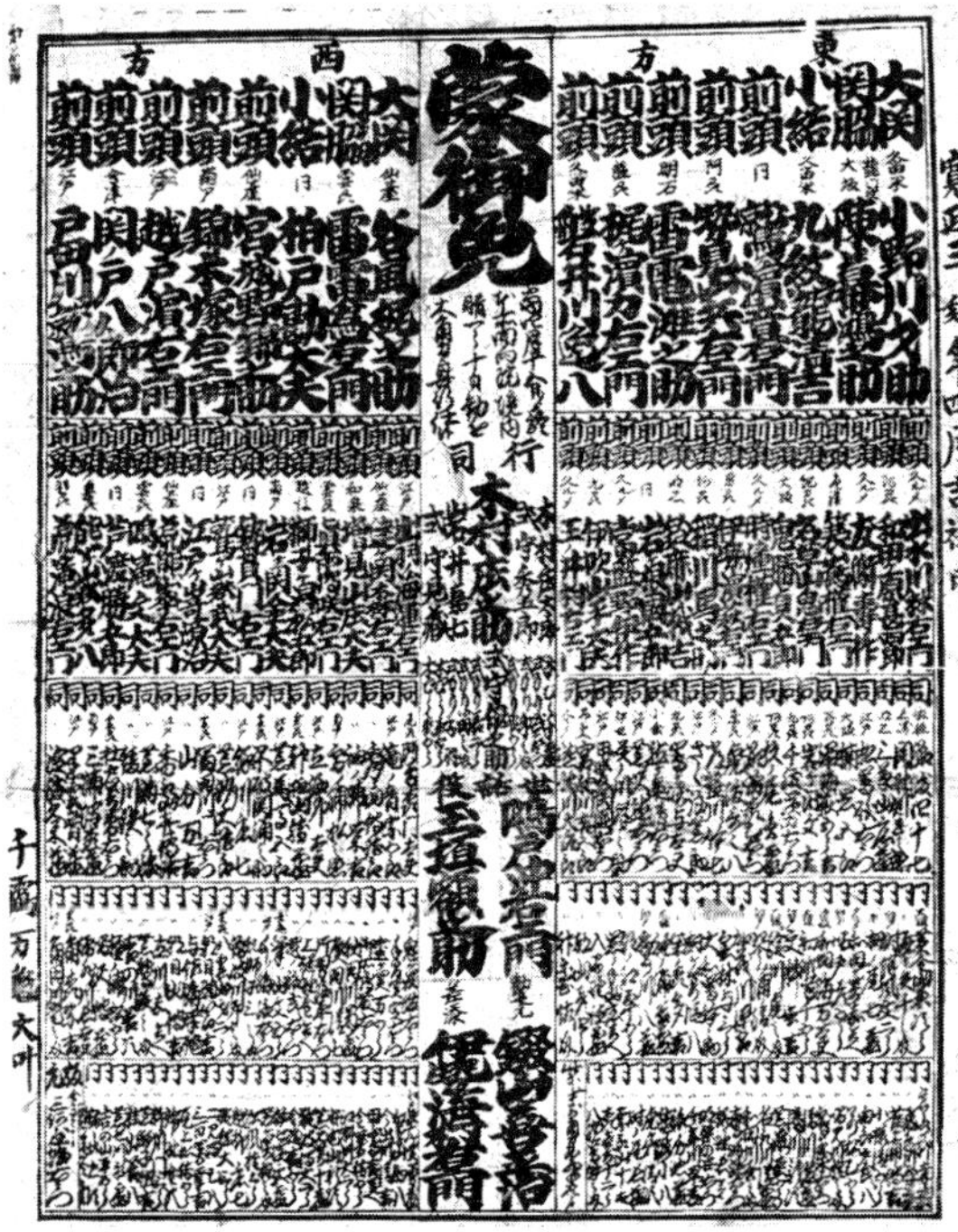


寛政三年四月の番付。東方大関に小野川、西方大関に谷風の名が見られる。

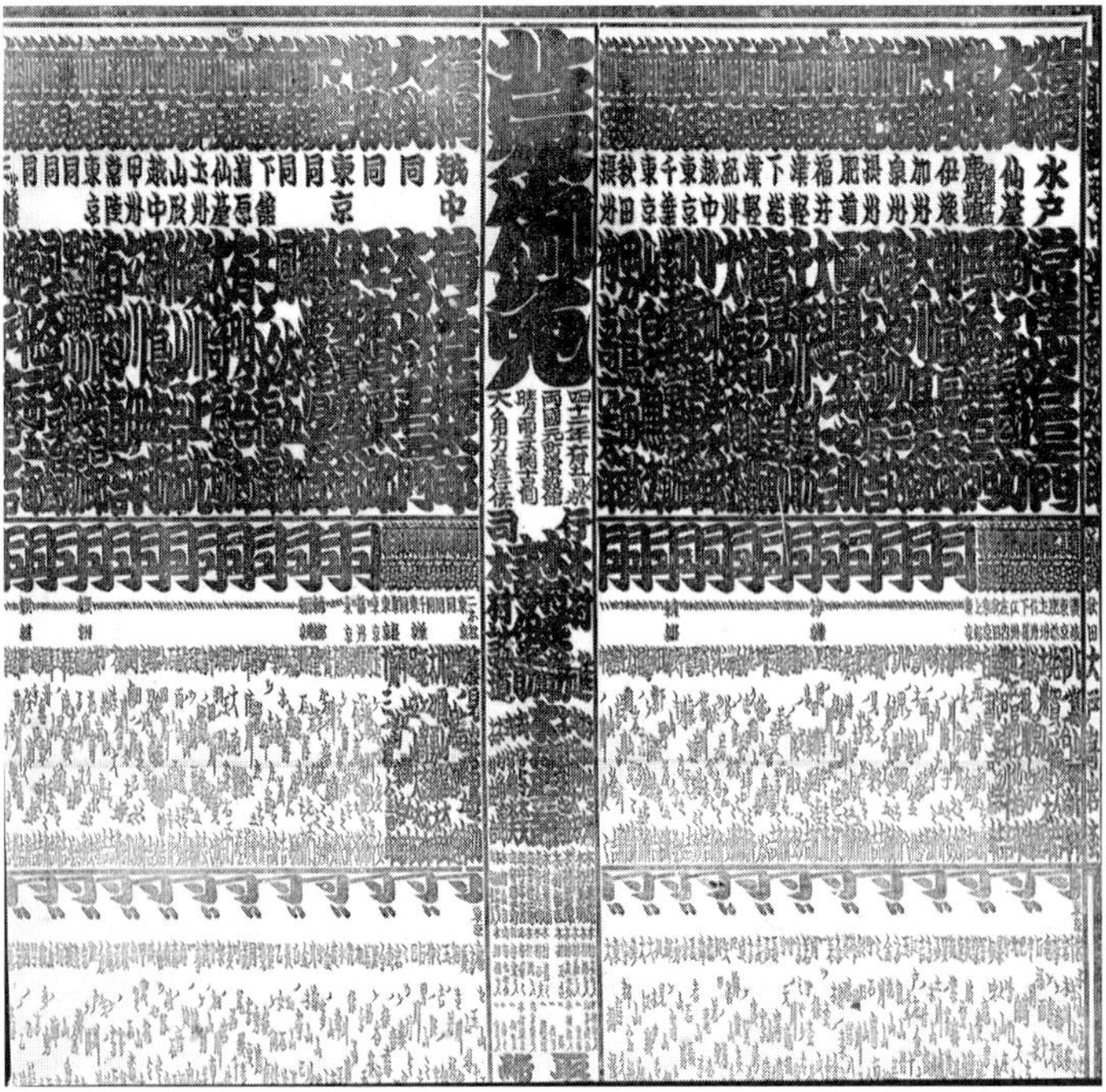

明治四二年六月、常設館興行の番付。

士の地位、または、それらの力士を指していう通称。現在、「番付外」と呼ばれるのは前相撲だけであり、新序出世披露を受けると翌場所の番付に記載される。幕下附出しも初土俵の場所は番付に記載されないが、「番付外」とは呼ばれない。昭和四八年（一九七三）三月場所までは前相撲、本中《ほんちゅう》と進み、前相撲と本中が番付外であった。→〔本中〕〔前相撲〕〔幕下附出し〕

**ばんづけのれきし【番付の歴史】**

相撲の歴史をたどる際に、番付は重要な史料である。現存する古い時代の番付は、およそ二九〇年ほど前のものにさかのぼることができる。それらの番付からは、力士・年寄・行司などの地位や人数、興行が催された年月日、興行日数などさまざまなことがわかる。

　番付がいつごろから作成されたかは定かではないが、当初は板番付を興行地に掲げていたようである。『北小路日記（大江俊光記）』（北小路俊光／貞享元年～享保元年〈一六八四～一七一六〉）、『鸚鵡籠中記』（朝日重章／貞享元年～享保二年）の元禄一四年（一七〇一）の相撲見物に関する記述には、大関、関脇、小結、前頭の順に力士名が記されていることから、遅くとも元禄年間（一六八八～一七〇四）には番付が存在していたものと考えられる。

　紙に刷られたものでは、正徳年間（一七一一～一六）と推定される番付が確認されている。初期の紙に刷られた番付は、横長の紙二枚のうち、一枚に「東之方」、一枚に「西之方」のそれぞれの力士名を記載した形式である。宝暦七年（一七五七）に、江戸で一枚の紙を縦に左右に分け、向かって右側に「東之方」、左側に「西之方」の力士名を記載した形式の番付が作成された。一枚の番付は東西の比較が一目でできる大変便利なものである。その後、部分的に内容は変わっているが、この形式は現在まで踏襲されている。

**【番付の変遷の概略】**

正徳四年（一七一四）六月または同五年六月　現存する最古の横二枚番付。京都・二条川東で興行のもの。

宝暦七年一〇月　現存する江戸相撲最古の縦番付。浅草蔵前八幡で興行のもの。七段で「中」「前」の段がある。これ以前は上方と同様に横二枚番付であった。

宝暦一一年一〇月　現在と同形式の五段番付となる。「中」「前」の段がなくなり、「此外中角力《このほかちゅうずもう》」

**創作された番付**

相撲の興行に際して実際に作られた番付ではなく、後年に複製されたり人々の関心を引くために創作された番付がある。

　陣幕久五郎（第一二代横綱）が現役引退後に作った番付に、寛永年間（一六二四～四四）のころの力士と伝えられる明石志賀之助（初代横綱）を最高位の大関にし、関脇に稲妻雷五郎（第七代横綱）、前頭に谷風梶之助（初代、第四代横綱とは異なる力士）などを書き入れたものがある。これは力士の活躍した時代が異なり、史実と異なる番付であったため「にせ番付」「偽造番付」「架空番付」などと呼ばれた。

　陣幕はこのほかに、明和八年（一七七一）三月場所、慶応二年（一八六六）十一月場所などの番付も作っているが、これらは実際にあった番付を複製したものなので「複製番付」などと呼ばれる。

　陣幕は明治中期に横綱力士碑などさまざまな記念碑を建立したが、そのための資金を用意するためにこれらの番付を作成したと伝えられる。

前角力御座候《ござそうろう》」と省略される。

宝暦一三年三月　六段番付となる。欄外に「千穐《せんしゅう》万歳大叶」と書かれる。

明和七年（一七七〇）三月　現在と同形式の五段番付が、この場所以降定着する。

寛政五年（一七九三）一〇月　従来の「大角力興行」が「大相撲興行」と書かれる。

文政二年（一八一九）一一月　番付上段に書かれていた「東ノ方」「西ノ方」が「東」「西」だけとなる。

明治二年（一八六九）三月　出身地の欄の記載が「江戸」から「東京」になる。

明治一一年五月　高砂組脱退力士が復帰して別番付が作られる。

明治一九年一月　出身地の欄の藩名が出身国名となる。

明治二一年一月　十両の力士名がやや太めの文字で書かれ、幕下と区別される。

明治二二年五月　十両の頭に「前頭」と書くようになる。

明治二三年五月「横綱」の文字を記載。最初は西ノ海（初代）。

明治四二年六月「勧進元大角力協会」「元町常設館」と記載される。従来の「晴天十日間興行」の記載が「晴雨ニ不関《かかわらず》十日間大角力興行」となる。

明治四三年一月「元町国技館」と書かれる。

昭和三年（一九二八）一月「財団法人大日本相撲協会」の名称となる。

昭和七年二月　春秋園《しゅんじゅうえん》事件が起こり、残留力士による改正番付となる。

昭和八年一月　大竜一派から復帰した力士の別番付を作る。

昭和九年五月　幕下以下全員に出身地名が記載される。

昭和三一年三月　出身地名が都道府県別になる。

昭和三三年一月「財団法人日本相撲協会」と改称される。

昭和三五年一月　新形式の番付となる。勝負を司る者を中心と考え、行司・検査役が中央に書かれる。

平成六年（一九九四）一月～三月

一月場所で番付から立行司（庄之助・伊之助）が二名ともいなくなる。史上初のことで、三月場所も同様となる。

平成六年五月　番付に記載された力士の人数が九四三名で最多となる。

平成六年七月　勝負検査役（昭和四三年二月に「審判委員」と改称）をつとめる者の名が、明治二〇年以来初めて番付から消える。

平成一二年五月　引退した横綱・大関は主任のあと（年寄の前）に表示することになった。

平成一六年三月　審判委員を中柱に戻した（行司の下）。今まで行司の下にあった若者頭、世話人、呼出は一番下左の年寄のあとに書かれる。一月一日付で世話人を五人増員したため中柱では書ききれなくなり、呼出の十両以上は二段で書かれる。

平成二〇年一月　特等床山を番付に記載（その後増員）。

**ばんづけはっぴょう【番付発表】**　本場所に向けて、全力士の地位を記載した番付を公表すること。通常は本場所初日の一三日前に行われる。番付は地方にも発送されるので、一月場所の番付発表は年末の郵便の混雑を配慮して早まる。

千秋楽から三日以内に開かれる番付編成会議で翌場所の地位が決められるが、番付発表までは公表されない。しかし、使者の出る横綱・大関への昇進と、関取として化粧廻しなどの準備が必要な十枚目昇進は、番付編成会議の当日に発表される。→〔番付②〕〔番付編成会議①〕

**ばんづけひょう【番付表】**「番付」の正式呼称。通常は「番付」と略していわれる。→〔番付①〕

**ばんづけふだ【番付札】**　相撲部屋の稽古場の壁に下げられる木製の

札で、一枚ごとに部屋所属力士のしこ名が書かれている。番付札は横綱を先頭にして地位の順に並べられる。また、親方（年寄）・行司・呼出・床山の名も同様に並べられる。部屋によっては歴代の関取のしこ名も掲げている。

稽古場の壁にかけられた番付札。師匠、年寄、上位力士の順に並ぶ。

**ばんづけへんせいかいぎ【番付編成会議】** ①本場所千秋楽から三日以内に、その場所の力士の成績を審査し、翌場所の地位を決める会議。番付編成会議は審判部の部長、副部長、委員で構成され、監事も同席する。行司も書記として同席するが発言はできない。このとき、行司は決められた力士の地位を東横綱から順に、細長い番付原稿に記載してゆく。②行司と呼出の番付編成は、毎年一回、九月場所後に理事会で行われる。

**ばんづけへんせいようりょう【番付編成要領】** 相撲協会の『寄附行為施行細則　附属規定』に定められ、番付編成会議はこれにしたがって行われる。昭和三〇年（一九五五）五月八日に施行され、以降数度の改正を経て、現行の規定は平成一六年（二〇〇四）一月に改正されている。『番付編成要領』は以下のように「力士番付編成」と「行司番付編成」の二章から成る。

【第一章　力士番付編成】

第一条　力士番付は、番付編成会議において作成する。

第二条　番付編成会議は、当分の間本場所終了後三日以内に行う。

第三条　番付編成会議は、審判部の部長、副部長、委員をもって組織する。

　監事は、番付編成会議に同席するものとする。

第四条　番付編成会議には、書記として行司を出席させることができる。

　ただし、発言することはできない。

第五条　横綱および大関の推挙は、理事会の賛成を経て満場一致でなければならない。

第六条　力士の階級順位の昇降は、その本場所相撲の勝ち星により協議の上決定する。

第七条　附出し力士は、施行細則第五十四条幕下附出し規定によることとし、その成績を審査の上第六条によりその階級順位を定める。

第八条　大関は、二場所連続して負け越したときは降下する。

　降下は全休を含めて関脇に止め、次場所にて一〇勝以上した場合は、大関に復帰する。

　この場合は番付編成会議当日より大関として取り扱い、当日発表および使者派遣はしないものとする。

第九条　十枚目以上の力士の番付員数を次のとおり規制する。（平成一六年一月場所改正）

　幕内　　四二名以内

　十枚目　二八名以内

第十条　力士を引退する者は、番付編成の開始前に理事長に届け出るものとする。

　理事長は、これを番付編成会議に提出しなければならない。

第十一条　番付編成会議により作成した新番付は、次の本場所の番付発表まで極秘として扱い、何人にも発表することができない。ただし、横綱、大関、および十枚目の昇進は、番付編成会議において決定した当日発表する。

　横綱・大関の昇進は、使者を派遣し、その旨を伝達するものとする。再昇進の場合も同じとする。横綱・大関は番付編成会議当日より、その階級にて取り扱うものとする。

【第二章　行司番付編成】

第十二条　行司の階級順位の昇降は、年功序列によることなく、次の成績評価基準に基づき、理事会の詮衡により決定する。

1　土俵上の勝負判定の良否
2　土俵上の姿勢態度の良否
3　土俵上の掛け声、声量の良否
4　指導力の有無
5　日常の勤務、操行の状況
6　その他行司実務の優劣

第十三条　成績評価は、毎本場所および毎巡業ごとに審判部長、および副部長、巡業部長、指導普及部長、監事が行い、考課表を作成する。

　考課表の作成は、成績評価基準ごとに加点、減点の方法にて行うものとする。

第十四条　審判部長および副部長、巡業部長、監事は作成した考課表を理事会に提出しなければならない。

第十五条　行司の階級順位の昇降は、年一回とし、提出された考課表により、九月場所後の理事会にて詮衡し、翌年度の番付編成を行う。

第十六条　十枚目以上の行司の番付員数を、次のとおり規制する。（昭和五五年九月二七日改正）

十枚目以上の行司　二二名以内

第十七条　番付編成後行司の退職があり、理事長が必要と認めたときは、詮衡理事会を開き、番付編成を行うことができる。

なお、以上の『番付編成要領』について注記すると、第八条のただし書きにある「当日発表および使者派遣はしない」とされる再昇進は、大関から降下した翌場所に関脇で一〇勝以上して復帰した場合である。また、第十一条の使者派遣について「再昇進の場合も同じ」とされる場合は、降下の翌場所に一〇勝以上の条件を満たすことができず、復帰までに何場所かの努力を要した場合である。

**はんぼし【半星】** 勝負判定が預かりの一種の「隠れ星」になったとき、星取表には△が記されたが、一方の力士をやや不利と見て「負けなし（負けではない）」と判定したもの。他方、有利であったとされた力士には「丸星（勝ちに等しい）」が与えられた。これらは両者を負けにしないという便法であったが、内実は、丸星はその評価が加味されて給金や番付が上がることがあり、半星は評価されないという不公平なものでもあった。また、半星は痛み分けの折に両者に与えられたこともあった。大正一四年（一九二五）一一月に預かりが廃止され、取り直し制度となってこのような評価方法は行われなくなった。→〔預かり〕〔隠れ星〕〔丸星〕

**はんまい【半枚】** 番付は東西に分けられていて、東方は西方よりも上位とされる。この東西の差を、本来の番付の差である一枚の半分、「半枚」と表現したもの。東方と西方の差は地位や待遇に現れるものではないが、番付の昇降にあたって勘案される場合がある。

　例えば、十枚目で東筆頭と西筆頭の二名の力士がともに八勝七敗の場合で、幕内の定員によって一名しか入幕できなければ、東方筆頭が「半枚の差」で優先して翌場所に入幕する権利を得る。このような場合に、入幕できなかった西方の力士について「半枚に泣く」と表現される。→〔一枚〕

**はんみ【半身】** 片足を前に出し、もう片足をかなり後ろに引いて、一方の肩が相手に向かう体勢のこと。半身の構えには左半身と右半身があり、それぞれ防御には適しているが、攻撃には不向きで、組んだときにすぐ半身になる力士は大成しないといわれる。

**【左〜】** 左足を前に出し、左の下手で相手の廻しを取り、右足を大きく後方に引き、右手は相手の廻しを浅く取るか、相手の脇にあてがって相手の差し手《で》を絞るように構える型。相手と胸を合わせないので、防御の体勢になる。

**【右〜】** 右足を前に出し、右下手で相手の廻しを取り、左足を大きく後方に引き、左手で相手の廻しを浅く引くか、相手の脇にあてがって相手の差し手を絞るように構える型。相手と胸を合わせないので、防御の体勢になる。

**はんみしきり【半身仕切り】** 大きく足を開き、一方の足を後方に引いて半身で構える仕切り。変則的な仕切りである。

**はんもと【版元】** 番付の発行を専業とした者のこと。京都相撲には和泉屋又兵衛という版元がいた。また、大阪相撲には伊勢屋萬（万）右衛門、江戸（東京）相撲には三河屋治右衛門（後に根岸治右衛門）という版元がいて相撲関係の出版物を発行していた。

江戸（東京）相撲の番付に書かれた文字は「根岸流」と呼ばれ、明治半ばに三河屋当主の根岸兼吉が相撲字として確立させた。版元である根岸家は、相撲会所で帳元もつとめていた。明治二二年（一八八九）には年寄名跡「根岸」となったが、昭和二六年（一九五一）に版元、年寄名跡とも協会に返上した。

現在の番付は協会が刊行している。→〔相撲字〕〔根岸治右衛門〕

……ひ……

**ひかえ【控え】** 本来は、土俵に上がるまでの力士や行司が土俵下の所定の位置に座って待機する状態をいう。広くは、所定の位置や、控え力士・控え行司そのものを指して、「控え」ということがある。

呼出が控え座布団を土俵溜まりに配置する。

**【〜に入る】** 力士や行司が自分の出場の順番を待って、土俵溜まりに入ること。控えには自分の二番前から入り、単に待つばかりではなく、控え力士は力水をつけたり、進行中の相撲の勝負判定にも責任を持つなど、いくつかの役目がある。また、控え行司は、土俵上の行司に事故があった場合は代行をつとめなければならない。→〔控え力士〕

**ひかえぎょうじ【控え行司】** 土俵上で取組が行われているときには、向正面の行司溜まりに次にさばく行司一名が必ず控えていなければならず、これを「控え行司」という。相撲協会『寄附行為施行細則　附属規定』の『審判規則』には、「控え行司は土俵上の行司に事故ある場合はその代行をする」と規定されている。控えに入るのは、先につとめる行司が土俵に上がってからとなる。

**ひかえざぶとん【控え座布団】** 土俵溜まりで十枚目以上の控え力士や控え行司が用いる座布団。幕内以上の力士は自分専用の座布団を用いることができ、付け人が事前に届けたものを、土俵溜まりでは呼出が出し入れする。

**ひかえだまり【控え溜まり／控え溜】**「力士溜まり」の別称。正式には「土俵溜まり」という。→〔土

控え行司（右）も勝負を見極める。



俵溜まり」〔力士溜まり〕

**ひかえりきし【控え力士】** 東西の土俵下に設けられた土俵溜まりで、自分の相撲の順番を待って座る力士のこと。『寄附行為施行細則 附属規定』の『相撲規則 力士（競技者）規定』（昭和三〇年〈一九五五〉五月八日施行）第六条には、「力士は、競技順番の二番前から控え力士として土俵溜まりに出場し、勝負判定に控え力士としての責任を持つ」と定められている。

ただし、控え力士は進行中の相撲に対して直接は物言いをつけることはできない。審判委員に申し出、それを受けた審判委員が挙手して物言いをつける。また、同『附属規定』の『審判規則 控え力士』（昭和五八年七月改正）の項には、以下のように規定されている。

第一条 控え力士は、自分の出場する二番前から所定の土俵溜まりに着かなければならない。

第二条 控え力士は、土俵に上がった力士に水を与える礼儀を行う。

第三条 水入りの際も、水を付け、褌《みつ》を締め直す場合には助手となる礼儀を行う。

第四条 競技が一時中止されるか、または終了の場合は、力士は必ず一人控え力士とならねばならない。

第五条 控え力士は、勝負判定に異議ある場合は、物言いをつけることができる。

第六条 控え力士は、勝負判定の協議に加わらず、したがって決定権を持たない。

**ひがし【東】** ①土俵の位置関係で青房と赤房の間。正面から見て左手になる。土俵下に控え溜まりが定められ、東方の控え力士が座る。②番付表で右半分の最上段に書かれる文字。この下にしこ名を記載された力士が東方になる。

**ひがしかた【東方】** ①番付上では、右半分に東方力士のしこ名が書かれる。現在は、東方の力士は同じ

東西の土俵溜まりで、審判委員を挟む位置に控え力士が入る。

地位（枚数）であれば西方より上位とされる。→〔東②〕

②土俵における東のこと。正面から見て左側になる。→〔東①〕

**ひがしにほんがくせいすもうれんめい【東日本学生相撲連盟】** 明治四二年（一九〇九）に関東学生相撲連盟として創立、昭和二〇年（一九四五）九月に現名称に変更された。日本相撲連盟に加盟し、新潟・長野・静岡県以東の学生相撲加盟団体を統轄する。東日本学生相撲選手権大会、東日本学生相撲個人体重別選手権大会などを主催する。→〔学生相撲〕〔日本相撲連盟〕

**ひがしにほんじつぎょうだんすもうれんめい【東日本実業団相撲連盟】** 昭和三八年（一九六三）四月に発足した。日本相撲連盟に加盟して、勤労者の健全な体力の向上と職域相撲の発展を目的としている。東日本実業団相撲選手権大会（毎年七月初旬）などを主催している。→〔日本相撲連盟〕

**ひぎ【非技】** 決まり手八二手のうちのいずれかの技で負けるのではなく、自分の一方的な動きによって負ける場合があり、その勝負判定のこと。現在は「勇み足」「腰砕け」「つき手」「つき膝」「踏み出し」の五種類が定められている。このうち、「つき手」「つき膝」「踏み出し」は平成一三年（二〇〇一）一月場所より追加された。

これらは正式な判定であり、決まり手と同様に場内に放送され、勝負結果として本場所成績の記録にも記載される。非技は「決まり手以外の決まり手」と呼ばれることもある。→〔勇み足〕〔腰砕け①〕〔つき手①〕〔つき膝〕〔踏み出し〕

**ひき** 数を表す符丁で、「二」を表す。→〔数を表す符丁〕

**ひきあし【引き足】** 攻防の中で、意図的に後退したり、相手の側方に回り込んだりする場合の足の運び。引き落としをしかける場合には相手を引くだけでなく、同時にすばやい引き足も必要である。

**ひきおとし【引き落とし】** 決まり手八二手の一つ。突き合いになったときに、相手の突いてくる手を瞬間的に手前に引いて、土俵にはわせる。相手の鋭い押しや突っ張りを防ぐ技でもある。叩《はた》き込みと同様、むやみに引くと、相手に乗じられて負けを呼び込んでしまう。→〔決まり手〕

**ひきつけ【引きつけ】** 相手の両廻しを取るか、片方の手で廻しを取りもう片方を筈《はず》にして、自分のほうへ相手の体を強く引き寄せること。引きつけられると相手は腰が浮き、体の動きが封じられ、土俵の外に運ばれたり投げられたりしてしまう。

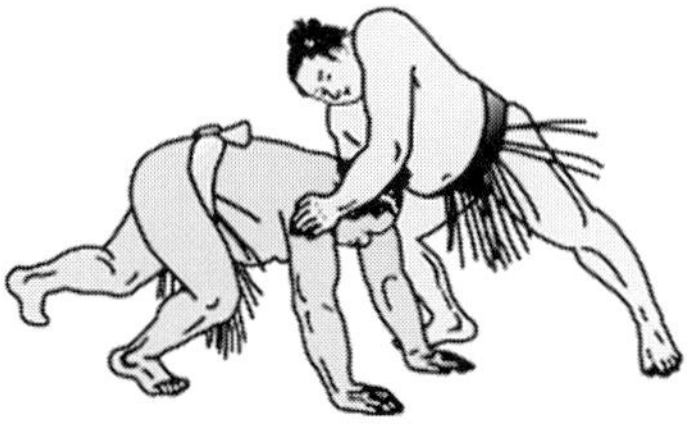
決まり手・引き落とし

**ひきわけ【引き分け】** 勝負がつかないまま、その取組を中止すること。略称して「分け」ともいう。大正一四年（一九二五）一一月に取り直し制度となり、それまでの引き分けと預かりは廃止されたが、痛み分けは残された。

現在、引き分けとされるのは、(1)力士が取組中に負傷して続行不可能になった場合の「痛み分け」、(2)相撲が長引いて水入りを二回繰り返しても勝負がつかない場合に「二番後取り直し」とし、この二番後取り直しでも決着がつかない場合、である。二番後取り直しで引き分けになった場合には、行司は「双方とも取り疲れましたるゆえ、引き分け預かりおきます」と口上を述べる。

なお、取り直し制度の制定当初は、痛み分け以外の引き分けはなく、二番後取り直しとした。昭和三年（一九二八）夏場所から二番後取り直しで決まらない場合は、後日に取り直すことになった。→〔痛み分け〕〔取り直し〕〔水入り〕

**ひきわざ【引き技】** 相手を自分のほうに引き寄せる技のこと。引くことによって相手の重心を崩そうとする攻防の技である。決まり手の引き落とし、引っ掛け、叩《はた》き込み、肩透かしなどは引いて決まるように見えるが、攻防の一瞬の勢いや流れの中で決まることが多く、特に引き技として分類しない。

**ひく【引く】** ①廻しを取ること。②対戦中に相手を自分のほうへ引くこと。あるいは、引っ張り込んだり引き寄せたりすること。足腰が安定した相手を引くと、その引きに乗じて相手は前進する圧力を倍加するので、むしろ危険な動きとなる。

**ひごどま【肥後土間】** 江戸時代に、東の力士溜まりの後方に二間（約三・六メートル）ほどの土間を造り、吉田司家の主家である肥後（現熊本県）細川家専用の席としたもの。一説に、相撲小屋用の木材が不足したあるときに、細川家がお抱え力士も多いことから会所（現在の相撲協会）に寄付をし、会所はその恩に報いるために専用席を設けたと伝えられる。

昭和一二年（一九三七）一月場所初日の入場券に「肥後役土間札」と記されたものが残り、「肥後土間」の名称は戦前まで使われていた。

**ひざのゆとり【膝のゆとり】** 両膝が伸びきらず、柔軟な屈伸を保ち、攻防のどんな動きにも対応できる下半身の構えをいう。

**ひじをはる【肘を張る】** 下手を取るか、あるいは廻しを取らずに差し手《で》を相手の横腹に当て、肘をくの字に曲げて張り出し、上手になった相手の腕を外側へ押し出すようにすること。いったん取られた相手の上手を切ったり、上手を取らせないようにする技である。両《もろ》

は

肘を張り、相手の上手を遠ざける。

差《ざ》しになっている場合には両肘を張る。「腕《かいな》を張る」ともいう。

**ひたたれ【直垂】** 行司が取組をさばく際に着用する衣装の名称。上体に着ける衣と、足首まである差《さし》袴《ばかま》（切袴《きりばかま》）との上下で一そろいになる。直垂は、もともとは庶民の服装であったが、鎌倉時代以降にもっぱら武家に用いられるようになり、江戸時代を通じて武士の礼装となったものである。行司は、この直垂を烏帽子《えぼし》とあわせて着用する。

　直垂を作る素材は、原則として十枚目行司以上が正絹、幕下以下行司が木綿となっている。正絹は冬用が固地綾《かたじあや》、夏用には絹の紗《しゃ》を用いる。直垂の色や模様はさまざまであるが、上下にそれぞれつけられる菊綴《きくとじ》、上衣の胸ひも、両そでをとじるひも、差袴のすそのひもは、行司の階級順位によって決められた軍配の房の色と統一されている。

　また、差袴は、十枚目以上の行司はすそを広げたまま着用するが、幕下以下ではすそのひもを膝下でくくって着用する。↓〔菊綴〕〔行司装束〕

**ひたち【常陸】** 相撲界独特の表現で、大言を吐き、見えを張る人のこと。また、威張っていたり生意気であったりする人のこと。「常陸潟」ともいう。明治時代末期の常陸潟という力士に由来している。見えを張ることを「常陸潟（常陸）きめる」という。

**ひたちやまたにえもん【常陸山谷右衛門】** 第一九代横綱。茨城県水戸市出身。明治七年（一八七四）一月一九日生まれ。本名は市毛谷右衛門。出羽海部屋。初めて番付に載ったのは明治二五年六月序ノ口。同三一年五月新十両。同三二年一月新入幕。同三七年一月新横綱。大正三年（一九一四）五月引退。身長一七四センチ・体重一四六キロ。幕内通算成績は一五〇勝一五敗二二分二預一三一休、優勝制度（明治四二年）以前の優勝相当の成績は六回、以降の優勝は一回。

水戸藩の武術師範をつとめる武士の家に生まれた。初土俵は東京であったが、明治二八年六月に幕下で負け越し、それを恥じて一〇月に部屋を脱走、名古屋を経て大阪相撲へと移り、同三〇年四月に東京に戻って五月に幕下格で再出発した。横綱昇進は梅ケ谷（第二〇代）と同時であったが、大関のころから続く二人の熱戦は常陸山の剛と梅ケ谷の柔とがぶつかり合い、「梅常陸」と呼ばれる活況を呈した。常陸山は必ず相手を受けて立ち、相手に十分相撲を取らせてから豪快な〝泉川〟や〝ため出し〟で土俵の外に飛ばすのを得意とした。

第一九代横綱・常陸山谷右衛門

引退後は年寄出羽海として、大錦（第二六代）、栃木山（第二七代）、常ノ花（第三一代）の横綱、対馬洋、大ノ里、常陸岩らの大関を育てた。また、協会の筆頭取締として力士の生活向上に努力し、相撲界全体の改革につとめ、その貢献の大きさから「角聖《かくせい》」または「御大《おんたい》」と尊称された。大正一一年六月一九日、四八歳で没。→〔角聖〕

**ひだりがかたい**【左が固い】→〔脇／脇が固い〕

**ひだりはず**【左筈】→〔筈／左筈〕

**ひだりはんみ**【左半身】→〔半身／左半身〕

**ひだりよつ**【左四つ】→〔四つ／左四つ〕

**ひっかけ**【引っ掛け】決まり手八二手の一つ。突っ張りや差してくる相手の腕《かいな》を、外側または内側から両手で抱え込むように引っかけ、前に落とすか、土俵外へ出す。上手出し投げや送り出しに変化する技でもある。→〔決まり手〕

決まり手・引っ掛け

**ひっかける**【引っかける】相手が突っ張ったり差してきたときに、相手の腕《かいな》をつかんで自分のほう

へ引くこと。それで相手が前に落ちれば、決まり手は引っ掛けや引き落としになる。また、引っかけて相手の体勢を崩してから、上手出し投げや送り出しなどで決める場合もある。

**ひっとう【筆頭】** 番付各段に位置づけられる前頭、十枚目（十両）、幕下二段目、三段目、序二段、序ノ口の地位で、東西それぞれの「一枚目」のこと。「前頭筆頭」は「前頭一枚目」のことである。普通は「一枚目」といわず「筆頭」という。筆頭は各段で二名ずつおり、「東前頭筆頭」と「西前頭筆頭」、「東十両筆頭」と「西十両筆頭」のようになる。

**ひっぱりこむ【引っ張り込む】** 差してきた相手の腕《かいな》を、上手で引っ張るように抱え込むこと。大型で力の強い力士が小兵力士を引っ張り込み、そのまま寄って出たりする。

**ビデオ** 勝負判定に正確を期するため参考にされる、取組の映像記録のこと。昭和四四年（一九六九）三月場所で、四五連勝中の横綱・大鵬が幕内・戸田に敗れた勝負判定に疑義が残った。これ以前にビデオ導入の話が出ており、この取組を契機として協会は同年五月場所から導入を決定した。

**ビデオしつ【ビデオ室】** 勝負判定を正確に行うためにビデオを用いるが、そのために会場内に設けら

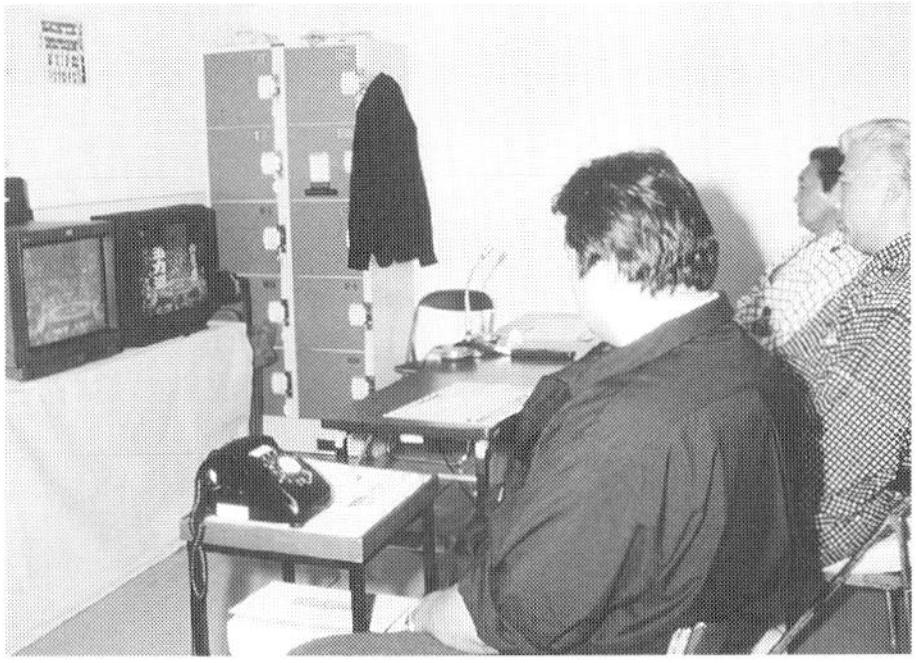

ビデオ室では審判委員と決まり手係の年寄が勝負を検分している。

第九代横綱・秀ノ山雷五郎（三代豊国画）

れた部屋。ビデオ室には二名の審判委員と一名の決まり手係が詰めて、公正を期している。物言いがついた勝負では、土俵上で審判委員が協議するときにビデオ室から映像の様子が審判長に知らされる。

ただし、土俵下の審判委員の眼が優先され、ビデオはあくまでも判定の参考資料として供されるものである。なお、ビデオはＮＨＫテレビの映像を使用している。→〔物言い〕

**ひでのやま【秀ノ山】** 年寄名跡の一つ。初代は文化九年（一八一二）四月限りで引退して年寄になった小結・秀ノ山傳治郎。現在は、空席となっている。

**ひでのやまらいごろう【秀ノ山雷五郎】** 第九代横綱。宮城県気仙沼市出身。文化五年（一八〇八）生まれ。本名は菊田辰五郎から橋本

辰五郎。秀ノ山部屋。初めて番付に載ったのは文政一一年（一八二八）一〇月序ノ口。天保八年（一八三七）一月新入幕。弘化二年（一八四五）一一月新横綱。嘉永三年（一八五〇）三月引退。身長一六四センチ・体重一三五キロ。幕内通算成績は一一二勝二一敗三三分二預、優勝相当の成績は七回。

入門から横綱昇進まで一九年かかった。歴代横綱の中ではもっとも小兵であるが、稽古に次ぐ稽古を重ね、激しい闘志で相手にぶつかった。

引退後は年寄秀ノ山を襲名、秀ノ山部屋からは横綱・陣幕（第一二代）が出ている。文久二年（一八六二）五月一九日、五五歳で没。→〔嘉永事件〕

**ひとかたや【人方屋】** 江戸時代初期までは土俵がなかったので、相撲を取る者と見物人たちは人垣の輪を作り、その中で相撲を取った。これを人方屋と呼び、勝負は相手を地面に倒すか人垣の中に押し込んだほうの勝ちとされた。→〔方屋〕

**ひとりずもう【独り相撲】** ①取組中に、自分を不利にし、自滅するような動きをして負けた場合に、このようにいわれる。

②地方に伝わる神事相撲の一種。→〔巻末・各地の主な神事相撲〕

**ひとりどひょういり【一人土俵入り】** 大勢の力士が同時に土俵入りするのとは違って、一人で土俵入りすることをいった。寛政元年（一七八九）に横綱免許を受けた谷風、小野川は、太刀持ち・露払いを従え、一人で土俵入りの所作をした。また、同六年一一月に張り出された大童山などの怪童力士や、見世物的に登場して看板大関などと呼ばれた巨人力士も、一人土俵入りをした。→〔怪童力士〕〔巨人力士〕〔横綱土俵入り〕

**ひねり** 相手の体を横方向に回転させたりよじったりするように、力を加えること。相手の体だけでなく、自分の体の動きについてもいう。

**ひねりて【ひねり手】** 相手または自分の体を横方向にひねるようにして倒す技のこと。「ひねり技」ともいう。決まり手八二手のうち、ひねり手には以下の一九手がある。突き落とし、巻き落とし、とったり、逆《さか》とったり、肩透かし、外無双、内無双、ずぶねり、上手捻《ひね》り、下手捻り、網打ち、鯖《さば》折り、波離間《はりま》投げ、大逆手《おおさかて》、腕《かいな》捻り、合掌捻り、徳利投げ、首捻り、小手捻り。→〔決まり手／決まり手八二手〕

**ひねりわざ【ひねり技】** 「ひねり手」の別称。

**ひのしたかいさん【日下開山】** 強い力士を世間が評して、「天下無双」という意味で使われるようになった言葉。「日下」は天下の意で、「開山」とは仏教用語で最初に宗派や寺院を開いた祖師を表し、本来は「最初の一人」という意味である。そこから転用されて天下一の強豪力士に対していうよ

人方屋の相撲の絵図。行司は描かれているが、土俵は見られない。

うになったが、必ずしも横綱を指すとは限らない。

**ひょうぎいん【評議員】**『日本相撲協会寄附行為』に「若干名をおく」と規定され、評議員会を組織する者のこと。評議員には、年寄名跡を襲名継承した者全員と、力士会選出の力士四名、行司会より立行司一名又は二名が加わる。力士会と行司会選出の評議員の任期は二年であるが、再任も可能である。

理事および副理事の選挙に立候補できるのは、年寄である評議員に限られる。→〔評議員会〕

**ひょうぎいんかい【評議員会】**日本相撲協会の評議員による組織。『日本相撲協会寄附行為』に定める事項、予算・決算の収支についての事項、財団法人の財産に関する事項、年寄・力士等の福利厚生に関する事項、その他理事長が必要と認めた事項について、理事長の諮問に応じて評議する。

また、理事および副理事の選挙は、評議員会において評議員の単記無記名投票により行われる。

**ひょうしぎ【拍子木】**用具の名称であるが、相撲では通称で「柝《き》」という場合が多い。→〔柝〕

**ひょうしょう【表彰】**相撲協会が『寄附行為施行細則　附属規定』等に定めて行う表彰には、次のようなものがある。本場所ごとに千秋楽競技終了後の土俵上で表彰式を行うものとして、幕内最高優勝、三賞（殊勲賞、敢闘賞、技能賞）がある。各段（十枚目、幕下二段目、三段目、序二段、序ノ口）優勝の表彰は十両終了後に行う。

また、随時に表彰するものでは、功績のあった横綱に贈る一代年寄、永年勤続の優秀力士に対する表彰などがある。→〔特別表彰〕〔場所中の表彰〕

**ひらどひょう【平土俵】**土を盛った台形の上に造る土俵ではなく、同一平面に俵を埋めて造った土俵。稽古土俵はこの形態である。

**ひらまく【平幕】**幕内力士のうち、前頭筆頭（一枚目）から幕尻までの、前頭の力士をまとめていう通称。特に、小結以上の役力士と対比する意味で使われ、「平幕優勝」「平幕に落ちる」などと表現されることがある。→〔前頭〕

**ひらまくゆうしょう【平幕優勝】**本場所で、「平幕」と呼称される、三役より下の前頭に位置する力士が優勝すること。下位の力士が勝ち進んだ場合、『取組編成要領』にしたがって横綱、大関と取り組ませることがあり、平幕力士の優勝は非常に難しい。→〔取組編成要領〕

**ひろしまばしょ【広島場所】**昭和二年（一九二七）の東西合併から同七年まで、年四場所のときがあり、その間に一回「広島場所」が開催された。同三年一〇月に広島市西練兵場（当時）の仮設国技館で行われた。

**びんつけあぶら【びん付け油】**「すき油」の通称。さらに略称して「びん付け」ともいう。→〔床山の道具／すき油〕

**びんぼうがみ【貧乏神】**十枚目筆頭（一枚目）のこと。この地位は、十枚目でありながら幕内力士とも対戦するため、このように呼ばれる。明治・大正期には、激しい流れを乗り切るという意味で「瀬切り」とも呼ばれた。

## ……ふ……

**ふかくさす【深く差す】**差し手《で》が相手の背中のほうまで回り、肩が相手に密着する体勢になること。相手の側方に食いついたり懐深く入り込むようになるので、相手は攻めにくくなる。

**ぶかた【歩方】**年寄および十枚目以上の力士と行司に支給されていた金のこと。興行の売上金を番付の地位にしたがって配分したもの。昭和三二年（一九五七）五月より月給制となり、歩方は廃止された。→〔月給制〕

**ふくおかこくさいセンター【福岡国際センター】**十一月場所（九州

十一月場所中の風景。正面中央に櫓が立つ。

場所〕が開催される会場。昭和五六年（一九八一）一一月に本場所会場となり、現在に至っている。定員九、四三八人。所在地は福岡市博多区築港本町二―二。

　アクセスは、博多駅から西鉄バス福岡センタービルE乗り場19番・47番・84番に乗り「石城町・国際センター入口」下車、または空港線・天神駅から西鉄バス天神ソラリアステージ前2A乗り場25番・80番・85番に乗り「博多ふ頭入口」下車。→〔九州場所〕〔十一月場所〕

**ふくおかスポーツセンター【福岡スポーツセンター】** 昭和三一年（一九五六）一一月に福岡準本場所の本場所昇格が決まり、翌三二年より年五場所制となって、同年に最初の十一月場所（九州場所）が開催された会場。以降、同四八年一一月まで計一七回本場所を開催した。

　翌四九年一一月からは「九電記念体育館」に会場を移し、同五六年一一月から「福岡国際センター」に移って現在に至っている。→〔十一月場所〕

**ふくおかばしょ【福岡場所】** 昭和二年（一九二七）の東西合併から同七年まで、年四場所のときがあり、その間に一回「福岡場所」が開催された。同五年一〇月に福岡市須崎裏仮設国技館で行われた。→〔地方本場所②〕

**ふくたてぎょうじ【副立行司】** 昭和二六年（一九五一）～三四年に置かれた行司の階級順位で、立行司と三役行司との間に二名が置かれていた。同三五年の行司停年制と定員制の実施に伴って廃止された。→〔行司の階級〕

**ふくたてよびだし【副立呼出】** 呼出の地位で第二位。定員は一名。→〔呼出の階級〕

**ふくりじ【副理事】** 理事の次位に置かれた役員の名称。旧名称は監事で平成二〇年（二〇〇八）一〇月に改称。定員は三名で、任期は二年であるが再任もできる。職務は審判部副部長、巡業部副部長などをつとめている。理事会に出席して意見を述べることができるが、それらの表決に加わることはできない。→〔役員〕〔監事〕

**ふくりじちょう【副理事長】** 『日本相撲協会寄附行為施行細則』によれば、理事長が病気などにより職務が行えない場合、その業務を代行する立場にある。平成二二年（二〇一〇）に新設された役職で外部理事の村山弘義氏がつとめていたこともあった。→〔外部理事〕〔外部委員〕〔理事長代行〕

**ぶけのすもう【武家の相撲】** ①武士によってたしなまれた相撲を表す言葉。

　保元・平治の乱（一一五六、一一五九）によって武家が台頭し、相撲は武技として位置づけられるようになり、武士の鍛錬として組み打ちを主とするものになった。組み打ちの相撲の形態は、手合《てあい》に始まり、取り組み合って攻防を尽くし、最後の詰めで相手をねじ伏せて勝負をつけるものであった。②専門的な相撲人による相撲を武将が楽しむことを表す言葉。武家の上覧相撲は源頼朝による文治五年（一一八九）が最初とされ、鎌倉・鶴岡八幡宮の祭礼では流鏑《やぶさ》馬《め》、競馬《けま》とともに相撲にも将軍が臨席している。

江戸時代には大名たちの娯楽ともなり、そのことが力士や相撲の質の向上につながった。→〔お抱え力士〕〔上覧相撲〕

**ふさ【房】**①吊り屋根の四隅から下げられている房のこと。房の長さは二三〇㌢、太さ七〇㌢、重さ二五㌔あり、土俵面から房の先端までは三・〇五㍍の高さである。

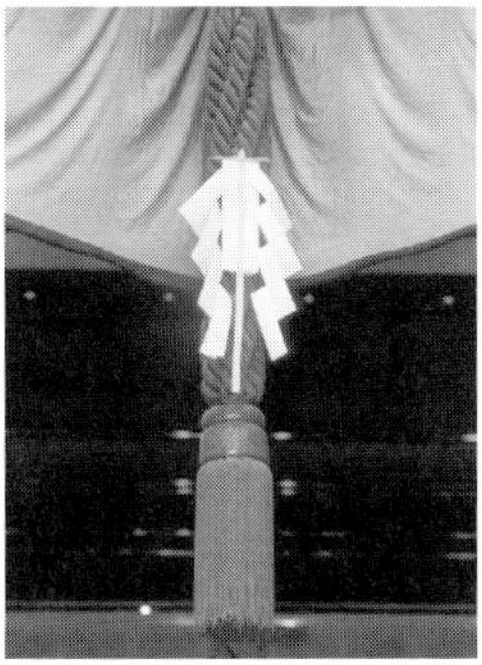
四方の房には幣が飾られる。

正面の東寄りに青房、西寄りに黒房、向正面の東寄りに赤房、西寄りに白房が下げられ、それぞれ四季と四神を表している。

昭和二七年（一九五二）九月、秋場所前の理事会で四本柱の廃止が決められ、同場所より吊り屋根になり、柱の代わりに房を用いることになった。→〔四本柱①〕

②行司が使用する軍配につけられた房のこと。その色は『寄附行為施行細則　附属規定』の『審判規則　行司』に、行司の階級順位にしたがって定められ、最高位が総紫《そうむらさき》で、以下に紫白、朱、紅白、青白、黒または青となっている。→〔行司の階級〕〔総紫〕

**ふじがね【富士ヶ根】**年寄名跡の一つ。初代は元治元年（一八六四）一〇月場所中に富士ヶ根三八と改名した幕下二段目・藤嵐三八で、慶応三年（一八六七）に引退して年寄となった。現在は、元小結・大善が襲名継承している。

**ふじしま【藤島】**年寄名跡の一つ。初代は宝暦一三年（一七六三）に年寄として名が残る藤嶋甚八。現在は、元大関・武双山が襲名継承し、藤島部屋を運営している。

**ふじょうまけ【不浄負け】**取組中に廻しがはずれてしまった場合の反則負けを俗称した言葉で、正式な用語ではない。協会は決まり手を単に「反則負け」と発表している。

**ふせんしょう【不戦勝】**負傷などで対戦相手が急に出場できなくなったときに、闘わずに勝ち星を得られる制度。「不戦勝ち」ともいう。不戦勝の力士は土俵上で勝ち名乗りを受ける。休場届が取組編成会議終了後に提出され、割返《わりかえ》し（編成し直し）ができなかった場合の措置である。反対に、休場する力士は「不戦敗」または「不戦負け」となる。

呼出が不戦勝を触れた後、力士は土俵に上がって勝ち名乗りを受ける。

東京相撲では大正一五年（一九二六）一月、大蛇山と白岩の取組が取り直しとなった際、熱戦で疲労した白岩が棄権したため、大蛇山の不戦勝となったのが最初。昭和二年（一九二七）一〇月場所から休場による不戦勝が一〇日目、千秋楽の幕内力士に適用され、同三年三月場所から全力士に初日から適用されるようになった。不戦勝の力士が土俵上で勝ち名乗りを受けるようになったのも同場所からである。なお、この制度ができる前は、相手が休むと自分も休みとなった。

**ふせんぱい【不戦敗】**取組編成会議の終了後に、何らかの理由で出場できなくなった力士が出た場合、負けとすることをいう。「不戦負け」ともいう。休場届が提出されたときにすでに取組表に記載された取組については黒星となる。

**ふたごえ**【二声】行司や呼出は、三役以上の力士が登場した取組ではしこ名を二回呼び上げる。また、中跳《ちゅうば》ね（十枚目最後の取組）のときも二声で呼び上げる。これは大正一五年（一九二六）五月まで、中入前にも横綱・大関の取組があった名残である。

二声は本場所や巡業に限られるが、本場所でも優勝決定戦は一声である。トーナメントなど花相撲では一声で呼び上げる。

**ふたごやま**【二子山】年寄名跡の一つ。初代は寛政三年（一七九一）の上覧相撲に年寄の名が残る二子山萬右衛門。現在は、元大関・雅山が襲名継承、評議員をつとめている。

**ふだば**【札場】江戸時代の勧進相撲で、相撲場の木戸（出入り口）のわきに造られた木戸札（入場券）売り場のこと。観客はここで木戸銭を支払って木戸札を受け取り、その木戸札を木戸に渡して入場した。「新札場」ともいったようである。『相撲名所図絵』（立川焉馬／弘化二年（一八四五））に「新札場」として、「諸見物此所ニて切手（木戸札）を買取りて木戸の関を通る、出役年寄なり」と記述されている。→〔大札場〕〔木戸札〕

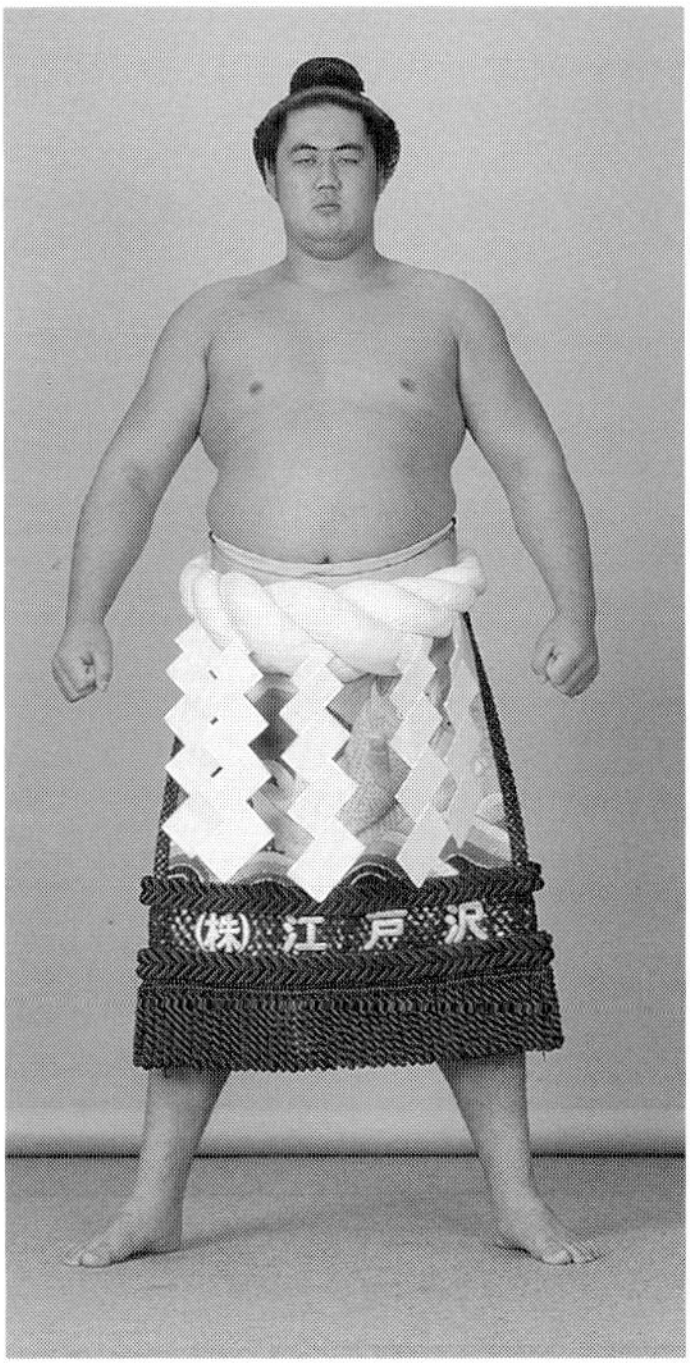

第六〇代横綱・双羽黒光司

**ふたはぐろこうじ**【双羽黒光司】第六〇代横綱。三重県津市出身。昭和三八年（一九六三）八月一二日生まれ。本名は北尾光司。立浪部屋。昭和五四年三月初土俵。同五九年一月新十両。同年九月新入幕。同六一年九月新横綱。同六二年一一月限りで廃業。身長一九九センチ・体重一六一キロ。幕内通算成績は一九七勝八七敗一六休、優勝はなし。

恵まれた体で将来を期待されて入門し、幕下ではけがで停滞したものの、新十両以降は負傷による途中休場の場所以外はすべて勝ち越して、六一年一月に大関に昇進、五場所目には横綱になる、とんとん拍子の出世であった。部屋の大先輩、双葉山と羽黒山の名を分けてもらい、横綱昇進の場所からしこ名を双羽黒と改めた。右四つで相手の左上手をとっての攻めは腰がよく下りて安定し、懐が深いので相手が攻めあぐねる場面も多かった。

横綱昇進後はけがが多く、師匠と対立し、在位八場所で現役中に廃業した。

**ふたばやまさだじ**【双葉山定次】第三五代横綱。大分県宇佐市出身。明治四五年（一九一二）二月九日生まれ。本名は穐吉定次。立浪部屋から双葉山道場。昭和二年（一九二七）三月初土俵。同六年五月新十両。同七年二月新入幕。同一三年一月新横綱。同二〇年一一月引退。身長一七九センチ・体重一二三キロ。幕内通算成績は二七六勝六八敗一分三三休、優勝一二回。

春秋園事件で協会から幕内力士が大勢脱退したために繰り上げの入幕であったが、当時から一〇九

キロくらいの体で「うっちゃり双葉」と呼ばれるほどの強じんな二枚腰であった。正攻法の自分の相撲を取り続け、摂生と稽古につとめ、昭和一一年一月春場所の七日目、前頭三枚目で六九連勝のスタートを切った。

　双葉山は、立ち合いに決して「待った」をせず、常に相手を受けて立った。しかも、右四つの自分の型に持ち込んで、上手投げ、寄り身で相手を仕留める堂々たる相撲を取った。

優勝一二回は一五場所間にあげたもので、その内容は五場所連続全勝優勝、全勝優勝が計八回と他を圧倒した。六九連勝は史上最高記録であるが、ほかにも三六連勝、二九連勝がある。大横綱と呼ぶにふさわしいこの輝かしい成績は、強い足腰を備えた体と、粘り強い精神力から生まれた。

　現役中の昭和一六年一二月、双葉山道場を創設し、引退後に年寄時津風を襲名、横綱・鏡里（第四二代）ほか、大内山（元年寄立田山）、北葉山（元年寄枝川）、豊山（元年寄時津風）らの大関を育てた。協会では理事長をつとめ、協会組織と運営の近代化に貢献した。昭和四三年一二月一六日、五六歳で没。

第三五代横綱・双葉山定次

**ふたばやますもうどうじょう【双葉山相撲道場】** 第三五代横綱であった双葉山は、師匠の立浪親方（元緑島）の許可を得て、昭和一六年（一九四一）の夏場所に改定された横綱一代年寄制度によって「双葉山相撲道場」を創設し、同年一二月に独立、立浪部屋からの弟子数人と親友の粂川親方（元鏡岩）から譲られた粂川部屋の弟子全員とを合わせ、現役で弟子を養成した。後に甲山、二十山、荒汐、井筒、音羽山、錦島らの弟子も加わった。所在地は当時の東京市本所区東両国三―八（現墨田区両国三―一五―三）であった。

正面に「双葉山相撲道場」と掲げた現在の「時津風部屋」。今も「道場」と呼ばれる。

は

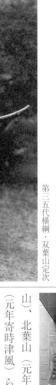

後年に弟子のうちから第四二代横綱・鏡里らが誕生した。単に「道場」ともいった。引退後に年寄時津風を襲名して時津風部屋となったが、今でも「道場」と呼ぶことがある。→〔双葉山定次〕〔横綱一代年寄制〕

**ぶちかまし**　立ち合いで、頭を低くして相手の胸に頭から当たってゆくこと。そうすることを「ぶちかます」という。

**ふつういじいん【普通維持員】**日本相撲協会が『寄附行為』に規定する維持員の一つ。個人または法人で、相撲協会維持員の申し込みをして理事会の承認を受け、維持費を納入したもの。普通維持員は、東京地区とその他の地区（大阪・名古屋・福岡）とに分けられ、所属する地区の本場所競技に立ち会う。任意に継続できるが、六カ年ごとに協会による確認審査がある。→〔維持員〕

**ぶつかりげいこ【ぶつかり稽古】**稽古方法の一つで、ぶつかる力士と受ける力士に分かれ、相撲の基本となる押しと受け身の型を身につける重要な稽古。

ぶつかる側は、相手力士の右胸をめがけて、両脇を締め額で当たり、両筈《もろはず》で突き放すように押す。当たって押した後、相手力士に左肩を突き落としてもらい、身を丸くして横転し、相撲でけがをしないように受け身の型を身につける。当たった後に押せなかったときには、首を押されながら土俵上をすり足で歩き回され、転がされる。起き上がるときには、仕切りの型をとる。以上の手順を一回として、何回も繰り返す。

受ける側は、仕切り幅よりやや広めに両足を構えて腰を割り、次に両手を広げて右足を踏み込む。相手のぶつかりを受けたら、両足を土俵から離すことなくずるずると相手に押させ、土俵上あるいは土俵際で踏ん張り、相手の攻めを残す防御の稽古と足腰の鍛錬をする。

ぶつかり稽古。①当たって押す。

この「ぶつかり稽古」が不足すると土俵で思わぬ負傷をする原因にもなるので、基本として大切な稽古である。略称して「ぶつかり」ともいう。→〔稽古〕

**ふでがしら【筆頭】**江戸時代に、会所を組織した年寄の最上位に位置した役職の名称。筆頭には一名が置かれ、番付編成権など相当な権力を持っていた。明治一六年（一八八三）五月の番付に「取締」と記載され、従来の筆頭を改称したと思われる。→〔取締〕

②丸くなって横転し、受け身も稽古する。

**ふでわき【筆脇】**会所を組織した年寄のうち、筆頭《ふでがしら》に次ぐ地位の役職名。一名が置かれ、最上位の筆頭を補佐した。

**ふところ【懐】**組んだときに力士の両腕と胸との間にできる空間のこと。

**【～が深い】**相手から見て、上背があり腕が長く、廻しが遠くて取りにくい力士のこと。このような力士に対しては、押しや寄り、投げがききにくい。一方で、懐が深い力士は脇が甘くなって苦杯をなめる場合もある。

【～に跳び込む】 特に、小兵力士が大型力士の懐に入る様子をこのように表現する。

【～に入る】 相手の胸元に入ると同時に、下手を差したり廻しを取ったりして、相手に密着した体勢になること。このとき、両差《もろざ》しになれば、さらに有利な体勢になり自分の相撲が取れる。

【～に呼び込む】 単に「呼び込む」ともいう。①相手の動きを封じる作戦として、自分の懐に抱き込むようにつかまえてしまうこと。②引いたりはたいたりして、かえって相手の出足を誘い、懐に入られてしまって自分の体勢を悪くすること。

**ふところがふかい** 【懐が深い】 相撲界独特の表現で、見かけは金持ちではないように見えても実は金持ちである場合をいう。

**ふみきり** 【踏み切り】 相手に寄られたときなどに、足の指は俵にかかっているが、かかとが土俵の外に出てしまうことをいう。負けとされ、決まり手は相手が攻めた技になる。

**ふみこし** 【踏み越し】 攻めている力士が、誤って土俵の外の砂に足の一部をつけてしまうこと。勝負判定は普通「勇み足」となる。

**ふみこみ** 【踏み込み】 立ち合いで突きや押しに威力を加えるために、また、体のバランスを保つために足を踏み出すこと、または、その足のこと。例えば、相手の投げを残そうとして送る足を「踏み込み」という。

**ふみだし** 【踏み出し】 相手の攻めをいったん残し、土俵際で体勢を戻そうとしたときに、土俵より足を踏み出した場合。または、相手の力が加わらないまま、土俵より足を出した場合のこと。勝負結果として公式判定になっており、負けとされる。平成一三年（二〇〇一）一月場所より非技として追加された。→〔非技〕

**ふみだわら** 【踏み俵】 土俵の傾斜面に作られた、上がり段に埋め込まれる小俵《こだわら》の呼称。上がり段は正面に一ヵ所、向正面、東、西の三面には各三ヵ所が作られ、踏み俵が一俵ずつ埋め込まれる。したがって、踏み俵は合計一〇俵が設置される。

また、上がり段を「踏み俵」と別称することもある。→〔上がり段〕〔口絵・土俵俯瞰図〕

非技・踏み出し

**ぶもちとしより** 【歩持年寄】 加入金を負担し、本場所の勧進元となる権利を持った年寄のこと。興行収益から配当を得ることができた。創設時期は不明だが、明治一一年（一八七八）制定の『角觝《すもう》営業内規則』に「歩持年寄」と記してある。加入金を負担していない年寄とは待遇に差があったが、次第にみな加入金を納めるようになり、区別はなくなっていった。

**ふりほどく** 【振りほどく】 相手に廻しを取られたり体を寄せられたりして不利な体勢になったときに、相手との距離を空けるようにすること。不利な体勢になった力士は、腰を左右に振ったり突き放したりして振りほどく。

**ふりわけ** 【振分】 年寄名跡の一つ。初代は天明四年（一七八四）一一月限りで引退した序二段・振分忠蔵。現在は、元小結・高見盛が襲名継承している。

**ふれ** 【触れ】 本場所の開催と初日の取組を、初日の前日に町々を回って披露すること。現在は、土俵祭が終わってから行われている。

江戸時代には「水汲の暁起やすまふ触　其角」という俳句が残る

ように「相撲触れ」と俗称され、また、呼出が太鼓を打ちながら回るために「太鼓回り」「町回り太鼓」などとも俗称された。

　かつて江戸では、年寄伊勢ノ海家より太鼓を有料で借り出し、呼出が数人一組みとなり、本所・深川方面、浅草・柳橋方面、吉原方面、厩橋・銀座方面、山の手方面の五つに分かれて一巡した。朝一〇時ごろに出発して夕方までに帰ったという。→〔太鼓〕

**ふれだいこ【触れ太鼓】** 正式な用語ではないが、通称として用いられている。

　初日前日の土俵祭の最後に、東花道から各四名の呼出が組になった太鼓二基が入場し、一名が太鼓を、もう一名が胴を打ちながら土俵の周りを左回りに三周する。その後に町に触れに出るため、触れ太鼓は「町回り太鼓」とも俗称された。

触れ太鼓

　触れ太鼓は寄せ太鼓と同じ調子だが、歩きながら打つためテンポがやや速い。

**ぶわけ【歩分】** 組合別巡業のころの、興行収益や欠損の配分方法の一種。巡業を行った組合と勧進元とで収益や欠損を折半したもの。昭和二〇年代まで行われていた。→〔売り切り〕〔組合別巡業〕〔手《て》相撲《ずもう》〕

**ふんどしかつぎ【褌担ぎ】** 主に序ノ口、序二段力士の別称。関取の明け荷を担ぐことからきた表現である。三段目に上がると、この呼称とも別れられる。

……………へ……………

**へい** 数を表す符丁で、「一」を表す。→〔数を表す符丁〕

**へい【幣】** 神前に供える布あるいは紙。相撲では土俵祭の際に土俵上で用いられたり、櫓《やぐら》に掲げる出《だ》し幣《べ》として使われている。かつては四本柱にもつけた。現在は屋形に下がっている房に取りつける。「御幣」「紙幣」ともいう。

　『大相撲評判記・大阪之部』（好華山人／天保七年〈一八三六〉）に「土俵の中央に立る幣帛は土の色を表して黄色の紙を用る事古例なり」とあり、古くは「黄幣」を用いていたが、その後、現在のような白色の幣に替わった。

**へいそく【幣束】** →〔御幣〕

**べっせき【別席】** 昭和七年（一九三二）一月の春秋園《しゅんじゅうえん》事件で大日本相撲協会を脱退し、いったん大日本新興力士団や革新力士団に加わった力士たちの一部が首謀者、天竜らに異議を唱えて同年一二月に協会に復帰した。翌八年一月の春場所で協会は、本来の番付とは別にもう一枚の番付を作って復帰した力士を記載した。

　この場所で復帰組の男女ノ川が個人優勝をしたため、その地位を「別席」と称して報道したもの。「幕内別席」ともいうが、協会が規定した正式な地位ではない。

　なお、男女ノ川は復帰組の番付ではしこ名を「朝潮」と記載されているが、この場所の初日に男女ノ川と改名して土俵に上がった。→〔春秋園事件〕〔二枚番付③〕

**へや【部屋】** 「相撲部屋」の略称。→〔相撲部屋〕

**へやいじひ【部屋維持費】** 「相撲部屋維持費」の略称。→〔相撲部屋維持費〕

**へやそうせつしかくしゃのげんてい【部屋創設資格者の限定】** 横綱・大関または三役通算二五場所、幕内通算六〇場所をつとめた力士が引退後一年以上経過すれば、新たに部屋を創設できる。

**へやつきとしより【部屋付き年寄】** 現役を引退して年寄または準年寄となったのち、部屋に所属して後進の指導などにあたる親方のこと。協会から部屋の運営を委嘱される「部屋持ち年寄（師匠）」に対比される言葉である。
　普通は力士のときに在籍した部屋に所属する場合が多いが、要請されるなどして他の部屋に移って指導に当たる親方もいる。→〔師匠〕〔部屋持ち年寄〕

**へやべつそうあたりせい【部屋別総当たり制】** 本場所の取組で、同じ部屋の力士どうしは対戦しない形式。昭和四〇年（一九六五）一月以降の、現行の対戦制度である。それ以前に行われていた「一門系統別部屋総当たり制」は同じ系統の力士どうしも対戦しなかったので、これを改めて対戦相手の範囲を広げた。
　ただし、同成績の力士による優勝決定戦などでは同部屋であっても対戦する。→〔一門系統別部屋総当たり制〕〔東西制〕〔取組制度〕

**へやまわり【部屋回り】** ①本場所初日の前日に行われる土俵祭の終了後、呼出が各相撲部屋に初日の取組を触れて歩くこと。
②床山が配置されていない相撲部屋に対して、近くの部屋の床山が分担して力士の髪を結いに行くこと。→〔床山勤務規定〕

**へやもちとしより【部屋持ち年寄】** 相撲協会の年寄名跡を襲名継承している年寄のうち、相撲部屋を運営する年寄のこと。「師匠」と呼ばれている。→〔師匠〕〔部屋付き年寄〕

**へんか【変化】** 立ち合いに変わること。→〔変わる〕

**へんばい【反閇】** 奈良～平安時代の相撲節《すまいのせち》で、相撲召合《すまいめしあわせ》の当日、相撲に関係する者たちが紫宸殿の庭前に行列を作って参入する前に、陰陽師が行った呪法のこと。相撲人《すまいびと》を引率して吉凶を占い、呪文を唱えながら邪気を祓《はら》う舞踊を行った。→〔相撲節〕〔相撲節の儀式／相撲召合〕

……………ほ……………

**ほうき** 呼出は土俵で、蛇の目や土俵内の砂を整える手ぼうきと、土俵内を掃く竹ぼうきの二種のほうきを使用する。特に手ぼうきでは、蛇の目の砂の上を柔らかくていねいに掃いて、力士の踏み越しや踏み切りなどの跡が明瞭に残るようにし、勝負判定を見やすくする。さらに土俵の美しさを保ち、荒れた土俵を清浄に戻す。
　また、稽古が終わることを「土俵をあげる」といい、明日の稽古に備えて土俵を清浄に保つことを「あげぼうき」というが、これは行為を表す言葉。→〔呼出〕
**【～目】** 土俵上をほうきで掃いたときに描かれる線状の跡のこと。特に蛇の目の砂には念入りにほうき目を残して、勝負判定をわかりやすくする。呼出がこのようにすることを「ほうき目を立てる」という。

**ぼうぎょのたい【防御の体】** 三段構えの「下段の構え」のこと。→〔三段構え〕

**ぼうざし【棒差し】** 腕を単にまっすぐに差した状態をいう。棒差しは上手廻しを取られやすく、肘の関節を極められやすいので悪い差し方とされる。差し手《で》は腕《かいな》を返し、肘を張って、相手の上手を遠ざけるのが基本である。

**ほうしょうきん【褒賞金】** 「力士褒賞金」の略称。→〔力士褒賞金〕

**ほうそうせき【放送席】** テレビ、ラジオの実況中継の放送席と、協会の場内放送とラジオ「どすこいFM」の席がある。

**ほうのうずもう【奉納相撲】** 神仏の祭礼などの際に寺社の境内で行われる相撲のこと。現在も全国各地の神社などで行われている。日本相撲協会では、伊勢神宮奉納相撲、明治神宮奉納相撲、靖国神社奉納相撲などを行っている。

**ほうのうどひょういり【奉納土俵入り】** 神社などで、天地長久と安全を祈願し地の邪気を祓う意味で行われる土俵入りのこと。通常は横綱が行う。

近年では、一月場所前に明治神宮で、五月場所前に靖国神社などで行われている。また、新横綱が誕生したときにも明治神宮で「横綱推挙状授与式」に行われる。↓〔横綱推挙状授与式〕

**ほうのうばんづけ【奉納番付】** 神社に奉納される番付。巡業の板番付を寄贈された勧進元が奉納するものと、最初から奉納する意図で作られたものとの二種がある。後者は現在ではほとんど行われていない。

第六一代横綱・北勝海信芳

**ほくとうみのぶよし【北勝海信芳】** 第六一代横綱。北海道広尾郡広尾町出身。昭和三八年（一九六三）六月二二日生まれ。本名は保志信芳。九重部屋。昭和五四年三月初土俵。同五八年三月新十両。同年九月新入幕。同六二年七月新横綱。平成四年（一九九二）三月引退。身長一八一センチ・体重一五一キロ。幕内通算成績は四六五勝二〇六敗一〇九休、優勝八回。

昭和六一年九月に大関に昇進してしこ名を北勝海と改名した。中学時代に柔道が強かったが、投げにこだわらず、兄弟子千代の富士（第五八代横綱、現年寄九重）の胸を借りて激しい稽古に打ち込み、正攻法の突き押し相撲を身につけた。立ち合いからのぶちかまし、両前褌《まえみつ》を取っての素早い寄り、また、左を差せば右からの上手投げも得意として、不利になっても勝負をあきらめない闘志があった。その稽古熱心、研究熱心、まじめな性格で、横綱になった後も千代の富士とぶつかり稽古を続けた。

引退後は現役名で年寄となり、後に年寄八角を襲名して部屋を興し、協会理事長をつとめている。

**ほし【星】** 勝ちと負けの総称。勝ちは「白星」といって星取表に○印で表され、負けは「黒星」といって●印で表される。↓〔大相撲勝負星取表〕

**【〜があがる】** 本場所中に単に白星の数が黒星の数を上回ることをいい、必ずしも勝ち越しを意味しない。例えば、七日目を終えて五勝二敗といった成績のときにいう。

**【〜勘定】** 本場所中の勝ち負けの数、または、それを数えること。

**【〜のつぶし合い】** 複数の力士が好成績を続けている場合に、その力士たちが直接対戦する取組、または、その勝負の結果をいう。特に、複数の力士が優勝を争うよう

は

な成績で拮抗しているときにいう。

【～をあげる】本場所の取組で勝つこと。

【～を落とす】普通は負けることをいうが、勝てると思っていた相手に負けることもいう。→〔取りこぼし〕

【～を取る】行司が差し違えをすることをいう。→〔差し違え〕

【～を残す】勝ち越すこと。

【～を拾う】相手に圧倒されたり劣勢を続けたりして、負けを覚悟したような相撲に思いがけず勝つこと。例えば、相手に勇み足があったような場合にいう。

【～を分ける】両力士の実力が接近していて、それまでの対戦成績が五分五分か、それに近いこと。本場所の成績にはかかわらずいう。

**ほし**【星】相撲界独特の表現で、女性のこと、あるいは恋人のこと。

**ほしとりひょう**【星取表】「大相撲勝負星取表」の略称。→〔大相撲勝負星取表〕

**ボックスせき**【ボックス席】国技館のみに設置された客席で、桝《ます》席の後方、一階最後列にある。各ボックス内にはテーブルが置かれ、それを取り巻くように四～五人が座れるいす席がある。「ボックス席券」は一ボックスごとに本場所一五日間を通しで購入する。

**ほねおり**【骨折り】相撲界独特の表現で、謝礼、あるいは報酬のこと。

**ほんだいこ**【本太鼓】初日前日の「触れ」の際に、手分けして町を回る人手が足りなくて協会以外の素人の手を借りることがあった。このときの協会の太鼓を「本太鼓」、または「親太鼓」といった。素人の太鼓は協会の太鼓の道筋から枝分かれして回ったので「枝太鼓」といわれたが、これらの用語はいずれも協会が使ったものではない。→〔触れ〕

**ほんたび**【本足袋】明治末期に幕内以上の行司の別称であった。現在は使われない言葉である。→〔足袋〕

**ほんちゅう**【本中】前相撲と序ノ口の間にあった、番付外の力士の地位。昭和四八年（一九七三）三月場所限りで本中は廃止された。それ以降は前相撲から序ノ口へと進むようになり、現在、番付外の地位は前相撲のみとなっている。

　江戸時代には前相撲、相中《あいちゅう》、本中と進み、相中と本中を「中《ちゅう》相撲」といった。明治に入って相中がなくなり、番付外の地位は前相撲と本中のみになった。昭和以降、本中は次のように変遷した。

〈昭和一九年春場所まで〉前相撲は「飛び付き」といって仕切りなしで競技を始め、勝つとそのまま土俵に残って次の相手と対戦し、二連勝すると翌日から本中に進んだ。本中になると仕切りを一回した。本中で二連勝すると白星一つに数えられ、白星三つで新序となった。五日目までに一番出世となった本中はそのまま序ノ口と対戦し、三日間取って勝ち越すと翌場所は序ノ口を飛び越えて序二段に特進した。

〈同一九年夏から〉本中も前相撲方式でなく本割で取る本割方式に変更。

〈同二一年一一月から〉本中を本割に加えない前相撲方式に戻す。出世の条件が緩和され、本中は白星二つ（二連勝を二回）で新序となった。

〈同二二年六月から〉再び本割方式にする。本中の一番出世は三日間序ノ口と対戦し、勝ち越すと序二段に特進した。

〈同三〇年一月から〉前相撲方式が復活。

〈同三五年十一月場所限り〉本中で勝ち越して序二段に特進できる制度を廃止する。

〈同四八年夏から〉本中がなくなり、番付外は前相撲のみとなった。

　この変遷の間の前相撲方式や本割方式は、特に制度として規定されたものではなく、過渡的な臨時

措置であった。新弟子の数によって割に組まれたり組まれなかったりしたことがあった。→〔番付外〕〔前相撲〕

**ほんちゅうがしら【本中頭】** 本中制度があったときに、本中の最上位者、または、本中力士で最古参の者を「本中頭」といった。

　江戸時代には本中力士が寺社奉行見回りのとき、廻し姿で両国橋の警戒の任に当たるなど幅をきかす権利があったため、序ノ口昇進を嫌って長く本中にいる者も多かったという。明治中期ごろまでは、力士の目付役を兼ねた権威のある立場であった。

**ほんどひょう【本土俵】** 本場所の相撲競技および巡業で取組が行われる土俵のことを、稽古に使う土俵と区別していった通称。協会は『寄附行為施行細則　附属規定』の『相撲規則　土俵規定』で前者を「公開の土俵」と定め、後者を「練習場としての土俵」と表現している。→〔稽古土俵〕

**ぼんなか【盆中】** 相撲界独特の表現で、気をきかすこと。頼まれないのに自分から相手の気持ちや事情を推察して、理解してやることを「盆中わかる」といい、気がきかないために物事をダメにすることを「盆中こわす」という。

**ほんねんのたい【本然の体】** 三段構えの「上段の構え」のこと。→〔三段構え〕

**ほんばしょ【本場所】** 日本相撲協会が『寄附行為施行細則』に規定する、力士の技量を審査するために行う相撲競技のことで、興行の形式で一般に公開される。この本場所の成績によって番付編成が行われ、力士の地位が決められる。

　現在、年間六回の本場所があり、東京本場所は一月場所、五月場所、九月場所が東京・国技館で開催され、地方本場所は三月場所が大阪・大阪府立体育会館、七月場所が名古屋・愛知県体育館、十一月場所が福岡・福岡国際センター総合ホールで開催されている。地方本場所をそれぞれ「春場所」「名古屋場所」「九州場所」と呼ぶのは俗称で、正式には月名を冠していう。年二場所のときは一月を「春場所」、五月を「夏場所」と呼んだ。

　本場所の年間興行数の変遷を見ると、番付史料の残る宝暦年間（一七五一～六四）に年二場所が定着し始めた。以降、昭和二年（一九二七）～七年に年四場所、同一九年に三場所、二一年に一場所の例外はあったが、年二場所は昭和二〇年代はじめまで常態であった。

　同二四～二六年は春場所（東京）・夏場所（東京）・秋場所（大阪）の年三場所、二七年は東京のみで三場所、二八年から初場所（東京）・春場所（大阪）・夏場所（東京）・秋場所（東京）の年四場所となった。同三二年からは一一月の九州開催が加わって年五場所となり、このときに場所名を月名で呼ぶことが正式に決まった。同三三年から七月の名古屋開催が加わって現在の年六場所となった。現在の形態を指して「六場所制」ということがある。

**ほんばしょとくべつてあて【本場所特別手当】** 本場所ごとに横綱以下三役以上の力士に支給される手当。この手当は本場所の出場日数によって異なり、一一日間以上勤務のものには全額、六日間以上一〇日間以内勤務のものには三分の二、五日間以内のものには三分の一が支給され、全休力士には支給されない。

**ほんわり【本割】** ①取組編成会議によって決められた本場所の取組のこと。優勝決定戦は本割には入らない。

②巡業では稽古も観客に見せる形式で行われるので、その後の取組を稽古と区別して「本割」という。また、トーナメント方式などの花相撲でもあらかじめ編成された取組を「本割」という。

# ま行

……ま……

**まい【枚】** 平幕以下の力士の、番付の位置を数える場合の単位。「前頭五枚目」とか「幕下二〇枚目」などという。また、番付の昇進や降下について「〇〇枚上がった」「〇〇枚下がった」のようにもいう。

**まえがしら【前頭】** 小結より下位の幕内力士の地位を示す総称で、前頭筆頭（前頭一枚目）から幕尻までの力士のこと。小結以上と区別して「平幕」ともいう。その地位は枚数で示され、前頭二枚目、前頭三枚目と数が増えるほど下位になる。

平成一六年（二〇〇四）一月場所より幕内力士の定員は四二名以内と決められ、現在は前頭の力士の数は三役以上の力士数によって変動する。

元来、前頭は「前相撲の頭」の意味であった。現在の番付では、十枚目以上前頭筆頭までの力士は個別に「前頭」と記載されている。幕下二段目以下序ノ口までの力士も元来の意味では前頭で、「前頭」を略した「同」の文字が記載されている。→〔十枚目〕〔幕下二段目〕

**まえぎょうじ【前行司】** 江戸時代の古称で、現在の呼出に相当する役目をつとめた者の名称。→〔呼出〕

**まえさばき【前さばき】** 立ち合いで、両力士が相手の得意な差し手《で》を許さず、先手を取って有利になるために、互いの差し手を跳ね返して争うこと。両脇をしっかり固めて、手先だけを下から上に跳ね上げるようにして差し手を争う。

通常、差した後に、攻防の中で巻き替えたりして差し手を競り合うことは「差し手争い」という。→〔差し手／差し手争い〕

**【～がうまい】** 相手に有利な体勢を取らせず、自分の得意な組み手になるのがうまいこと。「前さばきがよい」ともいう。

**まえずもう【前相撲】** 新弟子検査に合格した後の力士、あるいは、序ノ口以上に進んだが病気や負傷で全休が続くなど何らかの理由で番付外に降下した力士の地位。また、その地位の力士が本場所で取る相撲のこともいう。前相撲の力士は、番付にしこ名が記載されないので「番付外」ともいわれる。

呼出が土俵を整えるのを土俵下で待つ前相撲の力士。

前相撲は、三月場所では二日目から、それ以外の本場所では三日目から行われ、力士は仕切りを一回して取り組む。出場した力士は新序出世披露を受けて新序となり、翌場所で序ノ口に初めてしこ名が記載される。現在、前相撲を全休しない限りは成績に関係なく出世披露を受けることができる。

かつては前相撲の次に本中《ほんちゅう》を経て新序となったが、本中は昭和四八年（一九七三）三月場所限りで廃止された。なお、前相撲は昭和一九年（一九四四）春場所まで、「散らし取り」といって、仕切りをせずいきなり取り組んでいた。そのために、前相撲を「飛び付き」ともいった。→〔一番出世〕〔新序出世披露〕〔飛び付き②〕

**まえたてみつ【前立褌】** 廻しを締めたときに、体の前部で縦になり陰部をおおう部分。通称で「前袋《まえぶくろ》」ともいう。相手の前立褌をつかんだり、横から指を入れて引くことは禁手と定められており、反則負けとされる場合がある。→〔禁手反則〕

**まえだやまえいごろう【前田山英五郎】** 第三九代横綱。愛媛県八幡浜市出身。大正三年（一九一四）五月四日生まれ。本名は萩森金松。高砂部屋。昭和四年（一九二九）一月初土俵。同九年一月新十両。同一二年一月新入幕。同二二年一一月新横綱。同二四年一〇月引退。身長一八〇センチ・体重一一八キロ。幕内通算成績は二〇六勝一〇四敗三九休、優勝一回。

十両のころに右腕骨髄炎にかかって手術で完治し、主治医・前田和三郎博士の名前をもらってしこ名を佐田岬から前田山に改名した。猛烈な闘志の持ち主で、立ち合いに張り手を見せながら激しく突っ張り、腕力と上背を生かした吊り寄りで相手を鋭く攻めたてた。大関在位が九年六ヵ月と長かったが、その間、横綱・双葉山（第三五代）、横綱・羽黒山（第三六代）らに激しくぶつかる前田山の相撲はおおいに土俵を沸かせた。横綱昇進は三三歳という年齢であった。

第三九代横綱・前田山英五郎

現役中に二枚鑑札（年寄高砂）となって部屋を継承し、その後に引退、横綱・朝潮（第四六代）、大関・前の山（元年寄高田川）らを育て、戦後初の外国出身関取となった高見山（元年寄東関）をハワイでスカウトした。協会取締、理事を歴任した。昭和四六年八月一七日、五七歳で没。

**まえづけ【前付け】** 相手の胸部に頭をつけたり、もぐり込んで食い下がる体勢のこと。江戸時代にはあまり芳しい相撲とはされず、両国梶之助が前付けをしないという意志を示すために、前髪にくしを挿して土俵に上がったという話が伝わる。

**まえぶくろ【前袋】** 正式には「前立褌《たてみつ》」といい、これは通称である。古くは「嚢《ふくろ》」「前母衣《まえほろ》（前幌）」などといった。→〔前立褌〕

**まえまわし【前廻し】**「前褌」の別称。

**まえみつ【前褌】** 廻しを締めたときに体の前部（腹部）にあたる部分。→〔前立褌〕〔廻し〕

**【〜を探る】** 相手の前褌を取ろうとすること。また、そのために手を伸ばしたり指を差し入れようとしたりすること。

**まがき【間垣】** 年寄名跡の一つ。初代は享保六年（一七二一）七月の勧進元に名がある間垣伴七郎。元横綱・若乃花（二代）が襲名継承し、間垣部屋を運営していたが退職。現在は、空席となっている。→〔若乃花幹士（二代）〕

**まき【巻】** 横綱以下序ノ口までの全力士名を番付順に一覧に記載した、巻紙のこと。

上を東方、下を西方に分け、相撲字で墨書する。横綱を最初に書き、順に下位に向かって書くが、一五日間取組がある十枚目以上と七番を取り組む幕下以下では、文字の大小に差がつけられている。長さは約九〇メートルになることもあるが、各段ごとの力士の数によって変わる。現在は、幕内〜幕下二段目、三段目〜序ノ口の二巻に分けられている。

巻は取組編成の原簿になるもので、取組が終わると割場《わりば》の行司が、各力士名の上方に相手側が勝った場合その力士名、下方に相手側が負けた場合その力士名の判を押していく。

また、巻を開くと、最初のところに「鏡」という文字が書かれているが、これは「自分の心を映して不正・邪心がない。番付どおりに写してある」という意味を表し、取組編成に誤りがないことを示している。巻を「鏡」とも別称して、巻に順次力士名を書いていくことを「鏡を書く」という。

使用する和紙は「西ノ内」といい、どうさびき（にかわ液にミョウバンを加えたものを塗る。「陶砂引」とも書く）という加工をして墨がにじまないようにしてある。

行司控え室の畳の上に広げられた巻。

**まきおとし【巻き落とし】** 決まり手八二手の一つ。差した手で廻しを取らず、相手の体を抱え、差し手《で》のほうに巻き込むように倒す。このとき、一方の手は突き落とすようになるので「突き落とし」とよく似ている。下手から巻き込んでいるかどうかが、決まり手を分ける。→〔決まり手〕

決まり手・巻き落とし

**まきかえる【巻き替える】** 四つに

幕内土俵入り。①土俵に上がるとまず観客に向かって立つ。

②最後の力士が上がると所作に入る。

組んだときに、上手になった腕を下手に差し替えること。また、下手を上手に巻き替える場合もある。いずれも、自分がより力を発揮できる組み手になるためにするもの。

**まきぎぬ【巻絹】** かつて土俵の四本柱に巻かれていた布のこと。江戸時代の錦絵に描かれた四本柱は多くのものは赤一色である。しかし、本来四本柱は四季と四神を表し、東は春で青、西は秋で白、南は夏で赤、北は冬で黒の絹を巻くといわれている。文久二年（一八六二）春場所を描いた国久画『勧進大相撲繁栄図』に、青、白、赤、黒の柱が見られることから、幕末ごろには四色の布が巻かれるようになったものと思われる。

昭和二七年（一九五二）九月、秋場所前の理事会で四本柱の廃止が決められ、同場所より四色の房に替えられた。→〈四本柱①〉

**まくうち【幕内】** 番付の最上段に記載される、横綱以下幕尻までの力士の地位の総称。現在は番付編成で定員を四二名以内と決められている。「幕の内」ともいい、また、省略して「幕」ともいう。

『相撲今昔物語』（子明山人／天明五年〈一七八五〉）に、「大関、関脇は往古役相撲たり、小結は役相撲の小口の結なれば、小結といふと見得たり、是より前頭といふなり、此前頭の分大勢あり、此部に列する者を幕の内といふなり」とあり、『古今相撲大全』（木村政勝／宝暦一三年〈一七六三〉）にも同様の記述がある。

**まくうちぎょうじ【幕内行司】** 行司の階級順位で、上位から三番目に位置する呼称。幕内および十枚目の取組をさばく。土俵に上がるときに白足袋を履くことが許され、軍配の房の色は紅白と定められている。→〔行司の階級〕

**まくうちさいこうゆうしょう【幕内最高優勝】** 略称して「幕内優勝」ともいう。年六回の各本場所で、幕内最高の成績をあげること。千秋楽の全取組終了後に表彰式が行われ、優勝者に協会より天皇賜盃、優勝旗、賞状などが授与される。千秋楽の取組を終えて最高成績に同点者がいる場合には優勝決定戦を行う。

個人の優勝が表彰されるようになったのは明治四二年（一九〇九）六月からである。→〔個人優勝制度〕〔賜盃拝戴式〕〔優秀力士表彰規定〕〔優勝旗授与式〕

**まくうちどひょういり【幕内土俵入り】** 中入で、大関以下の幕内全力士が、当日の取組の東西に分かれて行う土俵入りのこと。場所中の奇数日には東方力士から、偶数日には西方力士から土俵入りを行う。

呼出の柝《き》を合図に幕内行司または三役行司が先導し、東方全員または西方全員が化粧廻しを着け、下位力士から順に土俵に上がり、勝負土俵の外側を左回りに進み、客席に向かって立つ。最後の力士（普通は大関）が土俵に上がって「シー」と声をかけると、全員が中央に向き直って所作を始める。

まず、拍手を一つ打って、右手を上げ、次に化粧廻しを両手で少し持ち上げ、最後に両手を上げる。これは順に塵浄水《ちりちょうず》、三段構え、四股を簡略化したものといわれる。この間、行司は中央に蹲踞《そんきょ》して軍配の房を振る。東西どちらかの力士が終われば、次にもう一方の力士が同様にして土俵入りを終わる。幕内土俵入りに引き続き、横綱土俵入りとなる。

なお、幕内土俵入りは本場所以外に巡業や、トーナメント・引退相撲などの花相撲でも行われる。

**まくうちよびだし【幕内呼出】** 呼出の地位で上位より四番目に位置する。定員は七名以内。→〔呼出の階級〕

**まくした【幕下】**「幕下二段目」の通称。→〔幕下二段目〕

**まくしたいかしょうれいきん【幕下以下奨励金】** 幕下二段目以下の力士養成員に対して、本場所での成績により、協会から支給されるもの。「奨励金」と略称される。番付の地位ごとに、勝ち星一つあたりと勝ち越し星一番あたりの支給金額が定められ、合算して支給される。

なお、力士養成員にはこのほかに、番付の地位によって養成員場所手当が支給される。

**まくしたぎょうじ【幕下行司】** 行司の階級順位で第五位に位置する呼称。幕下および三段目の取組をさばく。土俵には足袋や草履などを着けず、素足で上がらなければならない。その姿から「はだし行司」と俗称されることがある。幕下行司以下は行司養成員であり、師匠である年寄や立行司の指導下に置かれる。

幕下行司以下の軍配の房は「黒または青」と規定されている。→〔行司の階級〕

**まくしたつけだし【幕下附出し】** 学生相撲出身者などが、前相撲を経ずに幕下の地位で初土俵を踏むこと。昭和四一年（一九六六）四月より幕下最下位に付け出されることになった。

協会『寄附行為施行細則』の規定では、力士を志望する者の師匠である年寄から協会に幕下附出しの申請をし、理事会の決議を経て認められる。年齢は二五歳未満（申請日時点）に限られる。幕下附出しの適否判定は、(1)全日本相撲選手権大会、(2)全国学生相撲選手権大会、(3)全日本実業団相撲選手権大会、(4)国民体育大会（成年男子）、以上の四大会の優勝が基準とされる。ただし、優勝日から一年以内の者に限られ、これらのいずれかで優勝した者は、「幕下一五枚目格」に付け出される。また、(1)の全日本相撲選手権大会で優勝し、かつ他の三大会のいずれかで優勝した者は、「幕下一〇枚目格」に付け出される。

　なお、幕下附出しの場所は番付には載らず、成績によって翌場所の番付が決められる。→〔附出し〕

**まくしたにだんめ【幕下二段目】** 十枚目に次ぐ力士の地位の総称。普通は「幕下」と略称で呼ばれ、幕下二段目の中でさらに地位が枚数で示されるため、「幕下二枚目」「幕下三枚目」のように呼び、数が増えるほど下位になる。現在、定員は一二〇名。

　番付では、上から二段目に、「同」の文字をふられて十枚目より細い字で記載される。

**まくしたよびだし【幕下呼出】** 呼出の地位で上位より六番目に位置する。→〔呼出の階級〕

**まくじり【幕尻】** 幕内力士の地位で、最下位の通称。現在、幕内の定員は四二名以内と決まっているため、幕尻が前頭の何枚目になるかは、小結以上の力士の数による。

**まくのうち【幕の内】** 明治中期の『東京大角力《おおずもう》協会申合規約』など諸規約には「幕の内」「幕之内」が使われている。現在は「幕内」、「幕の内」のいずれも使う。→〔幕内〕

**まくらぎ【枕木】** 太鼓を打つときに固定させるための、木で組んだ支えのこと。二本の木を×印の形に組む。「枕」ともいう。

**まげ【髷】** 狭義には、力士が髪を整え、元結《もとゆい》で縛って頭頂部に載せた髪の毛を束ねた部分のこと。また、広い意味では、そのように結った髪全体を指してもいう。現在の力士の髷は、十枚目以上の関取が結う「大銀杏《おおいちょう》」と、幕下以下の力士が結う「ちょんまげ」の二種である。ただし、関取も日常生活はちょんまげである。

　力士の髷は相撲の伝統を伝えるばかりでなく、頭部の負傷を防ぐという実用面も備えたものである。一般の人々と同様に、力士の髷も時代の風俗や流行につれてさまざまな髪型があった。→〔大銀杏〕〔ちょんまげ〕

**まけがこむ【負けが込む】** 本場所の成績で負けが多くなること。

**まけこし【負け越し】** 本場所相撲で、十枚目以上の関取は一五日間の取組で八敗、七日間取り組む幕下以下の力士は四敗すると、それぞれ負け越しとなる。

　負け越すと、翌場所の番付の地位が原則として降格となる。ただし、番付の昇降は番付編成会議で勝ち星等を協議の上決定されるので、関脇・小結で負け越しても関脇・小結にとどまる例もある。横綱には降格はなく、大関は二場所

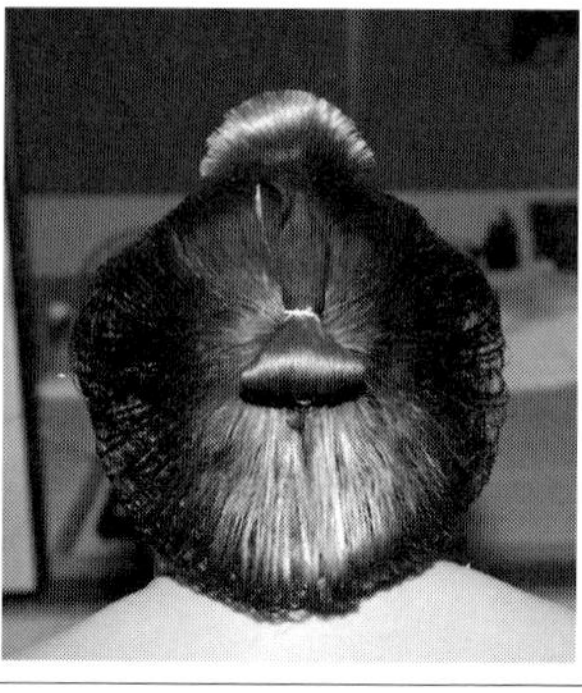

大銀杏

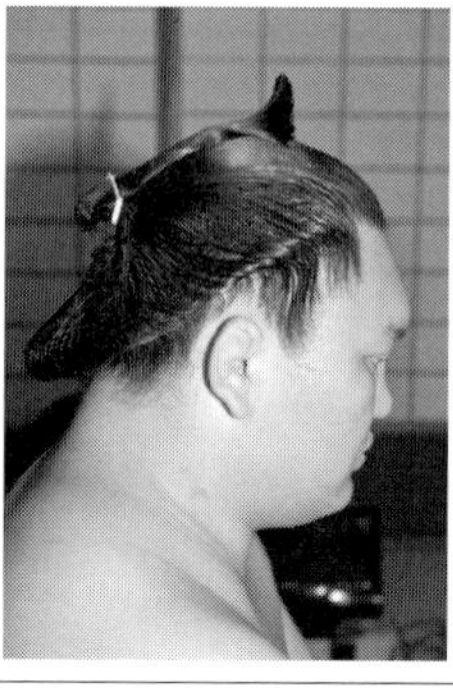

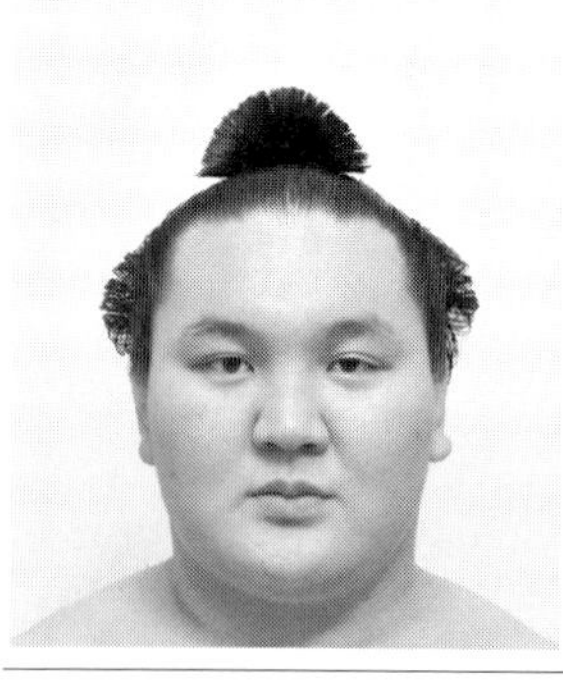

連続して負け越すと降格する。↓〔勝ち越し〕

**まけどく**【負け得】↓〔勝ち得〕

**まけのこり**【負け残り】①力士は必ず一人、控えに入らなければならない規則があるため、控え力士がいない場合に、結び直前の取組で負けた力士がそのまま土俵溜まりに控えること。しかし、げんをかついで水をつけることはしない。結びの取組で勝ち残りが控えにいない場合は、結びの力士の付け人のうちの、その日に勝った者が右肩を脱いで水をつける。↓〔勝ち残り〕〔控え力士〕

②稽古方法の一つで、負けた力士が土俵に残り、勝つまで稽古を続けること。師匠や先輩力士が、負けた力士に対して「負け残りでやれ」と稽古を命じることがある。↓〔稽古〕

桝席の観客に相撲茶屋の出方が弁当を届ける。

**ますせき**【桝席】観客席のうち、溜まり席といす席、ボックス席以外の総称。「桝」と略称する。この席は溜まり席の背後に配置され、パイプの枠で四角くます形に仕切られている。国技館の一つの桝席は約一二八センチ平方の広さで、四人が板敷きに座布団を敷いて座る。通路沿いには一人、三人、六人などの変形の桝席もある。

　また、国技館の桝席は、土俵から離れるにしたがって高くなるように階段状に造られている。以前は「桟敷」または「桟敷席」といったが、現在はこの席への入場券はすべて「桝席券」の名称で販売される。また、桝席券は原則として一桝単位で販売される。↓〔桟敷①〕

**またのごろう**【俣野五郎】『曽我物語』（作者不詳／鎌倉時代後期〜室町時代初期に成立）に、大庭氏俣野五郎景久として登場する人物。物語では、余興の相撲があったとき、俣野五郎は二一人抜きをしたが河津三郎祐泰に二度敗れたとある。↓〔河津三郎〕

稽古で股割りをする。

**またわり**【股割り】重要な稽古の一つで、膝を伸ばしたまま足を大きく左右に開いていき、次第に腰を下ろし、最後には尻《しり》を地面につけ、左右の足を一八〇度開き、その姿勢で前に伏せ、胸も地面につける運動である。下半身の柔軟性を養うことを目的とする。↓〔稽古〕

**まちぶぎょう**【町奉行】徳川幕府で、武家地、寺社地を除く市中の行政・司法・警察などをつかさどるために置かれた役職。一般に「町奉行」は江戸の奉行を指したため、地方都市の奉行は「大阪町奉行（当時は大坂と書いた）」のように地名を冠した。

　大阪の勧進相撲は、町奉行に興

ま

行を願い出て許可されなければならなかった。江戸の勧進相撲が寺社奉行の許可を得たのに対して、大阪では町奉行であったのは、勧進の名目が堀江開発による土地繁栄など営利目的であったためと思われる。大阪で最初に許可された勧進相撲は、元禄一四年（一七〇一）に願い出て同一五年に興行をしている。→〔大阪相撲〕〔勧進相撲〕〔寺社奉行〕

**まつがね【松ヶ根】** 年寄名跡の一つ。初代は安永四年（一七七五）一〇月限りで引退した五段目・松鐘幸吉。元大関・若嶋津が襲名継承していたが、現在は元前頭八枚目・玉力道が襲名継承している。

**まった【待った】** ①呼吸の合わない立ち合いや公正でない立ち合いが行われたときに、行司、審判長（まれに審判委員）が立ち合いを中断してやり直させるために、両力士に警告すること。正式には「立ち合い不成立」という。

　取組を中断させるとき、行司、審判長は「待った」と掛け声を発する。この「待った」を俗に「行司待った」ともいう。→〔行司待った〕〔立ち合い／立ち合い不成立〕

②立ち合いの際に、相手と呼吸を合わせられなかったり気合いが入らなかったりして、相手が突っかけたのに対し立てないこと、または立たないこと。『勝負規定』では、行司、審判委員が故意に立たないと判断した場合、その力士は負けとされることがある。

　仕切りから両力士が呼吸を合わせて立ち合いに臨むのが理想であり、平成三年（一九九一）九月場所から「待った」に対して両力士に制裁金が課せられた。同四年一月より、一方の力士が故意に突っかけた場合はその力士のみ制裁金となった。同一〇年九月場所から制裁金制度は廃止されたが、立ち合いの正常化は常にいわれている。

　「待った」を初めてしたのは、享保年間（一七一六～三六）に大阪で活躍した八角楯之助といわれている。→〔制裁金〕〔八角楯之助〕

③対戦中に力士の廻しが緩んだとき、負傷をしたとき、勝負が長引いて水入りとするときなどに、行司または審判委員がその取組をいったん中止させること。このときも行司、審判委員は「待った」の掛け声を発する。この「待った」も俗に「行司待った」という。廻しが緩んだ場合は「廻し待った」ともいう。→〔行司待った〕〔廻し待った〕〔水入り〕

**まつちやま【待乳山】** 年寄名跡の一つ。初代は寛政元年（一七八九）一一月限りで引退した三段目・待乳山楯之丞。現在は、元小結・播竜山が襲名継承している。

**まとも** ①正々堂々とした正攻法の相撲のこと。

②土俵際で両力士の体が離れずに、重ねもちの状態で勝負がついた場合のこと。

**まめぎょうじ【豆行司】** 一〇歳前後の少年の行司をいった。昭和四七年（一九七二）一月以降、力士は義務教育修了後に入門するようになったが、この時期に豆行司も廃止された。

　行司の養成が徒弟制度で行われていた戦前には、七、八歳で行司として相撲界に入門する子どもがいた。彼らを「行司小僧」と呼ぶことがあった。

**まめりきし【豆力士】** 相撲を取る子どもたちを総称する愛称。

**まるあずかり【丸預かり】** 大正時代まで勝負判定の一つに預かりがあったが、その預かりには「丸預かり」「隠れ星」「土俵預かり」の三種があった。丸預かりは、双方が互角であったとするもので、星取表には双方に△（預かりの記号）が記された。俗称で「ずぶ」といった。→〔預かり〕

**まるぼし【丸星】** 勝負判定が預かりの一種の「隠れ星」になったとき、星取表には△が記されたが、内実では一方の力士をやや有利であったとして「勝ち星に等しい」と評価したもの。他方、不利であったとされた力士には「半星」が与えられた。丸星はその評価が加味されて給金や番付が上がることがあったが、半星にはそれがなかった。

大正一四年（一九二五）一一月に預かりが廃止され、取り直し制度となってこのような評価方法は行われなくなった。→〔預かり〕〔隠れ星〕〔半星〕

**まるやまごんたざえもん【丸山権太左衛門】** 第三代横綱。宮城県登米市出身。正徳三年（一七一三）生まれ。本名は芳賀銀太夫。身長一九七センチ・体重一六一キロ。

『むかしばなし』（只野眞葛／文化九年〈一八一二〉）という書に、「忠山様（伊達宗村）御代に、御家老衆のかちのものとなりてのぼりし内、権太左衛門といふ男、勝たる大男にて有し」として、江戸に上る途中、体が重くてわらじがすぐに擦り切れ、毎晩わらじを二足作って睡眠不足となり、「日中つかれても馬にのれば足が下へつきてゆかれず」というありさまで、帰途は無理とのことから江戸に残って力士となったと記述されている。

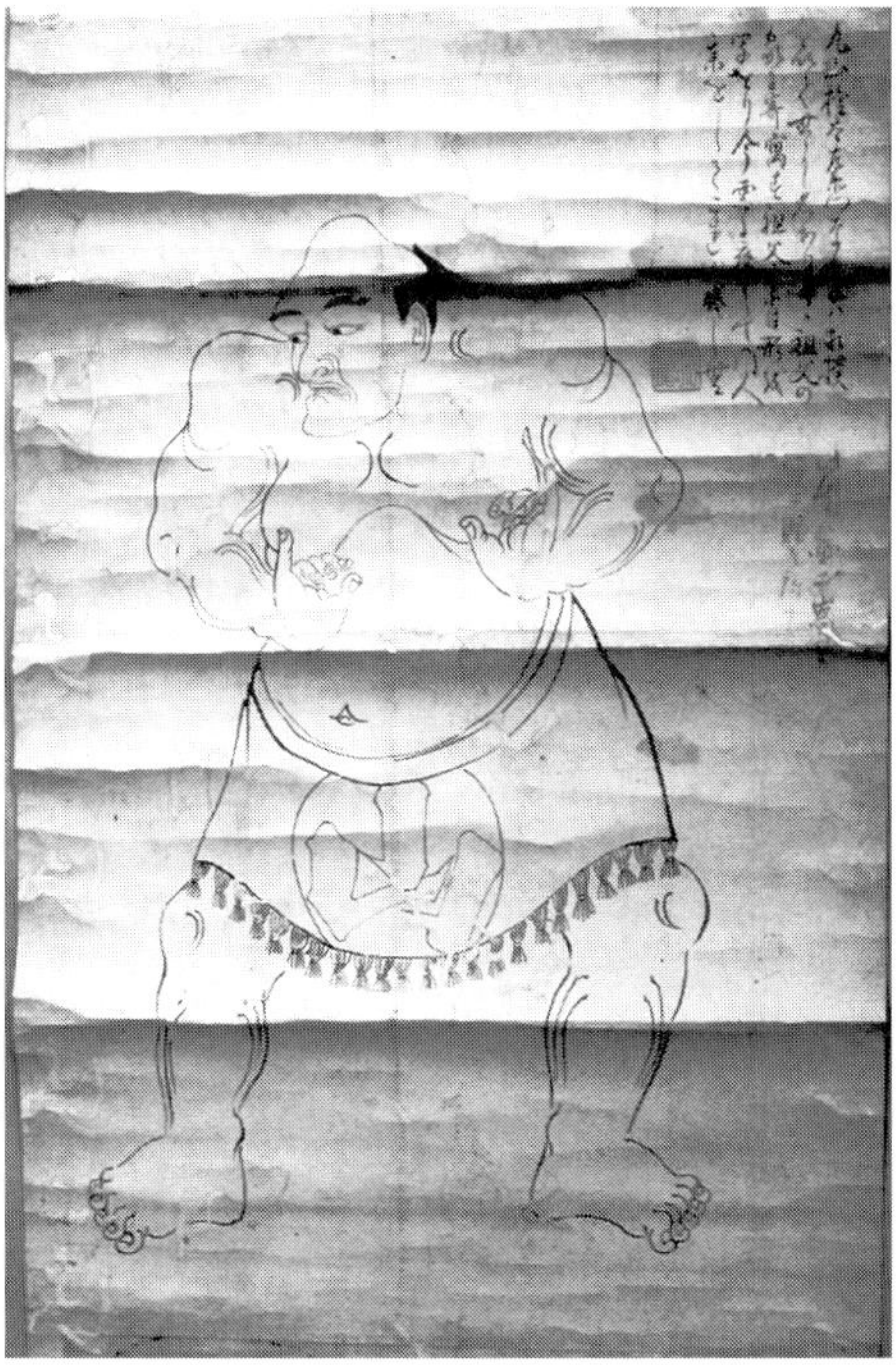
第三代横綱・丸山権太左衛門

元文～延享年間（一七三六～四八）に強豪ぶりを発揮したらしく、京都・大阪相撲で大関をつとめた。怪力で、五斗俵（約七五キロ）に筆を差し込んで文字を書いたなどの話も伝わるが、風流も解して芭蕉流の俳諧を楽しみ、「ひとつかみいざまいらせん年の豆」の句を残している。

寛延二年（一七四九）一一月一四日、現役中に巡業先の長崎で三七歳で没。

**まわし【廻し】** 十枚目以上の力士が、本場所の土俵に上がる際に着ける廻しは、正式には「締込《しめこみ》」という。「廻し」は「締込」、「稽古廻し」などの総称である。なお、締込を「取り廻し」と通称で呼び、廻しを「褌《みつ》」と別称することがある。廻しの各部分にも呼称があり、「前褌」「横褌」「後ろ褌」「立褌《たてみつ》」「前立褌」と呼び分けている。

**【～が遠い】** 相手に廻しを取らせてもらえない状態をいう。特に、四つ相撲の得意な力士が相手の廻しを取れないときに、このようにいう。

**【～を上げる】** 廻しを収納するときに、大きく広げてたたむことをいう。

**【～を切る】** 廻しを取っている相手の手を、廻しから放させること。上手廻しを切るには、例えば次のようないろいろな方法がある。(1)自分の差《で》し手を筈《はず》に当てて、腰を前に出しながら肘を後方に引く。(2)相手の横褌に手を当てて切る。(3)差し手を抜いて、上から手を当てて切る。

下手廻しを切る場合には、(1)脇を締めて相手の下手をはさみつけ、腰をひねりながら腕を上げて切る。(2)腰を後方に引き、相手の差し手に上から手を当て押し下げて切る。

**【～を探る】** 相手の廻しを取ろうとしている状態。または、廻しのほうに単に手を伸ばすこともいう。

**【～を締める】** 廻しを体に着けること。

**【～を引く】** 相手の廻しをつかむこと。「廻しを取る」ともいう。

**【～を欲しがる】** 相手の廻しを取りたがること。または、取りたくて廻しを探るようにすること。四つ相撲が得意な力士は廻しを取って力を発揮するので当然欲しがるが、突き押し相撲の力士でも突き切れなかったり押し切れなくて、相手の廻しに手をかけようとする場合がある。

**【～を許す】** 相手に廻しを取られること。

**まわしうちわ【回し軍配】** 行司が判定を示すためにいったん上げかけた軍配を、途中で誤りに気づいて、正しい勝ち力士の側に体を向けて上げ直すこと。昭和六〇年（一九八五）九月の理事会で「回し軍配を行うことを禁止する」と決められた。誤りを審判委員から指摘された場合には「行司差し違え」となる。→〔差し違え〕

「廻し待った」で力士の背後に回り、締込を締め直す行司。（提供：ベースボール・マガジン社『相撲』）

**まわしまった【廻し待った】** 取組中に力士の廻しが緩んだりほどけたりして、胸まで伸びてしまった場合に、行司が両力士に「待った」と声をかけて取組を中断させる行為のこと。

行司は自己判断で力士に声をかけるが、行司から陰になって見えない場合に審判委員が助言する。また、行司は力士が技をかけようとした瞬間などを避け、両力士の動きが止まった一瞬に声をかける。このとき、両力士は組み手を変えてはならず、行司が廻しを締め直してくれる処置をそのままの姿勢で待たなければならない。

勝負再開は、行司が両力士の間に立って「いいか、いいか」と声をかけ、同時に褌《みつ》の上をたたくのを合図に行われる。→〔行司待った〕〔待った③〕

**まわりこむ【回り込む】** 突っ張りや押しで後退させられたときに、体勢を立て直すために、左右いずれかに動きながら相手と体《たい》を入れ替えたり、土俵中央に戻ること。あるいは、入れ替えようとして動くこと。

**まんいんおんれい【満員御礼】** 本場所で、前売り券と当日券を合わせた販売数が会場の定員数に達したとき、つまり入場券が完売されたとき（現在は九割以上くらい）に、協会が感謝の意を表すこと。また、このときに天井から四方に向けて「満員御礼」と書かれた垂れ幕を下ろすので、この垂れ幕のこともいう。満員御礼になると大入袋が関係者に配られる。四本柱のあった昭和二七年（一九五二）夏場所以前には、「満員御礼」を柱に張り出した。

吊り屋根の上方に「満員御礼」の垂れ幕が下がる。

**まんいんふだどめ【満員札止】** 本場所や巡業で、入場券が完売されたときに用いる表現。略称して「札止」ともいう。本場所で満員札止になると、館内では天井から「満員御礼」の垂れ幕が下ろされる。→〔満員御礼〕

……み……

**みあう【見合う】** 土俵上の両力士が互いに呼吸を合わせ、一瞬の立ち合いをきれいに決めようとすること。行司が両者に「見合って」と声をかけるのは、その動作を促す意味がある。呼吸を合わせることが重要であって、単に、相手と目を合わせて闘志を表したり闘いの気力を充実させることだけを意味しない。→〔仕切り〕〔立ち合い〕

**みえのうみつよし【三重ノ海剛司】** 第五七代横綱。三重県松阪市出身。昭和二三年（一九四八）二月四日生まれ。本名は石山五郎。出羽海部屋。昭和三八年七月初土俵。同

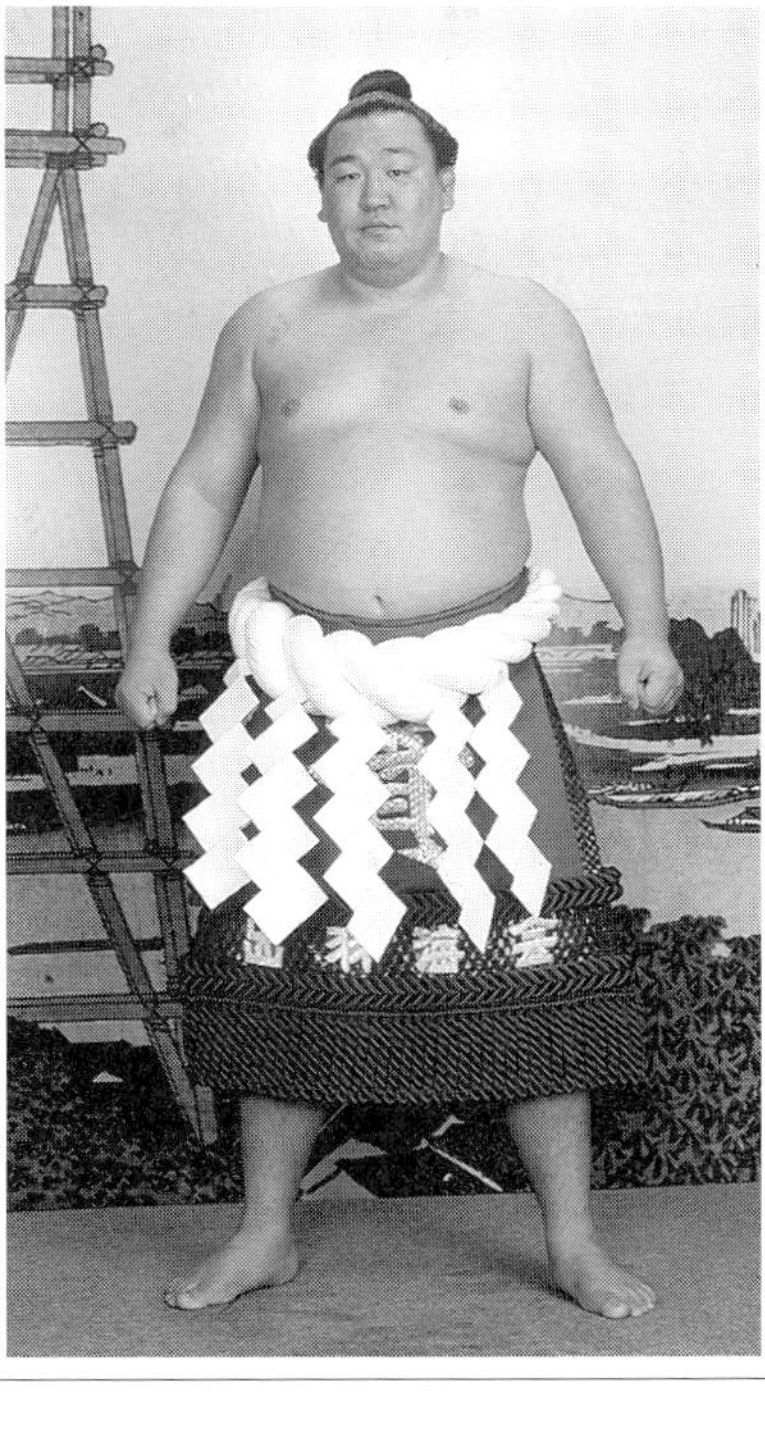

第五七代横綱・三重ノ海剛司

四四年三月新十両。同年九月新入幕。同五四年九月新横綱。同五五年一一月引退。身長一八一センチ・体重一三五キロ。幕内通算成績は五四三勝四一三敗一分五一休、優勝三回。

　相撲はうまく、立ち合いに闘志あふれた張り差しに出るかと思うと、すいっと体を沈めた瞬間に両《もろ》差《ざ》しが入っているなど変幻自在の攻めを見せた。左四つに組むと右上手からの出し投げ、速攻の寄り身があった。関脇を三場所つとめた昭和四七年七月に肝炎にかかって苦しみ、五〇年一一月に初優勝して大関に昇進、ところが、負傷して三場所で関脇に降下、翌場所に一〇勝して大関に再昇進した。横綱に昇進してから二場所連続優勝をしている。

　引退後は年寄山科を襲名し、後に武蔵川を襲名して部屋を興し、横綱・武蔵丸（第六七代）や出島、雅山、武双山（年寄藤島）らの力士を育て、協会理事長をつとめていたが、平成二五年に停年退職。現在は、相撲博物館館長をつとめている。

**みがはいる【身が入る】** 稽古で疲労し、筋肉が固くなること。そうなることは、力がつくことにつながってゆく。

**みかわしまじけん【三河島事件】** 大正一二年（一九二三）一月九日、春場所直前に東京相撲力士会が協会に待遇の改善を要求して紛擾に至った事件。

　養老金、本場所の配当金の増額などを求めた力士会に対し、協会は場所後に考慮すると回答した。しかし、力士会は即実施を要求し、東京・上野駅前の上野館にこもった。協会は具体的な解決法を示さなかったため、力士会は一一項目の新要求に変えた。協会は力士会との交渉を断念し、本場所興行に出場しない力士を破門除名すると発表した。

　ここに至って、幕内三六、十両二九、行司一四の計七九名は東京都荒川区三河島の日本電解会社工場に立てこもり、土俵を築いて稽古を始め、「新角会」を組織した。各力士の後援会世話人で組織する角道懇話会、横綱・大関・立行司の七人組が調停に立ったが妥協に至らず、結局、両者ともに希望して警視総監の調停に一任することになり、深夜の警視庁で手打ちになった。

　その後和解の宴席が設けられたが、第二六代横綱・大錦卯一郎は調停の責任を果たせず局外者に委ねたなどを理由にみずから髷《まげ》を切って廃業した。春場所は同月二六日を返り初日として興行され、場所後に警視総監より両者の折衷案が解決策として示された。その結果、協会側は次の五月夏場所から一日増の一一日間興行として収入増を図り、力士養老金や配当金の増額に当てることで決着をみた。→〔返り初日②〕

**みぎがかたい【右が固い】** →〔脇／脇が固い〕

**みぎはず【右筈】** →〔筈／右筈〕

**みぎはんみ【右半身】** →〔半身／右半身〕

**みぎよつ【右四つ】** →〔四つ／右四つ〕

**みず【水】** ①土俵下の赤房と白房の位置に置かれた水桶《みずおけ》に入れられ、力士が仕切りに入る前に口をすすぎ、身を清める水。伝統的に「力水」「清めの水」「化粧水《みず》」などと別称されるが、正式には単に「水」という。

　それまでは全員が水を使っていたが、明治三五年（一九〇二）一月から十枚目以上の取組に限ることとなり、現在に至っている。

②勝負がつかずに相撲が長引いたときの「水入り」を「水」と略して、水入りになることを「水が入る」のようにいう。→〔水入り〕

**【〜が入る】** 水入りになること。

**【〜をつける】** ①これから取り組む土俵上の力士に対して、ひしゃくにくんだ水を差し出すこと。水をつけるのは前の取組の勝ち力士である。負け力士は水をつけることができないので、勝ち力士が残らなかった側は次の取組の控え力士が行う。控えに負け残りの力士しかいない結びの取組では、結びの力士の付け人が水をつける。水をつけてもらえるのは十枚目以上の力士に限られている。また、十枚目以上の取組で水入りになったときにも、水をつける。
②稽古場で、親方や兄弟子・上位力士にひしゃくで水を差し出すこと。朝のあいさつとして行われたり、稽古をつけてもらったことに対する感謝の意味で行われる。

水をつける力士（中）。呼出（左）が化粧紙を差し出す。

**みずいり【水入り】** 相撲が長引き、両力士に疲労が見えたときに、時計係の審判委員から合図が入り、行司が審判委員の承諾を得ていったん勝負を中断すること。およそ四～五分間で勝負がつかない場合に行う。このとき、力士は土俵を下りて力水を口に含み、廻しを締め直し、休養する。

水入り後の取り直しでは、両力士の組み手や足の位置を中断したときの状態に復し、行司は両力士と審判委員に異議がないかを確認した後、「いいか、いいか」と声をかけ、両者の褌《みつ》を同時に手でたたいて勝負を再開する。

水入りは一回の勝負で二度までに限られ、それでも勝負が決まらなければ二番後取り直しとなる。二番後に取り直すときは仕切りから始める。

水入りになることを「水が入る」ともいう。→〔取り直し〕〔待った③〕

水桶俵に載った水桶。手前に呼出が用いる柝と化粧紙がかかっている。左奥に手ぼうき、右側に水吐き口が見える。

**みずおけ【水桶】** 土俵の赤房下と白房下の二ヵ所に置かれた手桶のこと。水桶には、力士が清めに用いる水が入れられ、水桶俵に載せられ、ひしゃくが添えられる。昭和一五年（一九四〇）までは朱塗りの杯を用いたが、現在ではひしゃくである。→〔水①〕

**みずおけだわら【水桶俵】** 二俵の小俵《こだわら》を束ねて、その上に水桶を置く。この俵は土俵には埋め込まず、二組み用意して赤房下と白房下に置かれる。

**みずつけ【水つけ】** 呼出の役割の一つで、土俵溜まりの花道のきわに控えて、力水をつける力士にひしゃくを差し出すなどの介添えをする。

**みずはきぐち【水吐き口】** 力士が口をすすいだ水を吐き捨てるために、土俵の斜面に作られた排水用の穴。単に「水吐き」ともいう。国技館の場合は、赤房と白房の位置の土俵斜面を漏斗《ろうと》状に削って穴をあけ、じょうごを埋め込んで下水につなげてある。

**みずひきまく【水引幕】** 吊り屋根の下部に、四方を取り巻いて張られた紫色の幕。水引幕は黒房の位置から張り始めて、青房、赤房、白房の順番に張り、最後に黒房に戻るのが決まりである。本場所や巡業などの土俵の場合、四つの面それぞれに日本相撲協会の桜の紋章が二つずつ白く染め抜かれ、真ん中を「揚巻《あげまき》」で絞り上げている。

　屋形に水引幕が用いられるようになったのは寛延年間（一七四八～五一）と伝えられる。明治二八年（一八九五）から陸・海軍が水引幕を寄贈するようになった。→〔揚巻〕〔吊り屋根〕

協会の桜の紋章を白く染め抜いた水引幕。中央部分を揚巻で持ち上げている。

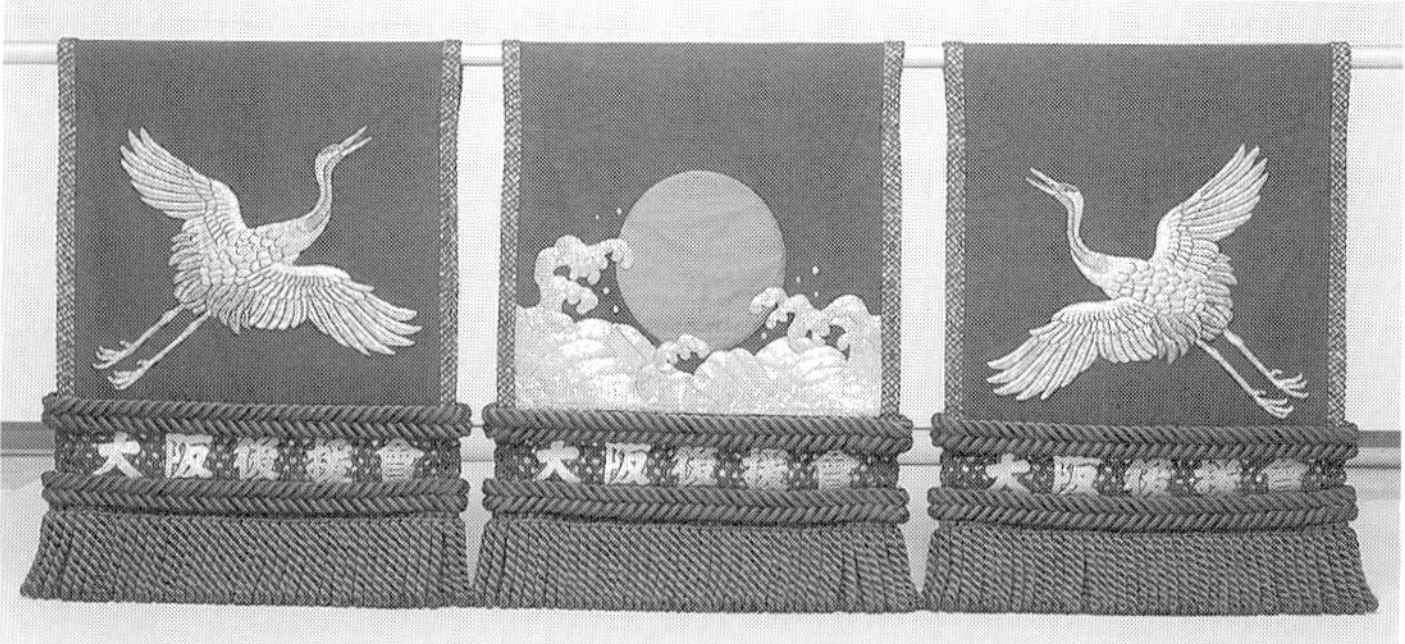


第五二代横綱・北の富士が使用した三つ揃い。

**みたてばんづけ【見立番付】** 大相撲の番付を模して、さまざまなことに順位をつけて比べたり評価したりするもの。例えば、長寿番付、所得番付、納税者番付、売れ筋商品番付など。宝暦七年（一七五七）に縦一枚型の番付が作られ、東西の比較が一目でできるようになり、後にさまざまな見立番付が作られるようになった。

**みちのく【陸奥】** 年寄名跡の一つ。初代は明治三年（一八七〇）一一月場所中に陸奥次良右衛門と改名した幕下二段目・深川次良吉。現在は、元大関・霧島が襲名継承し、陸奥部屋を運営し、協会役員待遇となっている。

**みつ【褌】**「廻し」の別称。実況放送では「前褌」「横褌」などと表現されることが多い。→〔廻し〕

**みつぞろい【三つ揃い】** 横綱土俵入りで、横綱、太刀持ち、露払いの三名が用いる三本一組みの化粧廻しのこと。「三つ腰」ともいわれる。→〔化粧廻し〕〔横綱土俵入

り〕

**みところぜめ【三所攻め】** 決まり手八二手の一つ。例えば、相手の右足を内掛け、または外掛けで攻め、右手で相手の左足を内側または外側からすくい上げ、頭で相手の胸を押すようにして倒す。内掛け、または外掛け、足取り、押しの三つの技で相手の両足と胸の三ヵ所を攻めるので、この名がある。→〔決まり手〕

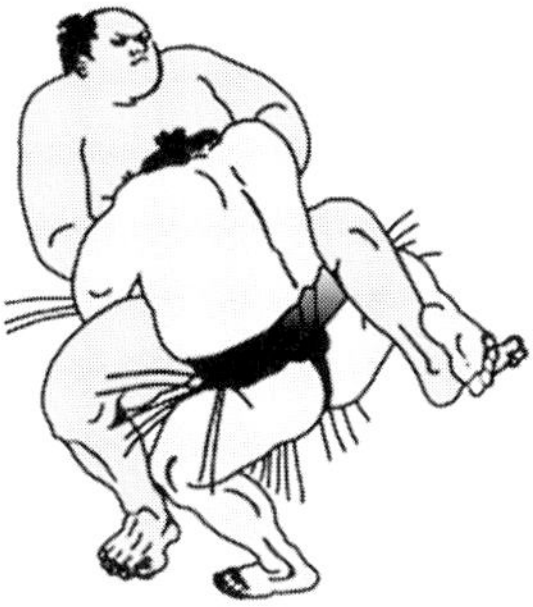

決まり手・三所攻め

**みなと【湊】** 年寄名跡の一つ。初代は寛保三年（一七四三）五月に頭取として名が残る湊由良右衛門。昭和二年（一九二七）の東西合併の際に大阪の頭取から東京の年寄に加えられた。元小結・豊山が襲名継承し、湊部屋を運営していたが、現在は、元前頭三枚目・湊富士が襲名継承している。

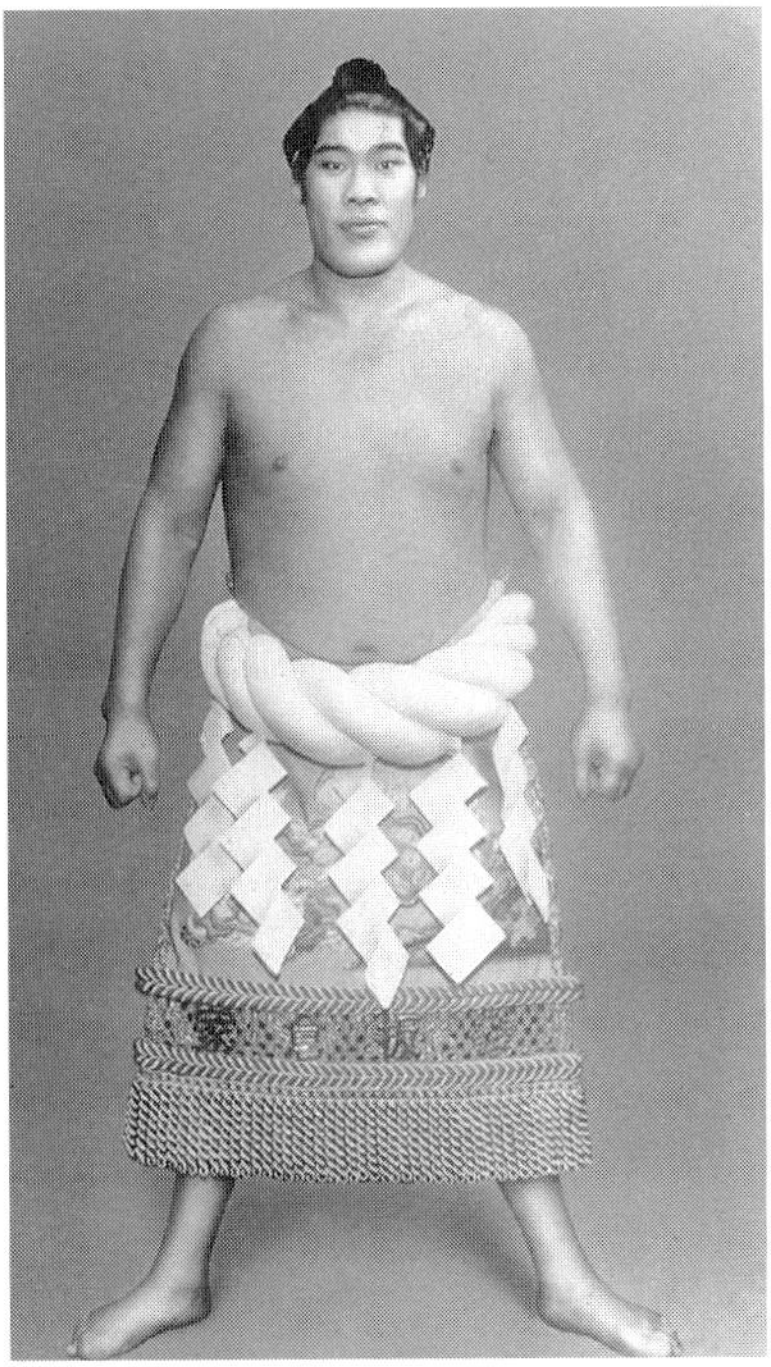

第三四代横綱・男女ノ川登三

**みなとがわ【湊川】** 年寄名跡の一つ。初代は明和七年（一七七〇）三月限りで引退した五段目・湊川四郎兵衛。現在は、元小結・大徹が襲名継承し、評議員をつとめている。

**みなのがわとうぞう【男女ノ川登三】** 第三四代横綱。茨城県つくば市出身。明治三六年（一九〇三）九月一七日生まれ。本名は坂田供次郎。高砂部屋から佐渡ヶ嶽部屋、再び高砂部屋から佐渡ヶ嶽部屋。大正一三年（一九二四）一月初土俵。昭和二年（一九二七）一月新十両。同三年一月新入幕。同一一年五月新横綱。同一七年一月引退。身長一九一チセン・体重一四六キロ。幕内通算成績は二四七勝一三六敗一痛分三三休、優勝二回。

新弟子のころから巨体を生かした突っ張りに威力があり、初土俵からわずか一一場所目で新入幕を果たした。昭和七年、西方力士が新興力士団を結成して協会を脱退した春秋園《しゅんじゅうえん》事件の際、男女ノ川は東方力士の革新力士団に加わった。その後協会に復帰して幕内格で相撲を取り、極め出しや小手投げを武器に同八年一月の復帰の場所に全勝優勝、翌九年一月に二回目の優勝をして大関に昇進した。横綱昇進は三二歳を過ぎており、折から台頭した双葉山（第三五代横綱）に席捲されて目立った成績を残せなかった。

引退後は一代年寄「男女ノ川」となり理事をつとめ、同一九年一一月に廃業した。昭和四六年一月二〇日、六七歳で没。→〔春秋園事件〕〔別席〕

**みならい【見習】** 行司、呼出、床山を志望する者が相撲協会に新規採用された後、それぞれ三年間課せられる養成期間のこと、または、養成期間にある者のこと。見習期間であっても行司・呼出・床山それぞれの職務にあたり、行司、呼

ま

出には階級が、床山には等級が与えられる場合がある。

**みねざき【峰崎】** 年寄名跡の一つ。初代は明治五年（一八七二）一一月限りで引退した幕下二段目・源氏潟が峰崎宗右衛門と名乗ったもの。現在は、元前頭二枚目・三杉磯が襲名継承し、峰崎部屋を運営している。

**みはたもち【御旗持ち】** →〔錦旗《きんき》奉持《ほうじ》〕

**みほがせき【三保ヶ関】** 年寄名跡の一つ。初代は宝暦一四年（一七六四）五月限りで引退した三保ヶ関梶右衛門。昭和二年（一九二七）の東西合併の際に大阪の頭取から東京の年寄に加えられた。現在は、元前頭筆頭・栃栄が襲名継承している。

**みみがわく【耳がわく】** 耳が、相手の体に密着してこすりつけられるために変形すること。四つ身を得意にする力士によく見られる。柔道の選手などでも実例がある。

**みやぎの【宮城野】** 年寄名跡の一つ。初代は寛政八年（一七九六）三月限りで引退した関脇・宮城野錦之助。現在は、元前頭一三枚目・竹葉山が襲名継承している。横綱・白鵬を育て上げた。

**みやぎやまふくまつ【宮城山福松】** 第二九代横綱。岩手県一関市出身。明治二八年（一八九五）二月二七日生まれ。本名は佐藤福松。東京の出羽海部屋から大阪の高田川部屋。明治四三年六月に東京で初土俵。三段目のときに大阪相撲に加入、大阪で初めて番付に載ったのは大正二年（一九一三）五月幕下附出し。同四年一月新十両。同五年六月新入幕。同一一年五月新横綱。東西合併で昭和二年（一九二七）一月より東京で横綱。同六年一月引退。身長一七三センチ・体重一一三キロ。幕内通算成績は大阪では一〇二勝二四敗六分五預六三休、優勝四回。東京では九〇勝七〇敗一痛分二六休、優勝二回。

　東西合併の際、連盟相撲によって実力を判定された大阪の力士の多くは番付を下げられたが、宮城山は実力もあり土俵態度も優れていたので、東京でも横綱の地位にあった。右四つから速攻の吊り、寄りで実力を見せた。

　引退後は年寄白玉、後に芝田山を襲名し、勝負検査役をつとめた。昭和一八年一一月一九日、四八歳で没。

第二九代横綱・宮城山福松

**みやずもう【宮相撲】** 各地の神社の祭礼などで開催される素人による相撲のこと。「祭礼相撲」などともいう。地域の力自慢の競い合いといった雰囲気が濃い。→〔草相撲〕

**みやもと【宮本】** →〔勧進方〕

……む……

**むきりょくずもう【無気力相撲】** 著しく戦闘意欲に欠けていると判断される相撲のこと。『日本相撲協会寄附行為施行細則　附属規定』によれば、常設の相撲競技監察委員会が審判部長と協議して無気力相撲との結論を出した場合には、理事会決議をもって懲罰される。

監察委員会の運営や懲罰の内容については、以下の『故意による無気力相撲懲罰規定』（昭和四七年〈一九七二〉一月施行）に定められている。

第一条　本場所相撲における故意による無気力相撲を防止し、監察し、懲罰するため本規定を設ける。

第二条　故意による無気力相撲を防止し、監察するため相撲競技監察委員会（以下委員会と称する）をおく。

委員会の委員は、年寄のうちより理事会の承認を経て理事長が任命する。

委員会は、委員長一名、副委員長一名、委員若干名とする。

任期は一年とする。

第三条　委員会は、故意による無気力相撲を防止するため指導普及部と連繋して力士を指導するものとする。

第四条　委員会は、本場所相撲を常時監察し、故意による無気力相撲と思われる相撲があった場合は審判部長と協議し、故意による無気力相撲の結論を出した場合は理事会に提出するものとする。

第五条　理事会は、委員会の提出した結論に基づき『寄附行為施行細則』第九十四条によらず理事会決議をもって懲罰を決定するものとする。

第六条　故意に無気力相撲をした力士に対する懲罰は、除名、引退勧告、出場停止、減俸、けん責とする。

第七条　罰を受けた力士の師匠は、連帯してその責任を負うものとする。

第八条　故意による無気力相撲に関連した者は、力士と同等の懲罰を受けるものとする。

→〔相撲競技監察委員会〕

**むこうきゅうきん【向こう給金】** 本場所で負け越すこと。勝ち越すことを「給金を直す」というが、向こう給金はその逆を意味する。十枚目以上の力士は八敗、幕下以下の力士は四敗すると負け越しとなり、この一番に負けると負け越しが決まるという取組を「向こう給金相撲」という。

**むこうきゅうきんずもう【向こう給金相撲】** 本場所で負け越しのかかった相撲のこと。十枚目以上の力士はすでに七敗（途中休場も黒星とされる）している場合、幕下以下の力士は三敗している場合で、その取組に負ければ負け越しになるという一番をいう。負け越すと力士褒賞金支給標準額に加算されないので、このようにいう。

**むこうじゅうぶん【向こう十分】**

→〔相手十分〕

**むこうじょうめん【向正面】** 土俵の位置関係で赤房と白房の間をいい、正面に正対する位置。向正面の行司溜まりには行司が控え、審判委員が五名のときには二名がここに座り、そのうち一名が時計係をつとめる。

**むこうづけ【向こう付け】** 額を相手の胸にまっすぐつけて構えること。片手か両手で相手の前褌《みつ》を取るのが普通。まっすぐでなく半身に構えると「食い下がり」という。

**むさしがわ【武蔵川】** 年寄名跡の一つ。初代は寛延四年（一七五一）春に勧進元を願い出た武蔵川初右衛門。現在は、元横綱・武蔵丸が襲名継承して、部屋を運営している。

**むさしまるこうよう【武蔵丸光洋】** 第六七代横綱。米国ハワイ州オアフ島出身。昭和四六年（一九七一）五月二日生まれ。本名は、フィヤマル・ペニタニから平成八年（一九九六）一月に日本に帰化して武蔵丸光洋。武蔵川部屋。平成元年九月初土俵。同三年七月新十両。同年一一月新入幕。同一一年七月新横綱。同一五年一一月引退。身長一九一センチ・体重二二三キロ。幕内通算成績は七〇六勝二六七敗一一五休、優勝は一二回。

初土俵から一四場所目に新入幕

ま

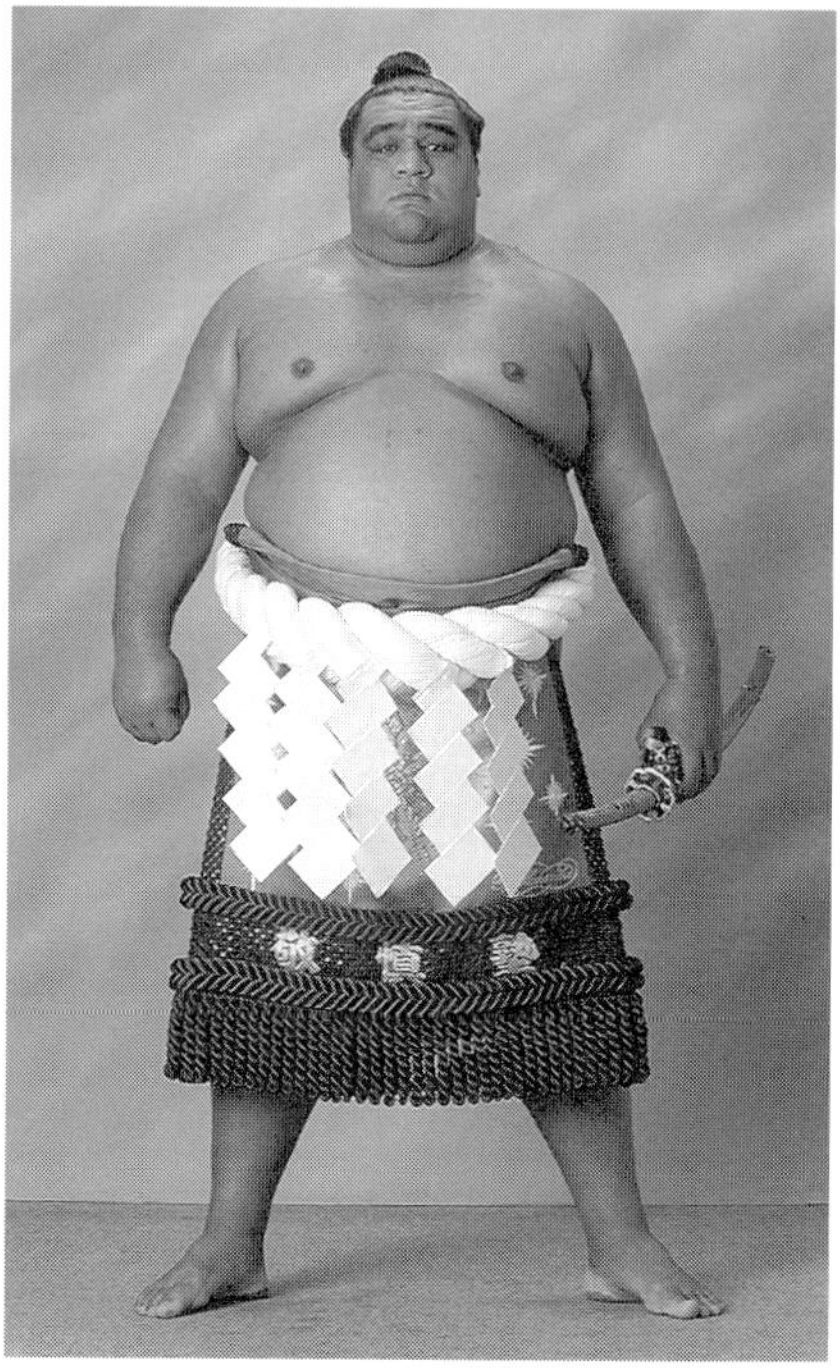

第六七代横綱・武蔵丸光洋

というスピード出世で、いきなり敢闘賞を受賞した。大きな体で圧力をかける突っ張りは相当な威力があり、平成六年三月に大関に昇進した。大関に三二場所在位して、その間に全勝一回を含む五回の優勝をしたが、優勝決定戦に四回臨んで三回敗退したことがある。連続優勝を果たしての横綱昇進であった。一代年寄武蔵丸を名乗っていたが、平成二五年、年寄武蔵川を襲名継承して武蔵川部屋を運営している。

**むさしやまたけし【武蔵山武】** 第三三代横綱。神奈川県横浜市港北区出身。明治四二年（一九〇九）一二月五日生まれ。本名は横山武。出羽海部屋。大正一五年（一九二六）一月初土俵。昭和四年（一九二九）一月新十両。同年五月新入幕。同一一年一月新横綱。同一四年五月引退。身長一八五センチ・体重一二〇キロ。幕内通算成績は一七四勝六九敗二分七一休、優勝一回。

第三三代横綱・武蔵山武

　初土俵からわずか一三場所目で新入幕を果たし、そのスピード出世は当時「飛行機」と別称された。入門以前に県代表になるほどの砲丸投げの選手であったから右腕には怪力が備わり、立ち合いは鋭く一気に出て、右四つになると豪快な下手投げを見せた。入幕後も巨漢男女ノ川（第三四代横綱）と土俵を沸かせ、昭和六年五月に小結で初優勝した。同年一〇月に伝家の宝刀であった右腕を骨折したが、同七年一月には大関に昇進した。横綱昇進後には右腕の故障が再発し、引退したのは不運であった。

　引退後は年寄出来山を襲名、後に不知火を襲名して協会で理事をつとめ、二〇年一一月に廃業した。昭和四四年三月一五日、五九歳で没。

**むしめがね【虫眼鏡】** 番付で序ノ口に位置する力士のことをいう俗称。「細字」ともいう。番付は、最高位の横綱がいちばん大きな文字で書かれ、下位にゆくにしたがって文字が小さくなる。最下位の序ノ口の文字は、虫眼鏡を使わなければ見えないほど小さいことからきた表現である。

**むしょうぶ**【**無勝負**】江戸相撲では安政（一八五四～六〇）のころまで見られた勝負判定の一つ。まったく同体となった相撲で一方に軍配を上げようがなく、行司が「勝負なし」と判定したもの。双方を互角に扱うものであった。明治直前の慶応年間（一八六五～六八）に、行司はいずれか一方に軍配を上げなければならないとされた。大阪相撲では明治三〇年代前半まであった。

**むすび**【**結び**】一日の最後の取組。最後の一番という意味で「結びの一番」ともいう。この一番をさばく立行司が「結びの触れ」を述べてから取り組む。結びの一番が終わると弓取式となる。

**むすびのかまえ**【**結びの構え**】三段構えの「下段の構え」の別称。→〔三段構え〕

**むすびのふれ**【**結びの触れ**】本場所で結びの一番となったとき、取組をさばく行司は「番数も取り進みましたるところ、片や○○、○○、こなた△△、△△、この相撲一番にて本日の打ち止め」と口上を述べる。「打ち止め」とは、その日の取組がこれですべて終わるという意味の言葉である。

　この口上は初日から一四日目まで続けられ、千秋楽には「この相撲一番にて千秋楽にござりまする」と変わる。また、御前掛かり土俵入りが行われた場合は「打ち止め」は「結び」と言い換えられる。

**むそう**【**無双**】相手の太ももから膝のあたりに片手を当て、自分の体をねじるようにして倒す技。決まり手には「外無双」と「内無双」がある。

【**～を切る**】相手に「外無双」や「内無双」をしかけること。

無双を切る。このまま相手が倒れれば内無双になる。

**むね**【**胸**】【**～が合う**】四つに組んだ両力士が、互いに廻しを引き合い、胸を密着させた状態になること。

【**～を貸す**】①兄弟子や上位力士が下位力士に稽古をつけること。②ぶつかり稽古で、相手に胸を出すこと。「胸を出す」ともいう。→〔ぶつかり稽古〕

【**～を借りる**】自分より力のある兄弟子や上位力士に、下位の力士が稽古をつけてもらうこと。兄弟子や上位力士の立場からは「胸を貸す」ことになる。

【**～を出す**】ぶつかり稽古で、相手の突進を胸で受ける側をつとめること。ぶつかり稽古では、相手の稽古台になると同時に自分も防御の稽古をする。上位力士が下位力士のぶつかり台になることもいう。「胸を貸す」ともいう。→〔ぶつかり稽古〕

**むねをだす**【**胸を出す**】相撲界独特の表現で、自分が金を出して相手にごちそうすること。飲食などの勘定を持つこと。

**むらさきのいろ**【**紫の色**】紫の色は現在、大関以上の力士が化粧廻しの馬簾に使用することが許され、立行司・木村庄之助の房の色として決められている。

　寛政年間（一七八九～一八〇一）に、谷風（第四代横綱）、小野川（第五代横綱）に紫の化粧廻しが朝廷から許されたと伝わり、「紫の色」が横綱免許を象徴するという説がある。寛政二年（一七九〇）大阪興行の勝負附に「谷風小野川ことし両方大関となりぬるにむらさきのふんどし白ちりめんのねぢ横綱をまとひ」の記述がある。

また、稲妻雷五郎（第七代横綱）に京都の五条家が紫の化粧廻しを授与している。

**むるいりきし**【無類力士】東京都江東区・富岡八幡宮にある横綱力士碑に「無類力士　雷電為右衛門」と刻銘されている。→〔雷電為右衛門〕

……め……

**めいじじんぐうがいえんすもうじょう**【明治神宮外苑相撲場】昭和二〇年（一九四五）一二月、旧両国国技館が進駐軍に接収され、相撲興行の会場として使用が許されなかったため、東京での本場所興行は会場を他に求めざるを得なかった。明治神宮外苑相撲場では、同二二年夏（六月）場所一〇日間、同年秋（十一月）場所、翌二三年夏（五月）場所各一一日間の計三場所を、管理者であった進駐軍の使用許可を取って興行した。

ここは野外の相撲場で、晴天興行であった。特に昭和二二年夏場所は梅雨の季節で、場所中に降雨による入れ掛け（中止）もたびたびあって入場券の対応に苦慮した。また、天候の様子を見て取組を開始したら、ラジオのニュースで相撲が雨天中止と放送されて力士が欠場するなど、信じ難い苦労があった。→〔メモリアル・ホール〕

『文化水滸伝』（永島猛斎画）。『め組の喧嘩』の芝居絵。

明治神宮外苑相撲場。右手に土俵と四本柱が一部見える。

**めいじじんぐうほうのうずもう**【明治神宮奉納相撲】大正九年（一九二〇）一一月に明治神宮で鎮座祭が行われたのを記念して、東京大角力《おおずもう》協会は奉納相撲を催した。これを第一回とし、以後毎年一一月三日の御例祭に奉納相撲を開催した。

現在は、毎年九月下旬～一〇月初旬に「明治神宮例祭奉祝奉納全日本力士選士権大会」として、明治神宮に土俵入りを奉納後、国技館で相撲が開催されている。

**めいじじんぐうほうのうどひょういり**【明治神宮奉納土俵入り】毎年一月場所前に、東京・明治神宮神前で奉納される横綱土俵入りのこと。正月の恒例行事となっている。

なお、新横綱の最初の土俵入りもこの神前で奉納されるが、特にこの名称では呼ばれない。→〔手数《でず》入《い》り〕〔横綱推挙状授与式〕

**めいよしょう**【名誉賞】横綱、大関および立行司に昇進した者に協会より授与される金のこと。ただし、一度降格した後の再昇進の場合には与えられない。

**めがあく**【目が開く】→〔初日／初日を出す〕

**めがでる**【芽が出る】申し合い稽古において勝つこと。→〔申し合い〕

**めがね**【眼鏡】相撲界独特の表現

で、のぞき見のこと。のぞき見をすることを「眼鏡をかける」という。

**めぐみのけんか【め組の喧嘩】** 文化二年（一八〇五）、江戸・芝神明社内で興行された春場所七日目の打ち出し後に、九龍山、四ツ車、藤ノ戸の三力士と、め組の町火消したちが喧嘩をした事件。これを通称「め組の喧嘩」といい、地名から「神明の喧嘩」ともいう。

後に、竹柴其水によって歌舞伎狂言『神明恵和合取組《かみのめぐみわごうのとりくみ》』として作られ、明治二三年（一八九〇）に初演されて人気を博した。

**めする【目する】** 相撲界独特の表現で、見まちがえること。見損なうこと。

**メモリアル・ホール** 昭和二〇年（一九四五）一二月に旧両国国技館を進駐軍が接収し、同二一年九月に改称した名称。

昭和二〇年三月の米軍機による大空襲で旧両国国技館も被災した。建物を修復しながらの同年一一月の秋場所開催とほぼ時を同じくして進駐軍から接収を告知され、秋場所は開催できたものの一二月に正式に明け渡した。その後は進駐軍家族の娯楽施設として使用され、翌二一年十一月場所一三日間のみ興行を許された。

接収時には年三回の使用が約束されていたが、契約時の担当者がいなくなって約束は履行されなかった。そのため、昭和二二年以降の東京の本場所興行は、同二二年六月〜二三年五月の三場所が明治神宮外苑相撲場で野外晴天興行、同二四年一月、五月の二場所が浜町仮設国技館で開催され、同二五年一月からは蔵前仮設国技館で開催された。

なお、旧両国国技館の接収は昭和二七年三月まで続いた。→〔両国国技館〕

**めんきょしき【免許式】** 「横綱免許授与式」「行司免許授与式」の略称。→〔横綱免許授与式〕

**めんきょじょう【免許状】** 「行司

ま

免許状」「横綱免許状」の略称。また、吉田司家より年寄・横綱・行司に与えられた「故実門弟の證」を指していうこともあった。→〔行司免許〕〔横綱免許〕〔吉田司家〕

……も……

**もういっちょう**【もう一丁】①本場所の相撲で取り直しとなり、もう一番取ること。→〔取り直し〕
②稽古場で、三番稽古やぶつかり稽古で相手にぶつかっていくときに、稽古に打ち込む気迫を表明して口に出す言葉。「もう一番取ろう」という意味である。→〔三番稽古〕〔ぶつかり稽古〕

**もうしあい**【申し合い】稽古方法の一つで、力士たちが勝ち抜き戦の形式でする稽古。「申し合い稽古」ともいう。仕切りをして取り組み、勝ち力士は土俵に残って次の相手を指名し、負けた力士は土俵を出る。したがって、申し合いでは勝てば稽古量が増えるが、負ければ稽古が不十分になる。

また、勝ち抜いた力士が次の相手を指名することを「買う」といい、指名されることを「売れる」という。→〔稽古〕

**もくだい**【目代】巡業が興行される各地で、多年にわたり相撲協会に協力してきた地方世話人の中から、特に推薦されてつとめる役割の名称。いわば、目代は地方世話人から昇格した人である。巡業などの際は、先発の年寄に協力する。

目代は協会の内規にしたがって推薦され、認証されてつとめる。また、木戸御免の中から推薦される場合もあり、上から目代、地方世話人、木戸御免の順に格付けされている。→〔木戸御免〕〔地方世話人〕

**もぐる**【潜る】相手の懐に跳び込んで廻しを引き、腰を落として頭を相手につけ、低く構えること。潜られた相手は攻めにくい体勢になる。

**もたれこむ**【もたれ込む】相手が寄りや投げを残せないように、相

申し合いでは土俵の外に、次の相手に指名されようと他の力士たちが待つ。

手に自分の全体重を預けるようにして圧力をかけること。↓〔体《たい》／体を預ける〕

**もちきゅうきん**【持ち給金】力士褒賞金を算定する「支給標準額」の旧称。「持ち高」ともいった。旧称であるが、「持ち給金」も「持ち高」も、慣行的に通称として現在も使われている。力士褒賞金は支給標準額に一定の倍率（平成一三年〈二〇〇一〉現在は四、〇〇〇倍）を乗じて算出される。↓〔支給標準額〕〔力士褒賞金〕

**もちだか**【持ち高】「持ち給金」の別称。↓〔支給標準額〕

**もつれあし**【もつれ足】相撲でしてはならない足運びの一つ。片足がもう片方に引っかかったり両足がからまるような、ぎこちない足の運び。つま先が内側を向いたような瞬間にもつれ足になりやすい。

物言いがつけられ、審判委員が土俵に上がって協議する。

**もつれる** 勝負判定が難しいような決まり方になること。「相撲がもつれる」、「勝負がもつれる」などと表現される。

**もとがき**【元書き】番付担当の行司が、横八〇㌢、縦一一〇㌢ほどの大きさのケント紙に、筆で直接書いた番付表のこと。配布される番付表は、この元書きを原版として約四分の一に縮小印刷したものである。「原稿」ともいう。↓〔番付①〕

**もとかた**【本方／元方】↓〔勧進方〕

**もとゆい**【元結】↓〔床山の道具／元結〕

**ものいい**【物言い】行司の勝負判定に疑問や異議がある場合に、土俵下に控える審判委員が挙手して異議を申し立てること。

　物言いがつくと、審判委員全員が土俵上で協議をして、行司の軍配どおりか差し違えか、また、両力士を同体と見ての取り直しかを決定し、審判長が場内に説明する。場内に説明するようになったのは、昭和四三年（一九六八）三月場所からである。

　なお、控え力士も物言いをつけることができるが、協議には参加できない。また、行司は協議に参加できるが、判定は審判委員に一任される。行司はどんな場合にも東西いずれかに軍配を上げなければならず、行司が同体の判定をすることはあり得ない。

　十枚目以上の取組では、審判長がビデオ室の審判委員と連絡を取り、ビデオを協議の参考にしている。↓〔差し違え〕〔審判委員〕〔同体〕

**もみて**【もみ手】力士が土俵に上がって拍手を打つとき、その拍手を打つ前に、両手のひらをこすり合わせるようにする。この所作を「もみ手」といい、二回繰り返される。

**もむ**　稽古の申し合いで、勝ち残り力士に相手として指名されようと飛びかかっていくこと。→〔申し合い〕

**もろざし【両差し／双差し】**　両腕とも相手の両脇の下に差し込むこと。相手の廻しを取っても取らなくても、両腕が下手であればよい。「二本差し」ともいう。相手を棒立ちにさせて寄りたてたり、投げ技や掛け技をしかけるのには有利であるが、両肘を張って相手に上手を取らせないようにしないと逆転されたり、懐が深い相手には両腕を極められる場合がある。

肘から先くらいを差した両下手を「浅い両差し」といい、相手は上手が遠くなる。

両差しとなり、両下手を取った。

**もろてづき【両手突き】**　立ち合いから、あるいは対戦中に、相手の肩や胸を両手で突くこと。両手突きは、相手に対する一発の圧力は強いものの、交互に突っ張るような連続性がないので、相手の変化に即応できない弱点がある。

大きな力士を相手に両差しになり、腕を極められた状態。

**もろはず【両筈／双筈】**　→〔筈／両筈〕

両手突きは相手から逆転技をくうことがある。

# や行

……や……

**やおちょう【八百長】** 幕末から明治初期のころに、八百屋の長兵衛という相撲好きの商人が親方衆と親しく、年寄の伊勢ノ海五太夫と囲碁をして故意に負けてやったところから、不正な勝負を「八百長」というようになったという。しかし、これには諸説があって、長兵衛ではなく「長造」あるいは「長吉」が名前であるとか、囲碁ではなく自分が花相撲に飛び入りで参加し、親戚一同が観戦する中で勝たせてもらおうと細工したなどともいわれる。いずれも伝聞や物語の類で真偽は不明である。「長兵衛」「呑込八百長」などともいわれた。

**やかた【屋形】** 土俵の上方に設けられた屋根のこと。昭和二七年（一九五二）夏までは四本柱の上に設置されていたが、同年九月の秋場所から吊り屋根となり、現在に至っている。

現在の屋形の建築様式は神明《しんめい》造《づくり》である。神明造は神社の本殿などの建築様式の一つで、屋根の上に交差して突き出された千木《ちぎ》、屋根の上の棟木に対して直角に並べられた鰹木《かつおぎ》（中ほどのふくらんだ円筒形がかつお節に似ている）が特徴である。

屋形の様式は次のような変遷をたどっている。

**【切妻造《きりづまづくり》】** 江戸時代の錦絵などに切妻造の屋形が見られる。切妻造は書物を半開きにして伏せた形で、屋根の棟の両端を切り落としたようになっている。明治四一年（一九〇八）一月の回向院まで切妻造であった。

**【破風造《はふづくり》】** 明治四二年夏の旧両国国技館開館時には四方に破風のあ

破風造の屋形。

現在の神明造の吊り屋根。

る形だったが、同四三年に、二方のみに破風のある形となった。

【神明造】昭和六年四月以降は神明造となった。ただし、同一九年夏と秋の東京・後楽園での興行では、特設土俵で切妻造の屋形が用いられた。

→〔吊り屋根〕〔房①〕〔水引幕〕

**やくいん【役員】** 日本相撲協会の幹部年寄で、『日本相撲協会定款』に役員は「理事一〇名以上一五名以内（うち、理事長一名）、監事（外部有識者二名以上三名以内）二名または三名」と規定されている。現在は理事一〇名、監事二名が在任する。それぞれ理事は任期は二年で監事は四年、再任もある。改選は任期満了の年の一月本場所終了後に行われ、評議員（五～七名）の決議による。→〔監事〕〔理事〕

**やくずもう【役相撲】** 千秋楽の取組で最後の三番を「役相撲」といい、それぞれ大関、関脇、小結の役に相当する取組であることを意味する。明治四二年（一九〇九）に横綱が地位として明文化されるまでの、大関が最高位であった時代の名残である。

**やくずもうにかのう【役相撲に叶う】** 本場所千秋楽の、最後三番の取組でそれぞれ勝利をおさめること。行司は口上を述べながら、勝ち力士には順に矢、弦を与える。

以前はそれぞれ「小結に叶う」、「関脇に叶う」、「大関に叶う」と口上を述べたが、現在は三番すべてを「役相撲に叶う」で統一して

「役相撲に叶う」の口上とともに行司から矢を受ける勝ち力士。

いる。→〔これより三役〕

**やぐら**【櫓】太鼓を打つために相撲会場に高く築かれた高楼。本場所開催中にこの櫓の上で太鼓が毎日打たれる。国技館の櫓は、高さ約一六メートル、接地部分は一辺約三メートルの正方形、櫓の上の太鼓を打つ場所は二・一メートル平方。

戦前まで旧両国国技館には鉄製の櫓があったが、戦後は約八〇本のヒノキ材の丸太を用い、くぎを用いずにすべて縄で結んだ伝統的な櫓になった。平成七年（一九九五）五月より再び鉄製になり、エレベーターが完備された。「太鼓櫓」は俗称。

国技館の鉄製の櫓。

**やぐらだいこ**【櫓太鼓】櫓の上で打つ太鼓の俗称。正式には「太鼓」という。本場所など相撲の開催を知らせるために打つものである。

櫓の上で打つ太鼓には、現在、場所中の午前八時半から九時に毎日打つ「寄せ太鼓」と、場所中の初日から一四日目まで毎日打ち出しと同時に打つ「跳ね太鼓」とがある。寄せ太鼓は「朝太鼓」または「一番太鼓」ともいう。

明治～昭和初期ごろまで一番太鼓を夜明け前に打ち、関取が場所入りするころに二番太鼓を打ったが、安眠妨害などの苦情があって早朝の太鼓は廃止された。→〔太鼓〕〔跳ね太鼓〕〔寄せ太鼓〕

**やぐらなげ**【櫓投げ】決まり手八二手の一つ。両廻しを取って相手の体を十分に引きつけ、膝を相手の内股に入れて太ももに相手の体を載せ、吊りぎみに持ち上げてから振るように投げ落とす。両力士の力の差が大きくないと見られない大技である。上手から投げれば「上手櫓」、下手から投げれば「下手櫓」ともいうが、いずれも決まり手は「櫓投げ」で統一される。→〔決まり手〕

**やくりきし**【役力士】「三役」の別称。大関・関脇・小結を指すが、現在は、本来の意味とは異なるが、関脇・小結だけをいう場合も多い。→〔三役①②〕

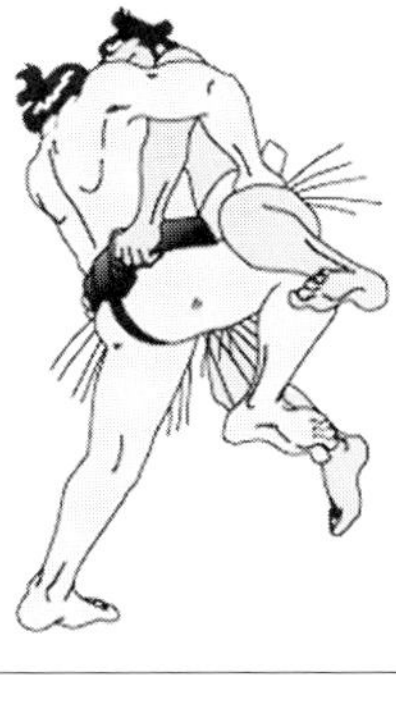

決まり手・櫓投げ

**やすくにじんじゃほうのうずもう**【靖国神社奉納相撲】明治二年（一八六九）七月に東京招魂社（靖国神社の前身）創立を記念して三日間の大相撲が行われて以降、その例大祭や臨時大祭などに行われるようになった。現在は四月の同神社例大祭に土俵入りを奉納後、「奉納大相撲」が同神社の土俵で行われている。

**やすむ**【休む】①攻めを中断すること。

②休場すること。→〔休場〕〔休場届〕

**やちんがたかい**【家賃が高い】相撲界独特の表現で、「番付にふさわしい実力がまだまだ伴っていないこと」をたとえたもの。例えば、番付の下位で大勝ちをして次場所でかなり上位に上がり、今度は大負けするような場合にいう。

**やどわり【宿割り】** 巡業地で先発が、力士や年寄、行司など一行の宿泊先を決めること。また、それを一覧で示したもの。宿割りが決まると、先発のうちの行司が担当して、力士一行のバスを途中で迎えて宿割りを示す。あるいは、前日に次の興行地の宿割りを示す。

**やはず【矢筈】** →〔筈／矢筈〕

**やはずぜめ【矢筈攻め】** →〔筈／矢筈攻め〕

**やま** 数を表す符丁で、「三」を表す。また、鼻緒の穴が三つあることから「げた」ともいう。→〔数を表す符丁〕

**やまいく** 相撲界独特の表現で、病気になったり負傷したりすることをいう。「やまいる」ともいい、「病《やまい》に入る」がなまって変化した言葉と思われる。負傷をすると

巡業で宿泊先の玄関には力士名を書いた宿割りが掲示される。（提供：ベースボール・マガジン社『相撲』）



「やまいった」のようにいう。

**やまげいこ【山稽古】** 巡業先などで稽古する土俵が足りないような場合に、適当な地面に簡単な円を描き、土俵に見たててする稽古のこと。「山」は稽古場の土俵以外の単なる平地のこと。

**やましな【山科】** 年寄名跡の一つ。初代は天明二年（一七八二）二月

巡業中の山稽古はどこでもできる。

に年寄の名が残る山科十五郎。現在は、元小結・大錦が襲名継承し、協会役員待遇をつとめている。

**やまひびき**【山響】 年寄名跡の一つ。初代は安永一〇年（一七八一）三月限りで引退した序ノ口・山響傳内。現在は、元前頭筆頭・巖雄が襲名継承、部屋を経営して評議員をつとめている。

**やまわけ**【山分】 年寄名跡の一つ。初代は安永九年（一七八〇）三月に山分万吉を襲名した隅田川万吉である。現在は、元前頭筆頭・武雄山が襲名継承している。

**やわた** 数を表す符丁で、「八」を表す。→〔数を表す符丁〕

## ……ゆ……

**ゆうしかくしゃ**【有資格者】 力士養老金に勤続加算金が付与される資格、および年寄名跡の襲名・継承資格を得た力士のこと。→〔勤続加算金〕〔資格者〕〔年寄名跡〕

**ゆうしゅうりきしひょうしょうきてい**【優秀力士表彰規定】 相撲協会が『寄附行為施行細則 附属規定』で、幕内最高優勝および各段優勝、三賞の力士に対する表彰について定めた規定。昭和三二年（一九五七）一二月一日に改正されている。

第一条 本場所において、幕内で最高の成績を収めた者には、賜盃と優勝旗を贈って、その栄誉を表彰する。

東西制の場合は、個人に賜盃を、団体には優勝旗を授与する。

第二条 個人優勝については、同成績のあった場合には、同点決勝を行って優勝を定める。

第三条 賜盃、優勝旗は、持ち回りとし、賜盃の模杯をつくりこれを優勝者に贈る。

第四条 幕内優勝者のほか、十枚目、幕下二段目、三段目、序二段、序ノ口の各段の優勝者には賞状を贈り、なお、殊勲賞、敢闘賞、技能賞を制定し、選考委員会より選定せられたその本場所中の賞者にも、それぞれ賞状を贈って表彰する。

第五条 各優勝者、各賞者には当分次のとおり賞金を贈る。（平成六年〈一九九四〉一月場所改正）

優勝者

幕内
金一〇、〇〇〇、〇〇〇円也

十枚目
金 二、〇〇〇、〇〇〇円也

幕下二段目
金 五〇〇、〇〇〇円也

三段目
金 三〇〇、〇〇〇円也

序二段
金 二〇〇、〇〇〇円也

序ノ口
金 一〇〇、〇〇〇円也

殊勲賞者
金 二、〇〇〇、〇〇〇円也

敢闘賞者
金 二、〇〇〇、〇〇〇円也

技能賞者
金 二、〇〇〇、〇〇〇円也

第六条 表彰式は、千秋楽競技終了後土俵上において行う。

第七条 永年勤続の優秀なる力士に対し、理事会の詮衡により表彰し、賞金を贈る。賞金の額はその都度理事会の決議により定める。（昭和四〇年一月追加）

**ゆうしょうがく**【優勝額】 本場所の幕内優勝力士に毎日新聞社より贈られる、力士の肖像を描いた額。現在の額の大きさは縦三・一七メートル、横二・二八メートルでおよそ畳五枚分ほど、重量は約八〇キロある。

国技館の天井近くに掲額され、東西南北の各面に八枚ずつ合計三二枚が飾られる。満杯になると、東京本場所の前に古いものから取り外され、新しい優勝者の額が加えられる。取り外された額は本人に返却され、出身学校や後援者、ゆかりのある人などに贈られることが多い。

優勝額は、明治四二年（一九〇九）に優勝制度が制定されて以来掲額されてきた。当初は時事新報社が、昭和一二年（一九三七）一

国技館館内の一面に八枚、合計三二枚の優勝額が掲げられている。

月からは東京日日新聞社（現毎日新聞社）が寄贈した。同一八年夏にカラーとなったが、戦争のために同一九年春限りで中断。同二六年五月、前場所優勝者の照國から掲額が復活し、白黒写真に手で彩色する技法で続いてきた。彩色家・藤寿々江氏の引退に伴い、平成二六年一月から従来の彩色に近づけるようデジタル処理されたカラー写真が採用された。→〔幕内最高優勝〕

**ゆうしょうがくけいがく【優勝額掲額】**「優勝額除幕式」ともいう。

**ゆうしょうがくじょまくしき【優勝額除幕式】**一月、五月、九月の東京本場所の初日に行われる。先場所（地方本場所）と先々場所（東京本場所）の各優勝者の優勝額を国技館内に掲げる行事。「優勝額掲額」ともいう。

　幕内、横綱の土俵入りの後、先場所優勝力士による賜盃返還式・優勝旗返還式に引き続いて行われる。掲額される力士は土俵上で額のほうを見上げ、音楽とともにかけられていた布が上がり、額にスポットライトが当てられる。

初日、優勝額除幕式が行われる。

**ゆうしょうがくぞうていしき【優勝額贈呈式】**東京本場所（年三回）初日の前日に行われる。土俵祭の終了後に、贈り主の毎日新聞社が先場所（地方本場所）と先々場所（東京本場所）の優勝力士を招き、国技館において優勝額を贈呈する。

優勝額は大小二枚が用意され、大きい額は国技館内に掲額されて本場所初日の「優勝額除幕式」で披露され、小さい額は力士に贈られる。

**ゆうしょうき【優勝旗】** 本場所で幕内最高優勝をした力士に授与される。現在の優勝旗は四代目になり、平成三年（一九九一）一月場所から使用されている。大きさは縦八八センチ、横一三〇センチで三方に一七センチの房糸（馬簾）がつけられ、軸の長さ二三八センチ、全体の重さ五・五キロで、九五〇万円をかけて製作された。

広げた状態の優勝旗。

優勝旗は持ち回りで、翌場所初日の中入の横綱土俵入りの後に優勝旗返還式が行われる。上部に、優勝者の名前を記した七センチ×九四センチの短冊が、約二年分つけられている。→〔幕内最高優勝〕

**ゆうしょうきじゅよしき【優勝旗授与式】** 千秋楽の表彰式で、幕内最高優勝をした力士に審判部長より優勝旗を授与する儀式。

優勝旗は、優勝制度が設けられた明治四二年（一九〇九）六月の夏場所から授与されるようになったが、当時は東西制であったため、団体優勝をした側に与えられた。優勝側の関脇以下力士の中でもっとも白星の多い力士が旗手をつとめた。個人優勝者には優勝額が授与された。

現在の優勝力士個人に優勝旗を授与する形式は、昭和七年（一九三二）二月に一門系統別部屋総当たり制が実施されてからである。→〔東西制〕

**ゆうしょうきへんかんしき【優勝旗返還式】** 本場所の初日に、先場所に幕内最高優勝をした力士が優勝旗を返還する儀式。優勝旗は審判部長が受け取るのが恒例である。中入となり、横綱土俵入りの終了後に、「賜盃返還式」「優勝額除幕式」と併せて土俵上で行われる。

**ゆうしょうけっていせん【優勝決定戦】** 本場所で、幕内および各段の最高成績に同点者が二人以上いる場合に、千秋楽に行われる取組。幕内最高優勝の決定戦は、結びの一番が終わり弓取式終了後に、十枚目（十両）以下各段の優勝決定戦は十枚目の取組終了後に行われ

優勝旗は幕内最高優勝者に審判部長から授与される。

や

る。

　優勝決定戦は昭和二二年（一九四七）夏場所から始められた制度で、それ以前は、同点の場合は番付上位力士の優勝とされていた。平成九年九月場所から、同地位同士の勝力士は、次場所の番付は負力士の上位となる。

→〔巴戦〕

**ゆうしょうしょうきん【優勝賞金】**本場所の各段優勝力士に、千秋楽の表彰式で協会より授与される賞金。それぞれの賞金額は、幕内最高優勝一、〇〇〇万円、十枚目優勝二〇〇万円、幕下二段目優勝五〇万円、三段目優勝三〇万円、序二段優勝二〇万円、序ノ口優勝一〇万円（平成六年〈一九九四〉改正）となっている。→〔賞金〕〔優秀力士表彰規定〕

**ゆうしょうせいど【優勝制度】**明治四二年（一九〇九）の旧両国国技館落成を記念して、同年六月の夏場所から始められた制度。東西対抗戦の形式で合計勝ち星が多かった側に、相撲協会が優勝旗と賞金を授与して優勝を表彰することとした。同時に、個人優勝者を表彰して優勝額を授与する形式もこのときに始められた。→〔個人優勝制度〕〔東西制〕〔優勝額〕〔優勝旗授与式〕

**ゆうしょうパレード【優勝パレード】**本場所で幕内最高優勝を果たした力士が、オープンカーに乗って本場所会場から部屋（地方本場所では宿舎）まで行進する行事。同部屋または一門の力士が優勝旗の旗手をつとめて付き添う。優勝制度ができた明治四二年（一九〇九）夏場所からパレードは行われていたが、昭和二七年（一九五二）夏場所から公式行事となった。→〔幕内最高優勝〕

優勝旗を掲げた旗手とともにパレードに出発する。

**ゆかた【浴衣】**力士が日常に用いる浴衣は、所属部屋の名前や力士のしこ名など、それぞれの意匠が染め抜かれている。主に暑中見舞いのあいさつとして、幕内力士どうし、先輩行司、審判委員をつとめる年寄、一門の親方などに配る。また、昇進や引退のときにも同様に関係者に配ったり、昇進・引退パーティーの引き出物にする。

　もらった側はその生地を浴衣に仕立てて着用するので、力士どうしでは他の力士のしこ名入りを着る場合が多い。

**ゆずりうちわ【譲り団扇】**立行司の木村庄之助・式守伊之助のものが代表例。行司が代々受け継ぐ軍配の名称。木村庄之助の譲り団扇には表側に「知進知退　随時出處」、裏側に「冬則龍潜　夏則鳳擧」と書かれている。

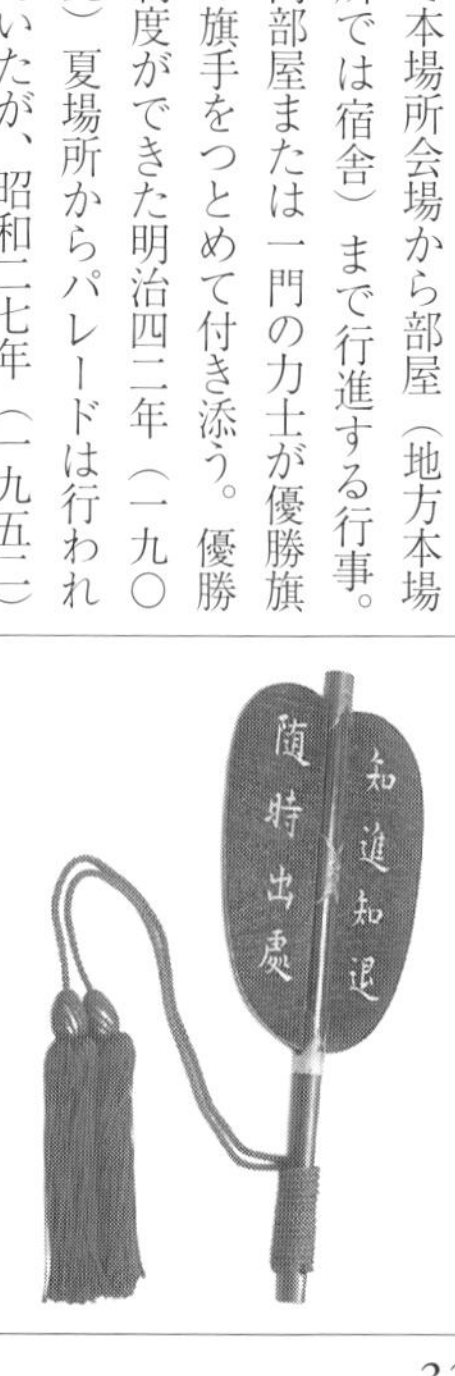


木村庄之助の譲り団扇。

式守伊之助の譲り団扇。

**ゆびをとおす【指を通す】** 相手の廻しを、手の五指を差し入れてしっかりとにぎること。基本は小指から先に取り、廻しの下側から四本の指を差し入れて上側から親指を通す。

**ゆみ・つる・や【弓・弦・矢】** 本場所千秋楽で、結びを含め最後三番の役相撲の勝ち力士に「役相撲に叶う」として与えられる。弓は結びの一番で、弦は結び前の取組で、矢は役相撲最初の取組で、それぞれ勝利した力士に与えられる。

弓は、幕下以下の決められた力士が受け、勝ち力士に代わって弓取を行っている。→〔役相撲〕〔弓取式〕

**ゆみとり【弓取】** 弓取式、または弓取式をする力士のこと。

**ゆみとりしき【弓取式】** 結びの一番の終了後に、弓取として決まっている力士が立行司から弓を受けて、決められた所作で弓を振る儀式。普通は幕下の力士が行う。

弓取式には作法があり、例えば、誤って弓を土俵に落とした場合に手で拾ってはならない。本来、勝ち力士に代わって行うので、土俵には決して手をつけず、落ちた弓は足の甲に載せて跳ね上げ、手で受ける。また、土俵の外へ弓を投げてしまった場合は呼出が拾って土俵に置き、力士は足で跳ね上げて弓取式を続ける。

弓取式の起源は定かではないが、『古今相撲大全』（木村政勝／宝暦一三年〈一七六三〉）に「此弓渡しのこと元来武門より起りし故、請取渡に故実作法有て、関直に請取らねバ、方屋のうち古実の案内をよく知りたる者出て、此弓を請取也」とあり、江戸時代中期

弓を振る。

弓取の力士の四股に館内から声がかかる。弓取式が終わると呼出が打ち出しの柝を入れる。

や

には、本来なら勝ち力士が行うところを、代わりの力士が弓取をつとめていたことがうかがえる。また、特殊な例であるが、寛政三年（一七九一）六月の徳川家斉の上覧相撲で、小野川に勝った谷風が「弓うけうやまひさゝけ、四方にふりまはしなとしてうちかたけ拝し入ぬ」と『相撲御覧記』（成島峰雄）に記されている。

江戸時代以来、弓取式は千秋楽のみだったが、昭和二七年（一九五二）一月場所から、現在のように毎日行われるようになった。

**ゆみをぬく**【弓を抜く】弓取式の所作の一つで、弓で土俵を掘るような動作を「弓を抜く」という。結びの一番で東方の力士が勝った場合には東側から抜き、西方が勝てば逆にする。

**ゆりもどし**【揺り戻し】「呼び戻し」の別称。→〔呼び戻し〕

## ……よ……

**ようせいいん**【養成員】「力士養成員」「行司養成員」の略称。→〔行司養成員〕〔力士養成員〕

**ようせいいんばしょてあて**【養成員場所手当】幕下二段目以下の力士養成員に対して、本場所ごとに協会から支給される手当。力士養成員にはこのほかに、本場所の成績によって幕下以下奨励金が支給される。→〔幕下以下奨励金〕

**ようせいいんようせいひ**【養成員養成費】幕下二段目以下の力士養成員を育成するために、協会より各部屋に支給される費用。力士養成員一名につき一ヵ月あたりの金額が定められ、二ヵ月ごとにまとめて支給される。「養成費」と略称する。

**ようせいしょうれいきん**【養成奨励金】十枚目以上の力士を養成した年寄に対して、本場所ごとに協会が支給するもの。養成された力士の地位に応じ、一場所あたりの支給金額が定められている。

**ようせいひ**【養成費】「養成員養成費」の略称。→〔養成員養成費〕

**ようろうきん**【養老金】「力士養老金」の略称。→〔力士養老金〕

**よかた**　相撲界独特の表現で、素人のこと。あるいは、相撲界関係者以外の一般の人のこと。「しんない」ともいう。また、巡業で利用した素人宿のことを「しんない宿」といった。

**よこしん**【横審】「横綱審議委員会」の略称。→〔横綱審議委員会〕

**よこぜめ**【横攻め】相手の体の側面から攻めること。小兵力士が大型力士に対し、横から押したり横に食いついたりする横攻めをしばしば見せる。

**よこづな**【横綱】①力士の地位の最高位で、番付の最上位に位置する。

現在、横綱への昇進は、大関で二場所連続優勝するか、これに準ずる好成績を残し、さらに「品格・力量が抜群」と評価された場合に、本場所終了後三日以内に開かれる番付編成会議で推挙され、理事会で満場一致の賛成を経て決まる。また、この間、千秋楽から番付編成会議の前までに開催される横綱審議委員会に諮問して、委員会で三分の二以上の賛成も得なければならない。

横綱は負け越しても地位が降下することはなく、横綱としての責任を果たせない場合は引退があるのみである。横綱には、引退後五年間は力士名のまま年寄の資格が与えられる。

史実として横綱土俵入りが行われたことが初めて確認できるのは、寛政元年（一七八九）一一月の谷風（第四代横綱）と小野川（第五代横綱）である。当時は大関が番付の最高位で、吉田司家から横綱を締めて土俵入りをする免許が与えられるという形式であった。「横綱」はいわば儀式を行う者の名称で、地位を表すものではなかった。

明治二三年（一八九〇）五月場所の西ノ海（第一六代）から横綱の名称が番付に記載されるように

なったが、これも名目的なもので、最高位は大関であった。同四二年の『東京大角力《おおずもう》協会申合規約』の改正によって、初めて横綱は最高位の地位であることが明文化された。

昭和二六年（一九五一）一月、吉田司家と大日本相撲協会との話し合いによって、江戸時代から続いた横綱免許を吉田司家が与えるという形式は、協会が自主的に横綱を決定する方法に改められた。→〔番付編成要領〕〔横綱審議委員会〕〔吉田司家〕

②横綱が土俵入りの際に締める綱のこと。芯に銅線を入れ、柔らかくもみほぐした麻と木綿をよって巻いたもので、大きさは力士の体格によって異なるが、重さ八キロ前後、長さ四～五メートルほどである。現在は、東京で本場所が行われるごとに新しい綱が作られている。

綱の結び方には、輪が二つの不知火型と輪が一つの雲龍型の二種類がある。

綱の由来には諸説があるが、嵯峨天皇の弘仁年間（八一〇～八二四）のころ、ハジカミという剛勇無双の者がいて、大阪住吉神社の注連縄《しめなわ》を腰に巻き、相手がこの注連縄に手をかけたらハジカミの負けとするとして相撲を取ったという伝承がある。このハジカミが腰に巻いた注連縄を横綱の起こりとする説があるが、確かではない。

また、吉田司家の文書には、「結神緒《むすびのかみのお》」を宮廷や社寺の新築・改修の際に相撲人の腰につけさせて神事を行ったとあるが、これも一説にすぎない。谷風や小野川の土俵入りについて触れた文書には「神の七五三縄《しめなわ》」「注連縄」の文字が見られる。→〔雲龍型〕〔不知火型〕〔綱②〕〔綱打ち〕

**よこづないちだいとしよりせい【横綱一代年寄制】** 昭和一六年（一九四一）一月場所前に制定された、「横綱は引退後、現役名のまま、年寄名跡がなくても一代限りにおいて年寄として優遇する」という制度。同年五月場所中に「横綱は現役のまま、一代年寄になることができ、二枚鑑札として優遇」と改正された。その後、同一七年五月場所後にいったん廃止され、同三二年三月に復活したが、同三四年八月の理事会で再度廃止された。

現在は「引退後五年間は現役名で年寄としての待遇を受けられる」という制度に変えられ、最近では第六七代横綱武蔵丸が一代年寄としてあった。

なお、横綱一代年寄制が廃止されて後に、格段の活躍と功績のあった横綱に対して協会は特例をもって一代年寄を贈っている。昭和四四年八月に第四八代横綱・大鵬に、同六〇年一月に第五五代横綱・北の湖に贈られた。平成元年（一九八九）九月には第五八代横綱・千代の富士にも提案されたが辞退された。同一五年一月に第六五代横綱・貴乃花に贈られた。→〔一代年寄〕

**よこづなおおぜき【横綱大関】** 大関が東西合わせても一人しかいないとき、あるいは、まったくいない場合に、横綱が大関を兼ねて番付に「横綱大関」として地位を書かれることがある。

明治四二年（一九〇九）まで横綱は単なる称号であって大関が力士の最高位であったことから、大関を番付から欠いてはならないと

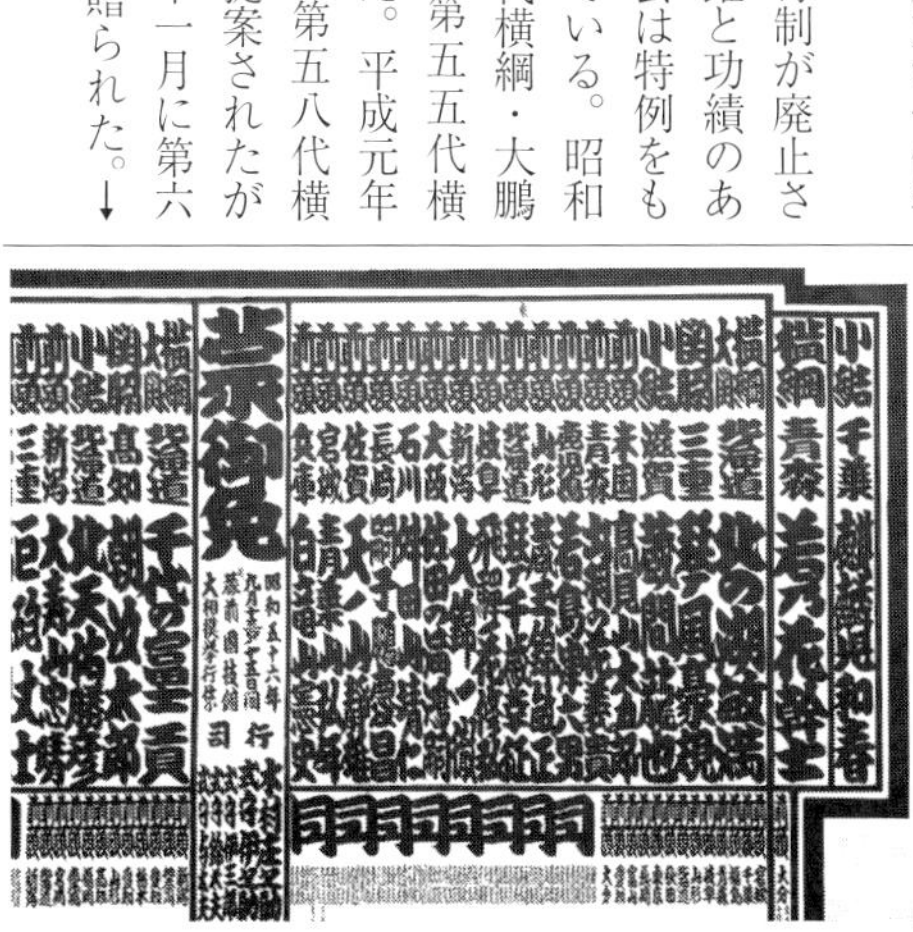

東西に大関が空位となり「横綱大関」の文字が見られる昭和五六年九月場所の番付。

された。

**よこづなかい【横綱会】** 横綱をつとめて引退した者と現役の横綱を会員とする親睦団体の名称。協会が規定するものではなく任意の団体である。

昭和二八年（一九五三）ごろに横綱を批判する声があり、それを機に同年三月に発足した。発起人は出羽海秀光（第三一代横綱・常ノ花）・春日野剛史（第二七代横綱・栃木山）・時津風定次（第三五代横綱・双葉山）。力士最高位にあった者として後輩の指導に責任を果たすことを目的としている。現在は、相撲協会に年寄としてつとめる元横綱と現役の横綱によって、十一月場所（九州場所）直前に開かれている。

**よこづなかりめんきょ【横綱仮免許】** 吉田司家が横綱に与えていた仮の免許。横綱に決まった力士は東京・小石川の細川邸に招かれて仮免許式をあげ、後日、熊本の吉田司家に赴いて横綱免許授与式を行って司家より本免許を受けた。司家の権威を示した一つの形式。明治三七年（一九〇四）の常陸山（第一九代）、梅ヶ谷（第二〇代）の横綱免許では、熊本から東京へ「仮免許」が送付され、後日、熊本へ両力士が出向いて「本免許」を受け取った。→〔横綱免許授与式〕〔吉田司家〕

**よこづなしんぎいいんかい【横綱審議委員会】** 横綱の推薦および横綱に関する諸種の案件について、日本相撲協会の諮問に答申し、あるいは進言する機関。

昭和二五年（一九五〇）一月の春場所は三横綱であったが、東富士が三日目から休場、照國が四日目から休場、羽黒山が五日目から休場して、五日目以降、横綱土俵入りが見られない事態となった。横綱全員休場に批判の声が起こり、協会は場所中五日目の夜に役員会で成績によって大関に降下させるという「横綱格下げ」を検討し、七日目の取締会で格下げを決定した。

しかし、横綱には伝統と権威があることから、場所後の番付編成会議で格下げについて再度検討してこれを撤回し、代わりに横綱の推薦、格下げ、引退勧告を審議する機関を置くことになった。以上の経緯から、同年五月に横綱審議委員会が設置された。

委員会は、理事長が委嘱する協会外の有識者の委員によって構成され、協会『寄附行為施行細則 附属規定』の『横綱審議委員会規則』（平成一〇年〈一九九八〉一月改正）に次のように規定されている。

第一条　財団法人日本相撲協会に、横綱審議委員会を設置する。

第二条　本委員会は、横綱推薦・その他横綱に関する諸種の案件につき協会の諮問に答申し、またはその発議に基づき進言するものとする。

第三条　協会は、本委員会の決議を尊重する。

第四条　本委員会は、一五名以内の横綱審議委員をもって構成する。

第五条　横綱審議委員は、相撲を愛好し、相撲に深い理解を有する各方面の良識者のうちから、理事長が委嘱する。

第六条　日本相撲協会員は委員となることができないものとする。

第七条　委員の任期は、二年とし、再任を妨げないものとする。ただし、最高五期一〇年とする。

任期の計算は、一月本場所千秋楽後番付編成会議前の定期委員会の日より、二年後の一月本場所千秋楽後番付編成会議前の定期委員会の日までとする。

任期の中途にて委嘱した委員の任期は、委嘱した年月日より直後の一月本場所千秋楽後番付編成会議前の定期委員会の日までを一年と見なし、その任期を計算する。

第八条　本委員会は、理事長が招

集し、次のとおり開催するものとする。

一、本委員会は、各本場所の千秋楽後番付編成会議前に東京にて年六回開催するものとする。

二、東京本場所の番付発表後年三回、委員の稽古総見を行うものとする。

三、東京本場所開催中に委員の総見を年三回行うものとする。

四、本委員会は、協会の必要に応じ、または委員の要請により、臨時にこれを開催することができるものとする。

第九条　本委員会は、委員で委員長を互選し、会議には委員長が座長として会を運営するものとする。委員長事故あるときは、委員より座長を互選するものとする。

第十条　委員長の任期は、二年とし、再任を妨げないものとする。ただし、最高二期四年とする。

任期の計算は、第七条を準用するものとする。

第十一条　日本相撲協会員は、会議に出席し発言することができるものとする。

第十二条　本委員会の連絡・記録・報告・その他諸般の事務を行うため、担任者を置く。担任者は、理事長が日本相撲協会員のうちより指名する。

なお、横綱推挙の条件について「品格・力量が抜群で、二場所連続優勝するか、これに準ずる好成績を残した大関力士とする」とされるのは委員会の内規であって、特に相撲協会が定めるところではない。

**よこづなしんぎいいんかいけいこそうけん【横綱審議委員会稽古総見】**横綱審議委員会委員による稽古の検分をいう。『横綱審議委員会規則』によって同委員に規定されているものである。

一月、五月、九月の東京本場所前に、相撲協会が主催し、協会役

公開で行われた稽古総見。正面の席で横綱審議委員、協会理事長らが検分する。

や

員や師匠たちも参加して行われる。横綱をはじめ幕内上位の力士が参加する稽古の様子から、本場所に備えた力士の仕上がり具合や体調などが表れるので、それらを検分する。「横審稽古総見」と略称で報道されたり、部内で単に「総見」と略すことがある。

かつては特定の一門の力士のみを検分したが、昭和五二年（一九七七）ごろから一門外の横綱、大関を呼ぶようになり、同六三年からは相撲教習所を使用して、幕内は五枚目以上、幕下は一五枚目以上の力士が参加するようになった。

現在は相撲部屋、国技館の土俵、相撲教習所などを会場にして行われている。近年、五月場所前の横綱審議委員会稽古総見のみは国技館の土俵で公開で行われるようになった。

**よこづなすいきょじょう【横綱推挙状】** 横綱に推挙された力士に協会より与えられる証状。明治神宮神前で行われる「横綱推挙状授与式」で、理事長より授与される。「推挙状」と略称する。

**よこづなすいきょじょうじゅよしき【横綱推挙状授与式】**「推挙式」と略称する。横綱に推挙された力士が、明治神宮神前で理事長から横綱推挙状を授与され、最初の横綱土俵入りを奉納する儀式のこと。

推挙式が明治神宮で行われたのは、昭和二六年（一九五一）六月、第四一代横綱・千代の山からである。このときから、推挙状授与と新横綱の奉納土俵入りをいずれも明治神宮で行うようになった。

なお、新横綱の奉納土俵入りを最初に明治神宮で行ったのは、昭和二二年六月、第三九代横綱・前田山であったが、前田山は横綱仮免許授与式を東京・小石川の細川邸で行っている。第四〇代横綱・東富士は免許授与式・土俵入りとも熊本の吉田司家で行った。→【横綱免許授与式】【吉田司家】

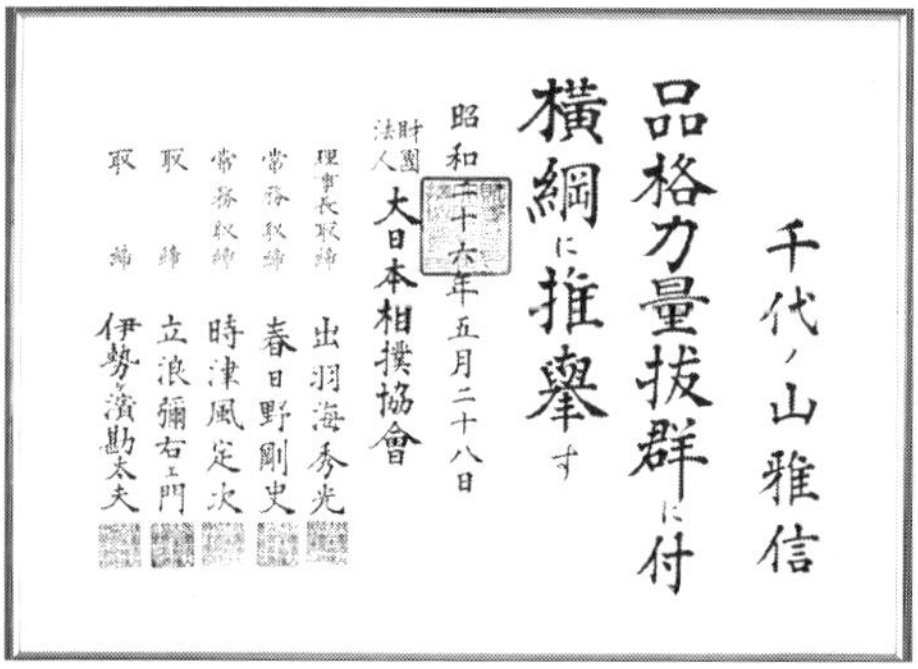
千代ノ山雅信
品格力量抜群に付
横綱に推擧す
昭和二十六年五月二十八日
財團法人大日本相撲協會
理事長取締 出羽海秀光
常務取締 春日野剛史
取締 時津風定次
取締 立浪彌右エ門
取締 伊勢濱勘太夫

第四一代横綱・千代の山に授与された推挙状。

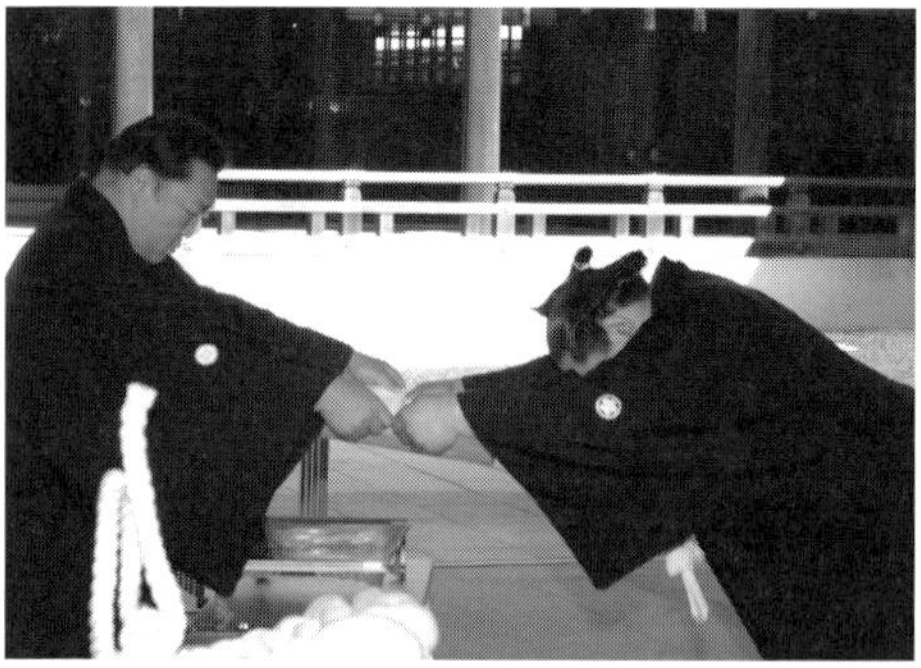

明治神宮神前で理事長から横綱推挙状を授与される。

**よこづなつなだい【横綱綱代】** 協会が横綱の師匠である者に対して与える、「横綱」の製作実費のこと。通常は「綱代」と略称でいわれる。

**よこづなどひょういり【横綱土俵入り】** 横綱が露払いと太刀持ちを従えて行う土俵入り。本場所では、中入の幕内土俵入りの後に行われる。横綱の土俵入りは単なる形式ではなく、相撲の基本の型を演じ、故実にある平安と五穀豊穣を祈願する神事を行うものである。

露払い・横綱・太刀持ちの三人が行司の先導で土俵に上がる。露払いは横綱の左側、太刀持ちは右側に位置し、三者とも勝負俵の内側で蹲踞《そんきょ》する。横綱は両腕を左右に広げて清浄潔白を表す塵浄水《ちりちょうず》を行った後、土俵中央に進んで拍手を打ち、四股を踏み、次にせり上がりで基本の型を示す。

横綱推挙状授与の後、新横綱が奉納土俵入りをする。

せり上がりは、腰を十分に落とした下の構えから、中の構え、上の構えへと体勢の変化を演じるものである。このとき、小刻みに足を運びつつ上体を起こしていき上の構えに移るところが、もっとも注目を集めるところである。最後に二度四股を踏み、二字口に戻って塵浄水をし、土俵を下りる。土俵で踏む四股は災厄を追い払う意味がある。

横綱土俵入りの型には雲龍型と不知火型とがあり、せり上がりのときに、雲龍型では左手を脇腹につけ右手をやや斜め前方に大きく差し伸べるが、不知火型では両手を斜め前方に広げる。また、横綱の結び目の輪が雲龍型は一つ、不知火型は二つである。→〔雲龍型〕〔不知火型〕〔横綱①②〕

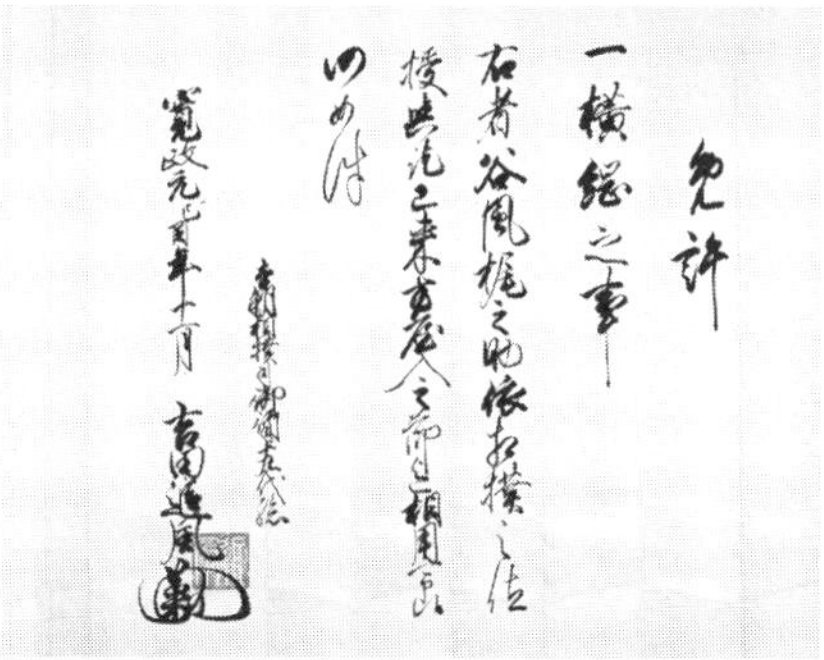

免許

一 横綱之事

寛政元己酉年十一月

吉田追風

寛政元年、谷風に授与された免許状。

**よこづなのでん【横綱伝】** 力士による地鎮の作法を説く故実で、地固めをすることをいった。寛政元年（一七八九）に吉田司家が谷風、小野川に横綱を免許した際、同時に故実にある「横綱伝」を授けたことがあって、横綱土俵入りの認可状のような意味に解釈された。本来の意味では、地固めをする作法の伝授である。→〔地固め式〕

**よこづなめんきょ【横綱免許】** 横綱に推挙された力士に吉田司家が授与していた免許、または免許状のこと。「横綱免状」ともいった。横綱免許授与式とともに昭和二六年（一九五一）一月に廃止された。

**よこづなめんきょじゅよしき【横**

太刀持ち、露払いを従えた横綱土俵入り。行司は蹲踞する。

**綱免許授与式】** 横綱に推挙された力士が熊本の吉田司家に赴き、横綱免許状を与えられた儀式。「横綱免許式」「免許式」と略称した。

昭和二六年（一九五一）一月に相撲協会と吉田司家の間の話し合いによって、以降は協会が横綱を決定することになったため、吉田司家で横綱免許授与式が行われたのは、同二四年三月の第四〇代横綱・東富士のときが最後である。同二六年六月の第四一代横綱・千代の山以降、協会が東京・明治神宮の神前で「横綱推挙式」を行っている。→〔横綱推挙状授与式〕

**よこづなりきしひ【横綱力士碑】** 東京都江東区・富岡八幡宮の境内にある石碑で、縦三・五メートル、横三メートル、二〇トンの大石で造られ、裏面に歴代横綱名が刻まれている。陣幕久五郎（第一二代横綱）が引退して相撲界を離れた後、明治三三年（一九〇〇）に建立した。

現在、新横綱が誕生すると、この碑前で「刻名奉告祭」が行われ、土俵入りが披露される。→〔富岡八幡宮〕

熊本の吉田司家で横綱免許を受ける第三二代横綱・玉錦（左）。

**よこづり【横吊り】** 相手を吊って横に運ぶ攻めをいう。あるいは、横に体を移しながら吊ること。横吊りは真正面に吊って出るよりも逆転されにくい。

**よこはまじょうせつかん【横浜常設館】** →〔その他の国技館〕

東京・富岡八幡宮にある横綱力士碑。

**よこみつ【横褌】** 廻しを締めたときに体の側面にくる部分。→〔廻し〕

**よしだおいかぜ【吉田追風】** →〔行司の歴史〕〔吉田司家〕

**よしだつかさけ【吉田司家】** 相撲の故実・例式に詳しい家として、年寄、力士、行司に故実門人の格式を与えた家。私家伝には、志賀清林の流れをくむ越前（現在の福井県）の吉田豊後守家次が、文治二年（一一八六）七月の相撲節《すまいのせち》をとりしきり、後鳥羽天皇（在位一一八三～九八）より従五位を賜って「追風《おいかぜ》」の名を与えられ、相撲司家の祖となったとある。

当主は代々「吉田追風」と名乗った。元禄一六年（一七〇三）に跡目相続をした一六代吉田追風が肥後（現在の熊本県）の細川家に臣従し、一九代吉田追風が寛政元年（一七八九）一一月に谷風と小野川に横綱免許を与えた。また、同三年六月に行われた徳川家斉の上覧相撲を取り仕切ったことで、吉田司家は相撲の故実を伝える家として相撲界に長く君臨することとなった。

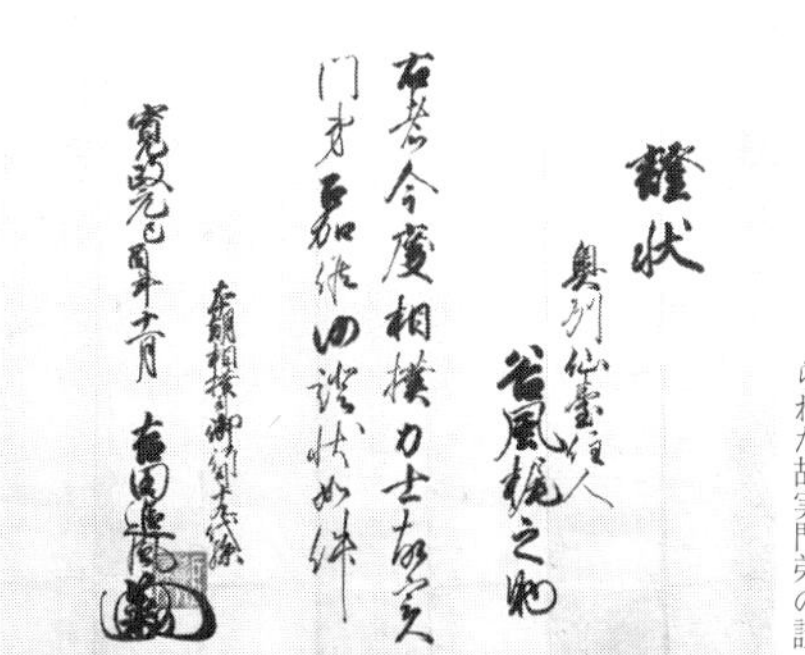


寛政元年に谷風に与えられた故実門弟の證。

それ以降、吉田司家は故実門弟の證、行司免許、横綱免許などの各種の免許状を発行した。免許状を与えられた年寄は、さらに「吉田追風門人〇〇」と名乗って、地方の力士などに免許状を出すこともあった。

昭和二六年（一九五一）一月に大日本相撲協会は吉田司家との旧

や

習を変革して、横綱は協会が自主的に決定することとした。→〔行司の歴史〕〔横綱推挙状授与式〕〔横綱免許〕〔横綱免許授与式〕

**よしばやまじゅんのすけ【吉葉山潤之輔】** 第四三代横綱。北海道石狩市出身。大正九年（一九二〇）四月三日生まれ。本名は池田潤之輔。高島部屋。昭和一三年（一九三八）五月初土俵。同二二年六月新十両。同年一一月新入幕。同二九年三月新横綱。同三三年一月引退。身長一七九センチ・体重一四二キロ。幕内通算成績は三〇四勝一五一敗一分八五休、優勝一回。

勉強をしたくて上京した際、入門志願者を上野駅に出迎えた高島部屋の力士たちに人違いされて連れて行かれ、そのまま入門したという不思議なスタートであった。

新十両が決まったものの、応召して昭和一八年一月から二一年一一月まで番付から名前が消え、ほぼ四年間の空白ができた。同二二年六月に十両に復帰した後は順調に好成績を重ね、同二六年五月には大関に昇進した。大きな体での寄り切りも相手を圧倒したが、腕力が強く投げ技やひねりも得意とし、同二九年一月に全勝優勝をして横綱昇進を決めた。三三歳の遅咲きの横綱で、不知火型土俵入りは見事であったが、病気やけがで休場が多かった。

引退後は現役名で年寄になり、後に宮城野を襲名、協会理事をつとめた。昭和五二年一一月二六日、五七歳で没。

第四三代横綱・吉葉山潤之輔

**よせだいこ【寄せ太鼓】** 櫓《やぐら》の上で打つ太鼓の一つ。場所中の午前八時半から九時に毎日打つ太鼓のこと。客に本場所への来場を勧めるという意味で「寄せ太鼓」の名称がある。寄せ太鼓を「朝太鼓」または「一番太鼓」ともいう。→〔太鼓〕〔櫓太鼓〕

**よせる【寄せる】** 特に防御するねらいで、相手の体に自分の体を近づけるようにすること。例えば、上手投げを打たれたら、自分の下手のほうに体を寄せる。逆に、下手投げを打たれた場合には、腹を突き出すようにして体を起こし、自分の上手のほうに体を寄せて残す。

**よつ【四つ】** 両力士が互いに差し合って上手または下手となり、体を密着させるように組み合った形のこと。「四つ身」ともいう。「四つになる」などと表現する。

**【相《あい》〜】** 対戦する両力士の得意な差し手《で》が互いに同じであること。右四つどうしならば「右の相四つ」となり、左四つどうしならば「左の相四つ」になる。右四つが得意な力士と左四つが得意な力士の対戦は、「けんか四つ」になる。

**【がっぷり〜】** 四つに組んだ両力士が、互いに上手、下手とも廻しを引き合い、胸が密着している状態をいう。「がっぷり」ともいう。

**【逆の〜】** 例えば、右四つが得意の型である二人の力士が、不得手な左四つに組んだような場合に

がっぷり四つに組んだ状態。

「逆の四つになる」という。両者ともに右四つが得意で右四つに組めば「相四つ」である。

【けんか〜】対戦相手と、得意とする四つ身の型がちがうこと。つまり右四つ得意の力士と左四つ得意の力士は、けんか四つである。「相四つ」の反対。

【外〜】相手に両差《もろざ》しになられて、自分は左右とも上手になった体勢のこと。

【手〜】廻しを引き合ってがっぷり四つに組むのではなく、互いに手だけを伸ばして、向かい合った両手のひらをつかみ合った体勢のこと。「手車《てぐるま》」ともいう。四つに組んだときのように体は密着しておらず、互いに相手の出方をうかがう体勢である。

【なまくら〜】自分が得意とする四つの型を持たず、右四つでも左四つでも取る相撲、また、そのような力士のこと。相手の不得意な四つを選ぶというよい面もあるが、相手に得意の四つになられてしまうという悪い面もある。

【左〜】双方が互いに左手を下手に差して、右手を上手にしている場合の四つに組んだ型。

【右〜】双方が互いに右手を下手に差して、左手を上手にしている場合の四つに組んだ型。

【〜相撲】四つに組んで、相手の廻しをつかんで取る相撲。

【〜に組む】四つになること。

【〜にわたる】四つになって攻防をつくすこと。

【〜身の型】四つに組んだときの基本の型。例えば右四つの場合、右の下手を深く差し、左上手で前褌《みつ》をつかみ、右足を前に出す。この形で互いに胸を合わせる。

【〜身負け】相手が四つのしっかりした型をもっていて、自分が十分に力を発揮できないことをいう。

**よつやしおちょうささでら【四谷塩町笹寺】**『古今相撲大全』（木村政勝／宝暦一三年〈一七六三〉）に「江戸勧進相撲の始は人皇百十代明正院御宇、寛永子のとし明石志賀助といへるもの初めて寄相撲と号、四谷塩町におゐて晴天六日興行いたせしが最初なり」とある。この相撲を行った場所が笹寺といわれている。笹寺は東京都新宿区四谷三丁目に現存する。境内には大正年間に東京大角力《おおずもう》協会が建立した「江戸勧進角力旧跡」の記念碑がある。

**よびあげ【呼び上げ】**呼出が土俵上で白扇をかざして、次に取り組む二名の控え力士のしこ名を呼ぶこと。呼び上げによって、力士は土俵に上がる。

本場所一五日間のうち、初日、三日目、五日目など奇数日には東

や

右四つに組んだ両力士。

方の控え力士から呼び上げ、二日目、四日目など偶数日には西方の控え力士から呼び上げることになっている。場内によく通る声量や声の調子も呼出の技量とされて、成績評価に加えられている。

　仕切り制限時間は、この呼び上げが終わった瞬間から審判委員の時計係が計る。

**よびぎ【呼び柝】** 取組開始の五分前に入れる柝《き》で、本場所では毎日、前相撲の最初の取組開始前、十両土俵入り後の最初の取組開始前、幕内取組前の都合三回入れる。力士の入場を促す柝である。→〔柝〕

**よびこむ【呼び込む】** →〔懐／懐に呼び込む〕

**よびだし【呼出】**『日本相撲協会寄付行為施行細則』には「呼出は、相撲競技実施にあたり、土俵の構築、太鼓、呼び出し、その他土俵に関する任務に従事するとともに、その他上司の指示に従い服務する」と規定されている。

呼び上げで、呼出が手にするのは何も書かれていない白扇である。

呼出は、中入などには土俵に水を打ち、土俵内や蛇の目を掃きならす。

具体的には、控え力士を土俵に呼び上げる、競技の進行一切を知らせる柝《き》を打つ、土俵を掃き清める、塩を用意したり補充する、懸《けん》賞旗《しょうばた》を掲示する、力士に仕切り制限時間を知らせる、本場所や巡業で土俵を構築する、各種の太鼓を打ち分けるなどである。ほかにも相撲興行の表裏にわたってさまざまな業務があり、動きやすくするために呼出は裁着袴《たっつけばかま》を身につけている。

呼出の三大業務である呼び上げ、太鼓、土俵築《つき》を、以前は分担を決めて行っていたが、昭和四〇年（一九六五）一月より全員で行うようになった。このとき、入門二〇年目にして初めて呼び上げを行った呼出もいたという。

呼出は、協会が採用して各相撲部屋に配属するが、所属は協会員であり、給料は月給制で協会より支払われる。現在、定員は四五名以内と定められている。呼出の停年は平成二年（一九九〇）より満六五歳とされている。

呼出の地位は、立呼出を最上位にして最下位の序ノ口呼出まで九段階に分けられており、それぞれの成績や勤務年数が加味されて累進する。新規採用者は最初の三年間を見習として養成期間におかれ、力士の呼び上げと土俵構築、太鼓の打ち方など、呼出としての実技を立呼出ならびに呼出会委員より指導を受けて学ばなければならない。見習期間中であっても序ノ口呼出、序二段呼出の地位を与えられることがある。

呼出がいつごろからあったかは正確にはわからないが、『古今相撲大全』（木村政勝／宝暦一三年〈一七六三〉）は、勝負判定をする行司に対して、勝負の前の呼び上げや万事すべてをつとめる「前行司」という職があり、美服を着けなかったので目立たなかったと記述している。また、『相撲今昔物語』（子明山人／天明五年〈一七八五〉）には、この前行司を「ふれ」

や

または「名《な》乗《のり》上《あ》げ」といったとある。→〔呼出の階級〕

**よびだしかい【呼出会】** 相撲協会で呼出によって構成される。協会が『寄附行為施行細則』で認める、会員相互の親睦を図り、人格向上・修業を目的とした組織の一つ。協会は一定の助成金を支給する。

**よびだしさいようきてい【呼出採用規定】**『日本相撲協会寄附行為施行細則』に定められた規定で、これによって呼出を新規採用する。規定では、義務教育を修了した満一九歳までの男子で、適格と認められる者とされる。手続きは、各相撲部屋に入門して、履歴書、保護者の承諾書、住民票、戸籍謄（抄）本と、師匠名による「採用願」を協会に提出しなければならない。

**よびだしのかいきゅう【呼出の階級】** 相撲協会『寄附行為施行細則』の『第六章　年寄・力士・行司およびその他』第七五条五項に以下のように規定されている。

四、(1)呼出の階級を次のとおり規定する。〔平成六年〈一九九四〉一一月改正〕

序ノ口呼出
序二段呼出
三段目呼出
幕下呼出
十枚目呼出　勤続一五年以上の者で成績優秀な者、または勤続一〇年以上一五年未満の者で特に成績優秀な者。
幕内呼出　勤続三〇年以上の者で成績優秀な者、または勤続一五年以上三〇年未満の者で特に成績優秀な者。
三役呼出　勤続四〇年以上の者で成績優秀な者、または勤続三〇年以上四〇年未満の者で特に成績優秀な者。
副立呼出　同右
立呼出　同右

(2)十枚目呼出以上の番付員数を、当分次のとおり規制する。

立呼出　一名
副立呼出　一名
三役呼出　三名
幕内呼出　七名以内
十枚目呼出　八名以内

(3)呼出の階級順位の昇降は、年一回とし、提出された考課表により、九月場所後の理事会にて詮衡し、翌年度の番付編成を行う。

なお、十枚目呼出以上の名前は番付に記載されるが、これは平成六年七月に復活したもの。

**よびもどし【呼び戻し】** 決まり手八二手の一つ。例えば、左四つに組んだら、右上手から左下手のほうに相手の体《たい》を引っ張り込み、相手の体が浮いたときに、左差し手《で》を戻すようにして突き出し、右上手のほうにひねり倒す。いったん一方向に引き、反動を利用して反対方向に倒すので、この名がある。

このとき、突き出した差し手を抜いて相手の胸に当て、相手の体を裏返しにすると「仏壇返し」とも呼ばれる大技になるが、決まり手は「呼び戻し」で統一されている。別名「揺り戻し」ともいう。→〔大技〕〔決まり手〕

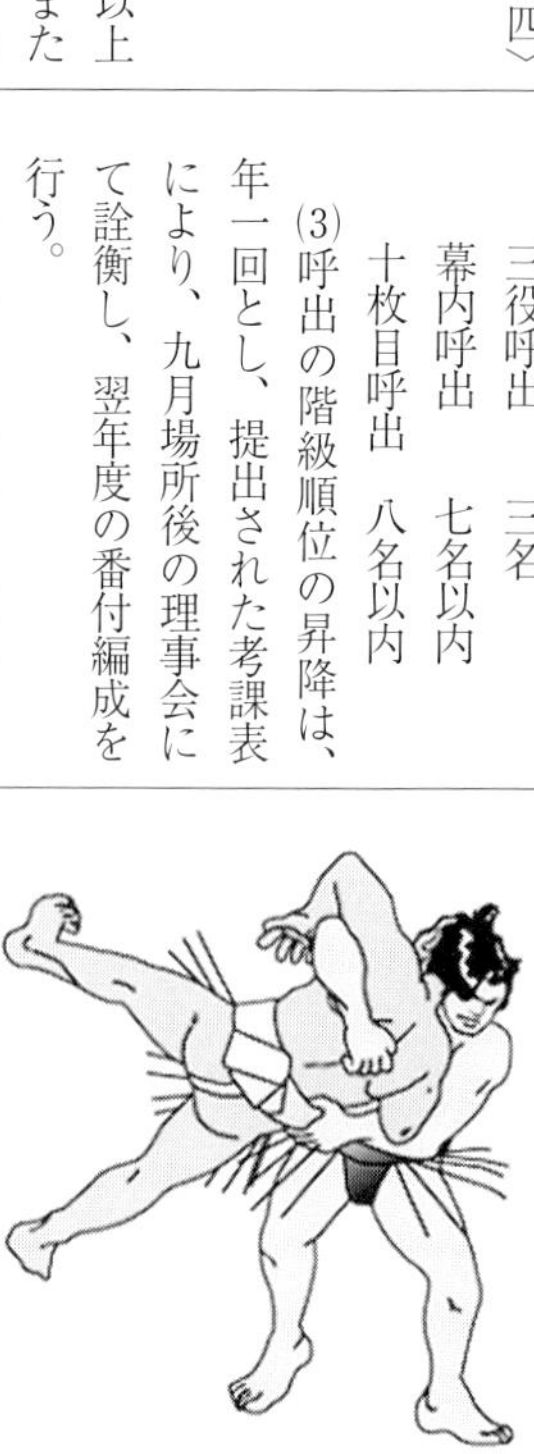
決まり手・呼び戻し

**より【寄り】** 相撲の基本技の一つ。片手または両手を差して相手の廻しを取り、それを強く引きつけて相手の重心を崩し、そのまま土俵の外に出そうとする技。四つに組んだ場合には、差し手《で》の側に寄ることが定石とされている。この体勢で相手が土俵を割れば「寄り切り」となり、相手が倒れれば「寄り倒し」になる。寄りでは廻しを取るので両力士の体が密着する。

**【〜合い】** 四つに組み、両力士が互いに寄りで攻め合う状態をいう。

**【〜返す】** 土俵上で相手にいったんは寄られても、劣勢を立て直し、逆に寄って攻めに転ずること。

**【〜立てる】** 四つに組み、休まず寄っていく様をいう。特に、相手に技をしかける余裕を与えず、一方的に圧力を加えてゆく状態をいう。

**【〜身】** 寄りで相手を追いつめていくときの体の動き、または、寄りに加わる圧力のこと。足腰の強い力士は一気の寄り身を見せ、腰が重く安定した力士はじわじわと寄り身を見せるなどさまざまである。

寄りで相手を土俵際に詰める。

**よりかた【寄方】** 勧進相撲で、興行を主催する勧進元側の力士集団である「勧進方」に対し、各地から参加して、もう一方の側となった力士集団のこと。「寄《より》」または「寄相撲」ともいった。↓〔勧進方〕〔勧進相撲〕

**よりきり【寄り切り】** 決まり手八二手の一つ。四つに組んだとき、相手に体を密着させて前に出て、土俵の外に運ぶ。投げを打って相手の体勢を崩して寄る場合と、がっぷり四つのまま相手に圧力をかけて寄る場合がある。後者は地力がないと難しい。寄って出たときに相手が倒れると、決まり手は「寄り倒し」となる。↓〔決まり手〕

決まり手・寄り切り

**よりたおし【寄り倒し】** 決まり手八二手の一つ。四つに組んだとき、前に寄って出て、体を密着させたまま相手を倒す。土俵の内側でも外側でも決まり手は「寄り倒し」となる。↓〔決まり手〕〔寄り切り〕

決まり手・寄り倒し

# ら行

……ら……

**らいでんしょう【雷電賞】** 昭和三〇年（一九五五）三月場所から同四〇年十一月場所の間に設けられていた賞。関脇以下で幕内最多勝の力士に与えられた。最多勝が複数いたときには番付上位の力士に与えられた。読売新聞社が雑誌『大相撲』の刊行と、尾崎士郎の小説『雷電』刊行を記念して制定したもの。雷電の手形をあしらった楯は、縦八〇センチ、横六七センチ、厚さ四・五センチ、重さ一五キロあった。

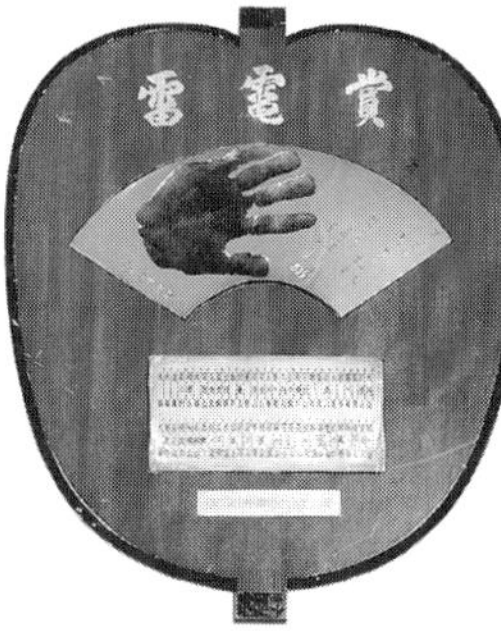

雷電賞の楯。

**らいでんためえもん【雷電為右衛門】** 現在の長野県東御市の出身。明和四年（一七六七）正月生まれ、文政八年（一八二五）二月一一日に五八歳で没。本名は関太郎吉。天明八年（一七八八）松江藩に召し抱えられ、寛政二年（一七九〇）一一月の江戸相撲で西の関脇に付け出された。

六尺五寸（一九七センチ）、四五貫（一六九キロ）の巨体と怪力とで無類の強さを発揮し、幕内通算の成績は二五四勝一〇敗二分一四預五無、優勝相当の成績二五回のうち、全勝の場所が七回、四四連勝を含むという驚異的なものであった。最終場所は文化八年（一八一一）閏二月場所。

四四歳で現役を引退した後は松江藩の相撲頭取となり、力士の世話や後進の指導につとめ、その間に『萬御用覚帳』を残している。また、現役中および引退後も巡業の記録『諸国相撲控帳』を克明につづっていて、いずれも貴重な相撲史資料である。

雷電の強さを伝える挿話とし

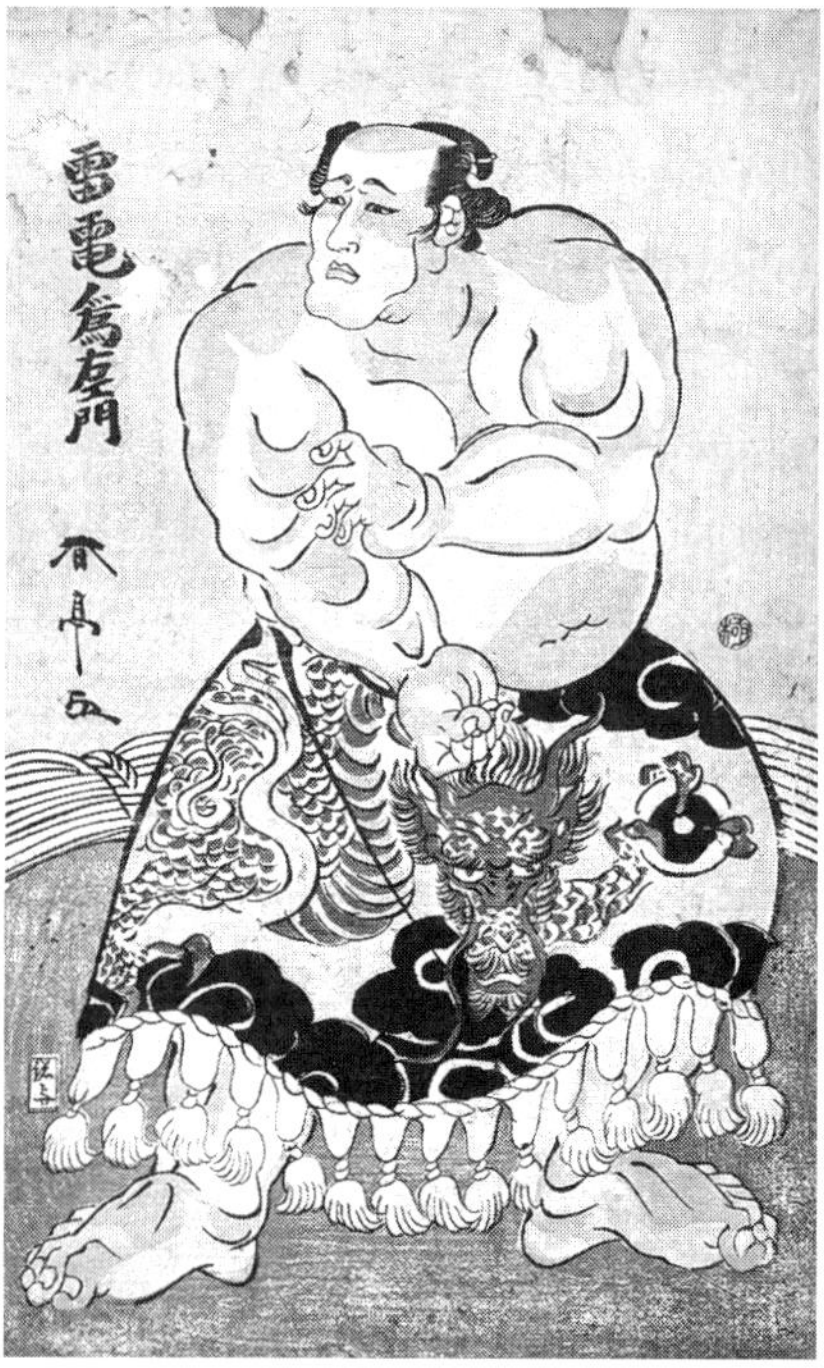
雷電為右衛門（春亭画）

て、相手がけがをするので雷電の張り手、閂《かんぬき》、鉄砲（現在の突っ張り）が禁じ手とされたというが、史実としては実証されていない。また、雷電が横綱免許を手にしなかった理由には諸説があるが、正確な理由は不明で謎となっている。

　東京都江東区・富岡八幡宮にある横綱力士碑には、歴代横綱の名とともに「無類力士　雷電為右衛門」と刻まれている。

**らくび【楽日】**「千秋楽」の別称。さらに略して「楽」ともいう。↓［千秋楽］

**ラジオほうそう【ラジオ放送】**ラジオによる相撲の実況放送。本場所のラジオ放送は、昭和三年（一九二八）一月場所からJOAK（東京中央放送局、NHKの前身）が開始した。この一月場所より仕切り制限時間が設けられ、幕内一〇分、十枚目七分、幕下以下五分と定められた。

　なお、日本最初の大相撲ラジオ放送は、前年の昭和二年六月、大相撲朝鮮巡業で京城放送局が行った。

　現在は、NHKラジオ第1が毎本場所に生中継を行っている。また、NHKワールド・ラジオ日本が海外に向け、原則として午後五時から日本語による短波放送の生中継を発信している。短波放送のために気象条件や電離層に影響される場合もあるが、全世界で実況を受信することができる。

ラジオ放送初期のころに実況中継をするアナウンサー。

……り……

**りきし【力士】**日本相撲協会の『寄附行為施行細則』に「力士は、協会所属力士とする」と規定され、力士は協会に所属する者に限定される。協会の力士検査に合格し、協会に登録されて初めて力士となる。

　「力士」という語は、古くは仏教の経典に見られるが、この場合は「金剛力士」からもわかるように相撲を取る人を指す言葉ではない。いつごろから相撲を取る者を「力士」と呼ぶようになったかは定かではない。

**りきしうんどうかい【力士運動会】**相撲協会・力士会の自主運営で、会員の親睦を図るために行われる催し。昭和二九年（一九五四）五月に東京・浜町グラウンドで第一回が開催され、現在までに九回行われている。各種競技のほか、各一門対抗による仮装行列が話題を呼ぶ。

**りきしかい【力士会】**相撲協会で十枚目以上の力士によって構成される。協会が『寄附行為施行細則』で認める、会員相互の親睦を図り、人格向上・修業・協会への提言を目的とした組織の一つ。協会は一定の助成金を支給する。

　力士会長は、毎年一月場所の東横綱か、もっとも先輩の横綱がつとめるのが慣例となっている。定例会は普通、番付発表の翌日に開催されて、新たに十枚目に昇進

力士運動会で綱引きをする。

ら

した力士の紹介や、引退力士への記念品贈呈などが行われる。また、力士運動会の主催や、引退力士の引退相撲興行への協力なども行っている。

**りきしきてい【力士規定】**『日本相撲協会寄附行為施行細則　附属規定』に定められた『相撲規則』（昭和三〇年〈一九五五〉五月八日施行）のうちの一つで、『力士（競技者）規定』と表記されている。力士の廻しの着け方やその色、土俵上での所作や勝負判定への責任などについて、以下の八ヵ条によって規定している。

力士運動会で呼び物の仮装行列。

第一条　力士は、締込（しめこみ、まわし）以外を身につけてはならない。負傷者の繃帯《ほうたい》、サポータ、白足袋等は認められるが、相手に危害を与えると認められるものは一切禁止される。指輪、腕輪はもちろん、繃帯を止める止め金等の金属類も当然使用禁止である。

第二条　理由なくして締込の下に、下帯を使用することができない。

第三条　十枚目以上の力士は、出場に際して大銀杏《おおいちょう》に結髪しなければならない。

第四条　十枚目以上の力士は、紺、紫色系統の繻子《しゅす》の締込を使用し、同色の絹の下がり（さがり）を使用すること。

第五条　幕下以下の力士は、木綿の廻しと木綿の下がりを使用し、色は黒または紫系統に染め、白い廻しは許されない。

第六条　力士は、競技順番の二番前から控え力士として土俵溜まりに出場し、勝負判定に控え力士としての責任を持つ。

第七条　呼出の呼び上げに応じて、土俵に上がれば四股を踏み、水で口をすすぎ、紙で拭いて塩を土俵に撒いてチリを切る。

第八条　土俵に上がれば、行司の指示に従い、勝負が終わると、互いに立礼してから勝者は勝ち名乗りを受け、敗者はそのまま引き下がる。

**りきしけんさ【力士検査】**　通称で「新弟子検査」ともいう。力士を志望する者が、『日本相撲協会寄附行為施行細則』の規定にしたがって受ける検査。受験資格や協会の採用基準については、同『施行細則』の第六十一条に以下のように定められている。

第六十一条　力士を志望する者は、義務教育を修了した二三歳未満（新弟子検査日）の男子で、師匠を経て、協会に親権者の承諾書、志願本人の意思確認書、戸籍謄本または抄本、医師の健康診断書をそえて力士検査届を提出し、協会の指定する医師の健康診断ならびに検査に合格し、登録されねばならない。

新弟子採用検査の基準は、身長一六七センチ以上、体重六七キロ以上。ただし、三月場所新弟子検査受験者は、身長一六七センチ以上、体重六七キロ以上。

検査基準・要領は別に定める。

師匠より幕下附出しの申請がなされた者は、理事会の決議により、これを承認することができるものとする。

一、幕下附出しの申請ができる者は、義務教育を修了（中学卒業見込みを含む）した二五歳未満（申請日時点）の男子とする。

二、幕下附出し適否判定は、以下の四大会の優勝を基準とする。ただし、優勝日から一年以内の者に限る。

⑴全日本相撲選手権大会

ら

⑵全国学生相撲選手権大会
⑶全日本実業団相撲選手権大会
⑷国民体育大会（成年男子）

三、前記四大会のいずれかで優勝した者は、「幕下一五枚目格」に附け出す。

四、前記四大会のうち⑴の全日本相撲選手権大会で優勝し、かつ他の三大会のいずれかで優勝した者は、「幕下一〇枚目格」に附け出す。

五、理事会の決議により幕下附出しが承認された者は、新弟子検査を受けることとする。

ただし、健康診断による合否の判定は行うが、検査基準（身長・体重）による合否の判定は行わない。

六、検査に合格した者は、第一検査後最初の本場所より幕下附出しとする。

七、理事会で一度承認された者、および第一検査で不合格となった者は、期限内（優勝日から一年以内）であれば、その後実施される検査を受けることができ、これに合格した者には前記第六項を適用する。

なお、東京の検査では、体格検査に合格すると当日に心電図とエコー検査、地方では当日に内臓検査と心電図を済ませ、東京でエコー検査を行う。ただし、この規定は第二検査の廃止を決定した平成二六年三月に変更されている。↓〔力士入門規定〕

**りきしけんさとどけ【力士検査届】** 力士を志望する者が、師匠である年寄を経て相撲協会に提出する所定の文書の一つ。これらの必要書類を提出した後に力士検査（新弟子検査）を受けることができる。

**りきししゃくようねがい【力士借用願い】** 江戸時代に、大名に抱えられた力士たちを相撲興行に出場させるために、会所が大名家に提出した願書のこと。雷電が記した『萬御用覚帳』では、文化一四年（一八一七）の江戸での興行に際して、勧進元が出雲松平家に差し出した願いについて触れている。その願書には「当冬相撲興行仕り候に付き御屋敷様御相撲衆中拝借仕りたき旨願いあげ奉り候」の文字が見られる。

**りきしだまり【力士溜まり／力士溜】** 土俵溜まりのうち、東西の二ヵ所に位置する部分の通称。控え力士が座るところから、このように呼ばれる。別称で「控え溜まり」ともいうが、いずれも正式には「土俵溜まり」である。また、東方力士の控えるほうを「東溜まり」、西方を「西溜まり」と呼ぶことがあるが、これらも通称である。→〔土俵溜まり〕

**りきしにゅうもんきてい【力士入門規定】** 力士を志望する者に対して、『日本相撲協会寄附行為施行細則』に定められた規定。略称で「入門規定」ともいう。

志望者は、義務教育を修了した二三歳未満（新弟子検査当日）の男子で、師匠を経て、協会に親権者の承諾書、志願者本人の意思確認書、戸籍謄本または抄本、医師の健康診断書を添えて力士検査届を提出し、協会の指定する医師の健康診断ならびに検査に合格し、登録されねばならない。

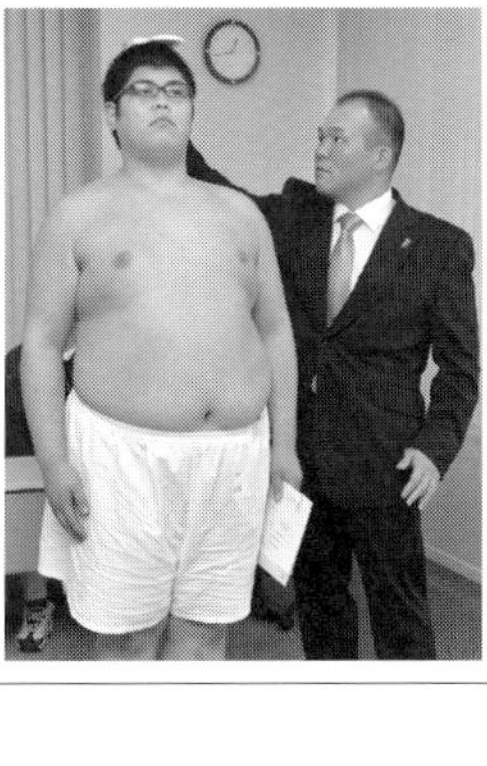
力士検査で身長を計る。

検査基準は、身長一六七㌢以上、体重六七㌔以上。また、師匠から幕下附出しの申請があった場合は、協会の適否の基準にしたがって理事会が決議する。ただし、幕下附出しでは規定によって体格は問われない。

協会の規定にある力士になるための資格、検査についての概要は以下のとおりである。

一　力士を志望する者は、新弟子

ら

検査に合格すると力士として登録される。

現在、検査基準は次のとおりである。

身長一六七センチ以上／体重六七キロ以上

二　力士志望者は師匠を通じて協会に届け出て、定められた日（本場所初日の数日前）に検査を受ける。検査に合格した者は協会名簿に登録され、力士として認められる。

三　登録された力士は六ヵ月間、相撲教習所生として、実技と学科を学ばねばならない。

四　検査に合格した力士は、前相撲をとり、以後本場所相撲の成績により、序ノ口、序二段、三段目、幕下、十枚目、幕内、三役、横綱の各段階を進むことになる。

五　特に師匠から願い出があれば、幕下最下位に附け出すことができる。

六　力士としての資格を認められない行為のある場合は、協会および師匠から除名される。

七　外国人にして力士を志望する者は、確実な保証人二人と連署にして、師匠を経て力士検査届を提出し、協会所属力士として登録される場合は、「興行」の在留資格を取得し、外国人登録済証明書を協会に提出しなければならない。

なお、協会は平成一三年（二〇〇一）一月に、従来の体格基準検査を第一検査とし、新たに第二検査として、身長一六七センチ、体重六七キロ以上で体力テストに合格した者という基準を設けた。これは、体が小さくても運動能力の高い者に力士となる機会を与えるものであった。体力テストでは背筋力、握力、ハンドボール、上体起こし、垂直飛び、反復横とび、五〇メートル走、シャトルランが課せられていた。

協会は平成二四年（二〇一二）三月場所をもって、第二検査を廃止した。平成二六（二〇一四）年の新弟子数は八七人、前年より一四名増加した。→〔力士検査〕

**りきしのいしょう【力士の衣装】** 以下の衣装や履物は、力士の階級順位によって使用が決められているものもある。また、衣装は部屋によって多少異なる場合がある。

【羽織】正装するときに着物の上に着用する。三段目になると羽織を着ることが許される。

【外套《がいとう》】寒い季節の外出の際に、力士がいちばん外側にまとう和装のコートのこと。相撲界では、幕下に昇進して初めて着用が許される。

【博多帯】絹で織られる博多織の帯。相撲界では、幕下に昇進して初めて用いることが許される。序ノ口から三段目までの力士は、へこ帯を着用する。

【雪駄《せった》】草履表に竹の皮を用い、裏に牛革を張り付け、かかとの部分に金具を打った履物。三段目に昇進すると初めて使用を許される。序ノ口、序二段の力士はげた履きである。雪駄を持ち歩くときは、廻しの端切れなどで作った雪駄袋に入れる。

【朴歯《ほおば》】げたの一種で、歯を通常のげたより高く作ったもの。力士が雨降りのときなどに使用した。現在は雨でも雪駄を履く関取が多い。また、かつては幕下以下の力士も足腰が強くなるとして使用したが、現在ではほとんど使われていない。

**りきしひかえしつ【力士控え室】** 「仕度部屋」の正式名称。→〔仕度部屋〕

**りきしほうしょうきん【力士褒賞金】** 協会が十枚目以上の力士に、本場所ごとに支給するもので、月給制の給与とは別のものである。「褒賞金」と略称する。

力士褒賞金は、地位ごとに定められた最低支給標準額を基準とし、これに本場所の成績による加算をして支給標準額とし、その力士の支給標準額を四、〇〇〇倍（平成一〇年〈一九九八〉一月場

ら

親方の厳しい指導の下に稽古に励む若い力士養成員たち。

所改正）した額が支給される。

最低支給標準額はすべての力士が三円からスタートし、支給標準額は現役を続ける限り加算の対象となる。

幕下以下の力士は最低支給標準額に成績による加算だけをされ、個々に支給標準額は定まるが、褒賞金としては支給されない。十枚目になってから、累積された支給標準額によって褒賞金が支給される。その場合、十枚目四〇円と決められた最低支給標準額に満たない力士はその金額まで引き上げられ、それを超える力士はそのまま加算される。金額を引き上げられた力士がその地位から降下すると、引き上げられた分が減額される。→〔最低支給標準額〕〔支給標準額〕

**りきしほじょひ【力士補助費】** 十枚目以上の関取に対して、稽古廻し・締込《しめこみ》・化粧廻し・結髪の費用に当てるものとして協会から支給される。東京本場所のみについて一場所あたりの金額が定められ、都合年三回支給される。

**りきしようせいいん【力士養成員】** 力士検査（新弟子検査）に合格して相撲協会に登録された力士で、幕下以下の力士の正式な呼称。略称で「養成員」ともいう。

**りきしようせいじょ【力士養成所】** 大日本相撲協会が昭和六年（一九三一）七月に神奈川県相模原市東林間に開設した施設。約一〇〇名を収容できる寄宿舎と土俵を二つ持ち、当初は力士を志望する八〇名の初心者を養成した。所長は千賀ノ浦（元綾川）で、協会の年寄が指導にあたった。

**りきしようろうきん【力士養老金】** 十枚目以上に昇進した力士が引退したときに支給されるもの。横綱・大関・三役・幕内・十枚目の各地位ごとに金額が定めてある。また、横綱・大関にはこのほかに特別功労金も支給される。

力士は現役引退後に協会に残っても残らなくても「引退」といい、

「退職」という用語は使われないので、力士養老金を「退職金」と言い換えるのは正確ではない。

なお、力士が現役引退時に力士養老金および勤続加算金を受けて後、協会に年寄として勤務をすれば、年寄の退職時に規定にしたがって年寄退職金と職務加算退職金が支給される。→〔勤続加算金〕〔退職金〕

**りじ【理事】** 財団法人に不可欠の機関で、一般に幹部職員の位置にある役員の名称。日本相撲協会では、定員は一〇～一五名（外部有識者二名以上三名以内）で、任期は二年であるが再任もできる。

理事は理事会を組織して、『定款』に規定されることのほか、法人に属する重要事項を決議する。また、理事は互選によって理事長を選出し、各理事は協会内にあって相撲教習所長、指導普及部長、生活指導部長、事業部長、審判部長、地方場所部長、巡業部長、相撲競技監察委員長など必要な職務分掌もする。→〔役員〕

**りじかい【理事会】** 日本相撲協会で重要事項について議決する最高機関。理事長を含む一〇～一五名の理事によって構成され、理事長が議長をつとめる。理事会は、理事在籍数の三分の二以上の出席または委任状をもって開催される。なお、監事も理事会に出席して意見を述べることができるが、理事会の表決に加わることはできない。

**りじちょう【理事長】** 日本相撲協会で理事の互選によって選ばれる最高責任者。『定款』には「この法人を代表し、その業務を執行」すると定められている。

昭和三年（一九二八）一月から同一三年九月まで広瀬正徳陸軍中将が理事長をつとめたが、その後理事長は空席のまま置かれた。

同一九年二月以降の歴代理事長は、出羽海（就任当時は藤島、後に出羽海、元横綱・常ノ花）、時津風（元横綱・双葉山）、武蔵川（元前頭・出羽ノ花）、春日野（元横綱・栃錦）、二子山（元横綱・若乃花・初代）、出羽海（後に境川、元横綱・佐田の山）、時津風（元大関・豊山）、北の湖（元横綱・北の湖）、武蔵川（元横綱・三重

『天明八年　両国橋江戸大相撲生写之図』（豊麿画）。

ノ海）、放駒（元大関・魁傑）、北の湖（元横綱。再任）、八角（元横綱・北勝海）がつとめている。
→〔役員〕〔理事長代行〕

**りじちょうだいこう【理事長代行】** 理事長が病気などで職務をつとめられない場合、その業務を代行すること。過去には時津風（元横綱・双葉山）、二子山（元横綱・若乃花・初代）がつとめ、最近では外部理事の村山弘義氏がつとめた。
→〔理事長〕〔外部理事〕

**りゃんこ** 「両差し《もろざし》」の俗称。「リャン」は中国語で「二」の意味。
→〔両差し〕

**りゅうじんじけん【龍神事件】** 大正一二年（一九二三）五月、大阪相撲の春場所前に起こった紛擾事件。

大正一二年一月に東京相撲力士会が同協会に待遇改善の要求をして大紛擾事件（三河島事件）は、大阪相撲にも飛び火して、夏場所番付発表後に大阪の関取格以上の力士たちが、大阪協会に対して待遇改善などを要求。大阪府内の龍神楼に力士たちは篭もり協会と対応したため、俗に龍神事件と呼ばれた。種々の仲裁が行われたが、協会役員の総辞職及び、大関四名を含む幕内一九名の廃業者が出た。同六月に残留力士によって番付が改訂され、幕内のみ片番付で興行された。この事件により東西合併が早まったと言われている。

**りょううわて【両上手】** 両手とも相手の両腕の上側（外側）から相手の廻しを取った状態、または、その両腕のこと。

**りょうごく【両国】** 東京都墨田区の南西部の地名。万治年間（一六五八～六一）、隅田川（旧名は大川）に架けられた橋は、武蔵と下総両国の境界にあたるところから「両国橋」と呼ばれ、地名はこの橋の名に由来する。

明暦の大火（一六五七）の犠牲者を葬った回向院の境内で、明和五年（一七六八）九月に初めて大相撲の本場所が開催され、天保四

年一〇月からは春冬の興行の定場所となり、明治四二年（一九〇九）には旧両国国技館が建設されるなど、両国の地は大相撲の歴史と伝統を育んできた。現在も昭和六〇年（一九八五）一月に落成した国技館がある。

また、墨田区両国には時津風、井筒、陸奥、春日野、出羽海の五つの相撲部屋があり、周辺の墨田区内では亀沢に八角と錦戸、石原に片男波と九重、八広に宮城野、緑に浅香山、業平に友綱、東駒形に東関、本所に高砂、立川に木瀬、横川に鳴戸の各部屋もあって、街で力士の姿をよく見かける。

国技館に隣接するJR両国駅から回向院に向かう「国技館通り」には歴代横綱の手形をあしらったブロンズが並び、駅南側には「横綱通り」と称する小路がある。

**りょうごくこくぎかん【両国国技館】** 両国には、これまでに二つの国技館が建てられている。一つは明治四二年（一九〇九）、初の相撲常設館として、もう一つは昭和六〇年（一九八五）に開館し、現在に至っている建物である。ともに地名を冠して「両国国技館」と呼ぶこともあり、また、両者を区別するため、古いほうを「旧両国国技館」という場合も多い。

開館当時の両国国技館。

この項では明治時代に完成した国技館について記す。なお、現在の国技館は「国技館」の項を参照のこと。

明治三九年から東京市本所区両国元町（現東京都墨田区両国）の回向院境内に建設を始め、同四二年六月二日に開館式を行った。東京駅の設計者・辰野金吾と、葛西萬司の設計による鉄骨構造で、敷地面積は一、一五〇坪（三、八〇二平方メートル）、ドーム屋根を持つ円形建物の直径二〇〇尺（約六一メートル）、観覧席は一階から四階まであり、収容人員は一三、〇〇〇人、建設費は当時約三〇万円ほどであった。

「国技館」の命名については以下の経緯があった。新築に際して最初は「常設館」と呼称したが、建物の名称をめぐる案には「尚武館」「武道館」などがあった。ところが、文人の江見水蔭が起草した開館披露の挨拶文に「角力《すもう》は日本の国技にして……」とあり、ここから年寄尾車が提案して「国技館」に決まった。

以来、大正六年（一九一七）には失火により、同一二年には関東大震災により全焼したがそのつど再建されて、昭和二〇年（一九四

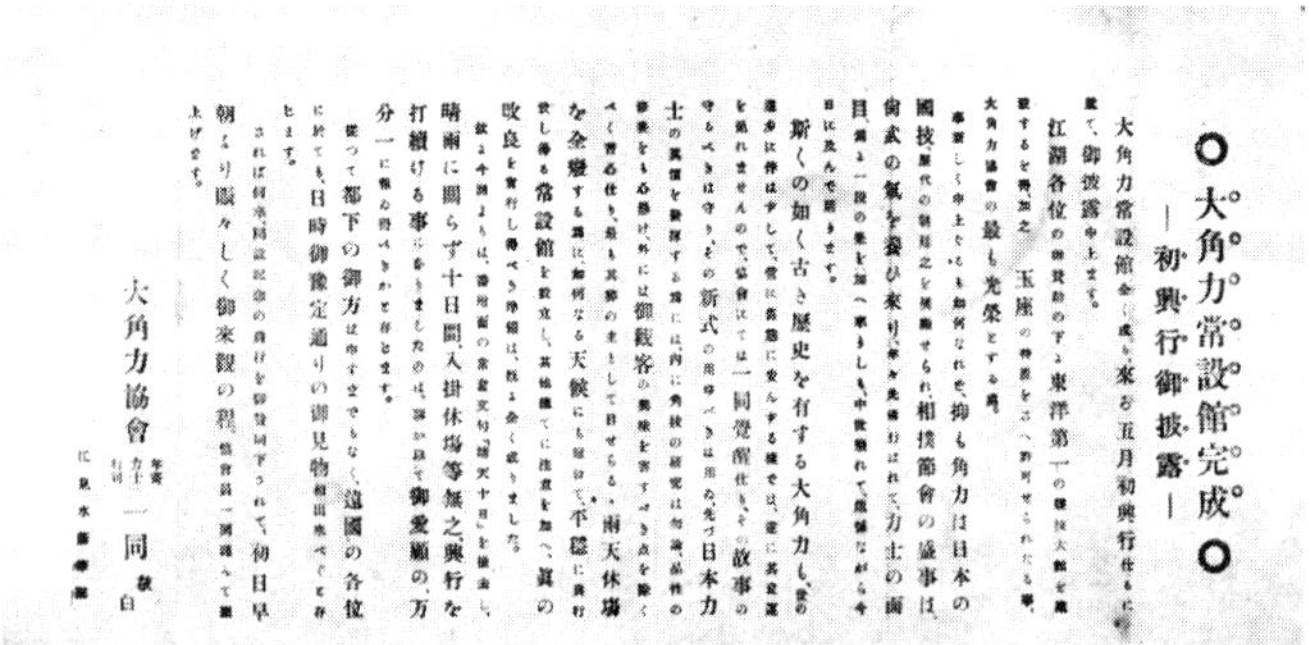
○大角力常設館完成○
—初興行御披露—
大角力協會
年寄 力士 行司 一同 敬白

江見水蔭が起草した常設館完成の挨拶文。

五）一二月に進駐軍に接収されるまで、常設館として近代の相撲の歴史を刻んだ。

なお、両国国技館の建物は昭和二七年に返還されたが、その後国際スタジアムに貸与され、さらに日本大学に売却され、昭和五七年に解体された。→〔江見水蔭〕〔国技館〕〔常設館〕

**りょうなのり【両名乗り】** 江戸時代の勝負附に見られる用語。無勝負、引き分け、行司年寄預かりなどと同様に、勝負判定の一つであったようだが、実態は不明である。→〔預かり〕〔無勝負〕

**りょうまえみつ【両前褌】** 両手で相手の廻しの前側（前褌）を取った状態のこと。

**りょうみつ【両褌】** 両手で相手の廻しを取った状態のこと。取る部分は廻しのどこでもよく、また、下手・上手に関係なく両手で廻しを取っていれば「両褌」という。

**りょうめがあく【両目が開く】** 本場所で黒星の多い力士が二勝目をあげること。一つ目の白星で片目が開き、二つ目で両目が開くことになる。→〔初日／初日を出す〕

**りょうよこみつ【両横褌】** 廻しの側方部分の、左右両方のこと。また、相手の廻しの側方部分を、両方とも取った状態のこと。

**りょひ【旅費】**『日本相撲協会旅費支給規定』では、旅費には宿泊料、日当、交通費が含まれる。地方場所の場合の旅費は、それぞれの職域と地位にしたがって支給額が定められている。また、協会員の業務上の出張についても規定に準じて支給される。

## ……れ……

**れきだいよこづな【歴代横綱】** 横綱に代数をふって表したもの。同時に昇進した複数の横綱がいた場合は、先に引退したほうに若い代数がふられる。

引退して相撲界を去った陣幕久五郎（第一二代横綱）が、明治三三年（一九〇〇）に東京・富岡八幡宮に横綱力士碑を建立した際に、碑面に歴代横綱を刻銘した。また、国技館近くにある野見宿禰《のみのすくね》神社にも歴代横綱之碑があり、これらには新横綱が誕生すると追加される。

| | |
|---|---|
| 初代横綱 | 明石志賀之助 |
| 第二代横綱 | 綾川五郎次 |
| 第三代横綱 | 丸山権太左衛門 |
| 第四代横綱 | 谷風梶之助 |
| 第五代横綱 | 小野川喜三郎 |
| 第六代横綱 | 阿武松《おうのまつ》緑之助 |
| 第七代横綱 | 稲妻雷五郎 |
| 第八代横綱 | 不知火《しらぬい》諾右衛門 |
| 第九代横綱 | 秀ノ山雷五郎 |
| 第一〇代横綱 | 雲龍久吉 |
| 第一一代横綱 | 不知火光右衛門 |
| 第一二代横綱 | 陣幕久五郎 |
| 第一三代横綱 | 鬼面山谷五郎 |
| 第一四代横綱 | 境川浪右衛門 |
| 第一五代横綱 | 梅ヶ谷藤太郎（初代） |
| 第一六代横綱 | 西ノ海嘉治郎（初代） |
| 第一七代横綱 | 小錦八十吉 |
| 第一八代横綱 | 大砲《おおづつ》万右衛門 |
| 第一九代横綱 | 常陸山谷右衛門 |
| 第二〇代横綱 | 梅ヶ谷藤太郎（二代） |
| 第二一代横綱 | 若島権四郎 |
| 第二二代横綱 | 太刀山峰右衛門 |
| 第二三代横綱 | 大木戸森右衛門 |
| 第二四代横綱 | 鳳《おおとり》谷五郎 |
| 第二五代横綱 | 西ノ海嘉治郎（二代） |
| 第二六代横綱 | 大錦卯一郎 |
| 第二七代横綱 | 栃木山守也 |
| 第二八代横綱 | 大錦大五郎 |
| 第二九代横綱 | 宮城山福松 |
| 第三〇代横綱 | 西ノ海嘉治郎（三代） |
| 第三一代横綱 | 常ノ花寛市 |
| 第三二代横綱 | 玉錦三右衛門 |
| 第三三代横綱 | 武蔵山武 |
| 第三四代横綱 | 男女《みな》ノ川登三 |
| 第三五代横綱 | 双葉山定次 |
| 第三六代横綱 | 羽黒山政司 |
| 第三七代横綱 | 安藝《あき》ノ海節男 |
| 第三八代横綱 | 照國萬蔵 |
| 第三九代横綱 | 前田山英五郎 |

第四〇代横綱　東富士欽壹
第四一代横綱　千代の山雅信
第四二代横綱　鏡里喜代治
第四三代横綱　吉葉山潤之輔
第四四代横綱　栃錦清隆
第四五代横綱　若乃花幹士（初代）
第四六代横綱　朝潮太郎
第四七代横綱　柏戸剛
第四八代横綱　大鵬幸喜
第四九代横綱　栃ノ海晃嘉
第五〇代横綱　佐田の山晋松
第五一代横綱　玉の海正洋
第五二代横綱　北の富士勝昭
第五三代横綱　琴櫻傑将
第五四代横綱　輪島大士
第五五代横綱　北の湖敏満
第五六代横綱　若乃花幹士（二代）
第五七代横綱　三重ノ海剛司
第五八代横綱　千代の富士貢
第五九代横綱　隆の里俊英
第六〇代横綱　双羽黒光司
第六一代横綱　北勝海《ほくとうみ》信芳
第六二代横綱　大乃国康
第六三代横綱　旭富士正也
第六四代横綱　曙太郎
第六五代横綱　貴乃花光司
第六六代横綱　若乃花勝
第六七代横綱　武蔵丸光洋
第六八代横綱　朝青龍明徳
第六九代横綱　白鵬翔
第七〇代横綱　日馬富士公平
第七一代横綱　鶴竜力三郎
第七二代横綱　稀勢の里寛

↓横綱名の各項を参照

**れきだいよこづなのひ【歴代横綱之碑】**　東京都墨田区亀沢にある野《の》見宿禰《みのすくね》神社境内に建立されている歴代の横綱名を刻んだ碑。昭和二七年（一九五二）一一月に二基が建立されて、一基に初代明石志賀之助から第四六代朝潮太郎までの名が刻まれ、もう一基には第四七代柏戸剛から第六九代白鵬までの名が刻まれている。↓〔野見宿禰神社〕

**れんごうげいこ【連合稽古】**　一門に連なる複数の部屋の力士が一つの部屋に集まり、本場所に備えて合同でする稽古のこと。連合稽古に使用する部屋は、申し合わせて順番にする。本場所で実際に取り組む相手どうしの稽古場面もあり、力士は力の入った稽古ができ、報道関係者などが取材に訪れることが多い。

**レンコン**　相撲界独特の表現で、目先がきくこと、先を見通せること。レンコンには穴が空いていて向こうが見えるところから生じた言葉。
　目先のきかない者や、ぼんやりした行動をしかるときに、「レンコンきめろ」とか「レンコン食え」などという。

## ……ろ……

**ろん【論】**　奈良～平安時代の相撲《すまいの》節《せち》で、勝負がついたとき、負方《まけかた》に擬義《ぎぎ》（不満や疑いのこと）があれば申し立てることができ、これを「論」といった。負方の次将より論が申し立てられると、人々から意見を聞いて上卿《しょうけい》が判定をしたが、決しかねる場合には「天判《てんぱん》」と称して天皇が裁断した。天判が下されると、もはや判定は動かなかった。
　なお、判定にはほかに後世の引き分けや無勝負、預かりにあたる「持《もち》」と呼ばれる制度もあった。↓〔相撲節〕〔相撲節の儀式〕

# わ行

……わ……

**わかいしゅう【若い衆】** 各部屋で幕下以下の力士を呼ぶ通称。「一人前でない若い者」という意味である。「うちの若い衆」と言えば、自分の部屋の若手力士を指し、「おれの若い衆」と言えばその力士や年寄の付け人を指す。「若い者《もん》」「わかもん」ともいい、呼び方は部屋や親方によって異なる。

**わかいものがしら【若者頭】** 「わかもんがしら」とも読む。十枚目力士・幕下力士で現役を引退した後に、適格者として協会に新規採用されて規定の業務を行う者の職務名。『日本相撲協会寄附行為』に規定される。定員は八名以内で、力士養成員の監督にあたるとともに、相撲競技その他に関して上司の指示に従って服務する。

協会内では「頭《かしら》」と通称されることが多く、現役時のしこ名で呼ばれることも多い。

**わかいものがしらかい【若者頭会】** 相撲協会で若者頭によって構成される。協会が『寄附行為施行細則』で認める、会員相互の親睦を図り、人格向上・修業を目的とした組織の一つ。協会は一定の助成金を支給する。

**わかいものがしらさいようきてい【若者頭採用規定】** 『日本相撲協会寄附行為施行細則』に定められた規定で、これによって若者頭を新規採用する。規定では、引退した十枚目力士・幕下力士で、適格と認められる者とされる。

**わかしまごんしろう【若島権四郎】** 第二一代横綱。千葉県市川市出身。明治九年（一八七六）一月一九日生まれ。本名は高橋権四郎から加藤権四郎。東京では楯山部屋から友綱部屋、さらに条川部屋、大阪では中村部屋。東京で初めて番付に載ったのは明治二四年五月序ノ

第二一代横綱・若島権四郎

わ

口。同二八年六月新十両。同二九年一月新入幕。同三一年一月東京最終場所。同三一年四月大阪十両格附出し。同三六年一月大阪横綱免許。同三八年六月横綱免許。同四〇年一月引退。身長一七八センチ・体重一一五キロ。幕内通算成績は東京では一三勝二六敗四分一預、大阪では七三勝七敗五分三預、優勝相当の成績は四回。

力士としてこれほど有為転変の多い人生はない。明治二四年一〇月に巡業先の大垣で濃尾地震に遭遇、若島を屋外に突き出して助けた兄弟子の楯甲は崩れた家屋で圧死する。東京で幕内まで昇進したが、同三〇年五月に天然痘にかかり、体重が減って巡業でも勝てなくなり、結局、同三一年に大阪相撲で再出発した。その後は精進して、突っ張り、掬《すく》い投げ、出し投げ、蹴手繰《けたぐ》りなど動きの速い相撲で活躍した。

横綱在位中に巡業先の山口で自転車で転倒して頭を強打し、その傷が治らずに引退、現役名で大阪相撲の頭取となったが、明治四一年六月限りで廃業、実業界に転身した。昭和一八年（一九四三）一〇月二三日、六七歳で没。

**わかのはなかんじ【若乃花幹士（初代）】** 第四五代横綱。青森県弘前市出身。昭和三年（一九二八）三月一六日生まれ。本名は花田勝治。二所ノ関部屋から芝田山部屋、さらに花籠部屋。昭和二一年一一月初土俵。同二四年五月新十両。同二五年一月新入幕。同三三年三月新横綱。同三七年三月引退。身長一七九センチ・体重一〇五キロ。幕内通算成績は五四六勝二三五敗四分七〇休、優勝一〇回。

生家のリンゴ園が昭和九年の室戸台風で没落、小学校を卒業し北海道・室蘭港で沖仲仕をしているときにスカウトされた。この若いころの重労働で鍛えた強じんな足腰が、後年、俵に足がかかってからの強さを発揮させる。

第四五代横綱・若乃花幹士（初代）

周囲を圧倒する猛稽古で磨いた技は、豪快な上手投げ、呼び戻しのような大技、切れ味鋭い外掛けや切り返しと実に多彩で、横綱・羽黒山（第三六代）、横綱・東富士（第四〇代）らの大型力士をしばしば破った。三一年一月大関昇進、同年五月に初優勝し、軽量でもあり小部屋で苦労しながら強い精神力で相撲に集中する姿は「土俵の鬼」と異名された。横綱昇進後は横綱・栃錦（第四四代）と熱戦を展開して毎場所優勝争いがかかった時期もあり、「栃若時代」と呼ばれる一時代を画した。

引退後は年寄二子山を襲名し、横綱・若乃花（第五六代、元年寄間垣）、横綱・隆の里（第五九代、元年寄鳴戸）、大関・貴ノ花（実弟。年寄二子山）、大関・若嶋津（現年寄松ヶ根）らを育てた。協会では理事長をつとめ、後に相談役となり、二子山から藤島と名跡交換して間もなく平成五年（一九九三）三月に停年となった。平成二二年九月一日、八二歳で没。

**わかのはなかんじ【若乃花幹士（二代）】** 第五六代横綱。青森県南津軽郡大鰐町出身。昭和二八年（一九五三）四月三日生まれ。本名は下山勝則。二子山部屋。昭和四三年七月初土俵。同四八年七月新十両。同年一一月新入幕。同五三年七月新横綱。同五八年一月引退。身長一八六センチ・体重一三六キロ。幕内通算成績は五一二勝二三四敗七〇休、優勝四回。

同時にスカウトされた隆の里（第五九代横綱、元年寄鳴戸）と二人そろって入門し、同期生・同部屋で横綱が二人誕生した例は珍しい。

天性の柔らかい足腰を備え、素質も十分にあったが、幕下のころには骨折やねんざを三回も経験した。入幕の前後から、深い懐を利した左四つからの寄り身、右上手投げなど大きな相撲をとるようになり、五二年三月に大関に昇進した。新横綱の場所でしこ名を若三杉から若乃花に改名、横綱で優勝を三回し、成績も安定したものを残したが、頸椎損傷などの負傷や病気で二九歳のやや早い引退となった。

引退後は現役名で年寄となり、後に間垣を襲名継承して部屋を創設し、協会理事をつとめていたが、病気のため平成二五年一二月退職。

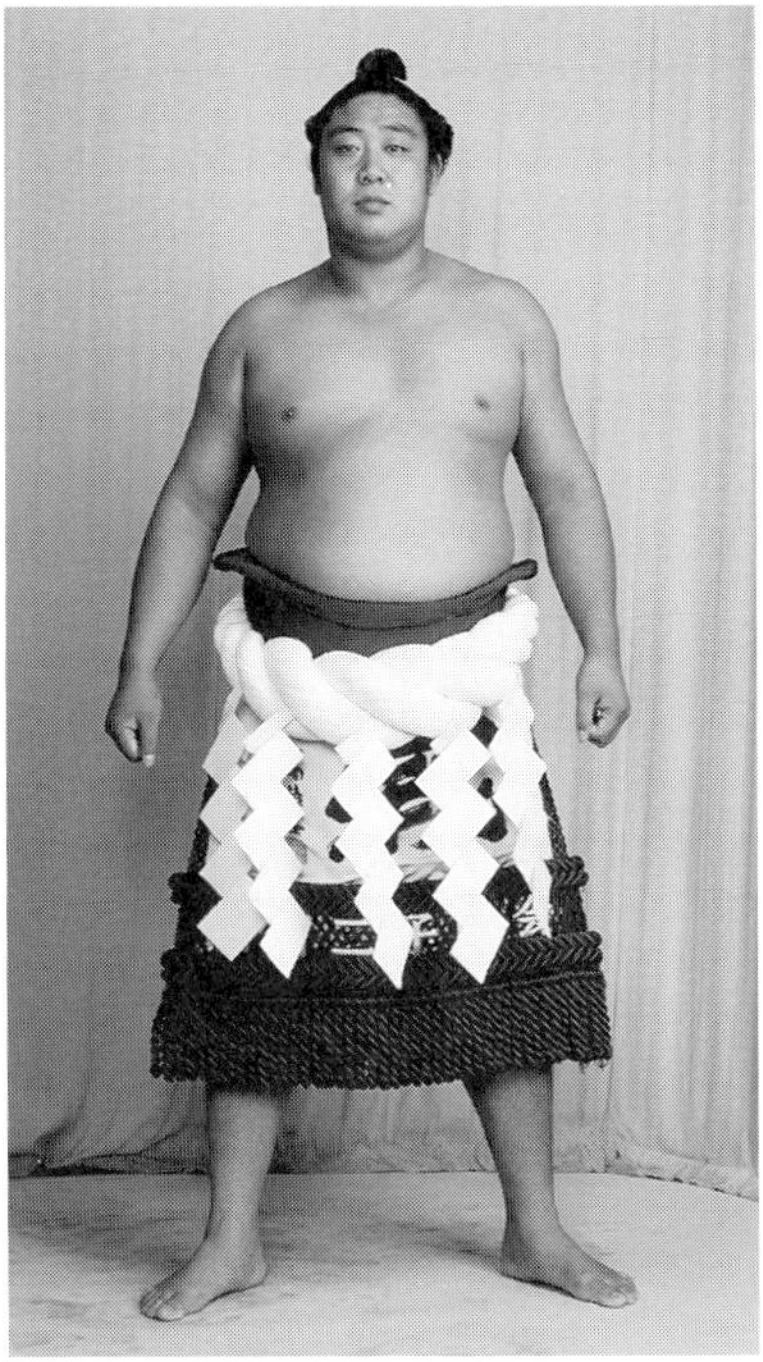

第五六代横綱・若乃花幹士（二代）

**わかのはなまさる【若乃花勝】** 第六六代横綱。東京都中野区出身。昭和四六年（一九七一）一月二〇日生まれ。本名は花田勝。藤島部屋から二子山部屋。昭和六三年三月初土俵。平成二年（一九九〇）三月新十両。同年九月新入幕。同一〇年七月新横綱。同一一年三月引退。身長一八〇センチ・体重一三四キロ。幕内通算成績は四八七勝二五〇敗一二四休、優勝は五回。

元大関・貴ノ花（元年寄二子山）の長男。弟は横綱・貴乃花（第六

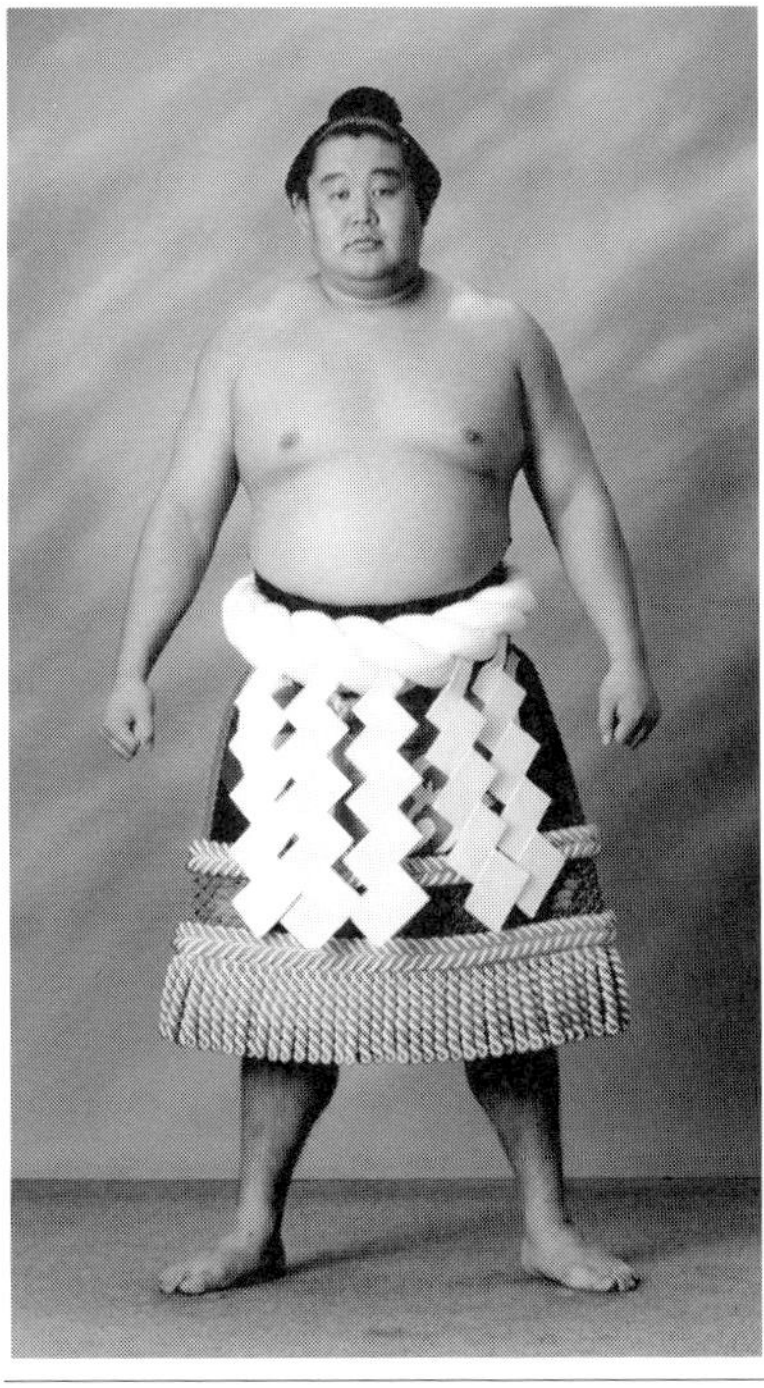

第六六代横綱・若乃花勝

わ

五代）である。体の大きな力士の多い現在では小兵ともいえたが、立ち合いで呼吸をはかって先手を取るうまさと、多彩な技を見せる相撲のうまさとで体をカバーしていた。相手の懐に跳び込めば、強烈な押っ付けで相手の体を浮き上がらせて素早く攻め、最後まで勝負を捨てない踏ん張りで館内を沸かせた。

　引退後は年寄藤島を襲名したが、のち協会を退職し、タレント業に転じた。

**わかふじ【若藤】** 年寄名跡の一つ。初代は天明六年（一七八六）三月限りで引退した三段目・若藤庄八。現在は、元前頭四枚目・皇司が襲名継承し、入間川部屋に所属している。

**わかまつ【若松】** 年寄名跡の一つ。初代は宝暦一三年（一七六三）に名が残る若松平次。現在は、元前頭筆頭・朝乃若が襲名継承している。

**わき【脇】** 脇の下から肘までの上腕部と横腹の間の部分を「脇」という。特に、押し相撲では、両肘を横腹に押しつけるようにして、脇を締め、前に出るのが基本である。

**【～が甘い】** 脇の締めが十分でなく、相手の差し手《で》を簡単に許してしまうような体勢をいう。

**【～が固い】** 脇をしっかり締めて、相手に差し手を簡単には許さないような体勢をいう。右の脇を締めて相手の左差しを許さなければ「右が固い」といい、左の脇を締めて相手の右差しを許さなければ「左が固い」という。

**【～を固める】** 相手に差されたり筈《はず》押しにあったりしないように、脇を十分に締めること。「脇を締める」「脇をつける」ともいう。

**わきぎょうじ【脇行司】** 土俵祭の際に、祭主をつとめる立行司の補助をする二名の行司のこと。地位の名称ではなく役目の名称である。普通は、東方を幕内行司、西方を十枚目行司がつとめる。→〔土俵祭〕

**わけ【分け】** 「引き分け」「痛み分け」の略称。→〔痛み分け〕〔引き分け〕

**わさび** 相撲界独特の表現で、相手をしかる場合に鼻を指ではじくこと。はじかれた相手は鼻がツンとなって涙が出るが、ワサビを口にした状態に似ているのでこういう。→〔こんぱち〕

**わじまひろし【輪島大士】** 第五四代横綱。石川県七尾市出身。昭和二三年（一九四八）一月一一日生まれ。本名は輪島博。花籠部屋。初土俵は昭和四五年一月幕下附出し。同年五月新十両。同四六年一月新入幕。同四八年七月新横綱。同五六年三月引退。身長一八六センチ・体重一三二キロ。幕内通算成績は六二〇勝二一三敗八五休、優勝一四回。

　小学校から中学、高校と相撲を続け、日本大学相撲部で二年連続学生横綱となり、将来を期待されて大相撲入りした。前評判どおり、幕下を二場所、十両を四場所でそ

第五四代横綱・輪島大士

れぞれ通過、入幕から八場所で関脇、その翌場所に初優勝し、スピード出世で学生相撲出身者としては初めての横綱となった。

腰を十分に割った立ち合い、素早いすり足で相手を運ぶ寄り身、投げを打ちながら体を寄せてゆく呼吸など、基本に忠実な相撲であった。左を差しての下手投げは威力があり、左腕は「黄金の左」と異名された。横綱・北の湖（第五五代、現年寄北の湖）とは毎回白熱した対戦を繰り返して館内を沸かせ、「輪湖時代」と呼ばれた。

引退後は年寄花籠を襲名して部屋を継いだが、昭和六〇年一二月に廃業した。

**わたしこみ【渡し込み】** 決まり手八二手の一つ。上手になった手で相手の膝裏か太ももを外側から抱えて引きつけ、もう一方の手を突き出すように伸ばすか、差し手《で》を抜いて胸を突くか、あるいは体を突きつけて、後方に倒す。四つ相撲からではなく、立ち合いに低く跳び込んで一気にこの技を決めるのを「大渡し」というが、決まり手は「渡し込み」に統一される。→〔決まり手〕

決まり手・渡し込み

**わってはいる【割って入る】** ①仕切り制限時間がいっぱいになって両力士が最後の仕切りをするとき、行司が、立ち合いの呼吸を合わせようと両者の間に一歩踏み込むこと。
②競技中に力士の廻しがゆるんだり負傷をしたときなどに、行司が、競技を一時中止しようとして両力士の間に入ること。→〔待った③〕〔廻し待った〕

巻きが広げられた割場。取組が決まった力士のしこ名の上に白い印が置かれる。

**わり【割】** 取組のこと。また、力士の対戦相手を記して一覧にした取組表のこともいう。「割り振る」とか「割り当てる」などの意味から派生した言葉である。本場所では、初日の二日前に取組編成会議で初日と二日目の割が決められ、三日目以後は前日に編成される。また、巡業の取組も「割」という。「組割」「相撲割」ともいう。

**【～返し】** 取組編成会議で決められ、発表された取組を作り直すこと。割返しは十枚目以上の取組に限って行われる。

**【～紙】** 「顔触《かおぶ》れ」の別称。→〔顔触れ〕

**【～場】** 取組編成会議の諸準備を

したり、行司が「割」を書いたりするところ。普通は、行司控え室が当てられる。

【～触れ】「顔触れ」の別称。→〔顔触れ〕

【～を入れる】休場力士が場所の途中から出場する場合に、取組にその力士を加えること。「割り込む」ともいう。

【～を取る】取組編成会議で決められた対戦相手と相撲を取ること。

【～を割る】取組を作ること。

**わりだし**【割り出し】決まり手八二手の一つ。片手で相手の上手か下手の廻しを強く引きつけ、もう一方の手で相手の上腕部をつかんで押し込むようにして、土俵の外に出す。両力士の体《たい》が割れたように離れるのでこの名がある。→〔決まり手〕

決まり手・割り出し

**わる**【割る】①取組を作ること。普通は「割を作る」といい、この意味では「割る」はあまり使われない言葉である。→〔割〕

②対戦中に土俵の外に足を出すこと。「土俵を割る」という。→〔土俵／土俵を割る〕

③興行収入を分配すること。現在はあまり使わない言葉である。明治時代の半ばに東京大角力《おおずもう》協会では、本場所一年間の収入と巡業での収入を、年寄、力士、行司などのそれぞれの階級に応じて割ることを定めていた。→〔歩方〕〔巻末・明治改革期の諸規約〕

**われ**【割れ】→〔あらし〕

**わんぱくずもうぜんこくたいかい**【わんぱく相撲全国大会】青年会議所が主催し、日本相撲連盟と相撲協会が後援する、小学生〔四年生から六年生〕による相撲大会の名称。「わんぱく相撲」と略称される。全国各地区ごとに代表者選抜大会を行った後、毎年夏に国技館を会場にして開催される。

最近では、「わんぱく相撲」は単に大会の名称にとどまらず、子どもの相撲の総称として使われることがある。

わ

# 【巻末資料】

# 番付の読み方

前頭以下序ノ口までの地位は、筆頭がいちばん高く、右から「筆頭（一枚目）、二枚目……」と数える。

現在、各段の定員は、幕内が東西合わせて四二名以内、十枚目が二八名以内、幕下二段目が一二〇名、三段目が二〇〇名と決められている。序二段、序ノ口には定員はない。

**【番付各部の文字と意味】**

①「東」「西」の文字。
②地位の名称。
③出身地。
④しこ名。
⑤「前頭」の文字。地位は十枚目（十両）。
⑥「同」の文字。文字の意味は「前頭と同じ」ということ。地位は幕下二段目（幕下）。

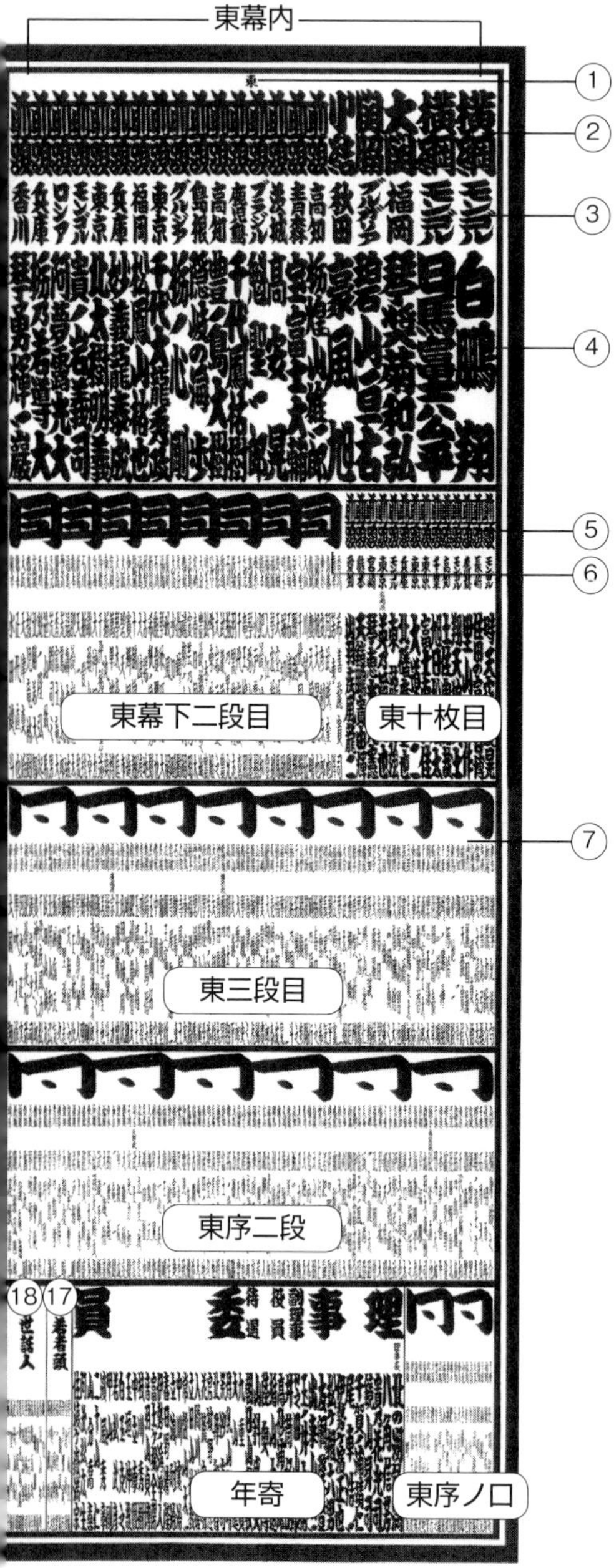

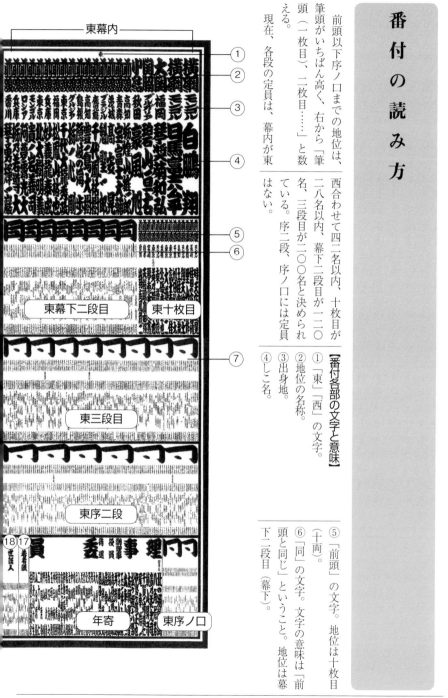

⑦「同」の文字。

⑧改名。しこ名が改名された場合、ここに旧しこ名を「○○改」と書かれる。

⑨「ごめんこうむる」と読む。江戸の勧進相撲が寺社奉行の許可を得て興行された名残。

⑩興行の年月日と興行会場。

⑪立行司。

⑫三役行司。

⑬幕内行司。

⑭十枚目行司。

⑮幕下以下行司。一段目に幕下行司と三段目行司、二段目の右から序二段行司、序ノ口行司と並ぶ。

⑯番判委員。

⑰若者頭。

⑱世話人。

⑲呼出し。一段目の右端に副立呼出、左へ三役呼出、二段目右から幕内呼出、十枚目呼出と並ぶ。

⑳床山。

㉑「此外中前相撲東西ニ御座候」の文字。「この番付に記載された者以外に、本中、前相撲の力士が東西にいる」という意味。現在は本中はなく、前相撲だけである。

㉒「千穐万歳大々叶」の文字。「千年も万年も大入りになるように」という意味の縁起の言葉。

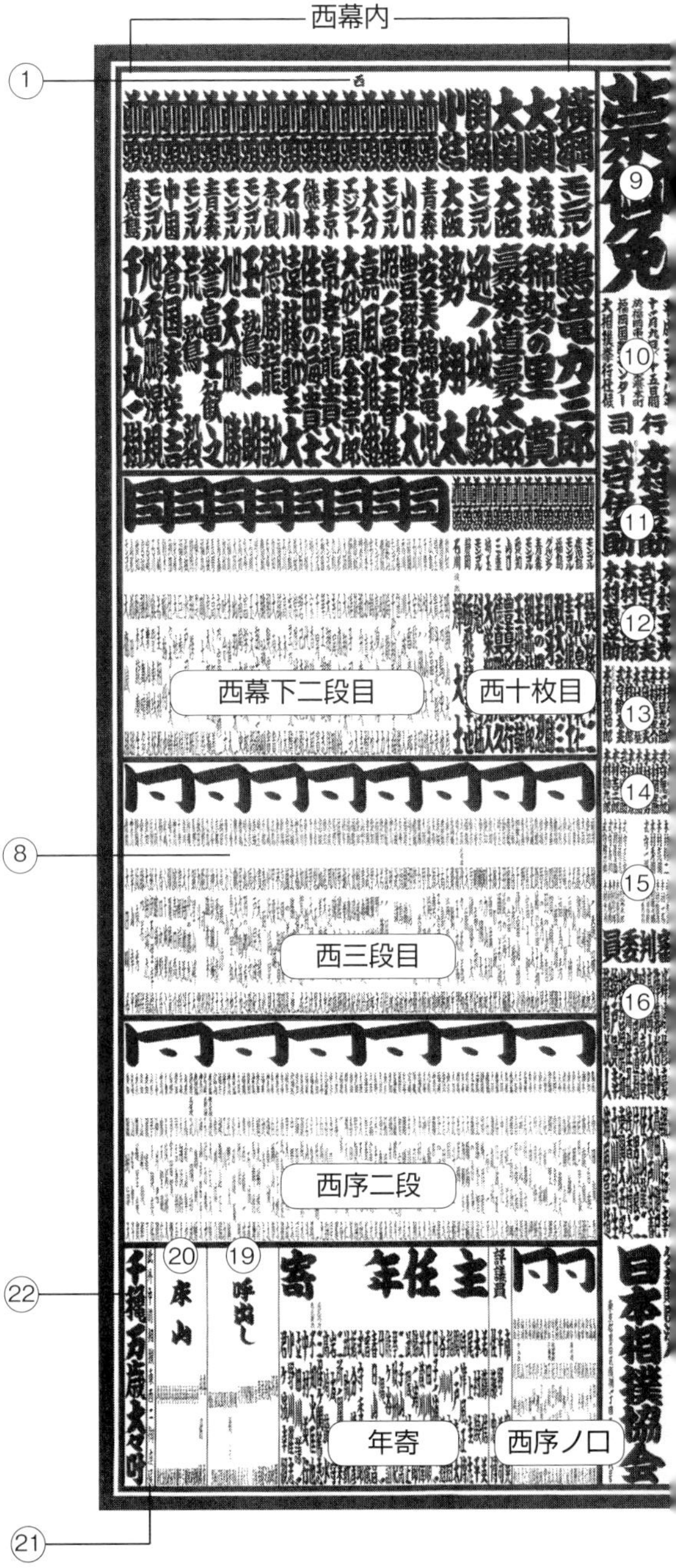

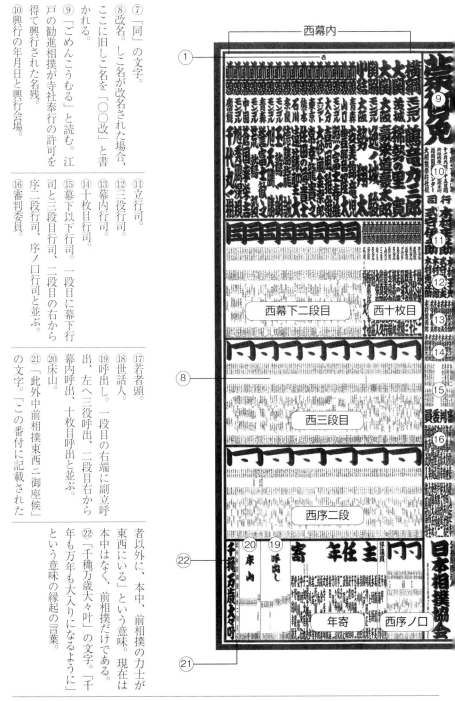

# 公益財団法人　日本相撲協会定款

平成二五年一月二八日認可
平成二五年一月三〇日登記

## 第1章　総則

（名称）
**第1条**　この法人は、公益財団法人日本相撲協会と称する。

（事務所）
**第2条**　この法人は、主たる事務所を東京都墨田区横網一丁目3番28号に置く。

## 第2章　目的および事業

（目的）
**第3条**　この法人は、太古より五穀豊穣を祈り執り行われた神事（祭事）を起源とし、我が国固有の国技である相撲道の伝統と秩序を維持し継承発展させるために、本場所及び巡業の開催、これを担う人材の育成、相撲道の指導・普及、相撲記録の保存及び活用、国際親善を行うと共に、これらに必要な施設を維持、管理運営し、もって相撲文化の振興と国民の心身の向上に寄与することを目的とする。

（事業）
**第4条**　この法人は、前条の目的を達成するため、次の事業を行う。
（1）本場所及び巡業の開催
（2）相撲道の伝統と秩序を維持するために必要な人材の育成
（3）相撲教習所の維持、管理運営
（4）青少年、学生等に対する相撲道の指導普及
（5）相撲記録の保存及び活用
（6）国技館の維持、管理運営
（7）相撲博物館の維持、管理運営
（8）相撲診療所の維持、管理運営
（9）その他この法人の目的を達成するために必要な事業
2　前項の事業については、本邦及び海外において行うものとする。

（規律）
**第5条**　この法人は、社会的理念と規範に則り、事業を公正かつ適正に運営し、第3条に掲げる目的の達成と社会的信頼の維持・向上に努めるものとする。

## 第3章　資産及び会計

（基本財産）
**第6条**　この法人の基本財産は、別表の財産及び理事会において基本財産に繰り入れることを議決した財産をもって構成する。
2　基本財産は、評議員会において別に定めるところにより、この法人の目的を達成するために善良な管理者の注意をもって管理しなければならず、基本財産の一部を処分しようとするとき及び基本財産から除外しようとするときは、あらかじめ理事会及び評議員会の

承認を要する。
3　別表の財産は、公益社団法人及び公益財団法人の認定等に関する法律第5条第16号に定める公益目的事業を行うために不可欠な特定の財産とする。

（事業年度）
**第7条**　この法人の事業年度は、毎年1月1日に始まり12月31日に終わる。

（事業計画及び収支予算）
**第8条**　この法人の事業計画書、収支予算書、資金調達及び設備投資の見込みを記載した書類については、毎事業年度開始の日の前日までに、理事長が作成し、理事会の承認を受けなければならない。これを変更する場合も同様とする。
2　前項の書類については、主たる事務所に、当該事業年度が終了するまでの間備え置き、一般の閲覧に供するものとする。

（事業報告及び決算）
**第9条**　この法人の事業報告及び決算については、毎事業年度終了後、理事長が次の書類を作成し、監事の監査を受け、かつ、第3号から第7号までの書類について会計監査人の監査を受けた上で、理事会の承認を受けなければならない。
（1）事業報告
（2）事業報告の附属明細書
（3）貸借対照表
（4）正味財産増減計算書
（5）貸借対照表及び正味財産増減計算書の附属明細書
（6）財産目録
（7）キャッシュ・フロー計算書
2　前項の承認を受けた書類のうち、第1号、第3号、第4号、第6号及び第7号の書類については、定時評議員会に報告するものとする。ただし、一般社団法人及び一般財団法人に関する法律施行規則第64条において準用する同規則第48条に定める要件に該当しない場合には、第1号の書類を除き、定時評議員会への報告に代えて、定時評議員会の承認を受けなければならない。
3　第1項の書類のほか、次の書類を主たる事務所に5年間備え置き、一般の閲覧に供するとともに、定款を主たる事務所に備え置き、一般の閲覧に供するものとする。
（1）監査報告
（2）会計監査報告
（3）理事及び監事並びに評議員の名簿
（4）理事及び監事並びに評議員の報酬等の支給の基準を記載した書類
（5）運営組織及び事業活動の状況の概要及びこれらに関する数値のうち重要なものを記載した書類

（公益目的取得財産残額の算定）
**第10条**　理事長は、公益社団法人及び公益財団法人の認定等に関する法律施行規則第48条の規定に基づき、毎事業年度、当該事業年度の末日における公益目的取得財産残額を算定し、前条第3項第5号の書類に記載するものとする。

（長期借入金及び重要な財産の処分及び譲り受け）
**第11条**　この法人が資金の借入をしようとするときは、その事業年度の収入をもって償還する短期借入金を除き、理事会において決議について特別の利害関係を有する理事を除く理事の3分の2以上に当たる多数をもって行わなければならない。
2　重要な財産を処分及び譲り受けるときは、同様の手続きを経なければならない。

## 第4章　評議員

（評議員の定数）

**第12条**　この法人に評議員5名以上7名以内を置く。
2　前項において、総数の過半数を外部有識者とする。

（評議員の選任及び解任）
**第13条**　評議員の選任及び解任は、一般社団法人及び一般財団法人に関する法律第179条から第195条の規定に従い、評議員会において行う。
2　評議員を選任する場合には、次の各号の要件をいずれも満たさなければならない。
（1）各評議員について、次のイからヘに該当する評議員の合計数が評議員の総数の3分の1を超えないものであること。
イ　当該評議員及びその配偶者又は3親等以内の親族
ロ　当該評議員と婚姻の届出をしていないが事実上婚姻関係と同様の事情にある者
ハ　当該評議員の使用人
ニ　ロ又はハに掲げる者以外の者であって、当該評議員から受ける金銭その他の財産によって生計を維持しているもの
ホ　ハ又はニに掲げる者の配偶者
ヘ　ロからニに掲げる者の3親等以内の親族であって、これらの者と生計を一にするもの
（2）他の同一の団体（公益法人を除く。）の次のイからニに該当する評議員の合計数が評議員の総数の3分の1を超えないものであること。
イ　理事
ロ　使用人
ハ　当該他の同一の団体の理事以外の役員（法人でない団体で代表者又は管理人の定めのあるものにあっては、その代表者又は管理人）又は業務を執行する社員である者
ニ　次に掲げる団体においてその職員（国会議員及び地方公共団体の議会の議員を除く。）である者
①　国の機関
②　地方公共団体
③　独立行政法人通則法第2条第1項に規定する独立行政法人
④　国立大学法人法第2条第1項に規定する国立大学法人又は同条第3項に規定する大学共同利用機関法人
⑤　地方独立行政法人法第2条第1項に規定する地方独立行政法人
⑥　特殊法人（特別の法律により特別の設立行為をもって設立された法人であって、総務省設置法第4条第15号の規定の適用を受けるものをいう。）又は、認可法人（特別の法律によって設立され、かつ、その設立に関し行政官庁の認可を要する法人をいう。）

（評議員の任期）
**第14条**　評議員の任期は、選任後4年以内に終了する事業年度のうち最終のものに関する定時評議員会の終結の時までとし、再任を妨げない。
2　任期の満了前に退任した評議員の補欠として選任された評議員の任期は、退任した評議員の任期の満了する時までとする。
3　評議員は第12条に定める定数に足りなくなるときは、任期の満了又は辞任により退任した後も、新たに選任された者が就任するまで、なお評議員としての権利義務を有する。

（評議員の報酬等）
**第15条**　評議員に対して、各年度の総額が200万円を超えない範囲で、評議員会において別に定める報酬等の支給の基準に従って算定した額を、報酬として支給することができる。

（取引の制限）
**第16条**　第34条の規定は評議員について準用する。この場合において、同条中「理事」とあるのは「評議員」と、「理事会」とあるの

は「評議員会」と読み替える。

## 第5章 評議員会

（構成）

**第17条** 評議員会は、すべての評議員をもって組織する。

（権限）

**第18条** 評議員会は、次の事項について決議する。

（1）理事及び監事並びに会計監査人の選任又は解任

（2）理事及び監事の報酬等の額

（3）評議員に対する報酬等の支給の基準

（4）貸借対照表及び正味財産増減計算書の承認

（5）定款の変更

（6）残余財産の処分

（7）基本財産の処分又は除外の承認

（8）その他評議員会で決議するものとして法令又はこの定款で定められた事項

（開催）

**第19条** 評議員会は定時評議員会として毎事業年度終了後3カ月以内に1回開催するほか、必要がある場合に開催する。

（招集）

**第20条** 評議員会は、法令に別段の定めがある場合を除き、理事会の決議に基づき理事長が招集する。

2　評議員は、理事長に対し、評議員会の目的である事項及び招集の理由を示して、評議員会の招集を請求することができる。

3　前項による請求があったときは、理事長は遅滞なく評議員会を招集しなければならない。

（議長）

**第21条** 評議員会の議長は評議員会で互選する。

（定足数）

**第22条** 評議員会は、評議員の過半数の出席がなければ開催することができない。

（決議）

**第23条** 評議員会の決議は、決議について特別の利害関係を有する評議員を除く評議員の過半数が出席し、その過半数をもって行う。

2　前項の規定にかかわらず、次の決議は、決議について特別の利害関係を有する評議員を除く評議員の3分の2以上に当たる多数をもって行わなければならない。

（1）監事の解任

（2）評議員に対する報酬等の支給の基準

（3）定款の変更

（4）基本財産の処分又は除外の承認

（5）その他法令で定められた事項

3　理事又は監事を選任する議案を決議するに際しては、各候補者ごとに第1項の決議を行わなければならない。理事又は監事の候補者の合計数が第26条に定める定数を上回る場合には、過半数の賛成を得た候補者の中から得票数の多い順に定数の枠に達するまでの者を選任することとする。

（議事録）

**第24条** 評議員会の議事については、法令で定めるところにより、議事録を作成しなければならない。

2　前項の議事録には、議長及び会議に出席した評議員のうちから選出された議事録署名人2名が、これに記名押印しなければならない。

（評議員会運営規則）

**第25条** 評議員会の運営に関し必要な事項は、法令又はこの定款に定めるもののほか、評議員会が別に定める。

## 第6章

# 役員及び会計監査人

（役員及び会計監査人の設置）

**第26条**　この法人に、次の役員を置く。

（1）理事10名以上15名以内

理事は、第48条に定める年寄及び外部有識者から選任するものとする。

（2）監事 外部有識者2名以上3名以内

2　理事のうち1名を理事長とする。

3　前項の理事長をもって代表理事とし、理事長以外の9名を業務執行理事とする。

4　この法人に会計監査人を置く。

（役員及び会計監査人の選任）

**第27条**　理事及び監事並びに会計監査人は、評議員会の決議によって選任する。

2　理事長及び業務執行理事は、理事会の決議によって理事の中から選定する。

（理事の職務及び権限）

**第28条**　理事は、理事会を構成し、法令及びこの定款で定めるところにより、職務を執行する。

2　理事長は、法令及びこの定款で定めるところにより、この法人を代表し、その業務を執行し、業務執行理事は、理事会において別に定めるところにより、この法人の業務を分担執行する。

3　理事長及び業務執行理事は、毎事業年度に4ヶ月を超える間隔で2回以上、自己の職務の執行の状況を理事会に報告しなければならない。

（監事の職務及び権限）

**第29条**　監事は、理事の職務の執行を監査し、法令で定めるところにより、監査報告を作成する。

2　監事は、いつでも、理事及び使用人に対して事業の報告を求め、この法人の業務及び財産の状況を調査することができる。

（会計監査人の職務及び権限）

**第30条**　会計監査人は、法令で定めるところにより、この法人の貸借対照表及び正味財産増減計算書並びにこれらの附属明細書、財産目録、キャッシュ・フロー計算書を監査し、会計監査報告を作成する。

2　会計監査人は、いつでも、次に掲げるものの閲覧及び謄写をし、又は理事及び使用人に対し、会計に関する報告を求めることができる。

（1）会計帳簿又はこれに関する資料が書面をもって作成されているときは、当該書面

（2）会計帳簿又はこれに関する資料が電磁的記録をもって作成されているときは、当該電磁的記録に記録された事項を法令で定める方法により表示したもの

（役員及び会計監査人の任期）

**第31条**　理事の任期は、選任後2年以内に終了する事業年度のうち最終のものに関する定時評議員会の終結の時までとし、再任を妨げない。

2　監事の任期は、選任後4年以内に終了する事業年度のうち最終のものに関する定時評議員会の終結の時までとし、再任を妨げない。

3　任期の満了前に退任した理事又は監事の補欠として選任された理事又は監事の任期は、前任者の任期の満了する時までとする。

4　理事又は監事は第26条に定める定数に足りなくなるときは、任期の満了又は辞任により退任した後も、新たに選任された者が就任するまで、なお理事又は監事としての権利義務を有する。

5　会計監査人の任期は、選任後1年以内に終了する事業年度のうち最終のものに関する定時評議員会の終結の時までとする。ただし、その定時評議員会において別段の決議がされなかったときは、再任されたものとみなす。

（役員及び会計監査人の解任）
**第32条**　理事又は監事が、次のいずれかに該当するときは、評議員会の決議によって解任することができる。
（1）職務上の義務に違反し、又は職務を怠ったとき
（2）心身の故障のため、職務の執行に支障があり、又はこれに堪えないとき
2　会計監査人が、次のいずれかに該当するときは、評議員会の決議によって解任することができる。
（1）職務上の義務に違反し、又は職務を怠ったとき
（2）会計監査人としてふさわしくない非行があったとき
（3）心身の故障のため、職務の執行に支障があり、又はこれに堪えないとき
3　監事は、会計監査人が、前項第1号から第3号までのいずれかに該当するときは、監事全員の同意により、会計監査人を解任することができる。この場合、監事は、解任した旨及び解任の理由を、解任後最初に招集される評議員会に報告するものとする。
（役員及び会計監査人の報酬等）
**第33条**　理事及び監事に対して、評議員会において別に定める総額の範囲内で、かつ、評議員会において別に定める報酬等の支給の基準に従って算定した額を報酬等として支給することができる。
2　会計監査人に対する報酬等は、監事の過半数の同意を得て、理事会において定める。
（取引の制限）
**第34条**　理事が次に掲げる取引をしようとする場合は、その取引について重要な事実を開示し、理事会の承認を得るものとする。
（1）自己又は第三者のためにするこの法人の事業の部類に属する取引
（2）自己又は第三者のためにするこの法人との取引
（3）この法人が理事の債務を保証することその他理事以外の者との間におけるこの法人とその理事との利益が相反する取引
2　前項の取引をした理事は、その取引の重要な事実を遅滞なく、理事会に報告しなければならない。
3　前2項の規定は、監事について準用する。
4　前3項の取扱いについては、理事会が別に定める。
（責任限定契約）
**第35条**　この法人は、一般社団法人及び一般財団法人に関する法律第198条において準用する第115条の規定により、外部理事及び外部監事との間に、同法第198条において準用する第111条の行為による賠償責任を限定する旨の契約を締結することができる。ただし、当該契約に基づく賠償責任の限度額は、同法第198条において準用する第113条第1項の規定による最低責任限度額とする。

## 第7章　理事会

（構成）
**第36条**　理事会は、すべての理事をもって組織する。
（権限）
**第37条**　理事会は次の職務を行う。
（1）この法人の業務執行の決定
（2）理事の職務の執行の監督
（3）理事長及び業務執行理事の選定及び解職
（4）評議員会の招集の決定
（開催）
**第38条**　理事会は、定時理事会及び臨時理事会の2種類とする。

2　定時理事会は、毎事業年度終了後3か月以内に1回、毎事業年度開始前に1回開催する。臨時理事会は、必要がある場合に開催する。

（招集）

**第39条**　理事会は、理事長が招集する。

2　理事長が欠けたとき又は理事長に事故があるときは、あらかじめ理事会の決議により定めた順位により、他の理事が理事会を招集する。

3　理事長以外の理事は、理事長に対して理事会の目的である事項を示して理事会の招集を請求したにもかかわらず、請求をした日から5日以内に、その請求をした日から2週間以内の日を理事会の日とする理事会招集通知が発せられない場合には、自ら理事会を招集することができる。

4　監事は、理事会で意見を述べる必要があると認めて理事長に対して理事会の招集を請求したにもかかわらず、請求をした日から5日以内に、その請求をした日から2週間以内の日を理事会の日とする理事会招集通知が発せられない場合には、自ら理事会を招集することができる。

（議長）

**第40条**　理事会の議長は、理事長がこれにあたる。

（定足数）

**第41条**　理事会は、理事の過半数の出席がなければ開催できない。

（決議）

**第42条**　理事会の決議は、決議について特別の利害関係を有する理事を除く理事の過半数が出席し、その過半数をもって行う。可否同数のときは、議長の裁決するところによる。

2　前項前段の場合において、議長は、理事として表決に加わることができない。

3　次の事項を議題とする場合、決議について特別の利害関係を有する理事を除く理事の3分の2以上の多数をもって行わなければならない。

（1）年寄名跡規程及び年寄資格審査委員会規程の変更

（2）年寄、力士、行司、若者頭、世話人、呼出、床山の懲戒

（3）その他法令及び定款に定める事項

（決議の省略）

**第43条**　理事が、理事会の決議の目的である事項について提案した場合、その提案について特別の利害関係を有する理事を除く理事の全員が書面又は電磁的記録により同意の意思表示をしたときは、その提案を可決する旨の理事会の決議があったものとみなす。ただし、監事が異議を述べたときは、その限りではない。

（議事録）

**第44条**　理事会の議事については、法令で定めるところにより、議事録を作成する。

2　出席した理事長及び監事は、前項の議事録に記名押印する。

（理事会運営規則）

**第45条**　理事会の運営に関し必要な事項は、法令又はこの定款に定めるもののほか、理事会が別に定める。

## 第8章　相撲部屋における人材育成業務の委託

（相撲部屋における人材育成業務の委託）

**第46条**　この法人は、相撲道を師資相伝するため、相撲部屋を運営する者及び他の者のうち、この法人が認める者に、人材育成業務を委託する。

2　この法人は、委託業務に関して、規程に定める費用を支払う。

3　委託業務に必要な事項は、理事会が別に定める。

## 第9章　年寄名跡及び年寄

（年寄名跡）

**第47条**　年寄名跡は、この法人が管理するものとする。

2　退任する年寄は、この法人に年寄名跡を襲名する者を推薦することができる。ただし、退任後5年以内を限度として推薦するものとする。

3　年寄名跡を襲名する者は、年寄資格審査委員会で審査した結果に基づき理事会で決定する。

4　何人も、年寄名跡の襲名及び年寄名跡を襲名する者の推薦に関して金銭等の授受をしてはならない。

5　前項の定めに違反した者は厳重な処分をすることとし、これを含めて年寄名跡に関する規程は理事会が別に定める。

（年寄）

**第48条**　この法人には、協会員として年寄を置く。

2　年寄は、年寄名跡を襲名した者とする。

3　年寄は、理事長の指示に従い、協会事業の実施にあたる。

## 第10章　力士及び行司その他

（力士）

**第49条**　この法人には、協会員として力士を置く。

2　横綱及び大関以下の力士の階級に関する規程は、理事会が別に定める。

3　横綱の推挙は、横綱審議委員会の答申又は進言により、理事会の承認を経て、番附編成会議において決定する。

4　大関の推挙は、理事会の承認を経て、番附編成会議において決定する。

5　大関以下の力士の階級の昇降は、番附編成会議において決定する。

6　番附編成会議及び横綱審議委員会に関する規程は、理事会が別に定める。

7　力士は、相撲道に精進するものとする。

8　力士に関する規程は、理事会が別に定める。

（行司、呼出及び床山）

**第50条**　この法人には、協会員として行司、呼出及び床山を置く。

2　行司は、力士が土俵に上がってから競技を終えて土俵を下りるまで、その一切を主導するほか、土俵祭の祭主となり、土俵入にもその誘導の役を果たす。

3　呼出は、土俵の構築、太鼓、呼出、その他土俵に関する任務に従事する。

4　床山は、力士の結髪を行う。

5　行司、呼出及び床山に関する規程は、理事会が別に定める。

（若者頭及び世話人）

**第51条**　この法人には、協会員として若者頭及び世話人を置く。

2　若者頭は、力士養成員（幕下以下の力士）の監督にあたるとともに、相撲競技その他に関する業務を行う。

3　世話人は、相撲競技用具の運搬、保管等の管理にあたるとともに、相撲競技その他に関する業務を行う。

4　若者頭及び世話人に関する規程は、理事会が別に定める。

## 第11章　運営審議会

（運営審議会）

**第52条**　この法人に、運営審議会を置く。

2　この法人の運営に関する重要事項について、理事長は運営審議会の意見を聴かなければならない。

3　運営審議会は、必要と認めるときは、理事会に対して建議することができる。

4　運営審議会の構成及び運営に関し必要な事項は、理事会が別に定める。

## 第12章　委員会

（横綱審議委員会）

**第53条**　この法人に、横綱審議委員会を置く。

2　横綱審議委員会は、横綱推薦、その他横綱に関する諸種の案件につきこの法人の諮問に答申し、又はその発議に基づき進言するものとする。

3　横綱審議委員会の構成及び運営に関し必要な事項は、理事会が別に定める。

（年寄資格審査委員会）

**第54条**　この法人に、年寄資格審査委員会を置く。

2　年寄資格審査委員会は、年寄名跡規程に従って年寄名跡の襲名の審査を行うものとする。

（番附編成会議）

**第55条**　力士の番附編成を行うため、番附編成会議を置く。

2　番附編成会議の構成及び運営に関し必要な事項は、理事会が別に定める。

（各種委員会）

**第56条**　この法人の事業を推進するために、理事会の決議により、前3条以外の各種委員会を設置することができる。

2　委員会の構成及び運営に関し必要な事項は、理事会が別に定める。

## 第13章　顧問

（顧問）

**第57条**　この法人に、顧問若干名を置くことができる。

2　顧問は、この法人の運営に関して理事長の諮問に答え、又は、会議に出席して意見を述べることができる。

3　顧問に関する規程は、理事会が別に定める。

## 第14章　事務局及び職員

（事務局及び職員）

**第58条**　この法人の事務を処理するため、事務局を設け、主事その他の事務職員を置く。

2　職員は理事長が任免する。なお、重要な使用人については、理事会の承認を得て行う。

## 第15章　会員

（会員）

**第59条**　この法人の主旨に賛同し、後援する個人又は団体を会員とすることができる。

2　会員に関する必要な事項は、理事会が別に定める。

## 第16章　定款の変更及び解散

（定款の変更）

**第60条**　この定款は、評議員会の決議によって変更することができる。

2　前項の規定は、この定款の第3条、第4条及び第13条についても適用する。

（解散）

**第61条**　この法人は、基本財産の滅失によるこの法人の目的である事業の成功の不能その他法令で定められた事由によって解散する。

（公益認定の取消等に伴う贈与）

**第62条**　この法人が公益認定の取消しの処分を受けた場合又は合併により法人が消滅する

場合（その権利義務を承継する法人が公益法人であるときを除く。）には、評議員会の決議を経て、公益目的取得財産残額に相当する額の財産を、当該公益認定の取消しの日又は当該合併の日から1箇月以内に、公益社団法人及び公益財団法人の認定等に関する法律第5条第17号に掲げる法人又は国若しくは地方公共団体に贈与するものとする。

（残余財産の帰属）

**第63条**　この法人が清算をする場合において有する残余財産は、評議員会の決議を経て、公益社団法人及び公益財団法人の認定等に関する法律第5条第17号に掲げる法人又は国若しくは地方公共団体に贈与するものとする。

## 第17章　公告の方法

（公告の方法）

**第64条**　この法人の公告は、電子公告による。

2　事故その他やむを得ない事由により、電子公告によることができない場合は、官報に掲載する方法による。

**附則**

1　この定款は、一般社団法人及び一般財団法人に関する法律及び公益社団法人及び公益財団法人の認定等に関する法律の施行に伴う関係法律の整備等に関する法律第１０６条第1項に定める公益法人の設立の登記の日から施行する。

2　一般社団法人及び一般財団法人に関する法律及び公益社団法人及び公益財団法人の認定等に関する法律の施行に伴う関係法律の整備等に関する法律第１０６条第1項に定める特例民法法人の解散の登記と公益法人の設立の登記を行ったときは、第7条の規定にかかわらず、解散の登記の日の前日を事業年度の末日とし、設立の登記の日を事業年度の開始日とする。

3　この法人の最初の代表理事は、小畑敏満、業務執行理事は、秋元貢、石田佳員、花田光司、黒谷昇、大野茂、保志信芳、舛田茂、中山浩一、杉野森正也とする。

4　この法人の最初の会計監査人は、東陽監査法人とする。

別表　公益目的事業を行うために不可欠な特定の財産（第６条関係）

| 財産種別 | 場所・物量等 | |
|---|---|---|
| 博物館資料 | 錦絵 | 3,842 点 |
| | 絵画類 | 755 点 |
| | 彫刻類 | 115 点 |
| | 工芸 | 52 点 |
| | 刀剣類 | 10 点 |
| | その他 | 4 点 |

# 財団法人　日本相撲協会寄附行為

大正一四年（一九二五）一二月二八日認可
昭和三二年（一九五七）一二月一日改正
昭和四三年三月一五日一部改正
昭和五九年一一月一二日一部改正
平成二一年五月一三日改正

## 第1章　総則

総則

（名称）
**第1条**　この法人は、財団法人日本相撲協会と称する。

（事務所）
**第2条**　この法人は、事務所を東京都墨田区横綱一丁目3番28号におく。

## 第2章　目的および事業

（目的）
**第3条**　この法人は、わが国固有の国技である相撲道を研究し、相撲の技術を練磨し、その指導普及を図るとともに、これに必要な施設を経営し、もって相撲道の維持発展と国民の心身の向上に寄与することを目的とする。

（事業）
**第4条**　この法人は、前条の目的を達成するため次の事業を行う。
（1）相撲教習所の維持運営
（2）力士、行司、呼出、床山の養成
（3）力士の相撲競技の公開実施
（4）青少年、学生に対する相撲の指導奨励
（5）国技館の維持経営
（6）相撲博物館の維持運営
（7）相撲道に関する出版物の刊行
（8）年寄、力士および行司等の福利厚生
（9）その他目的を達成するために必要な事業

## 第3章　資産および会計

（資産の構成）
**第5条**　この法人の資産は、次のとおりとする。
（1）設立当初の財産目録に記載された財産
（2）資産から生じる収入
（3）事業に伴う収入
（4）寄附金品
（5）その他の収入

（資産の種別）
**第6条**　この法人の資産を分けて、基本財産と運用財産の2種とする。
2　基本財産は、次に掲げるものをもって構成する。
（1）設立当初の財産目録中基本財産の部に記載された財産
（2）基本財産とすることを指定して寄附された財産
（3）理事会で基本財産に繰り入れることを議決した財産
3　運用財産は、基本財産以外の資産とする。

（資産の管理）
**第7条**　この法人の資産は、理事長が管理し、基本財産のうち現金は、理事会の議決にて確

実な方法により、理事長が保管する。

（基本財産の処分の制限）

**第8条**　基本財産は、譲渡し、交換し、担保に供し、又は運用財産に繰り入れてはならない。ただし、この法人の事業遂行上やむを得ない理由があるときは、理事現在数の3分の2以上の議決を経、かつ、文部科学大臣の承認を受けて、その一部に限りこれらの処分をすることができる。

（経費の支弁）

**第9条**　この法人の事業遂行に要する経費は、運用財産をもって支弁する。

（事業計画および収支予算）

**第10条**　この法人の事業計画およびこれに伴う収支予算は、理事長が編成し、理事会の議決を経て、毎事業年度開始前に、文部科学大臣に届け出なければならない。事業計画および収支予算を変更しようとする場合も同様とする。

（暫定予算）

**第11条**　前条の規定にかかわらず、やむを得ない事情により予算が成立しないときは、理事長は、理事会の議決を経て、予算成立の日まで前年度の予算に準じ収入支出することができる。

2　前項の収入支出は、新たに成立した予算の収入支出とみなす。

（収支決算）

**第12条**　この法人の収支決算は、理事長が作成し、財産目録、貸借対照表、事業報告書および正味財産増減計算書とともに、監事の意見を付け、理事会の承認を受けて毎事業年度終了後3ケ月以内に文部科学大臣に報告しなければならない。

2　この法人の収支決算に収支差額があるときは、理事会の議決を受けて、その一部又は全部を基本財産に編入し、又は翌年度に繰り越すものとする。

（長期借入金）

**第13条**　この法人が借り入れをしようとするときは、その事業年度の収入をもって償還する短期借入金を除き、理事現在数の3分の2以上の議決を経、かつ、文部科学大臣の承認を受けなければならない。

（新たな義務の負担等）

**第14条**　第8条ただし書および前条の規定に該当する場合ならびに収支予算で定めるものを除くほか、この法人が新たな義務の負担又は権利の放棄のうち重要なものを行おうとするときは、理事会の議決を経なければならない。

（事業年度）

**第15条**　この法人の事業年度は、毎年1月1日に始まり、12月31日に終わる。

## 第4章　維持員

（維持員）

**第16条**　この法人の維持と存立を確実にし、事業を後援するものを維持員とする。

2　維持員は次の3種とし、別に定める維持費を収めるものとする。

（1）普通維持員

（2）特別維持員

（3）団体維持員

3　維持員に関する規定は、理事会の議決を経て、別に定める。

（維持員の申込み）

**第17条**　維持員になるには、所定の申込書によって申込み、理事会の承認を受けるものとする。

（維持費の返還）

**第18条**　既納の維持費は、いかなる理由があってもこれを返還しない。

## 第5章　役員、評議員および職員

（役員）
**第19条**　この法人には、次の役員をおく。
（1）理事9名以上13名以内（うち、理事長1名）
（2）監事3名以内

（役員の選任）
**第20条**　理事および監事は、評議員会で選任し、理事は互選で理事長1名を定める。
2　理事および監事は、相互に兼ねることができない。

（理事の職務）
**第21条**　理事長は、この法人の業務を総理し、この法人を代表する。
2　理事長に事故があるとき、又は理事長が欠けたときは、あらかじめ理事長が指名した理事がその職務を代行する。
3　理事は、理事会を組織して、この寄附行為に定めるもののほか、この法人の業務に関する事項を議決し、執行する。
4　理事の職務分掌については、理事長が定める。

（監事の職務）
**第22条**　監事は、この法人の業務および財産に関し、次の各号に規定する職務を行う。
（1）法人の財産および会計の状況を監査すること。
（2）理事の業務執行の状況を監査すること。
（3）財産および会計の状況又は業務の執行について不整の事実を発見したときはこれを理事会、評議員会又は文部科学大臣に報告すること。
（4）前号の報告をするため必要があるときは、理事会又は評議員会を招集すること。
2　理事会および評議員会に出席して意見をのべることができる。ただし、理事会の表決に加わることができない。

（役員の任期）
**第23条**　この法人の役員の任期は、2年とし、再任を妨げない。
2　補欠又は増員により選任された役員の任期は、前任者または現任者の残任期間とする。
3　役員は、その任期満了後でも後任者が就任するまでは、なおその職務を行う。

（役員の解任）
**第24条**　役員が次の各号の一に該当するときは、理事現在数および評議員現在数の各々の4分の3以上の議決により、これを解任することができる。ただし、この場合、理事会および評議員会で議決する前にその役員に弁明の機会を与えなければならない。
（1）職務上の義務違反その他役員たるにふさわしくない行為があると認められるとき。
（2）特別の事情のある場合。

（役員の報酬）
**第25条**　役員は、有給とすることができる。
2　役員の報酬は、理事会の議決を経て理事長が定める。

（評議員の選出）
**第26条**　この法人には、評議員107名以上113名以内をおく。
2　評議員は、年寄ならびに力士および行司の各々より理事会において選出された者をもってこれにあてる。
3　評議員に関する規定は、理事会の議決を経て、別に定める。

（評議員の職務）
**第27条**　評議員は、評議員会を組織して、この寄附行為に定める事項を行うほか、理事会の諮問に応じ、理事長に対し、必要と認める事項について助言する。

（評議員の任期）
**第28条**　この法人の評議員の任期は、1年とし、再任を妨げない。
2　補欠又は増員により選任された評議員の任期は、前任者の残任期間とする。
3　評議員は、その任期満了後でも後任者が就任するまでは、なおその職務を行う。
（顧問）
**第29条**　この法人に、顧問若干名をおくことができる。
2　顧問は、この法人の運営に関して理事長の諮問に答え、又は、会議に出席して意見を述べることができる。
3　顧問に関する規程は、理事会の議決を経て、別に定める。
（事務局および職員）
**第30条**　この法人の事務を処理するため、事務局を設け、主事その他の事務職員をおく。
2　主事その他の事務職員は、理事長が任免する。
3　主事その他の事務職員は、有給とする。

## 第6章　会議

（理事会の招集等）
**第31条**　理事会は、毎年2回以上理事長が招集する。ただし、理事長が必要と認めたとき、又は理事現在数の3分の1以上から会議に付議すべき事項を示して理事会の招集を請求されたときは、理事長は、臨時理事会を招集しなければならない。
2　理事会の議長は、理事長とする。
（理事会の定足数等）
**第32条**　理事会は、理事現在数の3分の2以上の者が出席しなければ、議事を開き議決することができない。ただし、当該議事につき書面をもってあらかじめ意思を表示した者は、出席者とみなす。
2　理事会の議事は、この寄附行為に別段の定めがある場合を除くほか、出席理事の過半数をもって決し、可否同数のときは、議長の決するところによる。
（評議員会）
**第33条**　次に掲げる事項については、評議員会の意見を聴かなければならない。
（1）事業計画および収支予算に関する事項
（2）事業報告および収支決算に関する事項
（3）基本財産についての事項
（4）長期借入金についての事項
（5）第1号、第3号および前号に定めるものを除くほか、新たな義務の負担および権利の放棄についての事項
（6）その他この法人の業務に関する重要事項で理事会において必要と認めるもの
2　前2条の規定は、評議員会についてこれを準用する。この場合において、前2条中「理事会」および「理事」とあるのは、それぞれ「評議員会」および「評議員」と読み替えるものとする。ただし、評議員会の議長は、評議員の互選によって定める。
（議事録）
**第34条**　すべて会議には、議事録を作成し、議長および当該会議において選任された出席者代表2名以上が署名押印の上、これを保存する。

## 第7章　年寄、力士および行司その他

（年寄）
**第35条**　この法人には、年寄をおく。
2　年寄は、年寄名跡を襲名した者とする。
3　年寄名跡の襲名については、理事会の議決を経て、別に定める。
4　年寄は、有給とすることができる。
（力士）
**第36条**　この法人には、力士をおく。
2　横綱および大関以下の力士の階級に関す

る規定は、理事会の議決により、別に定める。
3　横綱の推挙は、横綱審議委員会の答申または進言により、理事会の承認を経て、番附編成会議において決定する。
4　大関の推挙は、理事会の承認を経て、番附編成会議において決定する。
5　大関以下の力士の階級の昇降は、番附編成会議において決定する。
6　番附編成および横綱審議委員会に関する規定は、理事会の議決を経て、別に定める。
7　力士は、相撲道に精進するものとする。
8　力士は、有給とする。

（行司、呼出および床山）
第37条　この法人には、行司、呼出および床山をおく。
2　行司、呼出および床山に関する規定は、理事会の議決を経て、別に定める。
3　行司、呼出および床山は、有給とする。

（若者頭および世話人）
第38条　この法人には、若者頭および世話人をおく。
2　若者頭および世話人に関する規定は、理事会の議決を経て、別に定める。
3　若者頭および世話人は、有給とする。

（福利厚生）
第39条　年寄、力士および行司その他の給与、その他福利厚生に関する規定は、理事会の議決を経て、別に定める。

## 第8章　運営審議会

（運営審議会）
**第40条**　この法人には、運営審議会をおく。
2　運営審議会は、7名以上15名以内の運営審議委員をもって組織する。
3　運営審議委員は、学識経験者のうちから、理事会の議決を経て、理事長が委嘱する。

（運営審議会の意見）
**第41条**　この法人の運営に関する重要事項について、理事長は運営審議会の意見をきかなければならない。
2　運営審議会は、必要と認めるときは、理事長に対し建議することができる。

（運営審議委員の任期）
**第42条**　運営審議委員の任期は、2年とし、再任を妨げない。
2　運営審議委員は、この法人としてふさわしくない行為のあった場合、又は特別の事情のある場合には、その任期中であっても理事会の決議により、これを解任することができる。

（運営審議会の招集等）
**第43条**　運営審議会は、理事長が招集する。
2　運営審議会には、会長1名をおき、運営審議委員の互選で定める。
3　運営審議会に関する規定は、理事会の議決を経て、別に定める。

## 第9章　寄附行為の変更および解散

（寄附行為の変更）
**第44条**　この寄附行為は、理事現在数および評議員現在数の各々の4分の3以上の議決を経、かつ、文部科学大臣の認可を受けなければ変更することができない。

（解散）
**第45条**　この法人の解散は、理事現在数および評議員現在数の各々の4分の3以上の議決を経、かつ、文部科学大臣の許可を受けなければならない。

（残余財産の処分）
**第46条**　この法人の解散に伴う残余財産は、理事現在数および評議員現在数の各々の4分の3以上の議決を経、かつ、文部科学大臣の許可を受けて、この法人の目的に類似の目的を有する公益法人に寄附するものとする。

## 第10章　雑則

（書類および帳簿の備付等）
**第47条**　この法人の事務所に、次の書類および帳簿を備えなければならない。ただし、他の法令により、これらに代わる書類および帳簿を備えたときは、この限りでない。
（1）寄附行為
（2）役員およびその他の職員の名簿および履歴書
（3）財産目録
（4）資産台帳および負債台帳
（5）収入支出に関する帳簿および証拠書類
（6）理事会および評議員会の議事に関する書類
（7）官公署往復書類
（8）収支予算書および事業計画書
（9）収支計算書および事業報告書
（10）貸借対照表
（11）正味財産増減計算書
（12）その他必要な書類および帳簿
2　前項第1号から第4号までの書類、同項第6号の書類および同項第8号から第11号までの書類は永年、同項第5号の帳簿および書類は10年以上、同項第7号および第12号の書類および帳簿は1年以上保存しなければならない。
3　第1項第1号、第3号および第8号から第11号までの書類ならびに役員名簿は、これを一般の閲覧に供するものとする。

（細則）

**第48条**　この寄附行為施行についての細則は、理事会の議決を経て、別に定める。

（本事典の細則・規定・規則は旧寄附行為の細則・規定・規則によるものである）

# 天覧相撲一覧

（）内は西暦年
令和元年十一月場所終了現在

| | | |
|---|---|---|
| 慶応四年（一八六八）四月一七日 | 大阪坐摩神社（京都相撲） | |
| 明治五年（一八七二）六月　六日 | 大阪造幣寮（大阪相撲） | |
| 一四年五月　九日 | 麻布島津忠義別邸 | |
| 一七年三月一〇日 | 芝延遼館 | |
| 一八年一一月二七日 | 芝三田黒田清隆邸 | |
| 二一年一月一四日 | 芝公園弥生社（警視庁招魂社） | |
| 二二年五月二四日 | 上目黒西郷従道別邸 | |
| 二三年二月一五日 | 九段偕行社 | |
| 二五年七月　九日 | 永田町鍋島直大邸 | |
| 昭和三年（一九二八）五月二七日 | 芝水交社 | |
| 四年三月一〇日 | 九段偕行社 | |
| 四年五月二七日 | 芝水交社 | |
| 五年四月二九日 | 宮城内覆馬場 | |
| 五年五月二七日 | 芝水交社 | |
| 六年四月二九日 | 宮城内覆馬場 | |
| 六年五月二七日 | 芝水交社 | |
| 八年五月二七日 | 〃 | |
| 九年五月二七日 | 海軍経理学校 | |
| 一〇年五月二七日 | 芝水交社 | |
| 一二年五月二七日 | 〃 | |
| 三〇年五月二四日 | 蔵前国技館 | 一〇日目 |
| 三一年五月二七日 | 〃 | 八日目 |
| 三二年六月　二日 | 〃 | 千秋楽 |
| 三三年五月一一日 | 〃 | 八日目 |
| 三四年五月一〇日 | 〃 | 八日目 |
| 三五年五月二〇日 | 〃 | 一三日目（両陛下行幸啓） |
| 三六年五月一四日 | 〃 | 八日目（〃） |
| 三七年五月一三日 | 〃 | 八日目（〃） |
| 三八年五月一二日 | 〃 | 初日（〃） |
| 三九年五月二三日 | 〃 | 一三日目（〃） |
| 四〇年五月二一日 | 〃 | 一三日目（〃） |
| 四一年五月二二日 | 〃 | 八日目（〃） |
| 四二年五月二一日 | 〃 | 八日目（〃） |
| 四四年九月二一日 | 〃 | 八日目（〃） |
| 四五年九月二〇日 | 〃 | 八日目（〃） |
| 四六年五月一六日 | 〃 | 八日目（〃） |
| 四七年九月一七日 | 〃 | 八日目（〃） |
| 四九年一月一三日 | 〃 | 八日目（〃） |

| | | |
|---|---|---|
| 五〇年五月一八日 | 〃 | 八日目（〃） |
| 五一年五月一六日 | 〃 | 八日目（〃） |
| 五二年五月一五日 | 〃 | 八日目（〃） |
| 五三年九月一五日 | 〃 | 六日目 |
| 五四年五月一三日 | 〃 | 八日目 |
| 五五年五月一八日 | 〃 | 八日目 |
| 五五年九月二八日 | 〃 | 千秋楽 |
| 五六年五月一〇日 | 〃 | 初日 |
| 五六年九月二〇日 | 〃 | 八日目 |
| 五七年五月一六日 | 〃 | 八日目 |
| 五七年九月一五日 | 〃 | 四日目 |
| 五八年五月一五日 | 〃 | 八日目 |
| 五八年九月一八日 | 〃 | 八日目 |
| 五九年五月一三日 | 〃 | 八日目 |
| 五九年九月一六日 | 〃 | 八日目 |
| 六〇年一月一三日 | 両国国技館 | 初日 |
| 六〇年五月一九日 | 〃 | 八日目 |
| 六〇年九月一五日 | 〃 | 八日目 |
| 六一年一月一二日 | 〃 | 初日 |
| 六一年五月一八日 | 〃 | 八日目 |
| 六一年九月二一日 | 〃 | 八日目 |
| 六二年五月一六日 | 〃 | 七日目 |
| 平成二年（一九九〇）五月一三日 | 両国国技館 | 初日（両陛下行幸啓） |
| 三年五月一九日 | 〃 | 八日目（〃） |
| 四年一月一二日 | 〃 | 初日（〃） |
| 五年一月一〇日 | 〃 | 初日（〃） |
| 六年一月一六日 | 〃 | 八日目（〃） |
| 七年一月一五日 | 〃 | 八日目（〃） |
| 八年一月一四日 | 〃 | 八日目（〃） |
| 九年九月 七日 | 〃 | 初日（〃） |
| 一〇年一月一八日 | 〃 | 八日目（〃） |
| 一一年一月一〇日 | 〃 | 初日（〃） |
| 一二年一月一六日 | 〃 | 八日目（〃） |
| 一三年一月二〇日 | 〃 | 一四日目（〃） |
| 一四年一月一三日 | 〃 | 初日（〃） |
| 一六年一月一八日 | 〃 | 八日目（〃） |
| 一七年一月 九日 | 〃 | 初日（〃） |
| 一八年一月二〇日 | 〃 | 一三日目（〃） |
| 一九年一月一九日 | 〃 | 一三日目（〃） |
| 二二年一月 十日 | 〃 | 初日（〃） |
| 二三年一月 九日 | 〃 | 初日（〃） |
| 二七年一月一八日 | 〃 | 八日目（〃） |
| 二八年一月一〇日 | 〃 | 初日（〃） |
| 二九年一月 八日 | 〃 | 初日（〃） |
| 三一年一月二〇日 | 〃 | 八日目（〃） |

# 江戸相撲の興行地

（　）内は西暦年

現存する番付に記載された、宝暦七年（一七五七）以後の江戸における勧進相撲の興行地は以下のとおりである。

**宝暦**
七年（一七五七）
　一〇月　蔵前八幡
八年　三月　深川八幡
八年一〇月　深川八幡
九年　三月　深川八幡
一〇年一〇月　芝神明
一一年一〇月　蔵前八幡
一二年　三月　深川八幡
一三年　三月　神田明神
一三年一〇月　蔵前八幡
一四年　三月　蔵前八幡

**明和**
元年（一七六四）
　一〇月　深川八幡
二年　三月　芝神明
二年一〇月　深川八幡
三年　三月　芝神明
三年一〇月　深川八幡
四年　三月　深川八幡
四年一〇月　深川八幡
五年　九月　本所回向院
六年　四月　深川八幡
六年一〇月　深川八幡
七年　三月　西久保八幡
七年一一月　市ヶ谷左内坂長龍寺
八年　三月　深川三十三間堂
八年一〇月　深川八幡
九年一〇月　本所回向院

**安永**
二年（一七七三）
　閏三月　深川八幡
二年一〇月　本所一ツ目八幡宮御旅所
三年　四月　深川八幡
三年一〇月　深川八幡
四年　三月　深川八幡
四年一〇月　深川八幡
五年　一月　蔵前八幡
五年一〇月　深川八幡
六年　四月　深川御船蔵前八幡宮御旅所
六年一〇月　深川八幡
七年　三月　深川八幡
七年一一月　深川八幡
八年　三月　深川御船蔵前八幡宮御旅所
八年一〇月　深川八幡
九年　三月　深川三十三間堂
九年一〇月　芝神明
一〇年　三月　市ヶ谷左内坂長龍寺

**天明**
元年（一七八一）
　一〇月　本所回向院
二年　二月　蔵前八幡
二年一〇月　深川八幡
三年　三月　深川八幡
三年一一月　本所回向院
四年　三月　本所回向院
四年一一月　本所回向院
六年　三月　蔵前八幡
六年一一月　蔵前八幡
七年　五月　蔵前八幡
七年一一月　蔵前八幡
八年　四月　本所回向院
八年一一月　本所回向院

**寛政**
元年（一七八九）
　三月　蔵前八幡
元年一一月　深川八幡
二年　三月　深川八幡

二年一一月　本所回向院
三年　四月　本所回向院
三年一一月　本所回向院
四年　三月　神田明神
四年一一月　蔵前八幡
五年　三月　蔵前八幡
五年一〇月　本所回向院
六年　三月　深川八幡
六年一一月　本所回向院
七年　三月　本所回向院
七年一一月　蔵前八幡
八年　三月　本所回向院
八年一〇月　本所回向院
九年　三月　蔵前八幡
九年一〇月　芝神明
一〇年　三月　芝神明
一〇年一〇月　本所回向院
一一年　二月　本所回向院
一一年一一月　本所回向院
一二年　四月　蔵前八幡
一二年一〇月　蔵前八幡

**享和**

元年（一八〇一）
　三月　深川八幡
元年一一月　本所回向院
二年　二月　神田明神
二年一一月　本所回向院
三年　三月　蔵前八幡
三年一〇月　本所回向院

**文化**

元年（一八〇四）
　三月　神田明神
元年一〇月　本所回向院
二年　二月　芝神明
二年一〇月　本所回向院
三年　二月　茅場町薬師
三年一〇月　本所回向院
四年　二月　蔵前八幡
四年一一月　本所回向院
五年　三月　本所回向院
五年一〇月　本所回向院
六年　二月　茅場町薬師
六年一〇月　本所回向院
七年　二月　茅場町薬師
七年一〇月　本所回向院
八年閏二月　茅場町薬師
八年一一月　本所回向院
九年　四月　深川元町神明宮
九年一一月　本所回向院
一〇年　一月　浅草観音
一〇年一一月　本所回向院
一一年　四月　本所回向院
一一年一一月　本所回向院
一二年　三月　西久保八幡
一二年一一月　麹町心法寺
一三年　二月　西久保八幡
一三年一〇月　本所回向院
一四年　一月　本所回向院
一四年一〇月　本所回向院
一五年　二月　蔵前八幡

**文政**

元年（一八一八）
　一〇月　蔵前八幡
二年　三月　本所回向院
二年一一月　本所回向院
三年　三月　本所回向院
三年一〇月　茅場町薬師
四年　二月　蔵前大護院
四年一〇月　本所回向院
五年閏一月　本所回向院
五年一〇月　本所回向院
六年　二月　本所回向院
六年一〇月　本所回向院
七年　一月　湯島天神
七年一〇月　本所回向院
八年　一月　蔵前八幡
八年一〇月　芝神明
九年　一月　本所回向院
九年一〇月　本所回向院
一〇年　三月　芝神明
一〇年一一月　本所回向院
一一年　三月　本所回向院
一一年一〇月　本所回向院
一二年　二月　本所回向院
一二年一〇月　本所回向院
一三年　三月　本所回向院
一三年一一月　本所回向院

**天保**

二年（一八三一）
　二月　芝神明
二年一一月　本所回向院
三年閏一一月　本所回向院
四年　二月　茅場町薬師
四年一〇月　本所回向院

天保四年一〇月以後は、本所回向院が毎年春冬二回の興行地に決まり、明治四一年（一九〇八）一月まで七四年間、小屋掛けの定場所となった。なお、深川八幡は富岡八幡宮に同じ。

# 大相撲略史年表

（ ）内は西暦年

## 奈良〜平安時代

皇極天皇元年（六四二）……七月二二日。百済（古代朝鮮国家）の使者饗応のため健児を召集して相撲をとらせる〈日本書紀〉＝史実における相撲記事のはじめ。

養老三年（七一九）…………七月。初めて抜出司（相撲司）をおく〈続日本紀〉＝相撲儀式制度の始まり。

神亀三年（七二六）…………前年の諸国旱害のため、聖武天皇は伊勢大廟をはじめ二一社に勅使を派遣し、この年豊作により、諸社神前において相撲を奉納する＝神事相撲記録のはじめ。

五年…………四月。聖武天皇は諸国の郡司に対して、相撲人を貢進する旨勅命する〈続日本紀〉。

天平六年（七三四）…………七月七日。聖武天皇相撲戯をご覧になる〈続日本紀〉＝天覧相撲の最初の記録。奈良朝のころより、相撲節儀式の端緒が開かれた。

延暦一二年（七九三）………七月七日。桓武天皇相撲天覧＝平安朝の宮廷における相撲天覧の催しは、このころから毎年恒例となる。

弘仁元年（八一〇）…………七月七日。嵯峨天皇相撲天覧＝弘仁年間〈内裏式〉の中に相撲節の儀式制度を定める。例年の相撲節はますます盛大となる。相撲節の言葉はこのころより使用される。

天長一〇年（八三三）………五月。仁明天皇は「相撲節はただ単に娯楽遊戯のためではなく、武力を鍛練するのが、中心の目的である」と勅命を出し、諸国のすぐれた相撲人をさがし求めた。

貞観一一年（八六九）………四月。〈貞観格式〉に相撲節儀を制定する。

延喜五年（九〇五）…………五月。この月に〈延喜式〉を選ばせ、一一月に〈延喜格〉を施行。射礼・騎射・相撲の三節を「三度節」と定め、宮中の重要な節日となり、この後相撲節は隆盛をきわめる。

保元三年（一一五八）………六月二七日。後白河天皇相撲天覧＝三〇余年ぶりに相撲節が復活するが、翌年から停止となる。

承安四年（一一七四）………七月二七日。高倉天皇相撲天覧＝一五年ぶりに相撲節が行われたが、源平の争乱が起こり、四〇〇余年に及んだ相撲節の典儀はこれ以降まったく廃絶する。

安元二年（一一七六）………一二月。伊豆柏峠で河津三郎と俣野五郎の相撲〈曾我物語〉。

## 鎌倉〜室町〜安土桃山時代

文治五年（一一八九）………四月三日。源頼朝、鎌倉八幡宮において将軍上覧相撲〈吾妻鏡〉＝以後、将軍家の上覧相撲がしばしば催される。

正嘉元年（一二五七）………一〇月一五日。宗尊親王（将軍家）、北条時頼、上覧相撲〈吾妻鏡〉。

室町時代（一三三三〜一五七三）……しばしば諸大名が相撲を見物した。相撲を主題にした能楽狂言が武家や民衆の間で好まれた。＝室町末期より職業相撲発生する。

元亀元年（一五七〇）………三月三日。織田信長、近江・常楽寺で相撲上覧〈信長公記〉＝その後も信長はしばしば上覧相撲を催す。

天正六年（一五七八）………二月二九日。信長、安土の城で上覧相撲＝その後は豊臣秀吉、秀次の上覧相撲が行われる。

文禄五年（一五九六）………関西の職業相撲団一〇人ばかり、九州筑後に巡業〈義残後覚〉。

## 江戸時代

慶長一〇年（一六〇五）……七月二三日。山城醍醐で勧進相撲〈義演准后日記〉。

正保二年（一六四五）………六月。京都糺森において、勧進相撲が許可されて興行〈古今相撲大全〉＝京都勧進相撲のはじめといわれる。

慶安元年（一六四八）………勧進相撲興行に際して浪人・俠客らの争闘が多く、辻相撲・勧進相撲を禁止する触れが出される。

貞享元年（一六八四）………江戸深川富岡の八幡宮境内で雷権太夫が許可されて勧進相撲興行。以後、貞享四年、元禄元年（一六八八）、同一六年、宝永四年（一七〇七）、享保四年（一七一九）と、しばしば辻相撲の禁止令が出る。

元禄一二年（一六九九）………五月。京都岡崎天王社において勧進相撲興行〈北小路日記（大江俊光記）〉＝古番付の記録として最古のもの。三役の名称を初めて見る。

一五年 ………四月。大阪堀江勧進相撲公許興行＝以後、享保（一七一六〜一七三六）のころより大阪・京都番付を多く見る。

享保九年（一七二四）………六月。深川八幡社地興行。および同一一年一〇月新材木町杉森稲荷社興行と、寛延三年（一七五〇）の興行が、このころの記録に残る江戸相撲興行である。

［大相撲略史年表］

宝暦七年（一七五七）………一〇月。江戸相撲独特の縦番付を初めて発行＝大阪・京都は横番付。このころより江戸相撲の制度組織が整い始める。

一一年………一〇月。この場所の番付から、勧進相撲を勧進大相撲と記す。

寛政元年（一七八九）………一一月。谷風梶之助、小野川喜三郎に吉田司家より横綱土俵入り免許＝現在の形式の横綱はこのときより始まる。

三年………四月。この春場所より幕内力士は千秋楽に出場せず幕下以下の力士のみ取り組む。明治四二年（一九〇九）に及ぶ。

六月。江戸城吹上で一一代将軍徳川家斉上覧相撲。

六年………五月。浜御殿で家斉上覧相撲。

九年………五月。柏戸宗五郎訴訟事件＝伊勢ノ海相続問題。

享和二年（一八〇二）………一二月。江戸城吹上で家斉上覧相撲。

文化二年（一八〇五）………二月一六日。春場所中、「め組の喧嘩事件」。

文政六年（一八二三）………四月。江戸城吹上で家斉上覧相撲。

一三年………三月。春場所中、江戸城吹上で家斉上覧相撲。

天保四年（一八三三）………一〇月。この場所より本所回向院が定場所となる。

一四年………閏九月。江戸城吹上で一二代将軍徳川家慶上覧相撲。

嘉永二年（一八四九）………四月。江戸城吹上で家慶上覧相撲。

四年………二月。嘉永事件。本中力士一〇〇余名、回向院念仏堂に籠城し、取組日数の不公平を抗議する。

七年………二月。ペリーの黒船再来航、横浜で力士一同米俵を運び怪力を誇示する。

## 明治時代

慶応四年（一八六八）………四月一七日。大阪市坐摩神社において、明治天皇、京都力士の相撲天覧。

明治二年（一八六九）………三月。大阪相撲は江戸時代よりの横東西二枚番付を、初めて縦一枚番付の江戸風に改めて発行。

六月。版籍奉還により、大名お抱え力士は抱えを解かれる。

四年………三月。京都において初の三都合併相撲を興行。

六年……一一月。高砂浦五郎は相撲改革を迫り、会所より除名され、番付面より名を消される。

高砂は改正相撲組を組織し名古屋・関西に行く。

一一年……二月。『角觝並行司取締規則』が警視庁より発布される。力士・行司・年寄は営業鑑札を受ける。

五月。『角觝営業内規則』を制定。高砂の改正相撲組復帰して合併、別に小番付発行。

一九年……一月。『角觝仲間申合規則』を『角觝仲間申合規則』と改正。

二〇年……五月。『角觝仲間申合規則』を『角觝組中申合規則』と改正。江戸時代よりの相撲会所を
「東京大角觝協会」と改称（二一年、二二年説もある）。

二一年……一月。番付に幕下一〇枚目までがやや肉太に書かれ区別される。

五月。番付の幕下一〇枚目までを、個別に前頭と頭書してなお肉太に書き、関取格（十両）を判然と明示する。

二三年……五月。初代西ノ海、初めて番付に横綱の文字が記載される。

二九年……一月。中村楼事件、西方力士大戸平はじめ三三名、協会（高砂）に対し檄告文を送り改革を迫る。

二月。『東京大角觝協会申合規約』が中村楼事件によって改正される。

三六年……五月。「東京大角力協会申合規約」改正。

四〇年……八月。常陸山、門弟三名を連れ欧米漫遊、四一年三月帰朝。

四一年……五月。『大角力組合新規約』一八ヵ条を定め、興行収支の合理化をはかる。

四二年……二月。『東京大角力協会申合規約』追加。横綱の称号は従来「最高級力士」と称したが、

「最高位置の力士」と改称して、地位であることを明文化する。巡業規定も追加変更する。

六月。両国国技館開館。江戸時代より続いた晴天十日間興行が、晴雨にかかわらず一〇日間興行と
改められる。幕内力士の千秋楽休場を、一〇日間皆勤出場にする。個人優勝制度と優勝額の掲額を
定める。東西対抗の優勝制度となり、優勝旗をつくる。投げ纏頭（祝儀）を禁止する。関取の場所入りに
は、羽織・袴を着用することになる。炊き出し制度（本場所中、協会がまかなっていた）を廃止する。

四三年……一月。大阪力士大木戸の横綱問題で東京・大阪両協会絶交する。

五月。行司の装束を裃姿から烏帽子・直垂に改める。

七月。朝鮮・満州へ初の相撲巡業。

四四年……一月。新橋倶楽部事件。場所前に給金値上げ問題で幕内および十両力士が新橋倶楽部に籠城。

和解なって二月四日開幕。

## 大正時代

大正元年（一九一二）……一一月。大阪角力協会と和解する。

二年……二月。東京・大阪両協会和解の東西合併相撲を東京にて開催。

三年……六月。太刀山・鳳一行のハワイ巡業。

四年……八月。梅ヶ谷・西ノ海一行のアメリカ巡業。

六年……一一月。国技館失火により全焼する。

七年……一月。靖国神社境内にて春場所興行（以後三場所）。

八年……四月。再建工事中の国技館大鉄傘は、旋風のため崩壊する。

九年……一月。再建なった国技館の開館式を挙行。

一〇年……五月。国技館は資本金六〇万円の株式会社組織となる。

六月。大錦・栃木山一行ハワイ・アメリカ巡業。

一一年……一月。株式組織を解散。制度を旧に復する。

一二年……一月。三河島事件。場所前の力士会で養老金の増額などを決議し、協会に要求し三河島に籠城する。

五月。三河島事件で決定した養老金増額捻出のため、この場所より一一日間興行とする。

引き分け、預かりの取組は、千秋楽に取り直す内規を設ける。

九月。関東大震災で国技館炎上、全焼する。

一三年……一月。春場所を一〇日間名古屋にて興行。

一四年……四月。赤坂の東宮御所において、摂政宮殿下（のちの昭和天皇）の誕生日を祝賀し台覧相撲を行う。

その際の下賜金により、摂政宮殿下賜盃（優勝賜盃）を作製する。

五月。取組表（割）に行司の名が載る。勝負附に決まり手を入れる。優勝旗の返還式を行うようになる。

九月三〇日。東京大角力協会より財団法人設立を申請。

一一月。第二回明治神宮体育大会にて、第一回全日本力士選士権大会開催。東京・大阪両協会合併の準備として、両協会の合同番付編成のため、資格審査の第一回東西連盟相撲（前半）を京都にて開催。

一五年……引き分け、預かりは廃し、取り直し制度に改める。

一二月二八日。財団法人設立を文部大臣より認可され、「財団法人大日本相撲協会」が誕生する。

一月。この場所より初日を大衆デーとし、入場料を五〇銭均一で開放する。

大阪角力協会は最後の本場所を台北で興行する。

三月。第一回後半の東西連盟相撲を大阪で開催する。

七月。従来の東京・大阪両協会は解散し、大日本相撲協会結成の調印が、
大阪市の大阪角力協会取締小野川宅において行われた。

一〇月。第二回東西連盟相撲は大阪で開催。番付を発行する。従来相手力士休場の際は両力士とも
休みであったが、この場所より休場力士は不戦敗、出場力士は不戦勝となる。

一〇月二三日。明治神宮の土俵開き。

## 昭和時代

昭和二年（一九二七）……一月。東西両協会は正式に合併し、「大日本相撲協会」の名称となる。年四回本場所を興行、春夏の
東京場所のほか三月、一〇月の二回地方本場所（関西本場所）を設ける。年寄定員八八名に大阪方一七名
（うち二名は一代年寄）を加え一〇五名に増員する。
三月。大阪で晴天一一日間の本場所興行。
一〇月。京都で晴天一一日間の本場所興行。大阪の三月場所の成績により作成の新番付を発表。
三年……一月。仕切り時間を制限、幕内一〇分、十枚目七分、幕下以下五分とする。仕切り線を設定する。
十枚目力士は、従来の六日間出場者、および一部の十枚目上位例外者ともに全員一一日間連日出場となる。
ラジオの実況中継放送開始。
三月。名古屋で晴天一一日間の本場所興行。二年一〇月の成績により新番付編成。不戦勝制度を確立、
大正一五年一〇月の第二回連盟相撲における内規を全力士に適用、
不戦勝力士も土俵で勝ち名乗りを受けることになった。
一〇月。広島で晴天一一日間興行。これ以降地方本場所は番付を発表せず直前の東京場所番付をもってする。
四年……三月。大阪本場所晴天一一日間興行。

昭和五年（一九三〇）……三月。大阪本場所晴天一一日間興行。

九月。名古屋仮設国技館で一一日間本場所興行。

五月。勝負検査役は四本柱を背にして土俵上にいたが、この場所より土俵下におりる。従来の四名に取締一名が検査長の格で加わり五名となる。

一〇月。福岡仮設国技館で一一日間本場所興行。

六年……三月。京都仮設国技館で一一日間本場所興行。

五月。横綱・宮城山引退し、明治二三年五月以来初めて番付面から横綱の名が消える（以後七年一〇月まで）。

四月の天覧相撲を機に、二重土俵を一重に改め、土俵の直径一三尺を一五尺に、土俵の屋根を神明造にする。

六月。第一回大日本相撲選士権大会、年寄も出場。

一〇月。大阪本場所晴天一一日間。

七年……一月。春秋園事件。相撲道改革を唱え西方出羽海一門の力士は、大井町・春秋園に籠城、「大日本新興力士団」と称する。これに呼応して、東方力士の一部も脱退して「革新力士団」をつくる。そのために一月場所は興行不可能となる。

二月。残留力士により改正番付を作る。東西制を廃止し、一門系統別部屋総当たり制で八日間興行する。

三月。名古屋で晴天十日間本場所興行。

一〇月。京都で晴天一一日間本場所興行。

八年……一月。二枚番付発表。脱退力士の大半が帰参したため、別番付を作成し、別格で出場する。

二月。脱退組は大阪に「関西相撲協会」を結成。関西相撲協会結成を機に大日本相撲協会は地方本場所を廃止し、春夏二回の東京本場所に戻る。

一二年……五月。一三日間興行になる。

一二月。関西相撲協会解散。

一四年……五月。一五日間興行になる。

一五年……一月。東西制復活、優勝旗旗手は関脇以下の最優秀成績力士があたる。

一六年……五月。一月場所前に制定した横綱一代年寄制を改正。

一七年……一月。仕切り制限時間を短縮し、幕内七分、十枚目五分、幕下以下三分とする。

一九年……二月。国技館、軍部に接収される。新理事長に藤島就任。

五月。後楽園球場で七日より晴天十日間興行。

一一月。二〇年春場所を繰り上げて後楽園球場で晴天十日間の興行を行う。


二〇年……三月。空襲のため国技館被災。各相撲部屋も焼失する。

五月。無料公開で明治神宮にて興行の予定のところ、初日に大空襲があり延期。

六月。被災した国技館において非公開で七日間開催する。

一一月。被災破損の国技館で戦後初の晴天十日間本場所興行。土俵を一六尺に拡大（力士会の意見によりこの場所限り）。仕切り制限時間を短縮し、幕内五分、十枚目四分、幕下以下三分とする。

一二月。国技館が進駐軍に接収される。


二一年……一一月。進駐軍により改称されたメモリアル・ホール（国技館）において、一三日間の秋場所を興行する。

大蔵省・勧銀・相撲協会が協力して相撲くじ発売（この場所のみ）。


二二年……六月。明治神宮外苑相撲場で晴天十日間夏場所興行。同成績の場合、各段ごと優勝決定戦制度に改める。

一一月。明治神宮外苑相撲場で晴天一一日間の秋場所を興行。一門系統別部屋総当たり制となる。殊勲賞、敢闘賞、技能賞の三賞を設定する。


二三年……五月。明治神宮外苑相撲場で晴天一一日間の夏場所興行。

七月。協会仮事務所は墨田区千歳町に移る。

一〇月。大阪仮設国技館で、秋場所一一日間興行。


二四年……一月。浜町仮設国技館で一三日間興行（一九年春より五年ぶりの春場所復活）。

五月。浜町仮設国技館で一五日間夏場所興行。呼出、世話人の名が初めて番付に載る。

一〇月。大阪で秋場所一五日間。


二五年……一月。蔵前仮設国技館にて一五日間興行。幕下以下の同点優勝決定戦を廃止して、上位優勝とする。

五月。横綱審議委員会設置。委員長・酒井忠正。

九月。仕切り制限時間を短縮し、幕内四分、十枚目三分、幕下以下二分とする。大阪で秋場所一五日間興行。


二六年……一月。新たに副立行司をもうけ、紫白房の軍配を使用する。場所の一四日目に吉田司家代表者と協議した結果、長年にわたる司家の権限を変革する。

五月。前場所優勝の照國より優勝額が復活し、戦後初の掲額となる。年寄根岸家、廃家となる。

六月。年寄高砂が、八方山・大ノ海・藤田山の力士三名と渡米する。

八月。武蔵川一行が、ブラジル相撲連盟の招きで渡伯。

九月。大阪で秋場所一五日間興行。


昭和二七年（一九五二）……一月。幟の復活。明治四二年一月の回向院以来四三年ぶり。弓取式は連日行うことになる。

四月。メモリアル・ホール、接収を解除される。

九月。四本柱の撤廃。代わりに吊り屋根に四色の房を下げる。

一〇月。明治神宮奉納全日本力士選士権大会復活する。

一一月。東富士・朝潮の一行は沖縄へ初の巡業。

一二月。大阪において初の王座決定戦を興行。


二八年……一月。初・春・夏・秋の四場所となる。春（三月）は大阪。

五月。テレビの実況中継放送開始。


二九年……九月。蔵前国技館開館式挙行。相撲博物館開館する。


三〇年……三月。第一回伊勢神宮奉納相撲を内宮で行う。

五月。天皇陛下初の国技館来臨。一八年ぶりの天覧。決まり手を六八手と制定する。

六月。国技館内に相撲道場を開設。


三一年……一月。二一年秋以来中絶の前相撲制度を六日目より復活。

三月。木戸、桟敷部長の名称をそれぞれ主任と改める。幕下以下の同点での優勝決定戦制度復活する。

九月。昭和天皇御製記念碑の除幕式。三〇年夏場所天覧の際の御製、「ひさしくも見ざりしすまひ人びとと手をたたきつつ見るがたのしさ」。宇佐美宮内庁長官の書。


三二年……一月。この年より一一月に九州場所を設け、年五場所制となる。本場所呼称は各月名を冠し、正式には一月場所、三月場所等の呼称を用いることとなる。

五月。新理事長に時津風就任。力士検査の基準改正（二〇歳以下身長五尺七寸、体重二〇貫、二一歳以上身長五尺八寸、体重二一貫となる。力士および年寄の給与改正、月給制度となる）。

力士整理案実施（初土俵から二〇（のち二五）場所を経ても幕下に達しない者には力士養成費等の支給を

停止した）。取締の検査長制度を廃し、幕内の検査役を五名とする。

七月。大関が三場所連続負け越したときは降下することに決定。

九月。相撲茶屋名を廃止して一番より二十番までの番号に改め、相撲サービス株式会社を設立。

二階東西席を全部いす席に改め、一、四一六座席。協会運営審議会を設置、会長・菅礼之助。

一〇月。相撲教習所を設置。養成期間六ヵ月間。

一一月。力士検査の基準改正。二〇歳以下は五尺六寸五分、一九貫、二一歳以上は五尺七寸五分、二〇貫と引き下げる。初土俵より二五場所を経て幕下になれない力士は整理の対象であったが、翌年より五年三〇場所とする。


三三年……一月。この年より七月に名古屋場所を設け、年六場所制となる。「財団法人日本相撲協会」と改称、大日本の「大」をとる。十枚目以上の取組は、検査役の物言いの協議に短波マイクを使用することになる。行司部屋の独立。相撲診療所開設。力士、年寄、行司、呼出、職員等全協会員の健康管理にあたる。

四月。相撲教習所第一期生一〇名の卒業式挙行。

五月。二階正面、向正面ともいす席に改装し、二階は全部いす席となる。合計三、八五〇座席。

電光表示板を新設、十枚目以上の勝負を明示する。

六月。両国の旧国技館を日本大学に譲渡。

七月。第一回熱田神宮（名古屋）奉納横綱土俵入り。行司の年寄襲名制度を廃止。


三四年……一月。木村庄之助・式守伊之助両家を年寄名から除く。

九月。横綱一代年寄制廃止。ただし、引退後五年間は年寄名跡なしでも年寄として委員待遇を受けることができる。

一一月。力士検査の基準改正。年齢にかかわらず七五キロ、一七三センチとなる。


三五年……一月。行司停年制実施。行司定員制実施。十枚目行司以上二五名を一九名に減員。副立行司を廃止、立行司二名、三役三名、幕内七名、十枚目七名とする。三役行司に草履の許可の特例を設ける。決まり手を七〇手と改定する。若者頭、世話人、呼出の名が番付より消える。年寄停年制は、翌三六年一月一日をもって実施決定。若者頭、世話人、呼出、床山、職員の停年制も決定。

五月。昭和天皇・香淳皇后おそろいで相撲ご観戦。

六月。幕下以下の取組は、これまでの八日制を改めて七日制とする。

九月。国技館の優勝額満額となり、先に掲額されたものより順次下ろす。

弓取式終了まで勝負検査役は席にいることになる。

一二月。財団法人設立三五周年記念式典を国技館にて挙行。


昭和三六年（一九六一）……一月。年寄、若者頭、世話人、呼出、床山、職員の停年制を一月一日より実施。

三月。各段の優勝賞金をそれぞれ増額。

五月。力士の控え座布団は、各個人用のものをやめる。


四〇年……一月。部屋別総当たり制実施（一門系統別廃止）。三三年より検査役の物言い協議に使用していたマイクをやめ、協議の経過を正面検査役から発表係を通じて説明することになる。

七月。金山体育館より愛知県体育館に会場変更。出羽海取締を団長とする、大鵬、佐田の山、柏戸、栃ノ海の四横綱、三大関ら幕内力士一行四八名は二五日ソ連へ出発。モスクワ、ハバロフスク公演。

八月一〇日帰国。


四一年……四月。幕下附出しは幕下最下位から取ることになる。

七月。勝ち力士が行司から賞品を受ける場合、必ず手刀を切って受ける。


四二年……五月。枚数削減を実施、幕内は六人減って三四人、十枚目は一〇人減って二六人の定員となる。


四三年……一月。総理大臣賞新設、幕内優勝力士に贈る。

二月。理事、監事は立候補制とし、連記制を単記制に変更する。取締制度を廃止。勝負検査役の名称を審判委員と改め、新体制により、指導普及部、教習所、審判部、地方場所部、巡業部、事業部の職務分担をきめる。

一二月。時津風理事長死去、国技館にて協会葬。新理事長に武蔵川就任する。


四四年……一月。横綱審議委員会委員長に舟橋聖一就任する。

二月。相撲博物館館長に石井鶴三就任する。

五月。勝負判定についてビデオを参考資料として使用する。力士検査の基準改正、満一八歳未満の者は身長一七〇センチ、体重七〇キロ以上、満一八歳以上の者は身長一七三センチ、体重七五キロ以上とする。

七月。大関は連続二場所負け越しで関脇に降下、翌場所一〇勝以上した場合は大関に復帰できると改正する。

八月。大鵬の三〇回優勝の功績に対し、大鵬の一代年寄名跡を認め九月場所初日土俵上で表彰する。

四五年……一二月。蔵前国技館改修工事、一月場所終了後より着手。

五月。仕切り線の間隔を六〇センチから七〇センチに広げる。


四六年……一月。蔵前国技館改修工事完了と新館ビル新築の完工式を挙行。

三月。力士の控え座布団復活する（幕内のみ）。

五月。運営審議会会長に金子鋭就任する。

六月。取組編成要領を制定し、幕内下位でも大きく勝ち越した力士を横綱、大関と取り組ませることができることとした。幕内人数を従来の三四名以内から三八名以内と改正する（十枚目は従来どおり二六名以内）。十枚目の昇進発表は番付編成会議で決定した当日とする。

八月。第一回全国中学校相撲選手権大会を蔵前国技館にて開催する。

一二月。相撲競技監察委員会設置。生活指導部設置。公傷制度の制定。


四八年……四月。武蔵川理事長を団長とする幕内・十枚目力士全員、日中国交正常化を記念して中国を訪問、北京、上海において相撲公演。

五月。行司部屋を解散して旧に復する。


四九年……二月。新理事長に春日野就任。

一一月。福岡スポーツセンターより九電記念体育館に会場変更。


五〇年……一二月。財団法人設立五〇周年記念式典を東京会館にて挙行。


五一年……一月。横綱審議委員会委員長に石井光次郎就任する。

二月。相撲博物館館長に市川国一就任する。

七月。君ヶ浜他二名は、ブラジル相撲連盟の要請で相撲指導のため渡伯。


五三年……一月。師匠会を新設する。五月場所前に第一回を開催。


五六年……六月。春日野理事長を団長とする幕内・十枚目力士全員、メキシコシティーにおいて相撲公演。

九月。横綱審議委員会委員長に高橋義孝就任する。

一一月。九電記念体育館より福岡国際センターに会場変更。


五七年……三月。運営審議会会長に永田雅一就任する。

五月。力士検査の基準改正。年齢にかかわらず身長一七三センチ以上、体重七五キロ以上とする。

七月。停年退職規定の一部改正。若者頭、世話人、呼出、床山、職員は満六三歳にて停年とする。

九月。運営審議会会長に安西浩就任する。


昭和六〇年（一九八五）……一月。新国技館落成式。

六月。春日野理事長を団長とする幕内力士全員、ニューヨークにおいて相撲公演。

北の湖の功績に対し、一代年寄名跡を認める。

一二月。財団法人設立六〇周年記念式典を国技館にて挙行。


六一年……三月。この年に限り、大阪市中央体育館にて開催。

一〇月。春日野理事長を団長とする幕内力士、パリにおいて相撲公演。


六三年……二月。新理事長に二子山就任。

八月。草津相撲研修道場落成式。

## 平成時代

平成元年（一九八九）……九月。千代の富士、国民栄誉賞受賞。


二年……一月。停年退職規定の一部改正。若者頭、世話人、呼出、床山、職員は満六五歳にて停年とする。

五月。運営審議会会長に萩原吉太郎就任。

六月。二子山理事長を団長とする幕内力士、サンパウロにおいて相撲公演。

一一月。横綱審議委員会委員長に上田英雄就任。


三年……一月。幕内の定員を三八名以内から四〇名以内と改正する。

一〇月。二子山理事長を団長とする幕内力士、ロンドンにおいて相撲公演。


四年……二月。新理事長に出羽海（のちに境川理事長）就任。

五月。運営審議会会長に中田乙一就任。

七月。力士入門規定を一部改正。義務教育を修了した二〇歳未満の男子。幕下附出し力士については二五歳未満の男子とする。


五年……一月。力士入門規定を一部改正。義務教育を修了した二三歳未満の男子。幕下附出し力士については満二〇歳より二五歳未満の男子とする。

三月。相撲博物館長に花田勝治就任。

呼出の定員を三八名以内から四五名以内に改正。

七月。横綱審議委員会委員長に渡辺誠毅就任。


六年……七月。呼出の階級を定め、十枚目以上の呼出、若者頭、世話人を番付に表示する。また、審判委員を番付から消去し、委員以下は就任年月日順に番付に記載する。


七年……四月。巡業改革。勧進元への売り興行から協会の自主興行に変更となる。

一〇月。出羽海理事長を団長とする幕内力士、ウィーン、パリにおいて相撲公演。

一二月。財団法人設立七〇周年記念式典を国技館にて挙行。


八年……四月。㈱相撲映画の業務を吸収し、相撲協会が記録映像の製作、管理、運営をすることになる。


九年……一月。横綱審議委員会規則一部改正。横綱審議委員会委員長に坂本朝一就任。

六月。境川理事長を団長とする幕内力士、メルボルン、シドニーにおいて相撲公演。

九月。優勝決定戦を行った力士の地位が同等の場合は、優勝力士を上位として番付編成をする。


一〇年……二月。新理事長に時津風就任。

六月。時津風理事長を団長とする幕内力士、バンクーバーにおいて相撲公演。


一一年……三月。横綱審議委員会委員長に一力一夫就任。

九月。運営審議会会長に河上民雄就任。


一三年……一月。決まり手を八二手に改正する。力士採用検査の改正。体格検査基準を二つに区分する。

第一検査／身長一七三センチ以上、体重七五キロ以上。第二検査／第一検査の基準に達しない者で身長一六七センチ以上、体重六七キロ以上の者は運動能力検査を実施する。

幕下附出し制度の一部改正。アマチュア相撲の成績により「幕下一〇枚目格」「幕下一五枚目格」に付け出す。

横綱審議委員会委員長に渡邉恒雄就任。


一四年……二月。理事長に北の湖就任。


一五年……一月。横綱審議委員会委員長に石橋義夫氏就任。

三月。地方巡業が協会の自主興行から勧進元への売り興行に変更となる。


一六年……一月。昭和四七年一二月に制定された公傷制度が廃止となる。

一七年……一月。幕内の定員が四〇名から四二名以内に、十枚目の定員が二六名から二八名以内に改正。

　　　　　二月。北の湖理事長を団長とする幕内力士、ソウル、釜山にて相撲公演。

　　　　　六月。北の湖理事長を団長とする幕内力士、北京、上海にて相撲公演。

　　　　　一〇月。北の湖理事長を団長とする幕内力士、ラスベガスにて相撲公演。

　　　　　一二月。財団法人設立八〇周年記念式典を国技館にて挙行。

一八年……九月。運営審議会会長に端田泰三氏就任。

一九年……一月。横綱審議委員会委員長に海老沢勝二氏就任。

二〇年……一月。特等床山を番付に記載する。

　　　　　九月。新理事長に武蔵川就任。

　　　　　九月。運営審議会会長に安西邦夫氏就任。

　　　　　九月。外部役員（理事、監事）を置く。今までの監事を副理事と名称変更。

二一年……一月。横綱審議委員会委員長に鶴田卓彦氏就任。

二二年……七月。七月場所番付発表延期。

　　　　　七月。野球賭博関連により村山弘義理事が理事長代行を務める。

　　　　　七月。七月場所ＮＨＫ放送中止。

　　　　　七月。杯、賞状などの表彰辞退。

　　　　　八月。新理事長に放駒就任。

　　　　　八月。暴力団等排除宣言を行う。

　　　　　九月。九月場所ＮＨＫ放送再開。

　　　　　九月。杯、賞状などの表彰復活。

二三年……三月。故意による無気力相撲問題により三月場所中止。番付発表は行わず内部資料として早見表作成。

　　　　　五月。技量審査場所と称して一般公開（無料）で場所を開催。

二四年……二月。新理事長に北の湖就任。

　　　　　五月。新弟子検査基準の改定。第二新弟子検査廃止。身長一六七センチ以上、体重六七キロ以上。但し、三月場所新弟子検査受験者で、中学校卒業見込者に限り、身長一六五センチ以上、体重六七キロ以上とする。

二五年……二月。相撲博物館館長に石山五郎氏就任。

二六年　　元横綱大鵬、国民栄誉賞受賞。

　　　　……一月。公益財団法人への移行を内閣府より認可され、公益財団法人日本相撲協会となる（一月三〇日）。

　　　　一〇月。運営審議会解散。

二七年……一一月。定年に達した年寄との業務委託契約規定の新設。

　　　　……五月。新弟子検査に三段目附出し基準を新設。

二八年……一二月。新理事長に八角就任。

　　　　……四月。協会員研修会の実施を開始。

二九年……九月。新弟子検査に各競技経験者の年齢制限緩和基準を新設。

　　　　……一月。社会貢献部を新設。

## 令和時代

令和元年……五月。「大相撲の継承発展を考える有識者会議」の新設。

　　　　八月。力士養成員研修会の実施。

# 明治改革期の諸規約

## 角觝営業内規則

〈注〉明治一一年（一八七八）五月制定。同年二月に警視庁が発布した『角觝並行司取締規則』（本文参照）を受けて、相撲会所が制定したもの。

明治十一年二月五日警視庁御本署甲第拾一号を以て相撲並びに行司取締規則御布達により東京府下相撲合併一ト組と相成候に付協議の上更に左之通り内規則相定め候事

［第一条］ 春冬両度大相撲興行の際其損益金精算之義は桟敷土間新桟敷小間々に至る迄取締年番に及び歩持年寄並びに願人差添両大関とも出会の上差引精算可相立事

但し府下に於て修業相撲興行之際精算之義も本文同様たるべき事

［第二条］ 春冬両度大相撲興行の精算帳は願人へ写し取相渡し可申事

［第三条］ 春冬両度大相撲興行の願人及び差添人の義は歩持加入の順序を以て相定めべく其両人之内願人になると差添人になるとは籤引を以て定むべし且興行損益金の歩方惣持惣人員の責任たるべし尤も益金有之節は多少を論ぜず其一割を願人並びに差添人へ可相渡事若損金有之節は願人差添人とも歩持一同割合を以て出金可致事

［第四条］ 春冬大相撲興行済の上取締年番及び重立たる年寄並びに両大関出会の上勝負を検査し給金増減可致事

但し給金の増減に依り番附席を至当公平に可相定事

［第五条］ 新たに東京府下の角觝組合に入者は直ちに其力伎の優劣を試験し一般協議の上至当の給金を定め公平の番附順席へ記載すべき事

［第六条］ 新たに角觝年寄となる者は従来の年寄物人員之末席に記名すべき事もっとも十両以上の者にて年寄となる者は末席より十人目に記名する事

但し横綱及び両大関の者年寄となるとき其組合の者協議を以て定むべき事

［第七条］ 他府県下へ出稼之節は歩持年寄之給金七円歩持外の年寄は給金五円と相定め候事

但し関八州の外は右給金へ二円を増加する事

［第八条］ 他府県下へ出稼之節は取締年番及び年寄両大関立会之上番附を調製し出稼可致もっとも出先に於て年寄の指図を用ゐず自儘助手の義一切不相成万一自己の勝手のみ申募り其場に居残り或ひは逃走等いたし候者於有之は帰京の上其筋へお届破門可致事

但し両大関と雖も自儘の所為あるに於ては本文の通り可致事

［第九条］ 略

［第十条］ 略

［第十一条］ 組合取締年番撰定の儀は営業人一般の投票を以て相定め可申事

但し取締年番撰定投票の節関取以下の者は其師匠へ委任致し候とも妨げなしとす
[第十二条] 取締年番の者と雖も私意を擅ままにし圧抑不正の廉有之節は一般の協議を以て其取締年番を廃し協議の上更に取締年番を撰定し其趣き警視御本署へ可届出事
明治十一年第五月二十四日

## 角觝仲間申合規則

(〈注〉『角觝営業内規則』を明治一九年(一八八六)一月に改正した規約。)

一、明治十一年二月五日警視御本庁より甲第十一号を以て角觝並行司取締規則御布達相成尚協議の上今般左の通り申合せ規則更に改正候也
[第一条]
一、年両度大角觝興行の際其損益精算之儀者取締年番組長並願人両名出会之上差引精算可相立事
[第二条]
一、年両度大角觝興行之願人両名は歩持加入之順を以て可相定且興行損益金者歩方総人員之責任たる可し益金有之節は多少を不論其一割を願人両名へ可相渡損金有る時は願人両名とも歩持一同の割合を以て出金可致事
但明治十八年五月迄に歩持加入致居候者順番願人一周相終り候時は同十九年一月より歩持加入之者一名願人となり最初より歩持之者一名願人となり右新古合併して両名づつ年々両度興行願人順番に可相勤候事
[第三条]
一、靖国神社宿禰神社御大祭角觝之節角觝取及行司上下を不論万一自己の勝手を申募又病気等相唱へ不勤致候者有之節は定置医師之診察を以て相検め偽りと相認むる時は年寄一統協議之上其筋へ御届け社中相除き可申事
[第四条]
一、年両度大角觝番附順席定め並給金増加且京阪より罷登り候者又東京に於て附出し之者一般勝負相改め取締組長並勝負検査役立会協議之上順序及給金相定め可申万一其任之指揮に不応者有之際者第三条に照し社中相除き可申事
[第五条]
一、新に角觝修業に罷越番附下より相勤候者は籤引を以て順席相定め出世日は四日目四人宛七日目五人宛十日目六人づつ勝星取調勝負検査役の目鏡を以て出世為四日目に出世致候者は直に上之口にて角觝為勤候事
[第六条]
一、角觝取者上下を不論銘々の師匠へ万事依頼致業躰に係る事故は自身より直に取締組長へ一切申出間敷万一役員の者に於て不注意有之時は其師匠より組長へ可申出事
[第七条]
一、年両度大角觝興行中は勿論他の場所に於ても相撲取共若し集合徒党し我意我儘なる所為ある時は年寄協議を遂げ篤と相督し最も巨魁と認むる者は社中相除き其者共に限り立戻り候ても決して再勤為致間敷候事
[第八条]
一、他府県より東京へ角觝修業に罷越候者年寄内にて師弟の確証取置候者は誰方へ参り候とも本人を篤と聞糺し証ある方へ引渡し可申候仮令口約証人等有之と雖も無証拠之者は本人の志願に相任せ年寄之内何れを師匠と便り来り候とも他より故障等一切申間敷候事
[第九条]
一、関取と雖ども年寄名の者は会社に於て相談可致儀有之際は役員の者より廻文を以て相達候間其刻に実印持参必ず出頭可致其節不参の者は其相談相決し候後苦情等決して申出間敷候事
[第十条]

一、会社に於て役員の者協議可致儀有之際は取締組長検査役書記は必ず出頭可致万一差支有之際は同役へ委託可申事

【第十一条】
一、前顕百般の事務は今回入札投票の上役員と称する者を撰し悉皆委任致候事右役員事務施行に就ては衆者より紛紜苦情等一切申出間敷万一故障申者有之節は第三条に照し年寄協議の上其筋へ御届社中相除き可申事

【第十二条】
一、組合取締年番人撰の儀は御布達第三条に照準し年寄一同実印を以て入札投票之上年番並組長相定候万一年番の者と雖ども私意を恣にし不正の廉有之節は年寄一同の協議を以て権任を解き年番を廃し更に年番を撰定し其趣警視御本庁へ御届け可申出事

右之条々堅相守可申事

## 東京大角觝協会申合規約

〈注〉『角觝仲間申合規則』を明治二九年（一八九六）に改正した規約。

【第一条】　当協会は東京大角觝《おおずもう》協会と称し東京市本所区元町拾七番地に其事務所を設置す

【第二条】　東京大角觝は古来の習慣に随い一組合となし之を分離せざるものとす

【第三条】　当協会は東京大角觝取締上に関する諸般の事を処理し且つ其風儀の改良技芸の上達を図る為め設くるものとす

【第四条】　当協会は左の役員を置く

一、取　締　　二名
一、検査役　　八名
一、部　長　　一名
一、副部長　　一名
一、行司取締　二名

（別本には行事取締二名を欠く）

【第五条】　取締及検査役の撰挙は年寄並び幕の内より幕下拾枚目迄の角觝取及足袋以上の行司の投票を以て撰挙し其任期は満一ヶ年とし毎年一月大角觝興行初日迄に改撰す

但し改撰の時も前任者を再撰する事を得

【第六条】　取締検査役は改撰の都度其住所氏名を警視庁に届出《とどけいず》べし

【第七条】　角觝協会百般の事務は取締二名検査役八名の協議を以て綜理するものとす

【第八条】　取締は一名宛毎日交代を以て中入の前後土俵に上り勝負検査の任を相勤むるものとす

但中入後は公平に隔日に勤むべし

【第九条】　検査役は二期大角觝興行の節角觝の勝負を実検して之れを記録し又引分預り等の処置を為し且つ本規約に随ひ諸般の事務を取扱ものとす

【第十条】　二期大角觝取組割《とりくみわり》は取締立会の上検査役三名以上の協議を以て割出《わりだし》を為すものとす

【第十一条】　部長及副部長は取締より指名し其任期は一ヶ年とす

【第十二条】　行司取締には木村庄之助式守伊之助又は其名義を継続したるものを以て任ず

（別本）

【第十二条】　行司の席順は平素の品行と土俵上の技術とにより、取締二名検査役八名の協議を以て上下するものとす

【第十三条】　部長は取締の指揮を受け諸般の事務を取扱ものとす

【第十四条】　副部長は部長を補佐し其差支ありたる時は代理す

第一五条　行司取締役は行事に関する諸般の事務を取扱うものとす

【第十五条】　行司取締は行事に関する諸般の事務を取扱うものとす

（別本）

【第十五条】　行司に関する諸般の事務は、取締二名検査役八名の協議を以て綜理するもの

とす

［第十六条］　当協会は左の印章を調製し協会又は其取締の証とす

| |
|---|
| 東京大角觝協会之印 |
| 東京大角觝協会取締印 |

［第十七条］　毎年一月五日の二期を以て東京大角觝を興行し大詩験を行ひ各員の階級を定むるものとす

［第十八条］　二期大角觝の年寄役割は取締検査役協議の上之を定め各其指定されたる役掛り諸務に従事し定例外の事は取締の指図を受くるものとす

［第十九条］　二期大角觝興行中土俵上の勝負に関し一方より異議を申出たる時は検査役三名にて公平の裁定を為し取締の承諾を得て決定するものとす

［第二十条］　取締は年給金百円検査役は年給金弐拾円を支給す

［第廿一条］　二期大角觝興行年寄の給金一等金拾円二等金八円三等金七円とす

　但二期大角觝興行毎に支給すべし歩持外の者は取締検査役協議の上応分の包金を贈与するものとす

［第廿二条］　取締には大場所毎に金拾五円検査役には金拾円を支給するものとす

［第廿三条］　幕下拾枚目以上に進級せし者は給金の多少を論ぜず関取格となすべし又拾枚目以上に進級するも不働き又は病気にて其以下に下りたる者は其格式を用ひざるを例とす

　但し拾枚目以上に進級するとも給金は元給金たるべし

［第廿四条］　角觝取の給金増額は勝越星を以て左の通り定むべし

| | |
|---|---|
| 一番勝越 | 金弐拾五　銭増 |
| 二番勝越 | 金五　拾　銭増 |
| 三番勝越 | 金壱　　円増 |
| 四番勝越 | 金壱円五拾銭増 |
| 五番勝越 | 金弐　　円増 |
| 六番勝越 | 金弐円五拾銭増 |
| 七番勝越 | 金参　　円増 |
| 八番勝越 | 金参円五拾銭増 |
| 九番勝越 | 金四　　円増 |

［第廿五条］　取締及検査役の目鏡を以て勝星を三等に別ち一等と見倣したる者には前条の他尚給金を増加する事あるべし

［第廿六条］　番附調製の時も亦取締及検査役の目鏡を以て勝星を三等に別ち協議の上多数の意見に依りて其位置を上下するものとす

［第廿七条］　関取の給金は四拾五円迄を限とす

［第廿八条］　幕の内角觝取にして九日間全勤したる者は勝負に拘らず一場所毎に金五拾銭を増給し其番附面も取締検査役の目鏡を以て適宜取計ふ事あるべし

［第廿九条］　大関にして二期大角觝興行の際病気と称し不勤する時は一と場所は席順を其儘に存し次場所より席順を一枚宛降下するものとす

［第三十条］　角觝取にして二期大角觝興行の際病気と称し不勤するものは関脇以下幕の内角觝取は一枚乃至三枚、幕下拾枚目迄は一枚乃至五枚、拾枚目以下は一枚乃至拾枚場所毎に席順を降下し且つ興行中病気の為め中途より欠勤するものは仮令勝越あるも席順を降下す

　但し真正の病気なれば取締検査役の目鏡を以て特に酌量する事あるべし

（別本）

［第三十条］　角觝取にして二期大角觝興行中病気と称し不勤する時は、関脇以下幕の内角觝取は一枚乃至五枚、幕下十枚目迄は十枚乃至七枚。幕下十枚目以下は一枚乃至十二枚席

順を降下し、且つ興行中病気の為め中途より欠勤するものは仮令勝越あるとも席順を降下す

　但し真正の病気なれば、取締検査役の目鏡を以て特に酌量すると雖ども、欠勤二タ場所を超ゆる時は取締検査役協議の上規約以外に席順を降下す

【第卅一条】　角觝取上下を論ぜず大角觝興行中取組を為したる場合に勝負を決せず引分となりたる時は双方一番宛の負星を定むるものとす

　但し取締検査役の目鏡に依り正当の所為と認めたる時は此限にあらず

【第卅二条】　二期大角觝興行の際幕の内及幕下弐拾枚目迄の角觝取にして土俵入を欠く時は幕の内は給金壱円其他は給金五拾銭を減額するものとす

【第卅三条】　幕の内幕下出世角觝に対し二番位の勝星あるも時宜に依り段下《だんさ》げする事あるべし

【第卅四条】　幕の内幕下三段目上二段の者は段下げ毎に各給金の一割を減ずるものとす

　但し他日旧席に復したる時は給金も亦従前の通り給与すべし

【第卅五条】　角觝取上下を論ぜず一場所欠勤したる者又は其師匠を離れ他の組と営業をなしたる者は其給金を半減するものとす

　但し実際病気にて療養の為病院又は其師匠の家等に居りたる事を取締及検査役に於て慥《たしか》に認めたる時は協議の上適宜取計ふ事あるべし

（別本）

【第卅五条】　角觝取上下を論ぜず一ト場所欠勤したるもの、又は其師匠を離れ他の組と営業をなしたるものは其給金を半減し、回向院大角觝二タ場所を経過したる後元給金に復するものとす

　但し実際病気にて療養の為病院又は其師匠の家等に居りたる事を取締及検査役に於て慥に認めたる時は協議の上適宜取計らふ事あるべし

【第卅六条】　角觝取にして一旦廃業したる者再び組合に加入せんとする者ある時も亦給金を半額に減ずるものとす

　但し徴兵合格にて廃業せし者は此限にあらず

【第卅七条】　角觝取にして大場所興行中病気を申立不勤したる者入場して桟敷廻りを為し又は客の招に応じ酒店へ立入者《たちいるもの》は勝越すとも給金増額の儀は勝星の半額の事

【第卅八条】　行司の給金は八円迄を限とし其取締は拾円迄を限とす

　但し行司の給金増額及等級を定むるは行司取締より協会取締及検査役へ申出協議の上之を定むる者とす

（別本）

【第卅八条】　行司の給金は八円迄を限とし、其立行司は拾円迄を限とす

　但し行司の給金増額及等級を定むるは取締及検査役協議の上之を定むるものとす

【第卅九条】　行司にして勝負を見違たる者又は平素不勉強なる者は取締検査役及行司取締協議の上席順を降下するものとす

（別本）

【第卅九条】　行司にして勝負を見違へたるもの、又は平素不勉強なるものは取締検査役協議の上席順を降下するものとす

【第四十条】　行司にして徴兵に応じ入営したる者満期後再勤を乞ふ時は上席より旧席順数を以て差加ふる者とす

【第四十一条】　京坂の行司本協会へ加入を申込時は京坂の資格に依り番附へ附出す事を廃し更に番外より出勤せしむるものとす

（別本）

【第四十一条】　京阪の行司本協会へ加入を申

込む時は、取締検査役の協議を以て京阪の資格により番附へ附出す事を得

[第四十二条]　諸国に出稼の場合と雖も足袋格の行司は土俵に於て上草履を使用する事を許さず若し之に違背したる時は席順を拾枚相降すものとす

　但し大関同業の節其組合行司長疾病又は事故ありて欠勤したる時は此限に非ず

[第四十三条]　諸国出稼の節小角觝組行司長に当ると雖も足袋以下の行司は土俵に於て足袋を使用する事を得ず若し之に背きたる時は席順を拾枚相降すものとす

　但し幕下拾枚目以下の関取同業の節は此限にあらず

[第四十四条]　行司の内心意違有之逃亡したる者後改心して再勤を乞ふ時は其給金を半額に減じ且つ逃亡の日限一場所を超過する毎に席順を五枚宛相降すものとす

[第四十五条]　行司にして其師匠と熟談の上廃業したる者再勤を乞ふ時は廃業の日限一場所を超ゆる毎に席順を二枚宛相降すものとす

[第四十六条]　角觝取及行司は上下を論ぜず銘々師匠の指揮に随ふべし若し役員に於て不注意の所為ある時は自ら協会へ申出を為さず各師匠より取締へ申出る者とす

[第四十七条]　角觝取番附外より勤むる者出世日は四日目七日目十日目と定め勝星を取調東西に拘らず取締及検査の目鏡を以て出世せしむべし四日目に出世の者は直に上ノ口にて角觝取組ませるものとす

[第四十八条]　京坂並に東京附出の者は勝負検査の上給金並に番附の位置を定むる者とす

[第四十九条]　京坂は勿論新たに角觝修行に来《きた》る者年寄内にて師弟の確証取置く者は誰れ方へ便るとも其証ある方へ引取べし口約等の者は仮令承認之れあるとも本人の志願に任せ決して故障なすべからず

[第五十条]　師弟の間給金の配当を定むる左の如し幕の内幕下関取並に行司にして家族を持別居したる者は給金高の八分を渡すべし幕の内幕下三段目角觝取及行司にして師匠の部屋に住居する者幕の内は六分幕下以下は五分を渡すべし

幕下三段目角觝取及行司にして特に師匠の許を得て家族を挙げ別居したるものは七分を渡すべし

参円以下の給金取は給金の配当を為さず別に師匠より旅行小遣を渡すべし

　但し二期大角觝興行の給金は悉皆《しっかい》師匠の所得とすべしと雖も師弟の間特約を結び苦情なきものは此限にあらず

[第五十一条]　年寄の名義を永遠に継続する為自今年寄七拾五名及左に掲ぐる旧年寄拾参名の名義を継ぐものの外本会へ加入する事を許さず

勝ノ浦与一右衛門　境川波右エ門
鏡山静太夫　稲川政右エ門
出来山長吉　大嶽門左エ門
待乳山楯之丞　楯山久三郎
甲山力蔵　尾上権蔵
玉ノ井敬兵衛　音羽山峯右エ門
高島五良治

[第五十二条]　大場所及出稼先を問はず角觝勤続中は年寄となる事を許さず

　但し弟子にして師匠の名義を相続するものは此限にあらず

(別本)

[第五十二条]　大場所及出稼先を問はず、角觝勤続中に年寄となることを許さず

　但し木村庄之助、式守伊之助の名義を相続するもの、又は弟子にして師匠の名義を相続するものは此限にあらず

[第五十三条]　角觝年寄の名義は弟子及他人を問はず取締検査役及部長の承諾を得るに非ざれば之を相続せしめ若《も》しくは譲与する事を

得ず

（別本）

【第五十三条】　角觝年寄の名義は幕下以上の力士にして取締検査役及部長の承諾を得るに非ざれば、之を相続、若《も》しくは譲与する事を得ず。且つ回向院大角觝を連続せしものに非ざれば年寄となる事を許さず

　但し弟子にして師匠の名義を相続するものは此限にあらず

【第五十四条】　第五十一条に掲たる旧年寄の名義は取締検査役及部長に於て協議の上相続人を撰《えら》み継続せしむる事あるべし

【第五十五条】　現年寄の名義廃絶して相続するものなき場合も亦前条に同じ

【第五十六条】　取締は本会年寄の総代となりて年寄の名義を相続したる者又は譲り受たる者より本規約へ加盟したる証を取置くべし

【第五十七条】　二期大角觝興行の願人は歩持加入の順を以て定むべし又其興行損益金は歩持総人員にて共分すべし益金ある時は其一割を願人両名へ渡すべく損金ある時は願人両名共歩持加入の割合を以て出金すべし

　但し明治十八年五月迄に歩持に加入したる者願人順番一周したる時は明治十九年一月より歩持加入の者一名願人になり最初より歩持加入の者一名願人となり右新古合併して年両度大角觝興行の願人を順番に勤むべし

【第五十八条】　歩持に加入せんとするものは加入金百円を協会に差出すべし

　但し年寄名義を相続するものに非ざれば加入することを許さず且つ一人に付一と株を限とす

【第五十九条】　歩持に加入したる者死去する時は香奠として金廿五円を贈るべし又中途にして歩持を罷めんとする者も又同じ且つ角觝取にして師匠存命中其名義を相続し歩持に加入せんとするものは加入金七拾五円を協会に差出すべし

　但し歩持株券は売買を禁止するものとす

【第六十条】　横綱並に三役の者九日間全勤したる者には、大角觝興行済の後損益決算の上益金ある時は特に歩持年寄同様益金を配当すべし

（別本）

【第六十条】　横綱並に三役の者九日間全勤したる者には、大角觝興行済の後損益決算の上益金ある時は特に歩持年寄同様益金を配当すべし

（此項は後に修正せられ、幕下十枚目まで何れも配当を受くることとなった）

【第六十一条】　角觝取上下を論ぜず土俵上の怪我の為休業したる者へは取締検査役協議の上慰問として金員を贈与すべし

【第六十二条】　角觝取及行司を問はず組員門弟の者私意、恣《ほしいまま》にして他の年寄へ便《たよ》る者あるとも其年寄に於て師弟の約をなすことを得ず若《も》し之に違背したる時は本組合を除名す

【第六十三条】　組合に於て賭博をなしたる者は見当次第除名し組合に入ることを許さず

（別本）

【第六十三条】　組合員に於て賭博をなしたるものは見当次第除名し、如何なる情実によりて罪を謝するとも真誠なる改悟を認めざる上は再び組合員に入る事を許さず

【第六十四条】　幕下拾枚目迄には雑用金を支給す

【第六十五条】　二期大角觝興行は勿論其外業行中諸般の慣例にて此規約外の事は総て従前の通り執行するものとす

【第六十六条】　協会の会議を開くべき通報を受たる時は其時限に必ず出席すべし

　但し不参者は決議に対し故障をなすの権なきものとす

【第六十七条】　現年寄及年寄の名義を相続したる者又は譲り受たる者にして若し本約に違

背したる時取締検査役及部長に於て情状重きものと認たる時は其年寄の資格を剥奪《はくだつ》し退会せしむることあるべし

［第六十八条］　本会規約は警視庁に届出認可を受くべし其改正変更を要する時も亦同じ

［第六十九条］　規約の改正変更は本会員過半数以上の申出に依り取締検査役撰挙有権者の過半数以上の同意に非ざれば之を為すを得ず

（別本）

［第六十九条］　規約の改正変更は本会員過半数以上の同意に非ざれば之を為すを得ず

［第七十条］　本会の内部に紛紜を生じたる時、又は臨時の出来事に対しては本会員に於て一切を処弁し、局外者の容喙《ようかい》を許さざるものとす

附　則

本規約は明治二十九年五月大角觝興行の時より実行するものとする

## 大角力組合新規約

（〈注〉明治四一年（一九〇八）五月に制定。力士の品位向上を意図したもの。）

［第一条］　組合員上下を論ぜず地方巡業中病気又は其他の事故にて巡業一期間の半数以上を欠勤したるものは給金割配当を為さざるべし。病気にて巡業途中より欠勤したるもの一ケ月以内に全快して組合に加入したるときは給金割高は減額せず。但し真正の病気にて酌量すべき情状ある者には組合より相当の見舞金を贈与す。

［第二条］　略

［第三条］　新たに組合員に加入せんとする力士及行司志願者は其身元を充分に取調べ確実なる紹介者なきものは猥りに組合へ加入せしめざる事。

［第四条］　略

［第五条］　組合員上下の別なく自分出生地の外は勧進元となることを得ず。

［第六条］　地方巡業中興行希望者ありて長日間興行の契約を為さんとする者あるとも一人に対し二ケ所以上の約定を為すべからず。

［第七条］　何れの部屋の力士行司たりとも不品行のもの又は土俵上見苦しき勝負を為すものは組合員協議の上同業を謝絶すべし。

［第八条］　略

［第九条］　年寄は興行場にて執務中酒を飲むべからず。

［第十条］　金銭の貸借は組合指定の用紙を使用すべし。帳元が其用紙を用ひざるものに金員を貸すときは一個人の貸借たるべく組合に関係なきものとす。

［第十一条］　組合員一同巡業中汽車汽船に便乗の時は静粛にすべし。駅員の承諾せし時の外は汽車の線路を横切るべからず。

［第十二条］　略

［第十三条］　興行地へ乗込の際は組合員一同打揃ふて乗込むべし。関取格以上の力士は羽織を着用すべし。鳥打帽子を冠り筒袖を着する等の不体裁は各自謹しまるべき事。

［第十四条］　略

［第十五条］　組合員は往来の途中にて同業者に行き逢ひたる時又は場所入の際は先輩に対し必ず敬礼を行ふべし。敬礼を受けたる者も亦答礼を怠るべからず。

［第十六条］　大角力の規約に遵拠し賭博を為したる者は見当り次第組合を除名す。

［第十七条］　組合員にして欠落を為したる者は其時より給金割配当をなさざる事。

［第十八条］　力士行司上下を論ぜず組合を離れ他の地方にて営業を為したるもの再び組合へ加入せんとする時は大角力協会規約に依り其位置を降下すべし。

## 大角力協会申合規約追加

〈注〉明治四二年（一九〇九）二月、国技館の落成に先立ち規約を追加改正したもの。

一、幕之内力士は大角力興行十日間全勤する事に決定す。

一、大角力興行十日間の取組は従来の編成法を改め大角力初日より十日目迄の間に適当の法を以て編成し横綱大関と雖も日限に不拘相手を上下することあるべし。

一、横綱大関の退隠する場合には協会より金壱千円を下らざる養老金を贈る事。

一、関脇小結の退隠する場合には協会役員並に最高位置の関取と協議の上金額を定め養老金を贈る事。

以上養老金の支出は大角力協会と地方巡業組合とに於て分担する事。

一、年寄力士行司を問はず場所入の際は角帯を使用すべし。

但し縮緬のへこ帯はこの限りに非ず。

一、協会員（年寄力士行司）は礼節を厳守し苟しくも長者（自分より上位置の人）に対し不敬あるべからず。

一、横綱大関の称号は従来最高級力士と称せしも爾来最高位置の力士と改称す。

一、幕之内力士の成績は一と場所毎に調査し成績の優劣に依り東西の位置を変更する事。

万一数場所同成績なる時は最高位置の力士と計り二三力士と交換することあるべし。

一、年寄の呼称は従来誰れ親方と呼びたるを爾来誰れ年寄と称することに改むる事。

一、斯道奨励法として大角力興行の際幕之内力士（東西）の成績を調査し勝星により星数多き方へ優勝旗と賞金とを与ふる事。

一、前角力本中角力及同格の行司の為め養成所を設置す。

一、行司上下を論ぜず勝負を見違いたるもの又は平素不品行のものは役員協議の上席順を降下す。

## 地方巡業組合規定

〈注〉明治四二年（一九〇九）二月、前記『東京大角力協会申合規約』の追加改正と同時に、前年の『大角力組合新規約』に変更追加をしたもの。

一、巡業中各地を旅行するに際し汽船汽車に便乗の時横綱大関は壱等に幕之内力士は弐等と定む。

一、新たに加入したる力士行司に対しては大角力興行の成績良好にして序ノ口に昇進せざる間は給金割配当をなさざる事。

一、地方巡業の際の茶代は旧来の計算法を廃し、人数に応じ宿屋へ茶代を与ふることに改む。

一、汽車汽船の便乗の時幕之内以上の力士は同乗の紳士及婦人に対し不敬を為すべからざるは勿論力士たるの面目を維持し筒袖を着する等の野卑なる風采を為さず可成関取たるの資格を失せざる様着服等に注意すべし。各地にて場所入の時も着服は本項中の規定に依るべし。

但し本規定に違背するものは幕之内力士と雖も弐等に便乗せしめざる事。

一、朱房以上の行司は前項規定に準ず。

# 決まり技の古称

古書に記された名称を年代順に示したが、その多くは、技の展開が比喩的に記述されたり、名称あるいは絵図のみが残されたもので、詳細は不明である。また、漢字の正確な読み方も不明である。

## 『南部相撲取組』延宝四年（一六七六）刊

［表取組］
あいこう頭ひねり、あをりかけ、居こし、いそり、一寸そり、上見ぬわし、うけそり、うしろかう、うつぼつけ、えんせうそり、大こし、大さかて、かいなすかし、かけそり、きぬかつき、朽木そり、車そり、下段構、けひねり、小こし、こしひねり、こつまとり、こまた返し、さまた、しきこまた、鴫の羽返し、獅子のはからみ、上段構、そくび、そくひ返し、たしの手、立居そり、中段構、伝そり、中なけ、鯰の水はなれ、なみまくら、ぬけこまた、のぼりがけ、はすの葉返し、はねなげ、ひさ車、ひしきなげ、三所つめ、むかふつき、むねなげ、雪の下そり、よりなげ、わくぬき、鷲のつかみあがり、をいなげ

［裏取組］
あいかうそり、いきあい、一足とり、うちたて、うわてそり、えちこひねり、大わたし、かいなひねり、かたしき、かへりけ返し、鴨のいれくび、川津のかけ一本立、け返し、小鷹の羽折、こひさまわし、五輪くだき、さかつき、しもくそり、すかし、すくひなげ、すじかへかけ、せをいこみ、そくとめ、そこえん、袖返し、そりたし、だしの三所、立居腰、つきたて、つみの大こころ、とあし、中そり、なけ残り、なけの三所、なやしの手、羽ふしそり、はらなげ、はらやぐら、はりまなげ、ひきそり、ひざやくら、ひしき、ひしきそり、ひんまわし、前つきひねり、四手くづし、四手すかし、水車

［外の手取組］
あけそり、いそのなみ、陰陽の構、折返し、かうつき、片輪車、きぬそり、きりひしき、くくりひねり、朽木たをし、車かへり、こまたとめ、しからみ、そくひ返し、そりひねり、胴ひねり、とひそり、とんぼうかへり、ねちまわし、のほりおさえ、のぼりくしき、はねそり、ひきまわし、ひねり返し、むそうだし、むそうひねり、無名の構、もろひねり、やがらかけ、やぐらかけ、四手おとし、四手ひねり

『相撲之図式』元禄（一六八八〜一七〇四）ごろ

あをりがけ、うちがけ、うちむそじ、うわてすかし、おいなげ、大わたし、かいなひねり、かけなげ、かたすかし、かものいれくび、かわづがけ、きぬかづき、ぎゃくなげ、くぢきだおし、けかへし、こしくぢき、こづまとり、さかてなげ、さまた、しきこまた、しぎのはがえし、したでやぐら、しゅもくぞり、すくいなげ、そくびおとし、そくびなげ、そとがけ、そとむそじ、たぐり、だし、ためだし、つきやぐら、つつきけかへし、てふながけ、とあし、とびちがい、なげ、のぼりがけ、はりまなげ、ひざこまわし、ひむまわし、まがいつきだし、みところづめ、むかふつき、もちだし、やがら、やぐら、よつがい

『身構五種取組百十四組』式子進巴／宝永元年（一七〇四）刊

［身構え］

陰陽の相、下段の相、上段の相、中段の相、奇相

［なげの部］

大腰のひしぎ、かいななげ、からみなげ、縊《くくり》なげ、小腰のひしぎ、すくひなげ、中なげ、なげ三所詰、はらなげ、波離間なげ、ひしきなげ、むねなげ、よりなげ、をひなげ

［捻の部］

かいなひねり、縊《くくり》ひねり、けひねり、すかしひねり、頭ひねり、そりひねり、胴ひねり、まへつきひねり、むさうひねり、もろひねり、よつでひねり

［繋の部］

あをりかけ、うちかけ、かけ一本立、逆繋、すぢかえがけ、のぼりかけ、やぐらかけ

［そりの部］

あげそり、居そり、一寸そり、うけそり、厭生《えんしょう》そり、上手そり、かけそり、こまたそり、しゅもくそり、立居そり、とびそり、中そり、はねそり、はぶしそり、ひしきそり、袂《ゆき》の下そり

［雑手の部］

居腰のくぢき、礒の浪、一足取、上見ぬわし、うしろこう、うちたて、うつぼづけ、上手 縊《くくり》、大さかて、大わたし、折かへし、折虚の入身、かえりけかへし、かけひしぎ、かたしき、かたすかし、かた輪車、胸足詰《きょうそくづめ》、縊《くくり》かへし、くぢき倒、蛛手《くもて》別《わかれ》、車かえり、けかへしのあたり、こうつき、こたかの羽折、籠手落《こておとし》、こひざまわし、こまたかへし、こまたとめ、五輪砕《ごりんくだき》、逆つき、さまたの入身、しがらみ、しきこまた、四肢のはり身、せをひこみ、足とめ、そくび、そくびかへし、袖かへし、そりだし、たぐりけかへし、立居腰、つきたて、とびちかえ、なげ残り、なみまくら、なやしの手、ぬきこまた、のぼりをさへ、のりくぢき、はらやぐら、引まわし、ひざぐるま、ひざやくら、ひしぎ、びんまわし、水車、不見離《みずはなれ》、三所つめ、向っつき、むそうだし、もたれの入身、四手崩《よつでくずし》、よつ手すかし、脇合

『相撲強弱理合書』木村守直／延享二年（一七四五）刊

相合頭捫、揚反、障泥掛、居眼相、礒乃浪、一寸反、一本立（河津繋）、入違反（入替）、陰陽之手合、上へ見ぬ鷲、請反、うたせの手、撲臥、空穂附、裏繋、上手出シ、上手捫、厭生反、笈撕、大逆手、大渡シ、折倒（朽木倒）、腕なげ、腕ひねり、掛反、繋なげ、肩透、片輪車、

梟乃入首、衣被、縊込、車翻（両手捻）、跧返し（四ツ手跧返し）、下段之手合セ、跧捫、小鷹の羽折、小膝まはし、小股留、五輪砕、逆附、逆股返し、柵、鋪小股、鴫の羽翻、四肢の張身、下手出シ、鐘木反、上段之手合セ、濟投、筋違繫、背負込、足留、踈首衝（外首）、踈己圓、袖返し、外繫、そり出し、手繰跧返し、出乃手、立居腰、多怒気乃腹撕、中段之手合セ、長斧掛、衝落シ、衝立、傳反、爪取（両手の爪どり）、雀鷂の大意、外足、外足飛反、飛反、飛違、留反、取手の崩シ、蜻蛉返り（蜻蛉反）、撕大腰、撕小腰、浪枕、痿の手、脱小股、登押、蓮葉返シ、腹なげ、波離間撕、曳キ捨テ、曳まはし、膝やぐら、巻落し、水車（膝車）、不見離、三所詰、無形之手合、向附、胸なげ、両手の頭捫（鬢まはし）、屋から、四ツ手、寄撕、わく抜、鷲の摑揚

## 『古今相撲大全』木村政勝／宝暦一三年（一七六三）刊

うちがけ、うちむそう、うはてすかし、おひなげ、大わたし、かけなげ、かたすかし、かはづがけ、かひなひねり、かものいれくび、きぬかつぎ、ぎゃくなげ、くぢきだふし、けかへし、こしくぢき、さかてなげ、さまた、しきこまた、鴫のはがへし、したてやぐら、しゅもくぞり、すくひなげ、そくびおこし、そくびなげ、そとがけ、そとむそう、たぐり、だし、たすきぞり、ためだし、つきやぐら、つつきけかへし、つまどり、てふのがけ、とあし、とびちがひ、なげ、のぼりがけ、はりまなげ、ひきまはし、ひざこまはし、まがひつき出し、みところづめ、むかふづき、もちだし、やがら、やぐら、よつがひ

## 『相撲隠雲解』式守蝸牛／寛政五年（一七九三）刊

[反手]

居そり、一寸そり、掛そり、鴨の入首、衣かつぎ、ぎぼうし枕、くしき反、撞木そり、伝そり、腕そり、向そり、寄そり

[捻手]

内無双、片手わく、肩すかし、合掌捻、逆捻、くしき、頭捻、外無双、出し捻り、突落し、引落し、捲落し

[投手]

上手投、上手矢倉、からみ投、首投げ、下手投、下手矢倉、出し投げ、たぬきの腹投、握投げ、引投げ、矢柄投げ、寄投げ

[掛手]

あおり掛、一本掛、内掛、掛もたれ、外掛、たぐり掛、伝掛、手斧掛、二足掛、水掛、呼掛、渡し掛

## 『相撲新書図解』明治三二年（一八九九）刊

内がけ、内無双、上手すかし、上手投、上手やぐら、負投、大こし、かいなひねり、掛投、肩すかし、鴨の入首、河津掛、きぬかつぎ、ぎゃく投、くじき倒し、首投、け返し、けたぐり、腰くじき、さか手投、さまた、しぎの羽返し、下手やぐら、撞木ぞり、すくい投、素首落し、外がけ、外無双、たぐり、出し、たすきぞり、ため出し、ちょうながけ、つきやぐら、づぶねり、つまどり、とあし、飛ちがい、のぼりがけ、はりま投、ひきこまた、引き廻し、ひさご廻し、まがい突出し、三所ぜめ、持出し、やがら、よつつがい

# 立行司木村庄之助代々

| | | 前名 | 襲名在位期間 | 備考／［本名・生年・出身地］ |
|---|---|---|---|---|
| 伝承人物 初代 | | 中立羽左衛門 | （寛永年間）伝承の人物 | |
| 2代 | | 木村喜左衛門 | （元禄前後）別系統の人物 | |
| 3代 | | 中立羽左衛門 | （享保年間）伝承の人物（または中頭〈中立〉正之助？） | |
| 4代 | | 中立庄之助 | 享保年間～元文年間？ | |
| 5代 | | 木村庄蔵 | 寛保年間～宝暦年間？ | |
| 6代 | 2代 | 木村庄太郎 | 宝暦四年？～明和七年一一月 | |
| 7代 | 3代 | 木村庄太郎 | 明和八年三月～寛政一一年一一月 | （隠居・澄左）文政一一年一〇月二四日没 |
| 8代 | 4代 | 木村庄太郎 | 寛政一二年四月～文政七年正月 | （隠居・木村喜左衛門）のち再勤 |
| 9代 | 5代 | 木村庄太郎 | 文政七年一〇月～天保五年一〇月 | （隠居・木村瀬平）のち再勤・一〇代庄之助 |
| 【参考】 | （再）隠居 | 木村喜左衛門 | （再）天保六年正月～同六年一〇月（同七年二月～同一二年一一月は木村松翁） | （隠居・木村松翁）天保一五年九月二一日没 |
| 10代 | （再）隠居 | 木村瀬平 | （再）天保七年二月～同九年一〇月 | 天保九年一一月二二日現役没 |
| 11代 | 6代 | 木村庄太郎 | 天保一〇年三月～同一五年一〇月 | （隠居）文久二年一二月六日没 |
| 12代 | | 木村正蔵 | 弘化二年二月～嘉永六年二月 | （隠居）文久元年七月八日没 |
| 13代 | 3代 | 木村多司馬 | 嘉永六年一一月～明治九年四月 | （のち年寄・木村松翁）明治一二年二月一五日没（数え七二歳）［成田小太郎・文化五年・福井県］ |
| 14代 | 10代 | 木村庄太郎 | 明治一〇年一月～同一八年一月（死跡）（年寄・木村庄之助兼務） | 明治一七年八月一四日現役没（数え五九歳）［廣田・文政九年・不明］ |
| 15代 | 4代 | 木村庄三郎 | 明治一八年五月～同三〇年五月（年寄・木村松翁兼務） | 明治三〇年九月二二日現役没（五八歳）［深山八三郎・天保一〇年・東京都］ |
| 16代 | 初代 | 木村誠道 | 明治三一年一月～同四五年一月（年寄・木村庄之助兼務） | 明治四五年一月六日現役没（六三歳）［拓新助・嘉永二年・愛知県］ |
| 17代 | 10代 | 式守伊之助 | 明治四五年五月～大正一〇年五月（兼務） | （廃業）大正一三年七月一九日没（六一歳）［酒井兵吉・文久三年・徳島県］ |
| | | | | 大正一四年六月一一日現役没（数え六六歳） |

| | | | | |
|---|---|---|---|---|
| 19代 | 13代 | 式守伊之助 | 大正一五年一月~昭和七年五月（兼務） | ［鬼頭多喜太・明治二年・東京都］ |
| 20代 | 15代 | 式守伊之助 | 昭和七年一〇月~同一五年一月（兼務。一一年一月より松翁） | 昭和一五年三月九日現役没（六四歳）［後藤子之吉・明治九年・栃木県］ |
| 21代 | 17代 | 式守伊之助 | 昭和一五年五月~同二六年五月（兼務） | （のち年寄・立田川）昭和四五年一一月二五日没（八一歳）［竹内重門・明治二二年・長野県］ |
| 22代 | 18代 | 式守伊之助 | 昭和二六年九月~同三四年一一月（兼務） | （停年退職）平成六年四月二三日没（一〇四歳）［泉林八・明治二三年・香川県］ |
| 23代 | 2代 | 木村正直 | 昭和三五年一月~同三七年一一月 | （停年退職）平成六年九月一九日没（九六歳）［内山等三・明治三〇年・石川県］ |
| 24代 | 20代 | 式守伊之助 | 昭和三八年一月~同四一年七月 | （停年退職）昭和四八年九月一九日没（七二歳）［緑川義・明治三四年・千葉県］ |
| 25代 | 21代 | 式守伊之助 | 昭和四一年九月~同四七年一月（番付は三月） | （廃業）平成三年二月一〇日没（八一歳）［山田釣吾・明治四二年・愛知県］ |
| 26代 | 22代 | 式守伊之助 | 昭和四八年一月~同五一年一一月 | （停年退職）昭和五九年三月二七日没（七二歳）［浅井正・明治四五年・愛知県］ |
| 27代 | 23代 | 式守伊之助 | 昭和五二年一一月~平成二年一一月 | （停年退職）［熊谷宗吉・大正一四年・岩手県］ |
| 28代 | 25代 | 式守伊之助 | 平成三年一月~同五年一一月 | （停年退職）平成二二年四月一日没（八一歳）［後藤悟・昭和三年・山形県］ |
| 29代 | 28代 | 式守伊之助 | 平成七年一月~同一三年三月 | （停年退職）［櫻井春芳・昭和一一年・高知県］ |
| 30代 | 31代 | 式守伊之助 | 平成一三年一一月~同一五年一月 | （停年退職）［鵜池保介・昭和一三年・佐賀県］ |
| 31代 | 32代 | 式守伊之助 | 平成一五年五月~同一七年一一月 | （停年退職）［阿部正夫・昭和一五年・北海道］ |
| 32代 | 33代 | 式守伊之助 | 平成一八年一月 | （停年退職）［澤田郁也・昭和一六年・北海道］ |
| 33代 | 35代 | 式守伊之助 | 平成一八年五月~同一九年三月 | （停年退職）［野澤要一・昭和一七年・青森県］ |
| 34代 | 36代 | 式守伊之助 | 平成一九年五月~同二〇年三月 | （停年退職）［伊藤勝治・昭和一八年・東京都］ |
| 35代 | 37代 | 式守伊之助 | 平成二〇年五月~同二三年九月 | （停年退職）［内田順一・昭和二一年・宮崎県］ |
| 36代 | 38代 | 式守伊之助 | 平成二三年一一月~同二五年五月 | （停年退職）［山崎敏廣・昭和二三年・鹿児島県］ |
| 37代 | 39代 | 式守伊之助 | 平成二五年一一月~同二七年三月 | （停年退職）［畠山三郎・昭和二五年・青森県］ |

# 歴代木村庄之助略伝

令和元年（二〇一九）一一月現在、歴代の木村庄之助は三七代を数えるが、空席となっている。

**【歴代の木村庄之助】**

初代　中立羽左衛門。寛永年間（一六二四～四四）の行司と伝わるが実在は不明。

二代　木村喜左衛門。貞享～宝永年間（一六八四～一七一一）ごろに実在した。木瀬太郎太夫の孫と伝わる。

三代　中立羽左衛門。享保年間の行司と伝わるが実在は不明。

四代　中立庄之助。宝永五年（一七〇八）に九重庄之助から中立となり、後に木村庄之助と改姓したと伝わる。享保一〇年（一七二五）ごろまで勧進元、差添《さしぞい》もつとめた。

五代　初代木村庄太郎から木村庄蔵。寛保年間（一七四一～四四）に五代目を襲名。

六代　二代木村庄太郎。宝暦年間（一七五一～六四）に六代目を襲名した。

七代　三代木村庄太郎。明和八年（一七七一）に七代目を襲名。寛政三年（一七九一）と同六年の上覧相撲をさばいた。

八代　四代木村庄太郎。寛政一二（一八〇〇）年に八代目を襲名。文政七年（一八二四）正月限り一度引退、木村喜左衛門となる。天保六年（一八三五）正月と一〇月の二場所、木村庄之助で再勤。同七年（一八三六）に木村松翁《しょうおう》と名乗った。

九代　五代木村庄太郎。文政七年（一八二四）に九代目を襲名。天保五年（一八三四）一〇月限りで一度引退、木村瀬平となる。

一〇代　天保七年、木村瀬平の再勤。九代庄之助が引退して木村瀬平を名乗ったが、事情があって再びつとめ、一〇代目となったもの。

一一代　六代木村庄太郎。天保一〇年に一一代目を襲名。八代庄之助の実子。

一二代　木村正蔵。弘化二年（一八四五）に一二代目を襲名。八代庄之助の弟子。

一三代　木村多司馬。嘉永六年（一八五三）に一三代目を襲名。明治九年（一八七六）まで長期にわたって庄之助をつとめた名行司。引退後は年寄木村松翁となった。

一四代　一〇代木村庄太郎。明治一〇年に一四代目を襲名。

一五代　四代木村庄三郎。明治一八年に一五代目を襲名、年寄木村松翁を兼務した。名行司だったが現役中に没した。

一六代　初代木村誠道。明治三一年に一六代目を襲名、年寄を兼務した。高砂の改正相撲組に加わって復帰後に式守鬼一郎となった。木村・式守の両方を初めて名乗った行司。

一七代　六代木村庄三郎。一〇代式守伊之助を経て、明治四五年に一七代目を襲名、年寄を兼務した。初めて式守伊之助から木村庄之助になった行司。

一八代　初代木村朝之助。大正一

一年（一九二二）に一八代目を襲名、年寄を兼務。書に優れて顔触《かおぶ》れの相撲字を賞賛された。

一九代　一三代式守伊之助。大正一五年に一九代目を襲名、年寄を兼務した。人望、技術ともに優れた名行司。

二〇代　一五代式守伊之助。昭和七年（一九三二）に二〇代目を襲名、年寄を兼務した。同一〇年に松翁の号を許され、人望、見識に優れた名行司として番付にも木村松翁と記載された。双葉山全盛期の土俵をさばいた。

二一代　一七代式守伊之助。昭和一五年に二一代目を襲名、年寄を兼務した。行司引退後は年寄立田川を継承して、協会理事などをつとめた。

二二代　一八代式守伊之助。昭和二六年に二二代目を襲名、年寄を兼務したこともあった。初の停年退職者となった。一〇四歳の長寿を全うした。

二三代　二代木村正直。昭和三五年に二三代目を襲名。正直時代が長かったため「正直庄之助」と呼ばれた。二三代以降は停年制の実施で庄之助在位が短期間になった。

二四代　二〇代式守伊之助。昭和三八年に二四代目を襲名。烏帽子からはみ出す長髪で「山伏庄之助」と呼ばれ、書をよくした。

二五代　二一代式守伊之助。昭和四一年に二五代目を襲名。堅実なさばきをしたが、同四七年一月場所に微妙な判定があって引退した。

二六代　二二代式守伊之助。昭和四八年に二六代目を襲名。差し違えが少なく、正確なさばきをした。

二七代　二三代式守伊之助。昭和五二年に二七代目を襲名。堅実なさばきをし、停年制になってからの庄之助としては異例の長期にわたり一三年間在位した。平成二年（一九九〇）一一月で停年。

二八代　二五代式守伊之助。平成三年（一九九一）一月に二八代目を襲名。故実に詳しく、土俵態度にも優れ、平成の名行司と言われた。平成五年三月に停年。

二九代　二八代式守伊之助。平成七年一月に二九代目を襲名。行司の職分である事務を円滑にこなし、若手の指導に熱心で、平成一三年三月に停年を迎えた。

三〇代　三一代式守伊之助。平成一三年一一月に三〇代目を襲名。土俵故実に精通し、能筆家で知られ、長く番付書きの責任者として活躍した。平成一五年一月に停年となった。

三一代　三二代式守伊之助。平成一五年五月に三一代目を襲名。軍配裁きには定評があり、事務能力にもたけていた。平成一七年一一月に停年を迎えた。

三二代　三三代式守伊之助。平成一八年一月に三二代目を襲名。土俵態度、軍配裁きともに堅実であったが、一場所限りで停年となってしまった。

三三代　三五代式守伊之助。平成一八年五月に三三代目を襲名。堅実な軍配裁き、事務能力にも秀で、若手行司育成に尽力していた。一九年三月限り停年退職。

三四代　三六代式守伊之助。平成一九年五月に三四代目を襲名。堅実なさばきには定評があった。平成二〇年三月限り停年退職。

三五代　三七代式守伊之助。平成二〇年五月に三五代目を襲名。土俵態度、軍配さばきには堅実なものがあった。平成二三年九月限り、停年退職。

三六代　三八代式守伊之助。平成二三年一一月に三六代目を襲名。軍配さばきと事務能力にたけた人物であった。二五年五月限り停年退職。

三七代　三九代式守伊之助。平成二五年一一月襲名。病魔に勝ち土俵に精進していた。二七年三月限り定年退職。

## 立行司式守伊之助代々

| 代数 | 前名 | | 襲名在位期間 | 備考／[本名・生年・出身地] |
|---|---|---|---|---|
| 初代 | | | 明和四年三月～寛政五年三月 | (のち年寄・鞍馬山) 文政五年一一月二八日没 (数え八四歳)<br>[谷・元文元年・静岡県] |
| 2代 | 初代<br>初代 | 式守見蔵<br>式守与太夫 | 寛政五年一〇月～同一一年一一月<br>(再) 文化一一年四月～文政二年一一月 | のち初代与太夫 |
| 3代 | 初代 | 式守卯之助 | 文政二年三月～同一三年一一月 | 天保三年三月一一日没 (数え五八歳)<br>[穂谷？ 安永四年・埼玉県？] |
| 4代 | 2代 | 式守与太夫 | 天保五年一〇月～同八年正月 | 二代伊之助倅 |
| 5代 | 初代 | 式守勘太夫 | 天保一〇年三月～嘉永三年二月 (死跡)<br>(年寄・伊勢ケ濱兼務？) | 嘉永三年正月一八日没 |
| 6代 | 2代 | 式守鬼一郎 | 嘉永六年一一月～明治一三年五月<br>(年寄・永濱兼務) | 明治一三年九月二日没 (数え六七歳)<br>(同一四年一月の願人は死跡)<br>[式守伊之助・文化一一年・宮城県] |
| 7代 | 3代 | 式守鬼一郎 | 明治一六年一月～同一六年五月<br>(年寄・式守秀五郎兼務) | 明治一六年八月一五日没<br>(同一七年一月の願人は死跡)<br>[大家・不詳・滋賀県] |
| 8代 | 3代 | 式守与太夫 | 明治一七年五月～同三一年一月 (死跡)<br>(年寄・永濱兼務) | 明治三〇年一二月一八日没 (五四歳)<br>(同三一年一月の願人は死跡)<br>[後藤与太夫・天保一四年・岩手県] |
| 9代 | 4代 | 式守与太夫 | 明治三一年五月～同四四年二月 (死跡)<br>(年寄・式守伊之助兼務) | 明治四三年六月二八日没 (五六歳)<br>(同四四年二月の勧進元は死跡)<br>[刀根福造・嘉永七年・栃木県] |
| 10代 | 6代 | 木村庄三郎 | 明治四四年五月～同四五年一月 (同右) | のち一七代庄之助 |
| 11代 | | 木村 進 | 明治四五年五月～大正三年一月<br>(年寄・式守伊之助兼務) | 大正三年三月一五日没 (数え五五歳)<br>[吉岡一之進・万延元年・京都府] |
| 12代 | 2代 | 木村誠道 | 大正四年一月～同一〇年五月<br>(年寄・式守伊之助兼務) | (廃業) 昭和一二年一二月一五日没 (七八歳)<br>[小島勘治郎・安政六年・愛知県] |
| 13代 | 5代 | 式守与太夫 | 大正一一年一月～同一四年五月 (同右) | のち一九代庄之助 |
| 14代 | 3代 | 式守勘太夫 | 大正一五年一月 (死跡) (同右) | 大正一四年一二月二六日没 (数え五六歳)<br>[平木兼次郎・明治三年・東京都] |
| 15代 | 6代 | 式守与太夫 | 大正一五年五月～昭和七年五月 (同右) | のち二〇代庄之助 |

| | | | | |
|---|---|---|---|---|
| 16代 | 7代 | 式守与太夫 | 昭和七年一〇月~同一三年五月（同右） | （のち年寄・立田川）昭和二三年一二月三日没（数え五六歳）［刀根亀吉・明治二五年・山形県］ |
| 17代 | 11代 | 木村玉之助 | 昭和一四年一月~同一五年一月（同右） | のち二一代庄之助 |
| 18代 | 12代 | 木村玉之助 | 昭和一五年五月~同二六年五月 | のち二二代庄之助 |
| 19代 | 8代 | 木村庄三郎 | 昭和二六年九月~同三四年一一月（同右） | （停年退職）昭和四一年一二月一四日没（八〇歳）［高橋金太郎・明治一九年・茨城県］ |
| 20代 | 5代 | 式守鬼一郎 | 昭和三五年一月~同三七年一一月 | のち二四代庄之助 |
| 21代 | 9代 | 木村庄九郎 | 昭和三八年一月~同四一年七月 | のち二五代庄之助 |
| 22代 | 6代 | 式守勘太夫 | 昭和四一年九月~同四七年一一月 | のち二六代庄之助 |
| 23代 | 4代 | 木村玉治郎 | 昭和四九年一月~同五二年九月 | のち二七代庄之助 |
| 24代 | 3代 | 木村正直 | 昭和五二年一一月~同五九年三月 | （停年退職）平成二五年二月一日没（九三歳）［尾崎信雄・大正八年・香川県］ |
| 25代 | 8代 | 式守錦太夫 | 昭和五九年五月~平成二年一一月 | のち二八代庄之助 |
| 26代 | 6代 | 木村庄二郎 | 平成三年一月~同四年九月 | （停年退職）平成六年一月三一日没（六七歳）［茶原宗一・昭和二年・熊本県］ |
| 27代 | 14代 | 木村庄太郎 | 平成四年一一月~同五年七月 | （停年退職）平成一七年一一月二日没（七七歳）［福井栄三・昭和三年・大阪府］ |
| 28代 | 9代 | 式守錦太夫 | 平成六年五月~同六年一一月 | のち二九代庄之助 |
| 29代 | 3代 | 木村善之輔 | 平成七年一月~同一二年七月 | （停年退職）平成一六年二月七日没（六八歳）［池田貢・昭和一〇年・和歌山県］ |
| 30代 | 8代 | 式守勘太夫 | 平成一二年九月~同一二年一一月 | （停年退職）平成二五年四月一四日没（七七歳）［竹田文雄・昭和一一年・鹿児島県］ |
| 31代 | 2代 | 木村容堂 | 平成一三年一月~同一三年九月 | のち三〇代庄之助 |
| 32代 | 9代 | 木村庄三郎 | 平成一三年一一月~同一五年三月 | のち三一代庄之助 |
| 33代 | | 木村咸喬 | 平成一五年五月~同一七年一一月 | のち三二代庄之助 |
| 34代 | | 木村光之助 | 平成一八年一月（同場所のみ） | （停年退職）［棚田好男・昭和一六年・北海道］ |
| 35代 | 3代 | 木村朝之助 | 平成一八年三月（同場所のみ） | のち三三代庄之助 |
| 36代 | 11代 | 式守与太夫 | 平成一八年五月~同一九年三月 | のち三四代庄之助 |
| 37代 | | 木村城之介 | 平成一九年五月~同二〇年三月 | のち三五代庄之助 |
| 38代 | 10代 | 式守勘太夫 | 平成二〇年五月~同二三年九月 | のち三六代庄之助 |
| 39代 | 10代 | 木村庄三郎 | 平成二四年一一月~同二五年九月 | のち三七代庄之助 |
| 40代 | 11代 | 式守錦太夫 | 平成二五年一一月~同三〇年五月 | （退職）［野内五雄・昭和三四年・大阪府］ |
| 41代 | 11代 | 式守勘太夫 | 平成三一年一月~ | ［今岡英樹・昭和三四年・島根県］ |

# 歴代式守伊之助略伝

令和元年（二〇一九）一一月現在、式守伊之助の代数は四一代を数える。

**【歴代の式守伊之助】**

初代　明和四年（一七六七）三月の番付に式守伊之助の名で記載された。寛政五年（一七九三）三月に引退した後、式守蝸牛の隠居号で相撲の技や古法、故実などを解説した『相撲隠雲解』を著した。

二代　式守見蔵から、寛政五年一〇月より伊之助。同八年の柏戸訴訟でいったん番付から消えたが復帰して与太夫を名乗り、文化一一年（一八一四）四月に再び伊之助。

三代　式守卯之助から、文政三年（一八二〇）三月より伊之助。同六年、一三年の上覧相撲をさばいた。

四代　二代式守与太夫から、天保五年（一八三四）一〇月より伊之助。二代伊之助の子。

五代　初代式守勘太夫から、天保一〇年三月より伊之助。在位一二年で現役没。

六代　二代式守鬼一郎から、嘉永六年（一八五三）一一月より伊之助。幕末から明治にかけての動乱期に、二八年間も在位した名行司。年寄永濱を兼務した。

七代　三代式守鬼一郎から、明治一六年（一八八三）一月より伊之助となったが、在位二場所で現役没。年寄式守秀五郎を兼務した。

八代　三代式守与太夫から、明治一七年五月より伊之助。年寄永濱を兼務した。

九代　四代式守与太夫から、明治三一年五月より伊之助。年寄式守伊之助を兼務した。

一〇代　六代木村庄三郎から、明治四四年五月より伊之助。年寄式守伊之助を兼務した。後に一七代木村庄之助を襲名した。

一一代　木村進から、明治四五年五月より伊之助。年寄式守伊之助を兼務した。故実に詳しく、現在の烏帽子《えぼし》・直垂《ひたたれ》の行司装束を発案した。

一二代　二代木村誠道から、大正四年（一九一五）一月より伊之助。年寄式守伊之助を兼務した。後に相撲茶屋「西川家（現在の九番）」を開業するなど経営手腕もあった。

一三代　五代式守与太夫から、大正一一年一月より伊之助。年寄式守伊之助を兼務した。後に一九代木村庄之助を襲名した。

一四代　三代式守勘太夫から襲名して、大正一五年一月より伊之助で土俵に上がることになっていたが、前年末に没した。

一五代　六代式守与太夫から、大正一五年五月より伊之助。年寄式守伊之助を兼務した。後に二〇代木村庄之助を襲名した。

一六代　七代式守与太夫から、昭和七年（一九三二）一〇月より伊之助。年寄式守伊之助を兼務した。行司引退後は年寄立田川を襲名して、協会理事をつとめた。

一七代　一一代木村玉之助から、昭和一四年一月より伊之助。年寄式守伊之助を兼務した。後に二一代木村庄之助を襲名した。

一八代　一二代木村玉之助から、昭和一五年五月より伊之助。年寄式守伊之助を兼務した。後に二二代木村庄之助を襲名した。

一九代　八代木村庄三郎から、昭和二六年九月より伊之助。真っ白なあごひげで「ひげの伊之助」と呼ばれた名行司。年寄式守伊之助を兼務した。在位中に行司の年寄襲名制度の廃止、停年制実施などがあり、停年退職した。

二〇代　五代式守鬼一郎から、昭和三五年一月より伊之助。後に二四代木村庄之助を襲名した。

二一代　九代木村庄九郎から、昭和三八年一月より伊之助。後に二五代木村庄之助を襲名した。

二二代　六代式守勘太夫から、昭和四一年九月より伊之助。後に二六代木村庄之助を襲名した。

二三代　三代木村玉治郎から、昭和四九年一月より伊之助。後に二七代木村庄之助を襲名した。

二四代　三代木村正直から、昭和五二年一一月より伊之助。同五九年三月場所限りで停年退職。

二五代　八代式守錦太夫から、昭和五九年五月より伊之助。後に二八代木村庄之助を襲名した。

二六代　六代木村庄二郎から、平成三年（一九九一）一月より伊之助。同四年九月場所限りで停年退職した。

二七代　一四代木村庄太郎から、平成四年一一月より伊之助。同五年七月場所限りで停年退職。

二八代　九代式守錦太夫から、平成六年五月より伊之助。後に二九代木村庄之助を襲名した。

二九代　三代木村善之輔から、平成七年一月より伊之助。同一二年七月場所限りで停年退職。

三〇代　八代式守勘太夫から、平成一二年九月より伊之助。同一二年十一月場所限りで停年退職した。

三一代　二代木村容堂から、平成一三年一月より伊之助。後に三〇代木村庄之助を襲名した。

三二代　九代木村庄三郎から、平成一三年一一月より伊之助。後に、三一代木村庄之助を襲名した。

三三代　木村咸喬《しげたか》から、平成一五年五月より伊之助。後に、三二代木村庄之助を襲名した。

三四代　木村光《みつ》之助から、平成一八年一月に伊之助を襲名したが同場所限りで停年退職した。

三五代　三代木村朝之助から、平成一八年三月より伊之助。後に三三代木村庄之助を襲名した。

三六代　一一代式守与太夫から、平成一八年五月より伊之助。後に三四代木村庄之助を襲名した。

三七代　木村城之介から、平成一九年五月より伊之助。後に三五代木村庄之助を襲名した。

三八代　一〇代式守勘太夫から、平成二〇年五月より伊之助。後に三六代木村庄之助を襲名した。

三九代　一〇代木村庄三郎から平成二四年一一月三九代目を襲名。後に三七代木村庄之助を襲名。後に三七代木村庄之助を襲名。

四〇代　一一代式守錦太夫が平成二五年一一月に襲名、現在に至る。昭和三〇年代生まれの初の立行司。若々しい土俵姿に定評があったが、一身上の都合で退職した。

四一代　木村和一郎改め式守勘太夫が平成三一年一月に襲名。

# 優勝力士一覧

明治四二年（一九〇九）夏場所より個人優勝制度となった。〈丸数字は通算優勝回数〉

| 年号 | 力士名 | 地位・所属部屋 | 優勝の成績 |
|---|---|---|---|
| **明治** | | | |
| 四二年夏 | 高見山西之助 | 前七・高砂 | 七勝三分 |
| 四三年春 | 常陸山谷右衛門 | 横綱・出羽海 | 七勝二分一休 |
| 夏 | 太刀山峰右衛門 | 大関・友綱 | 九勝一分① |
| 四四年春 | 太刀山峰右衛門 | 大関・友綱 | 八勝一分一預② |
| 夏 | 太刀山峰右衛門 | 横綱・友綱 | 一〇戦全勝③ |
| 四五年春 | 太刀山峰右衛門 | 横綱・友綱 | 八勝一敗一分④ |
| 夏 | 太刀山峰右衛門 | 横綱・友綱 | 一〇戦全勝⑤ |
| **大正** | | | |
| 二年春 | 鳳谷五郎 | 大関・宮城野 | 七勝一分一預一休① |
| 夏 | 太刀山峰右衛門 | 横綱・友綱 | 一〇戦全勝⑥ |
| 三年春 | 太刀山峰右衛門 | 横綱・友綱 | 一〇戦全勝⑦ |
| 夏 | 両国勇治郎 | 前一四・出羽海 | 九勝一休 |
| 四年春 | 鳳谷五郎 | 大関・宮城野 | 一〇戦全勝② |
| 夏 | 太刀山峰右衛門 | 横綱・友綱 | 一〇戦全勝⑧ |
| 五年春 | 西ノ海嘉治郎（二代） | 大関・井筒 | 八勝一分一休 |
| 夏 | 太刀山峰右衛門 | 横綱・友綱 | 九勝一敗⑨ |
| 六年春 | 大錦卯一郎 | 大関・出羽海 | 一〇戦全勝① |
| 夏 | 栃木山守也 | 大関・出羽海 | 九勝一預① |
| 七年春 | 栃木山守也 | 大関・出羽海 | 一〇戦全勝② |
| 夏 | 栃木山守也 | 横綱・出羽海 | 九勝一敗③ |
| 八年春 | 栃木山守也 | 横綱・出羽海 | 九勝一休④ |
| 夏 | 栃木山守也 | 横綱・出羽海 | 一〇戦全勝⑤ |
| 九年春 | 大錦卯一郎 | 横綱・出羽海 | 八勝一敗一分② |
| 夏 | 大錦卯一郎 | 横綱・出羽海 | 九勝一敗③ |
| 一〇年春 | 大錦卯一郎 | 横綱・出羽海 | 一〇戦全勝④ |
| 夏 | 常ノ花寛市 | 大関・出羽海 | 一〇戦全勝① |
| 一一年春 | 鶴ヶ浜増太郎 | 前四・荒磯 | 九勝一敗 |
| 夏 | 大錦卯一郎 | 横綱・出羽海 | 八勝一敗一分⑤ |
| 一二年春 | 栃木山守也 | 横綱・出羽海 | 八勝一敗一分⑥ |
| 夏 | 常ノ花寛市 | 大関・出羽海 | 九勝一分一預② |
| 一三年春 | 栃木山守也 | 横綱・出羽海 | 九勝一分⑦ |
| 夏 | 栃木山守也 | 横綱・出羽海 | 一〇勝一敗⑧ |
| 一四年春 | 栃木山守也 | 横綱・出羽海 | 一〇勝一分⑨ |

| 年号 | 力士名 | 地位・所属部屋 | 優勝の成績 |
|---|---|---|---|
| 夏 | 西ノ海嘉治郎(三代) | 横綱・井筒 | 九勝二敗 |
| 一五年春 | 常ノ花寛市 | 横綱・出羽海 | 一一戦全勝③ |
| 夏 | 大蛇山酉之助 | 前八・錦島 | 一〇勝一敗 |
| **昭和** | | | |
| 二年春 | 宮城山福松 | 横綱・高田川 | 一〇勝一敗① |
| 三月 | 常ノ花寛市 | 横綱・出羽海 | 一〇勝一敗④ |
| 夏 | 常ノ花寛市 | 横綱・出羽海 | 一〇勝一敗⑤ |
| 一〇月 | 常ノ花寛市 | 横綱・出羽海 | 一〇勝一敗⑥ |
| 三年春 | 常陸岩英太郎 | 大関・出羽海 | 一〇勝一敗 |
| 三月 | 能代潟錦作 | 大関・錦島 | 一〇勝一分 |
| 夏 | 常ノ花寛市 | 横綱・出羽海 | 一一戦全勝⑦ |
| 一〇月 | 宮城山福松 | 横綱・高田川 | 九勝二敗② |
| 四年春 | 玉錦三右衛門 | 関脇・二所ノ関 | 一〇勝一敗① |
| 三月 | 豊國福馬 | 大関・井筒 | 九勝二敗① |
| 夏 | 常ノ花寛市 | 横綱・出羽海 | 一〇勝一敗⑧ |
| 九月 | 常ノ花寛市 | 横綱・出羽海 | 八勝三敗⑨ |
| 五年春 | 豊國福馬 | 大関・井筒 | 九勝二敗② |
| 三月 | 常ノ花寛市 | 横綱・出羽海 | 一〇勝一敗⑩ |
| 夏 | 山錦善次郎 | 前五・出羽海 | 一一戦全勝 |
| 一〇月 | 玉錦三右衛門 | 大関・二所ノ関 | 九勝二敗② |
| 六年春 | 玉錦三右衛門 | 大関・二所ノ関 | 九勝二敗③ |
| 三月 | 玉錦三右衛門 | 大関・二所ノ関 | 一〇勝一敗④ |
| 夏 | 武蔵山武 | 小結・出羽海 | 一〇勝一敗 |
| 一〇月 | 綾櫻由太郎 | 前四・出羽海 | 一〇勝一敗 |

| 年号 | 力士名 | 地位・所属部屋 | 優勝の成績 |
|---|---|---|---|
| 七年春 | 清水川元吉 | 関脇・二十山 | 八戦全勝① |
| 三月 | 沖ツ海福雄 | 小結・若藤 | 九勝一敗 |
| 夏 | 玉錦三右衛門 | 大関・粂川 | 一〇勝一敗⑤ |
| 一〇月 | 清水川元吉 | 大関・二十山 | 九勝二敗② |
| 八年春 | 男女ノ川登三 | 別席・高砂 | 一一戦全勝① |
| 夏 | 玉錦三右衛門 | 横綱・粂川 | 一〇勝一敗⑥ |
| 九年春 | 男女ノ川登三 | 関脇・高砂 | 九勝二敗② |
| 夏 | 清水川元吉 | 大関・二十山 | 一一戦全勝③ |
| 一〇年春 | 玉錦三右衛門 | 横綱・二所ノ関 | 一〇勝一敗⑦ |
| 夏 | 玉錦三右衛門 | 横綱・二所ノ関 | 一〇勝一敗⑧ |
| 一一年春 | 玉錦三右衛門 | 横綱・二所ノ関 | 一一戦全勝⑨ |
| 夏 | 双葉山定兵衛 | 関脇・立浪 | 一一戦全勝① |
| 一二年春 | 双葉山定次 | 大関・立浪 | 一一戦全勝② |
| 夏 | 双葉山定次 | 大関・立浪 | 一三戦全勝③ |
| 一三年春 | 双葉山定次 | 横綱・立浪 | 一三戦全勝④ |
| 夏 | 双葉山定次 | 横綱・立浪 | 一三戦全勝⑤ |
| 一四年春 | 出羽湊利吉 | 前一七・出羽海 | 一三戦全勝 |
| 夏 | 双葉山定次 | 横綱・立浪 | 一五戦全勝⑥ |
| 一五年春 | 双葉山定次 | 横綱・立浪 | 一四勝一敗⑦ |
| 夏 | 安藝ノ海節男 | 関脇・出羽海 | 一四勝一敗 |
| 一六年春 | 双葉山定次 | 横綱・立浪 | 一四勝一敗⑧ |
| 夏 | 羽黒山政司 | 大関・立浪 | 一四勝一敗① |
| 一七年春 | 双葉山定次 | 横綱・双葉山 | 一四勝一敗⑨ |
| 夏 | 双葉山定次 | 横綱・双葉山 | 一三勝二敗⑩ |

## ［優勝力士一覧］

| 年号 | 力士名 | 地位・所属部屋 | 優勝の成績 |
|---|---|---|---|
| 一八年春 | 双葉山定次 | 横綱・双葉山 | 一五戦全勝⑪ |
| 夏 | 双葉山定次 | 横綱・双葉山 | 一五戦全勝⑫ |
| 一九年春 | 佐賀ノ花勝巳 | 小結・二所ノ関 | 一三勝二敗 |
| 夏 | 羽黒山政司 | 横綱・立浪 | 一〇戦全勝② |
| 秋 | 前田山英五郎 | 大関・高砂 | 九勝一敗 |
| 二〇年夏 | 備州山大八郎 | 前一・伊勢ヶ浜 | 七戦全勝 |
| 秋 | 羽黒山政司 | 横綱・立浪 | 一〇戦全勝③ |
| 二一年秋 | 羽黒山政司 | 横綱・立浪 | 一三戦全勝④ |
| 二二年夏 | 羽黒山政司 | 横綱・立浪 | 九勝一敗⑤ |
| 秋 | 羽黒山政司 | 横綱・立浪 | 一〇勝一敗⑥ |
| 二三年夏 | 東富士謹一 | 大関・富士ヶ根 | 一〇勝一敗① |
| 秋 | 増位山大志郎 | 関脇・出羽海 | 一〇勝一敗① |
| 二四年春 | 東富士謹一 | 横綱・富士ヶ根 | 一〇勝二敗一分② |
| 夏 | 増位山大志郎 | 大関・出羽海 | 一三勝二敗② |
| 秋 | 千代ノ山雅信 | 大関・出羽海 | 一三勝二敗① |
| 二五年春 | 千代ノ山雅信 | 大関・出羽海 | 一二勝三敗② |
| 夏 | 東富士謹一 | 横綱・高砂 | 一四勝一敗③ |
| 秋 | 照國万蔵 | 横綱・伊勢ヶ浜 | 一三勝二敗① |
| 二六年春 | 照國万蔵 | 横綱・伊勢ヶ浜 | 一五戦全勝② |
| 夏 | 千代ノ山雅信 | 大関・出羽海 | 一四勝一敗③ |
| 秋 | 東富士欽壹 | 横綱・高砂 | 一三勝一敗一分④ |
| 二七年春 | 羽黒山政司 | 横綱・立浪 | 一五戦全勝⑦ |
| 夏 | 東富士欽壹 | 横綱・高砂 | 一三勝二敗⑤ |
| 秋 | 栃錦清隆 | 関脇・春日野 | 一四勝一敗① |

| 年号 | 力士名 | 地位・所属部屋 | 優勝の成績 |
|---|---|---|---|
| 二八年初 | 鏡里喜代治 | 大関・時津風 | 一四勝一敗① |
| 春 | 栃錦清隆 | 大関・春日野 | 一四勝一敗② |
| 夏 | 時津山仁一 | 前六・立浪 | 一五戦全勝 |
| 秋 | 東富士欽壹 | 横綱・高砂 | 一四勝一敗⑥ |
| 二九年初 | 吉葉山潤之輔 | 大関・高島 | 一五戦全勝 |
| 春 | 三根山隆司 | 大関・高島 | 一二勝三敗 |
| 夏 | 栃錦清隆 | 大関・春日野 | 一四勝一敗③ |
| 秋 | 栃錦清隆 | 大関・春日野 | 一四勝一敗④ |
| 三〇年初 | 千代の山雅信 | 横綱・出羽海 | 一二勝三敗④ |
| 春 | 千代の山雅信 | 横綱・出羽海 | 一三勝二敗⑤ |
| 夏 | 栃錦清隆 | 横綱・春日野 | 一四勝一敗⑤ |
| 秋 | 鏡里喜代治 | 横綱・時津風 | 一四勝一敗② |
| 三一年初 | 鏡里喜代治 | 横綱・時津風 | 一四勝一敗③ |
| 春 | 朝汐太郎 | 関脇・高砂 | 一二勝三敗① |
| 夏 | 若ノ花勝治 | 大関・花籠 | 一二勝三敗① |
| 秋 | 鏡里喜代治 | 横綱・時津風 | 一四勝一敗④ |
| 三二年一 | 千代ノ山雅信 | 横綱・出羽海 | 一五戦全勝⑥ |
| 三 | 朝汐太郎 | 関脇・高砂 | 一三勝二敗② |
| 五 | 安念山治 | 小結・立浪 | 一三勝二敗 |
| 九 | 栃錦清隆 | 横綱・春日野 | 一三勝二敗⑥ |
| 一一 | 玉乃海太三郎 | 前一四・二所ノ関 | 一五戦全勝 |
| 三三年一 | 若乃花勝治 | 大関・花籠 | 一三勝二敗② |
| 三 | 朝汐太郎 | 大関・高砂 | 一三勝二敗③ |
| 五 | 栃錦清隆 | 横綱・春日野 | 一四勝一敗⑦ |

| 年号 | 力士名 | 地位・所属部屋 | 優勝の成績 |
|---|---|---|---|
| 七 | 若乃花幹士（初代） | 横綱・花籠 | 一三勝二敗③ |
| 九 | 若乃花幹士 | 横綱・花籠 | 一四勝一敗④ |
| 一一 | 朝汐太郎 | 大関・高砂 | 一四勝一敗④ |
| 三四年一 | 若乃花幹士 | 横綱・花籠 | 一四勝一敗⑤ |
| 三 | 栃錦清隆 | 横綱・春日野 | 一四勝一敗⑧ |
| 五 | 若乃花幹士 | 横綱・花籠 | 一四勝一敗⑥ |
| 七 | 栃錦清隆 | 横綱・春日野 | 一五戦全勝⑨ |
| 九 | 若乃花幹士 | 横綱・花籠 | 一四勝一敗⑦ |
| 一一 | 若羽黒朋明 | 大関・立浪 | 一三勝二敗 |
| 三五年一 | 栃錦清隆 | 横綱・春日野 | 一四勝一敗⑩ |
| 三 | 若乃花幹士 | 横綱・花籠 | 一五戦全勝⑧ |
| 五 | 若三杉彰晃 | 前四・花籠 | 一四勝一敗 |
| 七 | 若乃花幹士 | 横綱・花籠 | 一三勝二敗⑨ |
| 九 | 若乃花幹士 | 横綱・花籠 | 一三勝二敗⑩ |
| 一一 | 大鵬幸喜 | 関脇・二所ノ関 | 一三勝二敗① |
| 三六年一 | 柏戸剛 | 大関・伊勢ノ海 | 一三勝二敗① |
| 三 | 朝潮太郎 | 横綱・高砂 | 一三勝二敗⑤ |
| 五 | 佐田の山晋松 | 前一三・出羽海 | 一二勝三敗① |
| 七 | 大鵬幸喜 | 大関・二所ノ関 | 一三勝二敗② |
| 九 | 大鵬幸喜 | 大関・二所ノ関 | 一二勝三敗③ |
| 一一 | 大鵬幸喜 | 横綱・二所ノ関 | 一三勝二敗④ |
| 三七年一 | 大鵬幸喜 | 横綱・二所ノ関 | 一三勝二敗⑤ |
| 三 | 佐田の山晋松 | 関脇・出羽海 | 一三勝二敗② |
| 五 | 栃ノ海晃嘉 | 関脇・春日野 | 一四勝一敗① |
| 七 | 大鵬幸喜 | 横綱・二所ノ関 | 一四勝一敗⑥ |
| 九 | 大鵬幸喜 | 横綱・二所ノ関 | 一三勝二敗⑦ |
| 一一 | 大鵬幸喜 | 横綱・二所ノ関 | 一三勝二敗⑧ |
| 三八年一 | 大鵬幸喜 | 横綱・二所ノ関 | 一四勝一敗⑨ |
| 三 | 大鵬幸喜 | 横綱・二所ノ関 | 一四勝一敗⑩ |
| 五 | 大鵬幸喜 | 横綱・二所ノ関 | 一五戦全勝⑪ |
| 七 | 北葉山英俊 | 大関・時津風 | 一三勝二敗 |
| 九 | 柏戸健志 | 横綱・伊勢ノ海 | 一五戦全勝② |
| 一一 | 栃ノ海晃嘉 | 大関・春日野 | 一四勝一敗② |
| 三九年一 | 大鵬幸喜 | 横綱・二所ノ関 | 一五戦全勝⑫ |
| 三 | 大鵬幸喜 | 横綱・二所ノ関 | 一五戦全勝⑬ |
| 五 | 栃ノ海晃嘉 | 横綱・春日野 | 一三勝二敗③ |
| 七 | 富士錦猛光 | 前九・高砂 | 一四勝一敗 |
| 九 | 大鵬幸喜 | 横綱・二所ノ関 | 一四勝一敗⑭ |
| 一一 | 大鵬幸喜 | 横綱・二所ノ関 | 一四勝一敗⑮ |
| 四〇年一 | 佐田の山晋松 | 大関・出羽海 | 一三勝二敗③ |
| 三 | 大鵬幸喜 | 横綱・二所ノ関 | 一四勝一敗⑯ |
| 五 | 佐田の山晋松 | 横綱・出羽海 | 一四勝一敗④ |
| 七 | 大鵬幸喜 | 横綱・二所ノ関 | 一三勝二敗⑰ |
| 九 | 柏戸剛 | 横綱・伊勢ノ海 | 一二勝三敗③ |
| 一一 | 大鵬幸喜 | 横綱・二所ノ関 | 一三勝二敗⑱ |
| 四一年一 | 柏戸剛 | 横綱・伊勢ノ海 | 一四勝一敗④ |
| 三 | 大鵬幸喜 | 横綱・二所ノ関 | 一三勝二敗⑲ |
| 五 | 大鵬幸喜 | 横綱・二所ノ関 | 一四勝一敗⑳ |

## 〔優勝力士一覧〕

| 年号 | 力士名 | 地位・所属部屋 | 優勝の成績 |
|---|---|---|---|
| 七 | 大鵬幸喜 | 横綱・二所ノ関 | 一四勝一敗㉑ |
| 九 | 大鵬幸喜 | 横綱・二所ノ関 | 一三勝二敗㉒ |
| 一一 | 大鵬幸喜 | 横綱・二所ノ関 | 一五戦全勝㉓ |
| 四二年一 | 大鵬幸喜 | 横綱・二所ノ関 | 一五戦全勝㉔ |
| 三 | 北の富士勝明 | 大関・九重 | 一四勝一敗① |
| 五 | 大鵬幸喜 | 横綱・二所ノ関 | 一四勝一敗㉕ |
| 七 | 柏戸剛 | 横綱・伊勢ノ海 | 一四勝一敗⑤ |
| 九 | 大鵬幸喜 | 横綱・二所ノ関 | 一五戦全勝㉖ |
| 一一 | 佐田の山晋松 | 横綱・出羽海 | 一二勝三敗⑤ |
| 四三年一 | 佐田の山晋松 | 横綱・出羽海 | 一三勝二敗⑥ |
| 三 | 若浪順 | 前八・立浪 | 一三勝二敗 |
| 五 | 玉乃島正夫 | 大関・片男波 | 一三勝二敗① |
| 七 | 琴櫻傑将 | 大関・佐渡ヶ嶽 | 一三勝二敗① |
| 九 | 大鵬幸喜 | 横綱・二所ノ関 | 一四勝一敗㉗ |
| 一一 | 大鵬幸喜 | 横綱・二所ノ関 | 一五戦全勝㉘ |
| 四四年一 | 大鵬幸喜 | 横綱・二所ノ関 | 一五戦全勝㉙ |
| 三 | 琴櫻傑将 | 大関・佐渡ヶ嶽 | 一三勝二敗② |
| 五 | 大鵬幸喜 | 横綱・二所ノ関 | 一三勝二敗㉚ |
| 七 | 清國勝雄 | 大関・伊勢ヶ浜 | 一二勝三敗 |
| 九 | 玉乃島正夫 | 大関・片男波 | 一三勝二敗② |
| 一一 | 北の富士勝昭 | 大関・九重 | 一三勝二敗② |
| 四五年一 | 北の富士勝昭 | 大関・九重 | 一三勝二敗③ |
| 三 | 大鵬幸喜 | 横綱・二所ノ関 | 一四勝一敗㉛ |
| 五 | 北の富士勝昭 | 横綱・九重 | 一四勝一敗④ |
| 七 | 北の富士勝昭 | 横綱・九重 | 一三勝二敗⑤ |
| 九 | 玉の海正洋 | 横綱・片男波 | 一四勝一敗③ |
| 一一 | 玉の海正洋 | 横綱・片男波 | 一四勝一敗④ |
| 四六年一 | 大鵬幸喜 | 横綱・二所ノ関 | 一四勝一敗㉜ |
| 三 | 玉の海正洋 | 横綱・片男波 | 一四勝一敗⑤ |
| 五 | 北の富士勝晃 | 横綱・九重 | 一五戦全勝⑥ |
| 七 | 玉の海正洋 | 横綱・片男波 | 一五戦全勝⑥ |
| 九 | 北の富士勝晃 | 横綱・九重 | 一五戦全勝⑦ |
| 一一 | 北の富士勝晃 | 横綱・九重 | 一三勝二敗⑧ |
| 四七年一 | 栃東知頼 | 前五・春日野 | 一一勝四敗 |
| 三 | 長谷川勝敏 | 関脇・佐渡ヶ嶽 | 一二勝三敗 |
| 五 | 輪島博 | 関脇・花籠 | 一二勝三敗① |
| 七 | 高見山大五郎 | 前四・高砂 | 一三勝二敗 |
| 九 | 北の富士勝昭 | 横綱・九重 | 一五戦全勝⑨ |
| 一一 | 琴櫻傑将 | 大関・佐渡ヶ嶽 | 一四勝一敗③ |
| 四八年一 | 琴櫻傑将 | 大関・佐渡ヶ嶽 | 一四勝一敗④ |
| 三 | 北の富士勝昭 | 横綱・九重 | 一四勝一敗⑩ |
| 五 | 輪島大士 | 大関・花籠 | 一五戦全勝② |
| 七 | 琴櫻傑将 | 横綱・佐渡ヶ嶽 | 一四勝一敗⑤ |
| 九 | 輪島大士 | 横綱・花籠 | 一五戦全勝③ |
| 一一 | 輪島大士 | 横綱・花籠 | 一二勝二敗一休④ |
| 四九年一 | 北の湖敏満 | 関脇・三保ヶ関 | 一四勝一敗① |
| 三 | 輪島大士 | 横綱・花籠 | 一二勝三敗⑤ |
| 五 | 北の湖敏満 | 大関・三保ヶ関 | 一三勝二敗② |

| 年号 | 力士名 | 地位・所属部屋 | 優勝の成績 |
|---|---|---|---|
| 七 | 輪島大士 | 横綱・花籠 | 一三勝二敗⑥ |
| 九 | 輪島大士 | 横綱・花籠 | 一四勝一敗⑦ |
| 一一 | 魁傑将晃 | 小結・花籠 | 一二勝三敗① |
| 五〇年一 | 北の湖敏満 | 横綱・三保ヶ関 | 一二勝三敗③ |
| 三 | 貴ノ花健士 | 大関・二子山 | 一三勝二敗① |
| 五 | 北の湖敏満 | 横綱・三保ヶ関 | 一三勝二敗④ |
| 七 | 金剛正裕 | 前一・二所ノ関 | 一三勝二敗 |
| 九 | 貴ノ花健士 | 大関・二子山 | 一二勝三敗② |
| 一一 | 三重ノ海五郎 | 関脇・出羽海 | 一三勝二敗① |
| 五一年一 | 北の湖敏満 | 横綱・三保ヶ関 | 一三勝二敗⑤ |
| 三 | 輪島大士 | 横綱・花籠 | 一三勝二敗⑧ |
| 五 | 北の湖敏満 | 横綱・三保ヶ関 | 一三勝二敗⑥ |
| 七 | 輪島大士 | 横綱・花籠 | 一四勝一敗⑨ |
| 九 | 魁傑将晃 | 前四・花籠 | 一四勝一敗② |
| 一一 | 北の湖敏満 | 横綱・三保ヶ関 | 一四勝一敗⑦ |
| 五二年一 | 輪島大士 | 横綱・花籠 | 一三勝二敗⑩ |
| 三 | 北の湖敏満 | 横綱・三保ヶ関 | 一五戦全勝⑧ |
| 五 | 若三杉寿人 | 大関・二子山 | 一三勝二敗① |
| 七 | 輪島大士 | 横綱・花籠 | 一五戦全勝⑪ |
| 九 | 北の湖敏満 | 横綱・三保ヶ関 | 一五戦全勝⑨ |
| 一一 | 輪島大士 | 横綱・花籠 | 一四勝一敗⑫ |
| 五三年一 | 北の湖敏満 | 横綱・三保ヶ関 | 一五戦全勝⑩ |
| 三 | 北の湖敏満 | 横綱・三保ヶ関 | 一三勝二敗⑪ |
| 五 | 北の湖敏満 | 横綱・三保ヶ関 | 一四勝一敗⑫ |

| 年号 | 力士名 | 地位・所属部屋 | 優勝の成績 |
|---|---|---|---|
| 七 | 北の湖敏満 | 横綱・三保ヶ関 | 一五戦全勝⑬ |
| 九 | 北の湖敏満 | 横綱・三保ヶ関 | 一四勝一敗⑭ |
| 一一 | 若乃花幹士(二代) | 横綱・二子山 | 一五戦全勝② |
| 五四年一 | 北の湖敏満 | 横綱・三保ヶ関 | 一四勝一敗⑮ |
| 三 | 北の湖敏満 | 横綱・三保ヶ関 | 一五戦全勝⑯ |
| 五 | 若乃花幹士 | 横綱・二子山 | 一四勝一敗③ |
| 七 | 輪島大士 | 横綱・花籠 | 一四勝一敗⑬ |
| 九 | 北の湖敏満 | 横綱・三保ヶ関 | 一三勝二敗⑰ |
| 一一 | 三重ノ海剛司 | 横綱・出羽海 | 一四勝一敗② |
| 五五年一 | 三重ノ海剛司 | 横綱・出羽海 | 一五戦全勝③ |
| 三 | 北の湖敏満 | 横綱・三保ヶ関 | 一三勝二敗⑱ |
| 五 | 北の湖敏満 | 横綱・三保ヶ関 | 一四勝一敗⑲ |
| 七 | 北の湖敏満 | 横綱・三保ヶ関 | 一五戦全勝⑳ |
| 九 | 若乃花幹士 | 横綱・二子山 | 一四勝一敗④ |
| 一一 | 輪島大士 | 横綱・花籠 | 一四勝一敗⑭ |
| 五六年一 | 千代の富士貢 | 関脇・九重 | 一四勝一敗① |
| 三 | 北の湖敏満 | 横綱・三保ヶ関 | 一三勝二敗㉑ |
| 五 | 北の湖敏満 | 横綱・三保ヶ関 | 一四勝一敗㉒ |
| 七 | 千代の富士貢 | 大関・九重 | 一四勝一敗② |
| 九 | 琴風豪規 | 関脇・佐渡ヶ嶽 | 一二勝三敗① |
| 一一 | 千代の富士貢 | 横綱・九重 | 一二勝三敗③ |
| 五七年一 | 北の湖敏満 | 横綱・三保ヶ関 | 一三勝二敗㉓ |
| 三 | 千代の富士貢 | 横綱・九重 | 一三勝二敗④ |
| 五 | 千代の富士貢 | 横綱・九重 | 一三勝二敗⑤ |

| 年号 | | 力士名 | 地位・所属部屋 | 優勝の成績 |
|---|---|---|---|---|
| | 七 | 千代の富士貢 | 横綱・九重 | 一二勝三敗⑥ |
| | 九 | 隆の里俊英 | 大関・二子山 | 一五戦全勝① |
| | 一一 | 千代の富士貢 | 横綱・九重 | 一四勝一敗⑦ |
| 五八年 | 一 | 琴風豪規 | 大関・佐渡ヶ嶽 | 一四勝一敗② |
| | 三 | 千代の富士貢 | 横綱・九重 | 一五戦全勝⑧ |
| | 五 | 北天佑勝彦 | 関脇・三保ヶ関 | 一四勝一敗① |
| | 七 | 隆の里俊英 | 大関・二子山 | 一四勝一敗② |
| | 九 | 隆の里俊英 | 横綱・二子山 | 一五戦全勝③ |
| | 一一 | 千代の富士貢 | 横綱・九重 | 一四勝一敗⑨ |
| 五九年 | 一 | 隆の里俊英 | 横綱・二子山 | 一三勝二敗④ |
| | 三 | 若嶋津六夫 | 大関・二子山 | 一四勝一敗① |
| | 五 | 北の湖敏満 | 横綱・三保ヶ関 | 一五戦全勝㉔ |
| | 七 | 若嶋津六夫 | 大関・二子山 | 一五戦全勝② |
| | 九 | 多賀竜昇司 | 前一二・鏡山 | 一三勝二敗 |
| | 一一 | 千代の富士貢 | 横綱・九重 | 一四勝一敗⑩ |
| 六〇年 | 一 | 千代の富士貢 | 横綱・九重 | 一五戦全勝⑪ |
| | 三 | 朝潮太郎 | 大関・高砂 | 一三勝二敗 |
| | 五 | 千代の富士貢 | 横綱・九重 | 一四勝一敗⑫ |
| | 七 | 北天佑勝彦 | 大関・三保ヶ関 | 一三勝二敗② |
| | 九 | 千代の富士貢 | 横綱・九重 | 一五戦全勝⑬ |
| | 一一 | 千代の富士貢 | 横綱・九重 | 一四勝一敗⑭ |
| 六一年 | 一 | 千代の富士貢 | 横綱・九重 | 一三勝二敗⑮ |
| | 三 | 保志延芳 | 関脇・九重 | 一三勝二敗① |
| | 五 | 千代の富士貢 | 横綱・九重 | 一三勝二敗⑯ |

| 年号 | | 力士名 | 地位・所属部屋 | 優勝の成績 |
|---|---|---|---|---|
| | 七 | 千代の富士貢 | 横綱・九重 | 一四勝一敗⑰ |
| | 九 | 千代の富士貢 | 横綱・九重 | 一四勝一敗⑱ |
| | 一一 | 千代の富士貢 | 横綱・九重 | 一三勝二敗⑲ |
| 六二年 | 一 | 千代の富士貢 | 横綱・九重 | 一二勝三敗⑳ |
| | 三 | 北勝海信芳 | 大関・九重 | 一二勝三敗② |
| | 五 | 大乃国康 | 大関・放駒 | 一五戦全勝① |
| | 七 | 千代の富士貢 | 横綱・九重 | 一四勝一敗㉑ |
| | 九 | 北勝海信芳 | 横綱・九重 | 一四勝一敗③ |
| | 一一 | 千代の富士貢 | 横綱・九重 | 一五戦全勝㉒ |
| 六三年 | 一 | 旭富士正也 | 大関・大島 | 一四勝一敗① |
| | 三 | 大乃国康 | 横綱・放駒 | 一三勝二敗② |
| | 五 | 千代の富士貢 | 横綱・九重 | 一四勝一敗㉓ |
| | 七 | 千代の富士貢 | 横綱・九重 | 一五戦全勝㉔ |
| | 九 | 千代の富士貢 | 横綱・九重 | 一五戦全勝㉕ |
| | 一一 | 千代の富士貢 | 横綱・九重 | 一四勝一敗㉖ |
| 平成 | | | | |
| 元年 | 一 | 北勝海信芳 | 横綱・九重 | 一四勝一敗④ |
| | 三 | 千代の富士貢 | 横綱・九重 | 一四勝一敗㉗ |
| | 五 | 北勝海信芳 | 横綱・九重 | 一三勝二敗⑤ |
| | 七 | 千代の富士貢 | 横綱・九重 | 一二勝三敗㉘ |
| | 九 | 千代の富士貢 | 横綱・九重 | 一五戦全勝㉙ |
| | 一一 | 小錦八十吉 | 大関・高砂 | 一四勝一敗① |
| 二年 | 一 | 千代の富士貢 | 横綱・九重 | 一四勝一敗㉚ |
| | 三 | 北勝海信芳 | 横綱・九重 | 一三勝二敗⑥ |

| 年号 | 力士名 | 地位・所属部屋 | 優勝の成績 |
| --- | --- | --- | --- |
| 五 | 旭富士正也 | 大関・大島 | 一四勝一敗② |
| 七 | 旭富士正也 | 大関・大島 | 一四勝一敗③ |
| 九 | 北勝海信芳 | 横綱・九重 | 一四勝一敗⑦ |
| 一一 | 千代の富士貢 | 横綱・九重 | 一三勝二敗㉛ |
| 三年一 | 霧島一博 | 大関・井筒 | 一四勝一敗 |
| 三 | 北勝海信芳 | 横綱・九重 | 一三勝二敗⑧ |
| 五 | 旭富士正也 | 横綱・大島 | 一四勝一敗④ |
| 七 | 琴富士孝也 | 前一三・佐渡ヶ嶽 | 一四勝一敗 |
| 九 | 琴錦功宗 | 前五・佐渡ヶ嶽 | 一三勝二敗① |
| 一一 | 小錦八十吉 | 大関・高砂 | 一三勝二敗② |
| 四年一 | 貴花田光司 | 前二・藤島 | 一四勝一敗① |
| 三 | 小錦八十吉 | 大関・高砂 | 一三勝二敗③ |
| 五 | 曙太郎 | 関脇・東関 | 一三勝二敗① |
| 七 | 水戸泉政人 | 前一・高砂 | 一三勝二敗 |
| 九 | 貴花田光司 | 小結・藤島 | 一四勝一敗② |
| 一一 | 曙太郎 | 大関・東関 | 一四勝一敗② |
| 五年一 | 曙太郎 | 大関・東関 | 一三勝二敗③ |
| 三 | 若花田勝 | 小結・二子山 | 一四勝一敗① |
| 五 | 貴ノ花光司 | 大関・二子山 | 一四勝一敗③ |
| 七 | 曙太郎 | 横綱・東関 | 一三勝二敗④ |
| 九 | 曙太郎 | 横綱・東関 | 一四勝一敗⑤ |
| 一一 | 曙太郎 | 横綱・東関 | 一三勝二敗⑥ |
| 六年一 | 貴ノ花光司 | 大関・二子山 | 一四勝一敗④ |
| 三 | 曙太郎 | 横綱・東関 | 一二勝三敗⑦ |

| 年号 | 力士名 | 地位・所属部屋 | 優勝の成績 |
| --- | --- | --- | --- |
| 五 | 貴ノ花光司 | 大関・二子山 | 一四勝一敗⑤ |
| 七 | 武蔵丸光洋 | 大関・武蔵川 | 一五戦全勝① |
| 九 | 貴ノ花光司 | 大関・二子山 | 一五戦全勝⑥ |
| 一一 | 貴乃花光司 | 大関・二子山 | 一五戦全勝⑦ |
| 七年一 | 貴乃花光司 | 横綱・二子山 | 一三勝二敗⑧ |
| 三 | 曙太郎 | 横綱・東関 | 一四勝一敗⑧ |
| 五 | 貴乃花光司 | 横綱・二子山 | 一四勝一敗⑨ |
| 七 | 貴乃花光司 | 横綱・二子山 | 一三勝二敗⑩ |
| 九 | 貴乃花光司 | 横綱・二子山 | 一五戦全勝⑪ |
| 一一 | 若乃花勝 | 大関・二子山 | 一二勝三敗② |
| 八年一 | 貴ノ浪貞博 | 大関・二子山 | 一四勝一敗① |
| 三 | 貴乃花光司 | 横綱・二子山 | 一四勝一敗⑫ |
| 五 | 貴乃花光司 | 横綱・二子山 | 一四勝一敗⑬ |
| 七 | 貴乃花光司 | 横綱・二子山 | 一三勝二敗⑭ |
| 九 | 貴乃花光司 | 横綱・二子山 | 一五戦全勝⑮ |
| 一一 | 武蔵丸光洋 | 大関・武蔵川 | 一一勝四敗② |
| 九年一 | 若乃花勝 | 大関・二子山 | 一四勝一敗③ |
| 三 | 貴乃花光司 | 横綱・二子山 | 一二勝三敗⑯ |
| 五 | 曙太郎 | 横綱・東関 | 一三勝二敗⑨ |
| 七 | 貴乃花光司 | 横綱・二子山 | 一三勝二敗⑰ |
| 九 | 貴乃花光司 | 横綱・二子山 | 一三勝二敗⑱ |
| 一一 | 貴ノ浪貞博 | 大関・二子山 | 一四勝一敗② |
| 一〇年一 | 武蔵丸光洋 | 大関・武蔵川 | 一二勝三敗③ |
| 三 | 若乃花勝 | 大関・二子山 | 一四勝一敗④ |

| 年号 | 力士名 | 地位・所属部屋 | 優勝の成績 |
|---|---|---|---|
| 五 | 若乃花勝 | 大関・二子山 | 一二勝三敗⑤ |
| 七 | 貴乃花光司 | 横綱・二子山 | 一四勝一敗⑲ |
| 九 | 貴乃花光司 | 横綱・二子山 | 一三勝二敗⑳ |
| 一一 | 琴錦功宗 | 前一二・佐渡ヶ嶽 | 一四勝一敗② |
| 一一年一 | 千代大海龍二 | 関脇・九重 | 一三勝二敗① |
| 三 | 武蔵丸光洋 | 大関・武蔵川 | 一三勝二敗④ |
| 五 | 武蔵丸光洋 | 大関・武蔵川 | 一三勝二敗⑤ |
| 七 | 出島武春 | 関脇・武蔵川 | 一三勝二敗 |
| 九 | 武蔵丸光洋 | 横綱・武蔵川 | 一二勝三敗⑥ |
| 一一 | 武蔵丸光洋 | 横綱・武蔵川 | 一二勝三敗⑦ |
| 一二年一 | 武双山正士 | 関脇・武蔵川 | 一三勝二敗 |
| 三 | 貴闘力忠茂 | 前一四・二子山 | 一三勝二敗 |
| 五 | 魁皇博之 | 小結・友綱 | 一四勝一敗① |
| 七 | 曙太郎 | 横綱・東関 | 一三勝二敗⑩ |
| 九 | 武蔵丸光洋 | 横綱・武蔵川 | 一四勝一敗⑧ |
| 一一 | 曙太郎 | 横綱・東関 | 一四勝一敗⑪ |
| 一三年一 | 貴乃花光司 | 横綱・二子山 | 一三勝二敗㉑ |
| 三 | 魁皇博之 | 大関・友綱 | 一三勝二敗② |
| 五 | 貴乃花光司 | 横綱・二子山 | 一三勝二敗㉒ |
| 七 | 魁皇博之 | 大関・友綱 | 一三勝二敗③ |
| 九 | 琴光喜啓司 | 前二・佐渡ヶ嶽 | 一三勝二敗 |
| 一一 | 武蔵丸光洋 | 横綱・武蔵川 | 一三勝二敗⑨ |
| 一四年一 | 栃東大裕 | 大関・玉ノ井 | 一三勝二敗① |
| 三 | 武蔵丸光洋 | 横綱・武蔵川 | 一三勝二敗⑩ |

| 年号 | 力士名 | 地位・所属部屋 | 優勝の成績 |
|---|---|---|---|
| 五 | 武蔵丸光洋 | 横綱・武蔵川 | 一三勝二敗⑪ |
| 七 | 千代大海龍二 | 大関・九重 | 一四勝一敗② |
| 九 | 武蔵丸光洋 | 横綱・武蔵川 | 一三勝二敗⑫ |
| 一一 | 朝青龍明徳 | 大関・高砂 | 一四勝一敗① |
| 一五年一 | 朝青龍明徳 | 大関・高砂 | 一四勝一敗② |
| 三 | 千代大海龍二 | 大関・九重 | 一二勝三敗③ |
| 五 | 朝青龍明徳 | 横綱・高砂 | 一三勝二敗③ |
| 七 | 魁皇博之 | 大関・友綱 | 一二勝三敗④ |
| 九 | 朝青龍明徳 | 大関・高砂 | 一三勝二敗④ |
| 一一 | 栃東大裕 | 大関・玉ノ井 | 一三勝二敗② |
| 一六年一 | 朝青龍明徳 | 横綱・高砂 | 一五戦全勝⑤ |
| 三 | 朝青龍明徳 | 横綱・高砂 | 一五戦全勝⑥ |
| 五 | 朝青龍明徳 | 横綱・高砂 | 一三勝二敗⑦ |
| 七 | 朝青龍明徳 | 横綱・高砂 | 一三勝二敗⑧ |
| 九 | 魁皇博之 | 大関・友綱 | 一三勝二敗⑤ |
| 一一 | 朝青龍明徳 | 横綱・高砂 | 一三勝二敗⑨ |
| 一七年一 | 朝青龍明徳 | 横綱・高砂 | 一五戦全勝⑩ |
| 三 | 朝青龍明徳 | 横綱・高砂 | 一五戦全勝⑪ |
| 五 | 朝青龍明徳 | 横綱・高砂 | 一三勝二敗⑫ |
| 七 | 朝青龍明徳 | 横綱・高砂 | 一三勝二敗⑬ |
| 九 | 朝青龍明徳 | 横綱・高砂 | 一三勝二敗⑭ |
| 一一 | 朝青龍明徳 | 横綱・高砂 | 一四勝一敗⑮ |
| 一八年一 | 栃東大裕 | 大関・玉ノ井 | 一四勝一敗③ |
| 三 | 朝青龍明徳 | 横綱・高砂 | 一三勝二敗⑯ |

| 年号 | 力士名 | 地位・所属部屋 | 優勝の成績 |
|---|---|---|---|
| 五 | 白鵬翔 | 大関・宮城野 | 一四勝一敗① |
| 七 | 朝青龍明徳 | 横綱・高砂 | 一四勝一敗⑰ |
| 九 | 朝青龍明徳 | 横綱・高砂 | 一三勝二敗⑱ |
| 一一 | 朝青龍明徳 | 横綱・高砂 | 一五戦全勝⑲ |
| 一九年一 | 朝青龍明徳 | 横綱・高砂 | 一四勝一敗⑳ |
| 三 | 白鵬翔 | 大関・宮城野 | 一三勝二敗② |
| 五 | 白鵬翔 | 大関・宮城野 | 一五戦全勝③ |
| 七 | 朝青龍明徳 | 横綱・高砂 | 一四勝一敗㉑ |
| 九 | 白鵬翔 | 横綱・宮城野 | 一三勝二敗④ |
| 一一 | 白鵬翔 | 横綱・宮城野 | 一二勝三敗⑤ |
| 二〇年一 | 白鵬翔 | 横綱・宮城野 | 一四勝一敗⑥ |
| 三 | 朝青龍明徳 | 横綱・高砂 | 一三勝二敗㉒ |
| 五 | 琴欧洲勝紀 | 大関・佐渡ヶ嶽 | 一四勝一敗 |
| 七 | 白鵬翔 | 横綱・宮城野 | 一五戦全勝⑦ |
| 九 | 白鵬翔 | 横綱・宮城野 | 一四勝一敗⑧ |
| 一一 | 白鵬翔 | 横綱・宮城野 | 一三勝二敗⑨ |
| 二一年一 | 朝青龍明徳 | 横綱・高砂 | 一四勝一敗㉓ |
| 三 | 白鵬翔 | 横綱・宮城野 | 一五戦全勝⑩ |
| 五 | 日馬富士公平 | 大関・伊勢ヶ濱 | 一四勝一敗 |
| 七 | 白鵬翔 | 横綱・宮城野 | 一四勝一敗⑪ |
| 九 | 朝青龍明徳 | 横綱・高砂 | 一四勝一敗㉔ |
| 一一 | 白鵬翔 | 横綱・宮城野 | 一五勝全勝⑫ |
| 二二年一 | 朝青龍明徳 | 横綱・高砂 | 一三勝二敗㉕ |
| 三 | 白鵬翔 | 横綱・宮城野 | 一五戦全勝⑬ |

| 年号 | 力士名 | 地位・所属部屋 | 優勝の成績 |
|---|---|---|---|
| 五 | 白鵬翔 | 横綱・宮城野 | 一五戦全勝⑭ |
| 七 | 白鵬翔 | 横綱・宮城野 | 一五戦全勝⑮ |
| 九 | 白鵬翔 | 横綱・宮城野 | 一五戦全勝⑯ |
| 一一 | 白鵬翔 | 横綱・宮城野 | 一四勝一敗⑰ |
| 二三年一 | 白鵬翔 | 横綱・宮城野 | 一四勝一敗⑱ |
| 三 | 中止 | | |
| 技量審査場所 五 | 白鵬翔 | 横綱・宮城野 | 一三勝二敗⑲ |
| 七 | 日馬富士公平 | 大関・伊勢ヶ濱 | 一四勝一敗② |
| 九 | 白鵬翔 | 横綱・宮城野 | 一三勝二敗⑳ |
| 一一 | 白鵬翔 | 横綱・宮城野 | 一四勝一敗㉑ |
| 二四年一 | 把瑠都凱斗 | 大関・尾上 | 一四勝一敗 |
| 三 | 白鵬翔 | 横綱・宮城野 | 一三勝二敗㉒ |
| 五 | 旭天鵬勝 | 前七・友綱 | 一二勝三敗 |
| 七 | 日馬富士公平 | 大関・伊勢ヶ濱 | 一五勝全勝③ |
| 九 | 日馬富士公平 | 大関・伊勢ヶ濱 | 一五勝全勝④ |
| 一一 | 白鵬翔 | 横綱・宮城野 | 一四勝一敗㉓ |
| 二五年一 | 日馬富士公平 | 横綱・伊勢ヶ濱 | 一五戦全勝⑤ |
| 三 | 白鵬翔 | 横綱・宮城野 | 一五戦全勝㉔ |
| 五 | 白鵬翔 | 横綱・宮城野 | 一五戦全勝㉕ |
| 七 | 白鵬翔 | 横綱・宮城野 | 一三勝二敗㉖ |
| 九 | 白鵬翔 | 横綱・宮城野 | 一四勝一敗㉗ |
| 一一 | 日馬富士公平 | 横綱・伊勢ヶ濱 | 一四勝一敗⑥ |
| 二六年一 | 白鵬翔 | 横綱・宮城野 | 一四勝一敗㉘ |
| 三 | 鶴竜力三郎 | 大関・井筒 | 一四勝一敗 |

| 年号 | 力士名 | 地位・所属部屋 | 優勝の成績 |
|---|---|---|---|
| 五 | 白鵬翔 | 横綱・宮城野 | 一四勝一敗㉙ |
| 七 | 白鵬翔 | 横綱・宮城野 | 一三勝二敗㉚ |
| 九 | 白鵬翔 | 横綱・宮城野 | 一四勝一敗㉛ |
| 一一 | 白鵬翔 | 横綱・宮城野 | 一四勝一敗㉜ |
| 二七年一 | 白鵬翔 | 横綱・宮城野 | 一五戦全勝㉝ |
| 三 | 白鵬翔 | 横綱・宮城野 | 一四勝一敗㉞ |
| 五 | 照ノ富士春雄 | 関脇・伊勢ヶ濱 | 一二勝三敗① |
| 七 | 白鵬翔 | 横綱・宮城野 | 一四勝一敗㉟ |
| 九 | 鶴竜力三郎 | 横綱・井筒 | 一二勝三敗② |
| 一一 | 日馬富士公平 | 横綱・伊勢ヶ濱 | 一三勝二敗⑦ |
| 二八年一 | 琴奨菊和弘 | 大関・佐渡ヶ嶽 | 一四勝一敗① |
| 三 | 白鵬翔 | 横綱・宮城野 | 一四勝一敗㊱ |
| 五 | 白鵬翔 | 横綱・宮城野 | 一五戦全勝㊲ |
| 七 | 日馬富士公平 | 横綱・伊勢ヶ濱 | 一三勝二敗⑧ |
| 九 | 豪栄道豪太郎 | 大関・境川 | 一五戦全勝① |
| 一一 | 鶴竜力三郎 | 横綱・井筒 | 一四勝一敗③ |
| 二九年一 | 稀勢の里寛 | 大関・田子の浦 | 一四勝一敗① |
| 三 | 稀勢の里寛 | 横綱・田子の浦 | 一三勝二敗② |
| 五 | 白鵬翔 | 横綱・宮城野 | 一五戦全勝㊳ |
| 七 | 白鵬翔 | 横綱・宮城野 | 一四勝一敗㊴ |
| 九 | 日馬富士公平 | 横綱・伊勢ヶ濱 | 一一勝四敗⑨ |
| 一一 | 白鵬翔 | 横綱・宮城野 | 一四勝一敗㊵ |
| 三〇年一 | 栃ノ心剛史 | 前頭三・春日野 | 一四勝一敗① |
| 三 | 鶴竜力三郎 | 横綱・井筒 | 一三勝二敗④ |

| 年号 | 力士名 | 地位・所属部屋 | 優勝の成績 |
|---|---|---|---|
| 五 | 鶴竜力三郎 | 横綱・井筒 | 一四勝一敗⑤ |
| 七 | 御嶽海久司 | 関脇・出羽海 | 一三勝二敗① |
| 九 | 白鵬翔 | 横綱・宮城野 | 一五勝全勝㊶ |
| 一一 | 貴景勝光信 | 小結・千賀ノ浦 | 一三勝二敗① |
| 三一年一 | 玉鷲一朗 | 関脇・片男波 | 一三勝二敗① |
| 三 | 白鵬翔 | 横綱・宮城野 | 一五勝全勝㊷ |
| 令和 | | | |
| 元年五 | 朝乃山英樹 | 前八・高砂 | 一二勝三敗① |
| 七 | 鶴竜力三郎 | 横綱・井筒 | 一四勝一敗⑥ |
| 九 | 御嶽海久司 | 関脇・出羽海 | 一二勝三敗② |
| 一一 | 白鵬翔 | 横綱・宮城野 | 一四勝一勝㊸ |

# 三賞受賞力士一覧

昭和二二年（一九四七）一一月に三賞が制定された。
〈丸数字は通算受賞回数〉

| 年号 | 殊勲賞 | 敢闘賞 | 技能賞 |
|---|---|---|---|
| 昭和 | | | |
| 二二年秋 | （前一一）出羽錦① | （小結）輝昇① | （前二）増位山 |
| 二三年夏 | （前二）力道山 | （前一七）大蛇潟 | （前七）若瀬川① |
| 秋 | （関脇）増位山 | （前一）千代ノ山 | （前一）神風 |
| 二四年春 | （前二）三根山① | （前一五）國登 | （前三）栃錦① |
| 夏 | （関脇）千代ノ山 | （前一七）羽島山 | （前六）五ツ海 |
| 秋 | （前一）鏡里 | （前一）鏡里 | （前七）栃錦② |
| 二五年春 | （前三）吉葉山① | （前一八）若ノ花① | （小結）栃錦③ |
| 夏 | （前一）吉葉山② | （前一四）名寄岩① | （前一四）常ノ山① |
| 秋 | （関脇）吉葉山③ | （前一一）時津山① | （前三）栃錦④ |
| 二六年春 | （関脇）三根山② | （前七）若ノ花② | （前一四）櫻錦 |
| 夏 | （前二）若葉山 | （前一四）大昇 | （小結）栃錦⑤ |
| 秋 | （関脇）三根山③ | （前八）時津山② | （関脇）栃錦⑥ |
| 二七年春 | （関脇）栃錦 | （前八）輝昇② | （関脇）栃錦⑦ |
| 夏 | （関脇）三根山④ | （前一〇）清水川① | （関脇）栃錦⑧ |
| 秋 | （前二）朝潮① | （前三）名寄岩② | （関脇）栃錦⑨ |
| 二八年初 | （関脇）朝潮② | （前九）玉ノ海① | （前一三）常ノ山② |

| 年号 | 殊勲賞 | 敢闘賞 | 技能賞 |
|---|---|---|---|
| 春 | （前二）清水川 | （関脇）三根山① | （前五）鳴門海 |
| 夏 | （関脇）三根山⑤ | （前六）時津山③ | （前九）北ノ洋① |
| 秋 | （前三）國登① | （前六）琴錦 | （前一七）成山① |
| 二九年初 | （関脇）若ノ花① | （前二）松登 | （前六）信夫山① |
| 春 | （前一）國登② | （張前）大天竜 | （前六）若瀬川② |
| 夏 | （関脇）松登① | （前一〇）北ノ洋 | （前一〇）北ノ洋② |
| 秋 | （関脇）若ノ花② | （前五）宮錦 | （前四）信夫山② |
| 三〇年初 | （前一）朝潮③ | （前九）時津山④ | （小結）信夫山③ |
| 春 | （関脇）大内山 | （前一七）若ノ海① | （前五）琴ヶ濱① |
| 夏 | （前一）時津山① | （前一一）若ノ海② | （小結）信夫山④ |
| 秋 | （関脇）松登② | （前八）出羽錦 | （関脇）若ノ花 |
| 三一年初 | （前一）成山 | （前二〇）清水川② | （前一〇）鶴ヶ嶺① |
| 春 | （関脇）朝汐④ | （前一五）若羽黒 | （小結）鶴ヶ嶺② |
| 夏 | （前四）鳴門海 | （前九）大晃 | （小結）琴ヶ濱② |
| 秋 | （小結）玉乃海① | （前一〇）三根山② | （前一）若羽黒① |
| 三二年一 | （前一）信夫山 | （関脇）玉乃海② | （前八）成山② |
| 三 | （関脇）玉乃海② | （前八）琴ヶ濱 | （前一一）北ノ洋③ |

［三賞受賞力士一覧］

| 年号 | 殊勲賞 | 敢闘賞 | 技能賞 |
|---|---|---|---|
| 五 | （小結）安念山① | （前二〇）房錦 | （小結）琴ヶ濱③ |
| 九 | （小結）北ノ洋① | （前一〇）若瀬川 | （関脇）琴ヶ濱④ |
| 一一 | （小結）若羽黒 | （前一四）玉乃海③ | （該当力士なし） |
| 三三年一 | （関脇）琴ヶ濱① | （小結）若前田① | （前一）北ノ洋④ |
| 三 | （関脇）琴ヶ濱② | （小結）若前田② | （関脇）琴ヶ濱⑤ |
| 五 | （前五）鶴ヶ嶺① | （関脇）若前田③ | （小結）信夫山⑤ |
| 七 | （前四）安念山② | （関脇）信夫山 | （前五）成山③ |
| 九 | （前四）時津山② | （前一八）若秩父① | （関脇）信夫山⑥ |
| 一一 | （前一）北の洋② | （前二）安念山 | （前六）若瀬川③ |
| 三四年一 | （関脇）時津山③ | （前四）若秩父② | （小結）若前田 |
| 三 | （前一）北の洋③ | （前一三）柏戸① | （前一三）柏戸① |
| 五 | （前四）潮錦 | （関脇）栃光① | （前一）房錦① |
| 七 | （前四）岩風① | （前一四）冨士錦① | （前三）鶴ヶ嶺③ |
| 九 | （前一）鶴ヶ嶺② | （前三）柏戸② | （関脇）若羽黒② |
| 一一 | （関脇）安念山③ | （前一一）冨士錦② | （前二）若ノ海 |
| 三五年一 | （前三）北の洋④ | （前一三）大鵬① | （小結）柏戸② |
| 三 | （関脇）柏戸① | （関脇）北葉山① | （前一）北の洋⑤ |
| 五 | （前四）若三杉① | （前六）大鵬② | （関脇）柏戸③ |
| 七 | （関脇）柏戸② | （前七）岩風 | （関脇）柏戸④ |
| 九 | （前二）小城ノ花 | （関脇）北葉山② | （関脇）大鵬 |
| 一一 | （前二）房錦① | （前一〇）羽黒花 | （前八）栃ノ海① |
| 三六年一 | （小結）房錦② | （前四）冨士錦③ | （前三）鶴ヶ嶺④ |
| 三 | （前三）栃光① | （前八）前田川① | （小結）房錦② |
| 五 | （関脇）北葉山 | （前一三）佐田の山 | （前五）栃ノ海② |

| 年号 | 殊勲賞 | 敢闘賞 | 技能賞 |
|---|---|---|---|
| 七 | （前二）佐田の山 | （小結）栃光② | （小結）栃ノ海③ |
| 九 | （前三）出羽錦② | （前四）明武谷① | （該当力士なし） |
| 一一 | （前一）開隆山① | （前五）若三杉① | （関脇）栃ノ海④ |
| 三七年一 | （前一）青ノ里 | （前九）豊山① | （関脇）栃ノ海⑤ |
| 三 | （小結）栃光② | （前二）豊國 | （関脇）佐田の山 |
| 五 | （関脇）栃光③ | （関脇）栃ノ海 | （関脇）栃ノ海⑥ |
| 七 | （前一）出羽錦③ | （前一三）廣川 | （前七）鶴ヶ嶺⑤ |
| 九 | （前二）豊山① | （前二）豊山② | （該当力士なし） |
| 一一 | （関脇）豊山② | （関脇）豊山③ | （関脇）小城ノ花 |
| 三八年一 | （関脇）豊山③ | （関脇）豊山④ | （前八）海乃山① |
| 三 | （前一）富士錦① | （前一）海乃山① | （前六）鶴ヶ嶺⑥ |
| 五 | （前五）岩風② | （前一四）逆鉾 | （前一）鶴ヶ嶺⑦ |
| 七 | （前三）富士錦② | （前九）若浪① | （該当力士なし） |
| 九 | （前三）岩風③ | （前九）琴櫻① | （該当力士なし） |
| 一一 | （前一）琴櫻① | （前一二）沢光 | （前六）海乃山② |
| 三九年一 | （関脇）大豪② | （前一〇）北の冨士 | （前一三）清國① |
| 三 | （前二）開隆山② | （前二）若見山 | （前九）鶴ヶ嶺⑧ |
| 五 | （前四）沢光 | （前八）若浪② | （前五）北の冨士① |
| 七 | （前一）明武谷① | （前九）富士錦④ | （前九）富士錦 |
| 九 | （前五）開隆山③ | （前一）明武谷② | （前六）前田川 |
| 一一 | （関脇）明武谷② | （前三）青ノ里 | （前一）北の冨士② |
| 四〇年一 | （関脇）明武谷③ | （前一三）若杉山 | （前一）清國② |
| 三 | （前三）玉乃島① | （前一）大豪② | （小結）清國③ |
| 五 | （小結）玉乃島② | （前九）前田川② | （該当力士なし） |

| 年号 | 殊勲賞 | 敢闘賞 | 技能賞 |
|---|---|---|---|
| 七 | （小結）清國① | （前一二）栃王山 | （該当力士なし） |
| 九 | （前一）琴櫻② | （前五）明武谷③ | （前二）長谷川① |
| 一一 | （小結）明武谷④ | （前六）大豪③ | （前七）鶴ヶ嶺⑨ |
| 四一年一 | （関脇）北の冨士① | （前八）玉乃島① | （前一一）海乃山③ |
| 三 | （関脇）北の冨士② | （前九）高鉄山 | （前二）浅瀬川 |
| 五 | （前五）麒麟児① | （関脇）玉乃島② | （関脇）北の冨士③ |
| 七 | （関脇）玉乃島③ | （前一一）鶴ヶ嶺① | （前一一）鶴ヶ嶺⑩ |
| 九 | （関脇）玉乃島④ | （前一二）禊鳳 | （前四）麒麟児① |
| 一一 | （小結）琴櫻③ | （前一〇）鶴ヶ嶺② | （前四）高鉄山 |
| 四二年一 | （小結）麒麟児② | （前四）明武谷④ | （前四）豊國 |
| 三 | （前四）藤ノ川 | （前一四）陸奥嵐① | （前四）藤ノ川① |
| 五 | （小結）麒麟児③ | （前七）長谷川① | （小結）麒麟児② |
| 七 | （小結）長谷川① | （関脇）琴櫻② | （前六）若浪① |
| 九 | （関脇）琴櫻④ | （前六）海乃山② | （該当力士なし） |
| 一一 | （関脇）海乃山 | （前五）福の花① | （該当力士なし） |
| 四三年一 | （関脇）清國② | （前九）高見山① | （該当力士なし） |
| 三 | （小結）麒麟児④ | （前九）龍虎① | （前八）若浪② |
| 五 | （前二）栃東① | （前五）藤ノ川① | （前二）栃東① |
| 七 | （前四）若二瀬 | （前五）陸奥嵐② | （前五）陸奥嵐 |
| 九 | （前三）栃東② | （前三）高見山② | （前三）栃東② |
| 一一 | （該当力士なし） | （前一一）大竜川① | （前七）二子岳 |
| 四四年一 | （小結）清國③ | （前七）戸田 | （前二）藤ノ川② |
| 三 | （前九）龍虎① | （前九）龍虎② | （小結）藤ノ川③ |
| 五 | （前二）龍虎② | （前一）前の山① | （関脇）清國④ |

| 年号 | 殊勲賞 | 敢闘賞 | 技能賞 |
|---|---|---|---|
| 七 | （関脇）前乃山① | （前五）藤ノ川② | （前五）藤ノ川④ |
| 九 | （前二）栃東③ | （前八）大竜川② | （前二）栃東③ |
| 一一 | （関脇）麒麟児⑤ | （前六）龍虎③ | （小結）栃東④ |
| 四五年一 | （小結）栃東④ | （前五）黒姫山① | （小結）栃東⑤ |
| 三 | （関脇）前乃山② | （前四）陸奥嵐③ | （前四）錦洋 |
| 五 | （関脇）前乃山③ | （前四）福の花② | （前六）大受① |
| 七 | （小結）三重ノ海① | （関脇）前乃山② | （関脇）大麒麟③ |
| 九 | （小結）貴ノ花① | （前一一）龍虎④ | （関脇）大麒麟④ |
| 一一 | （前二）長谷川② | （前四）福の花③ | （該当力士なし） |
| 四六年一 | （該当力士なし） | （前四）陸奥嵐④ | （前五）大受② |
| 三 | （関脇）大受① | （前六）福の花④ | （前五）貴ノ花① |
| 五 | （小結）貴ノ花② | （前一二）輪島① | （関脇）大受③ |
| 七 | （小結）貴ノ花③ | （前七）義ノ花 | （前五）黒姫山 |
| 九 | （関脇）長谷川③ | （前四）三重ノ海 | （関脇）貴ノ花② |
| 一一 | （前二）黒姫山① | （前一）輪島② | （小結）三重ノ海① |
| | | （前六）富士櫻① | |
| 四七年一 | （小結）輪島① | （前三）福の花⑤ | （前五）栃東⑥ |
| 三 | （前七）魁傑① | （関脇）長谷川② | （前七）魁傑 |
| 五 | （関脇）輪島② | （小結）魁傑① | （小結）貴ノ花③ |
| 七 | （前四）高見山① | （関脇）貴ノ花① | （関脇）貴ノ花④ |
| 九 | （関脇）輪島③ | （関脇）貴ノ花② | （前三）旭國① |
| 一一 | （前一）高見山② | （前一四）福の花⑥ | （前四）増位山① |
| 四八年一 | （前三）三重ノ海② | （前一）魁傑② | （前一）大受④ |
| 三 | （小結）大受② | （前五）北の湖 | （小結）三重ノ海② |

[三賞受賞力士一覧]

| 年号 | 殊勲賞 | 敢闘賞 | 技能賞 |
| --- | --- | --- | --- |
| 五 | (関脇)大受③ | (前一三)鷲羽山① | (関脇)大受⑤ |
| 七 | (関脇)大受④ | (関脇)大受 | (関脇)大受⑥ |
| 九 | (前一一)大錦 | (前一一)大錦 | (前一一)大錦 |
| 一一 | (関脇)北の湖① | (前五)黒姫山② | (前二)富士櫻① |
| 四九年一 | (関脇)北の湖② | (小結)魁傑③ | (小結)富士櫻② |
| 三 | (前一)高見山③ | (前二)長谷川③ | (前九)旭國② |
| 五 | (前六)荒瀬 | (前三)豊山① | (前四)増位山② |
| 七 | (関脇)高見山④ | (関脇)高見山③ | (前五)長谷川② |
| 九 | (前一)金剛① | (前三)荒瀬① | (前三)若三杉① |
| 一一 | (小結)魁傑② | (前一〇)福の花⑦ | (小結)若三杉② |
| 五〇年一 | (前六)三重ノ海③ | (前一)麒麟児① | (関脇)若三杉③ |
| 三 | (前一)三重ノ海④ | (前二)荒瀬② | (小結)麒麟児① |
| 五 | (前九)金剛② | (小結)麒麟児② | (前四)旭國③ |
| 七 | (前一)金剛③ | (前五)青葉城 | (小結)旭國④ |
| 九 | (関脇)麒麟児① | (前七)鷲羽山② | (関脇)旭國⑤ |
| 一一 | (関脇)三重ノ海⑤ | (前一一)青葉山① | (関脇)三重ノ海③ |
| 五一年一 | (小結)高見山⑤ | (関脇)旭國 | (前六)鷲羽山① |
| 三 | (前一一)北瀬海① | (小結)鷲羽山③ | (関脇)旭國⑥ |
| 五 | (小結)北瀬海② | (前六)魁傑④ | (関脇)鷲羽山② |
| 七 | (前四)麒麟児② | (前六)若獅子 | (前四)麒麟児② |
| 九 | (関脇)麒麟児③ | (前四)魁傑⑤ | (関脇)若三杉④ |
| 一一 | (関脇)若三杉① | (関脇)魁傑⑥ | (前四)鷲羽山③ |
| 五二年一 | (関脇)若三杉② | (関脇)魁傑⑦ | (該当力士なし) |
| 三 | (該当力士なし) | (前七)金城① | (前一)北瀬海 |

| 年号 | 殊勲賞 | 敢闘賞 | 技能賞 |
| --- | --- | --- | --- |
| 五 | (関脇)黒姫山② | (前一三)栃赤城① | (前四)鷲羽山④ |
| 七 | (該当力士なし) | (該当力士なし) | (前一)鷲羽山⑤ |
| 九 | (小結)高見山⑥ | (前六)豊山② | (関脇)荒勢 |
| 一一 | (前一)琴風① | (前一一)隆ノ里① | (前三)大潮 |
| 五三年一 | (前五)豊山 | (小結)玉ノ富士① | (該当力士なし) |
| | | (前三)蔵間 | |
| 三 | (前四)富士櫻① | (前一一)尾形 | (小結)蔵間① |
| 五 | (前六)琴風② | (前五)千代の富士 | (該当力士なし) |
| 七 | (前二)富士櫻② | (前九)出羽の花① | (該当力士なし) |
| 九 | (該当力士なし) | (前三)播竜山 | (前五)麒麟児③ |
| 一一 | (小結)麒麟児④ | (前一〇)黒姫山③ | (前四)青葉山 |
| 五四年一 | (前三)黒姫山③ | (前六)長岡① | (前四)富士櫻③ |
| | | (前七)金城② | |
| 三 | (前三)黒姫山④ | (前四)栃赤城② | (該当力士なし) |
| 五 | (該当力士なし) | (小結)魁輝 | (該当力士なし) |
| | | (前九)巨砲 | |
| 七 | (関脇)栃赤城① | (前一一)出羽の花② | (該当力士なし) |
| 九 | (前一)玉ノ富士 | (前一四)朝汐② | (小結)増位山③ |
| 一一 | (前一)栃赤城② | (小結)玉ノ富士② | (関脇)増位山④ |
| 五五年一 | (関脇)栃赤城③ | (前一四)琴風① | (関脇)増位山⑤ |
| 三 | (前二)朝汐① | (前一)琴風② | (前三)千代の富士① |
| 五 | (関脇)琴風③ | (前一〇)栃光③ | (該当力士なし) |
| | (小結)朝汐② | (前一三)舛田山 | |
| 七 | (関脇)朝汐③ | (前二)栃赤城③ | (前二)千代の富士② |

| 年号 | 殊勲賞 | 敢闘賞 | 技能賞 |
|---|---|---|---|
| | | （前一二）隆の里② | |
| 九 | （前一）隆の里① | （前一）隆の里③ | （小結）千代の富士③ |
| | | （前一〇）青葉山② | |
| 一一 | （関脇）隆の里② | （前一二）佐田の海① | （関脇）千代の富士④ |
| | （前三）舛田山① | | |
| 五六年一 | （関脇）千代の富士 | （前六）富士櫻② | （関脇）千代の富士⑤ |
| | | （前一二）若島津① | |
| 三 | （前二）栃赤城④ | （前七）高見山④ | （小結）巨砲 |
| 五 | （小結）朝汐④ | （前二）北天佑① | （前一）蔵間② |
| 七 | （関脇）朝汐⑤ | （前七）高見山⑤ | （該当力士なし） |
| 九 | （前二）巨砲① | （前一）大寿山① | （関脇）琴風 |
| 一一 | （小結）朝汐⑥ | （関脇）隆の里④ | （前四）佐田の海 |
| | | （前五）栃赤城④ | |
| 五七年一 | （小結）佐田の海 | （関脇）隆の里⑤ | （前二）若島津① |
| 三 | （関脇）出羽の花 | （前五）麒麟児③ | （関脇）出羽の花① |
| 五 | （小結）朝汐⑦ | （小結）朝汐③ | （関脇）出羽の花② |
| 七 | （関脇）朝汐⑧ | （前二）闘竜 | （前一一）高望山① |
| 九 | （前一）大寿山 | （関脇）若島津② | （関脇）若島津② |
| | | （前五）北天佑② | |
| 一一 | （小結）北天佑① | （前八）大潮 | （関脇）若島津③ |
| 五八年一 | （関脇）朝潮⑨ | （関脇）北天佑③ | （関脇）朝潮 |
| 三 | （関脇）朝潮⑩ | （関脇）北天佑④ | （前一）出羽の花③ |
| 五 | （関脇）北天佑② | （関脇）出羽の花③ | （関脇）北天佑 |
| 七 | （小結）舛田山② | （前一一）飛騨ノ花 | （該当力士なし） |

| 年号 | 殊勲賞 | 敢闘賞 | 技能賞 |
|---|---|---|---|
| 九 | （前四）巨砲② | （前一〇）富士櫻③ | （前一二）栃剣 |
| 一一 | （前三）大ノ国① | （前七）保志① | （前七）高望山② |
| 五九年一 | （関脇）大ノ国② | （小結）保志② | （前六）出羽の花④ |
| 三 | （関脇）大乃国③ | （関脇）大乃国① | （前一〇）逆鉾① |
| 五 | （前三）逆鉾① | （前九）栃司 | （該当力士なし） |
| 七 | （前一）大乃国④ | （前一二）霧島 | （関脇）逆鉾② |
| 九 | （前六）小錦① | （前六）小錦① | （前一二）多賀竜 |
| | | （前一二）多賀竜 | |
| 一一 | （前三）北尾① | （前五）旭富士① | （前一）保志① |
| 六〇年一 | （関脇）保志① | （前九）出羽の花④ | （小結）北尾① |
| | | （前一〇）水戸泉① | |
| 三 | （小結）北尾② | （前一三）佐田の海② | （前一）旭富士① |
| 五 | （関脇）大乃国⑤ | （小結）小錦② | （前六）花乃湖① |
| 七 | （前一）北尾③ | （関脇）大乃国② | （小結）保志② |
| | | | （前一）北尾② |
| 九 | （関脇）北尾④ | （前七）琴ヶ梅① | （前二）旭富士② |
| 一一 | （関脇）北尾⑤ | （前九）小錦③ | （関脇）保志③ |
| 六一年一 | （関脇）旭富士① | （前一）琴ヶ梅② | （関脇）保志④ |
| 三 | （関脇）保志② | （小結）小錦④ | （関脇）保志⑤ |
| | | （前一二）水戸泉② | （小結）小錦 |
| 五 | （小結）旭富士② | （関脇）保志③ | （該当力士なし） |
| 七 | （関脇）保志③ | （前六）水戸泉③ | （小結）琴ヶ梅① |
| 九 | （前四）小錦② | （前八）寺尾① | （小結）逆鉾③ |
| 一一 | （関脇）小錦③ | （前一三）益荒雄① | （前七）霧島① |

| 年号 | | 殊勲賞 | 敢闘賞 | 技能賞 |
|---|---|---|---|---|
| 六二年 | 一 | (関脇)小錦④ | (該当力士なし) | (前四)益荒雄 |
| | 三 | (小結)益荒雄① | (前一三)栃乃和歌① | (前一)花乃湖② |
| | 五 | (小結)益荒雄② | (関脇)小錦⑤ | (関脇)旭富士③ |
| | 七 | (小結)栃乃和歌① | (前一〇)出羽の花⑤ | (関脇)旭富士④ |
| | 九 | (前四)逆鉾② | (関脇)旭富士② | (関脇)旭富士⑤ |
| | 一一 | (関脇)逆鉾③ | (該当力士なし) | (前六)栃司 |
| 六三年 | 一 | (関脇)逆鉾④ | (前七)琴ヶ梅③ | (該当力士なし) |
| | 三 | (該当力士なし) | (前七)麒麟児④ | (該当力士なし) |
| | 五 | (関脇)琴ヶ梅 | (小結)太寿山② | (該当力士なし) |
| | | | (前八)水戸泉④ | |
| | 七 | (関脇)逆鉾⑤ | (前一〇)安芸ノ島① | (該当力士なし) |
| | 九 | (小結)水戸泉 | (前九)花ノ国 | (該当力士なし) |
| | | (前二)安芸ノ島① | (前一二)琴富士① | |
| | 一一 | (該当力士なし) | (該当力士なし) | (前六)霧島② |
| **平成** | | | | |
| 元年 | 一 | (前一)寺尾① | (前一二)旭道山① | (関脇)逆鉾④ |
| | 三 | (前七)板井 | (前一)安芸ノ島② | (前七)板井 |
| | | | (前一四)益荒尾② | |
| | 五 | (前一)霧島① | (前一二)恵那櫻 | (該当力士なし) |
| | 七 | (該当力士なし) | (関脇)琴ヶ梅④ | (前三)寺尾 |
| | | | (前八)太寿山③ | |
| | 九 | (該当力士なし) | (関脇)寺尾② | (関脇)琴ヶ梅② |
| | 一一 | (前三)両国 | (小結)水戸泉⑤ | (小結)霧島③ |
| 二年 | 一 | (小結)霧島② | (前四)栃乃和歌② | (該当力士なし) |
| | 三 | (関脇)霧島③ | (前六)両国 | (関脇)霧島④ |
| | | (前二)安芸ノ島② | (前一四)久島海① | |
| | 五 | (前一)安芸ノ島③ | (前六)琴錦① | (前一)安芸ノ島① |
| | | | (前九)孝乃富士 | |
| | 七 | (前一)琴錦① | (関脇)安芸ノ島③ | (該当力士なし) |
| | | | (前一二)春日富士 | |
| | 九 | (小結)琴錦② | (前一三)貴闘力① | (該当力士なし) |
| | 一一 | (関脇)琴錦③ | (前七)曙① | (関脇)琴錦① |
| | | (前一)安芸ノ島④ | | |
| 三年 | 一 | (前一)曙① | (前一五)巴富士 | (関脇)琴錦② |
| | 三 | (小結)曙② | (前一三)貴花田① | (前一三)貴花田① |
| | | (前一)貴闘力① | | |
| | 五 | (前一)貴花田① | (小結)貴闘力② | (該当力士なし) |
| | | | (前一)安芸ノ島④ | |
| | 七 | (小結)貴花田② | (関脇)貴闘力③ | (小結)貴花田② |
| | | | (前一三)琴富士② | |
| | 九 | (前三)若花田① | (前一)栃乃和歌③ | (前三)若花田① |
| | | | (前五)琴錦② | (前一二)舞の海① |
| | 一一 | (小結)琴錦④ | (前一二)武蔵丸 | (前九)舞の海② |
| 四年 | 一 | (小結)曙③ | (小結)曙② | (前一)若花田② |
| | | (前二)貴花田③ | (前二)貴花田② | (前二)貴花田③ |
| | 三 | (小結)栃乃和歌② | (前二)安芸ノ島⑤ | (小結)栃乃和歌 |
| | | (前二)安芸ノ島⑤ | | |
| | 五 | (関脇)曙④ | (前一)三杉里 | (前七)若花田③ |

| 年号 | 殊勲賞 | 敢闘賞 | 技能賞 |
|---|---|---|---|
| 七 | （前二）旭道山① | （前一）水戸泉⑥ | （小結）武蔵丸① |
| 九 | （小結）貴花田④ | （小結）旭道山② | （該当力士なし） |
| 一一 | （該当力士なし） | （前一四）琴別府 | （小結）琴錦③ |
| 五年一 | （該当力士なし） | （前三）若翔洋① | （前三）若花田④ |
| | | （前一四）大翔山 | |
| 三 | （小結）若花田② | （小結）若翔洋② | （小結）若花田⑤ |
| | （前二）旭道山② | | |
| 五 | （関脇）若ノ花③ | （小結）貴ノ浪① | （前六）貴闘力 |
| 七 | （前一〇）安芸ノ島⑥ | （前一）琴錦③ | （関脇）若ノ花⑥ |
| 九 | （該当力士なし） | （前一三）久島海② | （前一〇）智ノ花① |
| | | | （前一四）舞の海③ |
| 一一 | （関脇）武蔵丸 | （前一六）小城錦 | （前二）智ノ花② |
| 六年一 | （前三）武双山① | （関脇）貴ノ浪② | （関脇）武蔵丸② |
| 三 | （前一）魁皇① | （前二）寺尾③ | （関脇）琴錦④ |
| | | （前一二）貴闘力④ | （前六）小城錦① |
| 五 | （小結）寺尾② | （前一）貴闘力⑤ | （前一二）舞の海④ |
| 七 | （前二）濱ノ嶋 | （小結）貴闘力⑥ | （前四）舞の海⑤ |
| 九 | （関脇）武双山② | （関脇）武双山① | （該当力士なし） |
| | （前五）琴稲妻 | | |
| 一一 | （該当力士なし） | （前一五）浪乃花 | （該当力士なし） |
| 七年一 | （関脇）魁皇② | （小結）安芸乃島⑥ | （該当力士なし） |
| | | （前一一）大翔鳳② | |
| 三 | （前六）寺尾③ | （関脇）安芸乃島⑦ | （該当力士なし） |

| 年号 | 殊勲賞 | 敢闘賞 | 技能賞 |
|---|---|---|---|
| 五 | （前四）武双山③ | （前四）武双山② | （該当力士なし） |
| 七 | （前一）琴錦⑤ | （小結）琴の若① | （関脇）武双山① |
| | （前四）剣晃 | | |
| 九 | （関脇）魁皇③ | （前一）琴稲妻 | （小結）琴錦⑤ |
| | | （前八）土佐ノ海① | |
| 一一 | （前一）土佐ノ海① | （関脇）魁皇① | （前一）土佐ノ海 |
| | | （前五）湊富士 | |
| 八年一 | （関脇）魁皇④ | （前一）貴闘力⑦ | （該当力士なし） |
| | | （前五）剣晃 | |
| | | （前一六）玉春日① | |
| 三 | （前六）旭豊 | （前四）琴の若② | （関脇）武双山② |
| 五 | （関脇）魁皇⑤ | （該当力士なし） | （前六）玉春日 |
| 七 | （関脇）魁皇⑥ | （小結）貴闘力⑧ | （該当力士なし） |
| | （前二）琴の若① | | |
| 九 | （該当力士なし） | （関脇）貴闘力⑨ | （小結）琴錦⑥ |
| | | （前一）旭豊 | |
| 一一 | （前一）土佐ノ海② | （関脇）魁皇② | （該当力士なし） |
| | | （前一五）栃東① | |
| 九年一 | （前一）土佐ノ海③ | （前一一）琴龍 | （前三）旭鷲山 |
| 三 | （前一）魁皇⑦ | （前六）玉春日② | （前一三）出島① |
| | | （前一三）出島① | |
| 五 | （前一）玉春日 | （関脇）土佐ノ海② | （前五）小城錦② |
| | | （前六）栃東② | |
| 七 | （前一）貴闘力② | （前一一）栃乃洋① | （小結）栃東① |

[三賞受賞力士一覧]

| 年号 | 殊勲賞 | 敢闘賞 | 技能賞 |
|---|---|---|---|
| 九 | (前一)出島① | (前二)栃乃洋② | (関脇)栃東② |
| | | | (前一)出島② |
| 一一 | (該当力士なし) | (前六)武双山③ | (該当力士なし) |
| 一〇年一 | (関脇)栃東① | (関脇)武双山④ | (小結)琴錦⑦ |
| 三 | (小結)魁皇⑧ | (前六)土佐ノ海③ | (前一)千代大海① |
| | | (前七)蒼樹山 | |
| 五 | (前二)琴錦⑥ | (前一一)出島② | (小結)安芸乃島② |
| | (前三)小城錦 | (前一五)若の里① | |
| 七 | (前四)出島② | (前九)琴の若③ | (関脇)千代大海② |
| 九 | (前二)琴乃若② | (該当力士なし) | (関脇)千代大海③ |
| 一一 | (前一二)琴錦⑦ | (前九)土佐ノ海④ | (前一)栃東③ |
| | | | (前一二)琴錦⑧ |
| 一一年一 | (関脇)千代大海 | (関脇)千代大海 | (前三)安芸乃島③ |
| | (関脇)武双山④ | (前一四)千代天山① | |
| 三 | (小結)安芸乃島⑦ | (前七)雅山① | (該当力士なし) |
| | | (前九)千代天山② | |
| 五 | (前一)土佐ノ海④ | (関脇)魁皇③ | (前一〇)若の里 |
| | (前三)千代天山 | | |
| 七 | (関脇)出島③ | (関脇)出島③ | (関脇)出島③ |
| | | (小結)土佐ノ海⑤ | |
| 九 | (前一)栃東② | (前三)安芸乃島⑧ | (前三)安芸乃島④ |
| 一一 | (小結)土佐ノ海⑤ | (関脇)魁皇④ | (関脇)栃東④ |
| 一二年一 | (関脇)武双山⑤ | (前一二)隆ノ若 | (関脇)武双山③ |
| | (小結)雅山 | (前一三)旭天鵬 | |
| 三 | (前一四)貴闘力③ | (関脇)雅山② | (関脇)武双山④ |
| | | (前一四)貴闘力⑩ | |
| 五 | (小結)魁皇⑨ | (関脇)雅山③ | (前一二)栃乃花① |
| | | (小結)魁皇⑤ | |
| | | (前一二)栃乃花 | |
| 七 | (関脇)魁皇⑩ | (前一一)高見盛 | (関脇)栃東⑤ |
| | | | (前一三)安美錦 |
| 九 | (該当力士なし) | (前一〇)若の里② | (前二)追風海 |
| | | | (前七)栃乃花② |
| 一一 | (小結)若の里① | (前九)琴光喜 | (前九)琴光喜① |
| | (前九)琴光喜① | | |
| 一三年一 | (関脇)若の里② | (前三)和歌乃山 | (小結)栃乃洋 |
| 三 | (関脇)栃乃洋 | (前一〇)玉乃島① | (前三)琴光喜② |
| | (小結)栃東③ | | |
| 五 | (小結)朝青龍 | (該当力士なし) | (小結)琴光喜③ |
| 七 | (小結)若の里③ | (前七)玉乃島② | (関脇)栃東⑥ |
| | | | (前一三)時津海 |
| 九 | (前二)琴光喜② | (前一)朝青龍① | (前二)琴光喜④ |
| | | | (前四)海鵬 |
| 一一 | (該当力士なし) | (小結)朝青龍② | (関脇)栃東⑦ |
| | | (前一)若の里③ | |
| | | (前一五)武雄山 | |
| 一四年一 | (該当力士なし) | (前八)武雄山② | (関脇)琴光喜⑤ |
| | | | (前一一)時津海② |

| 年号 | 殊勲賞 | 敢闘賞 | 技能賞 |
|---|---|---|---|
| 三 | (関脇) 朝青龍② | (前一二) 隆乃若② | (前六) 安美錦① |
| 五 | (該当力士なし) | (関脇) 朝青龍③<br>(前一四) 北勝力① | (前一〇) 旭鷲山② |
| 七 | (関脇) 朝青龍③<br>(小結) 土佐ノ海⑥ | (前八) 霜鳥① | (前二) 高見盛① |
| 九 | (該当力士なし) | (前七) 琴光喜②<br>(小結) 隆乃若③ | (該当力士なし) |
| 一一 | (該当力士なし) | (前一) 貴ノ浪③<br>(前一一) 岩木山① | (該当力士なし) |
| 一五年一 | (該当力士なし) | (小結) 若の里④<br>(前一三) 春日王① | (該当力士なし) |
| 三 | (該当力士なし) | (前一) 旭天鵬② | (前二) 高見盛② |
| 五 | (前三) 旭鷲山① | (小結) 旭天鵬③ | (前七) 安美錦② |
| 七 | (前三) 高見盛① | (該当力士なし) | (前七) 時津海③ |
| 九 | (関脇) 若の里④ | (前一) 高見盛②<br>(前二) 旭天鵬④ | (前五) 岩木山① |
| 一一 | (前一) 栃乃洋②<br>(前二) 土佐ノ海⑦ | (前三) 玉乃島③ | (該当力士なし) |
| 一六年一 | (該当力士なし) | (前四) 琴光喜③ | (前五) 垣添① |
| 三 | (前一二) 朝赤龍① | (前一三) 琴ノ若④ | (前一二) 朝赤龍① |
| 五 | (前一) 北勝力① | (前一) 北勝力②<br>(前一六) 白鵬① | (前五) 玉乃島① |
| 七 | (該当力士なし) | (前一四) 豊桜① | (該当力士なし) |
| 九 | (前三) 栃乃洋③ | (前九) 琴ノ若⑤ | (該当力士なし) |
| 一一 | (前一) 白鵬① | (前一五) 露鵬①<br>(前一〇) 琴欧州① | (関脇) 若の里② |
| 一七年一 | (該当力士なし) | (該当力士なし) | (小結) 白鵬② |
| 三 | (該当力士なし) | (前七) 玉乃島④ | (前一〇) 海鵬②<br>(前一一) 安馬① |
| 五 | (該当力士なし) | (前九) 旭鷲山①<br>(前一〇) 普天王① | (小結) 琴光喜⑥ |
| 七 | (小結) 琴欧州① | (前六) 黒海① | (前一〇) 普天王① |
| 九 | (該当力士なし) | (関脇) 琴欧州②<br>(前一六) 希勢の里① | (該当力士なし) |
| 一一 | (関脇) 琴欧州② | (関脇) 琴欧州③<br>(前四) 雅山④<br>(前一四) 栃乃花② | (前九) 時天空① |
| 一八年一 | (関脇) 白鵬② | (前一一) 北勝力③ | (前一四) 時津海④ |
| 三 | (関脇) 白鵬③ | (前一三) 旭鷲山② | (関脇) 白鵬②<br>(前二) 安馬② |
| 五 | (関脇) 雅山② | (前二) 朝赤龍①<br>(前一一) 把瑠都① | (関脇) 雅山① |
| 七 | (該当力士なし) | (前一〇) 玉乃島⑤ | (前一二) 玉春日② |
| 九 | (小結) 希勢の里① | (前六) 安馬① | (前三) 安美錦③ |
| 一一 | (該当力士なし) | (前一一) 豊真将① | (前二) 琴奨菊①<br>(前一一) 豊真将① |
| 一九年一 | (該当力士なし) | (前九) 豊ノ島① | (前九) 豊ノ島① |
| 三 | (該当力士なし) | (前一四) 栃煌山① | (前五) 豊真将② |

［三賞受賞力士一覧］

| 年号 | | 殊勲賞 | 敢闘賞 | 技能賞 |
|---|---|---|---|---|
| | 五 | （前四）安美錦① | （前一〇）出島④ | （前八）朝赤龍② |
| | 七 | （小結）安美錦② | （関脇）琴光喜④ | （関脇）琴光喜⑦ |
| | | | （前一四）豊響① | |
| | 九 | （小結）安馬① | （前一二）旭天鵬 | （該当力士なし） |
| | | （前五）豊ノ島① | （前一四）豪栄道① | |
| | 一一 | （前二）安馬② | （前一六）把瑠都② | （小結）琴奨菊② |
| 二〇年 | 一 | （関脇）安馬③ | （前七）豪風① | （前八）鶴竜① |
| | | （前一）稀勢の里② | | |
| | 三 | （関脇）琴奨菊① | （前五）黒海② | （前一二）栃煌山① |
| | | | （前七）把瑠都③ | |
| | 五 | （前四）安美錦③ | （小結）稀勢の里② | （関脇）安馬③ |
| | | | （前五）豊ノ島② | |
| | 七 | （小結）豊ノ島② | （前一三）豊響② | （関脇）安馬④ |
| | 九 | （関脇）安馬④ | （前五）豪栄道② | （該当力士なし） |
| | 一一 | （小結）安美錦④ | （前一二）嘉風① | （関脇）安馬⑤ |
| 二一年 | 一 | （該当力士なし） | （前一六）豊真将② | （前三）豪栄道① |
| | 三 | （該当力士なし） | （前七）豊真将③ | （前一）鶴竜② |
| | 五 | （該当力士なし） | （前四）稀勢の里③ | （小結）鶴竜③ |
| | 七 | （該当力士なし） | （前一〇）翔天狼① | （前五）安美錦④ |
| | 九 | （該当力士なし） | （小結）把瑠都④ | （前三）鶴竜④ |
| | 一一 | （該当力士なし） | （前八）栃ノ心① | （前五）豊ノ島② |
| | | | （前九）雅山⑤ | |
| 二二年 | 一 | （関脇）把瑠都① | （前一六）豊響③ | （前六）安美錦⑤ |
| | 三 | （該当力士なし） | （関脇）把瑠都⑤ | （関脇）把瑠都① |
| | 五 | （該当力士なし） | （前二）栃ノ心② | （該当力士なし） |

| 年号 | | 殊勲賞 | 敢闘賞 | 技能賞 |
|---|---|---|---|---|
| | | | （前一〇）阿覧① | |
| | 七 | （該当力士なし） | （前二）阿覧② | （前六）鶴竜⑤ |
| | | | （前一三）豊真将④ | |
| | 九 | （該当力士なし） | （前一一）嘉風② | （関脇）栃煌山② |
| | | | （前一二）豪風② | |
| | 一一 | （前一）稀勢の里③ | （前九）豊ノ島③ | （前九）豊ノ島③ |
| 二三年 | 一 | （関脇）稀勢の里④ | （前一三）隠岐の海 | （関脇）琴奨菊③ |
| | 三 | 中止 | | |
| | 五 | （該当力士なし） | （前六）栃ノ心③ | （小結）鶴竜⑥ |
| | | | （前一六）魁聖① | （前一）豪栄道② |
| | 七 | （関脇）琴奨菊② | （前九）豊真将⑤ | （該当力士なし） |
| | 九 | （関脇）琴奨菊③ | （前一一）臥牙丸① | （関脇）琴奨菊④ |
| | | （関脇）稀勢の里⑤ | | |
| | 一一 | （該当力士なし） | （前九）若荒雄 | （関脇）稀勢の里 |
| | | | （前一六）碧山 | |
| 二四年 | 一 | （関脇）鶴竜① | （前一〇）臥牙丸② | （前五）妙義龍① |
| | 三 | （関脇）鶴竜② | （前六）豪栄道③ | （関脇）鶴竜⑦ |
| | | | | （前四）豊ノ島④ |
| | 五 | （関脇）豪栄道 | （前四）栃煌山② | （前二）妙義龍② |
| | | | （前七）旭天鵬⑥ | |
| | 七 | （該当力士なし） | （前八）魁聖② | （小結）妙義龍③ |
| | | | （前一三）舛ノ山 | |
| | 九 | （前五）栃煌山 | （該当力士なし） | （関脇）妙義龍④ |
| | 一一 | （該当力士なし） | （前二）松鳳山① | （関脇）豪栄道③ |

| 年号 | 殊勲賞 | 敢闘賞 | 技能賞 |
| --- | --- | --- | --- |
| 二五年一 | (該当力士なし) | (前七)高安① | (該当力士なし) |
| 三 | (該当力士なし) | (前七)隠岐の海② | (該当力士なし) |
| 五 | (該当力士なし) | (該当力士なし) | (前一)妙義龍⑤ |
| 七 | (前一)高安① | (該当力士なし) | (該当力士なし) |
| 九 | (関脇)豪栄道② | (前一)松鳳山② | (該当力士なし) |
| 一一 | (該当力士なし) | (前六)勢① | (前六)千代大龍① |
| 二六年一 | (該当力士なし) | (前一〇)遠藤① | (該当力士なし) |
| 三 | (関脇)豪栄道③ | (前四)嘉風③ | (該当力士なし) |
| 五 | (関脇)豪栄道④ | (前五)勢② | (該当力士なし) |
| 七 | (関脇)豪栄道⑤ | (前一七)佐田の海①<br>(前一一)高安② | (該当力士なし) |
| 九 | (前一〇)逸ノ城① | (前一〇)逸ノ城① | (前六)安美錦⑥ |
| 一一 | (前三)高安② | (前八)栃ノ心④<br>(前一一)旭天鵬⑦ | (該当力士なし) |
| 二七年一 | (該当力士なし) | (前二)照ノ富士① | (該当力士なし) |
| 三 | (関脇)照ノ富士① | (関脇)照ノ富士② | (該当力士なし) |
| 五 | (該当力士なし) | (関脇)照ノ富士③ | (該当力士なし) |
| 七 | (関脇)栃煌山② | (前八)嘉風④ | (該当力士なし) |
| 九 | (前一)嘉風① | (小結)栃ノ心⑤<br>(前一二)勢③ | (前一)嘉風① |
| 一一 | (該当力士なし) | (前四)勢④<br>(前一〇)松鳳山③ | (小結)嘉風② |
| 二八年一 | (前七)豊ノ島③ | (前一二)正代① | (該当力士なし) |
| 三 | (前一)琴勇輝① | (該当力士なし) | (該当力士なし) |
| 五 | (該当力士なし) | (前八)御嶽海① | (前四)栃ノ心① |
| 七 | (前五)嘉風② | (前二)宝富士①<br>(前一〇)貴ノ岩① | (小結)高安① |
| 九 | (前一)隠岐の海① | (関脇)高安③ | (前一四)遠藤① |
| 一一 | (該当力士なし) | (前三)正代②<br>(前一五)石浦① | (小結)玉鷲① |
| 二九年一 | (前一〇)貴ノ岩① | (小結)高安④ | (前一〇)蒼国来①<br>(前一)御嶽海① |
| 三 | (関脇)高安③ | (前一三)貴景勝① | (該当力士なし) |
| 五 | (小結)御嶽海① | (前一四)阿武咲① | (関脇)高安②<br>(小結)嘉風③ |
| 七 | (関脇)御嶽海② | (前八)碧山② | (該当力士なし) |
| 九 | (前五)貴景勝① | (前三)阿武咲② | (関脇)嘉風④ |
| 一一 | (前一)貴景勝② | (前一六)朝乃山①<br>(前一二)隠岐の海③ | (前三)北勝富士① |
| 三〇年一 | (前三)栃ノ心① | (前一三)安美錦②<br>(前一四)阿炎①<br>(前一六)竜電① | (前三)栃ノ心② |
| 三 | (関脇)栃ノ心② | (前六)魁聖③ | (前一)遠藤② |
| 五 | (前二)松鳳山① | (関脇)栃ノ心⑥<br>(前一一)千代の国①<br>(前一五)旭大星① | (関脇)栃ノ心③ |
| 七 | (関脇)御嶽海③ | (前九)豊山①<br>(前一〇)朝乃山② | (関脇)御嶽海② |
| 九 | (該当力士なし) | (該当力士なし) | (該当力士なし) |

[三賞受賞力士一覧]

| 年号 | 殊勲賞 | 敢闘賞 | 技能賞 |
|---|---|---|---|
| 一一 | (小結)貴景勝③ | (小結)貴景勝②<br>(前一三)阿武咲③ | (該当力士なし) |
| 三一年一 | (関脇)玉鷲①<br>(小結)御嶽海④ | (関脇)玉鷲① | (関脇)貴景勝① |
| 三 | (前四)逸ノ城② | (前七)碧山③ | (関脇)貴景勝② |
| 令和 | | | |
| 元年五 | (前八)朝乃山① | (前四)阿炎②<br>(前八)朝乃山③<br>(前一二)志摩ノ海① | (前五)竜電① |
| 七 | (前七)友風① | (前一六)照強① | (前二)遠藤③<br>(前一四)炎鵬① |
| 九 | (関脇)御嶽海⑤<br>(前二)朝乃山② | (前八)隠岐の海④<br>(前一四)剣翔① | (該当力士なし) |
| 一一 | (前一)大栄翔① | (前一〇)正代③ | (小結)朝乃山① |

# 歴代力士十傑記録表

令和元年（二〇一九）七月場所終了現在

現在相撲協会では、

「通算出場記録」「通算勝ち星数記録」「幕内在位場所数記録」

「幕内出場回数記録」「幕内勝ち星数記録」「通算連続出場記録」

「幕内連続出場記録」「三賞受賞回数記録」「金星獲得回数記録」

の九種について公式記録を残している。

昭和三三年（一九五八）より六場所制になって以降の、各記録上位一〇位までの力士は次のとおりである。

**【通算出場記録】** 不戦敗は休みとする

| | | |
|---|---|---|
| 1 | 大潮 | 1,891回 |
| 2 | 旭天鵬 | 1,871 |
| 3 | 安美錦 | 1805 |
| 4 | 寺尾 | 1,795 |
| 5 | 魁皇 | 1,731 |
| 6 | 若の里 | 1,691 |
| 7 | 高見山 | 1,654 |
| 8 | 青葉城 | 1,630 |
| 9 | 富士櫻 | 1,613 |
| 10 | 安芸乃島 | 1,575 |

**【通算勝ち星数記録】**

| | | |
|---|---|---|
| 1 | 白鵬（現） | 1,132勝 |
| 2 | 魁皇 | 1,047 |
| 3 | 千代の富士 | 1,045 |
| 4 | 大潮 | 964 |
| 5 | 北の湖 | 951 |
| 6 | 旭天鵬 | 927 |
| 7 | 若の里 | 914 |
| 8 | 安美錦 | 907 |
| 9 | 大鵬 | 872 |
| 10 | 寺尾 | 860 |

**【幕内在位場所数記録】**

| | | |
|---|---|---|
| 1 | 魁皇 | 107場所 |
| 2 | 旭天鵬 | 99 |
| 3 | 高見山 | 97 |
| 4 | 安美錦 | 97 |
| 5 | 寺尾 | 93 |
| 6 | 安芸乃島 | 91 |
| | 白鵬（現） | 91 |
| 8 | 琴ノ若 | 90 |
| 9 | 若の里 | 87 |
| 10 | 豪風 | 86 |
| | 琴奨菊（現） | 86 |

**【幕内勝ち星数記録】**

| | | |
|---|---|---|
| 1 | 白鵬（現） | 1,038勝 |
| 2 | 魁皇 | 879 |
| 3 | 千代の富士 | 807 |
| 4 | 北の湖 | 804 |
| 5 | 大鵬 | 746 |
| 6 | 稀勢の里 | 714 |
| 7 | 日馬富士 | 712 |
| 8 | 武蔵丸 | 706 |
| 9 | 貴乃花 | 701 |
| 10 | 旭天鵬 | 697 |

**【幕内出場回数記録】** 不戦敗は休みとする

| | | |
|---|---|---|
| 1 | 旭天鵬 | 1,470回 |
| 2 | 魁皇 | 1,444 |
| 3 | 高見山 | 1,430 |
| 4 | 安美錦 | 1,399 |
| 5 | 寺尾 | 1,378 |
| 6 | 安芸乃島 | 1,283 |
| 7 | 琴ノ若 | 1,260 |
| 8 | 豪風 | 1,257 |
| 9 | 琴奨菊（現） | 1,246 |
| 10 | 麒麟児 | 1,221 |

**【通算連続出場記録】** 初土俵以来無休

| | | | |
|---|---|---|---|
| 1 | 青葉城 | 1,630回 | 昭和39年5月～61年7月，11日目 |
| 2 | 富士櫻 | 1,543 | 昭和38年5月～59年1月，3日目 |
| 3 | 貴闘力 | 1,456 | 昭和58年5月～平成14年9月，12日目 |
| 4 | 高見山 | 1,425 | 昭和39年5月～56年9月，初日 |
| 5 | 大竜川 | 1,367 | 昭和36年3月～54年5月，4日目 |
| 6 | 寺尾 | 1,359 | 昭和54年7月～平成9年3月，13日目 |
| 7 | 豊ノ海 | 1,316 | 昭和56年5月～平成11年3月，千秋楽 |
| 8 | 飛騨乃花 | 1,297 | 昭和44年5月～平成元年1月，千秋楽 |
| 9 | 蜂矢 | 1,263 | 昭和43年11月～62年7月，千秋楽 |
| 10 | 白田山 | 1,202 | 昭和34年9月～52年5月，千秋楽 |

**【幕内連続出場記録】**

| | | | |
|---|---|---|---|
| 1 | 高見山 | 1,231回 | 昭和43年1月～56年9月，初日 |
| 2 | 巨砲 | 1,170 | 昭和54年3月～平成4年1月，千秋楽 |
| 3 | 黒姫山 | 1,065 | 昭和44年11月～56年7月，千秋楽 |
| 4 | 寺尾 | 1,063 | 昭和60年7月～平成9年3月，13日目 |
| 5 | 長谷川 | 1,024 | 昭和40年1月～51年5月，4日目 |
| 6 | 貴闘力 | 975 | 平成2年9月～13年5月，千秋楽 |
| 7 | 大晃 | 945 | 昭和25年9月～38年9月，千秋楽 |
| 8 | 青ノ里 | 885 | 昭和34年1月～43年9月，千秋楽 |
| | 金城 | 885 | 昭和49年9月～59年5月，千秋楽 |
| 10 | 北の湖 | 863 | 昭和47年5月～56年11月，8日目 |

## 【三賞受賞回数記録】

| | | | 殊勲 | 敢闘 | 技能 |
|---|---|---|---|---|---|
| 1 | 安芸乃島 | 19回 | 7 | 8 | 4回 |
| 2 | 琴錦 | 18 | 7 | 3 | 8 |
| 3 | 魁皇 | 15 | 10 | 5 | |
| 4 | 鶴ヶ嶺 | 14 | 2 | 2 | 10 |
| | 朝潮 | 14 | 10 | 3 | 1 |
| | 貴闘力 | 14 | 3 | 10 | 1 |
| 7 | 武双山 | 13 | 5 | 4 | 4 |
| | 土佐ノ海 | 13 | 7 | 5 | 1 |
| | 琴光喜 | 13 | 2 | 4 | 7 |
| 10 | 栃東（大） | 12 | 3 | 2 | 7 |
| | 安美錦 | 12 | 4 | 2 | 6 |

## 【金星獲得回数記録】

| | | |
|---|---|---|
| 1 | 安芸乃島 | 16個 |
| 2 | 高見山 | 12 |
| | 栃乃洋 | 12 |
| 4 | 土佐ノ海 | 11 |
| 5 | 北の洋 | 10 |
| | 安念山 | 10 |
| | 鶴ヶ嶺 | 10 |
| | 出羽錦 | 10 |
| | 巨砲 | 10 |
| 10 | 三根山 | 9 |
| | 玉乃海 | 9 |
| | 長谷川 | 9 |
| | 富士櫻 | 9 |
| | 貴闘力 | 9 |

## 【連勝記録】（公式記録ではない）

昭和三年（一九二八）三月より休場力士は不戦敗となった。そのため、それ以前の休場を含めての連勝記録と、それ以降の休場を挟まない連勝記録とでは一律に比較はできない。年間二場所の時代からの歴代五〇連勝以上の記録は次のとおりである。

六九連勝　第三五代横綱・双葉山　昭和一一年（一九三六）一月場所〈前頭三枚目〉七日目から同一四年一月場所〈横綱〉三日目まで。
六三連勝　第六九代横綱・白鵬　平成二二年（二〇一〇）一月場所〈横綱〉一四日目から同二二年一一月場所〈横綱〉初日まで。
六三連勝　第四代横綱・谷風　安永七年（一七七八）三月場所〈小結〉八日目から天明二年（一七八二）二月場所〈大関〉七日目まで。
五八連勝　第一五代横綱・梅ヶ谷　明治九年（一八七六）一月場所〈前頭四枚目〉八日目から同一四年一月場所〈大関〉八日目まで。
五六連勝　第二二代横綱・太刀山　明治四五年一月場所〈横綱〉九日目から大正五年（一九一六）五月場所〈横綱〉七日目まで。
五三連勝　第五八代横綱・千代の富士　昭和六三年五月場所〈横綱〉七日目から同六三年十一月場所〈横綱〉一四日目まで。

# 相撲部屋一覧（令和元年十二月一日現在）

（五十音順）

日本相撲協会……〒１３０－００１５ 東京都墨田区横網一―三―二八

浅香山部屋（あさかやま・べや）……〒１３０－００２１ 東京都墨田区緑四―二一―一

朝日山部屋（あさひやま・べや）……〒２７３－０１２８ 千葉県鎌ヶ谷市くぬぎ山二―一―五

東関部屋（あずまぜき・べや）……〒１２５－００５２ 東京都葛飾区柴又二―一〇―一三

荒汐部屋（あらしお・べや）……〒１３０－０００７ 東京都中央区日本橋浜町二―四七―二

伊勢ヶ濱部屋（いせがはま・べや）……〒１３５－０００１ 東京都江東区毛利一―七―四

伊勢ノ海部屋（いせのうみ・べや）……〒１１２－００１１ 東京都文京区千石一―二二―二

入間川部屋（いるまがわ・べや）……〒３３８－０００６ 埼玉県さいたま市中央区八王子三―三二―一二

追手風部屋（おいてかぜ・べや）……〒３４０－００２２ 埼玉県草加市瀬崎五―三二―一二

阿武松部屋（おうのまつ・べや）……〒２７５－００１４ 千葉県習志野市鷺沼五―一五―一四

大嶽部屋（おおたけ・べや）……〒１３５－００２４ 東京都江東区清澄二―八―三

尾車部屋（おぐるま・べや）……〒１３５－００２４ 東京都江東区清澄二―一五―五

尾上部屋（おのえ・べや）……〒１４６－００８２ 東京都大田区池上八―八―八

鏡山部屋（かがみやま・べや）……〒１２４－００２４ 東京都葛飾区新小岩三―二八―二一

春日野部屋（かすがの・べや）……〒１３０－００２６ 東京都墨田区両国一―七―一一

片男波部屋（かたおなみ・べや）……〒１３０－００１１ 東京都墨田区石原一―三三―九

木瀬部屋（きせ・べや）……〒１３０－００２３ 東京都墨田区立川一―一六―八

九重部屋（ここのえ・べや）……〒１３０－００１１ 東京都墨田区石原四―二二―四

境川部屋（さかいがわ・べや）……〒１２１－０８３１ 東京都足立区舎人四―三―一六

佐渡ヶ嶽部屋（さどがたけ・べや）……〒２７０－２２１５ 千葉県松戸市串崎南町三九

式秀部屋（しきひで・べや）……〒３０１－００３２ 茨城県龍ヶ崎市佐貫四―一七―一七

| | | |
|---|---|---|
| 錣山部屋（しころやま・べや） | 〒135―0024 | 東京都江東区清澄三―六―二 |
| 芝田山部屋（しばたやま・べや） | 〒168―0072 | 東京都杉並区高井戸東二―二六―九 |
| 高砂部屋（たかさご・べや） | 〒130―0004 | 東京都墨田区本所三―五―四 |
| 高田川部屋（たかだがわ・べや） | 〒135―0024 | 東京都江東区清澄二―一五―七 |
| 田子ノ浦部屋（たごのうら・べや） | 〒133―0052 | 東京都江戸川区東小岩四―九―二〇 |
| 立浪部屋（たつなみ・べや） | 〒300―2358 | 茨城県つくばみらい市陽光台四―三―四 |
| 玉ノ井部屋（たまのい・べや） | 〒123―0841 | 東京都足立区西新井四―一―一 |
| 千賀ノ浦部屋（ちがのうら・べや） | 〒111―0023 | 東京都台東区橋場一―一六―五 |
| 出羽海部屋（でわのうみ・べや） | 〒130―0026 | 東京都墨田区両国二―三―一五 |
| 時津風部屋（ときつかぜ・べや） | 〒130―0026 | 東京都墨田区両国三―一五―四 |
| 友綱部屋（ともづな・べや） | 〒130―0002 | 東京都墨田区業平三―一―九 |
| 中川部屋（なかがわ・べや） | 〒212―0055 | 神奈川県川崎市幸区南加瀬五―七―二 |
| 鳴戸部屋（なると・べや） | 〒130―0033 | 東京都墨田区向島一―二二―一六 |
| 西岩部屋（にしいわ・べや） | 〒111―0042 | 東京都台東区寿四―四―九 |
| 錦戸部屋（にしきど・べや） | 〒130―0014 | 東京都墨田区亀沢一―一六―七 |
| 二所ノ関部屋（にしょのせき・べや） | 〒273―0037 | 千葉県船橋市古作四―一三―一 |
| 八角部屋（はっかく・べや） | 〒130―0014 | 東京都墨田区亀沢一―一六―一 |
| 藤島部屋（ふじしま・べや） | 〒116―0014 | 東京都荒川区東日暮里四―二七―一 |
| 二子山部屋（ふたごやま・べや） | 〒359―0007 | 埼玉県所沢市北岩岡三六六 |
| 陸奥部屋（みちのく・べや） | 〒130―0026 | 東京都墨田区両国一―一八―七 |
| 湊部屋（みなと・べや） | 〒333―0847 | 埼玉県川口市芝中田二―二〇―一〇 |
| 峰崎部屋（みねざき・べや） | 〒179―0073 | 東京都練馬区田柄二―二〇―三 |
| 宮城野部屋（みやぎの・べや） | 〒131―0041 | 東京都墨田区八広二―一六―一〇 |
| 武蔵川部屋（むさしがわ・べや） | 〒132―0021 | 東京都江戸川区中央四―一―一〇 |
| 山響部屋（やまひびき・べや） | 〒136―0074 | 東京都江東区東砂六―六―三 |

# 各地の主な相撲関係の記念館・資料館

**【北の湖記念館】**

〈設立・運営〉北海道壮瞥町

〈所在地〉北海道有珠郡壮瞥町字滝之町二九四の二　電話（〇一四二）六六―二一〇一

〈展示内容〉第五五代横綱・北の湖の二四枚の優勝額、等身大の横綱土俵入り像などの他、大相撲の歴史や国技館の変遷などの史料。建物は国技館を模して造られている。

〈休館日〉夏期無休。冬期一二月～三月のみ月曜日休館　正月期間休館

〈開館時間〉午前九時～午後五時

〈入場料〉小・中学生一〇〇円、大人二五〇円

**【川湯相撲記念館】**

通称「大鵬記念館」

〈設立・運営〉北海道弟子屈町

〈所在地〉北海道川上郡弟子屈町川湯温泉二丁目一の二〇　電話（〇一五）四八三―二九二四

〈展示内容〉第四八代横綱・大鵬の三二枚の優勝額、使用した横綱、大関時代の化粧廻し。映写室で「大鵬・栄光の記録」を鑑賞できる。その他、「歴代横綱一覧写真展示、行司・呼出の装束など。

〈休館日〉年中無休

〈開館時間〉一〇月～五月、午前九時～午後五時。六月～九月、午前九時～午後九時

ゴールデン・ウィーク午前八時から午後六時

〈入場料〉小・中学生一九〇円、大人四〇〇円

**【横綱千代の山・千代の富士記念館】**

〈設立・運営〉北海道福島町

〈所在地〉北海道松前郡福島町字福島一九〇　電話（〇一三九）四七―四五二七

〈展示内容〉第四一代横綱・千代の山と第五八代横綱・千代の富士に関連する展示。九重部屋の稽古土俵と稽古を見る上がり座敷を実物大で再現、マルチスクリーンで両横綱の映像記録や稽古風景が見られる。コンピューターで相撲情報が収集できる大相撲グラフィティがある。

〈休館日〉一二月一六日～三月一六日

〈開館時間〉午前九時～午後五時

〈入場料〉小・中・高校生二五〇円、大人五〇〇円

**【花田勝治展示コーナー　青森県立武道館内】**

〈設立・運営〉武道館は青森県、展示コーナーは弘前市

〈所在地〉青森県弘前市大字豊田二の三

〈展示内容〉第四五代横綱・若乃花（初代）の資料を常設展示。内容は横綱推挙状、優勝額、化粧廻し、梅原龍三郎作の化粧廻し原画、太刀拵えなど。

〈休館日〉毎週火曜日・年末年始（一二月二九日～一月三日）

〈開館時間〉午前九時～午後五時

〈入場料〉無料

**【稲敷市歴史民俗資料館】**
〈設立・運営〉茨城県稲敷市
〈所在地〉茨城県稲敷市東町八千石一八の一　電話（〇二九九）七九-三二一一
〈展示内容〉第七代横綱・稲妻の資料を常設展示。
〈休館日〉毎週月曜日・国民の祝日
〈開館時間〉午前九時～午後五時
〈入場料〉無料

**【中之口村先人館】**
〈設立・運営〉新潟県新潟市
〈所在地〉新潟県新潟市西蒲区中之口三六三　電話（〇二五）三七五-一一一二
〈展示内容〉第三六代横綱・羽黒山の等身大ろう人形と横綱免許状など資料を常設展示。屋外には土俵と櫓が設置され、ちびっこ相撲大会などを随時行う。
〈休館日〉毎週月曜日（祝日の場合はその翌日）・年末年始（一二月二八日～一月五日）
〈開館時間〉午前九時～午後四時三〇分
〈入場料〉中学生以下無料、高校生一〇〇円、大人二〇〇円

**【當麻町相撲館　けはや座】**
〈設立・運営〉奈良県葛城市
〈所在地〉奈良県葛城市當麻八三の一　電話（〇七四五）四八-四六一一
〈展示内容〉本場所と同サイズ、同じ形の土俵。この土俵を使用してちびっこ相撲教室などが開かれる。周囲には桟敷の観覧席を設け、大スクリーンの映像で相撲観戦の気分が味わえる。当麻蹶速にちなむ町でもあり、相撲の歴史や郷土力士関連の展示を工夫している。
〈休館日〉毎週火・水曜日・国民の祝日
〈開館時間〉午前八時三〇分～午後五時
〈入場料〉小人一五〇円、大人三〇〇円

**【荒熊稲荷・三日相撲放駒部屋相撲資料館】**
〈設立・運営〉三日相撲放駒部屋後援会
〈所在地〉山口県下関市長府宮の内町一の一八
〈展示内容〉相撲資料館は「三日相撲」の奉納相撲が行われる忌宮神社境内にあり、元大関・魁傑（元年寄放駒）の化粧廻し、優勝額、賜盃レプリカなどを常設展示。
〈休館日〉毎週月曜日（祝日の場合は開館）・年末年始（一二月二八日～一月四日）
〈開館時間〉午前九時～午後四時
（入館は三時三〇分まで）
〈入場料〉無料

**【雲龍の館】**
〈設立・運営〉福岡県柳川市
〈所在地〉福岡県柳川市大和町鷹ノ尾一五一の二　電話（〇九四四）七六-一一二二
〈展示内容〉第一〇代横綱・雲龍の資料を常設展示。土俵入り錦絵、幕末期の番付、化粧廻し、土俵の断面模型など。屋外には多目的施設として「相撲ドーム」がある。
〈休館日〉毎月最終木曜日（祝日の場合は開館）
一二月二八日～一月四日
〈開館時間〉午前九時～午後六時
〈入場料〉小・中学生五〇円、高校生以上一〇〇円。町内居住者は無料

**【双葉の里　双葉山資料館】**
〈設立・運営〉大分県宇佐市
〈所在地〉大分県宇佐市下庄二六九　電話（〇九七八）三三-五二五五
〈展示内容〉第三五代横綱・双葉山の化粧廻し、手形、直筆の書などを常設展示。三ヵ月ごとに展示内容が替わる。
〈休館日〉第三月曜日（祝日の場合は翌日）・年末年始（一二月二九日～一月三日）
〈開館時間〉午前九時～午後五時
〈入場料〉無料

# 各地の主な神事相撲

五穀豊穣などを祈願して奉納される神事相撲は、日本各地にさまざまな形態で伝えられ、主に神社の境内や神前で地元の人々により祭礼として行われている。

［岩手県］

**▼十二番角力式**（泣き相撲）

九月一九日

成島三熊野神社／花巻市東和町北成島

成島地区を南北に分け、それぞれ氏子の長男で数え年二歳の赤児を六人選ぶ。代々世襲の相撲親方が抱いて対戦。先に泣いたほうが負けとなる。毘沙門まつりは、全国泣き相撲大会として男女、地域を問わず参加できる。

泣き相撲・泣く子と笑う子。

［秋田県］

**▼根城豊作相撲**

九月中旬の日曜日

山本郡藤里町粕毛字米田67

明治時代の中ごろに、手踊りにかわって青年団の相撲が行われるようになった。新入団員の出世相撲、相撲甚句、三人抜き、五人抜きなどで、土俵入りや三役揃い踏みには独特の型がある。

［茨城県］

**▼相撲祭**

一一月三日

鹿島神宮／鹿嶋市宮中

ブレザーなどを着て盛装した七歳までの男児が、化粧廻しをつけて取り組む。すべて引き分けとなる。かつては青年の相撲もあって盛大だったという。

**▼延方相撲**

七月最終日曜日

鹿島吉田神社／潮来市延方

土曜日は地区の青年、日曜日は学生・社会人のアマチュア力士の相撲だが、メインは当番地区の男児による花相撲。「勝ち相撲」といって負けはなく、化粧廻しをつけた幼子の姿に歓声があがる。一〇万石の大名行列を模したという行列も見物で、役員、呼出などの衣装は実に華やか。

延方相撲・負けのない勝ち相撲。

▼奉納相撲
八月二五日
化蘇沼稲荷神社／行方市北蘇沼
　行方市出身の関取、鹿島灘鰐右衛門が弟子を連れて神社で相撲を取り、四本柱や水引幕を奉納したとの伝承から、関取稲荷相撲ともいわれている。小学生や青年の相撲のほか、浦安の舞やカラオケ大会などで盛り上がる。

［栃木県］

▼泣き相撲
九月一九日以降直近の日曜日
生子神社／鹿沼市樅山町
　力士役が三歳くらいまでの幼児を抱えて対戦させる。「ヨイショ」とゆすって、早く泣いたほうが勝ちだったが、最近は両方に勝ち名乗りをあげている。

［群馬県］

▼団子相撲
八月二八日
王城山神社／吾妻郡長野原町林
　団子で人形を作り男児に投げさせて吉凶を占う儀式が、いつしか相撲になったという。現在は幼稚園児から中学生までの男女が参加する。相撲は二番取るが、二番目の立ち合いでは力士は互いの手を握りあって、数を数えながら左右に振り、「トウ」の声で取り組む。

［埼玉県］

▼古式子供土俵入り
九月一五日に近い日曜日（隔年）
八幡神社／さいたま市岩槻区笹久保
　幼稚園児から小学生の男児が化粧廻しを締めて、土俵入りを奉納する。年少組や年長組、サンヤクなど、それぞれの役によって動作に違いがある。行司が土俵や四本柱についての故実を触れる儀式もある。

▼古式子供土俵入り
一〇月二一日に近い日曜日
神明社／さいたま市岩槻区釣上
　小学生による土俵入りで、笹久保と同じような形だが、それぞれの役の動作には若干違いがある。

古式子供土俵入り。

▼信願相撲
八月一六日
千手観音堂／秩父市荒川上田野
　家内安全や厄除けなどを願う人の申し込みがあると、口上を触れて相撲を取る。信願相撲は一勝一敗の引き分け。ほかに子どもや大人の取組があり、最後には子どもの健康を願って胴上げをする。千手観音堂の天井には相撲の技を描いた絵がある。

［千葉県］

▼奉納相撲
九月二七日前後の日曜日
諏訪神社／市原市原田
　今は小学校の相撲大会となっているが、かつては「原田の相撲」として有名だった。握り飯を入れたおひつを土俵に置いて、力士が

奉納相撲・おひつと四股。

四股を踏む儀式が伝わっている。また、土俵の屋形は千鳥破風がついた切妻造で、天井に社紋を透かした油障子を載せた立派なもの。

▼笹川相撲
七月最終土曜日
諏訪神社／香取郡東庄町笹川

子どもや自衛隊員の相撲のほか、プロの力士が参加して基本動作の実演や子どもたちとの取組がある。江戸時代の侠客、笹川繁蔵にゆかりの相撲として伝わっている。

［東京都］

▼八朔相撲祭
八月一日
大國魂神社／府中市宮町

神社周辺の四ヵ町の八朔相撲会が主催している子どもと大人による相撲大会。かつては、大相撲の力士や近隣から草相撲の力士が参加してにぎわったという。

▼奉納相撲
九月第一日曜日
和田乃神社／青梅市日向和田

小学生の相撲。大関による「力むすびしこ入り」や三人抜き、五人抜きなどがあり、最後に当年生まれの男児を胴上げして成長を祈願する。神社には相撲を描いた絵馬や彫刻があり、古くから相撲が盛んだったことを伝えている。

奉納相撲・力むすびしこ入り。

［石川県］

▼唐戸山相撲
九月二五日
羽咋神社／羽咋市川原町

能登地方最大の相撲として有名。能登半島を羽咋を中心に二分して対戦する。加賀や越前などからも力士が参加した。塩なし、水なし、待ったなしの早相撲といわれ、取組は深夜まで続く。

［福井県］

▼相撲甚句
九月敬老の日前の日曜日
利椋八幡神社／敦賀市阿曽

奉納相撲の中入に一〇人の踊り手が化粧廻しを締めて土俵に上がり、相撲甚句にあわせて踊る。相撲甚句には緩やかなテンポのものとやや速いものとがある。三〇〇年の歴史があるという。

［山梨県］

▼奉納相撲
九月二三日
石尊神社／北杜市白州町鳥原

土俵の高さは一《メートル》五〇《センチ》ある。小学生や青年の相撲の途中で、一歳未満の赤児の疫病除けの儀式をする。土俵上に寝かせた赤児の前で大関が四股を踏み、土俵入りを演じる。化粧廻しで赤児をあおいだ後、抱えて四股を踏む。

奉納相撲・化粧廻しで赤児をあおぐ。

［長野県］

▼**十五夜相撲**
九月一五日
諏訪大社上社／諏訪市中洲
　江戸時代より上社の土俵は、諏訪地方を代表するものの一つとして、盛大に相撲が行われてきた。化粧廻しを締めた青年たちが甚句を唄いながら踊る相撲踊りが有名である。

▼**八朔相撲**
九月第一日曜日
八幡神社／小諸市八幡町
　江戸時代以来の伝統があるという。小学生の男児が化粧廻しを締めて土俵入りを披露。土俵の俵は二重になっていて、「蛇の目土俵」ともいわれる。土俵入りの後には子どもたちが相撲を取る。

▼**高辻相撲**
一〇月上旬日曜日
稲荷神社／小県郡長和町入大門
　四辻近くの高さがある土俵で取り組む。転がり落ちる力士もいるが、これまでけがはないという。江戸時代後期に築かれた土俵で、次第に高さを増してきたと伝わっている。

高辻相撲・高さ四辻の土俵。

[静岡県]

▼**奉納相撲**（古式土俵土付）
八月一五日
八幡神社／静岡市駿河区八幡山
　幼児や小学生の取組の間に、子どもの成長を願う行事がある。小さな化粧廻しをつけた赤児が青年に支えられて、横綱役の少年を寄り倒す。困難に打ち勝つ願いを込めたものという。他に中・高相撲部、OBの取組が夜まで続く。

[愛知県]

▼**相撲神事**（豊橋市無形文化財）
四月第二日曜日
牟呂八幡社／豊橋市牟呂町
　むしろの上にサカキの葉を置いて四角い土俵を作り、その中で取り組む。二番あって一勝一敗の引き分け。農作物と海産物のどちらが豊作かを占うために相撲を取ったのが由来ともいう。

[滋賀県]

▼**古知古知相撲**
九月九日
多賀大社／犬上郡多賀町多賀
　松を四隅に植え、縄を張った中で相撲を三番取る。社伝によると、応神天皇の時代に伊吹山のヤマタノオロチを退治した故事をしのんで、古知古知相撲と名づけたという。

▼**ずいき祭**
一〇月体育の日
御上神社／野洲市三上
　ずいき（サトイモの茎）で神輿《みこし》を作って神社へ遷す。神輿には相撲を取っている猿の人形が据えてある。相撲は夜で、青年による大相撲と子どもによる小相撲があって、ともに左四つと右四つの型を演じる。

[京都府]

▼**烏相撲**
九月九日
賀茂別雷神社（上賀茂神社）／京都市北区
　神職がカラスの鳴きまねや跳びまねをすることから「烏相撲」という。稽古相撲の内取式や出場する力士の名前を報告する儀式など、平安時代の相撲節の様子を伝えているという。

▼**御田刈祭**
九月第二日曜日

大原野神社／京都市西京区

北春日町と南春日町から大人の力士が一名ずつ出て、塩の入った紙包みを口にして神相撲を取る。一勝一敗の引き分け。その後、小・中学生や青年の取組がある。途中で神相撲の力士が満一歳までの男児を抱えて土俵入りをする。

▼アーエー相撲

御田刈祭・塩の入った紙包みをくわえる。

九月二〇日

和伎座天乃夫岐売神社（湧出宮）／相楽郡山城町平尾

宮座（地域の祭祀組織）の行事で、子どもの力士が「アーエー、アーエー」と言いながら前進後退する儀式の後、相撲を三番取る。一勝一敗の後、三番目の取組に勝った宮座は米が豊作という。

[奈良県]

▼秋祭

一〇月体育の日の前々日から三日間

倭文神社／奈良市西九条町

蛇に見立てた大松明《たいまつ》を燃やした後、ショウスモン（就学前の子ども）、チュウスモン（中学生くらい）、ダイスモン（一六～二〇歳の青年）がある。ショウスモンとチュウスモンは互いに組み合うだけ。ダイスモンは扇の的をめがけて手にした矢を刺す。

▼お綱祭

二月一一日

桜井市江包大字大西

江包・大西両地区で雄綱と雌綱を作り、素盞嗚神社で結びつける神事。それぞれ綱を神社に運ぶ途中、水を入れた田んぼで相撲を取る。体に泥がつけばつくほど、田んぼがぐちゃぐちゃになるほど豊作になるという。

お綱祭・泥田の中の相撲。

[兵庫県]

▼ねってい相撲

一〇月上旬

水谷神社／養父市奥米地

力士が二人向かい合って、「ヨイ、ヨイ、ヨイ」と言いながら足踏みをしたり、互いの肩に手を回して右回りに跳んだりする。「ねってい」とは、この地方で何度も繰り返すことを「練って」と言うところからきているともいわれている。

ねってい相撲・跳び上がる力士。

[島根県]

▼頭神事式

一一月三日

狩山八幡宮／雲南市大東町下佐世

二人の力士が一二番相撲を取るが、一番終わるごとに両力士の肩に絹の布をかける儀式がある。中入には力士は刀を枕にござの上に横たわって休む。

▼隠岐古典相撲

頭神事式・力士の肩に絹をかける。

不定期
隠岐島

隠岐で祝事があるときに全島をあげて行われる相撲。開催地となる町村が元方、その他の地域は寄方として対戦する。個人戦では二番取り組むが、二番目は先に勝った力士が相手に勝ちを譲るところから「人情相撲」ともいわれる。役力士には賞品として四本柱や貫

隠岐古典相撲・力士に観客が塩をかける。

隠岐古典相撲・受賞した四本柱にまたがって凱旋する力士。

（柱に渡す横材）が与えられる。

[岡山県]

▼七肩半の相撲

一一月三日
鋤崎八幡神社／高梁市備中町平川

宮座の儀式。「エンエンオー」の掛け声にあわせて、互いに相手の肩を三回たたきあう。これが七番あって「七肩」と呼ぶ。最後に神を相手に一人で相撲を取るところから「七肩半の相撲」という。

▼秋相撲大会

一〇月下旬
勝田郡勝央町勝央北小学校（旧植月小学校）

勝央北小学校の男女児童による相撲。かつては日吉神社の秋祭として行われ、青年たちの相撲で知られていた。ここの土俵は一辺約四メートル三〇センチの四角形で、全国でも数少ない角土俵である。

[山口県]

▼船相撲（現在中断中）

四月三日
八坂神社（忌宮神社境内）／下関市長府宮の内町

大漁旗や吹き流しで飾った漁船団が神輿を沖合いの満珠島の浜へ遷す。祭典の後、船に設置した板の土俵で相撲を取る。中には力士がもつれあったまま海へ転落してしまう一番もある。

船相撲・行司も海に転落する。

▼三日相撲

一一月三日
荒熊稲荷神社（忌宮神社境内）／

下関市長府宮の内町
男女児童による相撲大会で、放駒部屋の力士が毎年参加している。かつては大人の相撲で、「長府の三日相撲」として近隣に知られていた。

▼占手神事

四月一〇日・九月二四日に近い日曜日
玉祖神社／防府市大字大崎
廻し姿の行事所役が東西に分かれ、蹲踞をまじえながら前進後退を繰り返す。二人は近づくと尻《しり》をたたいたり、手を見せ合ったりする。最後に互いの両手を組み合って地面をたたき、神に向かってときの声をあげる。

［香川県］

▼子供神相撲

九月二三日
六万寺／高松市牟礼町牟礼
小結・関脇・大関の三役が二人ずついて、まず小結、関脇、大関の順で一人ずつ型を演じた後、役ごとに二人一組みとなって型を行う。最後に子供相撲大会に参加する力士が全員で土俵入りをする。

［愛媛県］

▼相撲練り

一〇月一九日
天満神社／宇和島市三浦東
牛鬼や四ツ太鼓、五ツ鹿踊、荒獅子などの練りに加えて、化粧廻しを締めての相撲練りがある。愛媛県にはこうした相撲練りや相撲甚句が多い。

▼一人角力

旧暦五月五日・九月九日
大山祇神社／今治市大三島町宮浦
稲の精霊を相手に人間（一力山）が相撲を取るところから「一人角力」という。一番目は精霊、二番目は一力山、三番目は精霊が勝つ。精霊の二勝一敗となって、稲の豊作を願い、感謝を表す。

▼乙亥相撲

大相撲十一月場所後の吉日
愛宕神社／西予市
嘉永五年（一八五二）に大火災が起きたため、火除けの神として愛宕神社を祭り、一〇〇年にわたって相撲を奉納すると誓ったのが始まりといわれる。満願後も町をあげての相撲大会として続いている。大相撲の力士との対戦もあって大いに沸く。

［福岡県］

▼傀儡子《くぐつ》の舞と神相撲

傀儡子の舞と神相撲・中央に小さく住吉大神。

八月上旬（四年に一度）
八幡古表神社／築上郡吉富町小犬丸
海上での放生会の行事の後、傀儡子による細男舞（くわしおのまい）と神相撲がある。東西から力士が出て取り組むが、次第に東方が優勢になる。西方から登場した住吉大神が次々と相手を破り、最後には東方の力士全員が束になって向かってくるのを一人でなぎ倒す。

［長崎県］

▼式見くんち

一〇月二九日（女角力は八年に一度）
乙宮神社／長崎市向町
地区内一六ヵ町の氏子が毎年二ヵ町ずつ出し物を奉納する。女角力は向町で、化粧廻しを締めての「いっちょな踊り」「角力取り踊り」を披露。横綱土俵入り、三役揃い踏み、取組、弓取式もある。

[大分県]

▼傀儡子の舞と相撲

一〇月一二日（三年に一度）

古要神社／中津市三保区伊藤田

福岡県の八幡古表神社と同じ傀儡子の細男舞と神相撲。ともに宇佐神宮の放生会に奉納していたものが伝わっているという。

[鹿児島県]

▼豊年祭

旧暦八月一五日

大島郡瀬戸内町油井

綱を切って土俵の俵とし、前相撲、本相撲、締相撲と呼ばれる儀式の後、奉納相撲を取る。土俵を田畑に見立てての踊りや歌があり、最後に地区の人々が土俵の周りで八月踊りを踊る。

▼高橋十八度踊り

八月二二日

玉手神社／南さつま市金峰町高橋

行司が相撲の由来や禁じ手を触れた後、技を見せる型相撲があり、東西対抗戦や三人抜き、五人抜きなどをする。大ガラッパといわれる青年たちが子どもを土俵へ放り投げたり、取組に乱入したりする。終わると皆で十八度踊りを踊る。

▼ソラヨイ

旧暦八月十五日夜

南九州市

十五夜の晩に子どもたちが綱引きをし、その綱を土俵の俵にしたり、わらでできた山笠の周りで歌ったり四股を踏んだ後、壊した山笠のわらの上で相撲を取ったりする行事が、南九州に多く伝わっている。

知覧町のソラヨイ。

# 相撲にちなむ遊び・玩具

**【腕相撲】**二人が片肘を台などにつけて腕を立て、互いに手のひらを握り合い、相手の手の甲を台に押しつけたほうが勝ちになる力比べ。

**【押し出し相撲】**押しの技だけを用いて、相手を土俵の外に出す遊び。「押し遊び」ともいう。

**【紙相撲】**紙製の力士の人形を、板や厚紙の土俵に二体向かい合わせて載せ、土俵の両端をトントンたたいて、先に倒れたり土俵の外に出たりしたほうが負けという遊び。「トントン相撲」ともいう。

**【首引】**二人が向かい合って立ち、輪にしたひもを互いに首にかけて引き合う遊び。

**【鷺相撲】**片足を膝で曲げて地面から離し、その足首を同じ側の手でつかみ、もう片方の足でぴょんぴょん跳びながら押し合ったりする遊び。

**【座敷相撲】**座敷で取る相撲のこと。「茶壺割る座敷相撲や従兄弟どし　許六」という俳句が残されている。

**【しり相撲】**座布団などの上に二人が背中合わせで立ち、互いにしりを突き出すようにして相手を座布団から落としたほうが勝ちになる遊び。

**【相撲カルタ】**大相撲の様子や有名な力士のことを、読み上げる言葉に取り入れたもの。

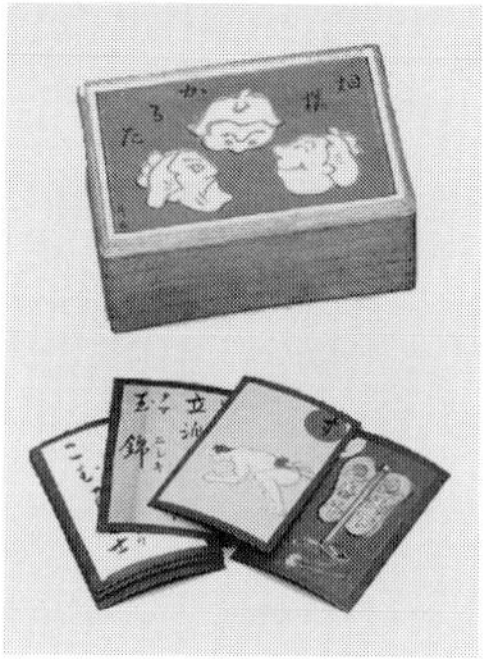
相撲カルタ

**【相撲ごま】**一組みのこまを回し、互いにぶつけ合ったりして勝ち負けを争う遊び。最近では、力士のしこ名を浮き彫りにしたべいごま遊びなどもある。

**【相撲酒盛り】**宴会などで酒量の多さを競う大人の遊び。「相撲酒」ともいう。

**【相撲すごろく】**相撲に入門して横綱・大関に出世するまでの段階を、すごろくでたどるようにした遊び。

**【相撲めんこ】**力士の似顔絵や写真が印刷されためんこ。子どもの遊具の一種である。

**【突き相撲】**二人が向かい合って立ち、手を伸ばして突き合いをして、足の位置が動いたほうが負けとなる遊び。

**【指相撲】**二人が片方の手の人差し指から小指までをそろえて握り合い、親指を押さえたほうが勝ちとなる遊び。

# 代表的な相撲人形

▼下川原《したがわら》人形（青森県弘前市）
江戸時代の後期、津軽藩が産業開発に筑前から陶工を招いたのが始まりで、農閑期の副業として広まった。白の地塗りに色をつけた素朴な人形。

下川原人形

▼八橋《やばせ》人形（秋田県秋田市）
江戸時代の中期、伏見の人形師が秋田に移ってきて、人形や器を作ったのが始まり。型から抜いたあと、あまり手直しを加えない。

▼気仙沼人形（宮城県気仙沼市）
明治時代の初め、堤人形を基に作ったのが始まりで、粗い土に色付けもおおまかな作風が特徴。題材の第九代横綱・秀ノ山は気仙沼市の出身。

▼堤人形（宮城県仙台市）
岩手の花巻人形、山形の相良人形とあわせて東北の三大土人形といわれている。江戸時代の前期、江戸から陶工を招いたのが起こりで、その後下級武士の副業となって発展した。仙台市出身の第四代横綱・谷風を題材にしている。

堤人形

▼相良人形（山形県米沢市）
東北を代表する人形の一つ。江戸時代の前期、米沢藩が産業育成のために製陶所を造ったのが始まりで、伏見人形や堤人形の影響を受けている。

▼佐野土鈴（栃木県佐野市）
昔はニカワを入れた胡粉《ごふん》（貝殻を焼いて作る白い顔料）をよく練って塗料と合わせていたが、今はアクリル系のポスターカラーで色をつけている。栃木県出身といわれる第二代横綱・綾川も題材にしている。

▼芝原人形（千葉県長生郡）
明治時代の初め、農業のかたわらに始めたもので、東京の今戸人形の影響を受けているという。人形の中に玉が入っていて振ると音がする。

▼佐原張子《はりこ》（千葉県佐原市）
明治時代の後期に始まり、現在に至る。稚拙さが持ち味。

▼今戸人形（東京都台東区）
江戸時代の中期から始まったという。昔は、浅草参りのみやげ物と

して盛んに作られた。

**▼八幡《やはた》人形**（新潟県佐渡市）佐渡を代表する土人形で、江戸時代の末期に始まり、昭和の初めに廃絶した。全体に黒くなっているのは潮風のためという。

**▼水原山口人形**（新潟県阿賀野市）水原町の山口地区で、明治時代の初めごろから作られている土人形。白を基調とした淡い色付けが特徴である。

**▼富山人形**（富山県富山市）江戸時代の後期、藩の経済振興策として始まる。赤と白を基調とした人形。

**▼名古屋張子**（愛知県名古屋市）力士の起き上がりこぼし。名古屋張子は太平洋戦争前に廃絶した。

**▼墨軍配**（三重県鈴鹿市）鈴鹿市は、奈良時代に奈良から技術が伝わったという墨の産地。昭和二〇年代に墨を使った人形作りが始まった。

**▼大津絵土鈴**（滋賀県大津市）江戸時代、東海道の大津宿でみやげ物として売っていた戯画風の民俗絵画「大津絵」を描いた土鈴。

**▼御所人形**
江戸時代の前期に、京都で生まれた美術人形。皇室や公家が、参勤交代で京都を通る大名への贈答品として使ったことから「御所人形」というようになった。桐《きり》や粘土、張り子、練り物などで作った人形の表面に、胡粉を塗り重ねて磨き出す。子どものあどけない姿を、白い肌、大きな顔、丸い裸体で表している。

伏見人形

**▼伏見人形**（京都府京都市）日本の土人形の中ではもっとも古い歴史を持つ。江戸時代には、伏見稲荷神社参詣のみやげ物として売られ、形や作風が各地の土人形作りに影響を与えた。伏見稲荷神社にちなんだ信仰物、縁起物、節句用の飾り物をはじめさまざまな種類がある。

**▼出雲人形**（奈良県桜井市）砂の混ざった土を材料にした人形。昔は、絵の具に入れるニカワが少なく、人形を持つと絵の具が指についてしまうことから「ベト人形」といわれた。

出雲人形

**▼大阪張子**（大阪府大阪市）西日本を代表する張り子。大正から昭和の初め、セルロイドやブリキ製の玩具の登場で衰退した。

**▼稲畑人形**（兵庫県丹波市）江戸時代の後期に始まる。良質の粘土が採れることから農閑期の副業として広まった。

**▼倉吉人形**（鳥取県倉吉市）江戸時代の中期から始まったという。粘土に和紙を入れて練り、形を作ったら焼かずに色をつける。

**▼長門張子**（山口県萩市）中国地方独特の作り方である。二五年ほど前から作られているもので、宇土張子の技術を継承している。

**▼高松張子**（香川県高松市）江戸時代の初め、高松藩松平家の家臣が人形を作ったのが由来。

**▼博多人形**（福岡県福岡市）始まりは室町時代、あるいは江戸

高松張子

時代の初めともいわれるが、現在の博多人形の基になったのは江戸時代の後期のもの。色づかいの鮮やかさが特徴。明治時代の末期には美術人形へと変わり、海外にも輸出されている。なお、郷土人形の伝統を残している型を古博多人形といっている。

▼**津屋崎人形**（福岡県福津市）
古い博多人形の雰囲気を伝える人形。江戸時代末期から明治の初めごろに始まった。

▼**弓野人形**（佐賀県武雄市）
明治時代、博多人形の職人が武雄市の弓野に移って作り始めた。古い博多人形の味わいを残した人形

博多人形

で、厚めに塗った胡粉の上に鮮やかな彩色をしているのが特徴である。

▼**古賀人形**（長崎県長崎市）
室町時代の後期に始まったという。西洋人や唐人など、江戸時代、外国との唯一の交易地だった長崎らしい題材もある。色が多彩で華やかなのが特徴。

▼**板人形**（熊本県八代市）
八代市日奈久の郷土人形。板でできた二体の力士をつなぐ腕の穴に竹串を差し込んでひねると、足がぶらぶらして相撲を取っているように見える。

▼**宇土張子**（熊本県宇土市）
明治時代の中期から始まった県を

板人形

代表する玩具の一つ。熊本は相撲が盛んな土地で、昔は五月の節句のとき、化粧廻しに子どもの名前を書いた大きな張り子を飾る風習があったという。

▼**日出人形**（大分県速見郡日出町）
二〇年ほど前から作られている人形。土の味をより引き出すため低い温度で焼いているという。

▼**帖佐人形**（鹿児島県姶良市）
豊臣秀吉の朝鮮出兵で出陣した島津義弘が連れ帰った陶工の手による人形が起こりという。伏見人形の型を取り入れているが、荒削りで色付けもおおまかなのが特徴。

# 世界に見られる相撲に似た民俗競技

世界には日本の相撲によく似たさまざまな民俗競技がある。その中で、武器を用いず、また、こぶしで打ったり足でけったりせず、日本の相撲のように組み合って力を競い合う競技には次のようなものがある。これらの多くは、土俵のように競技の場所を限定するものはなく、相手の体の一部を地面につけることで勝負が決まる。

## 【シュアイジャオ】

中国で相撲やレスリングといった競技の総称として使われている言葉。また、相撲に似た中国伝統の格闘技そのものを指す場合もある。中国では古くから格闘技があって、「相撲」「角力」「角觝」などと表記していたが、元の時代以降「摔跤《シュアイジャオ》」（「しゅっこう」とも読む）という言葉を使うようになった。

特に満州族や漢民族が行っている格闘技を「中国式摔跤」という。選手は半袖の柔道着風の上着と長ズボンをはいて、腰に帯を巻く。ズボン以外はどこをつかんでもよい。八メートル四方のマットの上で競技をするのが普通。三分一ラウンドの三ラウンド制で、相手をきれいにあお向けに倒すと三点、どんな形でも倒せば二点、膝や手をつかせた場合には一点とポイントがあって、このポイントが多いほうが勝ちとなる。

中国は多民族国家で、それぞれの民族に独自の格闘技がある。中国国内では、それらを摔跤の上に地域や民族名をつけて表している。例えば、内モンゴル自治区の格闘技は、モンゴル語では「ボフ」というが、中国の表記では「蒙古式摔跤」となる。

## 【シルム】

朝鮮民族の間で行われている格闘技で、日本では「韓国相撲」ということが多い。五世紀ごろの高句麗の墳墓である角抵塚には、力士を描いた壁画があり、このころすでにシルムの原型が生まれていたといわれる。もともと夏や秋の祭りのとき、民衆が楽しんだ競技で、現在はアマチュアやプロの団体を中心に行われている。

選手はパンツの上にサッパという帯を締める。サッパはちょうど八の字状で、大きいほうの輪を胴、小さい輪を右足に巻く。まず、選手は向かい合って正座をし、互いに左手で相手の右足のサッパを、右手は相手の脇の下を通して背中のサッパを握る。日本の相撲でいう右四つの体勢に組み合い、審判の合図で立ち上がって競技を始める。試合は砂を入れた直径九メートルの円内で行い、足の裏以外の部分が砂につくと負けになる。円の外に出た場合は改めて組み直して再開する。普通は、三回勝負で先に二勝したほうが勝ちとなる。

プロの大会は、ソウルをはじめ各地で開催されていて、特に最強の選手である「天下壮士」を決める大会が人気を集めている。

## 【プレ】

韓国で行われているシルム。（提供：韓国文化院）

西アフリカのセネガルで行われる民俗競技。昔、旱魃があって大地の神と海の神が力比べをし、大地の神が勝って水や塩をもたらしたという神話伝説が起源といわれ、農作物の収穫を祝い、豊作に感謝する行事として地域対抗で行われる。競技に出場する者はあらかじめ聖水で身を清めた後、集落を踊りながら練り歩く。競技は、相手との間合いを計って組み合い、相手を投げて倒せば勝ちとなる。農耕儀礼に端を発する点で、日本の相撲と共通するものがある。

**【ボフ】**

モンゴル系の人々が行う格闘技。地域によって若干の違いがあり、大きくは、中国の内モンゴル自治区のもの、オイラート系のもの、ハルハ系のものの三つに分かれる。特に「モンゴル相撲」として知られているのは、モンゴルの人口の七〇パーセントを占めるハルハ系のボフである。

モンゴルには、騎馬、弓射、相撲の三種の競技を行う、「ナーダム」と呼ばれる全国的な祭礼行事がある。もともとナーダムは各地の祭りや慶祝事に行われていて、一三世紀ごろには国家行事となった。一九二一年の人民革命以降は毎年七月一一日の革命記念日の行事となっている。

相撲は、このナーダムと旧暦正月に首都ウランバートルで大々的に行われている。また、このほかにも各種の大会やリーグ戦があって、近ごろではプロの選手も登場している。

競技者は「フチテ」といい、上半身には胸が開いた長袖のベスト「ゾドク」、下半身にはぴったり締まった短いズボン「ショーダグ」を着け、足に頑丈なブーツを履く。頭には民族衣装の帽子をかぶるが、強者はこれに優勝回数を示すリボンをつける。

競技場は草原（室内ではカーペットを敷く）で、土俵のように競技の境界を限定するものはない。組み合って、相手の肘、膝、背中を地面につければ勝ちとなる。投げ技や足技が中心であるが、手のひらは地面につけてもよいので、両手をついて両足で相手を挟みつけて倒すような技もある。

試合は勝ち抜き戦で行われ、ナ

モンゴルで行われているボフ。（提供：共同通信社）

ーダムでは五回戦まで勝ち抜くと「ナチン（モンゴル語で鷹）」、上位四位までに残ると「ザーン（象）」、優勝を一度すると「アルスラン（獅子）」、優勝を二度すると「アブラガ（巨人）」という称号が与えられる。

競技の勝敗は、闘った両者どうしで決めるのが原則であり、合意に達しない場合のみ審判の助言を求める。勝者は両手を大きく広げて鷹や鷲などの羽ばたきをまねた所作「デウェー」を行い、敗者は相手の脇の下をくぐる。

【ヨーロッパの民俗競技】

相撲に似た競技として、アイスランドの「ギリーマ（グリマ）」、イギリス・スコットランド地方の「カンバーランド」、オランダの「ボルステル」、フランス・ブルターニュ地方の「グレーン」、オーストリア・ザルツブルク地方の「ランゲルン」、スイスの「シュウィンゲン」などがある。

「ボルステル」は、競技場を限定しないので押し技や吊り技がなく、投げ技や足技を中心にして相手を倒す。

「グレーン」はケルト人が伝えたものといわれ、ヴァイキング風の衣装をつけ、はだしで闘う。

「シュウィンゲン」はスイスの国技になっており、子どもも行う。競技者はズボンの上から麻のパンツを着けて革のベルトを腰にする。互いにこのベルトをつかんで組み合い、投げ技や足技、反り技で相手の両肩を地面につければ勝ちとなる。

また、スペイン領カナリア諸島の民俗競技は、相撲と同様に仕切りがあり、その後に組み合う。競技者は、膝までの長さがある下がりに似た草の腰みのを着け、これが地面についたほうが負けとなる。相手の足を手で払う内無双や外無双のような技が使われる。

# 参考文献一覧

書名、編著者名、成立・刊行年、記述内容の順に記載した。（五十音順）

【一話一言（駿台漫録）】大田南畝。安永四年～文政五年（一七七五～一八二二）執筆。吉田追風の免許、聚楽第の相撲、童相撲などを記述。

【大相撲人物大事典】「相撲編集部」。平成一三年（二〇〇一）。江戸時代から平成までの幕内昇進力士を網羅。巻末付録に番付総覧、大阪相撲、京都相撲、行司一覧などを記述。

【大相撲評判記・大阪之部】好華山人。天保七年（一八三六）刊。

【甲子夜話】松浦静山。文政四年（一八二一）に書き起こし、一年後に二〇巻を書き上げた。相撲の話が多い。

【義残後覚】愚軒。文禄五年（一五九六）成立。民間の怪談集で、京都・伏見の初期（室町時代～）勧進相撲、秀吉の上覧相撲などを記述。

【北小路日記（大江俊光記）】北小路俊光。貞享元年～享保元年（一六八四～一七一六）の日記。元禄一二年（一六九九）京都・岡崎天王社の勧進相撲について記述。

【喜（嬉）遊笑覧】喜多村節信。文政一三年（一八三〇）自序。江戸時代末期に、相撲節・力士の髪型などについて記述。

【近世奇跡考】山東京伝。文化元年（一八〇四）自序。人物や市井の出来事を記述。相撲の古画なども取り上げている。

【近世日本相撲史】日本相撲協会博物館運営委員監修／ベースボール・マガジン社。一～五巻。昭和五〇年（一九七五）～同五六年。

【古今相撲大全】木村政勝。宝暦一三年（一七六三）序。正式には『諸国新撰古今相撲大全』といい、相撲の技・故実の集成を記述。

【古今相撲大要】攻玉堂主人。明治一八年（一八八五）。

【綽号出処記】崇高堂。寛政一二年（一八〇〇）。

【諸国相撲控帳】「一」が寛政元年～享和元年（一七八九～一八〇一）、「二」が享和元年～文化一二年（一八〇一～一五）。雷電の巡業の記録。

【信長公記】太田牛一。慶長五年（一六〇〇）成立。元和八年（一六二二）刊行。永禄一一年（一五六八）上洛以前の記述首巻一巻と以降の記述一五巻から成る。織田信長の行動を記述。

【相撲隠雲解】式守蝸牛。寛政五年（一七九三）刊。相撲の技や古法、故実などを記述。蝸牛は初代伊之助で寛政五年に引退。

【相撲鬼拳】雷藤九郎・雷富右衛門。宝暦年間（一七五一～六四）序。二人は父子で大阪力士。江戸勧進相撲の発祥、諸国行司について記述。寛政一二年（一八〇〇）の写本に明石志賀之助について記述がある。

【相撲改正金剛伝】立川焉馬撰。豊国画。弘化四年（一八四七）。

【相撲強弱理合書】木村守直。延享二年（一七四五）成立。土俵の始まりと故実・技の分類などを記述。

【相撲御覧記】成島峰雄。寛政三年（一七九一）の将軍・徳川家斉上覧相撲の見物記。

【相撲金剛伝】立川焉馬撰。歌川国安画。文政一一年（一八二八）。

【相撲今昔物語】子明山人。天明五年（一七八五）自序とある。「待った」、河津掛け、お抱え力士などについて記述。

【相撲上覧記】寛政三年（一七九一）。将軍・徳川家斉上覧相撲について記述。

【相撲傳書】木村守直。享保七年（一七二二）。岩井播磨、相撲勝負詰、手合などについて記述。

【相撲傳秘書】岩井左右馬著か。安永五年（一七七六）成立。

【当世相撲金剛伝】立川焉馬撰。国貞画。天保一五年（一八四四）。

【日本相撲史】酒井忠正。ベースボール・マガジン社。上巻・昭和三一年（一九五六）、中巻・同三九年。相撲の起源から大正時代までの総覧史料。

【むかしばなし】只野眞葛。文化九年（一八一二）成立。丸山権太左衛門の逸話が書かれている。

【萬御用覚帳】文化八年～文政二年（一八一一～一九）。雷電の巡業の旅程などを詳細に記述。

●本事典に記載されたその他史料
『宇治拾遺物語』編者未詳。鎌倉時代初期に成立。仏教説話、世俗説話を集めている。

『延喜式』藤原時平・忠平らが編纂。延喜五年（九〇五）撰進開始、康保四年（九六七）施行。律令制の施行細則をまとめた古代法典。

『大鏡』作者不詳。平安時代後期に成立。摂関政治について伝える歴史物語。

『源平盛衰記』作者不詳。鎌倉時代後期成立が有力。鎌倉時代前期の軍記物語。

『古事記』奈良時代初期に編纂された天皇家の神話。

『今昔物語集』編者未詳。平安時代後期に成立。仏教史と世俗の説話集。

『続日本紀』延暦一六年（七九七）に奏上。『日本書紀』に次ぐ勅撰史書。

『曾我物語』作者不詳。鎌倉時代後期～室町時代初期に成立。仇討ちなどをからめた英雄伝。

『大乗院寺社雑事記』尋尊。宝徳二年～永正五年（一四五〇～一五〇八）。

『内裏式』小野岑守らが弘仁一二年（八二一）修定。勅撰の宮中儀式書。

『日本三代実録』藤原時平らが延喜元年（九〇一）完成。勅撰の史書。

『日本書紀』舎人親王らが養老四年（七二〇）完成。最初の編年体史書。

# あとがき（第四版）

故金指基《かなざしもとい》日本大学商学部教授の原案、日本相撲協会監修の『相撲大事典』は、日本で初めての本格的相撲事典として刊行され多くの方々のご支持を得て、発売以来一三年を数え第四版刊行の運びとなりました。

今回の改訂に当たり、改めて『相撲大事典』を見ますと、よくこれだけの項目を集めたもの、と感慨一入です。事典の命は項目の多さと正確さですが、相撲に関してこれだけの言葉を集めた金指先生のご苦労、そして一語一語検討を重ねた相撲協会の方々には感嘆するのみです。

この一三年の間に相撲の世界も大きく変わり、協会も様々な試練を乗り越え、新しく「公益財団法人」に認可され、再びの隆盛期を迎えております。

土俵上に目を転じますと、多くの外国出身力士が力と技を競い、国際化された土俵が観客を沸かせ名勝負を展開しています。この相撲人気を不動のものとして発展させるためにも、本相撲事典はお役に立つことと思われます。

第四版も写真の入れ替えだけではなく、公益財団法人としての新定款も掲載し、愛される「国技大相撲」にするための一助となるように心がけました。

今回も多くの方々にお世話になりました。特に日本相撲協会の北の湖敏満理事長に改訂版作成のご快諾を頂き、協会広報・相撲博物館の皆様に資料をお貸し頂きました。また相撲史研究家の小池謙一様にはこれまで以上のご協力を頂き、組版改訂の黒澤務様や校閲の方々のご協力なくしては本書はとても完成することはできなかったでしょう。

心から御礼申し上げます。ありがとうございました。

今後もより一層内容を充実させ『相撲大事典』を継続して刊行させていただく所存です。

何卒よろしくお願いいたします。

二〇一五年一月吉日

株式会社　現代書館代表　菊地泰博

# あとがき（第一版）

日本初の『相撲大事典』をここに上梓いたします。

日本大学商学部教授で、大学時代同じサークル・ゼミで学んだ同級生の金指基君が、三十数年かけて五千枚ほどのカードに収録した相撲にまつわる用語を、小社に持参したのが一九九三年夏のことでした。「日本には本格的な相撲事典がない」ので何とか一冊の本にならないだろうか、というのです。小社は社会科学や教育・福祉・社会問題を中心に出版活動をしているので、相撲に関する専門知識はまったくありません。彼のたいへんな営為は認めたとしても、いささか手をつけかねました。しかし、向こう見ずにも「相撲協会に行ってみよう」と、当時の出羽海智敬理事長に手紙を書いたのが相撲協会にお世話になる発端でした。出羽海理事長からお電話があって国技館にお訪ねし、何とか世に出したいとお話しいたしますと、理事長は「協会が全面的に協力しましょう」と言ってくださいました。

そして、全項目の検討に入りました。第一回は一九九三年一二月六日一四時から一八時までで、参加者は金指君、当時の時津風事業部長、放駒親方、相撲博物館から村田邦男さん、鈴木綾子さん、そして私の六人で、「あ」の項目から始めたのが最初でした。時津風親方・放駒親方は全項目を通してご参加いただき、時には名古屋場所、大阪場所の本場所中にも時間を作っていただき検討会を重ねました。陣幕親方・関ノ戸親方にもご教示いただきました。

ところが、一九九七年七月、それまで病を押して頑張ってきた金指君が他界されました。亡くなる三日前、ご自宅を訪ねた折りに後事を託された私は、相撲協会の皆さんやご遺族方と金指君の遺志を継続することを確認し、事典作りを再スタートしたのでした。このとき、強力な助っ人が現れました。成澤恒人さんです。成澤さんは、これまで出版社で三十年近く雑誌・書籍・辞書の編集をなされた方で、その経験をこの相撲事典に全面的に活かしていただくことになったのです。それまでの検討内容を活かしながら、全項目を「相撲節」「勧進相撲」「土俵」「行司」「呼出」など四二の専門分野に分類し、細部にわたって再構築再検討し、三六五五項目の事典としての形を作っていただきました。

相撲の技術面のことはこれまでの検討会でできておりましたが、さらに協会広報部の三保ヶ関親方・東関親方、また伊勢ノ海親方・井筒親方・大山親方に再検討のご協力をいただきました。土俵築については立呼出・米吉さん、副立呼出・栄太呂さん、力士の結髪については元特等床山・床勇（岡田勇）さん、他専門職域の皆さんに教えていただき、歴史的・民俗学的なことは、相撲博物館の村田邦男さん、中村史彦さん、土屋喜敬さん、草野えりさんにご検討いただきました。また、全体の写真・図版は主に協会情報・資料管理室室長、鈴木綾子さんにお世話になりました。

こうして、刊行の運びになりますと、感慨深いことばかりです。初めての相撲事典という思いが先に立ち過ぎたきらいはありますが、長い歴史のある国技と呼ばれる「相撲」ですから、文字史料・資料にも俗説、風説が多く含まれ、その中から事実として掲載できる項目を選択し、内容を正確に記述することに最大の時間を割きました。日々新しくなる記録や資料もありますので、適宜改訂するという宿命を負うことになったと思っております。

本事典の制作にあたり、日本相撲協会の多くの方々にお世話になりました。また、次の方々にもお世話になりました。お名前を記して御礼申し上げます。

原稿制作に当たり　日本相撲連盟の小宮皓作さん、芳野玲詩菜さん、小林由美子さん、京須利敏さん、木村元宥さん、西日本学生相撲連盟・西野勉さん、日本実業団相撲連盟・小島衛さん、西日本実業団相撲連盟・加納徳三さん、全国高等学校体育連盟・一戸隆男さん、日本中学校体育連盟・原望さん、熊谷宗吉（第二七代木村庄之助）さん、後藤悟（第二八代木村庄之助）さん、櫻井春芳（第二九代木村庄之助）さん、上田兼三（元呼出兼三）さん。

組版制作を担当してくださった小山顕治さん、岡田剛士さん、三井峰雄さん、市村繁和さん、装幀・割付の中山銀士さん、佐藤睦美さん、葛城眞佐子さん、杉山健慈さん、校正の岩田純子さん、決まり手画像・NTT－Xさん。

本当に多くの方々のご協力の賜です。皆様には深く感謝申し上げます。

金指基君の御霊前に本書を捧げ、ご冥福をお祈りいたします。

二〇〇一年一二月吉日

株式会社　現代書館代表　菊地泰博

# 総 索 引

この総索引では，本事典の検索の便を図るために，見出し語とされた項目名のほか，
各項目中に記述されているが見出し語としていない用語・名称も必要に応じて配列した。
凡例　①五十音順とし，清音，濁音，半濁音の順に配列した。
②見出し語〈主項目名・下位項目名〉を太字で示し，主項目名のうち，
参照のみを付けられて本文記述のないものは〔　〕内に参照先の主項目名とそのページを示した。
③見出し語とされていない用語・名称は細字で示し，
〔　〕内に参照先の主項目名または下位項目名とそのページを示した。
④見出し語の掲載ページは太字で示した。

……………い……………

……………く……………

……………け……………



……………こ……………

## ……す……

## ち

……………つ……………

……………に……………

……………ひ……………

……………む……………



……………め……………



……………も……………

**……………ら……………**



**……………り……………**

# 相撲大事典 第四版

二〇〇二年一月十三日　第一版第一刷発行
二〇一五年一月十一日　第四版第一刷発行
二〇二〇年一月十二日　第四版第六刷発行

原著――金指 基
監修――公益財団法人日本相撲協会
発行所――株式会社現代書館
東京都千代田区飯田橋三-二-五
郵便番号＝102-0072
電話＝03（3221）1321
FAX＝03（3262）5906
振替＝00120-3-83725
発行者――菊地泰博
編集――成澤恒人㈲ファイアウィード〔第一版〕／現代書館編集部／小池謙一〔第四版〕
組版――一ツ橋電植〔第一版〕／デザイン・編集室エディット〔第四版〕
装丁――中山銀士
印刷――平河工業社（口絵、本文）／東光印刷所（カバー、表紙、帯、函）
製函――八光製函
製本――積信堂

定価は函に表示してあります。乱丁・落丁本はお取り替えいたします。

ISBN978-4-7684-7054-1　http://www.gendaishokan.co.jp/